四

外紀分部

班超西域風土記

姚振宗《後漢藝文志・地理類・外紀》 班超《西域風土記》。范書本傳：超字仲升，扶風平陵人，徐令彪之少子也。顯宗除爲蘭臺令史。永平十六年，奉車都尉竇固出擊匈奴，以超爲假司馬。使西域有功，帝以超爲軍司馬。建武八年，拜超爲將兵長史。永元三年，以超爲都護。六年，西域五十餘國悉皆納質内屬。明年，下詔封超爲定遠侯。超在西域三十一年，十四年八月還洛陽，拜爲射聲校尉。九月卒，年七十一。朝廷愍惜焉。又《西域傳》序曰：和帝永元三年，班超遂定西域，因以超爲都尉，居龜兹。六年，班超復擊破焉耆，于是五十餘國悉納質内屬。其條支、安息諸國至于海瀕四萬里外，皆重譯貢獻。九年，班超遣掾甘英窮臨西海而還。《續漢書》「甘英」作「甘菟」。皆前世所不至，《山經》所未詳，莫不備其風土，傳其珍怪焉。又曰：西域風土之載，前古未聞焉。漢世張騫懷致遠之略，班超奮封侯之志，終能立功西遐，羈服外域。其後甘英乃抵條支而歷安息，臨西海以望大秦，拒玉門、陽關者四萬餘里，靡不周盡焉。若其境俗性智之優薄，産載物類之區品，川河領障之基源，氣節涼暑之通隔，梯山棧谷繩行沙度之道，身熱首痛風災鬼難之域，莫不備寫情形，審求根實。

班勇西域記

顧櫰三《補後漢書藝文志・輿地類》 班勇《西域記》。勇，超次子。《後漢書・西域傳》諸國風土人俗皆已詳備前書，今撰建武以後其事異於前者，以爲《西域傳》，皆安帝末班勇所記也。

姚振宗《後漢藝文志・地理類・外紀》 班勇《西域風土記》。范書《班超傳》：超少子勇，字宜僚，少有父風。安帝永初元年，西域反叛，以勇爲軍司馬。延光二年，復以勇爲西域長史。順帝永建二年，以討焉耆。後期徵下獄，免。後卒于家。和帝永元十二年，超以久在絶域，年老思土，上疏求還，曰：臣不敢望到酒泉郡，但願生入玉門關。謹遣子勇隨獻物入塞。及臣生在，令勇目見中土。又《西域傳序》曰：班固記諸國風土人俗，皆已詳備前書，今撰建武以後其事異于先者，以爲《西域傳》，皆安帝末班勇所記云。又曰：西域風土之載，其後甘英莫不備寫情形，審求根實。至于佛道神化，興自身毒，而二漢方志莫有稱焉。班勇雖列其奉浮圖，不殺伐，而精文善法，導達之功靡所傳述。嚴可均《全後漢文編》曰：班勇有《西域諸國記》若干卷，今全卷在范書。惠棟《後漢書補注》曰：《西域傳》云世傳明帝夢見金人，長大，頂有光明云云。此以下范氏續述所聞，非班勇之文也。

吴時外國傳

姚振宗《三國藝文志・地理類・外紀雜記》 康泰《吴時外國傳》。《梁書・諸夷列傳》海南諸國，大抵在交州南及西海大海洲上，相去或四五千里，遠者二三萬里。其西與西域諸國接。漢元鼎中，遣伏波將軍路博德開百越，置日南郡，其徼外諸國自武帝以來皆朝貢。後漢桓帝世，大秦、天竺皆由此道遣使貢獻。及吴孫權時，遣宣化從事朱應、中郎康泰通焉。其所經過及傳聞則有百數十國，因立記傳。《南史・海南諸國列傳》同。《太平御覽・圖書綱目》有康泰《扶南土俗傳》，又七百八十七云吴時康泰爲中郎，表上《扶南土俗》。所引凡十二條。又三百五十九引康泰《吴時外國傳》。《史記・秦本紀》正義引吴人《外國圖》，《大宛傳》正義引康氏《外國傳》。侯《志》曰：康案《水經》卷一、卷三十六及《御覽》屢引康泰《扶南傳》，又引康泰《扶南土俗》，《藝文類聚》及《御覽》屢引《吴時外國傳》。竊意康泰徧歷百數十國，必不至專記扶南一方，其大名當是《吴時外國傳》，而《扶南傳》則其中之一種。《扶南土俗》，又《扶南傳》之别名也。案《隋志》有《交州已南外國傳》一卷，兩《唐志》南作來，並不著撰人，似即此書之殘本。據《梁書》、《南史》則康泰及朱應所記，并及西域天竺土俗。

西域志

李昉《太平御覽經史圖書綱目》 釋道安《西域志》。

文廷式《補晉書藝文志・地志類》 釋道安《西域志》一卷。見梁僧祐《出三藏集記》卷五三、《寶記》、《開元釋教録》等書並載之，《藝文類聚》卷七十六引之，《太平御覽》七百九十七引六條，又案《水經注》引釋氏《西域記》甚多，蓋亦出此書。《御覽》九百十一《西域諸國志》曰：有鼠王國，鼠著金環，沙門過，不咒願，輒害人衣器。《異苑》云，釋道安昔至西方，適見此俗。

外國傳

李昉《太平御覽經史圖書綱目》 《外國傳》。

秦榮光《補晉書藝文志・地理類・外記》 《外國傳》。僧支載撰。據《水經注》引曰：「半達，晉言。」其爲晉人無疑。

文廷式《補晉書藝文志・地志類》 （支）僧[支]載《外國事》。《水經・河水篇注》、《類聚》七十三、七十六，《書鈔》一百三十二，《御覽》七百一並引之。又《御覽》七百九十七引十三條，三百六十九引《外國事》曰大拳當作秦國人猨臂長脅，亦當出此書。

外國事

文廷式《補晉書藝文志・地志類》 《外國事》。《河水注》又引《外國事》云：據者三晉言十里也。據此亦晉人書。

遊天竺記

章宗源《隋書經籍志考證・地理》 《遊天竺記》。卷亡。釋法顯撰。不著録。

《水經・河水注》引釋法顯《遊天竺記》。

秦榮光《補晉書藝文志・地理類・外記》 《游歷天竺記》一卷。據《法苑珠林》題稱東晉平陽沙門。

吴士鑒《補晉書經籍志・地理類》 法顯《遊天竺記》。《水經・河水注》引法顯《遊天竺記》，《法苑珠林》作《游歷天竺記》一卷，《閲藏知津》四十三云：《法顯傳》一卷。東晉沙門法顯自記游天竺事，即此書也。

遊行外國傳

《隋書・經籍志・地理》 《遊行外國傳》一卷。沙門釋智猛撰。

《舊唐書・經籍志・地理》 《外國傳》一卷。釋智猛撰。

《新唐書・藝文志・地理類》 僧智猛《游行外國傳》一卷。

鄭樵《通志・藝文略・地里・蠻夷》 《遊行外國傳》一卷。釋智猛撰。

姚振宗《隋書經籍志考證・地理類》 《遊行外國傳》一卷。沙門釋智猛撰。慧皎《高僧傳》：釋智猛，京兆新豐人。少襲法服，每聞外國道人説天竺國土有釋迦遺跡及方等衆經。遂以僞秦宏始六年，姚興年號，時爲晉安帝元興三年。發跡長安，西入流沙，歷鄯善、龜兹、於闐諸國，至波淪國、罽賓國、奇沙國、迦維羅衛國、華氏國阿育王舊都。以甲子歲發天竺還於涼州。甲子歲爲宋文帝元嘉元年，往反凡二十一年。以元嘉十四年入蜀，十六年七月造傳，記所游歷，元嘉末卒於成都。余歷尋游方沙門記列道路，時或不同，知游往天竺非止一路，故傳述見聞，難以例也。本志《道佛篇》：晉元熙中，新豐沙門智猛西行到華氏城，至高昌。《唐書・經籍志》：《外國傳》一卷。釋智猛撰。《唐書・藝文志》：僧智猛《遊行外國傳》一卷。

外國傳

《隋書・經籍志・地理》《外國傳》五卷。釋曇景撰。

鄭樵《通志・藝文略・地里・蠻夷》《外國傳》五卷。釋曇景撰。

姚振宗《隋書經籍志考證・地理類》《外國傳》五卷。釋曇景撰。《開元釋教録》：沙門釋曇景，不知何許人，于蕭齊代譯《摩耶經》等二部，羣録直云：齊世譯出，既不顯年，未詳何帝。案《法苑珠林・敬佛篇》云：昔法盛曇無竭再往西方，有傳五卷。《釋教録》云：沙門釋法勇，梵名曇無竭，宋永初元年，與沙門僧猛曇朗之徒二十五人，遠適西方。元嘉末年達于揚都，所歷事跡，別有記傳云云。曇景，唐智昇撰《釋教録》時已不詳其終始，或即與曇無竭同行二十五人之内者。

歷國傳

《隋書・經籍志・地理》《歷國傳》二卷。釋法盛撰。

《舊唐書・經籍志・地理》《歷國傳》二卷。釋法盛撰。

《新唐書・藝文志・地理類》僧法盛《歷國傳》二卷。

鄭樵《通志・藝文略・地里・蠻夷》《歷國傳》二卷。僧法盛撰。

祁承㸁《澹生堂藏書目・圖志・攬勝》《歷國傳》二卷。僧法盛。

姚振宗《隋書經籍志考證・地理類》《歷國傳》二卷。釋法盛撰。慧皎高僧曇無讖附傳：時高昌有沙門法盛，亦經往外國，立傳凡有四卷。又有竺法維、釋僧表，亦經往外國云。《開元釋教録》：沙門釋法盛，高昌人也。亦于涼代譯《投身餓虎經》一卷。故高僧曇無讖傳末云：于時有高昌沙門法盛，亦經往外國，有傳四卷。案此云涼代，謂沮渠蒙遜也，時當宋元嘉中。唐日本書目載法盛是書，亦云四卷。《唐書・經籍志》：《歷國傳》二卷，釋法盛撰，《唐書・藝文志》：僧法盛《歷國傳》二卷。

男女二國傳

《隋書・經籍志・地理》《男女二國傳》一卷。

鄭樵《通志・藝文略・地里・蠻夷》《男女二國傳》一卷。

姚振宗《隋書經籍志考證・地理類》《男女二國傳》一卷。不著撰人。《南史・夷貊傳》扶桑國者，齊永元元年，其國有沙門慧深來至荆州，説云扶桑東千餘里有女國。《隋書・西域傳》女國在葱嶺之南，其國代以女爲王，王姓蘇毗，字末羯。女王之夫號曰金聚，不知政事，國内丈夫唯以征伐爲務。開皇六年遣使朝貢，其後遂絶。

世界記

《隋書・經籍志・地理》《世界記》五卷。釋僧祐撰。

鄭樵《通志・藝文略・地里・地理》《世界記》五卷。釋僧祐撰。

姚振宗《隋書經籍志考證・地理類》《世界記》五卷。釋僧祐(傳)[撰]。僧祐有薩婆多部，傳見前雜傳類。僧祐自序略曰：竊維方等大典，多説深空，唯長鋡、樓炭辯章世界而文博偈廣，難卒檢究，且名師法匠職競玄義，事源委積未必曲盡。祐以庸固，志在拾遺，故抄集兩經以立根本，兼附雜曲，互出同異，撰爲五卷，名曰《世界集記》，將令三天階序，焕若披圖，六趣羣分，照如臨鏡。庶溺俗者發蒙，服道者瑩解。共見慧眼之因，俱成覺智之業焉。又《法集總目》云：區辨六趣，故述世界之記。案以《長阿含經》、《樓炭經》所説世界爲主，附以他雜説，成是記。《法苑珠林・傳記篇》：《世界記》一十卷，梁朝揚州建安寺沙門釋僧祐撰。

魏國已西十一國事

《舊唐書・經籍志・地理》《魏國已西十一國事》一卷。宋雲撰。

《新唐書・藝文志・地理類》 宋雲《魏國以西十一國事》一卷。

大隋翻經婆羅門法師外國傳

《隋書・經籍志・地理》 《大隋翻經婆羅門法師外國傳》五卷。

鄭樵《通志・藝文略・地里・蠻夷》 《大隋翻經婆羅門法師外國傳》五卷。

西域道里記

《隋書・經籍志・地理》 《西域道里記》三卷。

《舊唐書・經籍志・地理》 《西域道里記》三卷。

《新唐書・藝文志・地理類》 程士章《西域道里記》三卷。

鄭樵《通志・藝文略・地里・蠻夷》 《西域道里記》三卷。程士章撰。

姚振宗《隋書經籍志考證・地理類》 《西域道里記》一卷。不著撰人。

西域諸國志

李昉《太平御覽經史圖書綱目》 《西域諸國志》。

西域圖記

李昉《太平御覽經史圖書綱目》 《西域圖記》。

西域記

焦竑《國史經籍志・地里・蠻夷》 《西域記》十二卷。唐僧辨機。

西域國志

《新唐書・藝文志・地理類》 《西域國志》六十卷。高宗遣使分往康國、吐火羅，訪其風俗物産，畫圖以聞。詔史官撰次，許敬宗領之，顯慶三年上。

鄭樵《通志・藝文略・地里・蠻夷》 《西域國志》六十卷。

焦竑《國史經籍志・地里・蠻夷》 《西域(圖)[國]志》六十卷。

西域行記

錢東垣等輯《崇文總目輯釋・地理類》 《西域行記》一卷。

海圖志

焦竑《國史經籍志・地里・川瀆》 《海圖志》一卷。竇叔蒙。

趙汝适諸蕃志

馬端臨《文獻通考・經籍考・地理》 《諸蕃志》二卷。

陳振孫《直齋書録解題・地理類》 《諸蕃志》二卷。福建提舉市舶趙汝适記諸蕃國及物貨所出。

楊士奇等《文淵閣書目・古今志》 《諸蕃志》。一册。

《四庫全書總目提要・地理類四・外紀》 《諸蕃志》二卷。《永樂大典》本。宋趙汝适撰。汝适始末無考，惟據《宋史・宗室世系表》，知其爲岐王仲忽之元孫，安康郡王士說之曾孫，銀青光禄大夫不柔之孫，善待之子，出於簡王元份房，上距太宗八世耳。此書乃其提舉福建路市舶時所作。於時宋已南渡，諸蕃惟市舶僅通，故所言皆海國之事。《宋史·外國列傳》實引用之。核其敘次事類，歲月皆合。但《宋史》詳事蹟而略於風土、物産，此則詳風土、物産而略於事蹟。蓋一則史傳，一則雜志，體各有宣，不以偏舉爲病也。所列諸國，賓瞳龍，史作賓同隴。登流眉，史作丹流眉。阿婆羅拔，史作阿蒲羅拔。麻逸，史作摩逸。蓋譯語對音，本無定字。龍、隴，三聲之通。登、丹，蒲、婆，麻、摩，雙聲之轉。呼有輕重，故文有異同。無由核其是非，今亦各仍其舊。惟南宋僻處臨安，海道所通，東南爲近。志中乃兼載大秦、天竺諸國，似乎隔越西域，未必親覩其人。然考《册府元龜》載唐時祆教稱大秦寺，《程史》所記廣州海獠，即其種類。又法顯《佛國記》載陸行至天竺，附商舶還晉。知二國皆轉海可通，故汝适得於福州見其市易。然則是書所記，皆得諸見聞，親爲詢訪。宜其敘述詳核，爲史家之所依據矣。

滕賓萬邦一覽集

倪燦等《補遼金元藝文志·地理類》《滕賓萬邦一覽集》。

島夷志略

楊士奇等《文淵閣書目·古今志》《島夷志》一册。

錢謙益等《絳雲樓書目·地誌類》《島夷志》。

錢曾《讀書敏求記·别志》 汪焕章《島夷志》一卷。豫章汪焕章，少負奇氣，負舶浮于海者，數年始歸。書其目之所及，不下數十國，勒成一書，名《島夷志》。中一則云：至順庚午冬十月十有二日，卸帆大佛山下，月明水清，水中見樹婆娑，意謂琅玕珊瑚之屬。命童子入水拔之，出即堅如鐵，高僅盈尺，槎牙奇怪。枝有一蕊一花，天然江色既開者，彷彿牡丹半含者，類乎菡萏。舟人咸雀躍，曰此謂瓊樹開花，海中稀有，千年始一遇耳。携歸留于君子堂，虞邵菴賦詩誌其異。其所記奇詭，率多類此。是書爲元人舊鈔本，至正年間，河東張翥、三山吴鑒序之，咸謂其言可信不誣。鄒衍曰：九州之外，復有九州。焕章此志，悉前古所未聞，予醯雞也，無能發甕天之覆，聊存其書而已。

晁瑮《晁氏寶文堂書目·圖誌》《島夷志》。

《四庫全書總目提要·地理類四·外紀》《島夷志略》一卷。浙江范懋柱家天一閣藏本。元汪大淵撰。大淵字焕章，南昌人。至正中，嘗附賈舶浮海越數十國，紀所聞見成此書。今以明馬觀《瀛涯勝覽》互勘，如觀所稱占城之人頂三山金花冠，衣皆縈綵帨，産伽南香、觀音竹、降真香之屬。瓜哇之斯村、沽灘、新村、蘇馬、魯隘、港口諸處，風俗各異。又其國人有三等，其土産有白芝蔴、緑荳、蘇木、金剛子、白檀、肉荳蔻、龜筒、玳瑁、紅緑鸚鵡之屬，舊港有火鷄、神鹿之屬，皆爲此書所未載。又所載《真臘風土記》亦僅十之四五。蓋殊方絶域，偶一維舟，斷不能周覽無遺。所見各殊，則所記各别，不足異也。至云瓜哇即古闍婆考，《明史》明太祖時瓜哇、闍婆二國並來貢，其二國國王之名亦不同。大淵併而爲一，則傳聞之誤矣。然諸史外國列傳，秉筆之人皆未嘗身歷其地。即趙汝适《諸蕃志》之類，亦多得於市舶之口傳。大淵此書則皆親歷而手記之，究非空談無徵者比。故所記羅衛、羅斛、針路諸國，大半爲史所不載。又於諸國山川、險要、方域、疆里一一記述，即載於史者亦不及所言之詳，録之亦足資考證也。考黄虞稷《千頃堂書目》及焦竑《國史經籍志》皆不載是書，唯錢曾《讀書敏求記》載之，稱爲元人舊鈔本，則此書久無刊版，傳播殊稀。又稱至正年間河東張翥、三山吴鑒爲之序。今考此本，二人之序俱存。然吴鑒序乃有二篇，前一篇題至正己丑，乃此書原序。後一篇題至正十一年，在前序後二年，乃所作《清源續志》之序，誤入此書。蓋吴鑒修志之時，以泉州爲海道所通，賈船所聚，因附刊此書於志末，摘録者併志序鈔之也。又有嘉靖戊申袁袠跋，頗議其漏載日本。蓋未悉大淵此書，惟紀所見，非海國全志云。

錢大昕《補元史藝文志·地理類》 汪焕章《島夷志略》一卷。字大淵，豫章人。

星槎勝覽

范邦甸等《天一閣書目·地理類》《星槎勝覽》四卷。緜紙藍絲闌鈔本。明正統元年費信撰并序。

王圻《續文獻通考·經籍考·地理》《星槎勝覽》。永樂中遣太監鄭和等領兵曉諭諸番，太倉費信採其風俗土産之詳，作是書以獻。

徐𤊹《徐氏家藏書目·外夷省》《星槎勝覽》一卷。

祁承㸁《澹生堂藏書目·國朝史類·行役·使命》《星槎勝覽》。一卷。費信。紀録彙編本、百名家書本、古今説海本。

錢謙益等《絳雲樓書目·地誌類》《星槎勝覽》。一卷。費信撰。信，太倉人，從鄭和使西洋，因記其土俗之詳。震川先生言此書詞多鄙蕪，上海陸子淵學士家刻《説海》中，稍加删潤。《説海》乃文裕子楫所刊，與文裕無涉。

黄虞稷《千頃堂書目·地理類下》費信《星槎勝覽》前集一卷後集一卷，又《天心紀行録》一卷。字公晚，太倉衛人。永樂中從鄭和使西洋，記所歷之國。

《明史·藝文志·地理類》費信《星槎勝覽集》二卷。

丁立中《八千卷樓書目·地理類·外紀》《星槎勝覽》四卷。明費信撰。《學海類編》本、《紀録彙編》本。

天心紀行録

《明史·藝文志·地理類》費信《天心紀行録》一卷。永樂中，從鄭和使西洋所紀。

周致中異域志

黄虞稷《千頃堂書目·地理類下》周致中《異域志》三卷。

倪燦等《補遼金元藝文志·地理類》周致中《異域志》三卷。

錢大昕《補元史藝文志·地理類》周致中《異域志》三卷。

異域志

《四庫全書總目提要·地理類存目七·外紀》《異域志》一卷。浙江范懋柱家天一閣藏本。不著撰人名氏。篇首胡惟庸序曰：《贏蟲録》者，予自吴元年丁未，出鎮江陵，有處士周致中者，前元之知院也，持是録獻於軍門。則此書初名《贏蟲録》，爲周致中所作。又開濟跋曰：是書吾兄得之於青宫，乃國初之故物。今吾兄重編，更其名曰《異域志》。則此書名《異域志》乃開濟之兄所更定。然考明太祖於元至正二十四年甲辰，建國號曰吴。丁未當稱吴三年，不得稱元年。又濟跋題壬午長至，爲惠帝建文四年。其時濟被誅已久，不應作跋，疑皆出於依託也。其書中雜論諸國風俗、物産、土地，語甚簡略，頗與金銑所刻《異域圖志》相似，無足採録。

贏蟲録

朱睦㮮《萬卷堂書目·雜志》《瀛蟲録》一卷。陳清。

黄虞稷《千頃堂書目·地理類下》《贏蟲録》一卷。

異域圖志

嵇璜等《續通志·圖譜略·記有·地理》宋人《異域圖志》。

《四庫全書總目提要·地理類存目七·外紀》《異域圖志》一卷。浙江范懋柱家天一閣藏本。不著撰人名氏。後有明廣信府知府金銑序，謂宋亦有應天府，疑是宋書。然書中載明初封元梁王子於耽羅，則爲明人所作無疑。其書摭拾諸史及諸小説而成，頗多疎舛。如占城役屬於安南，乃云安南爲占城役屬，殊不足據。其他敘述，亦太寥寥。

異域志

高儒《百川書志·地理》《異域志》一卷。不著作者，凡所編入者一百五十八國。

晁瑮《晁氏寶文堂書目·圖誌》《異域志》。

朱睦㮮《萬卷堂書目·雜志》《異域志》。

趙琦美《脈望館書目·史·外夷》《異域志》二本。

徐𤊹《徐氏家藏書目·外夷省》《異域志》二卷。

瀛涯勝覽

晁瑮《晁氏寶文堂書目・圖誌》《瀛涯勝覽》。

徐𤊹《徐氏家藏書目・外夷省》《瀛涯勝覽》二卷。馬歡。

祁承㸁《澹生堂藏書目・國朝史類・行役・使命》《瀛涯勝覽》。一卷。馬汝欽。附《瀛涯記行詩》説(鈔)[郛]本、徵信叢録本、紀録彙編本、百名家書本、古今説海本。

黄虞稷《千頃堂書目・地理類下》馬歡《瀛涯勝覽》一卷。會稽人。

《明史・藝文志・地理類》馬歡《瀛涯勝覽》一卷。

《四庫全書總目提要・地理類存目七・外紀》《瀛涯勝覽》一卷。兩江總督採進本。明馬(觀)[歡]撰。觀不知何許人。書中多記鄭和出使時事，則作於永樂以後也。所記海外諸番曰占城、曰爪哇、曰舊港國、曰暹羅、曰滿剌加、曰啞魯國、曰蘇門荅剌、曰那孤兒、曰黎代、曰喃勃里、曰錫蘭、曰小葛蘭、曰阿枝、曰古俚、曰溜山、曰祖法兒、曰阿丹國、曰榜葛剌國、曰忽魯謨厠國，凡十九國，而爲篇十八。其那孤兒國附見蘇門荅剌後，以其微也。各載其疆域、道里、風俗、物産，亦略及沿革，大抵與史傳相出入。

改正瀛涯勝覽

祁承㸁《澹生堂藏書目・國朝史類・行役・使命》《改正瀛涯勝覽》一卷。張昇。張儁公集本。紀録彙編本、百名家書本、古今説海本。

黄虞稷《千頃堂書目・地理類下》張昇《改正瀛涯勝覽》一卷。

丁立中《八千卷樓書目・地理類・外紀》《瀛涯勝覽集》一卷。明張昇撰。紀録彙編本。

西洋番國志

黄虞稷《千頃堂書目・地理類下》鞏珍《西洋番國志》一册。金陵人。

錢曾《讀書敏求記・別志》鞏珍《西洋番國志》一卷。永樂初，勅遣中外重臣循西海諸國。宣宗嗣位，復命正使太監鄭和、王景弘等往海外徧諭諸番。時金陵鞏珍從事總制之幕，往還三年，所至番部二十餘處。在處詢訪紀録無遺，宣德元年，編次成集。予觀其議事詳核，行文贍雅，非若《星槎勝覽》等書之影略成編者。蓋三保下西洋，委巷流傳甚廣，内府之劇戲，看場之平話，子虚亡是，皆俗語流爲丹青耳。今夷考之，此册首載永樂十八年十二月初十日勅太監楊慶往西洋公幹，十九年十月十六日勅内官鄭和、孔和、卜花、唐觀保，今遣内官洪保等送各番國使臣回還，合用賞使，即照依坐去數目關給與之。宣德五年五月初四日勅南京守備太監楊慶、羅智、唐觀保，大使袁誠，今命太監鄭和往西洋公幹，大小海舡該關領原交南京入庫，各衙門一應正錢糧并賞賜，并原下西洋官員買到物件及隨舡合用等物，勅至即照數放支，與太監鄭和、王景弘、李興、朱良、楊真右，少監洪保等關領前去應用。詳觀前後勅書，下西洋似非鄭和一人，鄭和往返亦似非一次。惜乎國初事蹟記載闕如，茫無援據，徒令人興放失舊聞之嘆而已。

《四庫全書總目提要・地理類存目七・外紀之屬》《西洋番國志》。無卷數。浙江巡撫採進本。明鞏珍撰。珍，應天人。其仕履始末未詳。永樂中，敕遣太監鄭和等出使西洋。宣宗嗣位，復命和及王景宏等往海外，徧諭諸番。時珍從事總制之幕，往還三年。所歷諸番曰占城、曰爪哇、曰暹羅、曰舊港、曰啞嚕、曰滿剌加、曰蘇門荅剌、曰那姑兒、曰黎代、曰喃勃里、曰溜山、曰榜葛剌、曰錫蘭山、曰小葛蘭、曰阿枝、曰古里、曰祖法兒、曰忽魯謨斯、曰阿丹、曰天方，凡二十國。於其風土人物，詢諸通事，轉譯漢語，覶縷畢記。至宣德九年編成。所記與《明史・外國傳》大概相同，疑史採用此書也。

海語

錢謙益等《絳雲樓書目・地誌類》《海語》。一卷。黄衷。

《四庫全書總目提要・地理類四・外紀》《海語》三卷。浙江鄭大節家藏本。明黄衷撰。衷字子和，南海人。弘治丙辰進士，官至兵部右侍郎。是書乃其晚年致政家居，就海洋番舶，詢悉其山川風土，裒録成編。自序稱鐵橋病叟者，其別號也。《廣東通志》載是書，作一卷。此本實三卷，分爲四類。曰風俗，凡二目。曰物産，凡二十九目。曰畏途，凡五目。曰物怪，凡八目。所述海中荒忽奇譎之狀，極爲詳備。然皆出舟師舵卒所親見，非《山海經》、《神異經》等純構虚詞、誕幻不經者比。每條下間附論斷，詞致高簡，時寓勸戒，亦頗有可觀。書中別有附註，乃其族子學準增加。原本所載，今併存焉。按《明史・滿剌加傳》，稱正嘉間爲佛郎機所滅，而此書則稱佛郎機破其國，王退依陂隄里，佛郎機整衆而去，王乃復所云云，與史稍有不同。此書成於嘉靖初海賈所傳，見聞較近，似當不失其實。是尤可訂史傳之異，不僅博物之資矣。

丁立中《八千卷樓書目・地理類・外紀》《海語》三卷。明黄衷撰。紛欣閣本。學津討原本。道光間吴氏刊本。嶺南遺書本。

西洋朝貢典録

錢謙益等《絳雲樓書目・地誌類》《西洋朝貢典録》。吴人黄省曾撰。永樂十三年，吏部員外郎陳誠上《使西域記》，凡十七國。蓋在鄭和下西洋之後，真聲教四訖之時也。

黄虞稷《千頃堂書目・地理類下》黄省曾《西洋朝貢典録》二卷。

錢曾《讀書敏求記・別志》黄省曾《西洋朝貢典録》三卷。東川居士孫胤伽跋云：此書序見黄公《五岳集》久矣，往來于胸中者三十年。歲己未，錢受之搜秘册，于郡城故家得黄公手藁，歸以貽予，遂命童子録之。此書初未入梓，自藁本外，只此册耳。

《明史・藝文志・地理類》黄省曾《西洋朝貢典録》二卷。

《四庫全書總目提要・地理類存目七・外紀》《西洋朝貢典録》三卷。江蘇巡撫採進本。明黄省曾撰。省曾字勉之，吴縣人。嘉靖辛卯舉人。《明史・文苑傳》附見文徵明傳中。是編紀西洋諸國朝貢之事。自占城以迄天方，爲國二十有三。國各一篇，篇各有論。凡道里遠近、風俗美惡、物産器用之殊，言語衣服之異，靡不詳載。考《明史・外國傳》，其時通職貢者尚不盡於此録。省曾止就内侍鄭和所歷之國，編次成書，餘固未暇及也。末有二跋，一爲東川居士孫允伽，一爲清常道人趙開美。允伽稱此書初未付梓，得其手稾録之。開美謂其章法句法頗學《山海經》，信爲奇書。錢曾《讀書敏求記》亦載之。然其精華已採入正史，餘亦無他異聞也。

殊域周咨録

范邦甸等《天一閣書目・地理類》《殊域周咨録》二十四卷。刊本。明嚴崇簡撰。

趙琦美《脈望館書目・史・外紀》《殊域周咨録》十二本。

徐𤊹《徐氏家藏書目・外夷省》《殊域周咨》。

黄虞稷《千頃堂書目・地理類下》嚴從諫《殊域周咨録》二十四卷。嘉興人。嘉靖乙未進士。

《明史・藝文志・地理類》嚴從簡《殊域周咨録》二十四卷。

丁丙《善本書室藏書志・地理類・外紀》《殊域周咨録》二十四卷。明刊本。海虞吴蔚光藏書。明行人司行人、刑科右給事中嘉禾嚴從簡輯。是録載於《千頃堂書目》。一卷朝鮮，二至三日本，四琉球，五至六安南，七占城，八真臘、暹羅、滿剌加、爪哇、三佛齊、勃泥、瑣里古里，九蘇門答剌、錫蘭、蘇禄、麻剌、忽魯謨斯、佛郎機、雲南百夷，十吐蕃，十一拂箖、榜葛剌、默德那、天方國，十二哈密，十三吐魯番，十四赤斤蒙古、安定阿端、曲先、罕東、火州，十五撒馬兒罕、亦力把力、于闐、哈烈，十六至二十二韃靼，二十三兀良哈，二十四女直。萬曆癸未正治上卿吏部尚書滇浙居士寅所嚴清撰序，謂諫議姪紹峰子擕所著《殊域周咨録》乞序，乃知其官行人時所輯。名以周咨者，因靡及之懷，勤採訪之博，雖於耿光大烈，未克兼總其全；若門類分編，豈非爲天下九經中柔遠人懷諸侯之模範哉。有「蔚光太史公小宗伯海虞吴氏擁書樓圖史」諸印。蔚光字哲甫，號竹橋，昭文人，乾隆四十五年進士，官禮部主事。

咸賓録

趙琦美《脈望館書目・史・外夷》《咸賓録》四本。羅曰褧。

徐𤊹《徐氏家藏書目・外夷省》《咸賓録》八卷。羅曰褧。

黄虞稷《千頃堂書目・地理類下》羅曰褧《咸賓録》八卷。豫章人。

《明史・藝文志・地理類》羅曰褧《咸賓録》八卷。

《四庫全書總目提要・地理類存目七・外紀》《咸賓録》八卷。浙江鮑士恭家藏本。明羅曰褧撰。曰褧，字尚之，江西人。是編刊於萬曆中。分列諸國之事，以東西南北爲分，欲誇明代聲教之遠，故曰咸賓。其實多非朝貢之國。又敘事古今糅雜，標題人地混淆，亦頗無體例。

海外輿圖全説

祁承㸁《澹生堂藏書目・國志・統志》《海外輿圖全説》一册。二卷。厖迪我述。

嵇璜等《續通志・圖譜略・記無・地理》西洋人龎迪我《海外輿圖全説》。

黃虞稷《千頃堂書目・地理類上》龎迪我《海外輿圖全説》二册。

《明史・藝文志・地理類》龎迪我《海外輿圖全説》二卷。

東西洋考

徐𤊹《徐氏家藏書目・外夷省》《東西洋考》十二卷。張燮。

祁承㸁《澹生堂藏書目・國朝史類・風土・異域》《東西洋考》八册。十二卷。張燮。

黃虞稷《千頃堂書目・地理類下》張燮《東西洋考》十二卷。龍谿人，舉人。

《四庫全書總目提要・地理類四・外紀》《東西洋考》十二卷。江蘇巡撫採進本。明張燮撰。燮字紹和，龍溪人，萬曆甲午舉人。考《明史・黃道周傳》載其三罪四恥七不如疏在崇禎十八年，距燮鄉薦之時已四十四年，尚稱志尚高雅，博學多通，不如龍溪舉人張燮，則燮以舉人終於家也。是書成於萬曆丁巳，仿宋趙汝适《諸蕃志》例，惟載海國之通互市者。首西洋考，凡十五國，又附録者四。次東洋考，凡七國，又附録者十二。次外紀考，爲日本及紅毛番，不通貢市，故別著之。次稅餉考，分水編、陸編、職官、公署四子目。次舟師考，分內港水程、二洋針路、祭祀占驗、水醒水忌、定日、惡風、潮汐七子目。次稅璫考，紀神宗時內官高宷通番蠹國，劫官擾民始末最詳。次藝文，次逸事考。其例於交阯、占城、暹羅、彭亨、呂宋、蘇禄，名與古同者，仍用古名。他若瓜哇之爲下港，柬埔寨之爲真臘，大泥之爲勃泥，舊港之爲三佛齊，麻六甲之爲滿剌加，啞齊之爲蘇門荅剌，思吉港之爲蘇吉，丹遲悶之爲吉里地，悶文萊之爲婆羅，貓里務之爲合貓里，則並從今名，使通俗易檢。每國先列沿革事蹟，多與諸史相出入。如占城即古林邑，而五代史以爲自古未通之類，亦頗有改正。大致與《明一統志》略同，而稍益以諸書。如閩部疏之誤記燕窩菜，及小葛羅誤稱吉蘭丹之類，咸附辨之。次列海船交易之例，則皆採自海師賈客之口，爲傳記之所未詳。其稅璫一篇，言利弊最悉。水程針路諸篇，尤切於實用。惟明代控制外番，至爲無術。無事則百計以漁利，有變則委曲以苟安。事事可爲炯戒，而篇末諸論，乃稱功頌德，曲筆實多。蓋當時臣子之詞，置而不論可矣。

職方外紀

徐𤊹《徐氏家藏書目・外夷省》《職方外紀》五卷。艾儒略。

祁承㸁《澹生堂藏書目・國志・通志》《職方外紀》二册。二卷。西洋艾儒略著。

黃虞稷《千頃堂書目・地理類下》艾儒略《職方外紀》五卷。

《明史・藝文志・地理類》艾儒略《職方外紀》五卷。

《四庫全書總目提要・地理類四・外紀》《職方外紀》五卷。兩江總督採進本。明西洋人艾儒略撰。其書成於天啓癸亥，自序謂利氏齎進《萬國圖志》，龎氏奉命翻譯，儒略更增補以成之。蓋因利瑪竇、龎我迪舊本潤色之，不盡儒略自作也。所紀皆絶域風土，爲自古輿圖所不載，故曰《職方外紀》。其説分天下爲五大州，一曰亞細亞州，其地西起那多理亞，離福島六十二度。東至亞尼俺峽，離福島一百八十度。南起爪哇，在赤道南十二度。北至冰海，在赤道北七十二度。二曰歐邏巴州，其地南起地中海，北極出地三十五度。北至冰海，北極出地八十餘度，徑一萬一千二百五十里。西起西海福島初度，東至阿比河，距福島九十二度，徑二萬三千里。三曰利未亞州，西南皆至利未亞海，東至西紅海，北至地中海，極南南極出地三十五度，極北北極出地三十五度，東西廣七十八度。四曰亞墨利加，地分南北，中通一峽。峽南之地，南起墨瓦蠟泥海峽，南極出地五十二度。北至加納達，北極出地十度半。西起福島二百八十六度，東至三百五十五度。峽北之地，南起加納達，南極出地十度半。北至冰海，其北極出地度數則未之測量。西起福島一百八十度，東盡三百六十度。五曰墨瓦蠟尼加，則彼國與之初通，疆域道里，尚莫得詳焉。前冠以萬國全圖，後附以四海總説。所述多奇異不可究詰，似不免多所夸飾。然天地之大，何所不有，録而存之，亦足以廣異聞也。

張之洞《書目答問・地理・外紀》《職方外紀》五卷。明艾儒略。守山閣本。金壺本。龍威本。

輶軒紀事

黄虞稷《千頃堂書目・地理類下》姜曰廣《輶軒紀事》一卷。

重譯圖經

錢曾《讀書敏求記・地理輿圖》《重譯圖經》二卷。圖共一百三十有四，五采繪畫，精妙絶倫。博採《朝貢典録》、《四夷考》、《島夷志》等成書，核而可稽。昔人作《王會圖》，亦不是過矣。此等書，人間絶少，唯吾家有之。披視之間，洵足驚人。《蜾虫録》雜採《山海經》異狀圖之，不足存也。

外國志

馬國翰《玉函山房藏書簿録・史編・地理類》《外國志》八卷。《西堂集》本。國朝尤侗撰。有《明史》撰傳，已著録。此亦擬史之四夷志傳，而以外國標名，故列之地理。

外國竹枝詞

馬國翰《玉函山房藏書簿録・史編・地理類》《外國竹枝詞》一卷。《昭代叢書》本。尤侗撰。自朝鮮至蒙古凡八十九國，爲詞百首，後附土謡十首，又附閩人沙起雲喜亭日本雜詠十六首。

丁立中《八千卷樓書目・地理類・外紀》《外國竹枝詞》一卷。國朝尤侗撰。《龍威秘書》本。《昭代叢書》本。

坤輿圖説

《四庫全書總目提要・地理類四・外紀》《坤輿圖説》二卷。内府藏本。國朝南懷仁撰。懷仁，西洋人。康熙中官欽天監監正。是書上卷自坤輿至人物，分十五條，皆言地之所生。下卷載海外諸國道里、山川、民風、物産，分爲五大州，而終之以西洋七奇圖説。大致與艾儒略《職方外紀》互相出入，而亦時有詳略異同。按東方朔《神異經》曰：東南大荒之中有樸父焉，夫婦並高千里。腹圍按此下當有腹圍之里數，原本脱佚，今姑仍之。自輔天初立時，使其夫婦導開百川。嬾不用意，謫之並立東南。不飲不食，不畏寒暑。須黄河清，當復使其夫婦導護百川云云。此書所載有銅人跨海而立，巨舶往來出其胯下者，似影附此語而作。又《神異經》曰：北方層冰萬里，厚百丈，有磎鼠在冰下土中焉。形如鼠，肉重千觔。可以作脯，食之已熱云云。此書記此物全與相合。又周密《癸辛雜識》曰：西域有沙海，正據要津。其水熱如湯，不可向邇。此天之所以限華夷也，終古未嘗通中國。忽一日有巨獸浮水窒，其骨長數十里，横於兩涘，如津梁然。骨中有髓竅，可容並馬，於是西域之地始通中國。謀往來者每以膏油塗其骨，懼其枯朽而折，則無復可通故耳云云。此書記此事亦全與相合。疑其東來以後，得見中國古書，因依仿而變幻其説，不必皆有實迹。然核以諸書所記，賈舶之所傳聞，亦有歷歷不誣者。蓋雖有所粉飾，而不盡虛構。存廣異聞，固亦無不可也。

張之洞《書目答問・地理・外紀》《坤輿圖説》二卷。明南懷仁。《指海》本。

别本坤輿外紀

《四庫全書總目提要・地理類存目七・外紀》《别本坤輿外紀》一卷。大學士英廉購進本。舊題本。國朝南懷仁撰。載吴震方《説鈴・前集》中。案懷仁《坤輿外紀》,别有全本,已著於録。此本摘録其文,併删其圖説,乃叢書之節本,猶明季坊刻竄亂古書之陋習也。

坤輿格致

丁立中《八千卷樓書目・地理類・外紀》《坤輿格致》一卷。國朝西洋南懷仁撰。抄本。

古今外國名考

馬國翰《玉函山房藏書簿録・史編・地理類》《古今外國名考》一卷。國朝淄川孫蘭滋九撰。考外國古今名之異。

海外紀事

《四庫全書總目提要・地理類存目七・外紀》《海外紀事》六卷。浙江巡撫採進本。國朝釋大汕撰。大汕,廣東長壽寺僧。康熙乙亥春,大越國王阮福週聘往説法,越歲而歸。因記其國之風土以及大洋往來所見聞。大越國者,其先世乃安南贅壻,分藩割據,遂稱大越。卷前有阮福週序,題丙子蒲月。蓋康熙三十五年也。

八紘譯史

《四庫全書總目提要・地理類存目七・外紀》《八紘譯史》四卷,《紀餘》四卷。江蘇巡撫採進本。國朝陸次雲撰。次雲有《湖壖雜記》,已著録。是書專録荒外諸國,古事皆採摭史傳,複見不鮮。近事多據《瀛涯勝覽》、《職方外紀》諸書,亦多傳聞失實。所記西域山川物産,其地自天威耆定,俱入版圖。如謂高昌盛暑,人皆穴處,鳥飛或爲日氣所爍而墮。謂火焰山烟焰燭天,謂火蠶綿絮衣一襲,止用一兩,稍多,熱不可耐。謂白叠子,其實成繭,中有細絲。謂哈密四味木,其實如棗,以竹刀取之則甘,鐵刀取之則苦,木刀取之則酸,蘆刀取之則辛。謂龜茲有山出泉,行數里入地,狀如醍醐,甚臭,人服之,齒落更生。今由嘉峪關南路至喀什噶爾,即經三國故地,安得有此事哉,即其他可知矣。後附《譯史紀餘》四卷,一爲東海、西海及異物,二爲高麗、日本、占城、安南、琉球之詩,三爲外國錢文,四爲西番、百譯、緬甸、暹羅四國之書,亦皆耳剽之談,不爲確據。如人面魚食目一條,此書作前朝使臣至日本事。《峒谿纖志》又以爲苗人進於初官是土著。一人之書而自相矛盾,是尚可爲信史哉。

丁立中《八千卷樓書目・地理類・外紀》《八紘繹史》四卷《紀餘》四卷。國朝陸次雲撰。原刊本。九種本。《龍威秘書》本。《昭代叢書》紀餘本。

八紘荒史

《四庫全書總目提要・地理類存目七・外紀》《八紘荒史》一卷。江蘇巡撫採進本。國朝陸次雲撰。次雲既撰《八紘譯史》,記其曾通中國者。因復摭小説稗官所載荒渺之説,爲此書,皆無稽之談也。書首題卷之一,則當不止此卷。而次雲所刻雜著,前列總目,此書實止一卷。豈欲續輯而未成歟。

丁立中《八千卷樓書目・地理類・外紀》《八紘荒史》一卷。國朝陸次雲撰。原刊本。《龍威秘書》本。

譯史紀餘

馬國翰《玉函山房藏書簿録・史編・地理類》《譯史紀餘》四卷。陸次雲撰。補前二書之遺。

外國紀

丁立中《八千卷樓書目・地理類・外紀》《外國紀》一卷。國朝張玉書撰。《昭代叢書》本。

異域録

《四庫全書總目提要・地理類四・外紀》《異域録》一卷。兵部侍郎紀昀家藏本。國朝圖理琛撰。圖理琛姓何顏覺羅氏，先世葉赫人。由考取内閣中書，官至兵部職方司郎中。是編乃康熙五十一年五月，圖理琛以原任内閣侍讀奉命出使土爾扈特，由喀爾喀，越俄羅斯國，至其地。五十四年三月，回京師復命。因述其道里、山川、民風、物産以及應對禮儀，恭呈御覽。冠以輿圖，次隨日紀載見聞。其體例略如宋人行記，但宋人行記以日月爲綱，而地理附見，此則以地理爲綱而月日附見。所歷俄羅斯境，曰楚庫柏興、曰烏的柏興、曰柏海爾湖、曰尼爾庫城、曰昂噶拉河、曰伊聶謝柏興、曰麻科斯科、曰揭的河、曰那里本柏興、曰蘇爾呼忒柏興、曰薩瑪爾斯科、曰狄木演斯科、曰托波爾、曰鴉班沁、曰費耶爾和土爾斯科城、曰費耶爾和土爾斯科佛落克嶺、曰索里喀穆斯科、曰改果羅多、曰黑林諾付、曰喀山、曰西穆必爾斯科、曰薩拉托付、曰塔喇斯科、曰托穆斯科、曰伊里木城，皆其大聚落也。其地爲自古輿記所不載，亦自古使節所未經。如《史記》述匈奴北海，頗作疑詞，故儒者類言無北海。今據圖理琛所記，知伊聶謝柏興距北海大洋一月程。又《唐書》稱薛延陀夜不甚暗，猶可博弈，僅得之於傳聞。圖理琛以五月至其地，知夏至前後確有是事。皆我聖祖仁皇帝德化覃敷，威稜震疊，故輶車所至，莫不具驛傳，供芻糒，涉越三四萬里，如行闤闠。故得以從容遊覽，見所未見，聞所未聞。纂述成編，以補亘古黄圖所未悉。今備録其文，使天下萬世知聖化彌綸，迥出於章亥所步之外。且所記俄羅斯、土爾扈特畏懷恭順之忱，尤足見堯天丕冒，砥屬無垠。凡在方趾圓顱，無不鱗集仰流，效誠恐後，爲三五以來所未有。今土爾扈特已全部内附，而所記俄羅斯南路十四國，乾隆乙亥以後，又已盡入版圖。併以見武烈文謨，顯承啟佑，所由拓億禩之丕基者，非偶然也。

張之洞《書目答問・地理・外紀》《異域録》二卷。圖理琛。借月山房本。《指海》本。多紀俄羅斯地理。

丁立中《八千卷樓書目・地理類・外紀》《異域録》一卷。國朝圖理琛撰。原刊本。澤古齋本。《昭代叢書》本。

海國聞見録

《四庫全書總目提要・地理類四・外紀》《海國聞見録》一卷。浙江巡撫採進本。國朝陳倫炯撰。倫炯字資齋，同安人。父昂，康熙二十一年從靖海侯施烺平定臺灣。烺又使搜捕餘黨，出入東西洋五年。敘功授職，官至廣東副都統。按副都統爲滿洲額缺，陳昂得是官，蓋出特典。倫炯少從其父，熟聞海道形勢。及襲父蔭，復由侍衛歷任澎湖副將、臺灣鎮總兵官。移廣東高雷廉、江南崇明、狼山諸鎮。又爲浙江寧波水師提督，皆濱海地也。故以平生聞見，著爲此書。上卷記八篇，曰天下沿海形勢録、曰東洋記、曰東南洋記、曰南洋記、曰小西洋記、曰大西洋記、曰崑屯記、曰南澳氣記。下卷圖六幅，曰四海總圖、曰沿海全圖、曰臺灣圖、曰臺灣後山圖、曰澎湖圖、曰瓊州圖。凡山川之扼塞，道里之遠近，沙礁島嶼之夷險，風雲氣候之測驗，以及外蕃民風、物産，一一備書。雖卷帙無多，然積父子兩世之閲歷，參稽考驗，言必有徵。視勦傳聞而述新奇，據故籍而談形勢者，其事固區以別矣。其南澳氣記中稱萬里長沙者，即《列子》所謂歸墟，《莊子》所謂尾閭，《抱朴子》所謂沃焦，《宋史・琉球傳》所謂落漈，但諸書皆言注之不盈，倫炯則推以潮長而此溜落，潮落而此溜長，知水自上入，仍自下出。其言確切近理，足以決千古耳食之疑。又史稱舟落漈者一去不返，倫炯則謂乘潮長之時求出，則外高内下，反不得出。如潮落乘南風棹船，尚可出。雍正丙午，有閩船落漈者，果如其説得還。此語亦前人所未發。惟所記七洲洋帶箭鳥，謂由鄭和呼鳥插箭爲記，以導海舶。又記暹羅鬼與鄭和鬥法，夜建寺塔，今尚在焉。則蓄俗信鬼，有此附會之談。倫炯不爲辨正，是亦少疎。然是書主於記海道，不主於考故實。彼國既有此説，據而録之，固亦無害宏旨爾。

張之洞《書目答問·地理·外紀》《海國聞見録》附圖二卷。陳倫炯。珠塵本。

丁立中《八千卷樓書目·地理類·外紀》《海國聞見録》二卷。國朝陳倫炯撰。《藝海珠塵》本。明辨齋本。原刊本。《昭代叢書》一卷本。

地球圖説

張之洞《書目答問·地理·外紀》《地球圖説》一卷。西洋蔣友仁譯。何國宗錢大昕奉。敕潤色文選樓本。

海國圖志定本

張之洞《書目答問·地理·外紀》《海國圖志定本》一百卷。林則徐譯，魏源重定。咸豐壬子廣州重刻定本，初刻止六十卷。

李慈銘《越縵堂讀書記·地理類》《海國圖志》。清魏源撰。閲《海國圖志》六十卷本，道光丁未魏氏古微堂揚州所刻。卷一《籌海》四篇，卷二《圖》二十三，後附元《經世大典地里圖》，得之《永樂大典》者，亦頗荒略不詳，魏氏稍增改之。卷二十八《攻船水雷圖説》，據道光癸卯廣東候選潘仕成所進，曾命於大沽演之，咸豐庚申之役，未聞有用此者，蓋已不知此事也。光緒乙酉（一八八五）十月十一日。

丁立中《八千卷樓書目·地理類·外紀》《海國圖志》一百卷。國朝魏源撰。古微堂刊本。活字印五十卷本。石印本。

瀛寰志略

張之洞《書目答問·地理·外紀》《瀛寰志略》十卷。徐繼畬。原刻大字、重刻小字兩本。

海　録

張之洞《書目答問·地理·外紀》《海録》一卷。楊炳南。海山仙館本。

西國近事彙編

丁立中《八千卷樓書目·地理類·外紀》《西國近事彙編》十六卷。美金楷理撰。刊本。

漢西域圖考

李慈銘《越縵堂讀書記·地理類》《漢西域圖考》，清李光廷撰。閲李恢垣《西域圖志》，凡六卷，又附録晉法顯《佛國記》等一卷，首冠以《漢西域圖》及《地球全圖》及《凡例》十四則。大約證今者多，考古功少。光緒癸未（一八八三）五月初八日。

閲李恢垣《漢西域圖攷》，以《隋書》所云曹國又誤作漕爲全有漢罽賓、高附二國地，不知曹國與康國、安國、米國、史國、何國、烏那曷國、穆國，《隋書》並言其王姓昭武，乃康居、大宛二國之地，由康分爲八國者，唐時分爲九國，所謂中曹、西曹即曹國所分，猶史國又分小史國，安國又分東安國，而無烏那曷穆國之名，亦以譯音無定字也。至《隋書》以安國爲即安息國，則大謬矣。李氏又謂唐西突厥之雷翥海，今名鹹海，亦曰達里岡阿泊，在安息國南界。又謂《後漢書》言從安息陸路繞海北行，出海西至大秦，又有飛橋數百里，可度海北諸國，其繞海即繞黑海之南，出海及渡海即渡他大里尼峽，由黑海通地中海處闊僅數里者。按其圖則鹹海與地中海相距甚遠，鹹海外有裏海，又隔高加薩亦作索山，山之西臨黑海，黑海南爲地中海，而中又隔馬海，則雷翥海安得云在安息國南界？此亦可疑也。余庚辰會試對策，以雷翥海爲即地中海，今以輿圖細覈之，似隋唐間西突厥之境不得至今地中海也。五月二十三日。

地球説略

丁立中《八千卷樓書目・地理類・外紀》《地球説略》三卷。合衆褘理哲撰。日本刊本。

地理全志

丁立中《八千卷樓書目・地理類・外紀》《地理全志》上編五卷下編十卷。英慕維廉撰。日本刊本。

外國地理備考

丁立中《八千卷樓書目・地理類・外紀》《外國地理備考》十卷。泰西瑪吉士撰。海山仙館本。

瀛海論

丁立中《八千卷樓書目・地理類・外紀》《瀛海論》三卷。不著撰人名氏。刊本。

西俗雜志

丁立中《八千卷樓書目・地理類・外紀》《西俗雜志》一卷。國朝袁祖志撰。刊本。

四裔編年表

丁立中《八千卷樓書目・地理類・外紀》《四裔編年表》四卷。國朝李鳳苞撰。石印本。

環遊地球新録

丁立中《八千卷樓書目・地理類・外紀》《環遊地球新録》四卷。國朝李圭撰。活字本。

列國變通興盛記

丁立中《八千卷樓書目・地理類・外紀》《列國變通興盛紀》一卷。英李提摩太撰。石印本。

中外輿地彙鈔

丁立中《八千卷樓書目・地理類・總志》《中外輿地彙鈔》十三卷，《圖》二卷。國朝馬樂羣撰。石印本。

海國雜記

丁立中《八千卷樓書目・地理類・雜記》《海國雜記》一卷。國朝胡學峰撰。抄本。

法越事宜

丁立中《八千卷樓書目・地理類・外紀》《法越事宜》一卷。不著撰人名氏。抄本。

萬國史記

丁立中《八千卷樓書目・地理類・外紀》《萬國史記》二十卷。日本岡本撰。活字本。

英俄印度交涉書

丁立中《八千卷樓書目・地理類・外紀》《英俄印度交涉書》一卷，《續編》一卷。英馬文撰。刊本。

遊歷外洋採訪事宜

丁立中《八千卷樓書目・地理類・外紀》《遊歷外洋採訪事宜》一卷。國朝陳熾撰。刊本。

尊攘紀事補遺

丁立中《八千卷樓書目・地理類・外紀》《尊攘紀事補遺》四卷。日本岡千仞撰。

西域傳補註

丁立中《八千卷樓書目・地理類・外紀》《西域傳補註》二卷。徐松撰。

西域賦

丁立中《八千卷樓書目・地理類・外紀》《西域賦》一卷。國朝徐松撰。刊本。

列國歲計政要

丁立中《八千卷樓書目・地理類・外紀》《列國歲計政要》十二卷。英麥丁富得力撰。刊本。

亞洲

扶南異物志

《隋書・經籍志・地理》《扶南異物志》一卷。朱應撰。

《舊唐書・經籍志・地理》《扶南異物志》一卷。朱應撰。

《新唐書・藝文志・地理類》朱應《扶南異物志》一卷。

鄭樵《通志・藝文略・地里・方物》《扶南異物志》一卷。朱應撰。

汪師韓《文選注引群書目録上・地理》《扶南異物記》。朱應撰。志祖案隋唐志記作志。

姚振宗《三國藝文志・地理類・外紀雜記》朱應《扶南異物志》一卷。《隋書・經籍志》：《扶南異物志》一卷，朱應撰。《唐・經籍志》同。《藝文志》：米應《扶南異物志》一卷。此作米應，寫誤也。侯《志》曰：康案《南史》稱朱應官吳宣化從事，與中郎康泰經過傳聞百數十國，因立記傳。而隋志獨載此書者，意他卷盡亡，而此卷廑存也。又《梁書・劉杳傳》稱長頸是毗騫王。朱建安《扶南以南記》云「古來至今不死」，疑即此書。章宗源《隋志考證》曰：《唐志》作米應，《通典・邊防門》注引大宛馬、大月氏牛二事，《史記・大宛傳》正義引大秦國二事，並稱宋膺《異物志》，省「扶南」二字，朱應作宋膺，未知孰是。案：《梁書》、《南史》則朱應、康泰並有外國傳，此書或外國傳佚本，或别自爲書。考《梁書・扶南國傳》云：「又有毘騫國去扶南八千里，傳其王身長丈二，頭長三尺，自古來不死，莫知其年，南方號曰長頸王。」云云。此即據朱建安所傳，與劉杳所言合，然則杳稱朱建安《扶南以南記》，其即此書無疑矣。所記蓋不止扶南一國，亦不廑扶南異物一端。其爲殘佚本，又可知矣。朱應字建安，賴是以傳。

扶南土俗傳

李昉《太平御覽經史圖書綱目》康泰《扶南土俗》。

扶南記

李昉《太平御覽經史圖書綱目》竺芝《扶南記》。

秦榮光《補晉書藝文志・地理類・外記》《扶南記》。竺枝撰。據水經注。

扶南傳

汪師韓《文選注引群書目録上・地理》《扶南傳》。

高麗日本傳

尤袤《遂初堂書目・地理類》《高麗日本傳》。

《宋史・藝文志・地理類》《高麗日本傳》一卷。

黠戞斯朝貢圖傳

錢東垣等輯《崇文總目輯釋・地理類》《黠戞斯朝貢圖傳》一卷。李德裕撰。繹按：舊本「黠」譌作「點」，今校改。通志略無「圖」字，十卷，吕述撰。宋志與此同，亦無「圖」字。

《新唐書・藝文志・地理類》吕述《黠戞斯朝貢圖傳》一卷。字修業。會昌祕書少監，商州刺史。

瞻思西國圖經

黄虞稷《千頃堂書目・地理類・補元》瞻思《西國圖經》。

《補遼金元藝文志・地理類》瞻思《西國圖經》。

錢大昕《補元史藝文志・地理類》瞻思《西國圖經》。

鐵橋海語

祁承㸁《澹生堂藏書目・國朝史類・風土・異域》《鐵橋海語》一册。一卷。黄衷。

黄虞稷《千頃堂書目・地理類下》 黄衷《鐵橋海語》三卷。粵東人。

朝鮮日本圖説

錢謙益等《絳雲樓書目・地誌類》《朝鮮日本圖説》。

海島逸誌摘略

丁立中《八千卷樓書目・地理類・外紀》《海島逸誌摘略》一卷。國朝王大海撰。刊本。

元寇紀略

丁立中《八千卷樓書目・地理類・外紀》《元寇紀略》二卷,《表》一卷。日本大橋順撰。日本刊本。

東省與韓俄交界道路表

丁立中《八千卷樓書目・地理類・外紀》《東省與韓俄交界道路表》一卷。國朝聶士成撰。石印本。

中俄界約斠註

丁立中《八千卷樓書目・地理類・邊防》《中俄界約斠註》七卷。國朝錢恂撰。刊本。

交州雜事

李昉《太平御覽經史圖書綱目》《交州雜事》。

交州牋

文廷式《補晉書藝文志・地志類》 俞益期《交州牋》。豫章人。《水經注》屢引之。《類聚》八十七《果部》引俞益期《牋》。《北堂書鈔》一百十九稱喻益期《牋》。《御覽》八百二十九、一百八十七引《俞益期牋》,七百七十一稱俞益期《與韓豫章牋》。戴凱之《竹譜》注引俞益期《與韓康伯書豫章書》,分書與牋爲二,似誤。《續談助》卷四引俞益期《交州牋》云:俞益期,交州人,與韓康伯送至交州云云。

交州以南外國傳

《隋書・經籍志・地理》《交州以南外國傳》一卷。

《舊唐書・經籍志・地理》《交州已來外國傳》一卷。

《新唐書・藝文志・地理類》《交州以來外國傳》一卷。

鄭樵《通志・藝文略・地里・蠻夷》《交州以南外國傳》一卷。

姚振宗《隋書經籍志考證・地理類》《交州以南外國傳》一卷。不著撰人。《唐書・經籍志》:《交州已來外國傳》一卷。《藝文志》著録同。章氏考證曰:《唐志》南訛作來。案：《梁書・諸夷列傳序》海南諸國大抵在交州南，及西海大海洲上，相去或四五千里，遠者二三萬里。其西與西域諸國接，漢元鼎中遣伏波將軍路博德開百越，置日南郡。其徼外諸國，自武帝以來皆朝貢。後漢桓帝世，大秦、天竺皆由此道遣使貢獻。及吴孫權時，遣宣化從事朱應、中郎康泰通焉。其所經過及傳聞則有百數十國，因立記傳云云。是朱應、康泰嘗撰《外國傳》。《御覽》三百五十九引康泰《吴時外國傳》又七百八十言康泰表上《扶南土俗》。引凡十二條，疑即是書。此一卷，或非其全。

日南傳

《隋書・經籍志・地理》《日南傳》一卷。

《舊唐書・經籍志・地理》《日南傳》一卷。

《新唐書・藝文志・地理類》《日南傳》一卷。

鄭樵《通志・藝文略・地里・蠻夷》《日南傳》一卷。

姚振宗《隋書經籍志考證・地理類》《日南傳》一卷。不著撰人。《漢書・地理志》：日南郡，故秦象郡。武帝元鼎六年，開更名。有小水十六，并行三千一百八十里，屬交州。師古曰：言其在日之南，所謂開北户以向日者。《宋書・州郡志》交州刺史部日南，秦象郡，漢武元鼎六年更名。吴省，晉武帝太康三年復立，領縣七。《唐書・經籍志》《日南傳》一卷。藝文志同。章氏考證：《太平御覽・兵部》引《日南傳》南越王尉佗攻安陽王，遣太子始降安陽。與安陽王女眉珠通，入庫鉅截神弩，亡歸報佗。佗復攻安陽王，弩折兵挫，浮海奔竄。

林邑國記

《隋書・經籍志・地理》《林邑國記》一卷。

《舊唐書・經籍志・地理》《林邑國記》一卷。

李昉《太平御覽經史圖書綱目》《林邑記》。

《新唐書・藝文志・地理類》《林邑國記》一卷。

姚振宗《隋書經籍志考證・地理類》《林邑國記》一卷。不著撰人。《晉書・南蠻傳》林邑國本漢時象林縣，則馬援鑄柱之處也。去南海三千里，後漢末縣功曹姓區，有子曰連，殺令自立爲王，子孫相承。其後王無嗣，外孫范熊代立。熊死，子逸立。自孫權以來不朝中國，至武帝太康中始來貢獻云。《唐書・經籍志》：《林邑國記》一卷。藝文志同。章氏考證：《水經・葉榆河注》引《林邑記》，又《温水注》引云馬援樹兩銅柱於象林南界，與西屠國分漢之南疆。《通典・邊防門》同。案《宋書・文帝本紀》元嘉二十三年六月，交州刺史檀和之伐林邑國，剋之。二十四年秋七月乙卯，以林邑所獲金銀寶物班賚各有差。此次宋武北征記之後，或其時檀和之等所上者歟。又晉嵇含《南方草木狀》引東方朔《林邑記》，似《林邑記》不止此一家。

交州外域記

章宗源《隋書經籍志考證・地理》《交州外域記》。卷亡。不著録。《水經・葉榆河注》後漢伏波將軍路博德討越王，越王令二使者齎郡民户口簿詣路將軍，乃拜二使者爲交趾、九真太守。《温水注》從日南郡南去到林邑國四百餘里，並引《交州外域記》。

安南會要

鄭樵《通志・藝文略・地里・郡邑》《安南會要》一卷。

焦竑《國史經籍志・地里・郡邑》《安南會要》一卷。

交趾事迹

鄭樵《通志・藝文略・地里・蠻夷》《交趾事迹》一卷。

焦竑《國史經籍志・地里・蠻夷》《交趾事迹》一卷。

安南土貢風俗

《宋史・藝文志・地理類》《安南土貢風俗》一卷。乾道中，安南入貢，客省承詔具其風俗及貢物名數。

元貞使交録

錢大昕《補元史藝文志・地理類》《元貞使交録》。

安南行記

錢大昕《補元史藝文志・地理類》文子方《安南行記》。禮部郎中安南副使。

安南録

黄虞稷《千頃堂書目・地理類下》張立道《安南録》。

倪燦等《補遼金元藝文志・地理類》張立道《安南録》。

錢大昕《補元史藝文志・地理類》張立道《安南録》。

安南志略

楊士奇等《文淵閣書目・新志》《安南志略》。

錢謙益等《絳雲樓書目・地誌類》《安南誌略》。黎崱。

倪燦等《補遼金元藝文志・地理類》黎崱《安南志略》二十卷。

錢曾《讀書敏求記・別志》黎崱《安南志略》二十卷。崱字景高，元時安南歸附人。叙其山川、文物、風土、制度頗詳備。白雲老人察罕爲之序，一時名公鉅卿如歐陽玄、程鉅夫、元明善、許有壬等俱稱許之，乃外志中之佳者。

錢大昕《補元史藝文志・地理類》黎崱《安南志略》二十卷。

使交集

王圻《續文獻通考・經籍考・地理》《使交集》。洪武中金谿吴伯宗著。

錢謙益等《絳雲樓書目・地誌類》《使交録》。吴伯宗。明初名人。

安南水程日記

黄虞稷《千頃堂書目・地理類下》黄福《安南水程日記》二卷。

《明史・藝文志・地理類》黄福《安南水程日記》二卷。

平定交南録

晁瑮《晁氏寶文堂書目・圖誌》《平定交南録》。

黄諫使交録

黄虞稷《千頃堂書目・地理類下》黄諫《使交録》。

交阯總志

楊士奇等《文淵閣書目·新志》《交阯總志》。

交州府志

楊士奇等《文淵閣書目·新志》《交州府志》。

凡江府志

楊士奇等《文淵閣書目·新志》《凡江府志》。

諒江府志

楊士奇等《文淵閣書目·新志》《諒江府志》。

三江府志

楊士奇等《文淵閣書目·新志》《三江府志》。

清化府志

楊士奇等《文淵閣書目·新志》《清化府志》。

乂安府志

楊士奇等《文淵閣書目·新志》《乂安府志》。

新平順化升華三府志

楊士奇等《文淵閣書目·新志》《新平順化升華三府志》一册。

廣威嘉興歸化寧化演州五州志

楊士奇等《文淵閣書目·新志》《廣威嘉興歸化寧化演州五州志》一册。

交阯通志

楊士奇等《文淵閣書目·新志》《交阯通志》。

新安府志

楊士奇等《文淵閣書目·新志》《新安府志》。

定興王平定安南録

錢謙益等《絳雲樓書目·地誌類》《定興王平定安南録》。一卷。耶濬。

南翁夢録

祁承㸁《澹生堂藏書目・國朝史類・風土・皇輿》《南翁夢録》。一卷。黎澄紀録彙編本。

錢謙益等《絳雲樓書目・地誌類》《南翁夢録》。

黃虞稷《千頃堂書目・地理類下》黎澄《南翁夢録》一卷。

錢溥使交録

朱睦㮮《萬卷堂書目・雜志》《使交録》。

祁承㸁《澹生堂藏書目・國朝史類・行役・使命》《使交録》。一卷。錢溥紀録彙編本。

《明史・藝文志・地理類》［錢溥］《使交録》一卷。

黃虞稷《千頃堂書目・地理類下》錢溥《使交録》一卷。成化元年序。翰林院侍讀。朝鮮。

安南圖説

嵇璜等《續通志・圖譜略・記有・地理》《安南圖説》。鄭若曾。

《四庫全書總目提要・地理類存目七・外紀》《安南圖説》一卷。浙江范懋柱家天一閣藏本。明鄭若曾撰。體例亦與《朝鮮圖説》同，但增疆域、僞制二門。疆域寥寥數語，其僞制則紀黎、莫二姓事也。末附宋鄭竦紀略一篇。若曾時距莫登庸事未遠，故籌畫邊防，併及安南。然相距既遥，所傳聞者略矣。

越嶠書

錢謙益等《絳雲樓書目・地誌類》李文鳳《越嶠書》八册。二十卷。《静志居詩話》越嶠集中，皆録安南國人詩。文鳳字廷儀，宜山人。嘉靖壬辰進士，歷雲南按察司僉事，見朱竹垞先生跋。

黃虞稷《千頃堂書目・地理類下》李鳳《越嶠書》二十卷。紀安南事，宜山人。

《明史・藝文志・地理類・》李文鳳《粵嶠書》二十卷。紀安南事。

安南傳

祁承㸁《澹生堂藏書目・國朝史類・風土・異域》《安南傳》。一卷。紀録彙編本。

丁立中《八千卷樓書目・地理類・外紀》《安南傳》二卷。明王世貞撰。紀録彙編本。

安南來盛輯略

黃虞稷《千頃堂書目・地理類下》《安南來盛輯略》三卷。嘉靖十九年莫惟庸降順，蒼梧同知雲南胡寶彙次。

安南圖誌

趙琦美《脈望館書目・史・外夷》《安南圖誌》一本。

徐𤊹《徐氏家藏書目・外夷省》《安南志》一卷。蘇濬。

錢曾《讀書敏求記・地理輿圖》《安南國志》一卷。漢武平南越，置交阯、九真、日南二郡。光武時，女子徵則、徵貳反，馬援討平之。建炎中，改爲兖州。唐置都護府，改爲安南。梁貞明中，曲承美、楊廷藝、皎公羨、吳權相繼纂奪。宋初，丁璉據地入貢，太祖封爲交趾郡王，從此不入中國版圖者四百四十六年。永樂初，黎季犁弒君陳日焜，誅戮陳氏殆盡。二年，老撾傳送故王之孫陳天平來朝。四年春，季犁僞請天平還國，至芹站，伏兵殺之，并使者大理寺卿薛嵓。太宗震怒，命成國公朱能、新城侯張輔、西平侯沐晟出廣西、雲南兩路討之，親禡龍江誓師。十月庚子，能病卒于龍州，輔代總其衆。五年五月，擒季犁父子。獻俘，詔求陳氏後。無存者，遂依漢唐時郡縣其地。六年，輔還，進封英國公。厥後交人簡定，陳季擴、鄧宗異輩徂詐屢叛，復命輔討平之。英國凡三下安南，交人慴服，遂留鎮其地，十五年召還。宣德元年，黎利反，王通討之失利，柳升中伏死，沐晟兵觀望不前。三年，黎利上表僞稱立陳氏後，英國公輔、尚書蹇義、夏原吉力争以爲不可，從大學士楊士奇、楊榮引漢弃珠厓之説爲辭，上允其請。君子嘆當時廟堂無卓識大臣。命英國鎮交州，如黔國之在雲南，俾世守其土。交人憚英國威名，雖犁利何能爲。乃以祖宗成業，捐于謀國者之片言。履霜堅冰，後時兕水之禍飛走都窮，真可爲痛哭者也。黎利又稱陳氏種絶，上心知其妄，然業已置之，乃詔利署安南國事，黎氏遂世主其地。正德十一年，陳暠弒其主晭自立，莫登庸逐之，立晭兄子譓。無何登庸自僭爲安南王，上命咸寧侯仇鸞、尚書毛伯温致討。登庸父子懼，束身乞降，詔赦登庸爲安南都統使，世其職。萬曆間，鄭檢父子立黎暉後維潭爲主，盡逐莫氏，遺蘖維潭遣使詣督臣歸罪。二十四年受降如登庸，上亦詔之爲都統使。蓋安南自黎利竊據以來叛服不一，雖奉貢稱藩，然自帝如趙佗，中國不得而主，勞臣志士每興弃交州之歎。鄧鍾序此，稱失在召還新城侯，復追思國初命將故事，三致意于伏波、英國，輯爲圖誌，其意念遠矣。予今詳述安南始末于此書之後，寔有隱恫焉。悠悠我心，千載而下誰則知之。

採録安南黎氏受封始末

祁承㸁《澹生堂藏書目・國朝史類・風土・異域》《採録安南黎氏受封始末》。一卷。嚴嵩。經濟文録本。

安南詔諭

錢謙益等《絳雲樓書目・地誌類》《安南詔諭》。

安南棄守始末

錢謙益等《絳雲樓書目・地誌類》《安南棄守始末》。

越史略

張之洞《書目答問・地理・外紀》《越史略》三卷。明越南人。守山閣本。

馭交記

丁立中《八千卷樓書目・地理類・外紀》《馭交記》十二卷。國朝張鏡心撰。續粵雅堂本。

安南雜記

馬國翰《玉函山房藏書簿録・史編・地理類》《安南雜記》一卷。石門吳氏本。又《昭代叢書》本。國朝國子監祭酒遂寧李仙根子静撰，歙縣吳山濤岱觀校。安南，古交阯之地。此記其國土俗，末以愚疑詐慠四字評之。

安南紀遊

《四庫全書總目提要·地理類存目七·外紀》《安南紀游》一卷。大學士英廉家藏本。國朝潘鼎珪撰。鼎珪字子登，晉江人。是編成於康熙二十七年，乃鼎珪游廣東時偶附海舶，遇風飄至其國，因紀其山川風土之大略。與諸書所記不甚相遠，無他異聞。

丁立中《八千卷樓書目·地理類·外紀》《安南紀遊》一卷。國朝潘鼎珪撰。《龍威秘書》本。

越南輯略

丁立中《八千卷樓書目·地理類·外紀》《越南輯略》一卷。英麥士尼爲能撰。西文印本。

佛國記

焦竑《國史經籍志·地里·蠻夷》《佛國記》一卷。釋法顯。

中天竺國行記

《新唐書·藝文志·地理類》王玄策《中天竺國行記》十卷。

鄭樵《通志·藝文略·地里·蠻夷》《中天竺國行記》十卷。王玄策撰。

焦竑《國史經籍志·地里·蠻夷》《中天竺國行記》十卷。王元策。

印度劄記

丁立中《八千卷樓書目·地理類·外紀》《印度劄記》二卷。國朝黄懋材撰。刊本。

真臘國事

《舊唐書·經籍志·地理》《真臘國事》一卷。

《新唐書·藝文志·地理類》《真臘國事》一卷。

鄭樵《通志·藝文略·地里·蠻夷》《真臘國事》一卷。

赤土國記

《舊唐書·經籍志·地理》《赤土國記》二卷。常駿等撰。

《新唐書·藝文志·地理類》常駿等《赤土國記》二卷。

鄭樵《通志·藝文略·地里·蠻夷》《赤土國記》三卷。常駿等撰。

祁承㸁《澹生堂藏書目·圖志·攬勝》《赤土國記》三卷。常駿。

真臘風土記

徐𤊹《徐氏家藏書目·外夷省》《真臘風土記》一卷。元周達觀。

黄虞稷《千頃堂書目·地理類下》周達觀《真臘風土記》一卷。

錢曾《讀書敏求記·別志》周達觀《真臘風土記》一卷。達觀自元貞乙未隨使招諭真臘，至大德丁酉始歸，述其風土、國事甚詳。是册從元鈔校録，説海中刻者牴牾錯落，十脱六七，幾不成書矣。

《四庫全書總目提要・地理類四・外紀》《真臘風土記》一卷。浙江范懋柱家天一閣藏本。元周達觀撰。達觀，温州人。真臘本南海中小國，爲扶南之屬。其後漸以强盛，自《隋書》始見於《外國傳》。唐宋二史並皆紀録，而朝貢不常至，故所載風土、方物往往疎略不備。元成宗元貞元年乙未，遣使招諭其國，達觀隨行，至大德元年丁酉乃歸。首尾三年，諳悉其俗。因記所聞見爲此書，凡四十則，文義頗爲賅贍。惟第三十六則内記瀆倫神讜一事，不以爲天道之常，而歸功於佛，則所見殊陋。然《元史》不立真臘傳，得此而本末詳具，猶可以補其佚闕。是固宜存備參訂，作職方之外紀者矣。達觀作是書成，以示吾邱衍。衍爲題詩，推挹甚至，見衍所作《竹素山房詩集》中。蓋衍亦服其敘述之工云。

柬埔塞以北探路記

丁立中《八千卷樓書目・地理類・外紀》《柬埔塞以北探路記》十五卷。法晃西士加尼撰。活字板本。

高麗風俗

《舊唐書・經籍志・地理》《高麗風俗》一卷。裴矩撰。

《新唐書・藝文志・地理類》裴矩《高麗風俗》一卷。

鄭樵《通志・藝文略・地里・蠻夷》《高麗風俗》一卷。裴矩撰。

奉使高麗記

鄭樵《通志・藝文略・地里・朝聘》《奉使高麗記》二卷。

《舊唐書・經籍志・地理》《奉使高麗記》一卷。

《新唐書・藝文志・地理類》《奉使高麗記》一卷。

新羅國記

《新唐書・藝文志・地理類》顧愔《新羅國記》一卷。大曆中，歸崇敬使新羅，愔爲從事。

錢東垣等輯《崇文總目輯釋・地理類》《新羅國記》一卷。顧愔撰。[原釋]闕。見天一閣鈔本。

鄭樵《通志・藝文略・地里・蠻夷》《新羅國記》一卷。顧愔撰。

《宋史・藝文志・地理類》顧愔《新羅國記》一卷。

高麗國海外使程記

鄭樵《通志・藝文略・地里・朝聘》《高麗國海外使程記》三卷。昇元中録。

焦竑《國史經籍志・地里・朝聘》《高麗海外使程記》三卷。昇元中録。

海外使程廣記

宋祖駿《補五代史藝文志・地理類》《海外使程廣記》三卷。南唐章僚使高麗所記。

雞林類事

尤袤《遂初堂書目・地理類》《雞林類事》。

《宋史・藝文志・地理類》孫穆《雞林類事》三卷。

高麗行程録

尤袤《遂初堂書目・地理類》《高麗行程録》。

宣和奉使高麗圖經

尤袤《遂初堂書目・地理類》《高麗圖經》。

陳振孫《直齋書録解題・地理類》《高麗圖經》四十卷。奉議郎徐兢明叔撰。宣和六年路允迪、傅墨卿使高麗，兢爲之屬，歸上此書，物圖其形，事爲之説。今所刊不復有圖矣。兢，鉉之後。善篆書，亦能畫，嘗自題「保大騎省世家」「宣和書學博士」，又自號自信居士。

《宋史・藝文志・地理類》徐兢《宣和奉使高麗圖經》四十卷。

高儒《百川書志・地理》《宣和奉使高麗圖經》四十卷。宋奉議郎徐兢撰進。兢奉使高麗，（兩兢字原皆作競，從瞿校鈔本改。）往回居館，耳目所及，道路山川、宫室器用、人物土俗，纂記此書。又得其建國立政之體，用心良且勤矣。

徐𤊹《徐氏家藏書目・外夷省》《宣和使高麗圖經》四十卷。（龔狀元抄本。）

錢謙益等《絳雲樓書目・地誌類》《宣和奉使高麗圖經》。四十卷。徐兢撰。

胡身之言此書紀載多疎略，元王約著《高麗志》四卷，見本傳。徐兢，字明叔。深於篆籀之學，在崇觀間與吳興張有謙仲齊名。張晚年棄家爲黄冠師，方外士也。著《復古編》二卷，皆據説文爲正，真許氏之功臣也。陳忠肅雅重其人，爲序其所著書。

《四庫全書總目提要・地理類四・外紀》《宣和奉使高麗圖經》四十卷。（兩淮馬裕家藏本。）宋徐兢撰。兢字明叔，號自信居士。是書末附其行狀，稱甌寧人。《文獻通考》則作和州歷陽人。《思陵翰墨志》又作信州徐兢，似當以行狀爲確。《通考》又稱兢爲鉉之裔，自題「保大騎省世家」。考王銍《默記》，稱徐鉉無子，惟鍇有後，居攝山前開茶肆，號徐十郎。鉉、鍇誥敕尚存，則《通考》亦誤傳也。據兢行狀，宣和六年高麗入貢，遣給事中路允迪報聘。兢以奉議郎爲國信使，提轄人船禮物官。因撰《高麗圖經》四十卷，還朝後詔給札上之。召對便殿，賜同進士出身，擢知大宗正事，兼掌書學。後遷尚書刑部員外郎。其書分二十八門，凡其國之山川、風俗、典章、制度，以及接待之儀文，往來之道路，無不詳載，而其自序尤拳拳於所繪之圖。此本但有書而無圖，已非完本。然前有其姪蒧題詞一首，稱書上御府，其副藏家。靖康丁未，兵亂失之。後從醫者得其本，惟海道二卷無恙。又述兢之言，謂世傳其書，往往圖亡而經存。欲追畫之，不果就，乃以所存者刻之澂江郡齋。周煇《清波雜志》亦稱兢仿元豐中王雲所撰《雞林志》，爲《高麗圖經》。物圖其形，事爲其説。蓋徐素善丹青也。宣和末，老人在歷陽，（按此老人字疑爲先人之譌，蓋指其父邦也。）雖得見其書，但能鈔其文，略其繪事。乾道中刊於江陰郡齋者，即家間所傳之本，圖亡而經存。蓋兵火後徐氏亦失元本云云，是宋時已無圖矣。又張世南《游宦記聞》曰，高麗是年有請於上，願得能書者至國中，於是以徐兢爲國信使、禮物官。則兢之行，特以工書遣，而留心記載乃如是。今其篆書無一字傳世，惟此編僅存。考魏了翁《鶴山集》稱兢篆於《説文解字》以外自爲一家。雖其名兢字見於印文者，亦與篆法不同云云，則其篆乃滅裂古法者，宜不爲後人所藏弆。然此編已足以傳兢，雖不傳其篆可也。

高麗記

《四庫全書總目提要・地理類存目七・外紀》《高麗記》。（無卷數。浙江范懋柱家天一閣藏本。）舊本題宋徐兢撰。案兢别有《高麗圖經》四十卷，已著於録。此本所載，即從圖經中摘鈔而成，非兩書也。

使高麗記

馬國翰《玉函山房藏書簿録・史編・地理類》《使高麗紀》一卷。（鈔本。）徐兢撰。此紀使高麗始末。

翁夢得新羅國記

王圻《續文獻通考・經籍考・地理》《新羅國記》。翁夢得著。

高麗志

王圻《續文獻通考・經籍考・地理》《高麗志》四卷。王約著。

黄虞稷《千頃堂書目・地理類下》王約《高麗志》四卷。

代祀高麗山川記

祁承㸁《澹生堂藏書目・國朝史類・行役・使命》《代祀高麗山川記》一卷。宋濂《徵信叢録》本。

躭羅志略

黄虞稷《千頃堂書目・地理類下》李志剛《躭羅志略》三卷。永嘉人。樞密院秘書。（別本補）

倪燦等《補遼金元藝文志・地理類》李志剛《躭羅志略》三卷。永嘉人樞密院秘書。

錢大昕《補元史藝文志・地理類》李志剛《耽羅志略》三卷。永嘉人。

東國史略

錢謙益等《絳雲樓書目・地誌類》《東國史略》。六卷。

錢曾《讀書敏求記・别志》《東國史略》六卷。《東國史略》始自檀君，終于恭讓王，上下千餘年，幽奇理亂之迹，靡不具載。李氏弑君簒位，而此稱成桂爲太祖、芳遠爲太宗，盖執筆者爲其臣子，不得不然。史記鄭夢周忌太祖威德，欲乘墮馬病篤圖之。太宗與李濟謀去夢周，遣趙英珪等邀于路，擊殺之，籍其家，并放李穡于韓州，至是而王氏之舊臣盡矣。又稱夢周爲人有忠孝大節，國家多故，處大事，決大疑，不動聲色，咸適其當。穡天資明敏，與夢周同心，終始不變臣節。如是而成桂父子之忌，二人唯恐剪除不速，安能頃刻忘之耶。此書諱而不没其實，信良史也。其猶有箕子之遺教歟。

高麗國史

張之洞《書目答問・地理・外紀》《高麗國史》一百四十卷。明鄭麟趾。朝鮮刻本。

耿文光《萬卷精華樓藏書記・地理類四》《高麗史》一百三十九卷。明朝鮮臣鄭麟趾等撰。抄本。高麗王氏自梁末帝時代高氏有其國，傳三十二主，爲其臣李成桂所簒，國亡。此書世家、志、表傳專紀王氏一朝之事，附存書目三卷，此則足本也。

朝鮮雜志

朱睦㮮《萬卷堂書目・雜志》《朝鮮雜志》一册。錢溥。

黄虞稷《千頃堂書目・地理類下》錢溥《朝鮮雜志》三卷。

《明史・藝文志・地理類》錢溥《朝鮮雜志》三卷。

朝鮮紀事

錢謙益等《絳雲樓書目・地誌類》《朝鮮紀事》。倪謙。

祁承㸁《澹生堂藏書目・國朝史類・行役・使命》《朝鮮紀事》。一卷。倪謙。國朝典故本、紀録彙編本、百名家書本、古今説海本。

黄虞稷《千頃堂書目・地理類下》倪謙《朝鮮紀事》一卷，《遼海編》四卷。江東人。禮部侍郎。

《明史・藝文志・地理類》倪謙《朝鮮紀事》一卷。

使朝鮮賦

焦竑《國史經籍志・地里・行役》《使朝鮮賦》一卷。倪謙。

朝鮮刻海東記

潘祖蔭《滂喜齋藏書記・史部》《朝鮮刻海東記》。一函二册。朝鮮禮曹判書申叔舟撰。前有自序，署成化七年辛卯，蓋從中國正朔也。不分卷，前列圖六，曰海東諸國總圖、曰日本本國圖、曰日本國西海道九州圖、曰日本國一岐島圖、曰日本國對馬島圖、曰琉球國圖。又爲三紀，曰日本國紀、曰琉球國紀、曰朝聘應接紀。其書爲邦交而設，詳於日本而略於琉球。怡邸藏書。附藏印，明善堂覽書畫印記。

朝鮮賦

晁瑮《晁氏寶文堂書目・圖誌》《朝鮮賦》。

范邦甸等《天一閣書目・地理類》《朝鮮賦》一卷。刊本。明董越撰。吴必顯刊，弘治三年歐陽鵬序。

祁承㸁《澹生堂藏書目・國朝史類・行役・使命》《朝鮮賦》。一卷。董樾。國朝典故本。

黄虞稷《千頃堂書目・地理類下》董越《朝鮮賦》一卷。

《四庫全書總目提要・地理類四・外紀》《朝鮮賦》一卷。浙江范懋柱家天一閣藏本。明董越撰。越字尚矩，寧都人。成化己丑進士，官至南京工部尚書，謚文僖。孝宗即位，越以右春坊右庶子兼翰林院侍講，同刑科給事中王敞使朝鮮。因述所見聞，以作此賦。又用謝靈運山居賦例，自爲之註。所言與《明史・朝鮮傳》皆合，知其信而有徵，非鑿空也。考越自正月出使，五月還朝，留其地者僅一月有餘。而凡其土地之沿革，風俗之變易，以及山川、亭館、人物、畜産，無不詳録。自序所謂得於傳聞周覽，與彼國所具風俗帖者，恐不能如是之周市。其亦奉使之始，預訪圖經。還朝以後，更徵典籍，參以耳目所及，以成是製乎。越有《文僖集》四十二卷，今未見其本。又别有《使東日録》一卷，亦其往返所作詩文，不及此賦之典核。别本孤行，此一卷固已足矣。

朝鮮志

范邦甸等《天一閣書目・地理類》《朝鮮志》二卷。烏絲闌鈔本。不著撰人名氏。

黄虞稷《千頃堂書目・地理類下》蘇贊成《朝鮮志》二卷。朝鮮人。

《四庫全書總目提要・地理類四・外紀》《朝鮮志》二卷。浙江范懋柱家天一閣藏本。不著撰人名氏。書中稱《大明一統志》，則成於明代也。卷首略敘疆域沿革，而不標其目。以下分六大綱爲經，曰京都、曰風俗、曰古都、曰古迹、曰山川、曰樓臺。以所屬八道爲緯，中曰京畿、西南曰忠清、東南曰慶尚、南曰全羅、西曰黄海、東曰江源、西北曰平安、東北曰咸鏡，皆略如中國地志。惟京都但載宫殿曹署，而不及城市風俗。多載其國典制，與故事混而爲一。又諸道皆無四至八到，古迹多雜以神怪，頗同小説，於體例皆爲未協。然遺聞瑣事爲中國史書所未詳者，往往而在，頗足以資考證。其敘述亦皆雅潔，較諸州郡輿圖冗漫無緒者，轉爲勝之。宋王雲嘗撰《雞林志》，其書不傳。徐兢《高麗圖經》於山川古迹亦略。此書出其國人所述，當不失真。我國家威德覃敷，八紘祗屬。朝鮮一國，道里既行，歸化尤先。雖號藩封，實同郡縣，其山川疆域皆宜隸籍於職方。録而存之，亦足備輿記之一種也。

朝鮮雜志

《四庫全書總目提要・地理類存目七・外紀》《朝鮮雜志》一卷。浙江范懋柱家天一閣藏本。舊本題明董越撰。越有《朝鮮賦》，已著録。是書繁碎無體例，以越所撰《朝鮮賦》校之，皆賦中越所自註。蓋好事者鈔出別行，僞立名目，非越又有此書也。

東國輿地勝覽

錢謙益等《絳雲樓書目・地誌類》《東國輿地勝覽》。李㚤撰。㚤字季永，開禧執政壁之弟也，昆季皆以文學名世。

使朝鮮録

晁瑮《晁氏寶文堂書目・圖誌》《使朝鮮録》。

朱睦㮮《萬卷堂書目・雜志》《使朝鮮録》二卷。龔用卿。

徐𤊹《徐氏家藏書目・外夷省》龔用卿《使朝鮮録》一卷。嘉靖十六年。

黄虞稷《千頃堂書目・地理類下》龔用卿《使朝鮮録》三卷。嘉靖丁酉皇子生。頒詔録儀注詩文諸作。

《明史・藝文志・地理類》龔用卿《使朝鮮録》三卷。

朝鮮圖説

嵇璜等《續通志・圖譜略・記有・地理》《朝鮮圖説》。

《四庫全書總目提要・地理類存目七・外紀》《朝鮮圖説》一卷。浙江范懋柱家天一閣藏本。明鄭若曾撰。先圖後考，次詳其世紀、都邑、山川、風俗、土産、道里、貢式，而以宋鄭興裔奏議一篇附焉。蓋是時朝鮮亦被倭患，故因日本而及之。

朝鮮國志

《四庫全書總目提要・地理類存目七・外紀》《朝鮮國志》一卷。浙江范懋柱家天一閣藏本。不著撰人名氏。所存惟京都、風俗、山川、古都、古蹟五門。中稱我康獻王，知爲朝鮮人作。引《明一統志》稱大明，知爲作於明時。又多稱王氏諸王爲高麗王，知爲明之中葉，李氏有國，改稱朝鮮之後也。

許國朝鮮日記

黄虞稷《千頃堂書目・地理類下》許國《朝鮮日記》二卷。

朝鮮沾化集

黄虞稷《千頃堂書目・地理類下》李如松《朝鮮沾化集》。

朝鮮國記

黄虞稷《千頃堂書目・地理類下》黄洪憲《朝鮮國記》一卷。

箕子實紀

黄虞稷《千頃堂書目・地理類下》黄洪憲《箕子實紀》一卷。

使朝鮮集

徐𤊹《徐氏家藏書目・外夷省》 朱之蕃《使朝鮮集》。

朝鮮世紀

錢謙益等《絳雲樓書目・地誌類》 《朝鮮世(記)[紀]》。吳(濟)明[濟]撰。《高麗世紀》一卷。記朝鮮終始最詳,蓋檃括東國史而爲之也。牧翁云。

錢曾《讀書敏求記・别志》 吳明濟《朝鮮世紀》一卷。會稽吳明濟子魚,萬曆丁酉以客從司馬公,贊畫東援朝鮮,諮訪事蹟,撰《世紀》,記高麗始末最詳。辛禑之事,同乎吕嬴牛馬。子魚謹而書之,不没其實。王氏自梁末帝貞明四年,代高氏有其國,遂并新羅、百濟之地,稱後高麗,傳三十二主,歷年四百七十五。李成桂簒位,復稱朝鮮。高皇帝祖訓云:「朝鮮國即高麗,其李仁人子李成桂,今名旦者,自洪武六年至洪武二十八年,首尾凡弑王氏四王,姑待之。」聖祖之意,盖以朝鮮遠在屬夷,有稽天討,而于李氏之簒弑,則大書特書,垂示萬世,標之曰「李成桂今名旦者」,直揭王氏舊臣之名氏,嚴于斧鉞之誅矣。三百年來,東國陪臣,伏讀聖祖之明訓,有不爲之寒心者乎。

朝鮮國夷語

錢謙益等《絳雲樓書目・地誌類》 《朝鮮國夷語》。

朝鮮八道書

錢謙益等《絳雲樓書目・地誌類》 《朝鮮八道書》。

朝鮮史略

黄虞稷《千頃堂書目・地理類下》 《朝鮮史略》十二卷。

漢書朝鮮傳疏

黄虞稷《千頃堂書目・地理類下》 邢侗《漢書朝鮮傳疏》一卷。

東韓事略

丁立中《八千卷樓書目・地理類・外紀》 《東韓事略》一卷。日本桂山義樹撰。甘雨亭本。

東籬偶談

丁立中《八千卷樓書目・地理類・外紀》 《東籬偶談》四卷。朝鮮金正喜撰。仰視千七百二十九鶴齋本。

蒲甘國行程略

鄭樵《通志・藝文略・地里・蠻夷》 《蒲甘國行程略》一卷。

焦竑《國史經籍志・地里・蠻夷》 《蒲甘國行程略》一卷。

緬略

丁立中《八千卷樓書目・地理類・外紀》《緬略》一卷。不著撰人名氏。抄本。

象胥録

黄虞稷《千頃堂書目・地理類下》茅瑞徵《象胥録》八卷。

《明史・藝文志・地理類》茅瑞徵《象胥録》八卷。

從征緬甸日記

張之洞《書目答問・地理・外紀》《從征緬甸日記》一卷。

西勃泥國記

祁承㸁《澹生堂藏書目・國朝史類・風土・異域》《西勃泥國記》一卷。宋文憲公經濟文録本。

日本補遺

黄虞稷《千頃堂書目・地理類下》張洪《日本補遺》。

備倭考

黄虞稷《千頃堂書目・地理類下》李賢《備倭考》。寧波人。

日本考略

晁瑮《晁氏寶文堂書目・圖誌》《日本考略》。

范邦甸等《天一閣書目・地理類》《日本考略》一卷。刊本。明薛俊撰，金陵王文光重刊并序。

錢謙益等《降雲樓書目・地誌類》《日本攷略》。二卷。薛俊。

黄虞稷《千頃堂書目・地理類下》薛俊《日本考略》三卷。定海人，常州訓導。

《四庫全書總目提要・地理類存目七・外紀》《日本考略》一卷。浙江范懋柱家天一閣藏本。明薛俊撰。俊，定海人。嘉靖二年，日本國使宗設來貢，抵寧波。未幾，宋素卿等亦至。互争真僞，自相殘殺。所過州縣，大肆焚掠。浙江瀕海之地，人民苦之。後因纂輯是書，大略言防禦之事爲多，而國土、風俗亦類入焉。然見聞未廣，所輯沿革、疆域二略，約舉梗概，挂漏頗多。屬國中兼及新羅、百濟等國。不知新羅、百濟在宋時已爲朝鮮所併，其時並無是國矣。又序世系但及宋雍熙以前，而不載元以後國王名號，亦疎漏也。

張之洞《書目答問・地理・外紀》《日本考略》一卷。明薛俊。得月簃初刻本。

日本圖纂

朱睦㮮《萬卷堂書目・雜志》《日本圖纂》一卷。鄭若曾。

祁承㸁《澹生堂藏書目・國朝史類・風土・異域》《日本圖纂》一册。二卷。

錢謙益等《絳雲樓書目・地誌類》《日本圖纂》。二卷。鄭若曾。

黄虞稷《千頃堂書目・地理類下》 鄭若曾《日本圖考》二卷。

嵇璜等《續通志・圖譜略・記有・地理》 明鄭若曾《日本國纂》。

《四庫全書總目提要・地理類存目七・外紀》 《日本圖纂》一卷。浙江范懋柱家天一閣藏本。明鄭若曾撰。若曾有《鄭開陽雜著》，已著録。此書乃其在胡宗憲幕府所作。以坊行《日本考略》一書舛謬難據，因從奉化人購得《南嶴倭商祕圖》，持以詢諸使臣、降倭、通事、火長之屬，彙訂成編。前爲圖三幅，附以論説。後載州郡、土貢、道路、形勢、語言、什器、寇術，而儀制、詩表別爲附録。視若曾《萬里海防編》內所載較爲詳密。其針經圖説，止載入貢故道，而間道便利皆隱而不言。蓋恐海濱姦宄得通倭之路，有深意存焉。惟其言明太祖洪武二年命趙秩往諭其國，《明史》載在洪武三年。又言太宗十九年寇遼東，總兵劉江殲之於望海堝。《明史》載在永樂十七年，乃總督劉榮，非總兵劉江，均不相合。然《明史》據《明實録》及國史，不得有誤，殆是書傳聞未實也。

倭志

祁承爜《澹生堂藏書目・國朝史類・風土・異域》 《倭志》。一卷。

日本風土記

祁承爜《澹生堂藏書目・國朝史類・風土・異域》 《日本風土紀》一册。四卷。侯繼高。

黄虞稷《千頃堂書目・地理類下》 侯繼高《日本風土記》四卷。

《明史・藝文志・地理類》 侯繼高《日本風土記》四卷。

日本考

趙琦美《脈望館書目・史・外夷》 《日本考》。四本。

錢謙益等《絳雲樓書目・地誌類》 《日本攷異》。四卷。李言恭。

黄虞稷《千頃堂書目・地理類下》 李言恭《日本考》五卷。少保都御史郝杰同撰。

《明史・藝文志・地理類》 李言恭《日本考》五卷。

《四庫全書總目提要・地理類存目七・外紀》 《日本考》五卷。浙江鮑士恭家藏本。明李言恭、郝杰同撰。言恭字惟寅，岐陽武靖王文忠之裔，以萬曆二年襲封臨淮侯。杰字彥輔，蔚州人。嘉靖丙辰進士，官至南京兵部尚書。方言恭督京營戎政時，杰爲右都御史。會倭患方劇，乃共摭所聞爲此書。記其山川地理及世次土風，而於字書譯語，臚載尤詳。後倭陷朝鮮，封貢議起，杰以力争不合，徙南京。而言恭子宗城卒爲石星所薦，充正使往封。至釜山而倭情中變，易服逃歸，被劾論戍。蓋徒恃紙上空言，宜其不能悉知情僞也。

關白據倭始末

祁承爜《澹生堂藏書目・國朝史類・風土・異域》 《關白據倭始末》一册。一卷。

皇明馭倭録

黄虞稷《千頃堂書目・地理類下》 王士騏《皇明馭倭録》八卷。

日本朝貢考略

黄虞稷《千頃堂書目・地理類下》 張迪《日本朝貢考略》一册。

日本受領之事

錢曾《讀書敏求記・别志》《日本受領之事》一卷。受領者，受領天朝之賜予也。字形奇詭，是彼國人所書。裝潢、楮墨咸與中華異，而寔精于中華。行間復以日本事注其旁，不可辨識，亦書案間一奇物也。

袖海編

丁立中《八千卷樓書目・地理類・外紀》《袖海編》一卷。國朝汪鵬撰。昭代叢書本。

日本外史

丁立中《八千卷樓書目・地理類・外紀》《日本外史》二十二卷。國朝賴襄撰。日本刊本。

日本國史略

丁立中《八千卷樓書目・地理類・外紀》《日本國史略》五卷。日本松苗撰。抄本。

東瀛詩紀

丁立中《八千卷樓書目・地理類・外紀》《東瀛詩紀》二卷。國朝俞樾撰。刊本。

扶桑遊記

丁立中《八千卷樓書目・地理類・遊記》《扶桑遊記》三卷。國朝王韜撰。日本刊本。

日本新政考

丁立中《八千卷樓書目・地理類・外紀》《日本新政考》二卷。國朝顧厚焜撰。活字本。

黄遵憲日本國志

丁立中《八千卷樓書目・地理類・外紀》《日本國志》四十卷。國朝黄遵憲撰。刊本。

日本佳節録

丁立中《八千卷樓書目・地理類・外紀》《日本佳節録》一卷。日本西風松下撰。

日本雅景

丁立中《八千卷樓書目・地理類・外紀》《日本雅景一覽》四卷。日本文鳳烏聲撰。日本刊本。

日本地理兵要

丁立中《八千卷樓書目・地理類・外紀》《日本地理兵要》十卷。國朝姚文棟撰。同文館本。

日本各校記略

丁立中《八千卷樓書目・地理類・外紀・附録》《日本各校記略》一卷。張大鏞編。

武學記略

丁立中《八千卷樓書目・地理類・外紀・附録》《武學記略》一卷。國朝張大鏞編。浙局刊本。

琉球圖説

嵇璜等《續通志・圖譜略・記有・地理》《琉球圖説》。鄭若曾。

《四庫全書總目提要・地理類存目七・外紀》《琉球圖説》一卷。浙江范懋柱家天一閣藏本。明鄭若曾撰。體例與《朝鮮圖説》相同，地里則但標其針路，末附宋鄭藻紀事一篇。琉球奉明正朔，從無寇掠。殆以其國外偪於倭，内密邇於福建，而爲預防之計歟。

郭汝霖使琉球録

祁承㸁《澹生堂藏書目・國朝史類・行役・使命》《使琉球録》二册。二卷。郭汝霖紀録彙編本。

黄虞稷《千頃堂書目・地理類下》許士霖《琉球録》二卷。永豐人。吏科給事中。嘉靖戊午士霖偕行人李際春使疏球，既還，因取陳侃言增修成志。（吴補）

瀛洲會詩

朱睦㮮《萬卷堂書目・雜志》《瀛洲會詩》□卷。

使事紀略

朱睦㮮《萬卷堂書目・雜志》《使事紀略》。

陳侃使琉球録

朱睦㮮《萬卷堂書目・雜志》《使琉球録》二册。陳侃。

趙琦美《脈望館書目・史・外夷》《使琉球録》二本。嘉靖十一年。

王圻《續文獻通考・經籍考・地理》《使琉球録》。給事中陳侃以嘉靖十四年使琉球，圖其山川風俗人物夷語夷事，爲録以進。

徐𤊹《徐氏家藏書目・外夷省》高澄《使琉球録》。嘉靖。

祁承㸁《澹生堂藏書目・國朝史類・行役・使命》《使琉球録》。一卷。陳侃國朝典故本。

黄虞稷《千頃堂書目・地理類下》《陳侃使琉球録》二卷。四明人，左給事中。

嘉靖中修。

蕭謝使琉球録

焦竑《國史經籍志・地里・行役》《使琉球録》二卷。蕭從業。

徐𤊹《徐氏家藏書目・外夷省》 蕭謝《使琉球録》。萬曆七年。

錢謙益等《絳雲樓書目・地誌類》《使琉球録》。二卷。蕭從景、鞏珍《西洋番國志》。

黄虞稷《千頃堂書目・地理類下》 蕭崇業《使琉球録》二卷。臨安人。給事中。萬曆中修。

又 謝杰《使琉球録》六卷。

《明史・藝文志・地理類》 謝杰《使琉球録》六卷。

夏子陽使琉球録

趙琦美《脈望館書目・史・外夷》《使琉球録》又二本。萬曆三十四年。

徐𤊹《徐氏家藏書目・外夷省》 夏王《使琉球録》。萬曆三十年。

祁承㸁《澹生堂藏書目・國朝史類・行役・使命》《使琉球圖録》二册。二卷。夏子陽。

中山沿革志

耿文光《萬卷精華樓藏書記・地理類八》《中山沿革志》二卷。國朝汪楫撰。原本。册封琉球國王時所作，專紀中山世系，附以考據。前有自序、目次。別有《使琉球録》載封册典禮及山川、景物。徐葆光《中山傳信録》、潘相《琉球入學見聞録》、周煌《琉球國志》皆可參看。琉球，東洋小國也。周環三十六島，南北四百餘里，東西不足百里。舊分山南、山北、中山三國，後并入中山爲一，故稱中山王。

南島志

丁立中《八千卷樓書目・地理類・外紀》《南島志》二卷。日本新井君美撰。甘雨亭本。

中山傳信録

《四庫全書總目提要・地理類存目七・外紀之屬》《中山傳信録》六卷。兩淮馬裕家藏本。國朝徐葆光撰。葆光字澄齋，吴江人。康熙壬辰進士。官翰林院編修。康熙五十七年，册封琉球國世子尚貞爲國王，以葆光爲副使，歸時奏上是書。繪圖列説，紀述頗詳。

琉球事略

丁立中《八千卷樓書目・地理類・外紀》《琉球事略》一卷。日本桂山義樹撰。甘雨亭本。

小琉球漫誌

丁立中《八千卷樓書目・地理類・雜記》《小琉球漫志》十卷。國朝朱仕玠撰。刊本。

琉球國志略

耿文光《萬卷精華樓藏書記・地理類八》《琉球國志略》十六卷。國朝周煌撰。聚珍本。前有進書表、凡例、採用書目，首卷御書詔敕、諭祭文，次則星野，至針路，凡十二圖。卷一星野、卷二國統、卷三封貢、卷四輿地風俗、卷五山川、卷六府署、卷七祠廟、卷八勝蹟、卷九爵秩、卷十賦役、卷十一典禮、卷十二兵刑、卷十三人物、卷十四物産、卷十五藝文、卷十六志餘。使之有録，自明陳侃始。侃直曰《使録》，郭汝霖、蕭崇業皆曰《使録》，各一篇。謝杰《使事補遺》始分八欵，有《日東交市記》。至夏子陽《使録》，則海圖之外，亦列八欵。國朝張學禮則紀略雜録，各自成卷。汪楫則疏抄外《中山沿革志》二卷、雜録五卷。至徐葆光《中山傳信録》較爲賅備，然條類繁多，不相統系。今所纂薈萃諸録，互相考證，併參前史，旁及百家，有關琉球事實者兼收彙輯，質以親所見聞，爰成此書。

張之洞《書目答問・地理・外紀》《琉球國志略》十六卷。周煌。聚珍本。家刻本。

使琉球記

丁立中《八千卷樓書目・地理類・外紀》《使琉球記》六卷。國朝李鼎元撰。刊本。

續琉球國志略

丁立中《八千卷樓書目・地理類・外紀》《續琉球國志略》五卷。國朝費錫章撰。聚珍板本。

中山見聞辨異

丁立中《八千卷樓書目・地理類・外紀》《中山見聞辨異》二卷。國朝黄景福撰。刊本。

琉球小志

丁立中《八千卷樓書目・地理類・外紀》《琉球地理志》一卷，《補遺》一卷，《説略》一卷。國朝姚樑撰。刊本。

呂宋紀略

丁立中《八千卷樓書目・地理類・外紀》《呂宋紀略》一卷。國朝黄可垂撰。刊本。

呂宋紀略

丁立中《八千卷樓書目・地理類・外紀》《呂宋紀略》一卷。國朝葉羌鏞撰。刊本。

歐洲

西方要紀

《四庫全書總目提要・地理類存目七・外紀》《西方要紀》一卷。編修程晉芳家藏本。國朝西洋人利類思、安文思、南懷仁等撰。利類思、安文思皆以明末入中國，南懷仁以順治十六年至京師。此書則康熙初年所述，凡二十條。專記西洋國土、風俗、人物、土産及海程遠近，大抵意在夸大其教，故語多粉飾失實。

丁立中《八千卷樓書目・地理類・外紀》《西方要紀》一卷。國朝西洋利類思、安文思、南懷仁等撰。學海類編本。昭代叢書本。

乘槎筆記

丁立中《八千卷樓書目·地理類·外紀》《乘槎筆記》一卷。國朝斌椿撰。抄本。

東方交涉記

丁立中《八千卷樓書目·地理類·外紀》《東方交涉記》十二卷。英麥高爾撰。刊本。

隋軺遊紀

丁立中《八千卷樓書目·地理類·外紀》《隨軺遊紀》四卷。國朝吴宗濂撰。石印本。

歐遊隨筆

丁立中《八千卷樓書目·地理類·外紀》《歐遊隨筆》二卷。國朝錢德培撰。刊本。

奉使俄羅斯日記

馬國翰《玉函山房藏書簿録·史編·地理類》《奉使俄羅斯日記》一卷。國朝吏部尚書張鵬翮撰。康熙中奉使俄羅斯國，紀其程途所見及行使典禮。

俄羅斯國紀要

丁立中《八千卷樓書目·地理類·外紀》《俄羅斯國紀要》一卷。國朝林則徐撰。刊本。

俄羅斯方域考

丁立中《八千卷樓書目·地理類·外紀》《俄羅斯方域考》一卷，《英俄搆兵記》一卷。國朝姚瑩石撰。刊本。

北徼彙編

張之洞《書目答問·地理·外紀》《北徼彙編》四卷。何秋濤。京師刻巾箱本。此書稾本浩繁，咸豐閒進呈，旋燬。今琉璃廠市有刻本，止四卷，仍題何名。紀述詳實，非出僞託。

耿文光《萬卷精華樓藏書記·地理類八》《北徼彙編》六卷。國朝何秋濤撰。龍威閣本。同治四年陳必榮校刊此書，稿本甚繁。凡説俄羅斯者彙爲一書，咸豐間進呈，旋毁。今本仍題何名，蓋所存者皆中國之書也。首冠以《皇朝文獻通考·四裔考》，以下爲國朝十三家之著述，凡十八篇，分爲六卷。咸豐戊午祁相國序。祁氏序曰：何願船比部素研諸史輿地之學，近出所輯《北徼彙編》，咸載原文，加以疏證。瑣事軼聞，別加綴録。訂譌抉謬，附於簡末。其紀述則信而有徵，其蒐採則博而不雜，其辨别是非則確而不可移易，豈非所謂實事求是者哉。徐元文《俄羅斯國定界碑》、七十一《鄂羅斯傳》、趙翼《簷曝雜記》、松筠《綏服紀略》、俞正燮《俄羅斯佐領考》《俄羅斯事輯》《俄羅斯長編稿跋》、張穆《俄羅斯事補輯》《肙齋籤記》、林則徐《俄羅斯國總記》、魏源《盟聘記》、姚瑩《俄羅斯方域》《記英俄二夷搆兵》、徐繼畬《俄羅斯國志略》、艾儒略《職方外紀》《奉使俄羅斯行程録》、何秋濤

《俄羅斯進呈書籍記》、圖理琛《異域録》。俄羅斯，北邊之大國也。東界海，西接西洋諸國。東西距二萬餘里，南北自一千里至三千餘里不等。秦漢時匈奴并有其地。控噶爾，西北方回子最大之國，地包鄂羅斯東西界之外。何按：此説不足據。道光二十五年，其國王盡繕所有書籍來獻，凡三百五十七號，每號爲一帙，人不能識，例須先譯書名。好事者争相傳録，因次其書目於左。文光案：《異域録》錢氏熙祚刻入《指海簡明目録》作一卷，此本上下二卷。

英軺私記

李慈銘《越縵堂讀書記・地理類》《英軺私記》。清劉錫鴻撰。閩劉雲生錫鴻《英軺私記》二卷，雖辭筆冗俗，不如郭筠仙《使西紀程》之簡絜，而叙述甚詳，於所見機器火器鐵路鐵船，皆深求其利弊，言之備悉。英人謀利之亟，講武之勤，以及收貧民教童子監獄之有法，工作之有程，國無廢人，人無棄物，皆能言其實，而風俗之陋，習尚之奢，君民不分，男女無別，亦俱言之不諱。至言中國外交之道，當據理直言，不可爲客氣之談，尤不可爲陰陽之論。凡自誇强大，不憚用兵，及中外一家，懷柔遠人等語，皆彼所共識，傳相姗笑。而或自相輕薄，詆華媚夷，至效其衣冠，習其禮節，尤彼所深鄙。此則持邦交者之至言，使四夷者之切戒，古今不易之理也。雲生，番禺人，以舉人貲郎，好爲大言，依託貴要，得薦副郭嵩燾侍郎使英吉利半年，後改爲使德國正使。其居德頗有口舌功，聞尚有《德軺私記》，當再借觀也。光緒辛巳（一八八一）二月初十日。

英國志

丁立中《八千卷樓書目・地理類・外紀》《英國志》八卷。英慕維廉撰。原刊本。

㖹咭利考略

丁立中《八千卷樓書目・地理類・外紀》《㖹咭利考略》一卷。國朝汪文泰撰。刊本。

法蘭西志

丁立中《八千卷樓書目・地理類・外紀》《法蘭西志》六卷。日本高喬二撰。日本刊本。

聯邦志略

丁立中《八千卷樓書目・地理類・外紀》《［大美］聯邦志略》二卷。美禪治文撰。刊本。

使美紀略

丁立中《八千卷樓書目・地理類・外紀》《使美紀略》一卷。國朝陳蘭彬撰。刊本。

米利夷志

丁立中《八千卷樓書目・地理類・外紀》《米利夷志》四卷。日本岡千仞撰。日本刊本。

大洋洲

奥州五十三郡考

丁立中《八千卷樓書目・地理類・外紀》《奥州五十三郡考》一卷。日本新井君美撰。甘雨亭本。

非洲

黑蠻風土記

丁立中《八千卷樓書目・地理類・外紀》《黑蠻風土記》一卷。英立温斯撰。活字本。

輿圖分部

秦地圖

章宗源《隋書經籍志考證・地理》《秦地圖》卷亡，不著録。《漢書・地理志》秦地圖曰，劇清地幽州藪，有鹽官。又曰，書班氏。

漢輿地圖

顧櫰三《補後漢書藝文志・輿地類》《輿地圖》。

匈奴地圖

顧櫰三《補後漢書藝文志・輿地類》《匈奴地圖》。建武二十一年，左奥鞬日逐王比，密遣漢人郭衡奉《匈奴地圖》，詣河西太守求内附。

司空郡國輿地圖

姚振宗《後漢藝文志・地理類・宫殿都會總志》《司空郡國輿地圖》。

地形圖

姚振宗《後漢藝文志・地理類・宫殿都會總志》張衡《地形圖》一卷。衡始末具經部禮類。

外國圖

李昉《太平御覽經史圖書綱目》《外國圖》。

李昉《太平御覽經史圖書綱目》《外國圖》。

章宗源《隋書經籍志考證・地理》《外國圖》卷亡。不著録。《水經・河水注》從大晉國正西七萬里得崑崙之墟，諸仙居之。《通典・邊防門注》從隅巨北有國名大秦，其種長大，身長五六丈。《文選・郭景純游仙詩注》圓邱有不死樹，食之乃壽。《藝文類聚・木部》君子國多木槿之華，人民食之，去琅邪三萬里，並引《外國圖》。《史記・秦本紀正義》亶州去琅邪萬里，稱吴人《外國圖》。

丁國鈞《補晉書藝文志・地理類》《外國圖》。謹按：見《水經・河水篇注》，家大人曰：道元引此書有從大晉國正西七萬里得崑崙之墟語，爲晉時所撰無疑。

泰始郡國圖

文廷式《補晉書藝文志・地志類》《泰始郡國圖》。

司空圖

秦榮光《補晉書藝文志・地理類・總志》《司空圖》。

太康國照圖

焦竑《國史經籍志・地里・地理》《太康國照圖》一卷。孫結。

黄逢元《補晉書藝文志・地理》《太康國照圖》一卷。孫結撰。見《通志》。

禹貢地域圖

文廷式《補晉書藝文志・地志類》裴秀《禹貢地域圖》十八篇。見本傳。案張彦遠《名畫記》鄭三云裴秀《地形方丈圖》一，是唐時猶存。

黄逢元《補晉書藝文志・地理》《禹貢地域圖》十八篇。裴秀撰。見秀傳。元案：是圖雖以禹貢名篇，實晉輿地也。

括地圖

文廷式《補晉書藝文志・地志類》《括地圖》。《裴秀傳》今祕書既無古之地圖，又無蕭何所得，惟有漢氏輿地及括地諸雜圖，皆不精審，不可依據。或荒外迂誕之言，不合事實。今案《水經・河水注》所引馮夷恒乘雲車駕二龍，《史記・大宛傳索隱》所引崑崙弱水，非乘龍不至之類，皆近荒外迂誕之言。季彦所見，蓋即此書。因晉以前典籍，故録存其目。

吴蜀地圖

秦榮光《補晉書藝文志・地理類・邊防》《吴蜀地圖》。文帝命有司訪撰，據本書裴秀傳、禹貢地域圖序。

吴士鑒《補晉書經籍志・地理類》《吴蜀地圖》。《裴秀傳》云：文皇帝乃命有司撰訪《吴蜀地圖》，蓋謂司馬昭也。

隋西域圖

《隋書・經籍志・地理》《隋西域圖》三卷。裴矩撰。

《新唐書・藝文志・地理類》裴矩又撰《西域圖記》三卷。

鄭樵《通志・藝文略・地里・蠻夷》《西域圖》三卷。裴矩撰。

又《圖譜略・記无・地里》裴矩《西域圖》。

姚振宗《隋書經籍志考證・地理類》《隋西域圖》三卷。裴矩撰。

周地圖

《舊唐書・經籍志・地理》《周地圖》九十卷。

《新唐書・藝文志・地理類》《周地圖》一百三十卷。

鄭樵《通志・藝文略・地里・地理》《周地圖》一百三十卷。

輿地圖

章宗源《隋書經籍志考證・地理》《輿地圖》卷亡，不著録。《史記・淮南衡山列傳索隱》虞喜《志林》曰：《輿地圖》漢家所畫，非出遠古也。《文選・徐敬業登琅琊城詩注》《輿地圖》曰：梁武改南琅邪爲琅邪郡，在潤州。

區宇圖

《舊唐書・經籍志・地理》《區宇圖》一百二十八卷。虞茂撰。

《新唐書・藝文志・地理類》虞茂《區宇圖》一百二十八卷。

李播方志圖

《新唐書・藝文志・地理類》李播《方志圖》。卷亡。

西域圖

焦竑《國史經籍志・地里・蠻夷》《西域圖》三卷。裴矩。

長安四年十道圖

《舊唐書・經籍志・地理》《長安四年十道圖》十三卷。

《新唐書・藝文志・地理類》《長安四年十道圖》十三卷。

鄭樵《通志・藝文略・地里・地理》《長安四年十道圖》十三卷。

開元三年十道圖

《舊唐書・經籍志・地理》《開元三年十道圖》十卷。

《新唐書・藝文志・地理類》《開元三年十道圖》十卷。

鄭樵《通志・藝文略・地里・地理》《開元三年十道圖》十卷。

唐地域方丈圖

《新唐書・藝文志・地理類》《地域方丈圖》一卷。

鄭樵《通志・藝文略・地里・地理》《唐地域方丈圖》一卷。

鄭樵《通志・圖譜略・記无・地里》《地域方丈圖》。

唐地域方尺圖

《新唐書・藝文志・地理類》《地域方尺圖》一卷。

鄭樵《通志・藝文略・地里・地理》《唐地域方尺圖》一卷。

鄭樵《通志・圖譜略・記无・地里》《地域方尺圖》。

地　圖

《新唐書・藝文志・地理類》賈耽《地圖》十卷。

鄭樵《通志・藝文略・地里・地理》賈耽《地圖》十卷。

鄭樵《通志・圖譜略・記无・地里》賈躭《地圖》。

國要圖

錢東垣等輯《崇文總目輯釋・地理類》《國要圖》五卷。賈耽撰，褚瓔重修。

[原釋]闕。見天一閣鈔本。繹按：《玉海・藝文類》云，《大唐國要圖》五卷，《崇文目・地理類》。又《玉海・地理類》引。《崇文目》亦同。

《宋史・藝文志・地理類》賈耽《國要圖》一卷。

方志圖

《宋史・藝文志・地理類》《方志圖》二卷。

元和郡縣圖

李昉《太平御覽經史圖書綱目》《元和郡縣圖》。

地鏡圖

李昉《太平御覽經史圖書綱目》《地鏡圖》。

十道圖

《新唐書・藝文志・地理類》李吉甫《十道圖》十卷。

鄭樵《通志・藝文略・地里・地理》《元和十道圖》十卷。

陳振孫《直齋書録解題・地理類》《唐十道圖》一卷。唐宰相趙郡李吉甫宏憲撰。首載州縣總數、文武官員數、俸料。《唐志》云十卷，今不分卷。

馬端臨《文獻通考・經籍考・地理》《唐十道圖》一卷。

開元分野圖

錢東垣等輯《崇文總目輯釋・地理類》《開元分野圖》一卷。[原釋]闕。見天一閣鈔本。繹按：《玉海》天文類、蓺文類兩引，《崇文目》並同。《通志略》不著撰人，《宋志》趙珣撰。

《宋史・藝文志・地理類》趙珣《開元分野圖》一卷。

鄭樵《通志・藝文略・地里・地理》《開元分野圖》一卷。

又《圖譜略・記无・地里》《開元分野圖》。

唐國照圖

錢東垣等輯《崇文總目輯釋・地理類》《大唐國照圖》一卷。孫結撰。[原釋]闕。見天一閣鈔本。繹按：《玉海》引《崇文目》同。

鄭樵《通志・藝文略・地里・地理》《大唐國照圖》一卷。孫結撰。

《宋史・藝文志・地理類》孫結《唐國鑑圖》一卷。

元和國計圖

錢東垣等輯《崇文總目輯釋・地理類》《元和國計圖》一卷。曹璠撰。繹按：《玉海・食貨類》云：《崇文目・地理類》有《元和國計圖》一卷，舊本「計」譌作「記」，今校改。《宋志》十卷。

《宋史・藝文志・地理類》曹璠《元和國計圖》十卷。

新定十道圖

宋祖駿《補五代史藝文志・地理類》《新定十道圖》三十卷。

契丹疆宇圖

尤袤《遂初堂書目・地理類》《契丹疆宇圖》。

陳振孫《直齋書録解題・地理類》《契丹疆宇圖》一卷。不著名氏。録契丹諸夷地及中國所失地。

馬端臨《文獻通考・經籍考・地理》《契丹疆宇圖》一卷。

《宋史・藝文志・地理類》《契丹國土記》、《契丹疆宇圖》二卷。

王仁俊《遼史藝文志補證・地理類》《契丹疆宇圖》。厲、繆有。按《宋志》二卷，見尤《目》。契丹降人趙志忠來歸，上契丹地圖，見《虜廷雜記》及晁《志》。

契丹地圖

宋祖駿《補五代史藝文志・地理類》《契丹地圖》一卷。長興三年契丹東丹王突欲進。

九域圖

錢東垣等輯《崇文總目輯釋・地理類》《九域圖》三卷。王曾撰。繹按：《玉海》引。《崇文目》作二卷。

鄭樵《通志・藝文略・地里・地理》《九域圖》三卷。宋朝王曾撰。

《宋史・藝文志・地理類》王曾《九域圖》三卷。

混一圖

鄭樵《通志・藝文略・地里・圖經》《混一圖》一卷。

嵇璜等《續通志・圖譜略・記无・地理》《混一圖》。

十七路轉運圖

鄭樵《通志・圖譜略・記无・地里》《十七路轉運圖》。

十七路圖

鄭樵《通志・圖譜略・記无・地里》《十七路圖》。

地理圖

《宋史・藝文志・地理類》《地里圖》一卷。

又《地里圖》一卷。

指掌圖

《宋史・藝文志・地理類》《指掌圖》二卷。

十八路圖

《宋史・藝文志・地理類》《十八路圖》一卷，《圖副》二十卷。熙寧間天下州府軍監縣鎮圖。

輿地圖

黄虞稷《千頃堂書目・地理類・補宋》王觀之《輿地圖》十六卷。

倪燦等《宋史藝文志補・地理類》王觀之《輿地圖》十六卷。

天下郡縣圖

《宋史・藝文志・地理類》 沈括《天下郡縣圖》。一部。卷亡。

地理指掌圖

尤袤《遂初堂書目・地理類》 《地理指掌圖》。

陳振孫《直齋書録解題・地理類》 《地理指掌圖》一卷。蜀人稅安禮撰。元符中欲上之朝，未及而卒。書肆所刊，皆不著名氏，亦頗闕不備。此蜀本有涪右任慥序，言之頗詳。

馬端臨《文獻通考・經籍考・地理》 《地理指掌圖》一卷。

錢謙益等《絳雲樓書目・地誌類》 《歷代地理指掌圖》一卷。稅安禮撰。宋元符間人。

黃虞稷《千頃堂書目・地理類・補宋》 稅安禮《地理指掌圖》一卷。蜀人，或刻東坡者誤。

倪燦等《宋史藝文志補・地理類》 稅安禮《地理指掌圖》一卷。蜀人，或云東坡者誤。

南北對鏡圖

《宋史・藝文志・地理類》 《南北對鏡圖》一卷。

嵇璜等《續通志・圖譜略・記无・地理》 《南北對鏡圖》。

契丹地里圖

《宋史・藝文志・地理類》 《契丹地里圖》一卷。並不知作者。

王仁俊《遼史藝文志補證・地理類》 《契丹地理圖》。厲、繆有。按《宋志》一卷，見鄭《略》。

東坡地理指掌圖

朱睦㮮《萬卷堂書目・雜志》 《東坡地理指掌圖》一卷。蘇軾。

錢謙益等《絳雲樓書目・地誌類》 宋板《東坡輿地指掌圖》二册。

《四庫全書總目提要・地理類存目一・總志之屬》 《歷代地理指掌圖》一卷。兩淮鹽政採進本。舊本題宋蘇軾撰。始自帝嚳，迄於宋代，爲圖凡四十有四。前有序，後有總論。

于敏中等《天禄琳琅書目後編・明版史部》 《歷代地理指掌圖》一函六册。不著撰人名氏。書不分卷，自帝嚳九州，至宋升置州郡，凡四十四圖。前有蘇軾序，後有總論。【略】其書藍本於《元豐九域志》，宋坊間所行，衮辨之詳矣。淳熙間，趙亮夫刻於桐汭，此本中宋諱字尚有闕筆者，乃從宋本翻雕之證。而多昊天成象圖、明一統圖、各布政使司十四圖，足證爲明時重刻，末有毘陵陳奎刻五字。

歷代輿圖

錢謙益等《絳雲樓書目・地誌類》 蘇文忠公《歷代輿圖》六册。

山川地里圖

王圻《續文獻通考・經籍考・地理》 《山川地理圖》。程大昌著。

王象之輿地圖

陳振孫《直齋書録解題・地理類》 《輿地圖》十六卷。王象之撰。《紀勝》逐州爲卷,《圖》逐路爲卷,其搜求亦勤矣。至西蜀諸郡尤詳。其兄觀之漕夔門時所得也。

馬端臨《文獻通考・經籍考・地理》《輿地圖》十六卷。

錢謙益等《絳雲樓書目・地誌類》《輿地圖》。十六卷。王象之。《輿地略》十一卷,蔡汝楠撰。又《方輿紀勝》,王象之撰。東陽人,隱居不仕。

嵇璜等《續通志・圖譜略・記无・地理》宋王象之《輿地圖》。

四海圖

汪師韓《文選注引群書目録上・地理》《四海圖》。

章宗源《隋書經籍志考證・地理》《四海圖》卷亡,不著録。《文選・思玄賦》注《四海圖》曰:交廣南有邛州,其處極熱。

大遼對境圖

王仁俊《遼史藝文志補證・地理類》《大遼對境圖》。厲、繆有。見鄭《略》。

廣輿圖

徐𤊹《徐氏家藏書目・總志》《廣輿圖》二卷。臨川朱思本。

黄虞稷《千頃堂書目・地理類上》朱思本《廣輿圖》二卷。臨川人。《吴寛集》云:臨川道士朱本初從吴全節祀名山,所至考求地理,作《輿地考》。

黄虞稷《千頃堂書目・地理類・補元》朱思本《廣輿圖》二卷。臨川人。

錢大昕《補元史藝文志・地理類》朱思本《輿地圖》二卷。字本初。臨川人。

倪燦等《補遼金元藝文志・地理類》朱思本《廣輿圖》二卷。臨川人。

孫星衍《平津館鑒藏書籍記・明版》《廣輿圖》一册。前有元朱思本輿圖舊序,次廣輿圖序,稱偶得元人朱思本圖,其圖有計里畫方之法,於是增其未備,因廣其圖至於數十云云。不題撰人姓氏,據漕運圖下載歲運額數,自洪武卅年,至嘉靖元年止。又總圖王府禄米下云,以上係嘉靖卅二年十月前數。《明史・藝文志》有羅洪先增補朱思本《廣輿圖》二卷,當即此書。

歷代地理指掌圖

楊士奇等《文淵閣書目・古今志》《歷代地里指掌圖》一册。又《歷代地里指掌圖》三册。《歷代地里指掌圖》一册。《歷代地里指掌圖》三册。

中原地里總圖

楊士奇等《文淵閣書目・古今志》《中原地里總圖》。一册。

明輿地指掌圖

高儒《百川書志・地理》《大明輿地指掌圖》一卷。少保兼太子太傅、吏部尚書、武英殿大學士臣桂萼纂進。天下土地,分爲十七圖,各具敍記,府州衛所之額、王府之制、户口錢糧軍馬之數,四夷附末,以見大一統之義也。

《明史・藝文志・地理類》《明輿地指掌圖》一卷。

輿地圖

晁瑮《晁氏寶文堂書目・圖誌》《輿地圖》。

趙琦美《脈望館書目・史・總志》《輿地圖》一大本。

明一統輿圖

晁瑮《晁氏寶文堂書目・圖誌》《一統輿圖》。

范邦甸等《天一閣書目・地理類》《大明一統輿圖》一卷。刊本。明朱思齋撰，姚虞序。

朱睦㮮《萬卷堂書目・雜志》《大明一統輿地圖》。

徐圖等《行人司重刻書目・地理類》《一統輿圖》一本。

統輿圖

錢曾《讀書敏求記・地理輿圖》《統輿圖》二卷。

一統輿圖

錢曾《讀書敏求記・地理輿圖》《一統輿圖》一卷。輿圖，桂萼撰。兩京十三省、四夷，約而爲圖十六。嘉靖八年六月初一日進呈，奉旨謄寫副本留内閣。

輿地指掌圖

趙琦美《脈望館書目・史・總志》《輿地指掌圖》。一本。

焦竑《國史經籍志・地里・圖經》《大明輿地指掌圖》一卷。桂萼。

天文地理圖

晁瑮《晁氏寶文堂書目・圖誌》《天文地理圖》。一。

歷代地理圖

趙琦美《脈望館書目・史・總志》《歷代地理圖》。一本。

輿圖總覽

趙琦美《脈望館書目・史・總志》《輿圖總覽》。一本。

明輿地圖

王圻《續文獻通考・經籍考・地理》《大明輿地圖》。嘉靖中吏部員外郎李默著。

歷代國都地理圖

祁承㸁《澹生堂藏書目・國志・通志》《歷代國都地理圖》。一卷。黄仁浦。

古今地域圖略

祁承㸁《澹生堂藏書目・圖志・通志》《古今地域圖略》。一卷，俞焕章。

省直天文圖

祁承㸁《澹生堂藏書目・圖志・圖志》《省直天文圖》。一册。二卷。

職方地圖

黄虞稷《千頃堂書目・地理類上》 陳組綬《皇明職方地圖》三卷。

《明史・藝文志・地理類》 陳組綬《職方地圖》三卷。

嵇璜等《續通志・圖譜略・記无・地理》 陳組綬《職方地圖》。

軍機處奏《禁毁書目》 《明職方地圖》三本。查明職方地圖，明陳組綬撰。内《全遼邊圖》及説内，均有指斥之詞，應請銷燬。

耿文光《萬卷精華樓藏書記・地理類二》 《明職方地圖》三卷。明陳祖綬撰。明本。崇禎八年爲兵部職方司主事時所著也。凡京省、邊鎮、川海諸圖，河運、海運、江防、海防諸書，靡不搜採。又與十數同志朝夕研究，故勝於羅念菴之《廣輿圖》。其弱水黑水圖説，亦較諸家爲詳。前有自序、目録，上卷爲南北兩京並十三省圖，各有表、有説，冠以禹貢周職方一統圖表並序。中卷爲邊鎮圖表十九篇，或論、或攷，前有序列，後有跋。下卷爲川海地圖十五篇，有解、有考，或立表，前有小序，末爲清漠始末圖、貢夷圖并表。板幅甚寬大，傳本亦少，故録之。

皇圖要覽

黄虞稷《千頃堂書目・地理類上》 胡文煥《皇圖要覽》四卷。

今古輿地圖

黄虞稷《千頃堂書目・地理類上》 吴□□《今古輿地圖》三卷。

嵇璜等《續通志・圖譜略・記有・地理》 《今古輿地圖》。

《四庫全書總目提要・地理類存目一・總志》 《今古輿地圖》無卷數。江蘇巡撫採進本。不著撰人名氏。首列明一統圖，由明溯元，層累而上，至帝嚳九州，凡爲圖五十。又别爲古今區域總要、歷代山名、歷代水名、辰次分野、列國分野、天象分野、山河兩戒八圖，共圖五十有八。凡明郡縣用墨書，而歷代沿革異同俱以五色筆界畫細註，又各附説於圖中。

羅欽順廣輿圖

黄虞稷《千頃堂書目・地理類上》 羅欽順《廣輿圖》。

天下輿地圖

黄虞稷《千頃堂書目・地理類上》 李默《天下輿地圖》一卷。

胡松廣輿圖

黄虞稷《千頃堂書目・地理類上》 胡松《廣輿圖》二卷。

增補朱思本廣輿圖

《明史・藝文志・地理類》 羅洪先《增補朱思本廣輿圖》二卷。

黄虞稷《千頃堂書目・地理類上》 羅洪先《增補朱思本廣輿圖》四卷。

嵇璜等《續通志・圖譜略・記無・地理》 [明]羅洪先《增補廣輿圖》。

丁丙《善本書室藏書志・地理類・總志》 《廣輿圖》二卷。明嘉靖刊本。

古今形勝圖

黄虞稷《千頃堂書目・地理類上》 喻時《古今形勝圖》。

考定輿地圖

《明史・藝文志・地理類》 項篤壽《考定輿地圖》十卷。

黃虞稷《千頃堂書目・地理類上》 項篤壽《考定輿地圖》十卷。

嵇璜等《續通志・圖譜略・記无・地理》 項篤壽《考定輿地圖》。

輿地分合指掌圖

黃虞稷《千頃堂書目・地理類上》 許重熙《輿地分合指掌圖》。

康熙輿地圖

嵇璜等《清通志・圖譜略・御定地理》 《輿地圖》。謹按：是圖乃康熙年間，聖祖命人乘傳詣各部，詳詢精繪所定。自平定準噶爾，西陲諸部悉入版章。因奉敕遣大臣率西洋人，由西北兩路分道至各鄂拓克，測量星度、占候、節氣，詳詢其山川險易、道路遠近，繪圖一如舊制，以垂諸永久云。

合刻恒星赤道經緯度圖一統輿圖

張之洞《書目答問・地理・今地志》 《合刻恒星赤道經緯度圖一統輿圖》各一具。六嚴、李兆洛。揚州平山堂刻本。地輿必合星度以爲準望，故統於地理。

清中外一統輿圖

丁立中《八千卷樓書目・地理類・總志》 《大清中外一統輿圖》三十卷。國朝官文撰。原刊本。

清朝一統輿圖

張之洞《書目答問・地理・今地志》 《皇朝一統輿圖》三十二卷。胡林異等。武昌官本。內府本難得此本極詳。《輿地經緯度里表》一卷。長沙荷池精舍刻本。

直省輿地全圖

丁立中《八千卷樓書目・地理類・總志》 《直省輿地全圖》一卷。不著撰人名氏。石印本。

清地理圖

丁立中《八千卷樓書目・地理類・總志》 《皇清地理圖》一卷。國朝胡錫燕撰。原刊本。

畿輔輿圖

丁立中《八千卷樓書目・地理類・都會郡縣》 同治《畿輔輿圖》一卷。不著撰人名氏。刊本。

松江府圖

楊士奇等《文淵閣書目・新志》 《松江府圖》。一册。

冀州圖

錢東垣等輯《崇文總目輯釋・地理類》《冀州圖》二卷。[原釋]闕。見天一閣鈔本。陳詩庭云隋志通志略並有《冀州圖經》一卷，不著撰人。

鄭樵《通志・圖譜略・記無・地里》《冀州圖》。

河北三十四郡地圖

鄭樵《通志・藝文略・地里・圖經》《河北三十四郡地圖》一卷。

河北四十四郡圖

鄭樵《通志・圖譜略・記無・地里》《河北四十四郡圖》。

河北二十四郡地圖

焦竑《國史經籍志・地里・圖經》《河北二十四郡地圖》一卷。

并州總管内諸州圖

《隋書・經籍志・地理》《并州總管内諸州圖》一卷。

鄭樵《通志・藝文略・地里・郡邑》《并州總管内諸州圖》一卷。

姚振宗《隋書經籍志考證・地理類》《并州總管内諸州圖》一卷。不著撰人。《隋書・宇文弼傳》：時朝廷以晉陽爲重鎮，并州總管必屬親王，其長史、司馬亦一時高選。

山西五州圖

楊士奇等《文淵閣書目・舊志》《山西五州圖》。一册。

盛京吉林黑龍江等處標注戰蹟輿圖

嵇璜等《清通志・圖譜略・御定地理》《盛京吉林黑龍江等處標注戰蹟輿圖》。謹按：盛京、吉林、黑龍江諸處乃我朝肇迹興王之所，而《皇輿全圖》尚未賅備，我皇上敬稽。

關中圖

沈家本《續漢書志注所引書目・地理》《關中圖》。郡國二。

長安圖

李昉《太平御覽經史圖書綱目》《長安圖》。

汪師韓《文選注引群書目録上・地理》《長安圖》。

章宗源《隋書經籍志考證・地理》《長安圖》。卷亡。不著録。《文選・西征賦》注：周氏曲，咸陽縣東南三十里，今名周氏陂。陂南一里，漢有蘭池宮。又云：漢時七里渠，有飲馬橋，夏侯嬰冢在橋南三里。《太平御覽・地部》：高望堆在延興門南八里。並引長安圖。

姚振宗《後漢藝文志・地理類・宮殿都會總志》《長安圖》。

長安京城圖

鄭樵《通志・藝文略・地里・地理》《長安京城圖》一卷。
黄虞稷《千頃堂書目・地理類上》《長安京城圖》一卷。

長安志圖

嵇璜等《續通志・圖譜略・記有・地理》［元］李好文《長安志圖》。

甘肅鎮圖

黄虞稷《千頃堂書目・地理類下》《甘肅鎮圖》一卷。

西夏圖略

晁瑮《晁氏寶文堂書目・圖誌》《西夏圖略》。六。

寧夏圖

黄虞稷《千頃堂書目・地理類下》《寧夏圖》一卷。

江寧圖

李昉《太平御覽經史圖書綱目》《江寧圖》。

金陵考古圖

李昉《太平御覽經史圖書綱目》《金陵圖》。
趙琦美《脈望館書目・史・南直》《金陵考古圖》一本。甲。又一本。乙。又一本。丙。

六合掌運圖

陳振孫《直齋書録解題・地理類》《六合掌運圖》一卷。不著名氏。凡爲四十圖，首列禹跡，次爲中興後南北三境，其後則諸邊關阨險要以及虜地疆界亦著之。
馬端臨《文獻通考・經籍考・地理》《六合掌運圖》一卷。
嵇璜等《續通志・圖譜略・記無・地理》《六合掌運圖》。

蘇州衛圖本

楊士奇等《文淵閣書目・新志》《蘇州衛圖本》。二册。

浙江總圖

楊士奇等《文淵閣書目・新志》《浙江總圖》。一册。

兩浙輿圖

丁立中《八千卷樓書目・地理類・都會郡縣》《兩浙輿圖》一卷。國朝周人驥撰。刊本。

紹興府境内總圖

趙琦美《脈望館書目・史・浙江・紹興府》《紹興府境内總圖》。一本。

南巡杭州名勝圖

丁立中《八千卷樓書目・地理類・古蹟》《南巡杭州名勝圖》一卷。不著撰人名氏。刊本。

虔臺輿圖要覽

黃虞稷《千頃堂書目・地理類中》李汝華《虔臺輿圖要覽》六卷。

虔臺撫屬地圖

黃虞稷《千頃堂書目・地理類中》李堂《虔臺撫屬地圖》一卷。

錢曾《讀書敏求記・地理輿圖》《虔臺撫屬地圖》一卷。

福建地理圖

《宋史・藝文志・地理類》《福建地理圖》一卷。

武夷指掌圖

徐𤊹《徐氏家藏書目・福建省》《武夷指掌圖》一卷。詹殉士。

洛陽圖

《隋書・經籍志・地理》《洛陽圖》一卷。晉懷州刺史楊佺期撰。

《舊唐書・經籍志・地理》《洛陽圖》一卷。楊佺期撰。

鄭樵《通志・藝文略・地里・都城宮苑》《洛城圖》一卷。晉楊佺期撰。

《新唐書・藝文志・地理類》楊佺期《洛城圖》一卷。

文廷式《補晉書藝文志・地志類》楊佺期《洛陽圖》一卷。隋志題懷州刺史，錢大昕考異曰：晉無懷州，當是雍州之譌。《新唐志》作《洛城圖》，《通志》從之。

洛陽地圖

李昉《太平御覽經史圖書綱目》《洛陽地圖》。

洛陽京城圖

鄭樵《通志・藝文略・地里・都城宮苑》《洛陽京城圖》一卷。

洛陽地圖

焦竑《國史經籍志・地里・都城宮苑》《洛陽圖》一卷。晉楊佺期。

姚振宗《隋書經籍志考證・地理類》《洛陽圖》一卷。晉懷州刺史楊佺期撰。

東京宮禁圖

鄭樵《通志・藝文略・地里・地理》《東京宮禁圖》一卷。

焦竑《國史經籍志・地里・都城宮苑》《東京宮禁圖》一卷。

湖廣省指掌圖

楊士奇等《文淵閣書目・古今志》《湖廣省指掌圖》。四册。

黄虞稷《千頃堂書目・地理類中》《湖廣省指掌圖》。

湖廣全圖

丁立中《八千卷樓書目・地理類・都會郡縣》《湖廣全圖》一卷。不著撰人名氏。抄本。

荆州圖

汪師韓《文選注引群書目録上・地理》《荆州圖》。

茶陵縣圖

李昉《太平御覽經史圖書綱目》《茶陵縣圖》。

[隋]嶺南地圖

徐崇《補南北史藝文志・地記・隋》[隋]《嶺南地圖》。樊子蓋撰，見本傳。隋書同，隋經籍志未收。

交廣圖

《宋史・藝文志・地理類》《交廣圖》一卷。

嶺南輿圖

焦竑《國史經籍志・地里・圖經》《嶺(海)[南]輿圖》二卷。湛若水。

黄虞稷《千頃堂書目・地理類中》湛若水《嶺南輿圖》二卷。

耿文光《萬卷精華樓藏書記・地理類四》《嶺海輿圖》一卷。明姚虞撰。嶺南叢書本。阮氏小琅嬛仙館抄本、吳氏重刊前有嘉靖壬寅湛若水序、姚虞自序，並凡例。凡十二圖，圖各有序。巡按廣東時所作，詳於武備，略於文事，志乘中別爲一體，古者輿圖不過如是。

丁立中《八千卷樓書目・地理類・都會郡縣》《嶺海輿圖》一卷。明姚虞撰。守山閣本。

廣東輿圖

馬國翰《玉函山房藏書簿録・史編・地理類》《廣東輿圖》十二卷。國朝按察使司僉事鄜州韓作棟撰。有康熙二十四年兩廣總督越州吳興祚、廣東巡撫李士楨及韓三序。

廣西輿圖

馬國翰《玉函山房藏書簿録·史編·地理類》《廣西輿圖》九卷。並刊本。韓作棟撰。有廣西巡撫潘陽范承勳及吴興祚二序。

劍南地圖

《舊唐書·經籍志·地理》《劍南地圖》二卷。

《新唐書·藝文志·地理類》《劍南地圖》二卷。

鄭樵《通志·藝文略·地里·圖經》［唐］《劍南地圖》二卷。

朝鮮圖

趙琦美《脈望館書目·史·外夷》《朝鮮圖》一張。

朝鮮八道圖

錢曾《讀書敏求記·地理輿圖》《朝鮮八道圖》一卷。

職官部

論述

《隋書・經籍志・職官類序》 古之仕者，名書於所臣之策，各有分職，以相統治。《周官》，冢宰掌建邦之六典，而御史數凡從正者。然則冢宰總六卿之屬，以治其政，御史掌其在位名數，先後之次焉。今《漢書百官表》列衆職之事，記在位之次，蓋亦古之制也。漢末，王隆應邵等，以《百官表》不具，乃作《漢官解詁》、《漢官儀》等書。是後相因，正史表志，無復百僚在官之名矣。搢紳之徒，或取官曹名品之書，撰而録之，別行於世。宋、齊已後，其書益繁，而篇卷零叠，易爲亡散；又多瑣細，不足可紀，故删。其見存可觀者，編爲職官篇。

錢東垣等輯《崇文總目輯釋・職官類序》 堯舜三代建官名數不同，而周之六官備矣。然漢唐之興，皆因秦隋官號而損益之，足以致治興化。由此而言，在乎舉職勤事，代公治物一而已，至於車服、印綬、爵秩、俸廩，因時爲制，著於有司。繹按：一本有焉字。書曰無曠庶官，又曰允釐百工。夫百官象物，奉職恭位，此虞舜所以端拱無爲而化成天下，可不重哉？見《歐陽文忠公集》。

焦竑《國史經籍志・職官類序》 上世官修其方，故物不抵伏，後世弗安厥官，其方莫修，而職業舉以放廢。夫方者，書也，究其原本所思營者，悉書之法，術具焉。令居是官者，奉以周旋古之制也，周官三百六十屬官，各有書，小行人適四方，則物爲一書至五書，蓋將有行也，舉必及三，惟始衷終，依據精審，斯其厝置也，無不當者。今史策中《漢官解》、詁《漢官儀》、《晉公卿禮秩故事》、《唐六典》皆其類也。但官曹名品撰録甚繁，其猥瑣鄙細者，蓋多有之，特删其存而可睹者爲《職官篇》。

《四庫全書總目提要・職官類序》 前代官制，史多著録，然其書恒不傳。《南唐書・徐鍇傳》稱後主得《齊職制》，其書罕覯，惟鍇知之。今亦無舉其名者。世所稱述《周官》外，惟《唐六典》最古耳。蓋建官爲百度之綱，其名品職掌史志必撮舉大凡，足備參考。故本書繁重，反爲人所倦觀。且惟議政廟堂，乃稽舊典。其間如元豐變法，事不數逢。故著述之家，或通是學而無所用，習者少則傳者亦稀焉。今所採録，大抵唐宋以來一曹一司之舊事，與儆戒訓誥之詞。今釐爲官制、官箴二子目，亦足以稽考掌故，激勸官方。明人所著率類州縣志書，則等之自鄶矣。

耿文光《萬卷精華樓藏書記・職官類序》 官制莫詳於《周禮》，而歷代之專書傳者甚罕，其見於諸史《百官志》及《通典》、《玉海》諸籍者，皆撮舉大凡而非其專書。今所録者十家，孫觀察所輯《漢官》數書乃斷簡殘編，非其原帙，《唐六典》雖具一代典章，而官多重複，且不免宋人之議。《麟臺》、《漢苑》二書所紀僅一官一曹，難云核備。恭讀《欽定歷代職官表》貫穿羣書，兼綜百代，原原本本罔弗具矣。《漢舊儀本儀注》之屬宜入之政書類，陳録列之此部未允。御史臺、精舍碑郎、官石柱題名亦職官類之書，以其爲石柱、爲碑，又録至石本，遂入之金石類。牧民忠告百察金鑑凡屬官箴者，亦職官類之書也。所收甚繁，皆存其目，兹不贅列。考陳氏《書録》有《唐職林》三十卷，馬永錫撰。以《唐六典》爲主，而附以《新史》所載事實，頗采傳記、歌詩之屬，又《職林》二十卷，楊侃撰。未知藏書家猶有此本否。然私家著述多記典故，恐與官制無涉。司馬温公有《官制》、《學制》各一卷，今亦未見。錢宫詹於此學最精，想於職官一類詳細讀之矣。

黄逢元《補晉書藝文志・職官類序》 《傳》曰：「物有其官，官修其方。方者，書也，法術具焉。故周官三百六十屬官，各有書，而職事以舉。」晉遠法周官，去丞相而立三公，近沿魏制置中正而定九品。本書《職官志》詳之，而名品、禮秩，撰述亦多，兹採舊史旁及他書以編職官。

雜録

《隋書・經籍志・職官》 二十七部，三百三十六卷。通計亡書，合三十六部，四百三十三卷。

錢東垣等輯《崇文總目輯釋・職官類》 共三十四部，計二百二卷。

《新唐書・藝文志・職官篇》 右職官類十九家，二十六部，二百六十二卷。失姓名十家，《六典》以下不著録二十九家，二百八十卷。

《宋史・藝文志・職官類》 職官類五十六部，五百七十八卷。楊王休諸史闕疑以下不著録六部，一百二十六卷。

《明史・藝文志・職官類》 職官類九十三部，一千四百七十九卷。

《四庫全書總目提要・職官類》 職官類官制之屬，十五部，三百六十五卷，皆文淵閣著録。職官類官箴之屬，六部，十七卷，皆文淵閣著録。

又 職官類官制之屬，四十二部，三百五十四卷，內三卷部無數皆附存目。職官類官箴之屬，八部，一百七卷，皆附存目。

職官官制分部

漢百官簿

姚振宗《後漢藝文志・職官類》 《漢百官簿》。司馬彪《續漢・百官志》序曰：「世祖中興，務從節約，并官省職，費減億計。」又曰：「世祖節約之制，宜爲常憲，故依其官簿，麤注職分，以爲《百官志》。」臣昭曰：「本志既久，按久似以字之譌是注曰《百官簿》。」按：司馬氏因世祖時《百官簿》以爲志及注，不取胡廣、蔡質、應劭諸家之書。梁劉昭復取諸家書爲之補注，其序有曰「百官就乎故簿」，即謂此《百官簿》也。

漢官篇

姚振宗《後漢藝文志・職官類》 王隆《漢官篇》。

范書《文苑傳》：王隆，字文山，馮翊雲陽人也。王莽時，以父任爲郎，後避難河西，爲竇融左護軍。建武中爲新汲令。

《續漢・百官志》序曰：「故新汲令王隆作《小學漢官篇》，諸文倜説，較略不究。」

《續漢・百官志》注胡廣曰：「故新汲令王文山小學爲《漢官篇》，略道公卿內外之職，旁及四夷，博物條暢，多所發明。」

孫星衍輯本序曰：「《漢官篇》仿《凡將》、《急就》，四字一句，故在小學中。」

侯康《補後漢書藝文志・職官類》 王隆《小學漢官》三篇。「小學」二字，据《續漢書・百官志》序及《輿服志》注增。孫星衍輯本序曰：「《漢官篇》仿《凡將》、《急就》，四字一句，故在小學中。」

漢官解詁

《隋書・經籍志・職官》 《漢官解詁》三篇。漢新汲令王隆撰，胡廣注。

《舊唐書・經籍志・職官》 《漢官解故》三卷。

《新唐書・藝文志・職官篇》 王隆《漢官解詁》三卷。胡廣注。

鄭樵《通志・藝文略・職官》 《漢官解詁》三卷。漢新汲令王隆撰，胡廣注。

姚振宗《後漢藝文志・職官類》 胡廣《漢官解詁》三卷。廣始末見正史類。

《續漢・百官志》注廣自序曰：「顧見故新汲令王文山小學爲《漢官篇》，足以知舊制儀品。蓋法有成易，而道有因革，是以聊集所宜，爲作《解詁》，各隨其下，綴續後事，令世施行，庶明厥志。廣前後憤盈之念，增助來哲多聞之覽焉。」

《隋書・經籍志》：《漢官解詁》三篇。漢新汲令王隆撰，胡廣注。《唐・經籍志》：《漢官解故事》三卷。失注名氏。《藝文志》：王隆《漢官解詁》三卷，胡廣注。按《隋志》云：胡廣注者，即謂其《解詁》也。當易「注」字爲「解詁」，則明顯矣。自《隋志》此條後，後人多以爲廣注《漢官解詁》。《御覽》引文稱王隆《漢官解詁》，又稱胡廣注《解詁》，實不然也。

按：此即本傳所謂諸《解詁》若干篇之一，後人編入本集。《御覽》二百廿一引《胡廣集》曰：「給事中掌侍從左右，無員位，次侍中，常侍，或名儒，或國親。」其文即《漢官解詁》也。孫氏《平津館叢書》有輯本一卷。

侯康《補後漢書藝文志・職官類》 胡廣《漢官解詁》三篇。廣序見《續漢書百官志》注。

馬國翰《玉函山房藏書簿録・職官類》 《漢官解詁》一卷。平津館本。漢新汲令雲陽王隆文山撰，太傅南郡胡廣伯始注。《隋志》三篇，《唐志》作三卷。《漢官篇》仿《凡將》、《急就》，四字爲句，故在小學中。今佚，陽湖孫氏星衍輯録，以隆書爲正文，列廣注於下，末附廣《漢制度》十條。

《萬卷精華樓藏書記・職官類》 《漢官解詁》一卷。漢胡廣注。平津館本。孫星衍校集，其官引書爲綱，多採《北堂書抄》，設《官部》，注降一格。亦採之各書

《藝文》。《藝文類聚》有《職官部》，注多刺取之，以外則《初學記》、《太平御覽》、《續漢志補注》爲多。

《隋志》：「《漢官解詁》三篇，漢新汲令王隆撰，胡廣注。」《唐志》作「三卷」。《後漢書・胡廣傳》：「所著詩賦銘頌箴弔及新《解詁》凡二十二篇。」不言此書卷數。《續漢志補注》引廣注，述此書始末極詳。王隆字文山，建武中人，爲新汲令。見《文苑傳》。《漢官》仿凡將急就四字一句，故在小學中，今以隆書爲正文，列廣注於下，末附胡廣《漢制度》十條。

「漢制度」之名不見於《隋志》。《續漢志補注》引《謝沈書》曰：「太傅胡廣博綜舊儀，立漢制度，蔡邕因以爲志。」

首題王隆《漢官篇》，注曰：「前安帝時，越騎校尉劉千秋校書東觀，好事者樊長孫與書曰：『漢家禮儀叔孫通等所草創，皆隨律令，在理官藏於几閣，無記録者，久令二代之業闇而不彰，誠宜撰次，依擬《周禮》定位分職，各有條序，令人無愚智，入朝不惑君，以公族元老正丁其任焉，可以已。』劉君甚然其言。與邑子通人張平子參議，未定，而劉君遷爲宗正衛尉，平子爲尚書郎太史令，各務其職，未暇恤也。至順帝時，平子爲侍中典校書，方作《周官解説》乃欲以漸次進漢事。會復遷河間相，遂莫能立也，述作之功獨不易矣。既感斯言，顧見故新汲令王文山小學爲《漢官篇》，略道公卿内外之職，旁及四夷博物，條暢多所發明，足以知舊制儀品，蓋法有成易，而道有因革，是以聊集所宜，爲作《解詁》各隨其下，綴續後事今世施行，庶明厥旨，廣前後憤盈之念，增助來哲多聞之覽焉。」

文光案：此序之在注中者足備一格，且可見漢人筆札，故全録之。

「光録大夫，諫議大夫，揖讓羣卿，四方則之。」案此漢人之小學也，四字爲句，以便誦也，習此一條，使知書體，孫氏所輯無正文者，以小字補之，如將軍、如光録勳等是也。

帝之下書有四：一曰策書，二曰制書，三曰詔書，四曰誡勅。此胡廣之《漢制度》也。詳見光武紀注。策書制長二尺，短者半之，有篆書，有隸書，制詔勅不知其制。

文光案：秦漢二十級爵名，一公士、二上造、三簪褭、四不更、五大夫、六官大夫、七公大夫、八公乘、九五代夫、十左庶長、十一右庶長、十二左更、十三中更、十四右更、十五少上造、十六大上造、大良造即大上造也十七駟車庶長、十八大庶長、十九關内侯、二十徹侯。臣瓚曰：「爵者，禄位。民賜爵，有罪得以減也。按《漢書》商鞅爲法戰斬一，首賜爵一級，欲爲官曰五十石，故名曰爵級，又曰首級。詳見古今考。

胡廣注：「隆此篇其論之曰：『前安帝時，越騎校尉劉千秋校書東觀，好事者樊長孫與書曰：漢家禮儀叔孫通等所草創，皆隨律令，在理官藏於几閣，無紀録者，久令二代之業闇而不彰，誠宜撰次，依擬《周禮》定位分職，各有條序，令人無愚智，入朝不惑，君以公族元老正丁其任焉，可以已。劉君甚然。其言與邑子通人郎中張平子參議未定，而劉君遷爲宗正衛尉，平子爲尚書郎太史令，各務其職，未暇恤也。至順帝時，平子爲侍中典校書，方作《周官解説》及欲以漢次述漢事，會復遷河間相，遂莫能立也。述作之功獨不易矣。既感斯言。顧見故新汲令王文山小學爲《漢官篇》，略道公卿内外之職，旁及四夷博物，條暢多所發明，足以知舊制儀品。蓋法有成易而道有因革，是以聊集所宜爲作《詁解》，各隨其下綴續後事，令世施行，庶明厥旨，廣前後憤盈之念，增助來哲多聞之覽焉。」

孫星衍《漢官解詁》序：「《漢官篇》仿《凡將》、《急就》，四字一句，故在小學中。」

《續漢書志注所引書目・職官》《隋志》：「《漢官解詁》三卷。漢新汲令王隆撰，胡廣注。《新唐志》同。《舊志》：《漢官解故事》三卷，不著撰人，殆有譌奪。《續百官志》云：『故新汲令王隆作《小學漢官篇》，諸文倜説，較略不究。』劉注案：胡廣注隆此篇，其論之注曰：『顧見故新汲令王文山小學爲《漢官篇》，略道公卿内外之職，旁及四夷，博物條暢，多所發明，足以知舊制儀品，蓋法有成易，而道有因革，是以聊集所宜爲作《詁解》。各隨其下綴續後事，今世施行，庶明厥旨。』文山，隆字也。見《後書・文苑傳》。

漢官舊儀　漢舊儀補遺

尤袤《遂初堂書目・職官類》《漢官舊儀》。

陳振孫《直齋書録解題・職官類》《漢官舊儀》三卷。案：《隋書・經籍志》、《唐書・藝文志》俱作四卷。漢議郎東海衛宏敬仲撰。或云胡廣。按：宏《本傳》作：「《漢舊儀》四篇，以載西京雜事，不名漢官。今此惟三卷，而又有《漢官》之目，未知果當時本書否？《唐志》亦無『官』字，舊在儀注類，以其載官制爲多，故著於此。」

案：陳氏因是書有《漢官》之名，疑非衛宏作。又疑以爲胡廣作。考《漢書》注中頗有稱「胡廣曰」者，與《漢舊儀》互引，其文亦絶不相合。惟《廣傳》載廣詩、賦、銘、頌及《解詁》二十二篇，而史注所引別有《漢書解詁》之名，蓋即廣所作。而《舊儀》之出衛宏手當無疑也。其稱《漢官舊儀》者，或後人因其所載官制，而妄加之耳。

馬端臨《文獻通考・經籍考・職官》 《漢官舊儀》三卷。

漢官典儀　漢官典儀續補

《隋書・經籍志・職官》 《漢官典職儀式選用》二卷。漢衛尉蔡質撰。

《新唐書・藝文志・職官篇》 蔡質《漢官典儀》一卷。

鄭樵《通志・藝文略・職官》 《漢官典儀》一卷。漢衛尉蔡質撰。

陳振孫《直齋書録解題・職官類》 《漢官典儀》一卷，《續補》一卷。漢衛尉蔡質撰。雜記官制及上書謁見禮式。《隋志》有《漢官典職儀式》二卷。今存一卷，李埴亦補一卷。其續者皆出於史中採拾。

馬端臨《文獻通考・經籍考・職官》 《漢官典儀》一卷，《續補》一卷。

姚振宗《後漢藝文志・職官類》 蔡質《漢官典職儀式選用》二卷。

侯康《補後漢書藝文志・職官類》 蔡質《漢官典職儀式選用》二卷。字子文，陳留人，衛尉。《北魏書・元子思傳》尚書郎中裴獻伯云：「案舊事御史中尉逢臺郎於複道，中尉下車執板郎中車上舉手禮之，問事何所依，尚書郎中王元旭報出蔡氏《漢官》」。《書録解題》：「《隋志》有《漢官典職儀式》二卷。今存一卷，漢衛尉蔡質撰，雜記官制及上書謁見禮式。」康案：質事見《蔡邕傳》，邕叔父也。

馬國翰《玉函山房藏書簿録・職官類》 《漢官典職儀式選用》一卷。漢衛尉卿陳留蔡質子文選。蔡邕叔父。《隋志》二卷，《唐志》作《漢官典儀》。陳氏《書録解題》同。

漢官目録

姚振宗《後漢藝文志・職官類》 《漢官目録》。

高似孫《史略》曰：「《後漢書・百官志》注引《漢官目録》，亦爲奇書。」

章宗源《隋志考證》曰：「《漢官目録》，《續漢・百官志》注引之。」

孫星衍輯本序曰：「《續漢志》劉昭《補注》引《漢官》，不標名應劭者，悉是《目録》，不知何人所撰，別爲一卷。」

按：此似東京通行之本，據劉昭所引，有建武十二年事。備載百司掾屬若干人，秩若干石。又載郡國刺史治，去洛陽若干里，其體略如今之搢紳，然亦疑應劭所作。

《續漢書志注所引書目・職官》 《漢官目録》百官一。

南陽文學官志

姚振宗《後漢藝文志・職官類》 崔瑗《南陽文學官志》。瑗始末見經部小學類。

范書《崔駰附傳》：「瑗高于文辭，尤善爲書記，所著《南陽文學官志》，稱于後世，諸能爲文者，皆自以弗及。」

《文心雕龍・頌讚》篇曰：「崔瑗文學，蔡邕樊渠，並致美乎序，而簡約乎篇。」

嚴可均《全後漢文編》曰：「《藝文類聚》三十八、《御覽》五百三十四並引崔瑗《南陽文學頌》。」

荆州文學官志

姚振宗《後漢藝文志・職官類》 王粲《荆州文學官志》。粲始末見經部書類。

《藝文類聚・禮部學校門》：魏王粲《荆州文學記官志》曰：「有漢荆州牧曰：劉君乃命五業從事宋衷所作文學延朋徒焉。宣德音以贊之，隆嘉禮以勸之，五載之間，道化大行，耆德故老綦毋闓按當爲闓等負書荷器自遠而至者三百有餘人。」嚴可均《全後漢文編》曰：「《類聚》三十八，《御覽》六百八並引王粲《荆州文學記官志》。」

按：《文學官志》備載文學、祭酒從事，及學官弟子姓名、爵里。王粲稱「三百餘人者」是也。劉勰稱「簡約乎篇」亦即指是。《類聚》、《御覽》所録皆是志序文。

魏臺訪議

《新唐書・藝文志・故事類》　《魏臺訪議》三卷。

漢官注

《隋書・經籍志・職官》　《漢官》五卷。應劭注。

《新唐書・藝文志・職官篇》　應劭《漢官》五卷。

鄭樵《通志・藝文略・職官》　《漢官》五卷。應劭注。今存一卷。

姚振宗《後漢藝文志・職官類》　應劭《漢官注》五卷。劭見正史類。

《隋書・經籍志》：「《漢官》五卷，應劭注。」《唐・藝文志》：「應劭《漢官》，五卷。」《通志・藝文略》：「《漢官》五卷，應劭注。今存一卷。」

高似孫《史略》曰：「《漢官》不知何人作，應劭所注，舊五卷，今存其一。」

侯《志》曰：「《隋志》于《漢官》稱應劭注，《漢官儀》稱應劭撰。疑《漢官》即王隆《小學篇》，劭與胡廣皆有注也。」

按：《初學記》十二引《漢官》應劭注。《御覽》二百廿九引應劭《漢官注》，一百六十四引應劭《漢官解詁》。似補注胡廣書，亦稱《解詁》。

侯康《補後漢書藝文志・職官類》　應劭《漢官注》五卷。康案：《隋志》于《漢官》稱應劭注，《漢官儀》稱應劭撰。疑《漢官》即王隆《小學篇》，劭與胡廣皆有注也。本傳但指其自撰者，故祇有一書。

馬國翰《玉函山房藏書簿録・職官類》　《漢官》一卷。漢泰山太守汝南應劭仲遠注。《漢官》撰人缺。未知應氏所注與王隆《解詁》同是一書否？《隋志》題應劭注，《唐志》作應劭《漢官》，並五卷佚。孫氏星衍既輯應劭《漢官儀》二卷，而以《續漢志》劉昭補注，引《漢官》不標名應劭者，别輯此書以存其舊。

曾樸《補後漢書藝文志考》　應劭《漢官注》。《隋志》五卷。《唐志》同。

《新唐書藝文志注》　應劭《漢官》五卷。《隋志》：「《漢官》五卷，應劭注。」謹案：志于《漢官》輯應劭注，《漢官儀》稱應劭撰。疑《漢官》即王隆《小學篇》，劭與胡廣皆有注也。

漢官儀　漢官儀續補

《隋書・經籍志・職官》　《漢官儀》十卷。應劭撰。

《舊唐書・經籍志・職官》　《漢官儀》十卷。應劭志。

錢東垣等輯《崇文總目輯釋・職官類》　《漢官儀》一卷。應劭撰。繹按：《隋志》、《唐志》、《通志略》並十卷。《書録解題》與此同云。今惟存此一卷。

《新唐書・藝文志・職官篇》　《漢官儀》十卷。

鄭樵《通志・藝文略・職官》　《漢官儀》十卷。應劭撰。

尤袤《遂初堂書目・職官類》　應仲豫《漢官儀》。

陳振孫《直齋書録解題・職官類》　《漢官儀》一卷，《續補》一卷。後漢軍謀校尉汝南應邵仲遠撰。按《唐志》有《漢官》五卷，《漢官儀》十卷。今惟存此一卷，載三公官名及名姓、州里而已。其全書亡矣，李埴季允嘗續補一卷。

馬端臨《文獻通考・經籍考・職官》　《漢官儀》一卷，《續補》一卷。

楊士奇等《文淵閣書目・政書》　《漢官儀》。一部。一册。闕。

姚振宗《後漢藝文志・職官類》　應劭《漢官儀》十卷。

《隋書・經籍志》：「《漢官儀》十卷。應劭撰。」《唐日本國見在書目》：「《漢官職》十卷。漢應劭撰。」《唐・經籍志》：「《漢官儀》十卷。應劭志。」《藝文志》：「應劭《漢官》五卷。《漢官儀》十卷。」《宋志》：「應劭《漢官儀》一卷。」

《玉海》五十一《漢官儀》十卷。《中興書目》云：「今存一卷，載光武以來三公百官名氏。」按此似即《續漢・百官志》注所引應劭《漢官名帙》。

侯志曰：「《續漢・百官志》注引應劭《漢官名帙輿服志注》及《宋書・樂志》、《唐六典》引劭《漢官鹵簿圖》，《六典》又引《漢官・儀鹵簿篇》。蓋皆此書子目。又《御覽》二百三十七引《漢官・宰尹》下，其文與《書鈔》引《漢官儀》略同，《宰尹》蓋亦其篇名，而又分其上下也？」孫星衍輯本序曰：「《書録解題》有應劭《漢官儀》一卷，李埴補一卷，俱不傳。諸書引有作應劭《漢官》，應劭《漢官儀》，亦有彼此互殊不可分别，今併録爲二卷」。

嚴可均輯本目録曰：「《漢官儀》卷上凡二百十三條，卷下凡九十六條。」

按：此十卷似即《續漢書》所謂十一種之一。

侯康《補後漢書藝文志·職官類》 應劭《漢官儀》十卷。《直齋書録解題》名姓州里而已，其全書亡矣。」孫星衍輯本序曰：「《劭傳》云初父奉爲司隸時，並下諸官府郡國各上前人像讚，劭乃連綴其名録爲狀人紀，今諸書引《漢官儀》有諸人姓名狀人紀者，疑即其書中篇名。」康案《續漢書百官志注》引應劭《漢官》，《名帙輿服志注》引劭《漢官鹵簿圖》，《宋書樂志》、《唐六典》卷十四、十六、十八亦引之，《六典》作《漢官儀鹵簿篇》。蓋皆此書子目。又《御覽》二百三十七引《漢官》，「宰尹」下其文與《北堂書鈔》引《漢官儀》略同，則所引者必應劭《漢官》，非王隆《漢官》，《宰尹》蓋亦其篇名而又分上下也。

馬國翰《玉函山房藏書簿録·職官類》 《漢官儀》二卷。漢應劭撰。《後漢書劭本傳》：「建安二年，詔拜劭爲袁紹軍謀校尉，時始遷都於許，舊章湮没書記罕存。劭慨然歎息，乃綴集所聞，著漢官禮儀故事。」《隋志》：「《漢官》五卷，應劭注。《漢官儀》十卷，應劭撰。」二注一撰，記列分明。《唐志》渾題應劭，非也。又《劭傳》：「凡朝廷制度、百官典式，多劭所立。初父奉爲司隸時，並下諸官府郡國各上前人像讚，劭乃連綴其名録爲狀人紀。今諸書所引《漢官儀》有諸人姓名狀人紀，疑即此書中篇名。」陳氏《書録解題》尚有應劭《漢官儀》一卷載三公官名及名姓州里，李埴補。今俱佚。孫氏星衍輯録。

《萬卷精華樓藏書記·職官類》 《漢官》一卷。國朝孫星衍校集。平津館本。前後無序跋。其官首「太傅」，每官之下注所屬各幾人，「刺史」治下各注去洛陽幾里。

「太史」待詔三十七人，其六人治歷，三人龜卜，三人廬宅，四人日時，三人易筮，二人典禳，九人籍氏，許氏、典昌氏各三人，嘉法請雨解事各二人，醫二人。文光案：是書久佚，不易得。因録此一條以見其概。各本引此條俱作《漢官儀》、《唐六典》引「太史閣員有理歷六人」，避唐諱改。《直齋書録解題》史部有「職官類」。

曾樸《補後漢書藝文志考》 應劭《漢官儀》《隋志》十卷。《新》、《舊唐志》同。《宋志》三卷。

《新唐書藝文志注》 《漢官儀》十卷。《隋志》：《漢官儀》十卷。應劭撰。今有孫星衍輯本。

東漢百官表

《宋史·藝文志·職官類》 《東漢百官表》一卷。不知作者。

荀攸魏官儀

《隋書·經籍志·職官》 梁有荀攸《魏官儀》一卷。

《舊唐書·經籍志·職官》 《魏官儀》一卷。荀攸撰。

《新唐書·藝文志·職官篇》 荀攸等《魏官儀》一卷。

鄭樵《通志·藝文略·職官》 《魏官儀》一卷。荀攸撰。

姚振宗《三國藝文志·職官類》 荀攸等《魏官儀》一卷。

《魏志》本傳：攸字公達，彧從子也。彧，潁川潁陰人。何進徵拜黄門侍郎，與何顒等謀刺董卓，事遂就而覺，收繫獄，顒憂懼自殺，攸言論飲食自若。會卓死，得免。爲蜀郡太守，道絶不得至，駐荆州。太祖徵攸爲汝南太守，入爲尚書郎，又以爲軍師。冀州平，表封陵樹亭侯，轉爲中軍師。魏國初建，爲尚書令。從征孫權，道薨。注引《魏書》曰：「時建安十九年，年五十八。」正始中追謚曰「敬侯」。

《隋書·經籍志》：「梁有荀攸《魏官儀》一卷，亡。」《唐·經籍志》：「《魏官儀》一卷，荀攸撰。」《藝文志》：「荀攸等《魏官儀》一卷。」

侯康《補三國藝文志·職官類》 荀攸《魏官儀》一卷。《初學記》二十一卷引《魏官儀》云：「尚書郎缺，試諸郎故孝廉能文案者。先試一日，宿召會都坐，給筆墨以奏，未知出荀書出衛書也。」

《新唐書藝文志注》 荀攸等《魏官儀》一卷。《隋志》梁有《魏官儀》一卷。亡。攸見《魏志》本傳。

衛覬魏官儀

姚振宗《三國藝文志・職官類》 衛覬《魏官儀》。覬始末具經部孝經類。

《魏志》本傳：「受詔典著作，又爲《魏官儀》，凡所撰述數十篇。」

章宗源《隋志考證》曰：「《南齊書・百官志》云：『今有衛氏《官儀》。』」《初學記・文部》、《太平御覽・服章部》並引《魏官儀》。案《玉海》引《南齊書・百官志》作《魏氏官儀》。」

按：衛敬侯卒于明帝時，荀敬侯卒于建安中。荀書作于魏國初建，此書似作于文、明之世。當視荀書爲備。

侯康《補三國藝文志・職官類》 衛覬《魏官儀》。凡數十篇。

九品官人法

姚振宗《三國藝文志・職官類》 陳羣《九品官人法》。羣始末具經部論語類。

《魏志》本傳：「文帝即王位，封羣昌武亭侯，徙爲尚書制。九品官人之法，羣所建也。」

《魏志・常林傳》注引《魏略・清介傳》云：「時國家始制九品，各使諸郡選置中正，差敍自公卿以下，至于郎吏，功德材行所任。」

《通典・選舉門》：「延康元年，吏部尚書陳羣以天朝選用不盡人才，乃立九品官人之法。州郡皆置中正，以定其選，擇州郡之賢有識鑒者爲之，區別人物，第其高下。其武官之選，俾護軍主之。黄初三年，始除舊漢限年之制，令郡國貢舉。」

《太平御覽》二百六十五《傅子》曰：「司空陳羣始立九品之制，郡置中正，評次人才之高下，各爲輩目，州置都而總其議。」

《御覽》又引《孫楚集奏》曰：「九品漢氏本無，班固著《漢書》，序先代賢智以九品，此蓋記鬼録次第耳，而陳羣依之以品生人。」

《玉海・藝文・譜牒類》引《晉陽秋》曰：「初，陳羣爲吏部尚書，制九格，登用皆由中正，考之簿世，然後授任。」

案：《隋志》有《吏部用人格》一卷。證以《晉陽秋》之言，似即此書。

魏國爵制

姚振宗《三國藝文志・職官類》 劉邵等《魏國爵制》。邵始末具經部樂類。

《魏志・武帝紀》：建安二十年秋九月，天子命公承制封拜諸侯守相。冬十月，始置名號侯至五大夫，與舊列侯、關内侯凡六等，以賞軍功。」注引《魏書》曰：「置名號侯爵十八級，關中侯爵十七級。關内侯十六級，五大夫十五級，皆不食租。與舊列侯、關内侯凡六等。臣松之以爲今之虚封蓋自此始。」

錢大昕《考異》曰：「初置名號侯者，案黄初元年以漢諸侯王爲崇德侯。二年，封孔羡爲宗聖侯，皆名號侯也。」

《續漢・百官志》注引劉邵《爵制》曰：「《春秋傳》有庶長鮑。商君爲政，備其法品爲十八級，合關内侯列侯凡二十等，其制因古義。一爵曰公士，至二十爵爲列侯」云云。

按：魏國初建于建安十八年五月，此爵制證以本紀，當作于是年。劉昭所引似其序論之首一段，尚未及本文。《藝文類聚》五十一、《太平御覽》一百九十八引王粲《爵論》，言其事甚悉。粲本傳云：魏國制度，粲恆典之，則是制。劉邵綜其事，王粲典領之也。

侯康《補三國藝文志・職官類》 劉劭《爵制》。《續漢書・百官志》五劉昭注引之。

都官考課　説略

姚振宗《三國藝文志・職官類》 劉邵《都官考課》七十二條。《説略》一篇。

《魏志》本傳：「景初中，受詔作《都官考課》。邵上疏曰：『百官考課，王政之大較，然而歷代弗務，是以治典闕而未補，能否混而相蒙。陛下以上聖之宏略，愍王綱之弛頽，神慮内鑒，明詔外發。臣奉恩曠然，得以啓蒙，輒作《都官考課》七十二條，又作《説略》一篇。臣學寡識淺，誠不足以宣暢聖旨，著定典制。』」

《玉海・選舉門》曰：「明帝疾浮華之士，景初元年，詔吏部尚書盧毓曰：『選舉莫取有名，名如畫地作餅，不可啖也。』毓曰：『名不可以致異人，而可以得常士。今考績法廢，而以毀譽進退，故真僞混雜，虚實相蒙。』帝納其言，詔散騎常侍劉邵作《都官考課法》七十二條，又作《説略》一篇，詔下百官議。崔林、杜恕、傅嘏等議久不決，事竟不行。」

《晉書・杜預傳》：「預守河南尹，受詔爲黜陟之課。預奏曰：『魏氏考課即京房之遺意，失于苛細，以遺大禮，故歷代莫能通。』」

官族傳

《隋書・經籍志・職官》《官族傳》十四卷。何晏撰。

鄭樵《通志・藝文略・職官》《官族傳》十四卷。何晏撰。

侯康《補三國藝文志・職官類》何晏《官族傳》十四卷。

百官考課事

姚振宗《三國藝文志・職官類》王昶《百官考課事》。

《魏志》本傳：「昶字文舒，太原晉陽人也。文帝在東宫，昶爲太子文學、中庶子。及踐阼，徙散騎侍郎、洛陽典農、兗州刺史。明帝即位，加揚烈將軍。正始中，轉任徐州，遷征南將軍、都督荆、豫諸軍事。嘉平初，司馬宣王既誅曹爽，乃奏博問大臣得失。昶陳治略五事：其二，欲用考試，考試猶準繩也，未有舍準繩而意正曲直，廢黜陟而空論能否也；其三，欲令居官者久于其職，有治績則就增位賜爵，詔書褒美。因使撰《百官考課事》，昶以爲唐虞雖有黜陟之文，而考課之法不垂。周制冢宰之職，大計羣吏之治而誅賞，又無校比之制。由此言之，聖主明于任賢，略舉黜陟之體，以委達官之長，而總其統紀，故能否可得而知也。其大指如此。遷征南大將軍，封京陵侯，以司空、持節、都督如故。甘露四年薨，謚曰穆侯。」

《太平御覽・職官部》引王昶《考課事》曰：「尚書侍中考課，一曰掌建六材，以考官人；二曰綜理萬機，以考庶績；三曰進視惟允，以考讜言；四曰出納王命，以考賦政；五曰罰法，以考典刑。」卷首圖書綱目作王昶《考謀事》，謀是課之寫誤。

按：此《百官考課》今見于《御覽》所引者惟尚書、侍中兩官耳。

奏正尚書分職斷事

姚振宗《三國藝文志・職官類》裴潛《奏正尚書分職斷事》一百五十餘條。

《魏志》本傳：「潛字文行，河東聞喜人也。避亂荆州，南適長沙。太祖定荆州，以潛參丞相軍事，歷三縣令、倉曹屬、代郡太守、丞相理曹掾、沛國相、兗州刺史。文帝踐阼，爲散騎常侍，魏郡、潁川典農中郎將，荆州刺史。明帝即位，爲尚書，河南尹、太尉軍師、大司農，封清陽亭侯。入爲尚書令，奏正分職，料簡名實，出事使斷官府者百五十餘條。喪父去官，拜光禄大夫。正始五年薨，謚曰貞侯。」

案《晉書・職官志》：「魏有吏部，左民、客曹、五兵、度支，凡五曹尚書二僕射、一令爲八座。」又曰：「魏尚書郎有殿中、吏部、駕部、金部、虞曹、比部、南主客、祠部、度支、庫部、農部、水部、儀曹、三公、倉部、民曹、二千石、中兵、外兵、都兵、別兵、考功、定課、都官、騎兵，凡二十五郎。」裴潛爲尚書，奏正分職，料簡名實者，蓋即分此五曹屬。其書亦考課之流也。

中外官名

姚振宗《三國藝文志・職官類》魚豢《中外官名》。豢始末具正史類。

章宗源《隋志考證》曰：「《南齊書・百官志》云今有《衛氏官儀》，魚豢《中外官》。魚氏書未見著録。」

侯《志》曰：「《齊書・百官志》序：『今有魚豢《中外官》。』康案《御覽・職官部》引《魏略》多有敘百官品秩者，《中外官》當即《魏略》中志名，蓋易百官爲中外。」

案：《玉海》一百十九引《齊志》作魚豢《中外官名》，則又似在《魏略》之外者。

魏百官名

姚振宗《三國藝文志・職官類》《魏百官名》。

章宗源《隋志考證》曰：「《初學記・武部》、《北堂書鈔・武功部》、《太平御覽・兵部》、《服章部》並引《魏百官名》。」又曰：「《魏志・鍾會傳》注引《咸熙百官名》。」《唐六典》注《宋百官春秋》云：「常道鄉公《咸熙百官名》有著作佐郎三人。」

案：《隋志》有《魏晉百官名》五卷，不著撰人。蓋合此及晉爲一書。《鍾會傳》注：「案《百官名》諸葛緒入晉爲太常」云云，則《魏晉百官名》也。又云：「案《咸熙元年百官名》，邵悌，字元伯，陽平人。」《百官名》而繫以年，則又似今之爵帙。又案《咸熙元年百官名》似因是年開建五等而作，審是則別爲一書。

常道鄉公咸熙百官名

侯康《補三國藝文志・職官類》常道鄉公《咸熙百官名》。《唐六典》卷十引之云：「有著作佐郎三人」。

秦榮光《補晉書藝文志・職官類》《咸熙元年百官名》。据《國志・鍾會傳》注引。

《三國志注所引書目》《咸熙元年百官名》。《鍾會傳》案：《隋唐志》不著録。咸熙，陳留王年號。

魏官品令

《新唐書・藝文志・職官篇》《魏官品令》一卷。

鄭樵《通志・藝文略・職官》《魏官品令》一卷。

姚振宗《三國藝文志・職官類》《魏官品令》一卷

《唐書・藝文志》：「《魏官品令》一卷。」《通志・藝文略》：「《魏官品令》一卷。」

章宗源《隋志考證》曰：「《魏官品令》一卷，不著録。見《唐志》。」

案：《唐六典・刑部注》：晉令、梁令列官品令第四，隋令、唐令列官品令第一。疑是書乃魏令二百餘篇之別行者。《刑法志》、《文選注》引《魏晉官品令》，則又有合晉代以爲一編者。

《新唐書藝文志注》《魏官品令》一卷。《唐六典》魏命陳羣等撰。尚書官，令軍中令。合百八十餘篇。疑魏令別行者。

太學博士員録

姚振宗《三國藝文志・職官類》《太學博士員録》。

《魏志・王肅傳》注引魚豢《魏略・儒宗傳》序曰：「從初平之元至建安之末，天下分崩，人懷苟且，綱紀既衰，儒道尤甚。至黄初元年之後，新主乃復始埽除太學之灰炭，補舊石碑之缺壞，備博士之員録，依漢甲乙以考課，申告州郡有欲學者皆遣詣太學。太學始開，有弟子數百人。」

又《杜恕傳》注引《魏略・儒宗傳》曰：「河東樂詳，字文載，黄初中，徵拜博士。于時太學初立，有博士十餘人。學多褊狹，又不熟悉。略不親教，備員而已。」

賓客爵里刺

姚振宗《三國藝文志・職官類》魏太子《賓客爵里刺》。

《魏志・武紀》：「建安十六年春正月，天子命公世子丕爲五官中郎將，置官屬爲丞相副。」

《魏志・夏侯淵傳》注引夏侯湛序曰：「淵第五子榮，字幼權，幼聰惠，誦書日千言，經目輒識之。文帝聞而請焉，賓客百餘，人人奏刺，悉書其鄉邑、名氏，世所謂爵里刺也。客示之，一寓目，使之遍談，不謬一人，帝深奇之。」

案：此亦吴太子賓友目之類也。《魏志・邴原傳》注引原別傳云：「魏太子爲五言中郎將，天下向慕，賓客如雲。」《釋名》曰：又有爵里刺書其官爵及郡縣鄉里。

《御覽》六百六引《魏名臣奏》曰：今吏初除，有三通爵里刺，條疏行狀。此蓋古策名。委質之義，在當時必聯合成編，故榮得見而識之。其時文帝爲魏國太子，湛稱文帝者，從後之詞也。

會稽貢舉簿

姚振宗《後漢藝文志・職官類》 《會稽貢舉簿》。

《吴志・后妃傳》：孫破虜吴夫人，吴主權母也，建安七年薨。裴松之曰：「《志林》曰：案《會稽貢舉簿》，建安十二年到十三年闕，無舉者，云府君遭憂。此則吴后以十二年薨也。八年、九年皆有貢舉，斯甚分明。」

按：《會稽貢舉簿》晉虞喜嘗見之。蓋漢時郡國各有貢舉簿，每歲舉上。計掾吏亦當在貢舉簿中。今可見者惟此。又《續漢・郡國志》揚州吴郡海鹽縣下，劉昭案今計偕簿，亦即是類之書。

文廷式《補晉書藝文志・職官類》 《會稽貢舉簿》。《吴志・妃嬪傳注》引《志林》曰：「按《會稽貢舉簿》，建安十二年到十三年闕，無舉者，云府君遭憂。則吴后以十二年薨也。八年，九年皆有貢舉，斯甚分明。」

吴太子賓友目

姚振宗《三國藝文志・職官類》 吴太子《賓友目》。

《吴志・孫登傳》：「魏黄初二年，以權爲吴王。是歲，立登爲太子，選置師傅，銓簡秀士，以爲賓友，于是諸葛恪、張休、顧譚、陳表等以選入，侍講《詩》、《書》，出從騎射。黄龍元年，權稱尊號，立爲皇太子，以恪爲左輔，休右弼，譚爲輔正，表爲翼正都尉，是爲四友，而謝景、范慎、刁玄、羊衜等皆爲賓客，于是東宫號爲多士。」注引《江表傳》曰：「登使侍中胡綜作《賓友目》。羊衜乃私駮綜，所言皆有指趣。吴人謂衜之言有徵云。」

案：《傳》注引《賓友目》文數語，非其全也。登以赤烏四年卒，年三十三，權摧感隕涕，謚登曰「宣太子」。

漢官儀式選用

《新唐書・藝文志・職官篇》 丁孚《漢官儀式選用》一卷。

鄭樵《通志・藝文略・職官》 《漢官儀式選用》一卷。丁孚撰。

侯康《補三國藝文志・職官類》 丁孚《漢官儀式選用》一卷。吴太史令。《漢書・宣帝紀》、《後漢・章帝紀》、《續漢書・百官志》諸注皆引之。或稱《漢官》，或稱《漢儀》，或稱《漢儀式》，皆省文也。孚官名見《吴志・薛瑩傳》。

《新唐書藝文志注》 丁孚《漢官儀式選用》一卷。孚太史令撰。《漢儀》此則漢儀中之一，類後人析出別行。今有孫星衍輯本。

丁孚漢儀

馬國翰《玉函山房藏書簿録・職官類》 《漢儀》一卷。並平津館本。吴太史令丁孚撰。《隋志》不載。《唐志》：「丁孚《漢官儀式選用》一卷。與《隋志》蔡質書同名。」攷《續漢志劉昭補注》、《漢書注》、《後漢書注》並引丁孚《漢儀》。意隋佚其書，《唐志》與蔡質書互誤。與今佚。陽湖孫氏星衍輯録。

《續漢書志注所引書目・職官》 丁孚《漢儀》。《禮儀》上。《隋志》不録。《新唐志》丁孚《漢官儀式選用》一卷，與蔡質書名同。孚，吴太史令，見《吴志・薛綜傳》。

官儀職訓

《隋書・經籍志・職官》 韋昭《官儀職訓》一卷。亡。

姚振宗《三國藝文志・職官類》 韋昭《官儀職訓》一卷。昭始末具經部詩類。

《吴志》本傳：鳳皇二年，曜因獄吏上辭曰：「又見劉熙所作《釋名》，物類衆多，難得詳究，故時有得失，而爵位之事又有非是。愚以官爵，今之所急，不宜乖誤。因自志至微，又作《官職訓》及《辨釋名》各一卷。」

《隋書・經籍志》：「梁有韋昭《官儀職訓》一卷。亡。」

侯康《補三國藝文志・職官類》 韋昭《官儀職訓》一卷。康案：《後漢書・曹節傳》、《北堂書鈔・設官部》、《藝文類聚》、《太平御覽・職官部》俱引韋昭《辨釋名》，皆考論官制，則《官儀職訓》疑即在《辨釋名》中。而本傳稱各一卷，《隋志》亦分録，豈當時本自別行耶？《宋書・百官志》引韋曜亦出此書。又案《唐六典》卷五引魏甲辰令輔國將軍第三品，游騎將軍第四品，卷十引魏甲辰儀祕會令史品第八，其次序皆在晉官品以前，則曹魏時書也。然他別無所見，又未知是專記官制之書否？故不著録，而附志其名於此。

秦榮光《補晉書藝文志・職官類》 《官儀職訓》一卷。韋昭撰。案《國志・曜傳》作《官職訓》。

吴朝人士品秩狀

黄逢元《補晉書藝文志・職官類》 《吴朝人士品秩狀》八卷。胡沖撰。見唐新舊《志》列《雜史》。

吴朝人行狀名品

黄逢元《補晉書藝文志・職官類》 《吴朝人行狀名品》二卷。虞尚撰。本《舊唐志》、《新唐志》作虞禺撰。均列《雜史》，次在胡沖、虞溥之間，知係晉人。

晉公卿禮秩故事

《隋書・經籍志・職官》 《晉公卿禮秩故事》九卷。傅暢撰。

《舊唐書・經籍志・職官》 《晉公卿禮秩》九卷。傅暢撰。

《新唐書・藝文志・職官篇》 傅暢《晉公卿禮秩故事》九卷。

鄭樵《通志・藝文略・職官》 《晉公卿禮秩故事》九卷。傅暢撰。

文廷式《補晉書藝文志・職官類》 傅暢《晉公卿禮秩故事》九卷。本傳暢爲《公卿故事》九卷。

丁國鈞《補晉書藝文志・職官類》 《公卿故事》九卷。傅暢。謹按：見本書暢傳。隋、唐志均作《公卿禮秩故事》。《魏志・傅嘏傳注》同。《宋書禮志》及《御覽》引書。《綱目》則作《傅暢故事》。《御覽》引書目尚有《暢晉故事》一種，即是書而誤複。《續漢書輿服志注》、李氏《文選注》原本《北堂書鈔》、《藝文類聚》則又引作《晉公卿禮秩》。

晉新定儀注

《隋書・經籍志・職官》 《晉新定儀注》十四卷。

鄭樵《通志・藝文略・職官》 《晉新定儀注》十四卷。

文廷式《補晉書藝文志・職官類》 《晉新定儀注》十四卷。此與傅瑗《晉新定儀注》疑是一書。

丁國鈞《補晉書藝文志・職官類》 《晉新定儀注》十四卷。謹按：見《隋志》。

吴士鑒《補晉書經籍志・職官類》 《晉新定儀注》十四卷。見《隋志》

晉官品

《隋書・經籍志・職官》 梁有徐宣瑜《晉官品》一卷。

鄭樵《通志・藝文略・職官》 《晉官品》一卷。徐宣瑜撰。

文廷式《補晉書藝文志・職官類》 徐宣瑜《晉官品》一卷。《通典》九十八有引：「晉博士徐宣瑜議君亡宜從公羊云云。」八十四兩引：「徐宣瑜議與杜魏同議西晉人也。」章氏《考證》、《文選・竟陵王行狀注》相國丞相緑綟綬，《白帖》卷七十五《中郎將冠如將軍》並引《魏晉官品》。

丁國鈞《補晉書藝文志・職官類》 《晉官品》一卷。徐瑜宣。謹按：見《七録》、《通典》八十四，兩引瑜宣所議旌旆制，當即在此書中。瑜宣官博士，亦見《通典》九十八。

秦榮光《補晉書藝文志・職官類》《晉官品》一卷。徐宣瑜撰。案《通典》宣瑜，官博士。

吴士鑒《補晉書經籍志・職官類》徐宣瑜《晉官品》一卷。見《隋志》、《通典》八十四，兩引瑜宣所議，當即此書。

黄逢元《補晉書藝文志・職官類》《晉官品》一卷。博士徐宣瑜撰。見《七録》，缺題官。《通典・禮類》引稱爲博士。

尚書逸令

文廷式《補晉書藝文志・職官類》《尚書逸令》。《御覽》五百四十二引此書。卞壺等奏。

百官表注

《隋書・經籍志・職官》荀綽《百官表注》十六卷。

鄭樵《通志・藝文略・職官》《百官表注》十六卷。荀綽撰。

文廷式《補晉書藝文志・職官類》荀綽《百官表注》十六卷。劉昭《續漢百官志注》引九條，《輿服志注》引四條，《北堂書鈔》引此書尤夥。

丁國鈞《補晉書藝文志・職官類》《百官表注》十六卷。荀綽。謹按：見《七録》。

秦榮光《補晉書藝文志・職官類》《百官表注》十六卷。荀綽撰。

吴士鑒《補晉書經籍志・職官類》荀綽《晉百官表注》十六卷。見《隋志》、《魏志裴注》、《北堂書鈔》引《晉百官表》。

《續漢書志注所引書目・職官》荀綽《晉百官表注》百官一。詳一編《晉百官表》下。

黄逢元《補晉書藝文志・職官類》《百官表注》十六卷。荀綽撰。見《七録》。今存黄奭漢學堂輯本。

司徒儀

《隋書・經籍志・職官》干寶《司徒儀》一卷。

《新唐書・藝文志・職官篇》干寶《司徒儀注》五卷。

鄭樵《通志・藝文略・職官》《司徒儀注》五卷。晉干寶撰。

文廷式《補晉書藝文志・職官類》干寶《司徒儀》一卷。《舊唐志》作《司徒儀注》五卷。《齊書百官志》云：「晉世王導爲司徒，右長史干寶撰，立官府職儀已具。」《藝文類聚》、《北堂書鈔》、《太平御覽》諸書並引之。

丁國鈞《補晉書藝文志・職官類》《司徒儀》一卷。干寶。謹按：見《七録》。兩唐志作《司徒儀注》。《舊志》入「儀注類」。《南齊書百官志》言：「王導爲司徒，左長史干寶撰，立官府職儀已具。」應即是書。

吴士鑒《補晉書經籍志・職官類》干寶《司徒儀》一卷。見《隋志》。《舊唐志》作《司徒儀注》五卷。入「儀注類」。《唐志》亦五卷。《南齊書百官志》引作《司徒儀》，與《隋志》同。

《新唐書藝文志注》《司徒儀》一卷。干寶撰。干寶《司徒儀注》五卷。《隋志》：「梁有干寶《司徒儀》一卷。亡。寶，見《易類》。」

黄逢元《補晉書藝文志・職官類》《司徒儀》一卷。干寶撰。本《七録》。唐新舊志五卷，作《司徒儀注》。《舊志》列「儀注類」。《舊鈔》六十八又六十九。《御覽》二百九引存。《南齊書百官志》云：「王導爲司徒，左長史干寶撰，立官府職儀已具。」當即是書。

晉百官儀服録

《隋書・經籍志・職官》《晉百官儀服録》五卷。

文廷式《補晉書藝文志・職官類》《晉百官儀服録》五卷。

丁國鈞《補晉書藝文志・職官類》《晉百官儀服録》五卷。謹按：見《七録》。

吴士鑒《補晉書經籍志·職官類》《晉百官儀服録》五卷。見《隋志》。

黄逢元《補晉書藝文志·職官類》《晉百官儀服録》五卷。見《七録》。

晉功臣表

文廷式《補晉書藝文志·職官類》《晉功臣表》。《水經·温水篇注》：「象水又兼象浦之名，《晉功臣表》所謂『金潾清逕，象渚澄源』者也。」

吴士鑒《補晉書經籍志·職官類》《晉功臣表》。《水經温水注》。

黄逢元《補晉書藝文志·職官類》《晉功臣表》。見《水經温水注》。

晉王公百官志

文廷式《補晉書藝文志·職官類》《晉王公百官志》。《御覽》八百七十五引之云：「蜀劉主得賜露車七十乘，孫主賜露車三十乘。」

秦榮光《補晉書藝文志·職官類》《晉王公百官志》。据《御覽》引。

黄逢元《補晉書藝文志·職官類》《晉王公百官志》。見《御覽》七百七十五。

大興二年定官品事

《隋書·經籍志·職官》《大興二年定官品事》五卷。

文廷式《補晉書藝文志·職官類》《大興二年定官品事》五卷。

秦榮光《補晉書藝文志·職官類》《大興二年定官品事》五卷。

吴士鑒《補晉書經籍志·職官類》《大興二年定官品事》五卷。見《隋志》。

黄逢元《補晉書藝文志·職官類》《大興二年定官品事》五卷。見《七録》。元案：大興，元帝年號。

晉武帝太始官名

文廷式《補晉書藝文志·職官類》《晉武帝太始官名》。《御覽》二百九引此書云：「大司馬石苞開通爽悟，秉意不羣。」《魏志臧霸傳注》：「霸子舜，晉散騎常侍，見《武帝百官名》。此《官名》不知誰所撰也，皆有題目，稱舜才穎條暢識贊時宜也。」

丁國鈞《補晉書藝文志·職官類》《晉武帝太始官名》。謹按：見《御覽·職官部》。

秦榮光《補晉書藝文志·職官類》《武帝太始官名》。据《御覽》引。

吴士鑒《補晉書經籍志·職官類》《晉武帝太始官名》。《太平御覽》。

黄逢元《補晉書藝文志·職官類》《晉武帝太始官名》。見《御覽》二百九。

晉武帝百官名

丁國鈞《補晉書藝文志·職官類》《晉武帝百官名》。謹按：裴氏《魏志注》引松之曰：「臧霸傳注。」此《百官名》不知誰所撰，皆有題目。

秦榮光《補晉書藝文志·職官類》《武帝百官名》。据《國志·臧霸傳》注云：「不知誰撰」。

吴士鑒《補晉書經籍志·職官類》《晉武帝百官名》。《魏志·臧霸傳注》。

《三國志注所引書目》《武帝百官名》。臧霸傳。案：隋唐志不著録。裴云：「此《百官名》不知誰所撰也，皆有題目。稱舜才穎條暢識贊時宜也。」舜，霸子。

黄逢元《補晉書藝文志·職官類》《晉武帝百官名》。見《魏志·臧霸傳》注云：「霸子舜，晉散騎常侍，見《武帝百官名》。此《百官名》不知誰所撰，皆有題目。」

晉惠帝百官名

《舊唐書·經籍志·職官》《晉惠帝百官名》三卷。陸機撰。

《新唐書・藝文志・職官篇》 陸機《晉惠帝百官名》三卷。

鄭樵《通志・藝文略・職官》 《晉惠帝百官名》三卷。陸機撰。

文廷式《補晉書藝文志・職官類》 陸機《晉惠帝百官名》三卷。見《舊唐志》。

丁國鈞《補晉書藝文志・職官類》 《晉惠帝百官》三卷。陸機。謹按：見兩《唐志》。

秦榮光《補晉書藝文志・職官類》 《晉惠帝百官名》三卷。陸機撰。據《唐志》。

吳士鑒《補晉書經籍志・職官類》 陸機《晉惠帝百官名》三卷。兩《唐志》。

《新唐書藝文志注》 陸機《晉惠帝百官名》三卷。

黃逢元《補晉書藝文志・職官類》 《晉惠帝百官名》三卷。陸機撰。見《舊唐志》。

官師論

丁國鈞《補晉書藝文志・職官類》 《官師論》七篇。陳壽。謹按：見《華陽國志》壽傳。

秦榮光《補晉書藝文志・職官類》 《官司論》七篇。陳壽撰。依據典故議所因革。據《華陽國志》。

吳士鑒《補晉書經籍志・職官類》 陳壽《官師論》七篇。見《華陽國志》壽傳。

黃逢元《補晉書藝文志・職官類》 《官師論》七篇。陳壽撰。見《華陽國志・陳壽傳》。

晉永嘉百官名

秦榮光《補晉書藝文志・職官類》 《晉永嘉百官名》三卷。衛禹撰。據《新唐志》。

晉懷帝永嘉官名

文廷式《補晉書藝文志・職官類》 《晉懷帝永嘉官名》。《御覽》二百九引此書曰：「吏部郎温畿，字元輔，世論以其爲人夷曠似玉。」

丁國鈞《補晉書藝文志・職官類》 《懷帝永嘉官名》。謹按：見《御覽》引書《綱目》。

秦榮光《補晉書藝文志・職官類》 《懷帝永嘉官名》。據《御覽》引。

吳士鑒《補晉書經籍志・職官類》 《晉懷帝永嘉官名》。《太平御覽》。

黃逢元《補晉書藝文志・職官類》 《懷帝永嘉官名》。見《御覽》二百十六。

元康百官名

文廷式《補晉書藝文志・職官類》 《元康百官名》。《通典・職官門》引此書曰：「陳慎、戴熊俱以都水使者領水衡都尉。」

丁國鈞《補晉書藝文志・職官類》 《元康百官名》。謹按：見《通典・職官類》。《唐六典》亦引。

秦榮光《補晉書藝文志・職官類》 《元康百官名》。据《通典》引。

吳士鑒《補晉書經籍志・職官類》 《元康百官名》。《唐六典》、《通典》。

黃逢元《補晉書藝文志・職官類》 《元康百官名》。見《通典・職官門》。又《唐六典》。

晉過江人士目

《舊唐書・經籍志・職官》 《晉過江人士目》一卷。

《新唐書・藝文志・職官篇》 《晉過江人士目》一卷。

鄭樵《通志・藝文略・職官》 《晉過江人士目》一卷。

文廷式《補晉書藝文志・職官類》《晉過江人士目》一卷。見《唐志》。

丁國鈞《補晉書藝文志・職官類》《晉過江士人目》一卷。謹按：見兩《唐志》。

吴士鑒《補晉書經籍志・職官類》《晉過江人士目》一卷。見兩《唐志》。

《新唐書藝文志注》《晉過江人士目》一卷。

黄逢元《補晉書藝文志・職官類》《晉過江人士目》一卷。見唐新舊志。

晉永嘉流士

《舊唐書・經籍志・職官》《晉永嘉流士》十三卷。衛禹撰。

《新唐書・藝文志・職官篇》衛禹《晉永嘉流士》二卷。

鄭樵《通志・藝文略・職官》《晉永嘉流士》二卷。衛禹撰。

文廷式《補晉書藝文志・職官類》衛禹《晉永嘉流士》十三卷。見《舊唐志》、《新唐志》二卷。

丁國鈞《補晉書藝文志・職官類》《晉永嘉流士》十三卷。衛禹。謹按：見《舊唐志》。《新志》作二卷。

吴士鑒《補晉書經籍志・職官類》衛禹《晉永嘉流士》十三卷。見《舊唐志》。《唐志》作二卷。

《新唐書藝文志注》衛禹《晉永嘉流士》二卷。

黄逢元《補晉書藝文志・職官類》《晉永嘉流士》十三卷。衛禹撰。本《舊唐志》。《新唐志》二卷。元案：《世説》各篇注四引《永嘉流人名》，當即是書。

永嘉流人名

文廷式《補晉書藝文志・職官類》《永嘉流人名》。《世説》注屢引之。

晉百官表

丁國鈞《補晉書藝文志・職官類》《晉百官表》。謹按：見裴松之《魏志》注。原本《北堂書鈔》亦引。

秦榮光《補晉書藝文志・職官類》《晉百官表》。據《國志・諸葛亮傳注》引。

《三國志注所引書目》《晉百官表》。《董厥（附諸葛亮傳）》。案《隋志》：「梁有荀綽《百官表注》十六卷。亡。」

晉百官公卿表

丁國鈞《補晉書藝文志・職官類》《晉百官公卿表》。謹按：見《唐六典》。

秦榮光《補晉書藝文志・職官類》《晉百官公卿表》。據《六典》引。

吴士鑒《補晉書經籍志・職官類》《晉百官公卿表》。見《唐六典》。

黄逢元《補晉書藝文志・職官類》《晉百官公卿表》。見《唐六典》。

晉百官名志

丁國鈞《補晉書藝文志・職官類》《晉百官名志》。謹按：見《魏志・司馬朗傳注》。

秦榮光《補晉書藝文志・職官類》《晉百官名志》。據《國志・司馬朗傳》注引。

吴士鑒《補晉書經籍志・職官類》《晉百官名志》。《魏志・司馬朗傳》注。

《三國志注所引書目》《百官名志》。《司馬朗傳》案：隋唐《志》不著録。此條引趙咨子酆字子晉，驃騎將軍，封東平陵公。

黄逢元《補晉書藝文志・職官類》《晉百官名志》。見《魏志・司馬朗傳》注。又《初學記》十引《晉代百官志》，或即一書。

太興二年定官品事

丁國鈞《補晉書藝文志・職官類》　《太興二年定官品事》五卷。謹按：見《七録》。

選　例

黄逢元《補晉書藝文志・職官類》　《選例》。司徒襄平李胤宣伯撰。見《類聚》四十八引晉諸公贊胤，爲吏部刊定《選例》，而著於令。胤有傳。

王秀道百官春秋

《隋書・經籍志・職官》　《百官春秋》五十卷。王秀道撰。

《舊唐書・經籍志・職官》　《百官春秋》十三卷。王道秀撰。

《新唐書・藝文志・職官篇》　王道秀《百官春秋》十三卷。

鄭樵《通志・藝文略・職官》　《百官春秋》五十卷。王秀道撰。

《新唐書藝文志注》　王道秀《百官春秋》十三卷。《隋志》：「《百官春秋》王道秀撰。道秀始末未詳。」謹案《經義考》入《擬經篇》又云王道秀。

佚名百官春秋

《隋書・經籍志・職官》　《百官春秋》二十卷。

鄭樵《通志・藝文略・職官》　《百官春秋》二十卷。

魏晉百官名

《隋書・經籍志・職官》　《魏晉百官名》五卷。

鄭樵《通志・藝文略・職官》　《魏晉百官名》五卷。

文廷式《補晉書藝文志・職官類》　《魏晉百官名》五卷。

秦榮光《補晉書藝文志・職官類》　《魏晉百官名》五卷。

吳士鑒《補晉書經籍志・職官類》　《魏晉百官名》五卷。見《隋志》。

晉百官名

《隋書・經籍志・職官》　《晉百官名》三十卷。

《舊唐書・經籍志・職官》　《百官名》四十卷。

《新唐書・藝文志・職官篇》　《百官名》十四卷。

鄭樵《通志・藝文略・職官》　《晉百官名》十四卷。舊三十卷。

文廷式《補晉書藝文志・職官類》　《晉百官名》三十卷。《舊唐志》四十卷。

丁國鈞《補晉書藝文志・職官類》　《晉百官名》三十卷。謹按：見《隋志》、《舊唐志》作四十卷。《新志》作十四卷。《魏志蘇則傳注》、《世説排調篇注》均引。

秦榮光《補晉書藝文志・職官類》　《晉百官名》三十。案：《舊唐志》作四十。《新唐志》作十四卷。

吳士鑒《補晉書經籍志・職官類》　《晉百官名》三十卷。見《隋志》、《舊唐志》四十卷。《唐志》十四卷。俱無「晉」字。

《三國志注所引書目》　《百官名》。司馬芝傳。案：《隋志》：「《魏晉百官名》五卷，《晉百官名》三十卷，竝無撰人。」唐《舊志》《百官名》四十卷，無撰人。又《晉惠帝百官名》陸機撰。《新志》陸機書同《舊志》《百官名》十四卷。「十四」與「四十」疑有一誤也。此注引司馬肇晉太康中爲晉冀州刺史，尚書，疑所引乃《晉百官名》也。

《世説注所引書目》　《晉百官名》。德行。《隋志》：「《晉百官名》無撰人。」

二唐志不著録。《隋志》云：「或取官曹名品之書，撰而録之，别行于世。宋齊已後，其書益繁，而篇卷零疊，易爲亡散。據此則《百官名》者當日官曹之所録，有如今日之搢紳録矣。」

《新唐書藝文志注》《百官名》十四卷。《隋志》：《魏晉百官名》五卷。《晉百官名》三十卷。《舊志》又作四十卷。疑此十四字倒。

黄逢元《補晉書藝文志·職官類》《晉百官名》三十卷。本《隋志》、《舊唐志》無晉字，四十卷。《新唐志》十四卷，亦無晉字。今存黄奭漢學堂輯本。

晉官屬名

《隋書·經籍志·職官》《晉官屬名》四卷。

《舊唐書·經籍志·職官》《晉官屬名》四卷。

《新唐書·藝文志·職官篇》《晉官屬名》四卷。

鄭樵《通志·藝文略·職官》《晉官屬名》四卷。

文廷式《補晉書藝文志·職官類》《晉官屬名》四卷。

丁國鈞《補晉書藝文志·職官類》《晉官屬名》四卷。謹按：見《隋志》。

秦榮光《補晉書藝文志·職官類》《晉官屬名》。案《舊唐志》無名字。四卷。

吴士鑒《補晉書經籍志·職官類》《晉官屬名》四卷。見隋唐《志》。

《新唐書藝文志注》《晉官屬名》四卷。《隋志》：《晉官屬名》四卷。

黄逢元《補晉書藝文志·職官類》《晉官屬名》四卷。見《隋志》。

魏明帝東宮僚屬名

文廷式《補晉書藝文志·職官類》《明帝東宮僚屬名》。《世説·方正篇》注、《雅景篇》注並引之。

丁國鈞《補晉書藝文志·職官類》《明帝東宮僚屬名》。謹按：見《世説·雅量篇》注互見《雜傳類》。

吴士鑒《補晉書經籍志·職官類》《明帝東宮寮屬名》。《世説·雅量篇》注。

《世説注所引書目》《明帝東宮僚屬名》。文學。

黄逢元《補晉書藝文志·職官類》《明帝東宮僚屬名》。見《世説·雅量篇》注。

晉東宮百官名

文廷式《補晉書藝文志·職官類》《晉東宮百官名》。《世説》任誕、排調兩篇注並引之。

丁國鈞《補晉書藝文志·職官類》《晉東宮官名》。謹按：見《世説·任誕篇》注《排調篇》注，又引《晉東宮百官名》，當即一書。

丁國鈞《補晉書藝文志·雜傳類》《晉東宮官名》。謹按：見《世説·任誕》、《排調》兩篇注。

秦榮光《補晉書藝文志·職官類》《晉東宮百官名》。据《世説注》引。案《世説注》别引《東宮百官名》當衍百字。

吴士鑒《補晉書經籍志·職官類》《晉東宮官名》。《世説·任誕》篇、《排調》篇注引。又作《東宮百官名》。

《世説注所引書目》《晉東宮百官名》。《排調》案：此注所引當桓玄時，安帝未立太子，疑是安帝在東宮時也。

黄逢元《補晉書藝文志·職官類》《晉東宮官名》。見《世説·任誕》、《排調》篇注。

齊王官屬名

文廷式《補晉書藝文志·職官類》《齊王官屬名》。見《世説·方正》篇注。齊王，冏也。

秦榮光《補晉書藝文志·職官類》《齊王官屬名》。謹按：見《世説·方正篇注》齊王謂武帝子冏，本書有傳。互見《雜傳類》。

吴士鑒《補晉書經籍志・職官類》《齊王官屬名》。《世説・方正篇》注。

《世説注所引書目》《齊王官屬名》。《方正》案：齊王，齊王冏也。

黄逢元《補晉書藝文志・職官類》《齊王官屬名》。見《世説・方正篇》注。

齊王功臣格

秦榮光《補晉書藝文志・職官類》《齊王功臣格》。謹按：見本書《顧榮傳》。

吴士鑒《補晉書經籍志・職官類》《齊王功臣格》。見《顧榮傳》。

黄逢元《補晉書藝文志・職官類》《齊王功臣格》。見《顧榮傳》。

大司馬僚屬名

文廷式《補晉書藝文志・職官類》伏滔《大司馬僚屬名》。見《世説・賞譽篇》注。大司馬，桓温也。《品藻篇注》引《大司馬官屬名》，不題撰人。

秦榮光《補晉書藝文志・職官類》《大司馬僚屬名》。伏滔。謹按：見《世説・賞譽篇》注，大司馬，謂桓温。互見《雜傳類》。

吴士鑒《補晉書經籍志・職官類》伏滔《大司馬寮屬名》。《世説・賞譽篇》、《品藻篇》注。大司馬，謂桓温。

《世説注所引書目》伏滔《大司馬寮屬名》。《賞譽》、《品藻》引作《官屬》。案：大司馬，桓温也。温傳加侍中大司馬都督中外諸軍事。

黄逢元《補晉書藝文志・職官類》《大司馬官屬名》。見《世説・品藻篇注》。《大司馬寮屬名》游擊將軍平昌伏滔玄度撰。見《世説・賞譽》、《黜免篇》注。滔有傳。

征西僚屬名

文廷式《補晉書藝文志・職官類》《征西寮屬名》。《世説・言語篇》、《排調篇》注，並引之。

丁國鈞《補晉書藝文志・職官類》《征西寮屬名》。謹按：見《世説・言語》、《排調》兩篇注。互見《雜傳類》。

吴士鑒《補晉書經籍志・職官類》《征西寮屬名》。《世説・言語篇》、《排調篇》注。

《世説注所引書目》《征西寮屬名》。《言語》案：桓温平蜀還，進位征西大將軍。見《晉書》温傳。此其寮屬名也。

黄逢元《補晉書藝文志・職官類》《征西寮屬名》。見《世説・言語》、《排調篇》注。

謝安石僚屬名

文廷式《補晉書藝文志・職官類》《謝安石寮屬名》。《世説・豪爽篇》注引之。

庾亮僚屬名

文廷式《補晉書藝文志・職官類》《庾亮寮屬名》。《世説・文學篇》注引之。

丁國鈞《補晉書藝文志・職官類》《庾亮僚屬名》。謹按：見《世説・文學篇》注。互見《雜傳類》。

吴士鑒《補晉書經籍志・職官類》《庾亮寮屬名》。《世説・文學篇》注。

《世説注所引書目》《庾亮僚屬名》。《文學》。

黄逢元《補晉書藝文志・職官類》《庾亮僚屬名》。見《世説・文學篇》注。

庾亮參佐名

文廷式《補晉書藝文志・職官類》《庾亮參佐名》。《世説・雅量篇》注引之。

丁國鈞《補晉書藝文志・職官類》 《庾亮參佐名》。謹按見：《世説・雅量篇》注。互見《雜傳類》。

吴士鑒《補晉書經籍志・職官類》 《參佐名》。《世説・雅量篇》注。

《世説注所引書目》 《庾亮參佐名》。《雅量》案：以上七書隋唐《志》皆不著録。此正《隋志》所謂：「篇卷零疊，易爲亡散者也」。

黄逢元《補晉書藝文志・職官類》 《庾亮參佐名》。見《世説・雅量篇》注。

晉官品令

文廷式《補晉書藝文志・職官類》 《晉官品令》。

《後魏書・禮志》：「劉芳議云：『案《晉官品令》所制九品，皆正無從，故以第八品準古下士。』」《初學記・職官部》、《北堂書鈔・設官部》、《太平御覽・職官》並引之。章宗源録入《考證》。又《唐六典》引《晉官品令》云：『游擊將軍四品。』《書鈔》五十八《晉官品令》給事黄門四人，與侍中掌文案，贊相威儀，典署其事。」又云：「給事黄門四人，大法駕，次立黄門郎，從駕也。」又引「舊侍中職掌」云云，又引「大法駕出」云云。

丁國鈞《補晉書藝文志・職官類》 《晉官品令》。謹按：是書《魏書・禮志》、《初學記》十一、原本《書鈔》五十八、《唐六典》均引。

秦榮光《補晉書藝文志・職官類》 《晉官品令》。据《魏書・禮志》引。

吴士鑒《補晉書經籍志・職官類》 《晉官品令》。《魏書・禮志》、《初學記》、《北堂書鈔》並引之。或作《晉品令》。

魏晉官品令

吴士鑒《補晉書經籍志・職官類》 《魏晉官品令》。見本書《職官志・禮志》。

王朝目録

文廷式《補晉書藝文志・職官類》 《王朝目録》。章宗源《考證》曰：「《世説・品藻篇》注：《王朝目録》曰：裴綽字仲舒，楷弟也，名亞於楷，歷中書、黄門侍郎。」按《吴志・宗室・孫匡傳》注曰：「朗之名位，見《三朝録》。」疑與《世説》注所引當是一書。然「王朝」、「三朝」，未審孰是。

吴士鑒《補晉書經籍志・職官類》 《王朝目録》。《世説・品藻篇》注。

晉中興士人書

吴士鑒《補晉書經籍志・職官類》 《晉中興士人書》。《世説・言語篇》注。

晉尚書儀曹事

秦榮光《補晉書藝文志・職官類》 《晉尚書儀曹事》九卷。据《唐志》。

朝堂制

秦榮光《補晉書藝文志・職官類》 《朝堂制》。北涼蒙遜命其征南將軍姚艾尚書左丞房晷撰。据本書《載記》。

己亥格

秦榮光《補晉書藝文志・職官類》 《己亥格》。謹按：見本書《陳頵傳》。此格制於三王起義討趙王倫時，其後論功雖小，亦皆依用。

吴士鑒《補晉書經籍志・職官類》《己亥格》。見《陳頵傳》。

黄逢元《補晉書藝文志・職官類》《己亥格》。見《陳頵傳》。元案：顧炎武《日知録》卷二十二云：「稱歲必曰元年、二年。其稱日乃用甲子乙丑。如《己亥格》庚戌制、壬午兵之類，皆日也。」

甲午制

秦榮光《補晉書藝文志・職官類》《甲午制》。謹按：見本書《王戎傳》。

吴士鑒《補晉書經籍志・職官類》《甲午制》。見《王戎傳》。

黄逢元《補晉書藝文志・職官類》《甲午制》。見《王戎傳》。

登城三戰簿

《舊唐書・經籍志・職官》《登城三戰簿》三卷。

《新唐書・藝文志・職官篇》《登城三戰簿》三卷。

鄭樵《通志・藝文略・職官》《登城三戰簿》三卷。

《新唐書藝文志注》《登城三戰簿》三卷。

范曄百官階次

《隋書・經籍志・職官》《百官階次》一卷。

《舊唐書・經籍志・職官》《百官階次》一卷。范曄撰。

《新唐書・藝文志・職官篇》范曄《百官階次》一卷。

鄭樵《通志・藝文略・職官》《百官階次》一卷。范曄撰。

聶崇岐《補宋書藝文志・職官類》《百官階次》一卷。見《新唐志》范曄撰。

秦榮光《補晉書藝文志・職官類》《百官階次》一卷。

《新唐書藝文志注》范曄《百官階次》一卷。《隋志》：《百官階次》一卷。《舊志》有作范曄者。

范曄齊職儀

《隋書・經籍志・職官》《齊職儀》五卷。

《舊唐書・經籍志・職官》《齊職儀》五十卷。范曄撰。

鄭樵《通志・藝文略・職官》《齊職儀》五卷。

宋百官階次

《隋書・經籍志・職官》《百官階次》三卷。

《舊唐書・經籍志・職官》《宋百官階次》三卷。荀欽明撰。

《新唐書・藝文志・職官篇》荀欽明《宋百官階次》三卷。

鄭樵《通志・藝文略・職官》《宋百官階次》三卷。荀欽明撰。

聶崇岐《補宋書藝文志・職官類》《宋百官階次》三卷。見兩《唐志》荀欽明撰。

《新唐書藝文志注》荀欽明《宋百官階次》三卷。《隋志》：《百官階次》三卷。欽明始末未詳。或因范書而廣之。

佚名百官階次

鄭樵《通志・藝文略・職官》《百官階次》三卷。

宋百官春秋

《新唐書・藝文志・職官篇》《宋百官春秋》六卷。

鄭樵《通志・藝文略・職官》《宋百春官秋》六卷。

《新唐書藝文志注》《宋百官春秋》六卷。《隋志》：《百官春秋》二十卷。

宋職官記

《隋書・經籍志・職官》《宋職官記》九卷。

王珪之齊職儀

《隋書・經籍志・職官》《齊職儀》五十卷。齊長水校尉王珪之撰。梁有王珪之《齊儀四十九卷》亡。

《新唐書・藝文志・職官篇》王珪之《齊職官儀》五十卷。

鄭樵《通志・藝文略・職官》《齊職官儀》五十卷。齊長水校尉王珪之撰。

《新唐書藝文志注》王珪之《齊職官儀》五十卷。《隋志》：《齊職儀》五十卷。齊長水校尉王珪之撰。珪之見《齊書・王選之傳》。《舊志》以爲范曄，何以致誤，或據其遺書而紮次之與。

百官九品

《隋書・經籍志・職官》《百官品》九卷。亡。

秦榮光《補晉書藝文志・職官類》《百官品》九卷。

梁選簿

《隋書・經籍志・職官》《梁選簿》三卷。徐勉撰。

《舊唐書・經籍志・職官》《梁選簿》三卷。徐勉撰。

《新唐書・藝文志・職官篇》徐勉《梁選簿》三卷。

鄭樵《通志・藝文略・職官》《梁選簿》三卷。徐勉撰。

《新唐書藝文志注》徐勉《梁選簿》三卷。《隋志》：《梁選簿》五卷。徐勉撰。勉見《梁書》本傳。傳云：「在選曹撰《選品》三卷。」

梁勳選格

《隋書・經籍志・職官》《梁勳選格》一卷。

鄭樵《通志・藝文略・職官》《梁勳選格》一卷。

職官要録　職官要録補遺

《隋書・經籍志・職官》《職官要録》三十卷。陶藻撰。

《舊唐書・經籍志・職官》《職官要録》三十卷。陶藻撰。

錢東垣等輯《崇文總目輯釋・職官類》《職官要録》三十卷。陶藻撰。繹按：《隋志》作「陶藻」，古字同。《唐志》作「陶彦藻」。《宋志》同作七卷。

《新唐書・藝文志・職官篇》陶彦藻《職官要録》三十六卷。

鄭樵《通志・藝文略・職官》《職官要録》三十卷。陶藻，《唐志》作「彦藻」。

尤袤《遂初堂書目・職官類》《職官要録》。

《宋史・藝文志・職官類》陶彦藻《職官要録》七卷。又《職官要録補遺》十八卷。

《新唐書藝文志注》陶彦藻《職官要録》三十六卷。《隋志》：《職官要録》三十卷。陶藻撰。藻始末未詳。謹案曰：《本國見在書目》云：「陶勉撰。」疑勉其名，彦藻其字。舊志又脱彦字。

梁官品格

《隋書・經籍志・職官》《梁官品格》一卷。

鄭樵《通志・藝文略・職官》《梁官品格》一卷。

吏部用人格

《隋書・經籍志・職官》《吏部用人格》一卷。

梁新定官品

《隋書・經籍志・職官》《新定官品》二十卷。梁沈約撰。

《新唐書・藝文志・職官篇》沈約《梁新定官品》十六卷。

鄭樵《通志・藝文略・職官》《梁新定官品》十六卷。沈約撰。

《新唐書藝文志注》沈約《梁新定官品》十六卷。《隋志》：《新定官品》二十卷。梁沈約撰。約見《論語類》謹案：沈約是書本傳不載，與有宮人名連帙，又有沈峻助賀琛撰《梁官》。或約爲峻之誤歟。

梁尚書職制儀注

《隋書・經籍志・職官》《梁尚書職制儀注》四十一卷。

鄭樵《通志・藝文略・職官》《梁尚書職制儀注》四十一卷。郭衍撰。

職令古今百官注

《隋書・經籍志・職官》《職令古今百官注》十卷。郭演撰。

《舊唐書・經籍志・職官》《職令百官古今注》十卷。郭演之撰。

《新唐書・藝文志・職官篇》郭演《職令古今百官注》十卷。

鄭樵《通志・藝文略・職官》《職令古今百官注》十卷。郭衍撰。

《新唐書藝文志注》郭演《職令古今百官注》十卷。《隋志》：《職令古今百官注》十卷。郭演撰。《舊志》有員字，又作演之。

梁百官人名

《新唐書・藝文志・職官篇》《梁百官人名》十五卷。

《新唐書藝文志注》《梁百官人名》十五卷。

陳百官簿狀

《隋書・經籍志・職官》《陳百官簿狀》二卷。

《舊唐書・經籍志・職官》太建十一年《百官簿狀》二卷。

《新唐書・藝文志・職官篇》太建十一年《百官簿狀》二卷。

鄭樵《通志・藝文略・職官》陳太建十一年《百官簿狀》二卷。

《新唐書藝文志注》太建十一年《百官簿狀》二卷。《隋志》：「《陳百官簿狀》二卷。」謹案：似即此書唐惟存太建十一年耳。

陳將軍簿

《隋書・經籍志・職官》《陳將軍簿》一卷。

《舊唐書・經籍志・職官》《陳將軍簿》一卷。

《新唐書・藝文志・職官篇》《陳將軍簿》一卷。

《新唐書藝文志注》《陳將軍簿》一卷。《隋志》：「《陳將軍簿》一卷。」

陳新定將軍名

《隋書・經籍志・職官》《新定將軍名》一卷。

鄭樵《通志・藝文略・職官》《陳新定將軍名》一卷。

官職訓

錢東垣等輯《崇文總目輯釋・職官類》 《官職訓》一卷。《通志略》不著撰人。

鄭樵《通志・藝文略・職官》 《官職訓》一卷。

蘇綽六條

錢東垣等輯《崇文總目輯釋・職官類》 《蘇綽六條》一卷。原釋闕。見天一閣鈔本。

繹按：《玉海・藝文類》兩引《崇文目》並同《通志略》作《後魏六條》。

隋吏部用人格

鄭樵《通志・藝文略・職官》 《隋吏部用人格》一卷。

隋官序録

《新唐書・藝文志・職官篇》 郎楚之《隋官序録》十二卷。

鄭樵《通志・藝文略・職官》 《隋官序録》十二卷。郭楚之撰。

《新唐書藝文志注》 郎楚之《隋官序録》十二卷。

大丞相唐王官屬記

《新唐書・藝文志・職官篇》 温大雅《大丞相唐王官屬記》二卷。

鄭樵《通志・藝文略・職官》 《大丞相唐王官屬記》一卷。温大雅撰。

《新唐書藝文志注》 温大雅《大丞相唐王官屬記》二卷。

御史臺雜注

《新唐書・藝文志・職官篇》 杜易簡《御史臺雜注》五卷。

鄭樵《通志・藝文略・職官》 《御史臺雜注》五卷。唐杜易簡撰。

《新唐書藝文志注》 杜易簡《御史臺雜注》五卷。易簡，本書《審言傳》。

唐中書則例

錢東垣等輯《崇文總目輯釋・職官類》 《唐中書則例》一卷。《通志略》不著撰人。原釋闕。見天一閣鈔本。

鄭樵《通志・藝文略・職官》 《唐中書則例》一卷。

《宋史・藝文志・職官類》 杜儒童《中書則例》一卷。

選譜

《新唐書・藝文志・職官篇》 裴行儉《選譜》十卷。

鄭樵《通志・藝文略・職官》 《選譜》十卷。裴行儉撰。

《新唐書藝文志注》 裴行儉《選譜》十卷。

宮卿舊事

《舊唐書・經籍志・職官》《公卿故事》二卷。王方慶撰。

《新唐書・藝文志・職官篇》王方慶《宮卿舊事》一卷。

鄭樵《通志・藝文略・職官》《宮卿舊事》一卷。王方慶撰。

《新唐書藝文志注》王方慶《宮卿舊事》一卷。方慶見《雜史類》。《舊志》宮作公舊作故。《公卿故事》二卷。王方慶撰。

尚書考功簿

《新唐書・藝文志・職官篇》王方慶撰《尚書考功簿》五卷。

鄭樵《通志・藝文略・職官》《尚書考功簿》五卷。王方慶撰。

《新唐書藝文志注》王方慶撰《尚書考功簿》五卷。

尚書考功狀績簿

《新唐書・藝文志・職官篇》王方慶《尚書考功狀績簿》十卷。

鄭樵《通志・藝文略・職官》《尚書考功課績簿》十卷。王方慶撰。

《新唐書藝文志注》王方慶《尚書考功狀績簿》十卷。

尚書科配簿

《新唐書・藝文志・職官篇》《尚書科配簿》五卷。

鄭樵《通志・藝文略・職官》《尚書科配簿》五卷。

《新唐書藝文志注》《尚書科配簿》五卷。

五省遷除

《新唐書・藝文志・職官篇》《五省遷除》二十卷。

鄭樵《通志・藝文略・職官》《五省遷除》二十卷。

《新唐書藝文志注》《五省遷除》二十卷。

韓琬御史臺記

錢東垣等輯《崇文總目輯釋・職官類》《御史臺記》十二卷。韓琬撰。繹按：《遂初堂書目》記下有事字。

《新唐書・藝文志・職官篇》韓琬《御史臺記》十二卷。

鄭樵《通志・藝文略・職官》《御史臺記》十二卷。唐韓琬撰。

晁公武《郡齋讀書志・職官類》《御史臺記》十二卷。袁本前志卷二下職官類第二。右唐韓琬撰。載唐初至開元御史臺中制度故事，以大夫、中丞、侍御史、殿中監察、主簿、録事，分門載次名氏行事。著論一篇，敍御史正邪得失、進擢誅滅之狀，附卷末，以爲世戒。

尤袤《遂初堂書目・職官類》《御史臺記事》。

陳振孫《直齋書録解題・職官類》《御史臺記》十二卷。唐殿中侍御史南陽韓琬茂貞撰。自唐初迄開元五年，御史姓名、行事及官制沿革，皆詳著之。第八卷爲琬著傳，九卷以後爲右臺。右臺創於武后，廢於中宗，歲月蓋不久也。末有《雜説》五十七條。

馬端臨《文獻通考・經籍考・職官》《御史臺記》十二卷。

《新唐書藝文志注》韓琬《御史臺記》十二卷。見《崇文總目》。晁氏曰：「敍唐初至開元御史臺中制度故事。」

唐六典

錢東垣等輯《崇文總目輯釋・職官類》《唐六典》三十卷。元宗撰。李林甫等注。

《新唐書・藝文志・職官篇》《六典》三十卷。開元十年，起居舍人陸堅被詔集賢院脩「六典」，玄宗手寫六條，曰理典、教典、禮典、政典、刑典、事典。張説知院，委徐堅，經歲無規制，乃命毋煚、余欽、咸廙業、孫季良、韋述參撰。始以令式象《周禮》六官爲制。蕭嵩知院，加劉鄭蘭、蕭晟、盧若虛。張九齡知院，加陸善經。李林甫代九齡，加苑咸。二十六年書成。

鄭樵《通志・藝文略・職官》《唐六典》三十卷。唐明皇撰，李林甫注。

晁公武《郡齋讀書志・職官類》《唐六典》三十卷。袁本前志卷二下職官類第十二。右唐玄宗撰，李林甫、張説等注。以三公、三師、三省、九寺、五監、十二衛等，列其職司官佐，敘其秩品，以擬《周禮》。雖不能悉行於世，而諸司遵用，殆將過半。觀《唐會要》，請事者往往援據以爲實。韋述以爲書雖成而竟不行，過矣。然識者謂自唐虞至周有六官而無寺監，自秦迄陳有寺監而無六官，獨此書兼之，故官皆複重也。

尤袤《遂初堂書目・職官類》《唐六典》。

陳振孫《直齋書録解題・職官類》《唐六典》三十卷。題御撰，李林甫等奉勅注。按韋述《集賢記注》，開元十年，起居舍人陸堅被旨修《六典》，上手寫白麻紙凡六條，曰理、教、禮、政、刑、事典，令以類相從，撰録以進。張説以其事委徐堅，思之歷年，未知所適。又委毋煚、余欽、韋述，始以令式入六司，象《周禮》六官之制，其沿革並入注，然用功艱難。其後，張九齡又以委苑咸，二十六年奏草上。至今在書院，亦不行。案：《唐書・藝文志》張説以其事委徐堅，經歲無規制，乃命毋煚、余欽、咸廙業、孫季良、韋述參撰。及蕭嵩知院，加劉鄭蘭、蕭晟、盧若虛。張九齡知院，加陸善經。李林甫代九齡，加苑咸。委苑咸者，乃李林甫也。至云二十六年奏草上，考《新舊唐書》，九齡以二十四年罷知政事，尋謫荆州。程大昌謂書成於九齡爲相之日，當在二十四年。林甫注成奏進當在二十七年。故是書卷首止列李林甫而不及九齡也。今案《新書百官志》皆取此書，即太宗貞觀六年所定官令也。《周官》六職視《周禮》六典，已有邦土、邦事之殊，不可攷證，《唐志》内外官與周制迴然不同，而强名「六典」可乎？善乎范太史祖禹之言曰：「既有太尉、司徒、司空，而又有尚書省，是政出於二也；既有尚書省，而又有九寺，是政出於三也。」本朝裕陵好觀六典，元豐官制盡用之，中書造命，門下審覆，尚書奉行，機事往往留滯，上意頗以爲悔云。

馬端臨《文獻通考・經籍考・職官》《唐六典》三十卷。

《宋史・藝文志・職官類》唐玄宗《六典》三十卷。

高儒《百川書志・職官》《大唐六典》三十卷。唐集賢院學士李林甫等注上。覆校。鈔本上字下有進字。

范邦甸等《天一閣書目・職官類》《唐六典》六卷。刊本。唐玄宗明皇帝御撰，集賢院學士上柱國開國公李林甫等奉敕註。宋紹興四年温州學教授張希亮校刊。明正德乙亥王鏊序云：「昔在孝宗詔修《會典》，臣鏊與有職焉。竊念三代之制，莫盛於周。《周禮》聖人之作，未敢遽議。周之後，莫善於唐。唐有《六典》，謂可追而倣之，而世無刻本，間於中祕手録以歸，而議中格，亦會遷官以去，乃藏之篋笥。浙江按察使潼川席君文同不知何自得之，意獨嘉焉，捐俸命工刻之蘇郡，未竟，陞任去，繼任嘉魚李君立卿實成之，以序屬鏊。」

《四庫全書總目提要・職官類》《唐六典》三十卷。浙江汪汝瑮家藏本。唐元宗明皇帝御撰，李林甫奉敕註。其書以三師、三公、三省、九寺、五監、十二衛列其職司官佐，敘其品秩，以擬《周禮》。《書録解題》引韋述《集賢記註》曰：「開元十年，起居舍人陸堅被旨修是書。帝手寫白麻紙六條，曰理、教、禮、政、刑、事，令以類相從，撰録以進。張説以其事委徐堅，思之經歲莫能定。又委母煚、徐欽、韋述，始以令式入六司，其沿革竝入註中。後張九齡又委苑咸，二十六年奏草上。迄今在直院，亦不行用。」程大昌《雍録》則曰：「唐世制度，凡最皆在《六典》。或曰：書成未嘗頒用。今案《會要》，則牛僧孺奏升諫議爲三品，用《六典》也。貞元二年定著朝班次序，每班以尚書省官爲首，用《六典》也。又其年實參論祠祭當以監察涖之，亦援《六典》也。此類殆不勝述。草制之官，每入院，必首索《六典》，則時制盡在故也。」二説截然不同。考《吕温集》有《代陳相公請删定施行六典開元禮狀》一篇，稱「宣示中外，星紀六周。未有明詔施行，遂使喪祭冠昏家，猶疑禮之等威名分，國靡成規。請於常參官内選學藝優敏者三五人，就集賢院各盡異同，量加删定，然後特降德音，明下有司」云云。與韋述之言相合。唐人所説，當無譌誤。大昌所引諸事，疑當時討論典章，亦相引據，而公私科律，則未嘗事事遵用，如明代之《會典》云爾。范祖禹《唐鑑》，論其既有太尉、司徒、司空，又有尚書省，是政出於二也。既有尚書省，又有九寺，是政出於三也。蓋自唐、虞至周，有六官而無寺監，自秦迄陳，有寺監而無六官。獨此書兼之，故官多重複。今考是書，如林甫註中以諸州祥瑞預立條格，以待奏報之類，誠爲可嗤。然一代典章，釐然具備，祖禹之所論，或以元豐官制全祖是書，有所激而云然歟？又《唐會要》載開元二十三年九齡等撰是書，而《唐書》載九齡以開元二十四年罷知政事，則書成時九齡猶在位。後至二十七年，林甫乃註成獨上之。宋陳騤《館閣録》，載書局有經修經進、經修不經進、經進不經修三格。説與九齡皆所謂經修不經進者，卷首獨著林甫，蓋即此例。今亦姑仍舊本書之，不復追改焉。

南宮故事

晁公武《郡齋讀書志·職官類》《南宮故事》一卷。袁本《後志》卷一職官類第四。右不題撰人。韋述云，開元中劉鄭蘭撰。劉，儒者，無著述才。

馬端臨《文獻通考·經籍考·職官》《南宮故事》一卷。

中台志

錢東垣等輯《崇文總目輯釋·傳記類》《中台志》十卷。李筌撰。

《唐書·藝文志·雜傳記》李筌《中台志》十卷。

鄭樵《通志·藝文略·職官》《中台志》十卷。

晁公武《郡齋讀書志·職官類》《中台志》十卷。袁本前志卷二下職官類第三。右唐李筌撰。起殷周，迄隋唐，纂輔相邪正之迹，分皇、王、霸、亂、亡五類，以爲鑒戒。唐相以李林甫、陳希烈附皇道。筌上元中自表，天寶初，迫以綴名云。

馬端臨《文獻通考·經籍考·職官》《中台志》十卷。

《宋史·藝文志·傳記類》李筌《中台志》十卷。

韋述御史臺記

《新唐書·藝文志·職官篇》韋述《御史臺記》十卷。

鄭樵《通志·藝文略·職官》《御史臺記》十卷。唐韋述撰。

尤袤《遂初堂書目·職官類》《唐御史臺記》。

《新唐書藝文志注》韋述《御史臺記》十卷。述見本書列傳宋機曾孫。

集賢注記

錢東垣等輯《崇文總目輯釋·職官類》《集賢注記》三卷。韋述撰。繹按：《玉海》引《崇文目》作十卷。《讀書志》一卷。《宋志》二卷。

《新唐書·藝文志·職官篇》韋述《集賢注記》三卷。

鄭樵《通志·藝文略·職官》《集賢注記》三卷。唐韋述撰。

晁公武《郡齋讀書志·職官類》《集賢注記》二卷。袁本前志卷二下職官類第一。右唐韋述撰。述在集賢四十年。天寶丙申，摭院中故事、修撰書史之次及孝明時學士名氏。頗善敘事。

尤袤《遂初堂書目·職官類》《集賢注記》。

陳振孫《直齋書録解題·職官類》《集賢注記》三卷。唐集賢院學士京兆韋述撰。敘置院始末、學士名氏及院中故事。

馬端臨《文獻通考·經籍考·職官》《集賢注記》二卷。

《新唐書藝文志注》韋述《集賢注記》三卷。見《崇文總目》。晁氏曰：「唐集賢學士韋述天寶丙申撰。」

佚名唐循資格

錢東垣等輯《崇文總目輯釋·職官類》《唐循資格》一卷。原釋天寶中修。

闕。見天一閣鈔本。

《新唐書・藝文志・職官篇》《唐循資格》一卷。天寶中定。

鄭樵《通志・藝文略・職官》《唐循資格》一卷。天寶中修定。

《宋史・藝文志・職官類》《循資格》一卷。

《新唐書藝文志注》《唐循資格》一卷。天寶中定。

天官舊事

《新唐書・藝文志・職官篇》劉貺《天官舊事》一卷。

鄭樵《通志・藝文略・職官》《天官舊事》一卷。劉貺撰。

《新唐書藝文志注》劉貺《天官舊事》一卷。貺見本書《劉子元傳》。子元子字惠卿。

唐宰相表

《新唐書・藝文志・職官篇》柳芳《大唐宰相表》三卷。

鄭樵《通志・藝文略・職官》《唐宰相表》三卷。柳芳撰。

《新唐書藝文志注》柳芳《大唐宰相表》二卷。芳見本書列傳。字仲敷，河東人。

鳳池録

錢東垣等輯《崇文總目輯釋・職官類》《鳳池録》五卷。馬宇撰。

《新唐書・藝文志・職官篇》馬宇《鳳池録》五十卷。

鄭樵《通志・藝文略・職官》《鳳池録》五十卷。唐馬宇撰。

《宋史・藝文志・故事類》馬宇《鳳池録》五卷。

《新唐書藝文志注》馬宇《鳳池録》五十卷。見《崇文總目》。

輔佐記

《新唐書・藝文志・職官篇》賀蘭正元《輔佐記》十卷。

鄭樵《通志・藝文略・職官》《輔佐記》十卷。賀蘭氏撰。

《新唐書藝文志注》賀蘭正言《輔佐記》十卷。

舉選衡鑑

《新唐書・藝文志・職官篇》賀蘭正元《舉選衡鑑》三卷。昭義判官，貞元十三年上。

鄭樵《通志・藝文略・職官》《舉選衡鑑》三卷。

《新唐書藝文志注》賀蘭正言《舉選衡鑑》三卷。昭義判官貞元十三年上。

具員故事

《新唐書・藝文志・職官篇》梁載言《具員故事》十卷。

鄭樵《通志・藝文略・職官》《具員故事》十卷。梁載言撰。

尤袤《遂初堂書目・職官類》《具員故事》。

陳振孫《直齋書録解題・職官類》《具員故事》十卷。唐鳳閣舍人梁載言撰。以唐官具員附之歷代事迹。

馬端臨《文獻通考・經籍考・職官》《具員故事》十卷。

《宋史・藝文志・職官類》梁載言《具員故事》十七卷。

《新唐書藝文志注》梁戴言《具員故事》十卷。《崇文總目》：戴言，鳳閣舍人。

具員事迹

錢東垣等輯《崇文總目輯釋・職官類》《具員事迹》七卷。梁載言撰。

《新唐書・藝文志・職官篇》梁載言《具員事迹》十卷。

鄭樵《通志・藝文略・職官》《具員事迹》十卷。

《新唐書藝文志注》梁載言《具員事迹》十卷。見《崇文總目》。謹案《唐志》兩書宋合爲一而存七卷。

選舉志

《新唐書・藝文志・職官篇》沈既濟《選舉志》十卷。

鄭樵《通志・藝文略・職官》《選舉志》十卷。沈既濟撰。

《新唐書藝文志注》沈既濟《選舉志》十卷。

文昌損益

錢東垣等輯《崇文總目輯釋・職官類》《文昌損益》二卷。張之緒撰。原釋闕。見天一閣鈔本。

《新唐書・藝文志・職官篇》張之緒《文昌損益》二卷。德宗時人。

鄭樵《通志・藝文略・職官》《文昌損益》二卷。唐張之緒撰。

《宋史・藝文志・職官類》張之緒《唐文昌損益》三卷。

《新唐書藝文志注》張之緒《文昌損益》。德宗時人。見《崇文總目》。

唐國要圖

《新唐書・藝文志・職官篇》《大唐國要圖》五卷。左僕射賈耽纂，監察御史褚璆重脩。

鄭樵《通志・藝文略・職官》《唐國要圖》五卷。

《新唐書藝文志注》《大唐國要圖》五卷。左僕射賈耽纂。監察御史褚璆重修。

翰林故事　續翰林故事

鄭樵《通志・藝文略・職官》《翰林故事》一卷。唐韋執誼撰。

又《續翰林故事》一卷。中文炳撰。

陳振孫《直齋書録解題・職官類》《翰林院故事》一卷。唐學士京兆韋執誼撰。

馬端臨《文獻通考・經籍考・職官》《翰林院故事》一卷。

《宋史・藝文志・故事類》韋執誼《翰林故事》一卷。

唐外典職官紀

鄭樵《通志・藝文略・職官》《唐外典職官紀》十卷。杜佑撰。

尤袤《遂初堂書目・職官類》《職官紀》。

百司舉要

錢東垣等輯《崇文總目輯釋・職官類》《元和百司舉要》一卷。李吉甫撰。

《新唐書・藝文志・職官篇》 李吉甫《元和百司舉要》一卷。

鄭樵《通志・藝文略・職官》 《元和百司舉要》一卷。李吉甫撰。

尤袤《遂初堂書目・職官類》 《唐百司舉要》。

陳振孫《直齋書録解題・職官類》 《元和百司舉要》二卷。唐宰相趙郡李吉甫弘憲撰。

馬端臨《文獻通考・經籍考・職官》 《元和百官舉要》二卷。

《宋史・藝文志・職官類》 李吉甫《百司舉要》一卷。

《新唐書藝文志注》 李吉甫《元和百司舉要》一卷。見《崇文總目》。

翰林志　續翰林志　次續翰林志

錢東垣等輯《崇文總目輯釋・職官類》 《翰林志》一卷。李肇撰。

又 《翰林内志》一卷。《通志略》不著撰人。《續翰林志》二卷。蘇易簡撰。繹按:《宋志》作「李肇撰」。疑即前《翰林志》重出也。

又 《次續翰林志》二卷。胡蘇耆撰。繹按:《宋志》一卷。蘇耆撰。無胡字。

《新唐書・藝文志・職官篇》 李肇《翰林志》一卷。《翰林内志》一卷。

鄭樵《通志・藝文略・職官》 《翰林志》一卷。唐李肇撰。《翰林内志》一卷。《續翰林志》二卷。李朝蘇易簡撰。《次續翰林志》二卷。宋朝蘇耆撰。

晁公武《郡齋讀書志・職官類》 《翰林志》一卷。袁本前志卷二下職官類第四。右唐李肇撰。纂唐世翰林院中供奉、儀則、制誥、書詔之式。其後云:「睿聖文武皇帝裂海、岱十二州爲三道之歲。」蓋憲宗元和十四年也。

又 《翰林續志》二卷。袁本前志卷二下職官類第九。右皇朝蘇易簡撰。易簡在北門,最承太宗眷遇,録元和以後至國朝翰林故事,以續肇《志》。

尤袤《遂初堂書目・職官類》 《唐翰林志》。《本朝翰林續志》。

陳振孫《直齋書録解題・職官類》 《翰林志》一卷。唐學士李肇撰。

又 《續翰林志》一卷。學士承旨梓潼蘇易簡太簡撰。以續唐李肇之書。

又 《次續志》一卷。其子耆又以其父遭遇恩禮之盛,續於其後。

馬端臨《文獻通考・經籍考・職官》 《翰林志》一卷。《翰林續志》二卷。

《宋史・藝文志・故事類》 李肇《翰林志》一卷。

又 《翰林内誌》一卷。蘇易簡《續翰林志》二卷。蘇耆《次續翰林志》一卷。

楊士奇等《文淵閣書目・宙字號第二橱書目・史雜》 李肇《翰林志》一部。一册。闕。

高儒《百川書志・職官》 《翰林志》一卷。唐翰林學士左補闕李肇撰。

《四庫全書總目提要・職官類》 《翰林志》一卷。兩江總督採進本。唐李肇撰。案:肇所作《國史補》,結銜題「尚書左司郎中」,此書結銜則題「翰林學士左補闕」。王定保《摭言》又稱肇爲元和中中書舍人。《新唐書・藝文志》亦云肇爲翰林學士,坐薦柏耆,自中書舍人左遷將作少監。以唐官制考之,蓋自左司改補闕,入翰林,後爲中書舍人,坐事左遷。《國史補》及此書各題其作書時官也。唐時翰林院在銀臺門内,麟德殿西,重廊之後,爲待詔之所。《新唐書・百官志》謂乘輿所在,必有文詞經學之士,下至卜醫伎術之流,皆直於別院,以備燕見者是也。韋執誼《翰林院故事》亦謂其地乃天下以藝能伎術見召者之所處。蓋其始本以延引雜流,原非爲文學侍從而設。至明皇置翰林待詔供奉,與集賢院學士分掌制誥,其職始重。後又改爲學士,別置學士院,謂之東翰林院。於是舊翰林院雖尚有以伎能入直,如德宗時術士桑道茂之類,而翰林之名,實盡歸於學士院。歷代相沿,遂爲儒臣定職。肇此書成於元和十四年,唐、宋《藝文志》皆著於録。其記載賅備,本末燦然,於一代詞臣職掌,最爲詳晰。宋洪遵輯《翰苑羣書》,已經收入。今以言翰林典故者莫古於是書,故仍録專本,以存其朔焉。

周中孚《鄭堂讀書記・職官類》 《翰林志》一卷。《百川學海》本。唐李肇撰。肇,里貫未詳。元和中,官翰林學士左補闕中書舍人,左遷將作少監。《四庫全書》著録。《新唐志》、《崇文目》、《讀書志》、《書録解題》、《通考》、《宋志》故事類俱載之。是志纂唐世翰林院中供奉儀則制誥書詔之式,凡十三則,敘述賅貫,本末詳明,足以垂一代詞臣之掌故矣。洪氏《翰苑羣書》首爲載入,《説郛》、《歷代小史》均收入之。

馬國翰《玉函山房藏書簿録・職官類》 《翰林志》一卷。鈔本。唐李肇撰。撰有《國史補》,已著録。唐初翰林爲藝術待詔之地。明皇時署待詔供奉,與集賢學士分掌制詔,後置學士專爲儒官之職。此書作於元和十四年。一代詞臣職掌最爲詳備。

陸心源《皕宋樓藏書志・職官類》 《翰林志》一卷。宋刊本。唐翰林學士左補闕李肇撰。

《八千卷樓書目・職官類》 《翰林志》一卷。唐李肇撰。《百川》本。

《新唐書藝文志注》 李肇《翰林志》一卷。見《崇文總目》。今存。

又 《翰林内誌》一卷。《崇文總目》：《翰林内志》一卷。錢繹按：《宋志》作「李肇撰」，疑《翰林志》重出，或《宋史》誤。

相國事狀

錢東垣等輯《崇文總目輯釋・職官類》 《相國事狀》七卷。韋琯撰。繹按：《通志略》：「相國」作「國相」。

《新唐書・藝文志・職官篇》 韋琯《國相事狀》七卷。憲宗時人。

鄭樵《通志・藝文略・職官》 《國相事狀》七卷。唐韋琯撰。

《新唐書藝文志注》 韋琯《國相事狀》七卷。憲宗時人。見《崇文總目》。

唐宰輔録

鄭樵《通志・藝文略・職官》 《唐宰輔録》七十卷。蔣乂撰。

唐年小録

錢東垣等輯《崇文總目輯釋・職官類》 《唐年小録》八卷。馬總撰。

官品纂要

錢東垣等輯《崇文總目輯釋・職官類序》 《官品纂要》十卷。任戩撰。

《新唐書・藝文志・職官篇》 任戩《官品纂要》十卷。

鄭樵《通志・藝文略・職官》 《官品纂要》十卷。任戩撰。

尤袤《遂初堂書目・職官類》 唐任戩《官品纂要》。

陳振孫《直齋書録解題・職官類》 《官品纂要》十卷。唐樂安任戩撰。以官品令爲主，而階職、勳爵隨品具列，歷代沿革頗著其要。戩舉進士不第。爲此書當太和丁未。

馬端臨《文獻通考・經籍考・職官》 《官品纂要》十卷。

《宋史・藝文志・職官類》 任戩《官品纂要》十卷。

楊士奇等《文淵閣書目・政書》 《唐官品纂要》一部。一册。闕。塾本四册。

《新唐書藝文志注》 任戩《官品纂要》十卷。見《崇文總目》。陳氏曰：戩，樂安人。爲此書當大和之丁未。

翰林學士記

陳振孫《直齋書録解題・職官類》 《翰林學士記》一卷。唐侍講學士萬年韋處厚德載撰。

馬端臨《文獻通考・經籍考・職官》 《翰林學士記》一卷。

《宋史・藝文志・故事類》 韋處厚《翰林學士記》一卷。

承旨學士院記

鄭樵《通志・藝文略・職官》 《承旨學士院壁記》一卷。唐元稹撰。

陳振孫《直齋書録解題・職官類》 《承旨學士院記》一卷。唐承旨河南元稹微之撰。專載承旨姓名，自貞元二十一年鄭絪，至元和十五年杜元穎，并稹爲十二人。末又有李德裕、李紳、韋處厚三人。蓋後人所益也。

馬端臨《文獻通考・經籍考・職官》 《承旨學士院記》一卷。

《宋史・藝文志・故事類》 元稹《承旨學士院記》一卷。

王涯唐循資格

錢東垣等輯《崇文總目輯釋・職官類》 《唐循資格》一卷。原釋唐王涯修定。闕。見天一閣鈔本。

《新唐書・藝文志・職官篇》 王涯《唐循資格》五卷。

鄭樵《通志・藝文略・職官》 《唐循資格》一卷。王涯修定。

《宋史・藝文志・職官類》 王涯《唐循資格》一卷。

《新唐書藝文志注》 王涯《唐循資格》五卷。見《崇文總目》。涯見本書《列傳》。

唐國照圖

《新唐書・藝文志・職官篇》 孫結《大唐國照圖》一卷。文宗時人。

《新唐書藝文志注》 孫結《大唐國照圖》一卷。文宗時人。

重修翰林壁記

陳振孫《直齋書録解題・職官類》 《重修翰林壁記》一卷。唐學士丁居晦撰。開元二年也。所記姓名迄於咸通，而獨無天寶、大曆學士，爲不可曉。

馬端臨《文獻通考・經籍考・職官》 《重修翰林壁記》一卷。

占額圖

《新唐書・藝文志・職官篇》 王彦威《占額圖》一卷。

鄭樵《通志・藝文略・職官》 《占額圖》一卷。王彦威撰。

《新唐書藝文志注》 王彦威《占額圖》一卷。

會昌中唐雜品

鄭樵《通志・藝文略・職官》 《會昌中唐雜品》一卷。

咸通御史臺板榜

尤袤《遂初堂書目・職官類》 《咸通御史臺板榜》。

御史臺因話録

鄭樵《通志・藝文略・職官》 《御史臺三院因話》一卷。

尤袤《遂初堂書目・職官類》 《御史臺因話録》。

《宋史・藝文志・故事類》 盧駢《御史臺三院因話録》一卷。

翰林舊規

錢東垣等輯《崇文總目輯釋・職官類》 《翰林舊規》一卷。楊鉅撰。繹按：《唐志》、《通志略》、《通攷》翰林下並有「學士院」三字。

《新唐書・藝文志・職官篇》 楊鉅《翰林學士院舊規》一卷。字文碩，收子也。昭宗時翰林學士、吏部侍郎。

鄭樵《通志・藝文略・職官》 《翰林學士院舊規》一卷。唐楊鉅撰。

尤袤《遂初堂書目・職官類》 《翰林舊規》。

陳振孫《直齋書録解題・職官類》 《翰林學士院舊規》一卷。唐學士馮翊楊鉅文碩撰。雜記院中事例及文書格式，其祠祭、祝版、社稷、宗廟，上至天地，用「伏惟尚饗」，嶽、瀆而降只曰「尚饗」，此例今人皆莫之知，則施之尊卑無別矣。鉅，宰相收之子，其爲學士在昭宗時。

馬端臨《文獻通考・經籍考・職官》 《翰林學士院舊規》一卷。

《宋史・藝文志・故事類》 楊鉅《翰林舊規》一卷。

《新唐書藝文志注》 楊鉅《翰林學士院舊規》一卷。字文碩，收子也。昭宗時翰林學士、吏部侍郎。見《崇文總目》。陳氏曰：唐學士馮翊楊鉅文碩撰，雜記院中事例。

牧宰政術

鄭樵《通志・藝文略・職官》《牧宰政術》一卷。蕭秩撰。

百官要望

《宋史・藝文志・職官類》孔至道《百官要望》一卷。

唐宰相後記

《宋史・藝文志・職官類》《唐宰相後記》一卷。

右臺記

鄭樵《通志・藝文略・職官》《右臺記》一卷。

職該

錢東垣等輯《崇文總目輯釋・職官類》《職官該》一卷。杜英師撰。繹按：《通志略》無「官」字，二卷。《宋志》一卷。《遂初堂書目》作《職核》，誤也。

《新唐書・藝文志・職官篇》杜英師《職該》二卷。

鄭樵《通志・藝文略・職官》《職該》二卷。唐杜英師撰。

尤袤《遂初堂書目・職官類》唐杜英師《職核》。

《宋史・藝文志・職官類》杜英師《唐職該》一卷。

《新唐書藝文志注》杜英師《職該》二卷。見《崇文總目》。

御史臺故事

錢東垣等輯《崇文總目輯釋・職官類》《御史臺故事》三卷。李構撰。

《新唐書・藝文志・職官篇》李構《御史臺故事》三卷。

鄭樵《通志・藝文略・職官》《御史臺故事》三卷。唐李構撰。

尤袤《遂初堂書目・職官類》《御史臺故事》。

陳振孫《直齋書録解題・職官類》《御史臺故事》三卷。唐朝集使洺州録事參軍李結撰。結本名構，避光堯御諱。隨齋批注。

馬端臨《文獻通考・經籍考・職官》《御史臺故事》三卷。

《宋史・藝文志・故事類》李構《御史臺故事》三卷。

《新唐書藝文志注》李構《御史臺故事》三卷。陳氏曰：唐朝集使洺州録事參軍李構撰。

唐宰輔圖

錢東垣等輯《崇文總目輯釋・職官類》《唐宰輔圖》一卷。《通志略》不著撰人。

鄭樵《通志・藝文略・職官》《唐宰輔圖》二卷。

唐宰相歷任記

鄭樵《通志・藝文略・職官》《唐宰相歷任記》二卷。

又《大唐宰相歷任記》二卷。原釋不知作者。紀高祖至昭宗朝，宰臣名氏拜罷月日。《崇文目》題云：《唐宰輔圖》，《玉海》五十六、一百二十兩引。

《宋史・藝文志・職官類》《大唐宰相歷任記》二卷。

翰林盛事

晁公武《郡齋讀書志・職官類》《翰林盛事》一卷。

尤袤《遂初堂書目・職官類》《翰林盛事》

陳振孫《直齋書録解題・典故類》《翰林盛事》一卷。唐剡尉常山張著處晦撰。紀儒臣盛事，自武德中迄于天寶。首載張文成七登科者，即著之祖也。

馬端臨《文獻通考・經籍考・職官》《翰林盛事》一卷。

馬端臨《文獻通考・經籍考・故事》《翰林盛事》一卷。

《宋史・藝文志・故事類》張著《翰林盛事》一卷。

唐百官職紀

鄭樵《通志・藝文略・職官》《唐百官職紀》二卷。

尤袤《遂初堂書目・職官類》《唐典百官職紀》。

職員舊事

《舊唐書・經籍志・職官》《職員舊事》三十卷。

《新唐書・藝文志・職官篇》《職員舊事》三十卷。

鄭樵《通志・藝文略・職官》《職員舊事》三十卷。

《新唐書藝文志注》《職員舊事》三十卷。

唐書官品志

鄭樵《通志・藝文略・職官》《唐書官品志》一卷。

君臣政要

《宋史・藝文志・職官類》閻承琬《君臣政要》三十卷。

官班兩列

鄭樵《通志・藝文略・職官》《官班兩列》一卷。

中書故事

鄭樵《通志・藝文略・職官》《中書故事》一卷。尉遲渥撰。

宰輔明鑒

鄭樵《通志・藝文略・職官》《宰輔明鑑》十卷。偽吴張翼撰。

文宗朝備問

錢東垣等輯《崇文總目輯釋・傳記類》《文宗朝備問》一卷。《唐志》、《書録解題》並不著撰人。

《唐書・藝文志・雜傳記》《文宗朝備問》一卷。

梁循資格

錢東垣等輯《崇文總目輯釋・職官類》《梁循資格》一卷。後唐清泰中修定。原釋闕。見天一閣。

鄭樵《通志・藝文略・職官》《梁循資格》一卷。後唐清泰中修定。

《宋史・藝文志・職官類》郄殷象《梁循資格》一卷。

史館故事　續史館故事

錢東垣等輯《崇文總目輯釋・職官類》《史館故事録》三十卷。繹按：《通志略》云：五代周史官所録《通攷》二卷。

鄭樵《通志・藝文略・職官》《史館故事録》三卷。五代周史官所録。

晁公武《郡齋讀書志・職官類》《史館故事》三卷。袁本前志卷二下職官類第六。右不題撰人姓氏。記史館雜事，分六門，迄於五代。李獻臣以爲後周史官所著。按其書以廣順年事爲皇朝，獻臣之説尤信。

尤袤《遂初堂書目・職官類》《史館故事》、《續史館故事》

陳振孫《直齋書録解題・職官類》《史館故事録》三卷。不著名氏。凡爲六門，曰敍事、史例、編修、直筆、曲筆，而終之以雜録。末稱皇朝廣順，則是周朝史官也。

又《續史館故事》一卷。著作佐郎曲阿洪興祖慶善撰。記國朝史館事迹，以續舊編。

馬端臨《文獻通考・經籍考・職官》《史館故事録》三卷。《續史館故事》一卷。

《宋史・藝文志・故事類》《史館故事録》三卷。洪興祖《續史館故事録》一卷。

合班儀

尤袤《遂初堂書目・職官類》《合班儀》。

懋官志

錢東垣等輯《崇文總目輯釋・職官類》《史館懋官志》五卷。趙隣幾撰。原釋闕。見天一閣鈔本。

鄭樵《通志・藝文略・職官》《史官懋官志》五卷。宋朝趙鄰幾撰。

《宋史・藝文志・職官類》趙隣幾《史氏懋官志》五卷。

職官品服

錢東垣等輯《崇文總目輯釋・職官類》《職官品服》三十一卷。梁勗撰。原釋闕。見天一閣鈔本。繹按：《宋志》三十三卷。

《宋史・藝文志・職官類》梁勗《職官品服》三十三卷。

宋朝重定合班儀

尤袤《遂初堂書目・職官類》《本朝重定合班儀》。

廣中台志

《宋史・藝文志・傳記類》曾致堯《廣中台記》八十卷。

備官日記

《八千卷樓書目·職官類》 《御試備官日記》一卷。宋趙抃撰。《學海類編》本。

《續修四庫全書總目提要·職官類》 《御試備官日記》一卷。《學海類編》本。

宋趙抃撰。趙抃《宋史》有傳。是書述嘉祐六年御試禮部進士,充編排官事。並謂同直孺內翰,貫之維端,充編排官。末有宋嘉定癸酉劉昌詩跋,謂直孺爲賈黯,貫之爲范師道,以《宋史》黯師道傳覈之,黯爲翰林學士。庸介等坐言陳升之不當柄用,皆外補。奏介等敢言,請寬之。師道遷兵部員外郎,兼侍御史,知雜事,判都水監。與諫官御史,數奏樞密副使陳升之不當用。升之罷,師道亦出知福州。證以《長編》陳旭之罷,(字升之,英宗即位後以字行)趙抃范師道之出,皆在嘉祐六年四月庚辰。御試禮部進士諸科,在二月辛未,正抃師道諸人在朝時。是書記御試規制特詳,如與試各官名目則有初考經學官、覆考經學官、詳定官、封彌官、出義官、點檢官、進士初考官、進士覆考官、詳定官、對讀官、編排等次第。如二月二十六日御前劄子三道,下編排所。二十七日,御崇政殿試進士明經諸科舉人(有試題)御藥院公文二道,傳宣精加考校,編排三四五等。二十八日,聖駕幸考校所編排經生。三月一日,聖駕幸考校所,編排諸科卷子。二日聖駕幸覆考所,(第一謂學識優長,無與比倫。第二謂才學該通,堪爲高等。第三謂藝業可采,須及第。第四謂藝業稍次,於此等中。仍分優劣,優即第四等上。第五等,須必然退落者,謂文理疏淺。不考,謂犯不考式。紕繆,謂試文荒惡。)六日,駕幸詳定所,編排特奏名卷子。七日編排進士卷子。八日編排進士諸科等卷子。九日,乞送帽字號卷,重詳定,奏取旨。御藥院,關奉聖旨,看詳定奪,𨋲䟲觥襌蛅五號等事,云云。可徵其時,御試編排詳定,如是之繁且重。《宋史·選舉志》定親試進士條制,凡進士即殿兩廡,張帟、列几席,標姓名其上。先一日,表其次序,揭示闕外。翌日拜闕下,乃入就席。試卷內臣收之。(御藥院即內臣)付編排官。去其卷首鄉貫狀,別以字號第之。付封彌官,謄寫校勘。用御書院印付考官,定等畢,復封彌,送覆考官,再定等。編排官,閱其同異,不同者再考,以相附近者爲定。始取鄉貫狀字號,合之,即第其姓名差次,並試卷以聞,以是書參校,多可印證。惟史志曰「四等五等曰同出身」。此則曰「第五等退落無疑」,却不相合。是書所列,自吴中復以次諸人,《宋史》有傳者多,司馬光、王安石,時正在朝。(光及楊畋爲諫官,安石同修《起居注》),均見《長編》嘉祐六年)宋試卷字號,多用少經見之字,《温公集》嘉祐六年,《論制策等第狀》,氈號卷,即蘇轍之卷,可證。仁宗晚年,御試如是之勤,微是書無由知,劉昌詩所跋。國史大中祥符元年,書帝徧至幄次云云,是《長編》(大宗祥符元年四月壬寅,上御崇政殿親試進士。命翰林學士李宗諤等八人爲考官,直史館張復等八人爲覆考官,侍御史周師望等二人糊名,給事中張秉、知制誥周起詳定等第。上遍至幄次,諭宗諤等,務極精詳,勿遺賢俊。)與跋合。惟所云大中祥符四年者,四字疑刻本誤,宜改五年。《長編》、《宋史》,大中祥符五年三月,上御試禮部舉人。四年均無御試事。天禧三年三月。有御試事,與跋合。是書文字無多,而編排、初考、覆考、詳定各官,皆備列人名,洵可補《長編》之不及,殊可珍也。

翰苑雜記

鄭樵《通志·藝文略·職官》 《翰林雜記》一卷。李宗諤撰。

尤袤《遂初堂書目·職官類》 《翰林雜鈔》。

陳振孫《直齋書録解題·職官類》 《翰苑雜記》一卷。學士饒陽李宗諤昌武撰。

馬端臨《文獻通考·經籍考·職官》 《翰苑雜記》一卷。

《宋史·藝文志·故事類》 李宗諤《翰林雜記》一卷。

唐職林

尤袤《遂初堂書目·職官類》 《唐職林》。

陳振孫《直齋書録解題·職官類》 《唐職林》三十卷。石埭尉維揚馬永錫明叟撰。以《唐六典》爲主,而附以新史所載事實,頗采傳記歌詩之屬。政和乙未天台左譽序。

馬端臨《文獻通考·經籍考·職官》 《唐職林》三十卷。

御史臺儀

鄭樵《通志・藝文略・職官》《御史臺儀》一卷。

尤袤《遂初堂書目・職官類》《臺儀》。

歷代銓政要略

《四庫全書總目提要・職官類存目》《歷代銓政要略》一卷。編修程晉芳家藏本。舊本題宋楊億撰。億字大年，浦城人。雍熙初，年十一。召試詩賦，授祕書省正字。淳化中，命試翰林，賜進士第。天禧中，官至工部侍郎、翰林學士，兼史館修撰。卒謚曰文。事蹟具《宋史》本傳。此書《宋史・藝文志》不著録，億本傳亦不載，惟曹溶《字海類編》收之。細核其文，乃《册府元龜》銓政一門總序也，已爲割裂作僞。又億雖預修《册府元龜》，而據晁氏《讀書志》，總其事者尚有王欽若，同修者更有錢惟演等十五人，作序者亦有李維等五人。億於諸序，不過奉敕點竄，何所見而此序出億手，此真隨意支配者矣。

《八千卷樓書目・職官類》《歷代銓政要略》一卷。宋楊億撰。《學海類編》本。

漢官職選

尤袤《遂初堂書目・職官類》劉貢父《漢官職選》。

朝官班簿

鄭樵《通志・藝文略・職官》《朝官班簿》一卷。天聖四年修。

御史臺儀制

鄭樵《通志・藝文略・職官》《御史臺儀制》六卷。張知白撰。

職　林

鄭樵《通志・藝文略・職官》《職林》二十卷。楊侃撰。

尤袤《遂初堂書目・職官類》《職林》。

陳振孫《直齋書録解題・職官類》《職林》二十卷。集賢院學士錢唐楊侃撰。咸平二年所序。有胡昉者，明道二年作後序，增益事實七百四十五條，而以新續標之。侃，端拱進士，晚爲知制誥，避真宗舊諱，更名大雅。歐陽公其婿也，集中有墓誌。

馬端臨《文獻通考・經籍考・職官》《職林》二十卷。

《宋史・藝文志・職官類》楊侃《職林》三十卷。

楊士奇等《文淵閣書目・政書》《職林》一部。一册。闕。墊本八册。

金坡遺事　別書金坡遺事

鄭樵《通志・藝文略・職官》《金坡遺事》三卷。錢惟演撰。《續金坡遺事》一卷。

晁公武《郡齋讀書志・職官類》《金坡遺事》三卷。袁本《前志》卷二下《職官類》第十。右皇朝錢惟演撰。載國朝禁林雜儀式事迹并學士名氏。文元公述真宗禮待儒臣三事，附於卷末。

尤袤《遂初堂書目・職官類》《金坡遺事》。

陳振孫《直齋書録解題・職官類》《金坡遺事》三卷。學士吴越錢惟演希聖撰。題名自建隆至天聖四年，凡四十七人。自開元而下合三百一十五人。其他典故，視前記詳矣。《別書金坡遺事》一卷。學士澶淵晁迥昭遠撰。因錢惟演寄示遺事，別書真宗待遇恩禮三則於後。案：「別書」以下原本闕，今據《文獻通攷》補入。

馬端臨《文獻通考・經籍考・職官》《金坡遺事》三卷。《別書金坡遺事》一卷。

玉堂嘉話

錢大昕《補元史藝文志・職官類》王惲《玉堂嘉話》八卷。

《金門詔補三史藝文表・職官類》《玉堂嘉話》。王惲撰。

文武百官圖

鄭樵《通志・藝文略・職官》《文武百官圖》一卷。萬當世撰。

尤袤《遂初堂書目・職官類》《皇宋百官圖》。

《宋史・藝文志・職官類》萬當世《文武百官圖》二卷。

三司條約

尤袤《遂初堂書目・職官類》《三司條約》。

契丹官儀

尤袤《遂初堂書目・職官類》《契丹官儀》。

掖垣叢志　掖垣續志

鄭樵《通志・藝文略・職官》《掖垣叢志》三卷。宋庠撰。

晁公武《郡齋讀書志・職官類》《掖垣叢志》二卷。袁本《後志》卷一《職官類》第八。右皇朝宋庠撰。景祐中，李宗諤始取國初掌誥名氏，刻之於石，自爲紀序，庠因之成此書。王禹玉頗譏其疏略。裴廷裕數舍人上事，知印宰相壓角，至今傳之爲故事，而庠書闕焉。

又《掖垣續志》一卷。袁本《後志》卷一《職官類》第九。右不詳撰人。續宋庠書，迄元祐六年十一月陳軒試中書舍人。

尤袤《遂初堂書目・職官類》《掖垣藂志》。

陳振孫《直齋書録解題・職官類》《掖垣叢志》三卷。丞相安陸宋庠公序撰。時爲正字。

馬端臨《文獻通考・經籍考・職官》《掖垣叢志》二卷。《掖垣續志》一卷。

嘉祐御史臺記

晁公武《郡齋讀書志・職官類》《嘉祐御史臺記》五十卷。袁本《前志》卷二下《職官類》第十三。右皇朝馮潔己撰。御史臺有記，始於武后時姚庭筠，其後韓琬、韋述嗣有紀著。嘉祐中，王疇命潔己續之，乃上自太祖建隆之元，迄於嘉祐之末，凡一百四年，分門載其名氏行事，凡三百餘人。潔己，拯之子也，爲《敘傳》兩篇，述其父事，且自敘立朝始末云。與呂獻可、傅欽之、趙閱道相善，而鄙韓玉汝、周孟陽，亦可概見其爲人也。

馬端臨《文獻通考・經籍考・職官》《嘉祐御史臺記》五十卷。

中書備對

晁公武《郡齋讀書志・職官類》《中書備對》十卷。袁本《後志》卷一《職官類》第七。右皇朝元豐三年畢仲衍承詔編次。序曰：「《周官》所謂要會者，正今日中書所宜有，自漢迄唐，莫知議此。今編成十卷，凡一百二十五門，附五十八事。」李清臣嘗與許將書云：「《備對》乃吳正憲公居宰路，以聖問多出意表，故令中書掾畢君爲之。其時預有畫旨，諸司遇取會不許濡滯。如此尚曆數年乃就，後雖有改革，然事亦可概見也。」

百官公卿表　續百官公卿表　續百官公卿表質疑

晁公武《郡齋讀書志・職官類》《百官公卿表》一百四十二卷。袁本《後志》卷一《職官類》第六。右皇朝司馬光君實等撰。熙寧中，光以翰林學士兼史館修撰，建議欲據國史，旁采異聞，敍宋興以來百官除拜，效《漢書》作表，以便御覽，詔許之。光請宋敏求同修，及敏求卒，又請趙彦若繼之，歷十二年，書成奏御。

尤袤《遂初堂書目・職官類》《皇朝百官公卿表》。

陳振孫《直齋書録解題・編年類》《百官公卿表》十五卷。司馬光撰。其序曰：「朝廷所以鼓舞群倫，緝熙庶績者，曰官、曰差遣、曰職而已。所謂『官』者，乃古之爵也；所謂『差遣』者，古之官也；所謂『職』者，古之加官也。自建隆以來，文官知雜御史以上，武官閤門使以上，内臣押班以上，遷轉黜免存其實，以先後相次爲表。」本入職官類，以《稽古録序》所謂「建隆按乎熙寧，臣又著之於《百官表》」，即謂此書，蓋與《通鑑》相爲表裏，故著之於此。案：晁氏《讀書志》有一百四十二卷，未詳。

又《續百官公卿表》十卷，《質疑》十卷。兵部尚書永嘉蔡幼學行之撰。續温公舊書，起熙寧，至靖康。《質疑》者，考異也。

馬端臨《文獻通考・經籍考・職官》《百官公卿表》一百四十二卷。

又《續百官公卿表》二十卷，《質疑》十卷。

《宋史・藝文志・職官類》司馬光《百官公卿表》十五卷。

又蔡幼學續《百官公卿表》二十卷，《續百官表質疑》十卷。

官制

尤袤《遂初堂書目・職官類》温公《官制遺藁》。

陳振孫《直齋書録解題・職官類》《官制》一卷。司馬光撰。

馬端臨《文獻通考・經籍考・職官》《官制》一卷。

《宋史・藝文志・職官類》司馬光《官制遺稿》一卷。

楊士奇等《文淵閣書目・天字號第二櫥書目・國朝》《官制》。一部，一冊。闕。

楊士奇等《文淵閣書目・政書》司馬温公《官制遺槀》。一部。一冊。闕。

又司馬温公《官制遺槀》。一部。一冊。闕。塾本無此部。

文昌雜録

尤袤《遂初堂書目・職官類》《文昌雜録》。

三省樞密院除目

《宋史・藝文志・職官類》陳繹《三省樞密院除目》四卷。

陳氏樞府拜罷録

晁公武《郡齋讀書志・職官類》《陳氏樞府拜罷録》一卷。袁本《前志》卷二下《職官類》第八。右皇朝陳繹編。起魏仁浦，止宋綬。

馬端臨《文獻通考・經籍考・職官》《陳氏樞府拜罷録》一卷。

《宋史・藝文志・職官類》陳繹《樞府拜罷録》一卷。

陳氏宰相拜罷録

晁公武《郡齋讀書志・職官類》《陳氏宰相拜罷録》一卷。袁本《前志》卷二下《職官類》第七。右皇朝陳繹奉詔編。起范質，止曾公亮，所載拜罷之由，與《實録》不同。元祐史臣謂繹多出己意。

馬端臨《文獻通考・經籍考・職官》《陳氏宰相拜罷録》一卷。

《宋史・藝文志・職官類》　陳繹《宰相拜罷録》一卷。

宰輔年表

尤袤《遂初堂書目・職官類》　《宰輔年表》。

《宋史・藝文志・職官類》　《宰輔年表》一卷。

宋朝相輔年表　宋朝相輔年表續

鄭樵《通志・藝文略・職官》　《宋輔相表》十卷。陳繹撰。

陳振孫《直齋書録解題・職官類》　《國朝相輔年表》一卷，《續》一卷。同知太常禮院開封陳繹和叔撰。自建隆庚申迄治平丙午。續自丁未迄紹興十四年。稱臣易記，而不著姓，當是李易也，時方自給事中奉祠，其曰「私題臣繹之次」者，其書蓋未必上，而私續之云爾。自後接於嘉定，則後人所益也。

馬端臨《文獻通考・經籍考・職官》　《國朝輔相年表》一卷，《續》一卷。

《宋史・藝文志・職官類》　《宋朝相輔年表》一卷。

宋館閣録

尤袤《遂初堂書目・職官類》　《館閣録》。

陳振孫《直齋書録解題・職官類》　《皇宋館閣録》五卷。不著名氏所記，止於元祐。《中興館閣書目》云祕閣校理宋匪躬撰。又云共八門，原十五卷，存十一卷。今本止五卷，不見門類，前三卷又混而爲一，意未必全書也。

馬端臨《文獻通考・經籍考・職官》　《皇宋館閣》五卷。

《宋史・藝文志・故事類》　宋匪躬《館閣録》十一卷。

元祐户部格目

尤袤《遂初堂書目・職官類》　《元祐户部格目》。

輔弼名對　輔弼名對目録

晁公武《郡齋讀書志・職官類》　《輔弼名對》四十卷，《目録》一卷。袁本《後志》卷一《職官類》第十。右皇朝劉顔撰。纂西漢迄五代群臣應對之名者。汲黯有「天子置公卿輔弼之臣，寧令從諛承意，陷主不誼」之言，顔取以名其書。天聖初，馮元爲侍講，上之。顔嘗爲令，坐事免，由是紹復其官。

馬端臨《文獻通考・經籍考・職官》　《輔弼名對》四十卷，《目録》一卷。

翰林雜志

鄭樵《通志・藝文略・職官》　《翰林雜事抄》一卷。

晁公武《郡齋讀書志・職官類》　《翰林雜志》一卷。右不題撰人。輯唐韋執誼《故事》。元稹《承旨壁記》、韋來微《新樓記》、杜元穎《監院使記》、鄭璘《視草亭記》并詩、李宗諤《題名記》爲一編。或云蘇易簡子耆采其父《翰林續志》所遺，附益之。

尤袤《遂初堂書目・職官類》　（《翰林舊規》）。又《雜志》。

馬端臨《文獻通考・經籍考・職官》　《翰林雜志》一卷。

官品式律

《宋史・藝文志・職官類》　《官品式律》一卷。

省曹寺監事目格子

《宋史・藝文志・職官類》 蒲宗孟《省曹寺監事目格子》四十七卷。

蔣魏公逸史

洪邁《容齋題跋》 《蔣魏公逸史》，穎叔所著也。多記當時典章文物之舊，有數百册，兵火間盡失之。其曾孫芾始捃摭遺稿，而成此書。將以奏御，以其副上之太史，且板行之，傳之天下後世，既而不果。蔣公在熙寧、元祐、崇寧時，爲博聞强識，然閲其論述，頗有可議，恨不及丞相在日與之言，大槪辨訂官制之訛誤也。

新御史臺記

晁公武《郡齋讀書志・職官類》 《新御史臺記》。袁本《後志》卷一《職官類》第二。右皇朝宋聖寵編。崇寧中，聖寵爲察官，續韓琬書，咸用其規式，所異者，不爲諸人立傳，於儀制、敕、令、格、式爲詳。後人續至紹興九年。

尤袤《遂初堂書目・職官類》 《本朝御史臺記》。

馬端臨《文獻通考・經籍考・職官》 《新御史臺記》。

佚名御史臺記

陳振孫《直齋書録解題・職官類》 《御史臺記》五卷。不知何人作。記本朝御史臺事，至崇、觀間。

馬端臨《文獻通考・經籍考・職官》 《御史臺記》五卷。

御史臺彈奏格

晁公武《郡齋讀書志・職官類》 《御史臺彈奏格》一卷。袁本《後志》卷一《職官類》第三。右政和中，御史中丞蔣猷奏，乞委屬官李彌大，將本臺制、敕、令、格、式、彈奏事件，編成格目。六月，書成上之。

馬端臨《文獻通考・經籍考・職官》 《御史臺彈奏格》一卷。

蓬山志

鄭樵《通志・藝文略・職官》 《蓬山志》五卷。宋朝羅畸撰。

尤袤《遂初堂書目・職官類》 《蓬山志》。

陳振孫《直齋書録解題・職官類》 《蓬山志》五卷。祕書少監劍川羅畸疇老撰。凡十五門，崇寧四年序。

馬端臨《文獻通考・經籍考・職官》 《蓬山志》五卷。

《宋史・藝文志・職官類》 羅畸《蓬山記》五卷。

宋朝官制沿革

趙希弁《讀書附志拾遺》 《國朝官制沿革》一卷。右黄元禮琮所編也。

尤袤《遂初堂書目・職官類》 《官職沿革》。

陳振孫《直齋書録解題・職官類》 《國朝官制沿革》一卷。黄琮元禮撰。

馬端臨《文獻通考・經籍考・職官》 《國朝官制沿革》一卷。

宋朝宰執表

《宋史・藝文志・職官類》 譚世勣《本朝宰執表》八卷。

宋宰輔拜罷録

鄭樵《通志・藝文略・職官》《宋宰輔拜罷録》二十四卷。

陳振孫《直齋書録解題・職官類》《宰輔拜罷録》二十四卷。史館修撰范沖元長等撰。起建隆元年，止紹興六年。宰相自范質至張浚，執政自趙普至折彦質，各記除授年月、訓詞，亦略敍在位本末於後。

馬端臨《文獻通考・經籍考・職官》《宰輔拜罷録》二十四卷。

《宋史・藝文志・職官類》范沖《宰輔拜罷録》二十四卷。

宋朝宰輔拜罷圖

晁公武《郡齋讀書志・職官類》《執政拜罷録》十卷。袁本《後志》卷一《職官類》第五。右不題撰人。自建隆元年，迄於紹興九年。按皇朝以樞密院及參知政事爲執政，改官制後，以左右丞、兩省侍郎并密院爲執政，建炎三年後，復用舊制云。

尤袤《遂初堂書目・職官類》《宰輔拜罷表》。

馬端臨《文獻通考・經籍考・職官》《執政拜罷録》十卷。

《宋史・藝文志・職官類》《宋朝宰輔拜罷圖》四卷。

麟臺故事

晁公武《郡齋讀書志・職官類》《麟臺故事》五卷。袁本《前志》卷二下《職官類》第十一。右皇朝程俱撰。紹興初復館職，俱首入館，纂集舊聞成十二篇。予所藏書，斷自南渡之前，獨此書以載官制後事爲詳，故録之。

尤袤《遂初堂書目・職官類》《麟臺故事》。

陳振孫《直齋書録解題・職官類》《麟臺故事》五卷。中書舍人信安程俱致道撰。中興之初，復置館職，俱爲少蓬，采摭舊聞，參攷裁定條上。既略施行，而爲書十有二篇以進。俱在承平時，凡三入省，故其見聞爲詳。

馬端臨《文獻通考・經籍考・職官》《麟臺故事》五卷。

《宋史・藝文志・故事類》程俱《麟臺故事》五卷。

楊士奇等《文淵閣書目・政書》《宋麟臺故事》。一部。一册。闕。

王圻《續文獻通考・經籍考・職守》《麟臺故事》孫逢吉著。

《四庫全書總目提要・職官類》《麟臺故事》五卷。永樂大典本。宋程俱撰。俱字致道，衢州開化人。舉進士，試南宫第一，廷試中甲科。歷官徽猷閣待制，封新安縣伯。事蹟具《宋史・文苑傳》。《玉海》載元祐中宋匪躬作《館閣録》，紹興元年程俱上《麟臺故事》，淳熙四年陳騤續爲《館閣録》。蓋一代翰林故實，具是三書。今《宋録》已亡。陳《録》僅存，而亦稍譌闕。是書則自明以來，惟《説郛》所載數條，別無傳本。今考《永樂大典》，徵引是書者特多。排比其文，猶可成帙。其書多記宋初之事，典章文物，燦然可觀。蓋紹興元年初復祕書省，首以俱爲少監，故俱爲是書，得諸官府舊章，最爲詳備。

黄丕烈《蕘圃藏書題識》《麟臺故事》五卷。舊鈔本。存三卷。

張金吾《愛日精廬藏書志・史記・職官類》《麟臺故事》三卷。抄本。從吴門黄氏藏本傳録。紹興元年七月朝請郎試秘書少監程俱記。

周中孚《鄭堂讀書記・職官類》《麟臺故事》五卷。《武英殿聚珍》版本。宋程俱撰。俱字致道，開化人。舉進士，試南宫第一，廷試中甲科。歷官徽猷閣待制，封建安縣伯。《四庫全書》著録，《讀書志》《書録解題》《通考》《宋志》故事類。俱載之。按紹興元年初復館職，致道首先入館，乃采摭三館舊聞簡册所載，比次纂緝，事以類從，法令略存，因革咸載，分百十有二篇，列爲五卷。其書惟《説郛》載有六條，全帙已佚。今館臣從《永樂大典》録出，依其所引篇目，分爲沿革、省舍、儲藏、修纂、職掌、選任、官聯、恩榮、禄廩九篇，仍分五卷，以較原書篇數已亡其三矣。然于北宋詞林典，故已條舉無遺，並可以補安傳之闕，續以陳叔進《館閣録》，無名氏《館閣續録》，周弘道《玉堂雜記》三書，而宋一代之文獻燦然備矣。其紹興元年《進狀》及《後序》則皆其《北山集》所載云。

馬國翰《玉函山房藏書簿録・職官類》《麟臺故事》五卷。武英殿聚珍版本。宋中書舍人信安程俱致道撰。述此宋詞林典故，凡十二門。原書久佚，乾隆中四庫館從《永樂大典》録出。

瞿鏞《鐵琴銅劍樓藏書目録・職官類》《麟臺故事》三卷。鈔殘本。題「紹興元年七月朝請郎試秘書少監程俱記」。所載秘書省故事，唐時嘗改秘書爲「麟臺」，故以名其書。原本五卷，凡十二篇。今闕第四、第五兩卷。卷一曰官聯、曰選任，卷二曰書籍、御製、御書，附曰校讐，卷三曰修纂、曰國史，凡六篇。合《永樂大典》本所有六篇，恰完十二篇之舊。而《大典》本缺。《書籍》、《校讐》、《國史》三篇，則此本有之也。

陸心源《皕宋樓藏書志・職官類》《麟臺故事》殘本三卷。舊抄本。勞季言校。紹興元年七月，朝請郎試秘書少監程俱記。

《萬卷精華樓藏書記・職官類》《麟臺故事》五卷。宋程俱撰。聚珍本。前有《紹興元年進書狀》，與《北山集》字句互異。原書十二篇，今存其九。曰沿革、曰省舍、曰儲藏、曰脩纂、曰職掌、曰選任、曰官聯、曰恩榮、曰禄廩，所記皆宋初館閣之事，儲藏、修纂二門皆記三館書籍，末有俱後序一篇。

《八千卷樓書目・職官類》《麟臺故事》五卷。宋程俱撰。武英殿本。閩刊本。

又 原本《麟臺故事》三卷。宋程俱撰。抄本。十萬卷樓四卷本。

熙豐宰輔年表

鄭樵《通志・藝文略・職官》《熙豐宰輔年表》一卷。

廣南市舶録

《宋史・藝文志・故事類》 趙勰《廣南市舶録》三卷。

七司條例書

王圻《續文獻通考・經籍考・職守》《七司條例書》。葉顒，字子昂。仙遊人，任吏部侍郎時編爲此書以便遵守。

宋朝職制

王圻《續文獻通考・經籍考・職守》《皇朝職制》。龍溪余嘉著。

翰苑群書

趙希弁《讀書附志・職官類》《翰苑羣書》三卷。右唐李肇《翰林志》、元稹《承旨學士院記》、韋處厚《翰林學士記》、韋執誼《翰林院故事》、楊鉅《翰林學士院舊規》、《皇朝禁林讌會集》爲一卷；錢惟演《金坡遺事》、晁迥《別書金坡遺事》、李宗諤《翰苑雜記》爲一卷；蘇易簡《續翰林志》、蘇耆次《續翰林志》、《學士年表》、《翰苑題名》、《翰苑遺事》爲一卷。

尤袤《遂初堂書目・職官類》《翰院羣書》。

陳振孫《直齋書録解題・職官類》《翰苑羣書》三卷。學士承旨鄱陽洪遵景嚴撰。自李肇而下十一家及《年表》、《中興後題名》共爲一書，而以其所録《遺事》附其末，總爲三卷。遵後至簽樞，父皓，兄适、弟邁，四人入翰苑，可謂盛矣。

馬端臨《文獻通考・經籍考・職官》《翰苑群書》三卷。

《四庫全書總目提要・職官類》《翰苑羣書》二卷。浙江巡撫採進本。宋洪遵編。遵字景嚴，鄱陽人，皓之仲子也。與兄适同中紹興十二年博學鴻詞科，賜進士出身。歷官徽猷閣直學士，出知平江府。孝宗時召除翰林學士承旨，拜同知樞密院事、江東安撫使、資政殿學士、提舉洞霄宫，卒謚文安。事蹟具《宋史》本傳。

周中孚《鄭堂讀書記・職官類》《翰院羣書》二卷。《知不足齋叢書》本。宋洪遵編。遵，字景嚴，鄱陽人，皓次子也。與兄邁同舉紹興十二年博學鴻詞科，賜進士出身，官至同知樞密院事資政殿學士。謚文安。

馬國翰《玉函山房藏書簿録・職官類》《翰苑羣書》二卷。知不足齋本。宋學士承旨鄱陽洪遵景嚴撰。上編李肇《翰林志》、元稹《承旨學士院記》、韋處厚《翰林學士記》、韋執誼《翰林院故事》、楊鉅《翰林學士院舊規》、丁居晦《重修承旨學院壁記》、李昉等十七人《禁林宴會集》。下編爲蘇易簡《續翰林志》、蘇耆次《續翰林志》、無名氏《學士年表》、沈該《翰苑題名》，併洪所撰《翰苑遺事》共十二種，皆詞林故事也。有洪氏自跋。

陸心源《皕宋樓藏書志・職官類》《翰苑羣書》二卷。舊抄本。汪季青舊藏。宋洪邁編。翰苑秩清地禁沿唐迄今爲薦。紳榮遵世蒙國恩，父子兄弟接武而進，實爲千載幸遇。曩嘗粹《遺事》一篇，揭來建鄴，以家舊藏李肇、元稹、韋處厚、韋執誼、楊鉅、丁居晦、洎我宋數公，凡有紀于此者，并刊之木，仍以國朝年表、中興題名附。乾道九年二月七日番陽洪遵書于清猗閣。

《萬卷精華樓藏書記・職官類》《翰苑羣書》二卷。宋洪遵撰。知不足齋本。盧文弨校本，鮑氏刻入《叢書簡明目》十二卷。此本上下二卷，共十二種，皆詞林故事。上卷七種，曰《翰林志》、曰《承旨學士院記》、曰《翰林學士記》、曰《翰林院故事》、曰《翰林學士院舊規》、曰《重修承旨學士壁記》、曰《禁林讌會集》。下卷五種，曰《續翰林志》、曰《次續翰林志》、曰《學士年表》、曰《翰苑題名》、曰《翰苑遺事》。

《八千卷樓書目・職官類》《翰苑羣書》二卷。宋洪遵撰。《學海類編》本。

又《翰苑遺事》一卷。宋洪遵撰。《學海類編》本。

翰林遺事

陳振孫《直齋書録解題・職官類》《翰林遺事》一卷。洪遵撰。已見上録諸書所未及者。

馬端臨《文獻通考・經籍考・職官》《翰林遺事》一卷。

漢官總録

陳振孫《直齋書録解題・職官類》《漢官總録》十卷。王益之撰。大較亦如前書。

馬端臨《文獻通考・經籍考・職官》《漢官總録》十卷。

《宋史・藝文志・職官類》王益之《漢官總録》十卷。

憲度權衡

王圻《續文獻通考・經籍考・職守》《憲度權衡》劉敏士著。

漢官考

趙希弁《讀書附志・職官類》《漢官考》四卷。右徐筠孟堅所著也。西京二百年品秩、爵列、位號、名數，自三公而下，至於筦庫，釐爲十九門，總一百四十九條。韋椹爲之序。孟堅，清江人，淳熙甲辰進士。

尤袤《遂初堂書目・職官類》《漢官制》。

陳振孫《直齋書録解題・職官類》《漢官攷》六卷。知金州清江徐筠孟堅撰。以百官表官制爲主，而紀、傳及注家所載，皆輯而録之。

馬端臨《文獻通考・經籍考・職官》《漢官考》六卷。

《宋史・藝文志・職官類》徐筠《漢官考》四卷。

楊士奇等《文淵閣書目・政書》徐氏《漢官考》。一部。四册。闕。塾本一册。

《漢官考》。一部。十六册。闕。塾本十八册。

歷代宰相年表

尤袤《遂初堂書目・職官類》《歷代宰相年表》。

馬端臨《文獻通考・經籍考・職官》《歷代宰相年表》三十四卷。李燾仁甫撰。其自序略曰：古之所謂相者，一而已，初未嘗使他人參貳乎其間。堯相舜，舜相禹，禹相皋陶，皋陶既没，乃相益，湯相伊尹，傳所謂仲虺爲湯左相者，不足信也。周家並建三公，而一公實兼冢宰。故旦奭夾輔成王，而誕保文武受命者，專屬之旦。旦歸於豐，奭乃專政。蓋其名三公，其實一相耳。自秦以降，名實浸以兩失間。有瓌偉絶特，負賢相之稱，功烈赫然，著見於一時者，亦必得君之專，歷年之久，而莫或參貳之故也。權出於一而莫或參貳之，雖姦雄或得以肆其惡，攘竊天下，傾國敗家，不可禁遏。然而一相之任，終不可分者，唐、虞、夏、商之成法也。彼徒見趙高、王莽、曹操、司馬懿，其禍如此之酷也，而不察夫帝王之所以隆盛，其爲利蓋亦博哉。不能還治其本，而反疑其末，並列兼制，使相牽引，而相遂失其職矣。夫任相不獲其利，而蒙其禍，是君之不明，非相之權果不可使出於一也。既奪其職，分其權，則所謂相者，特一大有司耳，其何以總百官治萬事而亮天工邪？凡相，取其德耳，故曰：「惟尹躬暨湯，咸有一德。」而舜、禹、皋陶之胥命，必孜孜以德爲言，彼誠知所本者歟？本之不知，則其選用益雜而多端矣。選用雜而多端，故其稱號亦顛倒錯亂，無有定制，或居其位而不得聞其政，或當軸秉鈞而身乃爲他官，名實糾紛，賢不肖溷淆，其多或至十三四人，而其少猶不下四五輩，古所謂相，寧若此乎？然而治亂安危所係，今猶古也，其所以得相及所以失相者，要不可不知。按諸舊史，惟前漢及唐頗有譜牒，其他率皆不具，脱略牴牾，迷失本真。乃旁搜遠取，推究前後，悉用司馬遷經緯之法，追爲年表。起漢元，訖周顯德，昔之參機務執樞要者，莫不咸在。事有本末，附見於下，否則略之，使其人與其官，皆相傳而不絕。觀宰相之出處進退何如，而天下安危治亂在目中矣。其足以補前代之缺文，揭當今之遠鑑乎？合一千五百二十四年，離爲三十四卷。

《宋史・藝文志・史鈔類》 李燾《歷代宰相年表》三十三卷。

天禧以來御史年表

馬端臨《文獻通考・經籍考・職官》 《天禧以來御史年表》李燾仁甫撰。其自序曰：御史，法官也，其責不專於言。而天禧選用，則與諫官俱任言責。臺雖有等級也，而義所當擊，則卑者亦得徑行。其權勢氣力，又出諫官上，祖宗之聖算神術備矣。今亦斷自天聖以來，取丞、雜、三院姓名悉列之表。若其人必天子自擇，而宰相優容之，乃能有濟，猶諫官也。

天禧以來諫官年表

馬端臨《文獻通考・經籍考・職官》 《天禧以來諫官年表》李燾仁甫撰。其自序略曰：古者自公卿、大夫、士至於工商，莫不皆有言責，輻輳並進，而天子斟酌焉，未嘗以言責專付一官。以言責專付一官，則由漢武帝失之。武帝誠不喜諫者，初置諫大夫猶未限員。東京循舊弗改，後乃寖微。晉洎江表，絕不復置。拓跋魏復置，其員亦不可知。高齊緣《孝經》之文，始有七人之限。夫以天下之衆，而敢言者才七人，尚足謂治邪？恭惟祖宗明目達聰，協於虞舜，任言責者不一，天禧別置諫院，禮秩優異，他官莫擬。崇廣言路，諫官御史，權勢氣力乃與宰相等。蓋當時所用諫官御史，必取天下第一流，非學術才行俱備，爲一世所高者，莫在此位。或誤選試，旋加汰斥。言而當者，曾不十年，徑登台輔，其名迹皆可考見。嗚呼，盛哉！今斷自天禧置院以來作諫官年表，并列古今之變，爲二説，以附著之。其一曰：諫官必天子自擇而宰相勿與。其二曰：宰相雖不得與擇諫官，必優容之，乃克有濟。

中興百官題名

尤袤《遂初堂書目・職官類》 《中興百官題名》。

陳振孫《直齋書録解題・職官類》 《中興百官題名》五十卷。監察御史臨川何異同叔撰。首卷爲《宰輔拜罷録》，餘以次列之，刻板浙漕。其後以時增附。渡江之初，庶務草創，諸司間有不可攷者，多闕之。

馬端臨《文獻通考・經籍考・職官》 《中興百官題名》五十卷。

《宋史・藝文志・職官類》 何異《中興百官題名》五十卷。

楊士奇等《文淵閣書目・宙字號第二櫥書目・史附》 《中興百官年表》一部，四十册。闕。

瞿鏞《鐵琴銅劍樓藏書目録・職官類》 《宋中興百官題名》一卷。鈔殘本。陳氏《書録》謂臨川何異同叔撰。凡五十卷。始建炎，終泰定，嘗刻於浙漕司，今舊本不可得。此惟《翰林學士題名》一卷。潛研錢氏從《永樂大典》録出。淳熙至嘉定四十餘年，詞臣拜罷，姓氏悉具，可補洪氏《翰苑羣書》所未及。後附宋紹興十八年《進士題名記》、《元延祐甲寅江西鄉試》、《石鼓賦》八篇，至正十年、二十一年《山東鄉試題名記》，至正十一年《進士題名記》，至正庚子《國子監貢試題名記》，至正丙午《國子監公試題名記》，並鶴溪居士王鳴韶從錢氏借鈔彙爲一編。此其傳録本也。

職　源

趙希弁《讀書附志・職官類》《職源》五十卷。右王益之等所編歷代置官本末也。官之故實，職之典掌，前賢遺跡，先朝訓詞，以次列焉。

陳振孫《直齋書録解題・職官類》《職源》五十卷。大理司直金華王益之行甫撰。亦簡牘應用之書，而專以今日見行官制爲主。蓋中興以後，於舊制多所併省故也。

馬端臨《文獻通考・經籍考・職官》《職源》五十卷。

《宋史・藝文志・職官類》王益之《職源》五十卷。

朱睦㮮《萬卷堂書目・官制》《歷代職源》六册。

《日本訪書志補》《曆代職源》五十卷。日鈔本。《書録解題》：《職源》五十卷，大理司直金華王益之行甫撰。亦簡牘應用之書，而專以今日見行官制爲主。蓋中興以後，於舊制多所併省故也。然則原書每條之後必多臚列歷代典故，以備簡牘之用。此本首題「撮要」，蓋删其類典而存其總綱。攷宋南渡官制者，當以此書爲詳實。惺吾記。

淳熙裁減舉員數

尤袤《遂初堂書目・職官類》《淳熙裁減舉員數》。

官制新典

尤袤《遂初堂書目・職官類》《官制新典》。

陳振孫《直齋書録解題・職官類》《官制新典》十卷。熊克撰。其書以元豐新制爲主，而元祐之略加通變，崇、政之恣爲紛更，皆具列焉。

馬端臨《文獻通考・經籍考・職官》《官制新典》十卷。

楊士奇等《文淵閣書目・政書》《宋官制新典》。一部。二册。闕。

熊克宋朝職略

陳振孫《直齋書録解題・職官類》《聖朝職略》二十卷。熊克撰。倣馬永錫《唐職林》，攷其廢置因革，亦頗采故事，摘舊制誥中語附焉。其書猶草創未成，蓋應用之具也。

馬端臨《文獻通考・經籍考・職官》《聖朝職略》二十卷。

宋朝職略

王圻《續文獻通考・經籍考・職守》《宋朝職略》鄒補之著。

新舊官制通考通釋

《宋史・藝文志・職官類》曾三異《宋新舊官制通考》十卷，《宋新舊官制通釋》二卷。

王圻《續文獻通考・經籍考・職守》《新舊官制通考通釋》曾三異著。三異，新淦人，少有詩名，除大杜令，力求去，時號雲巢先生。

漢官王師職源

王圻《續文獻通考・經籍考・職守》《漢官王師職源》徐坎鐸著。

祖宗官制舊典　官制舊典正誤

趙希弁《讀書附志・職官類》《祖宗官制舊典》三卷。右東萊蔡元道所編也，其子興宗敍於後，云：「追記祖宗舊典，凡設官任職、治民理財之要，與夫分别流品、謹惜名器之道，合十七門」云。

尤袤《遂初堂書目・職官類》《官職舊典》《官職正誤》。

陳振孫《直齋書録解題・職官類》《祖宗官制舊典》三卷。直龍圖閣東萊蔡惇元道撰。案：元道原本作「元通」，今據《宋史・藝文志》校改。大略以爲元豐用官階寄禄，雖號正名，而流品混淆，爵位輕濫，故以祖宗舊典與新制參稽並攷而論其得失。元道，文忠公參政齊之姪孫；而翰林學士延慶之子，渡江卒於涪陵。尹和靖焞嘗題其墓。《官制舊典正誤》一卷。無名氏。

馬端臨《文獻通考・經籍考・職官》《祖宗官制舊典》三卷。《官制舊典正誤》一卷。

《宋史・藝文志・職官類》蔡元道《祖宗官制舊典》三卷。趙曄《宋官制正誤沿革職官記》三卷。

楊士奇等《文淵閣書目・政書》《宋官制舊典》。一部。四册。闕。

宰相樞府拜罷表

尤袤《遂初堂書目・職官類》《宰相樞府拜罷表》。

宰相拜罷編年總括

尤袤《遂初堂書目・職官類》《宰相拜罷編年總括》。

職官分紀

鄭樵《通志・藝文略・職官》《職官分紀》十四卷。孫逢吉撰。

趙希弁《讀書附志・職官類》《職官分紀》五十卷。右孫逢吉彦同所集也。以楊侃《職林》而廣之，具載新制，而又增門目之亡缺，補事實之遺漏。元祐中，趙叡、秦觀爲之序。

尤袤《遂初堂書目・職官類》《職官分紀》。

陳振孫《直齋書録解題・職官類》《職官分紀》五十卷。富春孫逢吉彦同撰。大抵本《職林》而增廣之，其條例精密，事實詳備矣。秦少游序之，元祐七年也。

馬端臨《文獻通考・經籍考・職官》《職官分紀》五十卷。

《宋史・藝文志・職官類》孫逢吉《職官分紀》五十卷。

楊士奇等《文淵閣書目・政書》《宋職官分紀》。一部。二十册。闕。

范邦甸等《天一閣書目・職官類》《職官分紀》五十卷。鈔本。宋孫彦同撰。元祐七年祕書省校對黄本舊籍高郵秦觀序云：「職官之前世所著，如《漢官儀》《魏官儀》《唐六典》之類。而附見類書中者如《御覽》《通典》《會要》之類，又十餘家。咸平中，華陰楊侃采諸家之書，次爲《職林》十一卷，號稱精博，而斷自五代以前，不及本朝之事。元豐中，富春孫彦同取《職林》廣之，具載新制。又增門目之亡闕，補事實之遺漏，凡五十卷，號《職官分紀》，古今之事備矣。」

錢曾《讀書敏求記・史》孫逢吉《職官分紀》五十卷。富春孫彦同廣楊侃《職林》而成是書。清常道人惜舊鈔譌謬，借金陵焦太史本讐勘，而焦本亦多殘缺，復賴此本是正之。清常又從書賈搜得宋槧本第七卷補訂入。前輩好書之勤如此，慚予空蝗粱黍，展卷便欠申思睡。每睹清常手校書籍，未嘗不汗下如漿也。

黄丕烈《蕘圃藏書題識》《職官分紀》五十卷。鈔本。

《脈望館書目・職官》《職官分紀》廿本。

三省儀式

《宋史・藝文志・職官類》《三省儀式》一卷。

職事官遷除體格

《宋史・藝文志・職官類》《職事官遷除體格》一卷。

朝集院須知

陳振孫《直齋書録解題・職官類》《朝集院須知》一卷。無名氏録承平時京朝官得替回朝見禮式。

馬端臨《文獻通考・經籍考・職官》《朝集院須知》一卷。

江左諸鎮年表

尤袤《遂初堂書目・職官類》《江左諸鎮年表》。

管軍年表

尤袤《遂初堂書目・職官類》《管軍年表》。

學士年表

尤袤《遂初堂書目・職官類》《學士年表》。

金馬統志

尤袤《遂初堂書目・職官類》《金馬統志》。

三省總括

尤袤《遂初堂書目・職官類》《三省總括》。

《宋史・藝文志・職官類》《三省總括》五卷。並不知作者。

楊士奇等《文淵閣書目・政書》《宋三省總括》。一部。一册。闕。

宋朝官制

尤袤《遂初堂書目・職官類》《本朝官制》。

《宋史・藝文志・職官類》《宋朝官制》十一卷。

職官源流

尤袤《遂初堂書目・職官類》《職官源流要録》。

《宋史・藝文志・職官類》董正工《職官源流》五卷。

唐録令

尤袤《遂初堂書目·職官類》《唐録令》。

百司考選勑格

錢東垣等輯《崇文總目輯釋·職官類》《百司考選敕格》五卷。闕。見天一閣鈔本。繹按：《宋志》「敕格」作「格敕」。不著撰人。

官制格目

鄭樵《通志·藝文略·職官》《官制目録格子》。

尤袤《遂初堂書目·職官類》《官制格目》。

寄禄新格

鄭樵《通志·藝文略·職官》《寄禄新格》一卷。

唐百官俸料

鄭樵《通志·藝文略·職官》《唐百官俸料》一卷。何慶撰。

搢紳集

鄭樵《通志·藝文略·職官》《搢紳集》三卷。

循資歷

錢東垣等輯《崇文總目輯釋·職官類》《循資歷》一卷。《通志略》不著撰人。闕。見天一閣鈔本。

鄭樵《通志·藝文略·職官》《循資歷》一卷。

《宋史·藝文志·職官類》《循資歷》一卷。

銓曹條例遠近

鄭樵《通志·藝文略·職官》《銓曹條例遠近》一卷。

歷代官號

錢東垣等輯《崇文總目輯釋·職官類》《歷代官號》十卷。《宋志》不知作者。

尤袤《遂初堂書目·職官類》《歷代官號》。

《宋史·藝文志·職官類》《歷代官號》十卷。

敘官朝儀

錢東垣等輯《崇文總目輯釋·職官類》《敘官朝儀》五卷。繹按：《通志略》

一卷。不著撰人。
鄭樵《通志·藝文略·職官》《敘官朝儀》一卷。

舍人院題名

鄭樵《通志·藝文略·職官》《舍人院題名》一卷。

直廳雜儀

鄭樵《通志·藝文略·職官》《御史臺直廳雜儀》一卷。
尤袤《遂初堂書目·職官類》《直廳雜儀》。

御史臺總載

鄭樵《通志·藝文略·職官》《御史臺總載》一卷。

金門統例

鄭樵《通志·藝文略·職官》《金門統例》三卷。

東宮官屬

鄭樵《通志·藝文略·職官》《東宮官屬》一卷。

九寺三監録

鄭樵《通志·藝文略·職官》《九寺三監録》一卷。

州牧要

鄭樵《通志·藝文略·職官》《州牧要》一卷。

外臺糾纏敘事

鄭樵《通志·藝文略·職官》《外臺糾纏敘事》一卷。

制置司指掌

鄭樵《通志·藝文略·職官》《制置司指掌》一卷。

制置司備問

鄭樵《通志·藝文略·職官》《制置司備問》一卷。

唐典備對

尤袤《遂初堂書目·職官類》《唐典備對》。

《宋史・藝文志・職官類》《趙氏唐典備對》六卷。不知名。

開運出入儀

尤袤《遂初堂書目・職官類》《開運出入儀》。

官品令

范邦甸等《天一閣書目・職官類》《官品令》三十卷。

宋特命録

《宋史・藝文志・職官類》龔頤正《宋特命録》一卷。

元輔表

陳振孫《直齋書録解題・職官類》《元輔表》一卷。龔頤正撰。專録宰相，不及執政。

馬端臨《文獻通考・經籍考・職官》《元輔表》一卷。

中樞龜鑒

尤袤《遂初堂書目・雜傳類》《中樞龜鑑》。

中興館閣録　中興館閣續録

尤袤《遂初堂書目・職官類》《中興館閣録》。

陳振孫《直齋書録解題・職官類》《中興館閣録》十卷，《續》十卷。祕書監天台陳騤叔進撰。淳熙中，騤長蓬山，與同僚録建炎以來事爲此書。李燾仁父爲之序。《續録》者，後人因舊文增附之。案：《續録》乃嘉定三年館閣重行編次，後人次第補録，迄於咸淳者。

馬端臨《文獻通考・經籍考・職官》《中興館閣録》十卷，《續》十卷。巽岩李氏序曰：「上世官修其方，故物不坻伏，後世弗安厥官，其方莫修，職業因以放失。夫方云者，書也。究其本原事迹，及朝夕所當思營者，悉書之，法術具焉。使居是官者奉以周旋，雖百世可考爾。周官三百六十，官各有書，小行人適四方，則物爲一書，多至五書。蓋古之人將有行也，舉必及三，惟始衷終，依據審諦，則其設施斯可傳久。六龍駐蹕臨安踰四十年，三省樞密院制度尚稽復舊，惟三館秘閣巋然傑出，非百司比。自唐開元韋述所集《記注》，元祐間宋宣獻之孫匪躬作《館閣録》，紹興改元，程俱致道作《麟臺故事》。宋氏皆祖韋氏，而程氏《故事》并國初他則多闕，蓋未知其有宋《録》也。惜最後四卷俄空焉。余屢蒐采弗獲，欲補又弗暇，每每太息。今所編集，第斷自建炎以來，凡物巨細，靡有脱遺，視程氏誠當且密。官修其方，行古道者，不當如是耶？昏忘倦游，喜見此書，乃授筆爲之序。」

《宋史・藝文志・故事類》陳騤《中興館閣録》十卷。

楊士奇等《文淵閣書目・宙字號第二櫥書目・史附》《中興館閣録》一部。五册。完全。

《四庫全書總目提要・職官類》《南宋館閣録》十卷，《續録》十卷。永樂大典本。《南宋館閣録》十卷。宋陳騤撰。《續録》十卷，無撰人名氏。騤字叔進，台州臨海人。紹興二十四年進士第一。慶元初官至知樞密院事，兼參知政事。忤韓侂胄，提舉洞霄宫。卒謚文簡。事蹟具《宋史》本傳。陳氏《書録解題》謂「淳熙中騤長蓬山，與同僚録建炎以來事爲此書，李燾爲之序。《續録》者，後人因舊文而增附之。」今考是《録》所載，自建炎元年至淳熙四年。《續録》所載，自淳熙五年至咸淳五年。皆分沿革、省舍、儲藏、修纂、撰述、故實、官秩、廩禄、職掌九門，典故條格，纖悉畢備，亦一代文獻之藪也。世所傳本，譌闕殆不可讀。惟《永樂大典》所載，差爲完具。今互相考訂，補其脱漏者三十一條，正其舛錯者一十六條，而其紀載諸人爵里有與《宋史》互異者，竝爲臚註，以資參考。惟《前録》中「沿革」一門，《續録》中「廩禄」一門，《永樂大典》所載亦全卷皆佚，無從補葺。蓋是書殘闕已在明以前矣。今亦姑仍其舊焉。

《脈望館書目・職官》 《中興館閣録》二本。缺第一本。《中興館閣續録》三本。

黄丕烈《百宋一廛書録》 《中興館閣録》《續録》。《中興館閣録》十卷，《續録》十卷，見於陳氏《書録解題》及馬氏《文獻通考》。《通考》載陳氏之言，并巽巖李氏之序，亦可謂詳矣。而分門有九，始「沿革」，終「職掌」，又詳於《曝書亭集》跋語中。然竹垞所藏，已爲鈔本，且僅云惜非完書，並未著所缺何處。今余得宋刊本《中興館閣録》，缺「沿革門」，《續録》缺「廩禄門」，其餘缺葉未可悉數。

張金吾《愛日精廬藏書志・史部・職官類》 《中興館閣録》十卷，《續録》十卷。舊抄本。陳騤撰。《續録》不著撰人名氏。闕卷一《沿革》，《續録》闕卷九《禄廩》。

黄丕烈《蕘圃藏書題識》 《中興館閣録》九卷，《續録》九卷。校宋舊鈔本。

周中孚《鄭堂讀書記・職官類》 《南宋館閣録》十卷，《續録》十卷。文瀾閣傳鈔本。前録宋陳騤撰。《續録》不著撰人名氏。騤，字叔進，台州臨海人。紹興二十四年進士第一，慶元初，官至知樞密院事兼參知政事。忤韓侂胄，提舉洞霄宫。卒謚文簡。《四庫全書》著録。《書録解題》、《通考》、《宋志》俱作《中興館閣録》，惟《宋志》失載，倪氏亦未及補也。叔進官祕書監時，與同官修纂建炎以來迄於淳熙四年館閣事實爲此編。至嘉定三年，館閣重行編次淳熙五年以來事實以續之，後人又次第補録，迄於咸淳五年。兩録皆用程致道《麟臺故事》之例，分爲九門：曰沿革、曰省舍、曰儲藏、曰修纂、曰撰述、曰故實、曰官秩、曰廩禄、曰職掌，每門各爲一卷。原本殘闕，今館臣從《永樂大典》補完。惟前録《沿革》一門，《續録》《廩禄》一門，《永樂大典》亦佚之。以原書《官秩》一門舊各分爲上下，故仍各排定爲十卷。李仁父燾序《前録》有曰：「凡物巨細，靡有脱遺，視程氏誠當且密。」吾於《後録》亦云。盧氏《抱經堂文集》有是書跋，稱游侣、楊萬里之名，自是本來如此，他人則有作似作萬在，而此二人獨不爾，可據之以正《宋史》也。此本從文瀾閣本傳鈔，冠以《提要》一篇，後人重刊是書，當以盧跋附其後云。

瞿鏞《鐵琴銅劍樓藏書目録・職官類》 《南宋館閣録》十卷，《續録》十卷。鈔本。宋陳騤撰，李燾序。《續録》無撰人名。世所傳本多闕譌。此《永樂大典》本，惟闕前録《沿革》一門，《續録》《廩禄》一門。後有徐紹乾跋云：「琳琅主人以所藏宋槧見示，因爲重校一過，所缺范鍾一葉，亦補完之。戊午秋日。」

楊紹和《楹書隅録續編》 校宋舊鈔本《中興館閣録》九卷，《續録》九卷，四册。全書借顧抱沖《小讀書堆》影宋鈔本手校。内正續官聯有倒置者，此照影宋鈔本補，脱照舊校宋刻本正誤。宋廛一翁記。丙子季秋。

陸心源《皕宋樓藏書志・職官類》 《中興館閣録》十卷，《續録》十卷。舊抄本。宋陳騤撰。《續録》不著撰人名氏。闕卷一《沿革》，《續録》闕卷九《禄廩》。

《八千卷樓書目・職官類》 《南宋館閣録》十卷，《續録》十卷。宋陳騤撰。《續録》不著名氏。景宋抄本。舊抄本。精抄本。掌故叢編本。

玉堂雜記

趙希弁《讀書附志・職官類》 《玉堂雜記》三卷。右周益公必大記玉堂中事也。丁朝佐謂九重之德美、前輩之典刑、恩數之異同、典故之沿革，皆因事而見之云。

高儒《百川書志・職宫》 淳熙《玉堂雜記》三卷。宋周必大記。五十餘條。

毛晉《汲古閣書跋》 《玉堂雜記》。

《四庫全書總目提要・職官類》 《玉堂雜記》三卷。浙江鮑士恭家藏本。宋周必大撰。必大字子充，一字洪道，廬陵人。紹興二十一年進士，中宏詞科，權中書舍人。孝宗朝歷右丞相，拜少傅，進益國公。寧宗朝以少傅致仕。卒謚文忠。事蹟具《宋史》本傳。此書皆記翰林故事，後編入必大文集中，此乃其别行之本也。宋代掌制，最號重職，往往由此致位二府。必大受知孝宗，兩入翰苑，自權直院至學士承旨，皆徧爲之。凡鑾坡制度沿革，及一時宣召奏對之事，隨筆記録，集爲此編。所紀如奉表德壽署名，賜安南國王嗣子詔書之類，皆能援引古義，合於典禮。其他瑣聞遺事，亦多可資談柄。洪遵《翰苑羣書》所録，皆唐代及汴都故帙，程俱《麟臺故事》亦成於紹興間，其隆興以後翰林故實，惟稍見於《館閣續録》及洪邁《容齋隨筆》中。得必大此書互相稽考，南渡後玉堂舊典亦庶幾乎釐然具矣。

周中孚《鄭堂讀書記・職官類》《淳熙玉堂雜記》三卷。津逮祕書本。宋周必大撰。必大，字子充，一字宏道，號平園。廬陵人。紹興二十一年進士，中宏詞科，官至右丞，進益國公，謚文忠。《四庫全書》著録無「淳熙」二字。《讀書附志》同。《宋志》故事類作一卷。有此二字。平園兩入翰林，首尾十年，自直院至學士、承旨，皆徧爲之。歲月既久，凡涉典故及見聞可紀者，輒筆之。後在二府，因略加删訂，得五十餘條，裒爲是記。所載多朝制及君臣禮遇，同官一心之事，堪補全史之遺，非特備玉堂之掌故而已。然自隆興以後，翰林舊典雖有《館閣續録》、《容齋隨筆》稍具其略，亦必藉此編以互相參證焉。前有淳熙壬寅自序，後有紹熙庚戌丁朝佐辛亥蘇森二跋。又有毛子晉晉跋《平園全集》亦載之。此蓋據別行之本刊入，《學津討原》則從是本校梓云。

馬國翰《玉函山房藏書簿録・職官類》《玉堂雜記》三卷。汲古閣本。宋觀文殿大學士，廬陵周必大子充撰。一字洪道，益公。兩入翰苑，因録鑾坡典制沿革及召對之事。

陸心源《皕宋樓藏書志・職官類》《玉堂雜記》三卷。宋刊本。宋周必大撰。

《萬卷精華樓藏書記・職官類》《玉堂雜記》三卷。宋周必大撰。抄本。前有周必大自序，後有紹熙元年丁朝佐跋、紹熙辛亥蘇森跋。

《八千卷樓書目・職官類》《玉堂雜記》三卷。宋周必大撰。百川本。汲古閣本。學津討原本。益公全集本。

鑾坡録

趙希弁《讀書附志・職官類》《鑾坡録》一卷。右周益公必大記，初除翰林日制誥、表章也。

張縯職官記

趙希弁《讀書附志拾遺》《職官記》一卷。右三晉張縯所編也。其説謂：「元豐官制名實正矣。惟是祖宗因官制以別流品之意，當時初不講明及之，故寄禄之階，條理未盡。若參以舊典，則得失可見。遂先立元豐寄禄新格，以祖宗舊官遷轉之法，參列於後」云。

陳振孫《直齋書録解題・職官類》《職官記》一卷。大理少卿張縯季長撰。專載新舊遷轉之異，亦以寄禄爲未然也。以上三家皆附蔡氏書後。縯，蜀人，陸務觀與之厚善。

馬端臨《文獻通考・經籍考・職官》《職官記》一卷。

宋學士院題名

《八千卷樓書目・職官類》《宋學士院題名》一卷。宋何異撰。繆氏刊本。掌故叢編本。

丁立中《八千卷樓書目・傳記類》《宋學士院題名》一卷。不著撰人名氏。《武林掌故叢編》本。

丁丙《善本書室藏書志・傳記類》《宋中興學士院題名》一卷。舊鈔本。此《中興百官題名》五十卷之一也。宋建炎至嘉定次第建翰林學士院，又諫院，又登聞檢院，又登聞鼓院，又進奏院，又官誥院，又文思院，又糧料院，又樞密官屬，皆有題名石刻。陳氏《書録解題》稱監察御史臨川何異同叔嘗撰《中興百官題名》，首卷爲《宰輔拜罷録》，餘以次列之，刻之浙漕司，其後以時增附。渡江之初，庶務草創，諸司間有不可攷者，多闕之。大約爲何同叔撰也。錢大昕從《大典》中鈔出，始傳録於藝苑。

宋雜賣場提轄官題名

《八千卷樓書目・職官類》《宋雜賣場提轄官題名》一卷。何異撰。繆氏刊本。

東宮官僚題名

《八千卷樓書目・職官類》《東宮官寮題名》一卷。宋何異撰。繆氏刊本。

仕學規範

朱睦㮮《萬卷堂書目・官制》《仕學規範》四册。

宋宰輔編年録　續宋宰輔編年録

《宋史・藝文志・職官類》徐自明《宰輔編年録》二十卷。

楊士奇等《文淵閣書目・史附》《宋朝宰輔編年録》。一部。十六册。闕。

張萱等《内閣藏書目録・傳記部》《皇朝宰輔編年録》□册。不全。宋嘉定間太常博士徐自明著。起建隆，訖嘉定，凡二百五十餘年。兩府羣公行實本之以《長編》，系年緯之以《大詔令》，及諸《拜罷録》與《玉堂制草》皆詳載焉。凡二十卷。今闕第六、第七卷。

黄虞稷《千頃堂書目・職官類》吕邦燿《續宋宰輔編年録》二十卷。別本有注文云：「麗水人，萬曆辛丑進士。」

《四庫全書總目提要・職官類》《宋宰輔編年録》二十卷。兩淮鹽政採進本。宋徐自明撰。自明字誠甫，號慥堂，永嘉人。嘗官太常博士，終零陵郡守。初，北宋時神宗命陳繹爲《拜罷圖》一卷、《樞府拜罷録》一卷。元豐閒司馬光復作《百官公卿拜罷年表》十五卷。其後曾鞏、譚世勣、蔡幼學、李燾各有撰述，而不能無所闕略。自明因摭拾舊事，補其遺漏，續作此書。以宋世官制，中書、樞密爲二府，俱宰輔之職，故自平章事、參知政事、樞密使、知樞密院事、同知簽書樞密院事，皆著其名位，而詳其除罷黜陟之由。編年系日，起建隆戊午，迄嘉定乙亥，大都本之《通鑑長編》、《繫年要録》《丁未録》《東都事略》，而又旁採他書以附益之。本末賅具，最爲詳核。又據宋朝大詔令、玉堂制草，備録其鎖院制詞，更有裨於文獻。以《宋史・宰輔年表》互相考校，如建隆元年趙普拜樞副，此《録》在八月甲申，而《年表》在戊子；太平興國四年石熙載拜簽樞，此《録》在正月庚寅，而《年表》在癸巳；太平興國八年宋琪拜參政，此《録》在三月庚申，而《年表》在癸亥；雍熙三年辛仲甫拜參政，此《録》在六月戊戌，而《年表》在甲辰。此類極多，亦足爲讀史者考異之助。至宋世所降麻制，例載某人所行之詞，此《録》閒存姓名，亦可備掌故。其中如熙寧四年陳升之起復入相制，乃元絳之詞，載於《宋文鑑》中，以升之力辭不拜，其事未行，竝其制詞不録是也。至如端拱元年吕蒙正拜相制，爲李沆之詞，治平二年文彦博除樞密使制，熙寧二年陳升之拜相制，皆爲王珪之詞，元符三年曾布拜相制，爲曾肇之詞，亦竝見於《宋文鑑》，而此反闕註。皆不免有所挂漏。然二百五十年閒，賢姦進退，畢具是編，於以考國政而備官箴，亦可云諳習典故者矣。寶祐閒，自明子居誼，宰永福，嘗刻之縣學，後漸亡佚。明嘉靖閒大興吕邦燿始得鈔本於焦竑家，而闕其兩卷。後周藩宗室勤美，以所藏殘本補足，復梓以傳。蓋亦僅存之本也。

《四庫全書總目提要・職官類存目》《續宋宰輔編年録》二十六卷。安徽巡撫採進本。明吕邦燿撰。邦燿字元韜，錦衣衛籍，順天人。萬曆辛丑進士，官至通政司右參議。邦燿既刊行宋徐自明《宰輔編年録》，復作是編以續之，起寧宗嘉定九年，終衛王昺祥興二年。其體例皆仿原書，而詳略失宜，遠不及自明之精核。蓋此書大旨在紀拜罷歲月，以備考證，至其人行事本末，則史家自有專傳，原無庸複引繁稱。自明於每人略述梗概，最爲得體。邦燿乃并朝廷之事廣爲摭録，正史以外，竝據諸説以附益之，泛濫殊甚。又自明每人具載命官及罷免制詞，足徵一朝典故。嘉定以後，雖無專書可考，而見於南宋文集者，尚有流傳，邦燿不能蒐輯增補，而反斥其有無不足重輕，尤爲寡識。至如元順帝爲瀛國公子，不獨説本荒唐，亦與《宰輔編年》全無關涉，乃亦累牘連篇，詞繁不殺。真可謂漫無體要者矣。

張金吾《愛日精廬藏書志・史部・職官類》《宋宰輔編年録》二十卷。明刊本。汲古閣藏書。宋太常博士徐自明著。卷首有毛子晉印記。

瞿鏞《鐵琴銅劍樓藏書目録・職官類》《宋宰輔編年録》二十卷。明刊本。宋徐自明撰。是書寶祐間自明子居誼嘗刻於永福縣學。後漸亡佚。萬曆間，河南王損仲欲重纂《宋史》，搜得其書於焦弱侯處，已闕二卷，遂付諸梓。刻成之後，督學吕邦燿復於周藩宗正伯榮氏得宋刻殘本二卷，因補刻之，是書遂獲流傳於世。有寶祐五年陸德輿、趙某、陳昉、章鑄等序及萬曆戊午陳邦瞻、王惟儉、吕邦燿等序。

李慈銘《越縵堂讀書記・職官類》《宋宰輔編年録》宋徐自明撰。閲《宋宰輔編年録》，自太祖至寧宗共二十卷，太常博士永嘉徐自明誠甫撰。其書於兩府之拜罷，編年紀述，制詞之襃貶，官制之沿革，詳載無遺；而出處始末，事業汙隆，亦略舉其要，一代治亂之迹，瞭如指掌。蓋以李燾《續通鑑長編》、李心傳《繫年要録》及《宋代大詔令》三書爲主，而徧采羣書，折衷至當，提綱絜領，眉目甚清，在宋世中固與《長編要録》二書爲鼎峙矣。外間刻本甚少，極可寶貴。咸豐辛酉（一八六一）九月二十五日。

陸心源《皕宋樓藏書志・職官類》《宋宰輔編年録》二十卷。明刊本。汲古閣舊藏。宋太常博士徐自明著。

《萬卷精華樓藏書記・職官類》《宋宰輔編年録》二十卷。宋徐自明撰。明本。前有萬曆戊午陳邦瞻、吕邦耀序。

《八千卷樓書目・職官類》《宋宰輔編年録》二十卷。宋徐自明撰。抄本。《續宋宰輔編年録》二十六卷。明吕邦耀撰。學海類編本。

歷任儀式

鄭樵《通志・藝文略・職官》《歷任儀式》一卷。

齊齋臺諫論

陳振孫《直齋書録解題・職官類》《齊齋臺諫論》二卷。尚書雪川倪思正父撰。嘉定初更化，矯韓氏用事之弊，於是爲論三篇，言爲之鷹犬者，罪在臺諫。已而，其弊自若也，則又爲續論六篇，言其情狀益精詳。凡爲臺諫之所以得，所以失者，至矣，盡矣。

馬端臨《文獻通考・經籍考・職官》《齊齋臺諫論》二卷。

宅揆成鑒

王圻《續文獻通考・經籍考・職守》《宅揆成鑒》薛據著。

漢制考

《宋史・藝文志・職官類》王應麟《漢制考》四卷。

王圻《續文獻通考・經籍考・職守》《漢志考》王應麟著。

宋三公年表

《八千卷樓書目・職官類》《宋三公年表》一卷。不著撰人名氏。刊本。

政刑類要

楊士奇等《文淵閣書目・政書》彭仁仲《政刑類要》。一部。一册。闕。

遼登科記

王仁俊《遼史藝文志補證・職官類》《大遼登科記》一卷。厲、繆有。按見鄭《略》。記雖不傳，然可考見者，遼時狀元有高正、鄭雲從、石用中、王熙載、吕德懋、王用極、張儉、陳鼎、楊文立、初錫南、承保、邢祥、《涑水紀聞》祥賜鐵券。李可封、楊佶、史克忠、劉二宜、南一作高承顔、以上統和年。史簡、鮮于茂昭、張用行、孫傑、張克儉、張仲舉、以上開泰年。張漸、李炯太平七年，楊又元、邢祥知貢舉。狀元缺。張宥、劉貞、以上太平年。劉師貞太平十一年，劉貞，重熙元年劉師貞，並五十七人，恐有誤。邢彭年、王實、王棠重熙十九年，殿試進士。狀元缺。以上重熙年。張孝傑、梁援、王鼎、以上清寧年。張臻、趙庭睦、咸雍十年，親出題試進士。狀元缺。以上咸雍年。劉瓘、李君裕、以上太康年。張轂、文充、寇尊文、以上大安年。陳衡甫、康秉儉、以上壽隆年。馬恭回、李石、與韓昉並見《金史》。劉正、韓昉、以上乾統年。王翬天慶年。李寶信、李球二人耶律淳時狀元。此見於史者也。又張昱、張人紀、馮立見後，劉霄見《元遺山集》及《癸辛雜識》，咸雍十年及第，當即《金史》劉彥宗之父，官中京留守，此可補正史之闕。邊貫道見《中州集》，豐州人，後遷雲中，狀元輔臣。年代無考，非太平七年，即重熙十九年矣。不見於史，詳《遼詩話》上。

歷代登科記

錢大昕《補元史藝文志・職官類》 孫鎮《歷代登科記》。字安常，絳州人。

孫德謙《金史藝文略・職官》 《歷代登科記》。省元絳州孫鎮安常撰。《中州集》云：有注《東坡樂府》、《歷代登科記》行於世。

金憲章

龔顯曾《金藝文志補録・職官類》 《國朝憲章》十五卷。敬儼。

承安庚申登科記

孫德謙《金史藝文略・職官》 《承安庚申登科記》。無撰人。李俊民《莊靖集》有跋一篇，謂：「余閱《承安庚申登科記》三十三人後，獨與高平趙楠庭幹二人在，所記者止經義榜，其首列俊民名者，知是歲俊民爲經義狀元也。」

金明昌官制新格

《宋史・藝文志・職官類》 《金國明昌官制新格》一卷。不知何人撰。

孫德謙《金史藝文略・職官》 《金國官制》一卷。無撰人。見焦竑《國史經籍志》。《宋史・藝文志》作《金國明昌官制新格》一卷，云不知何人撰。

金大定官制

尤袤《遂初堂書目・職官類》 《金國大定官制》。

陳振孫《直齋書録解題・職官類》 《金國官制》虜雍僞大定年所頒。竊取唐及本朝舊制，以文其腥膻之俗，馬非馬，驢非驢，龜茲王所謂贏者耶。今案：此條據盧校本補入。

馬端臨《文獻通考・經籍考・職官》 《金國官制》一卷。

錢大昕《補元史藝文志・職官類》 《金國官制》一卷。無撰人。

龔顯曾《金藝文志補録・職官類》 《金國官制》一卷。無撰人名氏。

孫德謙《金史藝文略・職官》 《大定官制》無撰人。見《金史・輿服志》。

金天眷新官制

孫德謙《金史藝文略・職官》 《天眷新官制》無撰人。《金史・選舉志》自太宗天會十二年始法古官，至天眷元年頒新官制。

河南北官通注格

孫德謙《金史藝文略・職官》 《河南北官通注格》吏部尚書蕭頤撰。《金史・選舉志》：「天德四年始以河南北選人並赴中京，吏部各置局銓注。又命吏部尚書蕭頤定《河南北官通注格》。」

換官格

孫德謙《金史藝文略・職官》 《換官格》無撰人。《金史・百官志》：熙宗頒

《新官制》及《換官格》。

百里指南

楊士奇等《文淵閣書目·政書》 趙秉文《百里指南》。一部。一册。闕。

孫德謙《金史藝文略·職官》 《百里指南》一卷。趙秉文撰。此書元好問《墓銘》、《中州集》及《金史》本傳皆不載。惟見《菉竹堂書目》。今無傳本。以與《漢官儀》諸籍並入政書，故次之于此。

李世弼登科記

孫德謙《金史藝文略·職官》 《登科記》東原李世弼撰。

官吏須用

王圻《續文獻通考·經籍考·職守》 《官吏須用》十六卷。梁琮著。琮，安陽人。父卒廬墓，以孝行稱。累官福建轉運副使。

行人志

黄虞稷《千頃堂書目·職官類·補元》 郝經《行人志》。

倪燦等《補遼金元藝文志·職官類》 郝經《行人志》。

官　制

《金門詔補三史藝文表·職官類》 《官制》許衡、劉秉忠、張文謙同撰。

相業一編

《金門詔補三史藝文表·職官類》 《相業一編》鄧光薦撰。

中堂事紀

黄虞稷《千頃堂書目·職官類·補元》 王惲《中堂事紀》三卷。

倪燦等《補遼金元藝文志·職官類》 王惲《中堂事記》三卷。

錢大昕《補元史藝文志·職官類》 王惲《中堂事紀》三卷。

《金門詔補三史藝文表·職官類》 《中堂事記》王惲撰。

烏臺筆補

黄虞稷《千頃堂書目·職官類·補元》 王惲《烏臺筆補》十卷。

倪燦等《補遼金元藝文志·職官類》 王惲《烏臺筆補》十卷。

錢大昕《補元史藝文志·職官類》 王惲《烏臺筆補》十卷。

《金門詔補三史藝文表·職官類》 《烏臺筆補》王惲撰。

相　鑒

《金門詔補三史藝文表·職官類》 《相鑑》五十卷。王惲撰。

述翰林故事

錢大昕《補元史藝文志·職官類》 王惲《述翰林故事》。

考功歷式

黄虞稷《千頃堂書目·職官類·補元》 曾德裕《考功歷式》二卷。永豐人，大德中翰林直學士，知制誥。

倪燦等《補遼金元藝文志·職官類》 曾德裕《考功歷式》二卷。永豐人。大德中翰林直學士，知制誥。

錢大昕《補元史藝文志·職官類》 曾德裕《考功歷式》二卷。永豐人。大德中翰林直學士。

風憲宏綱

黄虞稷《千頃堂書目·職官類·補元》 趙世延《風憲宏綱》。

倪燦等《補遼金元藝文志·職官類》 趙世延《風憲宏綱》。

錢大昕《補元史藝文志·職官類》 《風憲宏綱》二十册。趙世延撰。

歷代官制説

王圻《續文獻通考·經籍考·職守》 《歷代官制説》陳剛著。

黄虞稷《千頃堂書目·職官類·補元》 陳剛《歷代官制説》。

倪燦等《補遼金元藝文志·職官類》 陳剛《歷代官制説》。

錢大昕《補元史藝文志·職官類》 陳剛《歷代官制説》。

憲綱事類

范邦甸等《天一閣書目·職官類》 《憲綱事類》二卷。刊本。元相國張文忠公撰。

御史箴解

朱睦㮮《萬卷堂書目·官制》 《御史箴解》一册。

元統元年進士題名録

錢大昕《補元史藝文志·職官類》 《元統元年進士題名録》一卷。

元朝憲章

錢大昕《補元史藝文志·職官類》 《國朝憲章》十五卷。敬儼撰。

成均志

錢大昕《補元史藝文志·職官類》 李好文《成均志》二十卷。

資正備覽

錢大昕《補元史藝文志·職官類》 《資正備覽》三卷。資正院使札剌爾公撰。

六曹法

黄虞稷《千頃堂書目·職官類·補元》 《六曹法》十二卷。不知撰人。

倪燦等《補遼金元藝文志・職官類》《六曹法》十二卷。失名。

錢大昕《補元史藝文志・職官類》《六曹法》十二卷。不知撰人。

吏部格例

王圻《續文獻通考・經籍考・職守》《吏部格例》一百八十卷。高謙著。謙，磁州人。幼翹俊業兼儒吏，釋褐將仕佐郎，歷轉河間等路都轉運、監使，後加吏部尚書。

黄虞稷《千頃堂書目・職官類・補元》高謙《吏部格例》一百八十卷。雄州人。河間等路都轉運使。

倪燦等《補遼金元藝文志・職官類》［元］高謙《吏部格例》一百八十卷。雄州人。河間等路都轉運使。

錢大昕《補元史藝文志・職官類》高謙《吏部格例》一百八十卷。雄州人。河間等路都轉運使。

太常沿革

楊士奇等《文淵閣書目・政書》《元太常沿革》。一部。二册。闕。

《四庫全書總目提要・職官類存目》《太常沿革》二卷。永樂大典本。元任杙撰。杙始末未詳。此書乃其爲太常博士時所修。前有危素序，素時亦爲太常博士故也。上卷志沿革，下卷皆職官題名。始自中統，迄於至正，所載當時奏牘文移，皆從國語譯出，未經修潤。又案《元太常集禮》一書，中載官屬職掌，曰都監、曰祭祠局、曰鑾儀局、曰法物庫、曰神廚局，皆有事於太廟之官，而以署令一人、丞一人統之。此上、下兩卷中俱未載及，轉以典書附於卷末，義例殊不可解。危素序云：「寺升院，院有正從二品之異。其增損官吏，禄秩弗同，具載此書。」然大要已具於《元史》矣。

科名總録

錢大昕《補元史藝文志・職官類》徐勉之《科名總録》。鄱陽人。

趙承禧憲臺通紀

錢大昕《補元史藝文志・職官類》趙承禧《憲臺通紀》一卷。

潘迪憲臺通紀　憲臺通紀續集

黄虞稷《千頃堂書目・職官類・補元》潘迪《憲臺通紀》二十三卷。監察御史。

倪燦等《補遼金元藝文志・職官類》潘迪《憲臺通紀》二十三卷。監察御史。

錢大昕《補元史藝文志・職官類》潘迪《憲臺通紀》二十三卷，唐惟明《憲臺通紀續集》一卷。

南臺備要

《四庫全書總目提要・職官類存目》《南臺備要》二卷。《永樂大典》本。元劉孟保等撰。前有江南行御史臺都事索元岱序，稱至元十四年立行臺於維揚，以式三省，以統諸道，即今江南諸道行臺御史之在集慶者也。中諸道，即今江南諸道行臺御史之在集慶者也。中臺嘗併其官屬除拜合爲一書，刊布中外，所謂《憲臺通紀》是已。至正癸未，藁城董公守簡，授湖廣行省中丞，欲別爲載籍，以便觀覽。迺命掾屬劉孟保等，歷披案牘，稽覈故實，裒集成編。則此書乃補《憲臺通紀》之遺者也。考《憲臺通紀》久已散佚，《永樂大典》亦僅存其卷首。故不著於録，而惟存此書之目焉。

錢大昕《補元史藝文志・職官類》 劉孟琛《南臺備要》二卷。

南臺備紀

黃虞稷《千頃堂書目・職官類・補元》 索元岱《南臺備紀》二十九卷。《國子監書目》作二十二卷。

倪燦等《補遼金元藝文志・職官類》 索元岱《南臺備記》二十九卷。

錢大昕《補元史藝文志・職官類》 索元岱《南臺備紀》二十九卷。

元秘書志

楊士奇等《文淵閣書目・宙字號第二櫥書目・史附》 《元祕書志》一部，六冊。闕。

《四庫全書總目提要・職官類》 《祕書監志》十一卷。編修汪如藻家藏本。元王士點、商企翁同撰。士點有《禁扁》，已著録。企翁字繼伯，曹州人，官著作佐郎。其書成於順帝至正中，凡至元以來建置遷除，典章故事，無不具載，司天監亦附録焉。蓋元制司天監隸祕書省，猶漢制以太史令兼職天官之義也。後列職官題名，與《南宋館閣録》例同。其兼及直長令史，皆纖悉詳録，則以金源以後，以掾吏爲士人登進之階，往往由此起家，洊至卿相，其職重於前代耳。其所紀録，多可以資考核。朱彝尊嘗據以辨吴鄹即張應珍，以大德九年改名，歷仕祕書少監，非宋遺民，證《吉安府志》之誤。則於史學亦多所裨矣。

錢大昕《補元史藝文志・職官類》 《祕書監志》十一卷。王士點、商企翁同撰。點字繼志，東平人。企翁字繼伯，曹州人。

孫星衍《平津館鑒藏書籍記・影寫本》 《祕書志》十一卷，《目録》一卷。題承務郎祕書監著作郎王士點、承事郎祕書監著作佐郎商企翁編次。前有至正二年文牒。書分《職制》至《題名》，凡十九門，皆紀元祕書監故事，每葉十八行，行十六字。

張金吾《愛日精廬藏書志・史部・職官類》 《祕書監志》十一卷。文瀾閣傳抄本。元王士點、商企翁撰。

周中孚《鄭堂讀書記・職官類》 《祕書監志》十一卷。寫本。元王士點、商企翁同撰。士點，字繼志，東平人，官承務郎祕書監著作郎。企翁，字繼伯，曹州人，官著作佐郎。《四庫全書》著録，錢氏補元志亦載之。當至正初，繼志、繼伯方同官祕書監，奉文編集監志。分門十九：曰職制，曰禄秩，曰印章，曰廨宇，曰公移，曰分監，曰十物，曰紙劄，曰食本，曰公使，曰守兵，曰工匠，曰雜録，曰纂修，曰祕書庫，曰司天監，曰興文署，曰進賀，曰題名。所載自至元以來迄于至正，凡祕書建置遷除，典章故事一一具備，蓋仿宋陳叔進《館閣録》之體。其兼載司天監及職官，題名兼及直長令史，則元制如是也。朱竹垞《曝書亭集》有是書跋。

瞿鏞《鐵琴銅劍樓藏書目録・職官類》 《祕書監志》十一卷。舊鈔本。元王士點、商企翁同撰。

陸心源《皕宋樓藏書志・職官類》 《祕書志》十一卷。舊抄本。吴兔牀藏書。元承務郎祕書監著作郎王士點、承事郎祕書監著作佐郎商企翁同校正。

《八千卷樓書目・職官類》 《祕書監志》十一卷。元王士點、商企翁同撰。抄本。

元京畿官制

黃虞稷《千頃堂書目・職官類》 熊太古《元京畿官制》二卷。

憲綱

范邦甸等《天一閣書目・職官類》 《憲綱》一卷。

黃虞稷《千頃堂書目・職官類》 《憲綱》一卷。洪武四年五月御史臺進。凡四十條，上親加删定刊行矣。後諸臣有任情增改者，宣宗再令考舊文而申明之，益入後定風憲事宜，正統四年十月頒布。

《明史・藝文志・職官類》 《憲綱》一卷。洪武中，御史臺進。

鐵榜

王圻《續文獻通考·經籍考·職守》《鐵榜》洪武五年作，以戒勳貴。成祖靖難後頒，賜武臣。

明六部職掌

黄虞稷《千頃堂書目·職官類》《六部職掌》六卷。

宰輔名鑒

錢東垣等輯《崇文總目輯釋·傳記類》《宰輔名鑒》十卷。張輔撰。闕。見天一閣鈔本。

驗封條例

范邦甸等《天一閣書目·職官類》《驗封條例》五卷。明洪武十七年纂。

稽制録

王圻《續文獻通考·經籍考·職守》《稽制録》。洪武二十六年，命儒臣稽考歷代官封、爵里、名號、虚實成書，以賜功臣，用遏奢傲。

諸司職掌

楊士奇等《文淵閣書目·天字號第二櫥書目·國朝》《諸司職掌》。一部。三册。闕。《諸司職掌》一部，三册。闕。《諸司職掌》一部，二册。闕。

高儒《百川書志·職官》《諸司職掌》十卷。九卿衙門及五府斷事。

范邦甸等《天一閣書目·職官類》《諸司職掌》三卷。尚書侍郎之職掌天下官吏選授、勳封、考課之政令，其屬有四，曰選部、司封、司勳、考功。

王圻《續文獻通考·經籍考·職守》《諸司職掌》。洪武二十六年，命吏部同儒臣倣古六典類編爲書。

黄虞稷《千頃堂書目·職官類》《諸司職掌》十卷。洪武二十六年三月，吏部署部事侍郎翟善同翰林儒臣編。先是帝以諸司秩有崇卑，政有大小，無方册以著成法，恐涖官者罔知職任政事設施之詳，乃命依《唐六典》制。自五府至六部都察院以下諸司，凡設官分職之務類編爲書。及是成，詔刊行，頒布中外。

《明史·藝文志·職官類》《諸司職掌》十卷。洪武中，翟善等編。

吏部四司職掌

高儒《百川書志·職官》《吏部四司職掌》四卷。

國子監監規

黄虞稷《千頃堂書目·職官類》《國子監監規》一卷。録洪武以來聖諭。凡監生入監，皆令背誦，不能者，不准支饌。

《明史·藝文志·職官類》《國子監規》一卷。録洪武以來訓諭。

爲政要録

楊士奇等《文淵閣書目・天字號第二櫥書目・國朝》《爲政要録》。一部。一册。闕。

職方集

王圻《續文獻通考・經籍考・職守》《職方集》洪武中吏部尚書劉崧著。

吏部四司條例

范邦甸等《天一閣書目・職官類》《吏部四司條例》八卷。緜紙烏絲格鈔本。明洪武三十五年纂。

國子監建置沿革

黄虞稷《千頃堂書目・職官類》《國子監建置沿革》一卷。始吴王元年至永樂五年。

使規

黄虞稷《千頃堂書目・職官類》《使規》。

歷代臣鑒

《脉望館書目・職官》《歷代臣鑒》十本。甲。又五本。乙。

唐宋官制

楊士奇等《文淵閣書目・政書》《唐宋官制》。一部。一册。闕。

夏時正太常志

黄虞稷《千頃堂書目・職官類》《夏時正太常志》十卷。

《明史・藝文志・職官類》《夏時正太常志》十卷。

陳贄太常志

黄虞稷《千頃堂書目・職官類》陳贄《太常志》。天順中修。

吴節南雍舊志

范邦甸等《天一閣書目・職官類》《南廱志》十八卷。刊本。明景泰七年朝議大夫南京國子祭酒安成吴節撰，序云：「高皇帝龍飛之初，以應天府庠爲國學，與中都國子監相埒。洪武十五年，相地都城之北爲國子監，二學遂革。永樂初，駐蹕金臺，肇建兩京，南北列爲二監，太常遂有定制。然治法本源，實始於南京。景泰初，承旨脩理廟學，與諸儒考求明制。凡創建之繇，戒飭之旨，臨幸之儀，與大籩豆、樂舞之數，師生科目、器服、饌廩、書籍、詩文、制作之懿，咸集録之，臚分爲一十八卷，總題曰《南廱志》，書其槩而序之。」

黄虞稷《千頃堂書目・職官類》 吴節《南雍舊志》十八卷。

《明史・藝文志・職官類》 吴節《南雍舊志》十八卷。

聖駕臨雍録

黄虞稷《千頃堂書目・職官類》 費誾《聖駕臨雍録》一册。弘治元年上臨雍，誾時爲祭酒。（吴補）

明國子監志　明國子監續志

黄虞稷《千頃堂書目・職官類》 邢讓《國子監志》二十二卷。一作《國子監通志》十卷。謝鐸《國子監續志》十一卷。

《明史・藝文志・職官類》 邢讓《國子監志》二十二卷。謝鐸《國子監續志》十一卷。

明諸司衙門官制

高儒《百川書志・職官》 《大明諸司衙門官制》二十八卷。《南京北京十三布政》十五卷。《内外官制》十二卷。《雜志》一卷。

天曹日録

黄虞稷《千頃堂書目・職官類》 彭韶《天曹日録》。

秋臺録

黄虞稷《千頃堂書目・職官類》 彭韶《秋臺録》。

武黄條例

高儒《百川書志・職官》 《武黄條例》一卷。

南京詹事府志

黄虞稷《千頃堂書目・職官類》 劉昌《南京詹事府志》二十卷。天啓三年丁紹軾序。典簿張雲鵬聘監生海陽邵點修。

《明史・藝文志・職官類》 劉昌《南京詹事府志》二十卷。

祠部典故

黄虞稷《千頃堂書目・職官類》 宋端儀《祠部典故》四卷。時爲主客司主事。

《明史・藝文志・職官類》 宋端儀《祠部典故》四卷。

天官紀事

黄虞稷《千頃堂書目・職官類》 袁祥《天官紀事》。

大明會典

高儒《百川書志・職官》 《大明會典》一百八十卷。《序列》《目録》二卷。國朝弘治年，少師吏部尚書華蓋殿大學士臣李東陽等奉勅纂修。諸司衙門，統理事物，因革損益，上遵成憲，下博典籍，以成一代之典。頒布臣工，永爲遵守。

尚寶司寶録

黄虞稷《千頃堂書目・職官類》 韓鼎《尚寶司寶録》一卷。合水人，成化辛丑進士，户部右侍郎。

《明史・藝文志・職官類》 韓鼎《尚寶司寶録》一卷。

藩府政令

范邦甸等《天一閣書目・職官類》 《藩府政令》二卷。鈔本。

宰輔沿革

王圻《續文獻通考・經籍考・職守》 《宰輔沿革》謝鐸著。

黄虞稷《千頃堂書目・職官類》 謝鐸《宰輔沿革》。

供儲録

黄虞稷《千頃堂書目・職官類》 高尚賢《供儲録》。字大賓，新鄭人。正德丁丑進士，官光禄寺少卿時編。

六部條例

范邦甸等《天一閣書目・職官類》 《六部條例》七卷。緜紙鈔本。正德十六年纂。

官職會通

范邦甸等《天一閣書目・職官類》 《官職會通》十四卷。刊本。明魏莊渠先生撰，太原王道梓行。存卷九、卷十一兩册，餘闕。

錢謙益等《絳雲樓書目・本朝史類・職官》 《官職會通》二卷。

《四庫全書總目提要・職官類存目》 《官職會通》二卷。安徽巡撫採進本。明魏校撰。校有《周禮沿革傳》，已著録。此書又敷衍其説，以明之六部配周之六官，其所屬官，因以附焉。僅有天官、地官、春官、夏官四篇，蓋亦未成之稾。每述一官，必曰「今欲正某官之職」云云。然言之則成理，行之則必窒。自漢以來，未有以《周禮》致太平者也。

六科仕籍

黄虞稷《千頃堂書目・職官類》 周崑《六科仕籍》六卷。嘉興人，嘉靖癸未進士。官刑科都給事中時輯。

《明史・藝文志・職官類》 周崑《六科仕籍》六卷。

光禄須知

黄虞稷《千頃堂書目・職官類》 黄宗明《光禄須知》。嘉靖中編進。

國子監條例類編

黄虞稷《千頃堂書目・職官類》 崔銑《國子監條例類編》六卷。嘉靖二年編。

《明史・藝文志・職官類》 崔銑《國子監條例類編》六卷。

壬午功臣爵賞録

范邦甸等《天一閣書目・職官類》 《壬午功臣爵賞録》一卷。藍絲闌鈔本。明都穆撰，跋云：「賞賜，國之盛典，禮部主客一司實掌其事。正德壬午秋，穆爲主客郎中，理故牘，得洪武壬午九月爵賞功臣名數。惜其繕寫失次，因略爲脩整，勒成一卷，名之曰《壬午功臣爵賞録》，蓋將以備私家之閲。若夫諸臣事功，則有史氏之筆在焉。」

壬午功賞别録

范邦甸等《天一閣書目・職官類》 《壬午功賞别録》。藍絲闌鈔本。明都穆撰，跋云：「穆爲主客郎中之一月，於故牘得洪武功臣受爵賞者三十有三人，既次第之爲録。後二月，復得指揮而下功勞之數，仍爲次第，筆而藏之，名曰《壬午功賞别録》，用補前録之闕。」

南京工部職掌條例

黄虞稷《千頃堂書目・職官類》 劉汝勉《南京工部職掌條例》五卷。營繕司主事。嘉靖戊子侍郎何瑭序。

風紀輯覽

黄虞稷《千頃堂書目・職官類》 傅漢《風紀輯覽》四卷。字現川，膠州人。直隸巡按。嘉靖辛卯序。

《明史・藝文志・職官類》 傅漢《風紀輯覽》四卷。

風憲事宜

范邦甸等《天一閣書目・職官類》 《風憲事宜》一卷。

黄虞稷《千頃堂書目・職官類》 《風憲事宜》一卷。

分科事宜

范邦甸等《天一閣書目・職官類》 《分科事宜》一卷。嘉靖十六年纂。

明翰林志

黄虞稷《千頃堂書目・職官類》 陳沂《皇明翰林志》《明志》一卷。

《明史・藝文志・職官類》 陳沂《翰林志》一卷。

南京吏部志

黄虞稷《千頃堂書目・職官類》 汪宗伊《南京吏部志》二十卷。

《明史・藝文志・職官類》 汪宗伊《南京吏部志》二十卷。

《四庫全書總目提要・職官類存目》《南京吏部志》十五卷。浙江巡撫採進本。明汪宗伊撰。宗伊字子衡，崇陽人。嘉靖戊戌進士。官至南京吏部尚書。是編乃其爲文選郎中時所作。首聖訓、次建官、次公署、次職掌、次歷官表傳、次藝文。前有宗伊所作志引，謂「白之尚書吳嶽，創爲部志。又諮之曾官吏部者侍郎李棠、大理卿杜拯、太僕卿殷邁、鴻臚卿孫鑨、應天府丞邱有嚴、郎中顧闕、鄒國儒、袁尊尼、傅良諫、主事蔡悉、聶廷璧，網羅散失，以成此編，頗爲詳悉」。

留銓志餘

黃虞稷《千頃堂書目・職官類》 汪宗伊《留銓志餘》二卷。

《明史・藝文志・職官類》 汪宗伊《留銓志餘》二卷。

《四庫全書總目提要・職官類存目》 《黃氏千頃堂書目》載宗伊尚有《留銓志餘》二卷。蓋即補《志》中所遺者。今其書未見云。

明文武諸司衙門官制

黃虞稷《千頃堂書目・職官類》 《大明諸司衙門官制考》二卷。凡三十五篇。

《四庫全書總目提要・職官類存目》 《明文武諸司衙門官制》五卷。江西巡撫採進本。不著撰人名氏。前有題詞，稱「官制舊有成書，久而多譌。近兩淮運司翻刻者，彼善於此，而未嘗訂正，亦非善本。因照『會典』、『一統志』及現行事宜採輯成編，以廣其傳」。末署「新喻縣丞陶承慶校正，廬陵縣末學葉時用增補」。乃江西書賈刊行之本也。所列官制，大抵以萬曆初年爲斷。第五卷内附載上任選擇日期，而竝列天體、赤口日等圖。彌爲猥雜，殆不足議。

念初堂集

《四庫全書總目提要・職官類存目》 《念初堂集》十二卷。江西巡撫採進本。不著撰人名氏。首題「念初堂集」，其書則志太學之略也。案鄧元錫《函史》下編，載「嘉靖間王祭酒材官司業時，考稽典訓，作《太學志》六編，編爲之序，序各有志，竝鈔撮其略」云云，蓋即是書也。書列典制、謨訓、禮樂、政事、論議、人材六門，門各分上、下二卷。材，江西新城人，嘉靖辛丑進士，官至太常寺卿，掌國子監祭酒事，元錫竟稱爲祭酒，非也。

留臺雜記

黃虞稷《千頃堂書目・職官類》 符驗《西臺雜記》八卷。凡九類：曰天文、曰院阯、曰院臺、曰官制、曰職守、曰俸秩、曰廨宇、曰表、曰文。《留臺雜考》八卷。

《明史・藝文志・職官類》 符驗《西臺雜記》八卷。

《四庫全書總目提要・職官類存目》 《留臺雜記》八卷。兩淮鹽政採進本。明符驗撰。驗有《革除遺事》，已著録。是編乃其爲巡按南直隸御史時所作，專記南京御史臺故事。因以上溯列朝設官命職之由，分爲十類，曰天文、曰院址、曰院臺、曰官制、曰職守、曰俸秩、曰廨宇、曰職官表、曰宸翰、曰碑記。驗自爲序，述其凡例。然輿地之書動陳星野，已屬影響之談，一官一署而首志天文，其亦迂而鮮要矣。

南京國子監條例　南京國子監條例續

黃虞稷《千頃堂書目・職官類》 王輿《南京國子監條例》六卷。起洪武十五年至成化十五年。又《續條例》二十六册。起成化十六年至嘉靖二十二年。

陸深翰林記

黃虞稷《千頃堂書目・職官類》 陸深《翰林記》。

申明憲綱録

范邦甸等《天一閣書目・職官類》《申明憲綱》二卷。明嘉靖十二年王廷相撰。

黄虞稷《千頃堂書目・職官類》王廷相《申明憲綱録》一卷。

《明史・藝文志・職官類》王廷相《申明憲綱録》一卷。

明太學志

范邦甸等《天一閣書目・職官類》《皇明太學志》。刊本。明嘉靖二十六年郭鎜序云：「聖祖武功定天下，文教興太平。成祖並設北雍。今上登極，兩幸太學，賜之敕諭，尤古今所獨盛。鎜自乙卯春承命來司厥職，因分任官屬，脩其殘闕，復其湮微，釐正其居民侵没之跡，紀始末於册，以備重脩考據之資。至秋八月，司業王公自南均來履其任，相與議增脩之事，公慨然以爲己任。丁巳三月，分任所屬十員各以類編其大略，總裁筆削，公自任之。乃據南北兩志並考，又搜索於文移、制度之間，未載者增之，已載者酌之。曰典制，曰謨訓，曰禮樂，曰政事，曰人才，分一十二卷。精切明備，聖製之文悉載無遺，甫三越月告成。無何公有南太常之命，編脩高公以宫允來代，樂襄其成云。」

殿閣詞林記　續殿閣詞林記

黄虞稷《千頃堂書目・職官類》廖道南《殿閣詞林記》二十二卷。《續殿閣詞林記》□卷。不知撰人。

《明史・藝文志・職官類》廖道南《殿閣詞林記》二十二卷。

徐𤊹《徐氏家藏書目・人物傳》《國朝殿閣詞林記》。

武銓邦政

《明史・藝文志・職官類》陳夢鶴《武銓邦政》二卷。

虔臺志　虔臺續志

《四庫全書總目提要・職官類存目》《虔臺志》十二卷。浙江范懋柱家天一閣藏本。明蕭根等撰。根爵里未詳。弘治甲寅，汀漳盜起，楚粵之不逞者和之。於是設巡撫都御史治贛州，以控制諸省。至甲子罷置。正德庚午，盜攻武平縣，乃復建焉。嘉靖壬寅，巡撫虞守愚命根等編纂虔臺始末，爲此書。序次草創，略備故事而已。贛州在陳以前曰南康，至隋改爲虔州。宋紹興二十二年，校書董德元上言「虔州號虎頭城，非佳名」，廷議以「虔有虔劉」之意，因改名贛州。後人詞翰，兼用古名。然施於詩賦則可，此記明代職官，而用南宋以前之地名，殊於體例未安。且名虔州時無御史臺，於文義亦爲杜撰。明人著述，往往如斯，糾之不可勝糾也。

又《虔臺續志》五卷。浙江范懋柱家天一閣藏本。明陳燦撰。燦里貫未詳。官贛州府教諭。此書乃嘉靖中巡撫南贛等處右副都御史談愷屬燦等所輯，紀弘治以後設官沿革，及分地統轄之例，以續蕭根之書。首一卷爲輿圖考，後四卷則編年紀事。據其凡例，稱「於《虔臺志》悉仍其舊，凡所損益，別爲一編」。蓋視舊志又稍變其例矣。

夏言太常志

王圻《續文獻通考・經籍考・職守》《太常志》十卷。夏言著。

謝彬南京户部志

范邦甸等《天一閣書目・職官類》 《户部志》二十四卷。龍溪謝彬纂。南海趙鶴隨校刻。

黄虞稷《千頃堂書目・職官類》 謝彬《南京户部志》二十卷。

《明史・藝文志・職官類》 謝彬《南京户部志》二十卷。

軍政條例

范邦甸等《天一閣書目・職官類》 《軍政條例》五卷。刊本。嘉靖三十一年江西按察司晉江蔡克廉序云：「是書始刊於宣德四年。正統間，數采奏言、事件著令甲，至成化以後文，燦然具矣。嘉靖八年，御史應山傅公來江右，考從宣德迄於正德例文若干首，畀藩司梓行，亦稱《軍政條例》。三十年，御史聯泉孫公復自江右來，又自正德迄今續例若干首，付臬司重梓。」

軍政事例

范邦甸等《天一閣書目・職官類》 《軍政事例》。明侍御史思齋霍公撰。嘉靖壬子浙江按察司薛應旂序。

宗藩條例

范邦甸等《天一閣書目・職官類》 《宗潘條例》二卷。翰林學士李春坊等奏進。

刑曹志

黄虞稷《千頃堂書目・職官類》 龐嵩《刑曹志》四卷。又《南京刑部志》六卷。嘉靖乙卯序。

《明史・藝文志・職官類》 龐嵩《刑曹志》四卷。

龐嵩南京刑部志

范邦甸等《天一閣書目・職官類》 《南京刑部志》四卷。明郎中龐嵩主事呂欽纂脩。

李默吏部職掌

黄虞稷《千頃堂書目・職官類》 李默《吏部職掌》四卷。

《明史・藝文志・職官類》 李默《吏部職掌》四卷。

項篤壽列卿年表

黄虞稷《千頃堂書目・職官類》 項篤壽《列卿年表》。

武選條例

范邦甸等《天一閣書目・職官類》 《武選條例》一卷。

南京大理寺志

范邦甸等《天一閣書目・職官類》《大理寺志》七卷。嘉靖同安林希元纂。

黄虞稷《千頃堂書目・職官類》《南京大理寺志》七卷。

王崇慶南京户部志

黄虞稷《千頃堂書目・職官類》王崇慶《南京户部志》二十卷。

《明史・藝文志・職官類》王崇慶《南京户部志》二十卷。

鄖臺志略

《四庫全書總目提要・職官類存目》《鄖臺志略》九卷。浙江范懋柱家天一閣藏本。明徐桂撰。桂，灊山人。嘉靖乙未進士，官鄖陽府知府。先是，成化初，原傑撫定荆、襄流民，置鄖陽府，設提督撫治一員鎮之。嘉靖二十五年，慈谿葉照以右副都御史領其任。桂等輯比事略爲此書。前二卷載建置、輿地、公廨、官職，後七卷爲割奏、政賦、兵防、著述。此本有嘉靖以後事，則金臺于湛等繼爲撫治，又附益之也。

南雍志

黄虞稷《千頃堂書目・職官類》黄佐《南雍志》二十四卷。

《明史・藝文志・職官類》黄佐《南雍志》二十四卷。

《四庫全書總目提要・職官類存目》《南廱志》二十四卷。浙江汪啟淑家藏本。明黄佐撰。佐有《泰泉鄉禮》，已著録。南都太學，建於明太祖吴元年。景泰中，祭酒吴節嘗撰志一十八卷。嘉靖初，祭酒崔銑重纂未就。佐得其遺牘，因復加修訂，以吴志爲本，而增損成之。凡事紀四、職官表二、雜考十二、列傳六。書法一準史例，頗爲詳備。惟音樂考一門，多泛論古樂，皆佐一己之見，於太學制度無涉，殊失限斷。其第十八卷經籍考，當時以委助教梅鷟成之。鷟學問淹貫，故敘述亦具有本末。書成於嘉靖二十二年，而中有萬曆中事，蓋後人隨時續添者也。

《八千卷樓書目・職官類》《南廱志》二十四卷。明黄佐撰。明刊本。

南雍條約

黄虞稷《千頃堂書目・職官類》黄佐《南雍條約》一卷。

翰林記

范邦甸等《天一閣書目・職官類》《翰林記》十卷。藍絲闌鈔本。明黄佐撰。

黄虞稷《千頃堂書目・職官類》黄佐《翰林記》二十卷。

《明史・藝文志・職官類》黄佐《翰林記》二十卷。

《四庫全書總目提要・職官類》《翰林記》二十卷。浙江汪啟淑家藏本。不著撰人名氏。案：《明史・藝文志》載黄佐《翰林記》二十卷，而廖道南《殿閣詞林記序》有「與泰泉黄佐纂《翰林雜記》六册」之語，則是書自當出於佐手。佐即撰《泰泉鄉禮》著録於經部禮類者也。所載皆明一代翰林掌故，始自洪武，迄於正德、嘉靖間，每事各有標目，凡二百二十六條。本末賅具，首尾貫串，敘次頗爲詳悉。如所記殿閣卿寺轉銜，與《明會典》諸書互有同異。又會議繕寫諸條，制度甚詳。均足以備考核。其十七、十八兩卷，具列館閣題名，尤足以見一代人材升降之概。廖道南撰《殿閣詞林記》，自九卷以後，多採佐書以足成之。今以此本互相檢核，其文不盡相合。蓋道南又有所點竄，以歸一家之體例。此則佐之原本耳。其文與道南之書互有詳略，可以參考證明。以繼李肇、程俱、陳騤、王士點諸人所作，唐、宋、元、明以來詞林故事，亦大略具備矣。

李慈銘《越縵堂讀書記・職官類》《翰林記》明黄佐撰。閲香山黄才伯佐《翰林記》。才伯即廷美之孫，正德辛巳進士，官至南京禮部尚書，謚文裕。是書凡二十卷，專記明代掌故，多正史所未及。考有明清華職掌、制度沿革、科第升降者，莫備於此矣。光緒甲申（一八八四）十一月二十三日。

《八千卷樓書目・職官類》《翰林記》二十卷。明黃佐撰。抄本。嶺南遺書本。

南雍申教録

黃虞稷《千頃堂書目・職官類》王材《南雍申教録》十五卷。

《明史・藝文志・職官類》王材《南雍申教録》十五卷。

南雍再莅録

黃虞稷《千頃堂書目・職官類》王材《南雍再莅録》一卷。

太學儀節

黃虞稷《千頃堂書目・職官類》王材《太學儀節》二卷。

軍門節制

范邦甸等《天一閣書目・職官類》《軍門節制》一卷。

直文淵閣表

黃虞稷《千頃堂書目・職官類》鄭曉《直文淵閣年表》一卷。

《明史・藝文志・職官類》鄭曉《直文淵閣表》一卷。

典銓表

黃虞稷《千頃堂書目・職官類》鄭曉《典銓表》一卷。

《明史・藝文志・職官類》鄭曉《典銓表》一卷。

黃養蒙吏部職掌

范邦甸等《天一閣書目・職官類》明《吏部職掌》十册。無頒行年月。

《四庫全書總目提要・職官類存目》《吏部職掌》。無卷數。兩淮馬裕家藏本。

明黃養蒙撰，方九功、王篆續修。養蒙，南安人，嘉靖辛丑進士，官至户部右侍郎。九功，南陽人，嘉靖丙辰進士，官至南京工部右侍郎。篆有《江防考》，已著録。是編於明嘉、隆以前吏部制度沿革，載之最悉，蓋排纂案牘而爲之，猶今之六部則例也。

宗藩議

范邦甸等《天一閣書目・職官類》《宗藩議》一册。

公侯簿

黃虞稷《千頃堂書目・職官類》《公侯簿》嘉靖時編。（吴補）

《四庫全書總目提要・職官類存目》《公侯簿》三卷。浙江范懋柱家天一閣藏本。不著撰人名氏。前有嘉靖九年公牘一篇，又有嘉靖二十六年公牘一篇。蓋吏部驗封司所存册籍，相續編纂者也。鄭汝璧《明功臣封爵考》稱「舊有底簿」，殆即指是書矣。

銓曹表

黄虞稷《千頃堂書目·職官類》 雷禮《銓曹表》。

南京光禄寺志

黄虞稷《千頃堂書目·職官類》 《南京光禄寺志》四卷。

汪宗元南京太常寺志

范邦甸等《天一閣書目·職官類》 《南京太常寺志》十三卷。明桂林屠楷序。

黄虞稷《千頃堂書目·職官類》 汪宗元《南京太常寺志》十三卷。崇陽人，副都御史。

《四庫全書總目提要·職官類存目》 《南京太常寺志》十三卷。浙江巡撫採進本。明汪宗元撰。宗元號春谷，崇陽人。嘉靖己丑進士，官至總理河道右副都御史。是書乃宗元爲南京太常寺卿時所輯，分謨訓、規制、職官、禮書、樂書、舊制、薦獻、祭告、祭器、禄食、夫役、列傳爲十二門。所記各祀祝文陳設，及樂章樂器，皆較《明會典》《集禮》諸書爲備。至於薦獻品物，應祀宮觀，及署中藏經字號，存貯什器，皆條列不遺焉。

盧維禎太常寺志

黄虞稷《千頃堂書目·職官類》 盧維楨《太常寺志》十六卷。太常寺博士，隆慶四年修。

《明史·藝文志·職官類》 盧維楨《太常志》十六卷。

俞汝爲南京兵部車駕司職掌

黄虞稷《千頃堂書目·職官類》 俞汝爲《南京兵部車駕司職掌》八卷。

《明史·藝文志·職官類》 俞汝爲《南京兵部車駕司職掌》八卷。

陳慶太常寺志

黄虞稷《千頃堂書目·職官類》 陳慶《太常寺志》十六卷。

《明史·藝文志·職官類》 陳慶《太常志》十六卷。

太常典禮總覽

黄虞稷《千頃堂書目·職官類》 倪嵩《太常典禮總覽》六卷。字仲卿，當塗人。嘉靖己丑進士。官太常寺博士時編進。

《明史·藝文志·職官類》 倪嵩《太常典禮總覽》六卷。

呂鳴珂太常記

黄虞稷《千頃堂書目·職官類》 呂鳴珂《太常記》二十二卷。括蒼人。萬曆二十年序。

《明史·藝文志·職官類》 呂鳴珂《太常紀》二十二卷。

首善編

黃虞稷《千頃堂書目・職官類》 李楨《首善編》一卷。萬曆初官順天府丞時輯。

顧存仁太僕寺志

黃虞稷《千頃堂書目・職官類》 顧存仁《太僕寺志》十四卷。

《明史・藝文志・職官類》 顧存仁《太僕志》十四卷。

《四庫全書總目提要・職官類存目》 《太僕寺志》十四卷。浙江巡撫採進本。

明顧存仁撰。存仁字伯剛，太倉人。嘉靖壬辰進士，官至太僕寺卿。是書分官職題名、馬政、事例、蠲貸、苑馬、祠祀、官署、庫藏、點調、軍馬圖、文録十一門。然脱略太多，如馬政一門，上沿歷代，而漢以後各史所載如梁之南牧、左右牧，北齊之乘黄左右龍各署，皆闕而不敘。文録一門，載漢之《天馬歌》，唐杜甫之《驄馬行》，是類何預太僕事。詩集充棟，又烏可勝收乎！

軍政條例類考

《明史・藝文志・職官類》 譚綸《軍政條例類考》七卷。

刑部志

黃虞稷《千頃堂書目・職官類》 應廷育《刑部志》八卷。字仁卿，永康人。嘉靖癸未進士。福建按察司僉事。

《明史・藝文志・職官類》 應廷育《刑部志》八卷。

符司紀

《四庫全書總目提要・職官類存目》 《符司紀》六卷。副都御史黃登賢家藏本。

明劉日升撰。日升，廬陵人。萬曆庚辰進士，官至應天府尹。是編乃其官尚寶司卿時所輯，具載典璽事規，及各官牙牌、各府衛金牌、令牌之制。後有附録一卷，爲秦嘉楨所續輯。嘉楨，德清人，續此書時官尚寶司丞，其始末未詳。

雷禮南京太僕寺志

范邦甸等《天一閣書目・職官類》 《太僕寺志》十六卷。嘉靖三十年刊。

黃虞稷《千頃堂書目・職官類》 雷禮《南京太僕寺志》十六卷。

《明史・藝文志・職官類》 雷禮《南京太僕寺志》十六卷。

《四庫全書總目提要・職官類存目》 《南京太僕寺志》十一卷。浙江巡撫採進本。

明雷禮撰。禮有《明六朝索隱》，已著録。是書乃其官南京太僕寺少卿時所作。據其凡例，稱首載洪武以後歷朝諭旨，次以事例、官司、轄屬、規制、官田、種馬、草場、冊籍、俸祒九志，而列傳、遺文終焉。兹本祇十一卷，草場以下全佚，非完書矣。

《八千卷樓書目・職官類》 《南京太僕寺志》十一卷。明雷禮撰。明刊本。

雷禮列卿年表

錢謙益等《絳雲樓書目・本朝史類・職官》 《列卿年表》一百三十九卷。豐城雷禮。

黃虞稷《千頃堂書目・職官類》 雷禮《國朝列卿年表》一百三十九卷。起明初至隆慶。

《明史・藝文志・職官類》 雷禮《列卿表》一百三十九卷。

李慈銘《越縵堂讀書記・職官類》《國朝列卿年表》明雷禮輯。比日又於隆福寺購得雷尚書《國朝列卿年表》一部，前有秀水項篤壽序，僅有表而無行實，凡一百三十九卷，止於國子監司業，而無尚寶司，有謝在杭藏書印。予前購有顧起元、徐鑒序，徐亦豐城人，官南直隸提學御史，書即徐所刻而有所增删，其增者别注一增字以别之。明道堂所藏鈔本前有尚書自譔略例，徐刻亦無。尚書史既無傳，其在世宗時督大工甚有幹濟，最被恩眷，故階至柱國少傅兼太子太傅，而風節清峻，非同阿説，范正己《續大政記》稱爲昭代名臣。然自隆、慶二年告歸，以至於殁，不聞有加官贈謚之事，蓋嘉靖朝之能臣，隆、萬改政以後，皆在所薄，此華亭、新鄭諸公所不能無遺議者也。其字古和，亦僅于項序見之。又《明史・七卿表》書其加官至太傅，考明代尚書無加三太者，宰輔及身，亦至少師而止。惟洪武初之李善長，萬曆初之張居正皆至太師耳。此表及許重照表皆作少傅，而各卷題銜亦俱云少傅，可知明史之誤。同治壬申（一八七二）二月初一日。

宋兩府年表

黄虞稷《千頃堂書目・職官類》雷禮《宋兩府年表》。

吕梁洪志

《四庫全書總目提要・職官類存目》《吕梁洪志》一卷。户部尚書王際華家藏本。明馮世雍撰。世雍，江夏人。嘉靖癸未進士，官工部主事。明時運道，自徐州泝吕梁洪入濟，設洪夫以牽挽，歲命工部屬官一員董其事，謂之吕梁分司。世雍嘗領其職，因述前後建置始末，及官署、祠廟、歷任姓氏，以成斯志。凡八篇，篇首各有序，末復繫以贊語。

四夷館則例

黄虞稷《千頃堂書目・職官類》汪俊《四彝館則例》二十卷。

《明史・藝文志・職官類》汪俊《四夷館則例》二十卷。

四夷館考

黄虞稷《千頃堂書目・職官類》《四彝館考》二卷。

《明史・藝文志・職官類》汪俊《四夷館考》二卷。

南垣論世考

黄虞稷《千頃堂書目・職官類》《南垣論世考》。

中鑒録

《脈望館書目・職官》《中鑒録》二本。

舊京詞林志

黄虞稷《千頃堂書目・職官類》周應賓《舊京詞林志》六卷。

《明史・藝文志・職官類》周應賓《舊京詞林志》六卷。

《四庫全書總目提要・職官類存目》《舊京詞林志》六卷。内府藏本。明周應賓撰。應賓有《九經考異》，已著録。應賓嘗以左諭德少詹事兩掌南京翰林院事，故著此書，專記南院故事。永樂以後，定都北京，事有關於南院者亦録之。分紀事、紀典、紀官三門。洪武初，建翰林國史院於皇城内，賜扁曰「詞林」。洪武十四年，改翰林國史院爲翰林院，又别建廨舍，非故地矣。獨詞林之稱，自洪武以後皆沿之，故應賓取以爲名焉。

刑部文獻考

黄虞稷《千頃堂書目・職官類》 陳公相陸夢履《刑部文獻考》八卷。萬曆。

《明史・藝文志・職官類》 陳公相《刑部文獻考》八卷。

蒼梧軍門志

范邦甸等《天一閣書目・職官類》 《蒼梧軍門志》十二卷。明萬曆己丑，括蒼應櫝編輯，臨武劉堯誨重脩。

中書直閣記

黄虞稷《千頃堂書目・職官類》 周子義《中書直閣記》。

官制大全

黄虞稷《千頃堂書目・職官類》 《官制大全》十六卷。

《明史・藝文志・職官類》 《官制大全》十六卷。

朱睦㮮《萬卷堂書目・官制》 《官制大全》六册。

惠政録

朱睦㮮《萬卷堂書目・官制》 《惠政録》一册。

宗藩永鑒

朱睦㮮《萬卷堂書目・官制》 《宗藩永鑒》五册。

申明監規事宜

朱睦㮮《萬卷堂書目・官制》 《申明監規事宜》一册。

館閣類録

黄虞稷《千頃堂書目・職官類》 吕本《館閣類録》二十二卷。

《明史・藝文志・職官類》 吕本《館閣類録》二十二卷。

館閣漫録

黄虞稷《千頃堂書目・職官類》 張元忭《館閣漫録》十卷。

《四庫全書總目提要・職官類存目》 《館閣漫録》。無卷數。浙江范懋柱家天一閣藏本。不著撰人名氏。據焦竑《國史經籍志》載，是書十卷，題張元忭撰。二人相去不遠，必有據也。元忭有《紹興府志》，已著録。是書所録皆明成祖至武宗時翰林除授遷改之事，編年紀載，亦閒有論斷。首題「洪武三十五年」者，成祖革除建文四年年號，仍稱洪武三十五年故也。

掖垣人鑒

黄虞稷《千頃堂書目・職官類》 蕭彦《掖垣人鑒》十七卷。含經堂作十八卷。

萬曆甲申楊巍序。

《明史・藝文志・職官類》 蕭彦《掖垣人鑑》十七卷。

《四庫全書總目提要・職官類存目》 《掖垣人鑑》十七卷，《附録》一卷。兩淮鹽政採進本。明蕭彦撰。彦字思學，涇縣人。隆慶辛未進士，官至湖廣總督。是書乃萬曆二十年彦爲兵科給事中時，與同官王致祥等同輯明代六科名姓、鄉貫、出處、始末，共爲一編。以天順以前爲前集，成化以後迄萬曆爲後集。首冠以官制沿革，及兩朝謨訓各一卷。而以題名碑記諸篇附於其末。

六科須知

黄虞稷《千頃堂書目・職官類》 蕭彦《六科須知》三卷。萬曆乙酉序。

銓曹紀要

黄虞稷《千頃堂書目・職官類》 王士騏《銓曹紀要》十六卷。瑯玡人。

《明史・藝文志・職官類》 王士騏《銓曹紀要》十六卷。

通政司志

黄虞稷《千頃堂書目・職官類》 朱廷益《通政司志》六卷。

《明史・藝文志・職官類》 朱廷益《通政司志》六卷。

明公卿年表

黄虞稷《千頃堂書目・職官類》 王世貞《國朝公卿年表》二十四卷。

《明史・藝文志・職官類》 王世貞《公卿表》二十四卷。

蘭臺法鑒録

黄虞稷《千頃堂書目・職官類》 何出光《蘭臺法鑒録》二十三卷。

《明史・藝文志・職官類》 何出光《蘭臺法鑑録》二十三卷。

南京鴻臚寺志

黄虞稷《千頃堂書目・職官類》 《鴻臚寺志》四卷。

《四庫全書總目提要・職官類存目》 《南京鴻臚寺志》四卷。江蘇周厚堉家藏本。明桑學夔撰。學夔，濮州人。萬曆壬辰進士。官光禄寺少卿，攝鴻臚寺事。明初置侍儀司，洪武九年改殿廷儀禮司，三十年始改爲鴻臚寺。永樂北遷，乃以故署之在留都者加南京二字，而禮儀亦因之有繁簡隆殺。其後竟習簡易，故學夔創爲寺志，以復典章之舊。然昧於取裁，不諳體例。屬官考語，備載於册。而卿丞諸人之傳，率全録焦竑《獻徵録》舊文，漫無删節。至以王守仁曾官此職，遂以良知講學語書之累牘，尤支蔓之甚矣。

徐必達光禄寺志

黄虞稷《千頃堂書目・職官類》 徐必達《光禄寺志》二十卷。

《明史・藝文志・職官類》 徐必達《光禄寺志》二十卷。

佚名光禄寺志

黄虞稷《千頃堂書目・職官類》 《光禄寺志》四卷。

張瀚吏部職掌

范邦甸等《天一閣書目·職官類》《吏部職掌》八卷。萬曆二年，吏部尚書張瀚序，左侍郎楊巍、右侍郎丁士美重校。刊有嘉靖辛亥孟秋建安李默題語。

黄虞稷《千頃堂書目·職官類》 張瀚《吏部職掌》八卷。

《明史·藝文志·職官類》 張瀚《吏部職掌》八卷。

朱睦㮮《萬卷堂書目·官制》《吏部職掌》八册。

品級考

錢謙益等《絳雲樓書目·本朝史類·職官》《品級考》二卷。

黄虞稷《千頃堂書目·職官類》《品級考》二卷。《品級考》五卷。

《明史·藝文志·職官類》《品級考》五卷。

職官志　后紀　妃嬪傳　外戚傳

《四庫全書總目提要·職官類存目》《職官志》一卷。附《后紀》《妃嬪傳》《外戚傳》三篇。副都御史黄登賢家藏本。不著撰人名氏。所紀惟部院寺監諸司職掌，不及武臣及外官，蓋非足本也。其敘歷朝官制至穆宗而止，閒有稱「今上」云云者，蓋書成於萬曆中。記載寥寥，不足以存掌故。末附《后紀》，稱史官楊繼禮撰。此書殆即繼禮史局殘本，偶留於世歟。繼禮，華亭人，萬曆壬辰進士。

符司記

黄虞稷《千頃堂書目·職官類》 熊尚文《符司記》。

明皇帝敕諭禮部

范邦甸等《天一閣書目·職官類》《皇帝敕諭禮部》一卷。

官禮制考

《八千卷樓書目·職官類》《官禮制考》一卷。明胡文煥撰。明刊本。

官級由陞

《八千卷樓書目·職官類》《官級由陞》二卷。不著撰人名氏。明胡文煥刊本。

碩輔寶鑒

《脉望館書目·職官》《碩輔寶鑑》三本。

南京兵部營規

范邦甸等《天一閣書目·職官類》《南京兵部營規》一卷。

兵部見行事宜

范邦甸等《天一閣書目·職官類》《兵部見行事宜》一卷。

鴻臚寺志

黄虞稷《千頃堂書目・職官類》《鴻臚寺志》四卷。

官爵志

《四庫全書總目提要・職官類存目》《官爵志》三卷。浙江吴玉墀家藏本。明徐石麟撰。石麒字寶摩，嘉興人。天啓壬戌進士，授工部主事。忤魏忠賢削籍。崇禎中官至吏部尚書。南都破後，不食死。事蹟具《明史》本傳。是志述有明一代官制，歷引前代沿革，互相參證。引據頗爲詳核。然大抵爲《通典》《文獻通考》所已具。

《八千卷樓書目・職官類》《官爵志》三卷。明徐石麟撰。《學海類編》本。

古今官制沿革圖

《四庫全書總目提要・職官類存目》《古今官制沿革圖》。無卷數。兩江總督採進本。明王光魯撰。光魯有《閱史約書》，已著録。是書載秦、漢迄於宋、元，凡官制之升降沿革頗詳悉。而限於尺幅，考據亦多所未備。明宜興路進校刊金履祥《通鑑前編》，首列古今官制，未著撰人姓名，今校之悉與此合，蓋即光魯本也。

吏部新修四司職掌

黄虞稷《千頃堂書目・職官類》《吏部新修四司職掌》四十卷。

六部事例

范邦甸等《天一閣書目・職官類》《六部事例》六册。

明官制　明官制增注　明官制備考

高儒《百川書志・職官》《大明官制增註》十六卷。

范邦甸等《天一閣書目・職官類》《大明官制》十六卷。刊本。明禮部尚書張璧序，户部左侍郎葉相序。

錢謙益等《絳雲樓書目・本朝史類・職官》《大明官制》。

黄虞稷《千頃堂書目・職官類》《大明官制》二十八卷。《大明官制》五卷。見《遺書目》（吴補）。李日華《大明官制備考》二卷。

《明史・藝文志・職官類》李日華《官制備考》二卷。

《四庫全書總目提要・職官類存目》《明官制》五卷。浙江巡撫採進本。不著撰人名氏。備録明代直省各府州縣文武官員器秩，暨道里遠近，編户多寡，到任期限。皆採之《明會典》及《一統志》諸書。蓋坊間所刊，以便仕宦之檢閲，不足以言著書也。

又《官制備攷》二卷。浙江汪啟淑家藏本。舊本題明李日華撰。日華有《梅墟先生別録》，已著録。是書因明代官制，而上溯歷代之沿革，大抵取備書啟之用。舛漏頗多，不足以備考證。末附文武爵秩數條，竝著京外官之稱呼，尤未免於弇陋。疑日華未必至此，殆坊賈托名也。

馬國翰《玉函山房藏書簿録・職官類》《官制備考》二卷。豹變齋本。明太僕寺少卿嘉興李日華君實撰，考究官制明代爲詳。

提督條規

范邦甸等《天一閣書目・職官類》《提督條規》一卷。

品級録

高儒《百川書志・職官》《品級録》一卷。載文選九品之等級也。

兩館題名記

黄虞稷《千頃堂書目・職官類》《兩館題名記》一卷。

秘省合編

黄虞稷《千頃堂書目・職官類》《祕省合編》。

橋門録

黄虞稷《千頃堂書目・職官類》王佐《橋門録》。和順人。户部尚書。

南雍新志

黄虞稷《千頃堂書目・職官類》《南雍新志》十八卷。

銓衡人鑒考

黄虞稷《千頃堂書目・職官類》《銓衡人鑑考》十四卷。

吏禮二部條例

黄虞稷《千頃堂書目・職官類》《吏禮二部條例》。

祝鳩氏

黄虞稷《千頃堂書目・職官類》《祝鳩氏》十卷。《皇恩大賚録》、《京邊會議疏》、《邊鎮舊餉》、《遼餉支放册》、《黔餉簡明册》、《屯田議額》、《鹽法條例》、《搜括加派》、《官員姓名册》。

刑部便覽

黄虞稷《千頃堂書目・職官類》《刑部便覽》四卷。

浙省分署紀事本末

《四庫全書總目提要・職官類存目》《浙省分署紀事本末》六卷。兩淮鹽政採進本。明茅坤撰。坤有《徐海本末》，已著録。是書之作，蓋以湖州烏戍一鎮，界連六縣，跨帶兩省，姦盗易於窟穴。郡人致仕副使施儒，以嘉靖十七年疏於朝，請設縣不果，議置通判，後因通判權輕，不足以彈制諸屬，旋亦汰除，萬曆元年始設同知以統之。因作是書以紀其始末。

留臺雜記（西臺雜記　留臺雜考）

黄虞稷《千頃堂書目・職官類》符驗《西臺雜記》八卷。凡九類，曰《天文》，曰《院阯》，曰《院臺》，曰《官制》，曰《職守》，曰《俸秩》，曰《廨宇》，曰《表》，曰《文》。

《留臺雜考》八卷。

《明史・藝文志・職官類》 符驗《西臺雜記》八卷。

《四庫全書總目提要・職官類存目》 《留臺雜記》八卷。兩淮鹽政採進本。明符驗撰。驗有《革除遺事》，已著録。是編乃其爲巡按南直隸御史時所作，專記南京御史臺故事。因以上溯列朝設官命職之由，分爲十類，曰《天文》，曰《院址》，曰《院臺》，曰《官制》，曰《職守》，曰《俸秩》，曰《廨宇》，曰《職官表》，曰《宸翰》，曰《碑記》。驗自爲序，述其凡例。然輿地之書動陳星野，已屬影響之談；一官一署而首志天文，其亦迂而鮮要矣。

秋官記

黄虞稷《千頃堂書目・職官類》 范宗文《秋官記》。字以正，永寧人。萬曆甲辰進士，刑部郎中。

張位詞林典故　翰苑須知

黄虞稷《千頃堂書目・職官類》 張位《詞林典故》一卷。萬曆丙戌序。又《翰苑須知》一卷。

《明史・藝文志・職官類》 張位《詞林典故》一卷。

《四庫全書總目提要・職官類存目》 《詞林典故》一卷。附《翰苑須知》一卷。浙江巡撫採進本。明張位撰。位有《問奇集》，已著録。此乃其官翰林學士時所輯詞館通行典例。自經筵日講以迄輿從服色，凡分三十二門。《翰苑須知》則庶常館規及俸禄錢糧數目，當時刊版置院中，入館者人給一册。然率據案牘原文，不加潤飾，往往鄙俚可笑，不足以繼《翰林志》《翰苑羣書》後也。乾隆十有二年，我皇上嘉惠詞垣，徵求文獻，特命輯《詞林典故》一書，本末源流，粲然具備。木天佳話，榮冠古今，是編殘闕之餘，蓋不足以爲典據，今姑附存其目焉。

史職議

黄虞稷《千頃堂書目・職官類》 張位《史職議》一卷。

《明史・藝文志・職官類》 張位《史職議》一卷。

翰苑題名録

黄虞稷《千頃堂書目・職官類》 《翰苑題名録》一卷。含經堂作張位。

太學條陳覆鈔

黄虞稷《千頃堂書目・職官類》 張位《太學條陳覆鈔》一卷。

刑部獄志

黄虞稷《千頃堂書目・職官類》 來斯行《刑部獄志》四十卷。

《明史・藝文志・職官類》 來斯行《刑部獄志》四十卷。

封司典故

黄虞稷《千頃堂書目・職官類》 鄭汝璧《封司典故》八卷。吏部郎中。

《明史・藝文志・職官類》 鄭汝璧《封司典故》八卷。

明功臣封爵考

《四庫全書總目提要・職官類存目》《明功臣封爵考》八卷。浙江范懋柱家天一閣藏本。明鄭汝璧撰。汝璧有《明帝后紀略》，已著録。是編成於萬曆丙子，乃其爲吏部驗封郎中時所輯。紀明代諸臣封爵，凡分類二十：曰開國、曰靖難、曰征西、曰征交趾、曰征南、曰征北、曰征蠻、曰征番、曰禦寇、曰捕反、曰備倭、曰戰勝、曰戰殁、曰歸附、曰推戴、曰海運、曰營建、曰迎立、曰奪門、曰外戚。其以恩澤、恩幸、方術及追贈封者，竝附録之。分世封、除封爲二類，而採券文、宗圖及鄭曉《吾學編》本傳附入，間以所見聞補其闕略。起於洪武，迄於隆慶。據其自序，蓋以驗封司舊有功臣底簿，病其弗全，因續爲補綴成此帙云。

昭代明良録

《脉望館書目・職官》《昭代明良録》二十本。

蕭彦太常記

黄虞稷《千頃堂書目・職官類》《蕭彦太常紀》二十二卷。一作二十卷，字維相，宣城人。萬曆乙酉修。

鹽梅志

黄虞稷《千頃堂書目・職官類》李茂春《鹽梅志》二十卷。字尉元，萬曆中官雁門守備。（盧補）

萬曆辛亥京察紀事始末

《八千卷樓書目・職官類》《萬曆辛亥京察紀事始末》八卷。明周念祖撰。刊本。

南京兵部車駕司職掌

黄虞稷《千頃堂書目・職官類》《南京兵部車駕司職掌》五卷。萬曆四十三年主事祁承㸁，王志堅、趙昌期修。

春官要覽

黄虞稷《千頃堂書目・職官類》李廷機《春官要覽》六卷。

《明史・藝文志・職官類》李廷機《春官要覽》六卷。

銓曹儀注

黄虞稷《千頃堂書目・職官類》徐大相《銓曹儀注》五卷。

《明史・藝文志・職官類》徐大相《銓曹儀注》五卷。

官釋

黄虞稷《千頃堂書目・職官類》郭子章《官釋》十卷。

《明史・藝文志・職官類》郭子章《官釋》十卷。

京學志

黃虞稷《千頃堂書目・職官類》 焦竑《京學志》八卷。南京應天府學。

《明史・藝文志・職官類》 焦竑《京學志》八卷。

明吏部志

黃虞稷《千頃堂書目・職官類》 宋啓《明吏部志》四十卷。

《明史・藝文志・職官類》 宋啓《明吏部志》四十卷。

禮部志稿

《四庫全書總目提要・職官類》 《禮部志稿》一百十卷。浙江巡撫採進本。明泰昌元年官修。首列纂修姓氏，自禮部尚書林堯俞至司務顧民碞等四十人。次列批委纂修，自東閣大學士前禮部尚書孫如游至儀制司員外郎張光房等六人。次列巡按直隸蘇松等處御史據松江府知府揭薦生員俞汝楫纂修禮部志書公移，竝禮部准聘赴書局批文。則此書實出汝楫之手。《明史・藝文志》有俞汝樹《禮儀志》一百卷，當即此書。此題曰「禮部志稿」，蓋其草創初成，尚未定名之本也。卷首汝楫名後，竝列上海生員俞廷教名，爲薦舉公移所無。殆入局以後續招協修，故初揭不載歟。其書首爲聖訓六卷，爲洪武至隆慶詔諭，次建官建署一卷，次總職掌一卷，次儀司職掌十六卷，次祠司職掌十卷，次客司職掌十卷，次膳司職掌及司務職掌共二卷，次歷官表四卷，次奏疏五卷，次列傳八卷，次儀司事例二十一卷，次祠司事例九卷，次客司事例九卷，次膳司事例一卷，次總事例七卷，共爲一百一十卷。前列凡例三則，其「溯初制」一則，稱研討典故，要在沿流溯源；其「理條貫」一則，稱典故之編，不急於薈萃，而急於貫通；其「慎稽考」一則，稱網羅舊聞，匪獨挂漏是懼，而考正謬誤，亦編摩第一義。其言皆深得纂輯要領，故其書敘述詳贍，首尾該貫，頗有可觀。如釋菜、薦舉諸詔，爲《明實録》所不載。祈雪、建宫諸諭，爲《嘉靖祀典》所未録。王妃冠服、百官常服及大宴樂章，較《明史・禮樂志》爲詳。貢舉起送之額，誥敕表章之式，較《明會典》爲備。經筵傳班員額，拾《明集禮》之所遺。朝覲賞賚諸制，補《星槎勝覽》、《西域行程》之闕。雖案牘之文，稍傷冗雜。而取備掌故，體例與著書稍殊，固不能以是病之也。

禮部儀司職掌

朱睦㮮《萬卷堂書目・官制》 《禮部儀司職掌》六册。

上林記

黃虞稷《千頃堂書目・職官類》 楊樞《上林記》八卷。

《明史・藝文志・職官類》 楊樞《上林記》八卷。

詞林歷官表

黃虞稷《千頃堂書目・職官類》 焦竑《詞林歷官表》三卷。

《明史・藝文志・職官類》 焦竑《詞林歷官表》三卷。

刑部事宜

范邦甸等《天一閣書目・職官類》 《刑部事宜》一卷。

黃虞稷《千頃堂書目・職官類》 劉文徵《刑部事宜》十卷。萬曆。

《明史・藝文志・職官類》 劉文徵《刑部事宜》十卷。

臺省寶鑒

黄虞稷《千頃堂書目・職官類》 丁旦《臺省寶鑑》。貴池人。

太常典録

黄虞稷《千頃堂書目・職官類》 屠本畯《太常典録》六卷。

《明史・藝文志・職官類》 屠本畯《太常典録》六卷。

江山麗南京刑部志

黄虞稷《千頃堂書目・職官類》 《江山麗南京刑部志》二十六卷。欽人，本部歷士。貢士。天啓二年序。

《明史・藝文志・職官類》 《江山麗南京刑部志》二十六卷。

留都武學志

《四庫全書總目提要・職官類存目》 《留都武學志》五卷。兩淮鹽政採進本。

明徐伯徵撰。伯徵字孺臺，海寧人。萬曆己未進士，官至揚州府知府。明之武學，建於正統壬戌，因御史彭勗之請，選教授、訓導等官以專教京衛武官之子。有南京國子監祭酒陳敬宗所撰碑，備載始末。是編乃天啓三年伯徵官南京武學教授時所著。分建置、典禮、制令、職官、選舉、人物、藝文七門。

沈若霖南京太常寺志

黄虞稷《千頃堂書目・職官類》 沈若霖《南京太常寺志》四十卷。嘉善人，天啓三年。

《明史・藝文志・職官類》 沈若霖《南京太常寺志》四十卷。

内閣行實

《脉望館書目・職官》 《内閣行實》八本。

鳳洲筆苑

《脈望館書目・職官》 《鳳洲筆苑》一本。

上林彙考

黄虞稷《千頃堂書目・職官類》 王象雲《上林苑彙考》。

《明史・藝文志・職官類》 王象雲《上林彙考》五卷。

明進士列卿表　明續列卿年表

黄虞稷《千頃堂書目・職官類》 李維楨《國朝進士列卿表》二卷。徐鑒《續列卿年表》十册。別本十册作一百四十五卷。

《明史・藝文志・職官類》 李維楨《進士列卿表》二卷。徐鑑《續列卿表》

十卷。

隆萬列卿記

黄虞稷《千頃堂書目・職官類》 黄尊素《隆萬兩朝列卿記》。《明史》二卷。

《明史・藝文志・職官類》 黄尊素《隆萬列卿記》二卷。（盧補）

南京尚寶司志

黄虞稷《千頃堂書目・職官類》 潘焕宿《南京尚寶司志》二十卷。

《明史・藝文志・職官類》 潘焕宿《南京尚寶司志》二十卷。

南京都察院志

黄虞稷《千頃堂書目・職官類》 徐必達《南京都察院志》四十卷。

《明史・藝文志・職官類》 徐必達《南京都察院志》四十卷。

《四庫全書總目提要・職官類存目》 《南京都察院志》四十卷。兩淮馬裕家藏本。明施沛撰。沛始末未詳。其修此書時則爲南京國子監生。時董其事者爲操江副都御史徐必達，亦天啓初因修《兩朝實録》而作也。

玉堂薈記

馬國翰《玉函山房藏書簿録・職官類》 《玉堂薈記》二卷。古吴徐氏卓犖精廬珍藏舊鈔本。明日講起居注官菏澤楊士聰朝徹撰。以明季執政奉密諭不聞於外，乃爲此書以存故實。

南京錦衣衛志

黄虞稷《千頃堂書目・職官類》 張可大《南京錦衣衛志》二十卷。

《明史・藝文志・職官類》 張可大《南京錦衣衛志》二十卷。

兩理略

馬國翰《玉函山房藏書簿録・職官類》 《兩理略》四卷。崇一堂本。明王徵撰有《學庸書解》，已著録經編。此記其爲司理時治狀。

南京翰林院志

黄虞稷《千頃堂書目・職官類》 董其昌《南京翰林院志》十二卷。天啓乙丑序。

《明史・藝文志・職官類》 董其昌《南京翰林志》十二卷。

李日宣太僕寺志

黄虞稷《千頃堂書目・職官類》 李日宣《太僕志》二十二卷。

《明史・藝文志・職官類》 李日宣《太僕寺志》二十二卷。

辟雍紀事

黄虞稷《千頃堂書目・職官類》 盧上銘、馮士驊《辟雍紀事》十五卷。上銘，字爾新。東莞人，南國子典籍。士驊，字仲先。吳縣人，拔貢生。

《明史·藝文志·職官類》盧上銘《辟雍紀事》十五卷。

雍略

黄虞稷《千頃堂書目·職官類》陳念先陳文定公《雍略》二卷。

崇禎閣臣年表

黄虞稷《千頃堂書目·職官類》陳盟《崇禎閣臣年表》一卷。

《明史·藝文志·職官類》陳盟《崇禎閣臣年表》一卷。

内閣行略

黄虞稷《千頃堂書目·職官類》陳盟《内閣行略》一卷。

《明史·藝文志·職官類》陳盟《内閣行略》一卷。

學古適用編

馬國翰《玉函山房藏書簿録·職官類》《學古適用編》六十八卷。吳門刊本。

明松陵吕純玉孟譜撰，社友黄紹羲象先校。凡佐廟謨者，裨掌故者，薈爲一編。

五一輔臣編年

黄虞稷《千頃堂書目·職官類》《五一輔臣編年》。撰人未詳。所記並崇禎時宰輔。（吳補）

明大臣譜

黄虞稷《千頃堂書目·職官類》范景文《國朝大臣譜》十六卷。自吳王元年至泰昌元年編年類次。内閣六部都察院遷除卒官事實皆具。

《明史·藝文志·職官類》范景文《大臣譜》十六卷。

南樞新志

黄虞稷《千頃堂書目·職官類》李邦華《南樞新志》四卷。崇禎十三年新定四司職掌。

《明史·藝文志·職官類》李邦華《南樞新志》四卷。

南樞志

黄虞稷《千頃堂書目·職官類》范景文《南樞志》一百七十卷。張可仕同輯。

《明史·藝文志·職官類》范景文《南樞志》一百七十卷。

憲綱規條

黄虞稷《千頃堂書目·職官類》劉宗周《憲綱規條》。

《明史·藝文志·職官類》劉宗周《憲綱規條》一卷。

明殿閣部院大臣年表

錢謙益等《絳雲樓書目・本朝史類・職官》《國朝殿閣部院大臣年表》十五卷。吴郡許重熙輯。熙字子洽，萬曆中文學。

黄虞稷《千頃堂書目・職官類》許重熙《國朝殿閣部院大臣年表》十六卷。

《明史・藝文志・職官類》許重熙《殿閣部院大臣年表》十六卷。起吴王元年，迄天啓七年八月。

明宰輔編年録

黄虞稷《千頃堂書目・職官類》《明宰輔編年録》。

《脉望館書目・職官》《宰輔編年》六本。

内閣事宜

黄虞稷《千頃堂書目・職官類》《内閣事宜》一卷。

憲綱事例

黄虞稷《千頃堂書目・職官類》《憲綱事例》二卷。

南京上林苑志

黄虞稷《千頃堂書目・職官類》《南京上林苑志》。

南京欽天監志

黄虞稷《千頃堂書目・職官類》《南京欽天監志》八卷。崇禎癸酉監生施瑞雲輯。（别本補）

錦衣衛紀事總目

黄虞稷《千頃堂書目・職官類》《錦衣衛紀事總目》。

錦衣衛紀事須知

黄虞稷《千頃堂書目・職官類》《紀事須知》。

錦衣衛事件

黄虞稷《千頃堂書目・職官類》《錦衣衛事件》。

土官底簿

《四庫全書總目提要・職官類》《土官底簿》二卷。浙江汪啟淑家藏本。不著撰人名氏。朱彝尊《曝書亭集》有是書跋，但云鈔之海鹽鄭氏，亦不言作者爲誰。其書備載明正德以前諸土司官爵世系承襲削除。觀其命名與繕寫之式，疑當時案牘之文，而好事者録存之也。所載雲南土司百五十一家，廣西土司百六十七家，四川土司二十家，貴州土司一十五家，湖廣土司五家，廣東土司一家，共三百五十九家。其官雖世及，而請襲之時，必以竝無世襲之文上請。所奉進止，亦必以姑准任事，仍不世襲爲詞。蓋其相沿體式如此。欲以示駕馭之權，不容其據譜而索故物也。然明自中葉後，撫綏失宜，威柄日弛，諸土司叛服不常，僅能羈縻勿絶而已，我國家聲靈赫濯，逆命者必誅，舊籍所載，大半皆已改土歸流，其存者亦無不革心順化，比於郡縣。此書中所列，皆前代一時苟且之制，本不足道。以《明史·土司列傳》祇記其征伐刑政之大端，而於支派本末未能具晰，是編詞雖俚淺，而建置原委，一一可徵存之，亦足資考證焉。其地雖在中外之閒，與郡縣牧守稍殊，而受敕印、襲爵禄、納租賦、供力役、隨征調，實與官吏不殊。故《明史》不與外國同傳，今亦附載於明代職官之末焉。

《八千卷樓書目·職官類》 《土官底簿》二卷。不著撰人名氏。抄本。

太常寺考　太常續考

黄虞稷《千頃堂書目·職官類》 《太常寺考》五卷。不知撰人。

《四庫全書總目提要·職官類》 《太常續考》八卷。江蘇巡撫採進本。不著撰人名氏。考書中所録，蓋明崇禎時太常寺官屬所輯也。凡祭祀典禮皆詳悉具載。雖不免爲案牘簿籍之文，而沿革損益之由，名物度數之細，條分縷晰，多《明史·禮志》、《明會典》、《明集禮》及《嘉靖祀典》之所未載，蓋總括一代之掌故，則體貴簡要，專録一官之職守，則義取博賅。言各有當，故詳略迥不同也。況《集禮》作於洪武，《會典》作於成化，《嘉靖祀典》惟載一時更張之事，自世宗以後百餘年之典制，記載闕如。此書職官題名終於崇禎十六年，則一代儀章始末，尤爲完具，固數典者所不可廢矣。

太常寺志外備録

黄虞稷《千頃堂書目·職官類》 《太常寺志外備録》一卷。不知撰人。

南京太常寺典簿廳新纂便覽

黄虞稷《千頃堂書目·職官類》 《南京太常寺典簿廳新纂便覽》五卷。

余允緒南京太僕寺志

黄虞稷《千頃堂書目·職官類》 余允緒《南京太僕寺志》十一卷。應城人。侍郎。（吴補）

南京行人司志

黄虞稷《千頃堂書目·職官類》 翁逢春《南京行人司志》十六卷。吴縣人。監生。（吴補）

《四庫全書總目提要·職官類存目》 《南京行人司志》十六卷。浙江巡撫採進本。明翁逢春撰。逢春，吴縣人。南京國子監生。分詔命、建官、公署、儀注、奏疏、年表、列傳、藝文八門。董其事者爲南京行人司左司副彭維成。前有維成序，序末私印作「萬曆給諫」四字。考維成字元性，廬陵人，萬曆辛丑進士，以刑科給事中謫是官，故自標此目。然既志行人，宜以行人爲斷。是書乃載維成爲給事中時奏疏，是六科志，非行人司志矣。又載維成一切來往書牘，居藝文十之五六，是維成之別集，非官書矣。殆全不知體例爲何事也。

監規發明

黄虞稷《千頃堂書目·職官類》 吕柟《監規發明》。

太宰問

黄虞稷《千頃堂書目·職官類》 王佐《太宰問》。

省眼紀聞

黄虞稷《千頃堂書目·職官類》 《省眼紀聞》上下卷。江陵朱光祚日記，字世其。崇禎丙子徐鑛大冶增訂。（别本補）

户部職掌

黄虞稷《千頃堂書目·職官類》 《户部職掌》十三卷。

留樞參贊考

黄虞稷《千頃堂書目·職官類》 《留樞參贊考》。又《參贊行事》。

兵部四司職掌

黄虞稷《千頃堂書目·職官類》 《兵部四司職掌》。

禮部儀制司職掌

黄虞稷《千頃堂書目·職官類》 《禮部儀制司職掌》八卷。

文武敕劄

范邦甸等《天一閣書目·職官類》 《文武敕劄》一卷。鈔本。

提學敕書

范邦甸等《天一閣書目·職官類》 《提學敕書》一册。

奏定襲替功次例

范邦甸等《天一閣書目·職官類》 王憲《奏定襲替功次例》一卷。

治安文獻

馬國翰《玉函山房藏書簿録·職官類》 《治安文獻》十二卷。槐蔭堂本。國朝順治壬辰進士長洲陸壽名芝庭撰。取當時咨移申檄爰書名例等，以六曹分集。

順治十八年搢紳册

潘祖蔭《滂喜齋藏書記·史部》 《順治十八年搢紳册》。此本紀文達所藏，正陽門外西河沿洪家刊本也。余曩輯《清祕述聞》，得順治壬辰、乙未、戊戌三科《會試齒録》於曲阜顔氏。敘次款式與今通行本異，卷後有「雕板於京師正陽門外西河沿浙江洪氏書坊」印記，儼然南宋建之勤有堂、杭之陳解元書鋪也。三册中具載新城王氏兄弟姓名。西樵登壬辰科會試榜，殿試則在乙未。漁洋登乙未科會試榜，殿試則在戊戌。層見疊出於三册中，余以無心得之，故甚珍祕。頃宗伯師出《順治十八年搢紳》一函屬跋。刻手與前書同，印記亦同。時西樵爲國子助教，漁洋爲揚州推官矣。一經展玩，前輩風流宛然在目，且其時大學士有九，學士有二十四，僉署殿閣院名列内閣之後，武進士選侍衛有大教習教之，如遏必隆、鰲拜皆兼此官也。各省督撫莅都察院，當時規制如此，事隔百餘年，至有不能舉其顛末者，不有此書，何以徵信，宜宗伯師之，拳拳於此也。《清祕述聞》中闕表字者，考此書得增十七人。因牽連書之以誌欣幸。嘉慶壬戌九月九日法式善跋。

甲子八月初五日，過閱微草堂，獲觀伊秉綬記。墨卿余家藏《嘉靖搢紳册》，得自闕里孔氏。其京職一本題爲搢紳，至外省則不加之以搢紳之目。此《順治十八年搢紳册》則通稱爲搢紳矣。又嘉靖本於各省總督、巡撫皆列於都察院衙門副憲之後，而外省則但自布政使始。此册於都察院既列各省總督巡撫矣，而各外省又重列之，已駸駸乎不列於京職故。册首葉題曰：《新刊隨省總督撫按總鎮搢紳》。曰「新刊隨省」者，明乎舊之不隨省也。此册外省提鎮亦列京職在鑾儀衛衙門之後，今亦皆隨省矣。庚午二月朔，阮元觀於京師泰華雙碑館。雷塘庵主道光閒，此册又爲韓小亭農部世長所藏，屬余再加題識，時在丁酉歲。匆匆已廿七年矣。阮元書。道光十八年，太歲在戊，漢陽葉志詵借看三月之久，並録副册。子名琛，名澧，侍閏四月二十四日記。

銓政論略

《四庫全書總目提要・職官類存目》《銓政論略》一卷。江蘇巡撫採進本。國朝蔡方炳撰。方炳有《增訂廣輿記》，已著録。是書專論唐、宋二代銓政，頗爲淺略。如謂侍郎起於隋，不知梁天監三年已有侍郎之設；謂唐選官必試於吏部，不知五品以上之不試。至接承他姓以應調，乃五代時弊政，唐時鮮有。宋時科目甚多，專舉經明行修、賢良方正二科，更見挂漏。唯所議明末專拘進士資格之弊，立論頗確云。

歷代宰輔彙考

《四庫全書總目提要・職官類存目》《歷代宰輔彙考》八卷。浙江巡撫採進本。國朝萬斯同撰。斯同有《聲韻源流考》，已著録。是編取秦、漢以迄元、明宰輔，分職繫名，以便檢核。其於官制增損異同之處，亦閒附案語，頗爲簡明，然不著拜罷年月，視諸史表例頗爲簡略。又如唐代使相，以其爲藩鎮加官，俱不載録，是也。然如李克用、朱全忠、王智興、李載義、韓建等之位冠三師，亦祗屬優以空銜，竝未嘗入輔左右。而顧一概列之，則義例亦未能盡歸畫一也。

歷代官制考略

《八千卷樓書目・職官類》《歷代官制考略》二卷。國朝葉澐撰。刊本。

明制女官考

馬國翰《玉函山房藏書簿録・職官類》《明制女官考》一卷。國朝黄百家主一撰。

天臺治略

馬國翰《玉函山房藏書簿録・職官類》《天台治略》十卷。師恕堂本。國朝天台知縣郎川戴兆佳舒菴撰。此其令天台時，哀其讞獄及文移、告諭。

覆甕集

馬國翰《玉函山房藏書簿録・職官類》《覆甕集》十卷。冰清堂本。國朝會稽知縣東敬張我觀昭民撰。編其在官時告條稟牘。

南臺舊聞

《四庫全書總目提要·職官類存目》《南臺舊聞》十六卷。浙江巡撫採進本。國朝黄叔璥撰。叔璥有《南征記程》，已著録。是書詳述御史典故，凡十三門。每事各註所出之書，頗爲詳備。其曰「南臺」者，據王士禎《分甘餘話》「今都察院可稱南臺不可稱西臺」語也。

周中孚《鄭堂讀書記·職官類》《南臺舊聞》十六卷。康熙後壬寅刊本。國朝黄叔璥撰。叔璥，字玉圃。大興人。康熙乙丑進士。累官御史，後補河南開歸道。《四庫全書存目》。案：自唐杜易簡至明劉宗周，紀御史臺事以爲法戒者，無慮數十家，而久之皆凋零消滅，蔑有存者。玉圃官御史時，乃案前史，附以所聞知，分爲十三，類存其崖略。自唐分臺職爲二，以中書省爲西臺，御史臺爲南臺，故名曰《南臺書聞》。其衹網羅往代，未載本朝，蓋以國家令甲，藏諸册府，布在有司，較若畫一，非如往代傳聞異詞，數典易忘，待考信而詮次也。前有自序凡例及陳亦韓祖范序。

詞林典故

《四庫全書總目提要·職官類》《詞林典故》八卷。乾隆九年重修翰林院落成，聖駕臨幸，賜宴賦詩，因命掌院學士鄂爾泰、張廷玉等纂輯是書。乾隆十二年告成奏進，御製序文刊行。凡八門，一曰臨幸盛典、二曰官制、三曰職掌、四曰恩遇、五曰藝文、六曰儀式、七曰廨署、八曰題名。臨幸盛典，即述乾隆甲子燕飲賡歌諸禮，以爲是書所緣起，故弁冕於前。官制、職掌皆由西漢以至國朝，以待詔之選，寫書之官，皆自漢肇其端也。恩遇斷自唐代，以專官自唐代始也。於列聖及我皇上寵渥之典，别分優眷、遷擢、侍宴、賚子、詞科、考試、議敘、贈卹八子目，著聖代右文遠逾前古也。藝文惟收唐以來御製及應制諸作，而詞館唱和不與焉，美不勝收也。儀式、廨署亦皆斷自唐代，與恩遇門同例，題名則惟載國朝，近有徵而遠難詳也。考翰林有志，自唐李肇始。洪遵輯而録之，凡十一家，然皆雜記之類也。其分條列目，彙爲一編者，自程俱《麟臺故事》始，陳騤以下作者相仍，然皆僅記一代之事。朱彝尊作《瀛洲道古録》，又於今制弗詳。故張廷玉等《進書表》稱：「槐廳芸署，不少前聞。劉井柯亭，獨饒故事。但記載非無散見，而薈萃罕有全書。今仰禀聖裁，始成巨帙。元元本本，上下二千載，始末釐然。稽古崇儒之盛，洵前代之所未有矣。」

《八千卷樓書目·職官類》《詞林典故》八卷。乾隆九年奉敕撰。殿刊本。

内閣志

周中孚《鄭堂讀書記·職官類》《内閣志》一卷。借月山房彙鈔本。國朝席吴鏊撰。吴鏊，字寶箴，號景濂。常熟人，吴偉業之外孫也。雍正己酉舉人，官内閣中書舍人。景濂退居里中，返憶官中書時所見所知者爲是書。凡二十四條，皆綸扉之掌故也，附記大學士十三人，皆其在官七年所事者。于其登陟所由，及封爵卒謚詳焉，有協理而未即真者，不列入云。

浙江歷代職官彙考

《八千卷樓書目·職官類》《浙江歷代職官彙考》一卷。國朝沈廷芳撰。抄本。殘。

欽定國子監志

《四庫全書總目提要·職官類》《欽定國子監志》六十二卷。乾隆四十三年奉敕撰。先是國子祭酒陸宗楷等輯《太學志》進呈，而所述沿革故實，濫載及唐、宋以前，殊失限斷。乃詔重爲改定，斷自元、明。蓋本朝國子監及文廟，皆因前代遺址，其締構實始於元初也。首爲聖諭二卷，以記褒崇先聖、訓示儒林之大法。次御製詩文七卷，備録列朝聖文，皇上宸翰。次詣學二卷，紀親祀臨雍之禮。次廟制二卷，前列圖説，後志建葺年月規制。次祀位二卷，詳載殿廡及崇聖祠諸位號。次禮七卷，分記釋尊、釋菜、釋褐、獻功、告祭諸儀，及祭器圖説。次樂六卷，分記樂制、樂章、律吕、舞節二表，及禮樂諸器圖説。次監制一卷，詳述條規。次官師五卷，載設官、典守、儀制、銓除、題名表。次生徒七卷，載員額考校甄用及外藩之入學者。次經費四卷，恩賚歲支俸給備載焉。次金石五卷，冠以《欽頒彝器圖説》、御製諸碑，併元以來進士題名碑，而殿以《石鼓圖説》。次經籍二卷，具載賜書及版刻之目。次藝文二卷，則列諸臣章奏詩文及諸論著。識餘二卷，曰紀事、曰綴聞，竝捃摭雜記，以備考核，識大識小，罔弗詳賅，於以誌國家重道崇儒、作人訓俗之盛。較諸監臣之初編，如葦籥土鼓改而爲韶鈞之奏矣。

《八千卷樓書目·職官類》《欽定國子監志》六十二卷。乾隆四十三年奉敕撰。道光重刊。八十二卷本。

乾隆歷代職官表

《四庫全書總目提要·職官類》《欽定歷代職官表》六十三卷。乾隆四十五年奉敕撰。特命四庫全書館總纂官内閣學士今陞兵部右侍郎臣紀昀、光禄寺卿今陞大理寺卿臣陸錫熊、翰林院編修今陞山東布政使臣孫士毅、總校官詹事府少詹事今陞内閣學士臣陸費墀等，考證排次，輯綴是編。分目悉準今制。凡長貳僚屬具列焉，明綱紀也。其兼官無正員，而所掌綦重，如軍機處之類，亦別有專表，崇職守也。八旗及新疆爵秩，前所未有者，竝詳加臚考，著聖代之剏建，遠邁邃古也。或古有而今無，或先置而後廢，竝爲採掇，別附於篇，備參訂也。每門各冠以表，表後詳敘建置。首列國朝，略如《唐六典》之例，次以歷代，則節引諸書，各附案語，以疏證其異同。上下數千年分職率屬之制，元元本本，罔弗具焉。考將相及百官公卿之有表，始自馬、班二史，後如《唐書》之《宰相表》，《宋史》之《宰輔表》，《明史》之《内閣七卿表》，俱沿其例。然所紀僅拜罷年月，與官制無關。且斷代爲書，不相通貫，尋檢頗難，至鈔撮故實，如孫逢吉《職官分紀》之類，又但供詞藻，於實政無裨。是書發凡起例，悉稟睿裁。包括古今，貫串始末，旁行斜上，援古證今，經緯分明，參稽詳密。不獨昭垂奕禩，爲董正之鴻模，即百爾臣工，各明厥職，用以顧名而思義，亦益當知所儆勖矣。

周中孚《鄭堂讀書記·職官類》《欽定歷代職官表》七十卷。武英殿刊本。乾隆四十五年奉敕撰。謹案：是編每一曹司爲一表，表後詳述建置，皆以國朝官制居前，歷代官制列後，凡今有而古無，古有而今無，與名同而實異，實同而名異者，並援古證今，參稽詳密，永爲萬世臣鄰之極則矣。卷首恭載上諭二道、御製詩一篇。次載表文、職名、目録各一篇，不入卷數。自宗人府以及土司各官，每衙門爲一卷，唯内閣三卷。工部、都察院、内務府各二卷。太監職制附内務府後。醫學、陰陽學等官附知州、知縣後。公主府官附王府各官後。然醫學、陰陽學等官，亦止於案語内附論二則，非如太監職制、公主府官仍著爲表也。至真人承襲，絶無一字及之，蓋已總括於附論僧綱道紀之中矣。

《萬卷精華樓藏書記·職官類》《歷代職官表》六卷。乾隆四十五年勅撰。三長物齋本。道光二十六年黄本驥校刊，以便約觀。《欽定歷代職官表》七十二卷，首卷上諭御製詩表文諸臣銜名目録，卷一宗人府，二三四内閣，五吏部，六户部，七户部三庫，八户部會場衙門，九禮部，十樂部，十一禮部會同四譯館，十二兵部，十三刑部，十四五工部，十六户工二部錢局，十七理藩院，十八九都察院，二十五城，二十一通政使司，二十二大理寺，二十三翰林院，二十四經筵日講起居注官，二十五文淵閣閣職，二十六詹事府，二十七太常寺，二十八壇廟各官，二十九陵寢各官，三十光禄寺，三十一太僕寺，三十二順天府，三十三鴻臚寺，三十四國子監，三十五欽天監，三十六太醫院，三十七八内務府，太監職制附，三十九内務府上駟院，四十内務府奉宸院，四十一内務府武備院，四十二鑾儀衛，四十三領侍衛内大臣，四十四八旗都統，四十五前鋒護軍統領，四十六步軍統領，四十七火器健鋭虎鎗各營，四十八盛京將軍等官，四十九盛京五部等官，五十總督巡撫，五十一學政，五十二司道，五十三知府直隸州知州等官，五十四知州知縣等官，醫學、陰陽學等官附，五十五各省駐防將軍，五十六提督，五十七總兵副將，五十八參將遊擊等官，五十九河道各官，六十漕運各官，六十一鹽政，六十二關税各官，六十三各處駐劄大臣，六十四宗室封爵，六十五世爵世職，六十六聖賢後裔，六十七師傅保加銜，六十八文武官階，六十九王府各官，公主府官附，七十新疆各官，七十一藩屬各官，七十二土司各官。謹案目録，實七十二卷。《四庫全書總目》題「六十三卷」，《簡明目録》不著卷數。想其時書未成也，御製詩注職官表古無成編，茲因辦理《四庫全書》俾館臣等綜核考鏡，自經史及説部博採旁稽，上下四千餘年，因沿改革，一覽瞭然。

《八千卷樓書目·職官類》《欽定歷代職官表》六十三卷。乾隆四十五年奉敕撰。殿刊本。

清翰詹源流編年

《八千卷樓書目・職官類》《翰詹源流編年》二卷。國朝吳鼎雯撰。刊本。

侯國職官表

《八千卷樓書目・職官類》《侯國職官表》一卷。國朝胡匡衷撰。《昭代叢書》本。

朱珪詞林典故

《八千卷樓書目・職官類》《皇朝詞林典故》六十四卷。嘉慶十年朱珪等奉敕撰。殿刊本。

軍機章京題名

丁立中《八千卷樓書目・傳記類》《軍機章京題名》一卷。國朝吳孝銘撰。刊本。

槐廳載筆

《八千卷樓書目・職官類》《槐廳載筆》二十卷。國朝法式善撰。原刊本。

清秘述聞　清秘述聞續　清秘述聞補

馬國翰《玉函山房藏書簿録・職官類》《清秘述聞》十六卷。國朝法式善撰。自順治二年乙酉科，訖嘉慶三年戊午科。凡鄉會考官類八卷，學政類四卷，同考官類四卷。爲翰林學士時作。

《八千卷樓書目・職官類》《清秘述聞》十六卷。國朝法式善撰。刊本錢氏刊本。《清秘述聞續》十六卷。國朝王家相撰。錢氏刊本。《清祕述聞補》一卷。國朝錢惟福撰。刊本。

歷代銓選志

《四庫全書總目提要・職官類存目》《歷代銓選志》一卷。編修程晉芳家藏本。國朝袁定遠撰。定遠里貫未詳。此書其官吏部文選司郎中時作也。歷敘各朝銓政選舉之法，略而寡當。如敘魏、晉九品官人之制，而失載《漢志》限年之沿革。宋分四郡餘郡之歲舉，梁代中正之廢置，後魏之中正與吏部竝銓，皆歷朝銓選之制，悉略而不敘。金、元銓政，載於史志甚詳，亦概略之。至謂明興立制，入仕之途有三：進士、監生、吏員。不知明初三途竝用，乃科舉、薦能、吏員三途。其時應薦者或以賢良方正，或以儒士，或以秀才，或以人才，皆官至卿輔，非盡在監之監生也。

《八千卷樓書目・職官類》《歷代銓選志》一卷。國朝袁定遠撰。學海類編本。

唐折衝府考

《八千卷樓書目・職官類》《唐折衝府攷》四卷。國朝勞經原撰。刊本。

南省公餘録

《八千卷樓書目·職官類》 《南省公餘録》八卷。國朝梁章鉅撰。刊本。

樞垣題名

丁立中《八千卷樓書目·傳記類》 《樞垣題名》一卷。國朝潘世恩撰。刊本。

歷代職官表

《八千卷樓書目·職官類》 《歷代職官表》六卷。國朝黄本驥撰。刊本。三長物齋本。

内閣中書舍人題名

《八千卷樓書目·職官類》 《内閣中書舍人題名》一卷，《續編》一卷。國朝鮑康撰，丁士彬續。刊本。

後漢三公年表

《八千卷樓書目·職官類》 《後漢三公年表》一卷。國朝華湛恩撰。《昭代叢書本》。

臺　規

《八千卷樓書目·職官類》 《欽定臺規》十九卷。嘉慶十五年恭阿拉等奉敕撰。刊本。

漢官答問

《八千卷樓書目·職官類》 《漢官答問》五卷。國朝陳樹鏞撰。刊本。

軍機故事

《八千卷樓書目·職官類》 《軍機故事》二卷。國朝姚文棟撰。刊本。

職官官箴分部

百官箴

姚振宗《後漢藝文志·職官類》 胡廣《百官箴》四十八篇。

范《書》本傳：初，揚雄依《虞箴》作《十二州》、《二十五官箴》，其九箴亡闕，後涿郡崔駰及子瑗、又臨邑侯劉騊駼增補十六篇，廣復繼作四篇，文甚典美。乃悉撰次首目，爲之解釋，名曰《百官箴》，凡四十八篇。

《太平御覽》五百八十八引胡廣《百官箴敍》曰：「箴諫之興，所由尚矣。聖君求之于下，賢臣納之于上。故《虞書》曰『予違汝弼，汝無面從，退有後言』。墨子著書稱《夏箴》之辭。」

《文心雕龍・銘箴篇》：「揚雄稽古，始範《虞箴》，作卿尹、州牧二十五篇。及崔、胡補綴，總稱百官，指事配位，鞶鑑可徵，信所謂追清風于前古，攀辛甲于後代者也。」

侯《志》曰：「《百官箴》，今載《古文苑》者四十一篇，蓋亦從諸書采輯而來，不免漏脱。」

侯康《補後漢書藝文志・職官類》 《百官箴》四十八篇。崔駰、胡廣等撰，廣又爲之解。康案：《百官箴》今載《古文苑》者四十一篇，中有兩《尚書箴》。據《初學記・職官部》，其一爲繁欽作，不得列四十八篇內，當除去，尚缺八篇。《御覽》二百廿九引胡廣《陵令箴》、崔寔《太醫令箴》、揚雄《太官令箴》，二百卅五引揚雄《太史令箴》，二百四十一引胡廣《邊都尉箴》，尚缺三篇。廣傳稱「揚雄《十二州》、《二十五官箴》，其九箴亡闕。崔駰及子瑗、劉騊駼增補十六篇。廣繼作四篇」。今合諸亡篇考之，其二爲廣作，其一篇不可考，《古文苑》所載名字參錯故也。《胡廣傳》載作箴諸人無崔寔，而《古文苑》及《御覽》有之；廣傳有廣及劉騊駼，而《古文苑》無之。然所載崔瑗《侍中箴》，《初學記・職官部》引作胡廣；崔瑗《郡太守箴》，《藝文類聚・州郡部》引作劉騊駼。以此類推，知其中或尚有劉、胡作而誤題崔氏者。又《文選・赭白馬賦》注引劉騊駼《郡太守箴》二語，《古文苑》不載。《御覽・職官部》引《河南尹箴》多四語，《司徒箴》多二語。蓋《古文苑》亦從諸書采輯而來，容有脱漏也。

曾樸《補後漢書藝文志考》 《文章流別論》：「揚雄依《虞箴》作《十二州》、《二十五官箴》，而傳於世，不具九官。崔氏累世彌縫其缺。胡公又次其首目而爲之解，署曰《百官箴》。」《書鈔》一百二。

章樵曰：「今存四十篇。」

嚴可均《全上古三代漢魏晉六朝文目敘録》曰：「後漢《胡廣傳》：『初，揚雄依《虞箴》作十二州、二十五官箴，其九箴亡闕。後涿郡崔駰及子瑗、又臨邑侯劉騊駼增補十六篇。廣復繼作四篇，乃悉撰次首目，名曰《百官箴》，凡四十八篇。』如傳此言，則子雲僅存二十八箴。今徧檢羣書，除《初學記》之《潤州箴》、《御覽》之《河南尹箴》顯誤不録外，得州箴十二，官箴二十一，凡三十三箴，視東漢時多出五箴。縱使《司空》、《尚書》、《太常》、《博士》四箴可屬崔駰、崔瑗，仍多出一箴，與《胡廣傳》未合。猝求其故而不得，覆審乃明。所謂亡闕者，謂有亡有闕。《侍中》、《太史令》、《國三老》、《太樂令》、《太官令》五箴多闕文，其四箴亡，故云九箴亡闕也。《百官箴》收整篇，不收殘篇，故子雲僅二十八篇。羣書徵引據本集，本集整篇、殘篇兼載，故有三十三篇。其《司空》、《尚書》、《太常》、《博士》四箴，《類聚》作揚雄，必可據信也。」

臣軌

阮元《四庫未收書目提要・史部・職官類》 《臣軌》二卷。《佚存叢書》本。傳望樓金帚編本。唐武則天撰。《唐書・藝文志》及《崇文總目》、鄭樵《通志・藝文略》所載卷帙並同。《宋史》不著録。案《唐會要》云：「長壽二年三月，則天自制《臣軌》兩卷，令貢舉人習業，停《老子》。」又云：「中宗神龍二年二月二日赦文：天下停習《臣軌》，依前習《老子書》。」分《國體》、《至忠》、《守道》、《公正》、《匡諫》、《誠實》、《慎密》、《廉潔》、《良將》、《利人》，凡十章。是編著録久佚，此册日本人用活字板擺印，卷末題垂拱二年撰，乃日本人妄增也。

周中孚《鄭堂讀書記・職官類》 《臣軌》二卷。《佚存叢書》本。阮氏有云：「末題二斗撰，乃日本人妄增也。」唐則天皇后武氏撰。新、舊《唐志》儒林類、《崇文目》、《通志》俱著録。《讀書志》、《書録解題》、《通考》、《宋志》俱不載，則其佚久矣。是本天瀑題其後云：「余家舊藏鈔本，往往雜以武后制字，是蓋當時原本爾。但諸書所載制字，間與此異，未詳其孰是？今一仍鈔本之舊。又卷末綴有『垂拱元年撰』五字，故前有序文，但稱天皇，玩其詞氣，當出於睿宗所撰也。凡分《同體》、《至忠》、《守道》、《公正》、《匡諫》五章，爲上卷。《誠信》、《慎密》、《廉潔》、《良將》、《利人》五章，爲下卷。每章俱有分注，不著撰人。天瀑以賈行注《帝範》例之，疑此注亦賈作，亦未可定。其書俱倣《帝範》而作，班賜臣僚，且詒天下學者習之。所注亦倣《帝範》注其引鄭氏《論語》、《孝經》，二注爲近儒□鄭注者所不采，豈以其書及注未必當附之真本耶？

陸心源《皕宋樓藏書志・職官類》 《臣軌》二卷。東洋刊本。唐武則天撰。

《日本訪書志補》 《臣軌》二卷。日本古鈔本。此書以寬文刻本，根源爲最古。此本注中大有删削，然墨色如漆，審其筆勢，當爲日本六七百年前人所抄。其原本不與寬文本同，故卷首有「鄭州陽武縣臣王德纂注上」十一字，而寬文本無之。按：此書別有大正間抄本，亦有王德纂注之文，則知寬文本脱也。光緒戊子四月，宜都楊守敬記。

又按：寬文本卷末有「垂拱元年撰」五字，《佚存叢書》因之，阮文達遂有異議。此本無此五字，豈寬文本爲後人所竄入與？守敬再記。

《八千卷樓書目·職官類》 《臣軌》一卷。唐武則天撰。精抄本。佚存叢書本。

諭俗編

楊士奇等《文淵閣書目·政書》 鄭至道《諭俗編》。一部。一册。闕。

州縣提綱

楊士奇等《文淵閣書目·政書》 陳古靈《州縣提綱》。一部。一册。塾本無此部。

楊士奇等《文淵閣書目·政書》 陳古靈《治民提綱》。一部。一册。闕。

《四庫全書總目提要·職官類》 《州縣提綱》四卷。永樂大典本。不著撰人名氏。楊士奇《文淵閣書目》題陳古靈撰。古靈者，宋陳襄別號也。襄字述古，侯官人。慶曆二年進士，官至右司郎中樞密直學士。事蹟具《宋史》本傳。史稱其莅官所至，必請求民閒利病。没後友人劉鋒視其篋，得手書數十幅，皆言民事。則此書似當出於襄。然襄所著《古靈集》，尚傳於世，無一字及此書。又所著《易講義》、《郊廟奉紀禮文》、《校定夢書》等，見《宋史·藝文志》、《福建通志》、《説郛》中，不言更有此書。晁、陳二家書目亦皆不著録。書內有「紹興二十八年」語，又有「昔吕惠卿」、「昔劉公安世」語。考襄卒於元豐三年，距南渡尚遠，不應載及紹興。且劉、吕皆其後進，不應稱昔，其非襄撰明甚。今《永樂大典》所載本，蓋據元初所刻。前有吴澄序，止言前修所撰，不著其名氏，蓋澄亦疑而未定。知《文淵閣書目》所題當出譌傳，不足據矣。其書論州縣莅民之方，極爲詳備。雖古今事勢未必盡同，然於防姦釐弊之道，抉摘最明。而首卷推本正己省身，凡數十事，尤爲知要，亦可爲司牧之指南。雖不出於襄手，要非究心吏事、洞悉民情者不能作也。

周中孚《鄭堂讀書記·職官類》 《州縣提綱》四卷。學津討原本。舊題宋陳襄撰。《讀書志》、《書録解題》、《通考》、《宋志》俱不載，明《文淵閣書目》有云：「題陳古靈撰。襄字述古，號古靈，侯官人，慶曆二年進士，官至右司郎中，樞密直學士。」然考之《古靈集》及是書所載，實非古靈所作。其書已佚，今館臣從《永樂大典》録出，著録於《四庫全書》。前有吴草廬序，惟稱其鄉姜曼卿録事任於閩，忍貧自潔，遇事必究，底蘊惻然，惟恐傷於民。前所編《州縣提綱》一書，手之不置，蓋與其意無一不合故也。章貢黎志道復爲鋟木以廣其傳云云，亦不定爲何人所作。益知楊東里所題之僞也。其書凡一百六十條，每條各有標目，皆論牧令馭民之道，於釐姦剔弊，□述頗詳。其卷首《潔己》、《平心》以下二十餘事，尤爲推本之論。是編不獨爲州縣而設，即方面大吏，亦當敬而聽之也。張若雲即從《文淵閣》本録出付梓，《函海》亦收入之，俱誤題爲陳襄撰，不如仍閣本之不著撰人爲得云。

馬國翰《玉函山房藏書簿録·職官類》 《州縣提綱》四卷。函海本。宋侍讀判尚書都省侯官陳襄述古撰。姜曼卿修訂。按：舊缺撰人姓名，《文淵閣書目》始題陳襄撰，考《宋史·襄傳》云：「襄莅官所至，必務興學校，平居存心以講求民間利病爲急。既亡，友人劉尋視其篋，得手書累數十幅，盈紙細書，大抵皆民事也。」此書論牧令馭民之道，頗得要領，與史傳所載合。原本久佚，乾隆中四庫館從《永樂大典》録出，李調元刊。

《八千卷樓書目·職官類》 《州縣提綱》四卷。不著撰人名氏。學津討原本。半畝園本。日本刊本曾氏刊本。函海本。

縣務綱目

尤袤《遂初堂書目·職官類》 《縣務綱目》。

陳振孫《直齋書録解題·職官類》 《縣務綱目》二十卷。贛陽劉鵬撰。凡四十四門，四百七十餘事。其説不止於作縣，而事關縣務者爲多焉。元符庚辰敍。

馬端臨《文獻通考·經籍考·職官》 《縣務綱目》二十卷。

作邑自箴

陳振孫《直齋書録解題·職官類》 《作邑自箴》十卷。李元弼持國撰。政和丁酉序。

馬端臨《文獻通考・經籍考・職官》《作邑自箴》十卷。

楊士奇等《文淵閣書目・政書》 李元弼《作邑自箴》。一部。一册。闕。

張金吾《愛日精廬藏書志・史部・職官類》《作邑自箴》十卷。抄本。從陳君子準藏本傳録。宋李元弼撰。述爲政之要，莅論民之方，極爲核備。雖篇帙無多，而條目詳盡，區畫分明，固司牧之矜式也。末卷曰《登途須知》、曰《備急藥方》，亦行路之必需者。《直齋書録解題》、《文淵閣書目》、《世善堂書目》俱録。末頁有淳熙己亥中元浙西提刑司刊兩行，蓋從宋刊本影寫者。嘗謂子男之任實難，其人漢之郎官，出宰百里。聖朝鼎新法度，以達官稱薦者録之。予濫綰銅章，才微識隘，何以承流宣化民社之重，可不勉焉？剽聞鄉老先生論爲政之要，僅得一百三十餘説，從而著成規矩，述以勸戒，又幾百有餘事。釐爲十卷，目之曰《作邑自箴》，置之几案，可以矜式。政和丁酉秋七月，李元弼持國待次廣陵書。

瞿鏞《鐵琴銅劍樓藏書目録・職官類》《作邑自箴》十卷。影鈔宋本。宋李元弼撰并序。是書論爲政之要，自一至四卷分《正己》、《治家》、《處事》三門，凡一百三十餘條。其下四卷列《規矩》一門，百有餘條，第九卷爲判狀、印板，第十卷爲《登途須知》、《備急藥方》。作於政和中，刊於淳熙中。傳本甚稀見，《直齋書録》、《文淵閣書目》卷末有淳熙己亥中元浙西提刑司刊一條。每半葉十一行，行十九字。舊爲稽瑞樓藏本。

縣法

尤袤《遂初堂書目・職官類》 吕觀文《治縣法》。

陳振孫《直齋書録解題・職官類》《縣法》一卷。北京留守温陵吕惠卿吉甫撰。曰《法令》、《詞訟》、《刑獄》、《簿歷》、《催科》、《給納》、《災傷》、《盜賊》、《勸課》、《教化》凡十門，爲縣之法，備於此矣。雖今古事殊，而大體不能越也。惠卿小人之雄，於材術固優，然法令在首，而教化乃居其末，不曰俗吏而謂之何哉！

馬端臨《文獻通考・經籍考・職官》《縣法》一卷。

吕本中官箴

范邦甸等《天一閣書目・職官類》《官箴》一卷。刊本。宋紫微舍人吕本中著。明成化己丑，河東謝廷桂跋云：「成化戊子，予奉表入京，謁大司成邢先生，授吕舍人《官箴》一帙。予歸刻諸郡校。」王輿、邢讓、陸簡皆有序。

《四庫全書總目提要・職官類》《官箴》一卷。浙江鮑士恭家藏本。宋吕本中撰。本中有《春秋集解》，已著録。此乃其所著《居官格言》，凡三十三則。《宋史・本中列傳》備列其著作之目，不載是書。然《藝文志・雜家類》中乃著録一卷。此本載左圭《百川學海》中，後有寶祐丁亥永嘉陳昉跋，蓋即昉所刊行。或當日偶然題記，如歐陽修《試筆》之類，本非有意於著書。後人得其手稾，傳寫鐫刻，始加標目，故本傳不載歟。本中以工詩名家，然所作《童蒙訓》，於修己、治人之道，具有條理，蓋亦頗留心經世者。故此書多閱歷有得之言，可以見諸實事。書首即揭「清慎勤」三字，以爲當官之法，其言千古不可易。王士禎《古夫子亭雜録》曰：「上嘗御書『清慎勤』三大字，刻石賜内外諸臣。案此三字，吕本中《官箴》中語也。」是數百年後，尚蒙聖天子採擇其説，訓示百官，則所言中理可知矣。至其論不欺之道，明白深切，亦足以資儆戒。雖篇帙無多，而詞簡義精，固有官者之龜鑑也。

張金吾《愛日精廬藏書志・史部・職官類》《官箴》一卷。明成化刊本。宋紫微舍人吕本中居仁著。邢讓重刊跋。成化戊子。

周中孚《鄭堂讀書記・職官類》《官箴》一卷。《百川學海》本。宋吕本中撰。本中，字居仁，好問之子。紹興六年賜進士，擢起居舍人。八年遷中書舍人兼侍講殿直學士院。《四庫全書》著録，《宋志》雜家類亦載之，而本傳不載。蓋《宋史》志傳每載一人著作，往往彼此有詳略，不足爲異。後有寶慶丁未永嘉陳昉識語，蓋早有別行之本矣。所載皆當官之法，凡三十三則，篇帙無多，而語皆明切。雖曰《官箴》，而實非揚雄《百官箴》但作四言、無裨實用可比，此其所以爲吏治之津梁，而官方之龜鑑也。其書開端即曰：「當官之法，唯有三事：曰清，曰慎，曰勤。知此三者，可以保禄位，遠恥辱」云云。亦有所本。案王隱《晉書》載李秉家誡云：「共侍坐於先帝，時有三長吏俱見。臨辭出，上曰：爲官長當清，當慎，當勤，修此三者，何患不治？」見《魏志・李通傳》註。秉所稱先帝者，司馬昭也。昭雖篡弒之賊，而其言千古不可易，然使稱此三語出於司馬昭，恐不足以使人聽信。既吕氏首言及之，即謂出於吕氏可也。君子不以人廢言，蓋此之謂。但孔子所謂人，豈指簒國弑君之人哉？是編《説郛》《學津討原》亦收入之。

馬國翰《玉函山房藏書簿録・職官類》《官箴》一卷。宋中書舍人提舉太平觀河南吕本中居仁撰，學者稱東萊先生。語極明切，首揭「清慎謹」三字，千古言吏治者本之。

瞿鏞《鐵琴銅劍樓藏書目録・職官類》《官箴》一卷。明刊本。宋吕本中撰。此明成化戊子河東邢遜之讓爲國子監祭酒，手寫以刻，書兼行楷，古雅可愛，讓有後跋。

陸心源《皕宋樓藏書志・職官類》《官箴》一卷。宋刊本。宋紫薇舍人吕本中居仁撰。

《萬卷精華樓藏書記・職官類》《官箴》一卷。宋吕本中撰。抄本。前有寶慶丁亥永嘉陳昉跋。陳氏跋曰：「昉顓蒙之資，蚤膺吏事，塵囂馳騖，無所津梁。既得此書，稍知自勉，敬鋟於梓與有志者同之。」

《八千卷樓書目・職官類》《官箴》一卷。宋吕本中撰。學津討原本。百川本。

畫簾緒論

黄虞稷《千頃堂書目・職官類・補宋》胡太初《畫簾緒論》一卷。寶祐間知汀州事。

倪燦等《宋史藝文志補・職官類》胡太初《畫簾緒論》一卷。寶祐間知汀州事。

《四庫全書總目提要・職官類》《畫簾緒論》一卷。浙江鮑士恭家藏本。宋胡太初撰。太初，天台人。端平乙未，其外舅陶某出宰香溪，太初因論次縣令居官之道，凡十五篇以貽之。后十七年，爲淳祐壬子，太初出守處州。越明年，復得是稿於其戚陶云翔，遂鋟諸板，以授屬縣。其目首曰《盡己》，次曰《臨民》、曰《事上》、曰《寮寀》、曰《御吏》、曰《聽訟》、曰《治獄》、曰《催科》、曰《理財》、曰《差役》、曰《賑恤》、曰《行刑》、曰《期限》、曰《勢利》，而終之以《遠嫌》。條目詳盡，區畫分明。蓋亦《州縣提綱》之類也。書中臚列事宜，雖多涉宋代條格，與后來職制不盡相合。然其大旨，以潔己清心、愛民勤政爲急務。言之似乎平近，而反覆推闡，實無不切中事情。《世説新語》載傅氏有《理縣譜》，其書不傳。牧民者能得是編之意而變通之，則此一卷書，亦足以補其闕矣。

朱睦㮮《萬卷堂書目・官制》《畫簾緒論》一卷。

周中孚《鄭堂讀書記・職官類》《畫簾緒論》一卷。百川學海本。宋胡太初撰。太初，天台人，寶祐、淳祐間歷知處州、汀州事。《四庫全書》著録，倪氏《宋志補》亦載之。是編皆詳論縣令涖官之要，凡十五篇。篇各有目，自《盡己》以迄《遠嫌》，大要以「清慎勤」三者爲本，而一一皆究其流弊。其所論事勢，雖今昔不同，而情弊無不可以例推之。閲是編者，洵足爲學古入官之助，燭其情，得其理。雖爲令言，而實非專爲令言也。蓋端平乙未，其外舅陶某出宰香谿，因作是書以貽之，亦可謂當仁不讓者矣。又案：「畫簾」二字雖詞人所恆用，用於爲宰無涉，當屬作書者言之，猶曰曉樓、午窗云爾。《説郛》、《學津討原》均收入之。

馬國翰《玉函山房藏書簿録・職官類》《畫簾緒論》一卷。並青照堂本。宋胡太初撰。端平乙未，其外舅陶某出宰香溪，因論次居官之道以貽之，凡十五篇。

陸心源《皕宋樓藏書志・職官類》《畫簾緒論》一卷。宋刊本。宋胡太初撰。析圭分爵，從政涖民，等爾。而於治邑獨憚焉，鑊湯以喻其煎熬，償債以仿其不得已之意。嘻，邑非果不可爲也，或者材與學未之副也。外舅通直，天材家學，見稱子時，試邑香溪，游刃無全牛矣。將有行也，規規問政，若無所能者，豈非以衆所憚，不敢易視歟？謙訪再三，既不獲命，迺退而冥搜疇昔鯉庭視親見所習聞者，條爲十有五篇，目曰《畫簾緒論》，以代郊餞之什。夫爲政本不可以言語文字傳也，而所能言者，又特政之糠秕，烏用是呶呶哉！傅琰父子爲令，並著能名，乃有所謂理縣譜，然則言語文字，容可傳也。神物啟祕，縣譜復出，是編幸投之苦海云。端平乙未季秋吉日，天台胡太初述。

《萬卷精華樓藏書記・職官類》《畫簾緒論》一卷。宋胡太初撰。抄本。前有端平乙未天台胡太初自序。

《八千卷樓書目・職官類》《畫簾緒論》一卷。宋胡太初撰。《百川》本。《學津討原》本。

許月卿百官箴

范邦甸等《天一閣書目・職官類》《百官箴》六卷。刊本。宋許事卿撰。明嘉靖乙未，國子監祭酒上海陸深序云：「百官有箴，備於漢。此則宋儒山屋許先生所撰次也。中丞新安潘公方塘撫蜀之明年，重鋟於行臺。深適吏蜀，公命序之。」按：山屋名事卿，理宗朝進士及第，家星源許村，蓋公之鄉人也。聞宋亡時，南士有卧一車中五年不言者，心甚偉之，而未知即山屋。今讀其遺文，又知講學於鶴山。魏文靖公得朱子之傳。新安爲文公闕里，則山屋固朱子之鄉人也。平生著甚多，此箴或其集中之一類爾。凡四十有九，而名之曰「百」。顧其制盡宋官，言多宋事，特一代之書。其有合於今者，則經筵、翰苑、御史之臣，尚書、六部、太常、大理、國監，登聞，攬厥名義，殷鑒存焉。

黄虞稷《千頃堂書目・職官類・補宋》許月卿《百官箴》六卷。

倪燦等《宋史藝文志補・職官類》許月卿《百官箴》六卷。

《四庫全書總目提要・職官類》《百官箴》六卷。内府藏本。宋許月卿撰。月卿字太空，後更字宋士，婺源人。始以軍功補校尉。理宗時换文資就舉，以《易》魁江東，廷對賜進士及第，官至浙江西運幹。賈似道當國，召試館職，語不合，罷去。閉門著書，自號泉田子。宋亡不仕，遁蹟十年乃卒，亦志節之士也。是書仿揚雄《官箴》，分曹列職，各申規戒。考《宋史・百官志》，經筵乃言路兼官；二府掾乃樞密中書屬吏；參知政事以門下中書侍郎爲之；登聞院隸諫議，進奏院隸給事中，俱轄於門下省；軍器監、文思院俱轄於工部。是書皆各自爲箴。蓋以所掌之事區分，故既列本職，又及其兼官；既列總司，又及其所分掌。非複出也。又考《永樂大典》所載宋何異《中興百官題名》，雖殘闕不完，而所標官署職掌，與此書頗有異同。蓋自元豐變制以後，品目至爲淆雜。南渡以後，分析併省，益以靡恒。此書據一時之制言之，故互有出入也。前有月卿進表，稱「《百官箴》竝發凡言例共七帙」。而今止六卷。校以次第，實無遺漏。殆原本凡例自爲一卷，傳録者合併之歟？虞人之箴，遠見《左傳》。繩愆匡違，其風自古。月卿傚法其體，雖申明職守，僅托空言。而具列官邪，風戒有位，指陳善敗，觸目驚心，亦未嘗無百一之裨焉。

《八千卷樓書目・職官類》《百官箴》六卷。宋許月卿撰。刊本。

爲政善惡報應

朱睦㮮《萬卷堂書目・官制》《爲政善惡報應》一册。

三事忠告

《四庫全書總目提要・職官類》《三事忠告》四卷。桂林府同知李文藻刊本。元張養浩撰。養浩字希孟，號雲莊，濟南人。官至禮部尚書，參議中書省事。天曆中，拜陝西行臺中丞。卒謚文忠。事蹟具《元史》本傳。養浩爲縣令時，著《牧民忠告》二卷，凡十綱，七十二子目。爲御史時，著《風憲忠告》一卷，凡十篇。入中書時，著《廟堂忠告》一卷，亦十篇。其言皆切實近理，而不涉於迂闊。蓋養浩留心實政。舉所閱歷者著之。非講學家務爲高論，可坐言而不可起行者也。明張綸《林泉隨筆》曰：「張文忠公《三事忠告》，誠有位者之良規。觀其在守令則有守令之式，居臺憲則有臺憲之箴，爲宰相則有宰相之謨。醇深明粹，真有德者之言也。考其爲人，能竭忠徇國，正大光明，無一行不踐其言」云云，其推挹可謂至矣。三書非一時所著，本各自爲編。明洪武二十二年，廣西按察司僉事揚州黄士宏合爲一卷刻之，總題曰《爲政忠告》，陳璉爲序。案：此本序文中稱《爲政忠告》，而其標題亦稱《三事忠告序》，蓋重刻所追改。宣德六年，河南府知府李驥重刻，改名《三事忠告》。考《書》稱任人、準夫、牧作三事，《詩》稱三事大夫皆在王左右之尊階。施於《廟堂忠告》，猶爲近之。御史縣尹，不在是列。如曰以三職所治爲三事，則自我作古，轉不及「爲政」之名爲該括一切矣。蓋明人書帖之本，好立新名，而不計其合於古義否也。相沿已數百年，不可復正。今姑以通行之名著録，而附訂其乖舛如右。

朱睦㮮《萬卷堂書目・官制》《三事忠告》一册。

馬國翰《玉函山房藏書簿録・職官類》《三事忠告》四卷。章邱張氏家藏本。又碧鮮齋校本。元中書平章政事歷城張養浩希孟撰。《牧民忠告》二卷，爲縣令時所作，凡十二子目。《風憲忠告》一卷，爲御史時所作，凡十篇。《廟堂忠告》一卷，入中書時所作，亦十篇。實心實政，深切著明。書凡二本：一公裔孫居章邱者家藏原刊本，一道光中左庶子莆田郭尚先蘭石影寫絳雲樓本，湖北巡撫同里尹濟源竹農校刊。後本最善。

《八千樓卷書目·職官類》 《三事忠告》四卷。元張養浩撰。明洪武刊本。芸葉軒刊本。貸園本。日本刊本。嘉慶刊本。如不及齋本。道光辛卯尹濟源覆宋本。

牧民忠告

楊士奇等《文淵閣書目·政書》 張養浩《牧民忠告》。一部。一册。闕。

《四庫全書總目提要·職官類存目》 《牧民忠告》一卷。直隸總督採進本。元張養浩撰。養浩有《三事忠告》，已著録。此即三事中之一種。魏裔介摘出別行，非完書也。

《八千卷樓書目·職官類》 《牧民忠告》一卷。元張養浩撰。江蘇局本。

風憲忠告御史箴

楊士奇等《文淵閣書目·政書》 張養浩《風憲忠告》。一部。一册。闕。

范邦甸等《天一閣書目·職官類》 《風憲忠告御史箴》一卷。刊本。元至正乙未林泉生序，云：「曩聞崇安令鄒從吉甫，能以忠信便民，民亦樂其治。予過崇安，會從吉，問所治何先？即出書一卷，曰：『某不敏，麤效一官者，此書之力也。』閲之，則相國張文忠爲縣令時所著，采古人嘉言懿行，爲郡縣楷式，命曰《牧民忠告》。予客京師，嘗於臺臣家見所謂《風憲忠告》者，言風紀要務，凡十章，亦公爲御史時所著也。今年予謁閩，海監憲張公出《風憲忠告》，將鋟梓，俾予序之，予得重覩是書。時文忠公之子引來僉閩憲，克濟世德云。」

廟堂忠告

楊士奇等《文淵閣書目·政書》 張養浩《廟堂忠告》。一部。一册。闕。

治世龜鑒録

張萱等《内閣藏書目録·雜部》 《治世龜鑑録》一册。元至正間江浙行中書蘇天爵采集前代史書，凡有關於時務，一《治體》，二《用人》，三《守令》，四《愛民》，五《爲政》，六《止盜》，彙而成書。

周伯琦官箴

張萱等《内閣藏書目録·雜部》 《官箴》一册。全。元至正間周伯琦仿揚雄、崔駰作，《經筵》、《中書》、《兵部》、《御史》、《翰林》、《國史》、《崇文》、《官學》、《太府》、《參政》，凡十箴，皆伯琦所嘗履歷者。

黄虞稷《千頃堂書目·職官類·補元》 周伯琦《官箴》一卷。凡十篇，首《經筵》，次《中書》、《兵部》、《御史》、《翰林》、《國史》、《崇文》、《官學》、《太府》、《參政》，皆伯琦所歷官也。

倪燦等《補遼金元藝文志·職官類》 周伯琦《官箴》一卷。

吏學指南

楊士奇等《文淵閣書目·政書》 《吏學指南》。一部。一册。闕。

范邦甸等《天一閣書目·職官類》 《吏學指南》八卷。刊本。吴郡徐元瑞君祥撰，正德乙卯翠巖堂刊。

朱睦㮮《萬卷堂書目·官制》 《吏學指南》一册。

莅政戒銘　爲政誡銘

楊士奇等《文淵閣書目·政書》 《爲政誡銘》。一部。一册。闕。

王圻《續文獻通考・經籍考・職守》《蒞政戒銘》四十二篇。殷近仁著。

爲政準則

楊士奇等《文淵閣書目・政書》《爲政準則》。一部。一册。闕。

范邦甸等《天一閣書目・職官類》《爲政準則》一卷。刊本。不著撰人名氏，明洪武十六年介山雲方氏序。

明宣宗官箴

范邦甸等《天一閣書目・職官類》宣宗章皇帝御製《官箴》一卷。藍絲闌鈔本，卷首有東明草堂、萬古同心之學二圖章。

王圻《續文獻通考・經籍考・職守》《官箴》。宣德七年宣宗製。自都督至儒學，凡三十五篇。

黄虞稷《千頃堂書目・職官類》《宣宗御製官箴》一卷。

《明史・藝文志・職官類》《宣宗御製官箴》一卷。

《四庫全書總目提要・職官類存目》《官箴》一卷。左都御史張若淮家藏本。

明宣宗章皇帝御製。自都督府至儒學，凡三十五篇。前有宣德七年六月諭旨一道，稱取古人箴儆之義。凡中外諸司，各著一篇，使揭諸廳事，朝夕覽觀，庶幾君臣交儆之道。蓋當時嘗以頒行者。嘉靖戊戌，南京國子監祭酒倫以訓，復刊布之。後載宣宗御製《廣寒殿記》一首，《玉簪花賦》一首，詩二十七首，詞曲二首，不知何人所附。叢雜不倫，殊乖編録之體。

牧民心鑑

范邦甸等《天一閣書目・職官類》《牧民心監》二卷。刊本。明成化十八年朱逢吉、李興校，三山王佐序。

王圻《續文獻通考・經籍考・職守》《牧民心鑑》。大理寺丞朱逢吉著。

朱睦㮮《萬卷堂書目・官制》《牧民心鑑》一册。

從政録

周中孚《鄭堂讀書記・職官類》《從政録》一卷。《廣祕笈》本。明薛瑄撰。瑄字德温，河津人，永樂辛丑進士，官至禮部左侍郎，内閣學士，謚文清，祀孔廟。《明史・藝文志刑法類》著録，乃其所著《作官格言》，凡九十七條，一語兩語亦備録之，體近語録，非宋元人官箴，暢所欲言而止。然較言心、言性之書，則此編尚近裏著，已有裨於治道矣。《續説郛》有録，無書，但於録下注一闕字云。

《八千卷樓書目・職官類》《從政録》一卷。明薛瑄撰。《廣百川》本。

資政格言

楊士奇等《文淵閣書目・政書》秦輔之《資政格言》。一部。一册。闕。

官民要覽續集

楊士奇等《文淵閣書目・政書》《官民要覽續集》。一部。一册。闕。

爲政楷範

楊士奇等《文淵閣書目・政書》《爲政楷範》。一部。一册。闕。

有官龜鑑

楊士奇等《文淵閣書目・政書》 蘇子啟集《有官龜鑑》。一部。二十册。闕。

牧民備用

朱睦㮮《萬卷堂書目・官制》《牧民備用》一册。

彭惠安政訓

王圻《續文獻通考・經籍考・職守》《政訓》一卷。彭惠安著。

朱睦㮮《萬卷堂書目・官制》《政訓》一册。

官箴集要

朱睦㮮《萬卷堂書目・官制》《官箴集要》二册。

循吏私録

朱睦㮮《萬卷堂書目・官制》《循吏私録》一册。

牧鑒

范邦甸等《天一閣書目・職官類》《牧鑑》三卷。刊本。明徐昱撰。嘉靖乙卯李仲序云：「余自牧楚，遷貳閩汀，得《牧鑑》一書，閱之則郡彦東溪先生所輯録者也。統以治本、治體、應事、接人四類，類各有目，凡三十有五。意倣西山真氏《政經》，體效文公小學，鑿鑿乎經政之規也。先生名昱，字子晦，別號東溪，善古文詩歌，有《偶見録》以識所得。教士則有《師録》，作宰則有是集，歸田則有《農圃須知》，得於學而徵於言，咸深有益于士民云。」

《脉望館書目・職官》《牧鑑》二本。

明職

黄虞稷《千頃堂書目・職官類》《明職》一卷。**【略】**吕坤撫山右時輯。

《四庫全書總目提要・職官類存目》《明職》一卷。浙江巡撫採進本。明吕坤撰。坤有《四禮翼》，已著録。坤於萬曆壬辰以僉都御史巡撫山右，作此編以申飭屬吏。自弟子員之職，至督撫之職，統十八篇。於省府州縣職官利弊得失，言之甚悉。

《八千卷樓書目・職官類》《明職》一卷。明吕坤撰。刊本。

初仕録

錢謙益等《絳雲樓書目・本朝史類・職官》《初仕録》一卷。

《八千卷樓書目・職官類》《初仕録》一卷。明吴遵撰。刊本。明刊本。

新官軌範

《八千卷樓書目・職官類》《新官軌範》一卷。明吴遵撰。刊本。明刊本。

居官格言

《八千卷樓書目·職官類》《居官格言》二卷。明吴遵撰。刊本。明刊本。

守令懿範

范邦甸等《天一閣書目·職官類》《守令懿範》二卷。刊本。明隆慶己巳，蘇郡守蔡國熙永年撰，杜偉校正，爲志道纂輯，徐師曾序。

張萱等《内閣藏書目録·雜部》《守令懿範》四册。全。隆慶間蘇州太守蔡國熙纂輯。古人良吏爲儒牧，循二編，凡四卷，大學士嚴公訥序。

當官三事録

朱睦㮮《萬卷堂書目·官制》《當官三事録》一册。

政問録　法綴

《八千卷樓書目·職官類》《政問録》一卷。附《法綴》一卷。明唐樞撰。刊本。

循良政範

張萱等《内閣藏書目録·雜部》《循良政範》三册。全。萬曆間御史李栻采輯周濂溪、程明道、朱晦菴、陸象山四先生居官政績，及諸名公勸民條約，凡三卷。

官常政要

黄虞稷《千頃堂書目·職官類》《官常政要》十四卷。

爲政格言

朱睦㮮《萬卷堂書目·官制》《爲政格言》。

愛牧便覽

朱睦㮮《萬卷堂書目·官制》《愛牧便覽》二册。

筮仕指南

朱睦㮮《萬卷堂書目·官制》《筮仕指南》一册。

仕宦箴規

朱睦㮮《萬卷堂書目·官制》《仕宦箴規》一册。

吏　誡

朱睦㮮《萬卷堂書目·官制》《吏誡》一册。

牧　津

《四庫全書總目提要・職官類存目》《牧津》四十四卷。浙江巡撫采進本。明祁承爜撰。承爜字爾光，山陰人。萬曆甲辰進士，官至江西布政司參政。其書採輯歷代循吏事實，分類編次。首列《輯概》一卷，分爲五目：一《考名》，二《稽制》，三《述意》，四《論世》，五《辨類》。以下凡四十四卷，分《經濟》、《消弭》、《匡定》、《節義》、《當機》、《惠愛》、《化導》、《勸節》、《集事》、《政才》、《政術》、《真誠》、《清德》、《砥躬》、《風力》、《守正》、《嚴肅》、《敦厚》、《忠信》、《明决》、《得情》、《察姦》、《矜慎》、《平恕》、《執持》、《識見》、《崇體》、《任人》、《治賦》、《救荒》、《詰盜》、《儒治》三十二類。每類前各有小序。徵采既廣，不無煩碎叢雜之病。

馬國翰《玉函山房藏書簿録・職官類》《牧津》四十四卷。明吉安知府山陰郭承爜爾光撰。爲目三十二，爲事千五百五十有奇，輯古善政教之治，爲牧民者示之以津梁。

蔣璞山政訓

范邦甸等《天一閣書目・職官類》《蔣璞山政訓》一卷。刊本。明南雍門人譚秉清類編，濬縣王璜校正，男宗魯刊並序。

《八千卷樓書目・職官類》《蔣公政訓》一卷。明譚秉清等編。明刊本。胡氏刊本。

仕學全書

《四庫全書總目提要・職官類存目》《仕學全書》三十五卷。江西巡撫採進本。明魯論撰。論有《四書通議》，已著録。是書初名《聞見録》，以明代官制法令，仿《周禮》六官分類編載，各附論斷，蓋亦備場屋對策之用者。分上下二編，上編爲六部大政，下編則自京朝直省各官職守，終於掖庭、宗藩。

百僚金鑒

《四庫全書總目提要・職官類存目》《百僚金鑑》十二卷。內府藏本。國朝牛天宿撰。天宿字覲薇，章邱人。康熙中官瓊州府知府。是編前爲《總論》七卷，以中外職官爲次。取古之稱職者，略載事蹟，而以歷代官制沿革弁諸條之首。八卷至十卷別列《廉潔》、《度量》、《用人》、《刑賞》、《恬退》、《忠烈》、《武功》七門，亦略摭事實，挂一漏萬。十一卷則載古來箴銘訓頌之類，而以己作參錯其中。至十二卷則自敘其粵中政績，而以去思碑終焉。未免近於自炫矣。

人臣儆心録

《四庫全書總目提要・職官類》《御製人臣儆心録》一卷。順治十二年世祖章皇帝御撰。凡八篇：一曰《植黨》，二曰《好名》，三曰《營私》，四曰《徇利》，五曰《驕志》，六曰《作僞》，七曰《附勢》，八曰《曠官》。前有御製序。蓋因勳臣譚泰、石漢，大學士陳名夏等，先後以驕怙伏法，因推論古今來姦臣惡迹，訓誡羣臣，俾共知炯鑑也。夫一氣流行，化生萬品。鷙梟並育，穀稗同滋。實理數之不得不然。故有君子必有小人，雖唐虞盛時，四凶亦厠名於朝列，無論秦、漢以下也。不幸而遇昏亂之世，則匪人得志，其禍遂中於國家，前明諸權幸是也。幸而遇綱紀修明之時，則翔陽所照，物無匿形，雖百計彌縫，終歸敗露，則陳名夏諸人是也。在我世祖章皇帝聖裁果斷，睿鑒英明，足以駕馭羣材，照臨萬象。雷霆一震，鬼蜮潛蹤。雖有僉壬，諒不敢復蹈覆轍。而聖人慮周先事，杜漸防微，恐小人惟利是營，多昏其智。於陳名夏等不以爲積愆已稔，自取誅夷，反以爲操術未工，別圖掩蓋。因特頒宸翰，普示班聯。曲推其未發之謀，明繪其欲施之策，俾其知所聚黨而私議者，已畢在洞照之中。如九金鑄鼎，先圖魑魅之形。儻逢不若，皆可以指而目之，名而呼之。山鬼之伎倆，自窮而無所逞也。國家重熙累洽百有餘年，列聖相承，並乾剛獨斷。從無如前代姦臣得以盜竊魁柄者，豈非祖宗貽謀有以垂萬年之家法哉！

《八千卷樓書目·職官類》《御製人臣儆心録》一卷。順治十二年奉敕撰。鈔本。蔣氏刊本。

政學録

《四庫全書總目提要·職官類存目》《政學録》五卷。直隸總督採進本。國朝鄭端撰。端字司直，棗强人，順治己亥進士，官至江南巡撫。是編原本吕坤、余自强兩家之書，而參酌之。內而閣、部、科、道，外而督、撫、司、道、守、令，應行事宜，咸載利弊。

馬國翰《玉函山房藏書簿録·職官類》《政學録》五卷。國朝棘津鄭端司直撰編，一切官政甚詳切。

福惠全書

《八千卷樓書目·職官類》《福惠全書》三十二卷。國朝黄六鴻撰。日本刊本。

仕的

馬國翰《玉函山房藏書簿録·職官類》《仕的》一卷。並檀几叢書本。國朝吴山吴儀一舒鳧撰。自序謂：「吾友某選某縣，問仕於吾，告之曰：『子故學者，今儼然侯矣。古之射者，射爲諸侯也。《采蘋》、《采蘩》以節諸射，而延射揚觶以語，衆雖不中，庶不遠乎？』友請示之的略，書十八章貽之，即題曰《仕的》，爲行禮者勸焉。」

莅政摘要

《八千卷樓書目·職官類》《莅政摘要》二卷。國朝陸隴其撰。刊本。陸子全書本。

爲政第一編

《四庫全書總目提要·職官類存目》《爲政第一編》八卷。內府藏本。國朝孫鋐撰。鋐，字可庵，錢塘人。其書所載皆州縣職事，分時宜、刑名、錢穀、文治四類。條目瑣碎，議論亦鄙。蓋幕客之兔園册，不足資以爲治也。

司牧寶鑑

《八千卷樓書目·職官類》《司牧寶鑑》一卷。國朝李顒撰。刊本。

文武金鏡律例指南

《四庫全書總目提要·職官類存目》《文武金鏡律例指南》十六卷。內府藏本。國朝凌銘麟撰。銘麟字天石，杭州人。是書成於康熙辛酉。自文武儀注品級，以及莅任居官事宜，無不備載。又發律例大旨，而以相傳之案牘爲之證據，蓋亦爲初仕者設也。

官紳約

《八千卷樓書目·職官類》《官紳約》一卷。國朝金天基撰。刊本。

州縣事宜

《八千卷樓書目·職官類》《州縣事宜》一卷。國朝田文鏡撰。蘇局本。

臨民金鏡録

《八千卷樓書目・職官類》《臨民金鏡録》一卷。國朝趙殿成撰。原刊本。

吏治懸鏡

馬國翰《玉函山房藏書簿録・職官類》《吏治懸鏡》八卷。國朝蓋山徐文弼勷右撰。以八音分編，金集蒞任，石集政務，絲集洗冤，竹集救急，匏集處分，土集律總，革集諸圖，木集輿地，簡明包括。

圖民録

《八千卷樓書目・職官類》《圖民録》四卷。國朝袁守定撰。江西局本。

官戒詩

馬國翰《玉函山房藏書簿録・職官類》《官戒詩》一卷。並四川刊本。國朝翰林院編修鉛山蔣士銓心餘撰。此詩《忠雅堂集》不載，四川總督滿洲鄂山潤泉刊，附《作吏要言》後，婉而多風，感人易入。

作吏要言

馬國翰《玉函山房藏書簿録・職官類》《作吏要言》一卷。國朝順昌葉鎮玉屏撰，有桂林陳宏謀序。

作吏管見

馬國翰《玉函山房藏書簿録・職官類》《作吏管見》一卷。國朝兩淮鹽運使漢軍朱孝純子穎撰。

學治臆説　學治續説　學治説贅

周中孚《鄭堂讀書記・職官類》《學治臆説》二卷，《續説》一卷。知不足齋叢書本。國朝汪輝祖撰。輝祖字焕曾，蕭山人，乾隆乙未進士，官湖南寧遠縣知縣。龍莊曾著《佐治藥言》二卷，爲學幕者言。之後自通州引疾歸里，友人閒以吏事商榷，其子繼培等隨録所聞，積久成帙。因汰其複於《藥言》者，存其可與《藥言》互參者，區分條目，得一百二十五則。自序稱：「余曩佐州縣吏而自爲亦止州縣，故舊數十年目見耳聞，憑臆以説，止於州縣之治，且止於州縣常行之治，繁雜瑣碎，詞義淺顯，學治者或當節取焉。既而引前緒而申之，又手疏得五十則以續前編之後，自爲之跋。」余謂是書綜論治理，言約旨該，皆自抒心得，絶不勦先民之説以爲説，誠可與《藥言》一書並行不悖。筮仕者，所當奉爲圭臬。於從政也，何有其《藥言》？究爲佐幕者，而設故別記於居家類云。

馬國翰《玉函山房藏書簿録・職官類》《學治臆説》一卷，《續説》一卷，《説贅》一卷。國朝道州知州蕭山汪輝祖焕曾撰。委曲詳至，切中人情，與《作吏言》二書，服官者皆珍佩之。

《八千卷樓書目・職官類》《學治臆説》二卷，《續説》一卷，《説贅》一卷。國朝汪輝祖撰。刊本。

從政餘談

《八千卷樓書目・職官類》《從政餘談》一卷。國朝王定柱撰。刊本。

政蹟匯覽

馬國翰《玉函山房藏書簿録・職官類》《政蹟匯覽》十四卷。國朝太僕寺卿成都糜奇瑜朗峯撰。分十四門，自序謂：「因惺惺子所陳條目，取前賢事蹟有關政體者，類編逐條之下。」惺惺子，吴越隱士也。

蜀僚問答

《八千卷樓書目・職官類》《蜀僚問答》一卷。國朝劉衡撰。吏治三書本。刊二卷本。

庸吏庸言

《八千卷樓書目・職官類》《庸吏庸言》二卷。國朝劉衡撰。雲海樓刊本。吏治三書本。

庸吏餘談

《八千卷樓書目・職官類》《庸吏餘談》二卷。國朝劉衡撰。雲海樓刊本。

讀律心得

《八千卷樓書目・職官類》《讀律心得》三卷。國朝劉衡撰。《簾舫四種》本。《吏治三書》本。

牧令書輯要

《八千卷樓書目・職官類》《牧令書輯要》十卷。國朝徐棟編。刊本。

勸誡淺語

《八千卷樓書目・職官類》《勸誡淺語》一卷。國朝曾國藩撰。刊本。

從政續餘録

《八千卷樓書目・職官類》《從政緒餘録》七卷。國朝陳坤撰。如不及齋本。

學仕録

《八千卷樓書目・職官類》《學仕編》十六卷。國朝戴肇辰撰。刊本。

職官政紀分部

浙省分署紀事本末

《四庫全書總目提要・職官類存目》《浙省分署紀事本末》六卷。兩淮鹽政採進本。明茅坤撰。坤有《徐海本末》，已著録。是書之作，蓋以湖州烏戍一鎮，界連六縣，跨帶兩省，姦盜易於窟穴。郡人致仕副使施儒，以嘉靖十七年疏於朝，請設縣不果，議置通判。後因通判權輕，不足以彈制諸屬，旋亦汰除。萬曆元年始設同知以統之。因作是書以紀其始末。

楚臺記事

《四庫全書總目提要・職官類存目》《楚臺記事》七卷。浙江汪啓淑家藏本。明李天麟撰。天麟字公振，武定人。萬曆庚辰進士。由牧馬千户所軍籍中式，故自稱燕人。官至監察御史巡按湖廣。是書即在湖州所作。分《地理圖説》爲四卷，《兵權圖説》爲三卷。又雜截章奏、禮儀、堂規、供應等舊例。猥雜煩瑣，與書吏簿籍無異。其載牘餽賀儀、銀數多寡，以官階大小爲準，可見當時苞苴陋習。而公然載之簡牘，毫無顧憚，尤足徵明政之不綱也。

皖江從政録

馬國翰《玉函山房藏書簿録・職官類》《皖江從政録》八卷。樹滋堂本。國朝安州儒學生員王履中、黄樹梅等撰。記其師鳳陽府同知如皋吴篪渭泉前知東流、太和二縣政蹟。

涼州紀略

馬國翰《玉函山房藏書簿録・職官類》《涼州紀略》一卷。涼州刊本。國朝固原州學正長安韓宰繼平撰。剖在原一切告條、詳牘，具有經濟，惜以司鐸終，未竟其志也。

政書部

論述

《隋書・經籍志・舊事類序》 古者朝廷之政，發號施令，百司奉之，藏于官府，各修其職，守而弗忘。《春秋傳》曰「吾視諸故府」，則其事也。《周官》，御史掌治朝之法，太史掌萬民之約契與質劑，以逆邦國之治。然則百司庶府，各藏其事，太史之職，又總而掌之。漢時，蕭何定律令，張蒼制章程，叔孫通定儀法，條流派别，制度漸廣。晉初，甲令已下，至九百餘卷，晉武帝命車騎將軍賈充，博引羣儒，刪采其要，增律十篇。其餘不足經遠者爲法令，施行制度者爲令，品式章程者爲故事，各還其官府。搢紳之士，撰而録之，遂成篇卷，然亦隨代遺失。今據其見存，謂之舊事篇。

又《儀注類序》 儀注之興，其所由來久矣。自君臣父子，六親九族，各有上下親疏之别。養生送死，弔恤賀慶，則有進止威儀之數。唐、虞已上，分之爲三，在周因而爲五。《周官》，宗伯所掌吉、凶、賓、軍、嘉，以佐王安邦國親萬民，而太史執書以協事之類是也。是時典章皆具，可履而行。周衰，諸侯削除其籍。至秦，又焚而去之。漢興，叔孫通定朝儀，武帝時始祀汾陰后土，成帝時初定南北之郊，節文漸具。後漢又使曹褒定漢儀，是後相承，世有製作。然猶以舊章殘缺，各遵所見，彼此紛爭，盈篇滿牘。而後世多故，事在通變，或一時之制，非長久之道，載筆之士，刪其大綱，編于史志。而或傷於淺近，或失於未達，不能盡其旨要。遺文餘事，亦多散亡。今聚其見存，以爲儀注篇。

又《刑法類序》 刑法者，先王所以懲罪惡，齊不軌者也。《書》述唐、虞之世，五刑有服，而夏后氏正刑有五，科條三千。《周官》，司寇掌三典以刑邦國，司刑掌五刑之法麗萬民之罪，太史又以典法逆于邦國，内史執國法以考政事。《春秋傳》曰：「在九刑不忘。」然則刑書之作久矣。蓋藏于官府，懼人之知爭端，而輕於犯。及其末也，肆情越法，刑罰僭濫。至秦，重之以苛虐，先王之正刑滅矣。漢初，蕭何定律九章，其後漸更增益，令甲已下，盈溢架藏。晉初，賈充、杜預，刪而定之。有律，有令，有故事。梁時，又取故事之宜於時者爲《梁科》。後齊武成帝時，又於麟趾殿刪正刑典，謂之《麟趾格》。後周太祖，又命蘇綽撰《大統式》。隋則律令格式

並行。自律已下，世有改作，事在《刑法志》。《漢律》久亡，故事駁議，又多零失。今録其見存可觀者，編爲刑法篇。

錢東垣等輯《崇文總目輯釋・儀注類序》 昔漢諸儒，得古禮十七篇，以爲《儀禮》，而《大射》之篇獨曰「儀」，蓋射主於容，升降揖讓不可以失。《記》曰：「禮之末節，有司掌之。」凡爲天下國家者，莫不講乎三代之制，其采章文物，邦國之典，存乎禮官。秦漢以來，世有損益。至於車旗服器，有司所記遺文故事，凡可録者，附於史官云。見《歐陽文忠公集》。

又《刑法類序》 刑者，聖人所以愛民之具也。其禁暴止殺之意，必本乎至仁。然而執梃刃刑人而不疑者，審得其當也。故法家之説，務原人情，極其真僞，必使有司不得銖寸輕重出入，則其爲書不得不備。歷世之治，因時制法，緣民之情，損益不常。故凡法令之要，皆著於篇。見《歐陽文忠公集》。

晁公武《郡齋讀書志・刑法類》 古者議事以制，使民不知所爭也；後世鑄刑書，使民知所避也。雖若不同，所以爲民之意則一。然議事以制者，委重於人；鑄刑書者，委重於法。委重於人，則上之人將輕重由心，以虐其下；委重於法，則下之人將徵於書，以慢其上。其爲失也亦均。要之以人行法，不使偏重，然後爲得耳。

馬端臨《文獻通考・經籍考・故事》 《宋三朝藝文志》曰：西漢有掌故之吏，以主故事，則名之所起，不其遠乎？魏相爲丞相，務在奉行故事，孔光領樞機，亦守法度修故事耳。然則師古之學，當世之要務。隋唐載故事數十家，皆臺閣府署舊制，及諸遺風曩跡之事。今所存惟二三書，又取後之纂類附近者著之。

焦竑《國史經籍志・故事類序》 古者百司政典，藏於宮府，各修其職，守而弗忘。《周官》，御史掌治朝之法，太史掌萬民之約契與質劑，以逆邦國之治。蓋賦事行刑，必問遺訓而咨故實，史職尚已。漢建武初，政鮮成憲，朝無故老，識者慮之。獨侯霸明習故事，收録遺文，一時倚以爲重。後世條流派别，制度漸廣。雖未必悉能經遠，而各有救於淪敝，亦一時之良也。惜隨代湮没，十不存一。今據所傳者部而類之，謂之故事。

又《儀注類序》 孔子之適周也，於柱下史學禮焉。嘆曰：「大哉！聖人之道洋洋乎！禮儀三百，威儀三千。」而與弟子言仁也，曰克己以復禮。蓋宮室得其度量，鼎得其象，味得其時，樂得其節，車得其式，鬼神得其饗，喪紀得其序，辨説得其黨，官政得其施，凡衆之動得其宜，禮備而仁在矣。後世禮教放失，遺經出魯淹中者，什不得一。然明君察相，因時立制，制定而民安之，即謂禮，至今存可也。漢

興，叔孫通、曹褒雜定其儀，唐宋以來斟酌損益，代有不同。而適物觀時，類有救於崩敝，亦何必身及商周，揖讓登降於其間，乃爲愉快乎哉？故具列而敘之。其謚法、國璽原出他部，余以謂禮之類也，特改而傳著於篇。

又《法令類序》 漢初，蕭何定律令，張蒼制章程，叔孫通定儀法，一代之制粲然矣。晉令甲九百餘卷，杜預、賈充删采其要，有律，有令，有故事，各還官府。儻所云章程者，非乎國家創制立法，莫重於此。史稱魏相明經，有師法，好觀漢故事及便宜章奏。故知前事不忘，後事之師也。其可忽諸？舊史有刑法一目，而《漢名臣奏事》、《魏臺雜訪》、貢舉、監學、役法參錯其間，近於不倫。今更名法令，以律令爲首，而諸條皆檢括之。其職官、儀注，又以其重大别出云。

《四庫全書總目提要・政書類序》 志藝文者有故事一類。其間祖宗創法，奕葉慎守，是爲一朝之故事。後鑒前師，與時損益者，是爲前代之故事。史家著録，大抵前代事也。《隋志》載《漢武故事》，濫及稗官。《唐志》載《魏文貞故事》，横牽家傳。循名誤列，義例殊乖。今總核遺文，惟以國政朝章六官所職者，入於斯類。以符《周官》故府之遺。至儀注條格，舊皆别出。然均爲成憲，義可同歸。惟我皇上製作日新，垂謨册府，業已恭登新笈，未可仍襲舊名。考錢溥《祕閣書目》有政書一類，謹據以標目，見綜括古今之意焉。

又《政書類》 案：纂述掌故，門目多端。其間以一代之書而兼六職之全者，不可分屬。今總而匯之，謂之「通制」。

又《政書類二》 案：六官之政，始於冢宰。茲職官已各自爲類，故不復及。六官之序，司徒先於宗伯。今以春官所掌，帝制朝章悉在焉。取以託始，尊王之義也。

又 案：古者司徒兼教養，後世則惟司錢穀。以度支所掌，條目浩繁，然大抵邦計類也。故今統以邦計爲目，不復一一區别。

又 案：軍伍戰陳之事，多備於子部兵家中。此所録者，皆養兵之制，非用兵之制也。故所取不過數家。

又 案：法令與法家，其事相近而實不同。法家者，私議其理；法令者，官著爲令者也。刑爲盛世所不能廢，而亦盛世所不尚。茲所録者，略存梗概而已，不求備也。

黄逢元《補晉書藝文志・舊事類序》 策藏官府，世守章程，斯爲舊事。《隋志》曰：「晉初，甲令已下，至九百餘卷。武帝命車騎將軍賈充，博引羣儒，删采其要，增律十篇。其餘不足經遠者爲法令，施行制度者爲令，品式章程者爲故事，各還官府。」前事不忘，後事之師。《周官》太史，職在是矣。茲據《隋志》，加以《唐志》，綜而理之，編舊事篇。

又《儀注類序》 古禮經即儀注也。故曰「禮儀三百，威儀三千」。自漢叔孫通、曹褒始有别撰。晉代因之，荀顗、鄭沖乃創於前，荀崧、刁協又定於後，東西兩京，此其大略。其間傅瑗、孔晁、摯虞、蔡謨、干寶諸人，因時立制，損之益之，并有著述。總類其目，編儀注篇。

雜録

《隋書・經籍志・舊事》 右二十五部，四百四卷。

又《儀注》 右五十九部，二千二十九卷。通計亡書，合六十九部，三千九十四卷。

又《刑法》 右三十五部，七百一十二卷。通計亡書，合三十八部，七百二十六卷。

《舊唐書・經籍志・故事》 右一百四部。【略】列代故事四十二家。

又《儀注》 右儀注八十四部，凡一千一百四十六卷。

又《刑法》 右刑法五十一部，凡八百一十四卷。

錢東垣等輯《崇文總目輯釋・儀注類》 共二十八部，計一百一十卷。

又《刑法類》 共五十一部，計七百一十六卷。

《新唐書・藝文志・故事類》 右故事類十七家，四十三部，四百九十六卷。失姓名二十五家，裴矩以下不著録十六家，九十卷。

又《儀注類》 右儀注類六十一家，一百部，一千四百六十七卷。失姓名三十二家，竇維鍌以下不著録四十九家，八百九十三卷。

又《刑法類》 右刑法類二十八家，六十一部，一千四卷。失姓名九家，自《開元新格》以下不著録十三家，三百二十三卷。

《宋史・藝文志・故事類》 右故事類一百九十八部，二千九十四卷。彭百川《治迹統類》以下不著録七部，二百二十一卷。

又《儀注類》 右儀注類一百七十一部，三千四百三十八卷。

又《刑法類》 右刑法類二百二十一部，七千九百五十五卷。

《明史・藝文志・故事類》 右故事類，一百六部，二千一百二十一卷。

又《儀注類》 右儀注類五十七部，四百二十四卷。

又《刑法類》 右刑法類，四十六部，五百九卷。

《四庫全書總目提要·政書類一》 右政書類通制之屬，十九部，二千二百九十八卷，皆文淵閣著録。

又《政書類二》 右政書類典禮之屬，二十四部，一千五十一卷，皆文淵閣著録。

又 右政書類邦計之屬，六部五十三卷，皆文淵閣著録。

又 右政書類軍政之屬，四部，二百七十一卷，皆文淵閣著録。

又 右政書類法令之屬，二部，七十七卷，皆文淵閣著録。

又 右政書類考工之屬，二部，三十五卷，皆文淵閣著録。

又《政書類存目一》 右政書類通制之屬，七部，三百三十一卷，内二部無卷數。皆附存目。

又 右政書類典禮之屬，四十七部，三百十九卷，内二部無卷數。皆附存目。

又《政書類存目二》 右政書類邦計之屬，四十五部，二百四十九卷，内一部無卷數。皆附存目。

又 右政書類軍政之屬，二部，五卷，皆附存目。

又 右政書類法令之屬，五部，一百十七卷，皆附存目。

又 右政書類考工之屬，六部，十八卷，皆附存目。

張之洞《書目答問·政書》 以上政書類歷代通制之屬。三通爲體，通貫古今，故别爲類。

又 以上政書類古制之屬。《唐開元禮》一百五十卷，宋《政和五禮新儀》二百二十卷，《金集禮》四十卷，《明集禮》五十三卷，除《明集禮》外，有傳鈔本，未見刻本。《開元禮》多采入《通典》内。

又 以上政書類令制之屬。今日官書，如品級、處分、賦役、漕運、鹽法、税則、學政、科場、樞政、軍需、刑案、工程、物料、臺規、儀象志、各部則例之屬，各有專書所司。

通制分部

蘇冕會要

鄭樵《通志·藝文略·起居注》 《會要》四十卷。唐蘇冕撰，起高祖訖代宗。

續會要

鄭樵《通志·藝文略·起居注》 《續會要》四十卷。唐崔鉉撰，次德宗以來至大中間事。

通典

尤袤《遂初堂書目·類書類》 《通典》。

陳振孫《直齋書録解題·典故類》 《通典》二百卷。唐宰相京兆杜佑君卿撰。採《五經》、羣史、歷代沿革廢置、羣士論議，迄於天寶，凡爲八門，曰《食貨》、《選舉》、《職官》、《禮》、《樂》、《兵刑法》、《州郡》、《邊防》。貞元中表上之，李翰爲之序。初，劉秩爲《政典》三十五篇，佑以爲未盡，廣而成之。

馬端臨《文獻通考·經籍考·故事》 《通典》二百卷。

《四庫全書總目提要·政書類》 《通典》二百卷。内府藏本。唐杜佑撰。佑字君卿，京兆萬年人。以蔭補濟南參軍事，歷官至檢校司徒，同中書門下平章事，加太保，致仕。謚安簡。事蹟具《唐書》本傳。

杜氏通典詳節

《四庫全書總目提要·政書類》 《杜氏通典詳節》四十二卷。浙江巡撫採進本。不知何人所編。驗其版式，猶宋時麻沙刻本。所列引用諸儒姓氏，止於吕祖謙、陳傅良、葉適三人，皆註有文集見行字，則南宋人所爲也。於杜氏《通典》八門内汰其兵制一門，於禮制門内又刪去喪服之制，故六朝諸儒議禮之文藉《通典》以傳者，多不見録，又其去取多不可解，如《通典》卷一載後漢田制，凡列荀悦、崔寔、仲長統三人之説，而是書獨存荀悦。蓋力求簡約，而略無義例者也。

續通典

尤袤《遂初堂書目・類書類》《續通典》。

陳振孫《直齋書録解題・典故類》《續通典》二百卷。翰林學士承旨大名宋白太素等撰。咸平三年奉詔，四年九月書成。起唐至德初，迄周顯德末。王欽若言杜佑《通典》上下數千載，爲二百卷，而其中四十卷爲開元禮。今之所載二百餘年，亦如前書卷數，時論非其重複。

馬端臨《文獻通考・經籍考・故事》《續通典》二百卷。

唐六典

胡師安等《元西湖書院重整書目》《唐六典》。

楊士奇等《文淵閣書目・政書》《唐六典》。一部。十册。闕。

唐會要

鄭樵《通志・藝文略・起居注》《唐會要》一百卷。宋朝王溥撰，起宣宗至唐末，以蘇冕、崔鉉二書合爲百卷。

晁公武《郡齋讀書志・類書類》《唐會要》一百卷。袁本後志卷二類書類第八。右皇朝王溥撰。

尤袤《遂初堂書目・類書類》《唐會要》。

陳振孫《直齋書録解題・典故類》《唐會要》一百卷。司空平章事晉陽王溥齊物撰。初，唐德宗時，蘇冕撰四十卷，武宗朝，崔鉉續四十卷，至是溥又采宣宗以降故事，共成百卷。建隆二年正月上之。

馬端臨《文獻通考・經籍考・故事》《唐會要》一百卷。

楊士奇等《文淵閣書目・史附》《唐會要》。一部。五册。闕。

《唐會要》。一部。三十册。闕。

《唐會要》。一部。二十五册。闕。

《四庫全書總目提要・政書類》《唐會要》一百卷。浙江汪啟淑家藏本。宋王溥撰。溥字齊物，并州祁人。漢乾祐中登進士第一。周廣順初拜端明殿學士。恭帝嗣位，官右僕射。

五代會要

鄭樵《通志・藝文略・起居注》《五代會要》三十卷。王溥撰，起梁訖周。

晁公武《郡齋讀書志・類書類》《五代會要》三十卷。袁本前志卷三下類書類第十一。右皇朝王溥等撰。采梁至周典故，纂次成秩，建隆初上之。

尤袤《遂初堂書目・類書類》《五代會要》。

陳振孫《直齋書録解題・典故類》《五代會要》三十卷。王溥撰。

馬端臨《文獻通考・經籍考・故事》《五代會要》三十卷。

楊士奇等《文淵閣書目・史附》《五代會要》。一部。五册。闕。

《五代會要》。一部。五册。闕。

《四庫全書總目提要・政書類》《五代會要》三十卷。兩江總督采進本。宋王溥撰。

三朝國朝會要

晁公武《郡齋讀書志・類書類》《三朝國朝會要》一百五十卷。袁本前志、後志未收。右皇朝章得象天聖中被詔以國朝故事、因革制度編次。宋綬、馮元、李淑、王舉正、王洙同修，得象監總。慶曆四年書成上之。

馬端臨《文獻通考・經籍考・故事》《三朝國朝會要》一百五十卷。

(章得象等)國朝會要

鄭樵《通志·藝文略·起居注》《國朝會要》一百五十卷。章得象等編。

尤袤《遂初堂書目·類書類》《國朝會要》。

節國朝會要

馬端臨《文獻通考·經籍考·故事》《節國朝會要》十二卷。晁氏曰：皇朝范師道以章得象書繁多，節其要以備檢。

(王珪等)國朝會要

鄭樵《通志·藝文略·起居注》《國朝會要》三百卷。王珪等編。

六朝國朝會要

陳振孫《直齋書録解題·典故類》《六朝國朝會要》三百卷。監修國史華陽王珪禹玉撰。始，仁宗命纂修，自建隆至慶曆四年，成八十五卷。熙寧三年，珪爲學士承旨，乞續修至熙寧十年，總二十一類，八百五十五門，舊書亦略增損，爲三百卷。

馬端臨《文獻通考·經籍考·故事》《六朝國朝會要》三百卷。

政和重修會要

陳振孫《直齋書録解題·典故類》《政和重修國朝會要》百十卷。先是王禹玉監修，自建隆至熙寧，凡三百卷。

三朝政要

陳振孫《直齋書録解題·典故類》《三朝政要》二十卷。宰相河南富弼彦國撰。

續會要

陳振孫《直齋書録解題·典故類》《續會要》三百卷。監修仙井虞允文并甫等上。自紹興十年編修，起元豐元年，迄靖康之末。乾道六年書成。

馬端臨《文獻通考·經籍考·故事》《續會要》三百卷。

跋續會要

洪邁《容齋題跋》《跋續會要》。

宋朝事實

《四庫全書總目提要·政書類》《宋朝事實》二十卷。《永樂大典》本。宋李攸撰。《文獻通考》作李伋。

建炎以來朝野雜記甲乙集

馬端臨《文獻通考·經籍考·雜史》《建炎以來朝野雜記甲乙集》共四十卷。李心傳撰。上自帝係、帝德、朝政、國典，下及見聞瑣碎，皆録之。蓋南渡以後野史之最詳者。

《宋史・藝文志・故事類》 李心傳《建炎以來朝野雜記》十一卷。又《朝野雜記》甲集二十卷，乙集二十卷。

《四庫全書總目提要・政書類》《建炎以來朝野雜記》四十卷。兩淮鹽政採進本。宋李心傳撰。心傳有《建炎以來繫年要録》，已著録。心傳長於史學，凡朝章國典多所諳悉。是書取南渡以後事蹟，分門編類。甲集二十卷，分上德、郊廟、典禮、製作、朝事、時事、故事、雜事、官制、取士、財賦、兵馬、邊防十三門。乙集二十卷，少郊廟一門，而末卷別出邊事，亦十三門。每門各分子目。

鄭夾漈通志略

馬端臨《文獻通考・經籍考・故事》《鄭夾漈通志略》。莆田鄭樵漁仲撰，淳熙間經進。

西漢會要

鄭樵《通志・藝文略・起居注》《西漢會要》十卷。

陳振孫《直齋書録解題・典故類》《西漢會要》七十卷。

馬端臨《文獻通考・經籍考・故事》《西漢會要》七十卷。

楊士奇等《文淵閣書目・史附》《西漢會要》。一部。十册。闕。

《西漢會要》。一部。十册。闕。

《西漢會要》。一部。十册。闕。

《西漢會要》。一部。八册。闕。

《四庫全書總目提要・政書類》《西漢會要》七十卷。浙江汪啟淑家藏本。宋徐天麟撰。天麟字仲祥，臨江人。開禧元年進士，調撫州教授，歷武學博士，通判惠、潭二州，權知英德府。事蹟附見《宋史・徐夢莘傳》。

東漢會要

陳振孫《直齋書録解題・典故類》《東漢會要》四十卷。武學博士清江徐天麟仲祥撰。

馬端臨《文獻通考・經籍考・故事》《東漢會要》四十卷。

楊士奇等《文淵閣書目・史附》《東漢會要》。一部。八册。闕。

《東漢會要》。一部。八册。闕。

《東漢會要》。一部。七册。闕。

《四庫全書總目提要・政書類》《東漢會要》四十卷。浙江范懋柱家天一閣藏本。宋徐天麟撰。天麟官撫州教授時，既奏進《西漢會要》，後官武學博士時，續成此書，於寶慶二年復奏進之。

漢制考

《四庫全書總目提要・政書類》《漢制考》四卷。兩江總督採進本。宋王應麟撰。

國朝會要總類

陳振孫《直齋書録解題・典故類》《國朝會要總類》五百八十八卷。李心傳所編，合三書爲一。刻於蜀中，其板今在國子監。

馬端臨《文獻通考・經籍考・故事》《國朝會要總類》五百八十八卷。

國朝通典

陳振孫《直齋書録解題・典故類》《國朝通典》二百卷。不著名氏，或言魏鶴山所爲，似方草創未成書也。凡通典、會要，前志及《館閣書目》皆列之類書。按通典載古今制度沿革，會要專述典故，非類書也。

馬端臨《文獻通考・經籍考・故事》 《國朝通典》二百卷。

四朝會要

尤袤《遂初堂書目・類書類》 《四朝會要》。

政和續修會要

尤袤《遂初堂書目・類書類》 《政和續修會要》。

中興會要

尤袤《遂初堂書目・類書類》 《中興會要》。

陳振孫《直齋書録解題・典故類》 《中興會要》二百卷。監修晉江梁克家叔子等上。乾道六年，既進《續會要》，有旨自建炎元年續修，止紹興三十二年。九月成書。

馬端臨《文獻通考・經籍考・故事》 《中興會要》二百卷。

文獻通考

范邦甸等《天一閣書目・政書類》 《文獻通考》三百四十八卷。刊本。元馬端臨撰并自序。延祐六年王壽衍表進，至元五年余謙序，明正德十六年劉洪校刊。

徐𤊹《徐氏家藏書目・彙書類》 《文獻通考》三百四十八卷。馬端臨。

倪燦等《宋史藝文志補・故事類》 馬端臨《文獻通考》三百四十八卷。

于敏中等《天禄琳琅書目・明版史部》 《文獻通考》。二十函，一百册。宋馬端臨撰。三百四十八卷。前明世宗序，次元至治二年訪《文獻通考》文移，次元王壽延進書表，次端臨自序。

《四庫全書總目提要・政書類一》 《文獻通考》三百四十八卷。内府藏本。元馬端臨撰。端臨字貴與，江西樂平人。宋宰相廷鸞之子也。咸淳中，漕試第一。會廷鸞忤賈似道去國，端臨因留侍養，不與計偕。

彭元瑞等《天禄琳琅書目後編・元版史部》 《文獻通考》。六函，六十册。元馬端臨撰。

又《明版史部》 《文獻通考》。二十函，一百册。篇目見前元版史部。前有至治年江浙行中書省下樂平州劄付，王壽衍進書表。明司禮監奉敕刊，有嘉靖三年世宗御製序。

孫星衍《平津館鑒藏書籍記・明版》 《文獻通考》三百四十八卷。題宋鄱陽馬端臨貴與著，明蘄陽馮天馭應房校刊。前有至大戊申李謹思序，延祐六年王壽衍進《文獻通考》表，至治二年下樂平州鈔白發端一卷，目録一卷。每葉廿六行，行廿四字。收藏有「卓顯卿」白文方印。

張金吾《愛日精廬藏書志・政書類》 《文獻通考》三百四十八卷。宋鄱陽馬端臨貴與著。元刊元印本。

張之洞《書目答問・政書》 《通考》三百四十八卷。元馬端臨。明刻本，殿本三通合刻，謝刻本，廣州重刻本。

潘祖蔭《滂喜齋藏書記・史部》 元刻《文獻通考》三百四十八卷。十函，六十册。元西湖書院刻本。前有馬貴與自序，及延祐六年弘文輔道粹德真人王壽衍進書表。

元典章

楊士奇等《文淵閣書目・政書》 《元典章》。一部。十册。闕。

《四庫全書總目提要・政書類》 《元典章》前集六十卷，附新集。無卷數。内府藏本。

張金吾《愛日精廬藏書志・政書類》 《大元聖政國朝典章》六十卷。舊抄本。

曝書亭藏書。不著撰人名氏。大德七年，中書省劄節文准江西奉使宣撫呈乞照中統以至今日所定格例編集成書，頒行天下。照得先據御史臺比及國家定立律令，以來合從中書省爲頭，一切隨朝衙門各各編類，中統建元至今聖旨條書及朝廷已行格例，置簿編寫檢舉，仍令監察御史及各道提刑按察司體究成否，庶官吏有所持循，政合不至廢弛，已經遍行。合屬依上施行去訖今據見呈，仰照驗施行。

大元聖政典章新集至治例

張金吾《愛日精廬藏書志・政書類》《大元聖政典章新集至治例》舊抄本。至治二年新集。《大元聖政典章》自中統建元至延祐四年所降條畫，板行四方已有年矣。欽惟皇朝政令誕新，朝綱大振，省臺院部恪遵成典。今謹自至治新元以迄今日頒降條畫及前所未刊新例，類聚梓行，使官有成規，民無犯法。其於政治豈小補云。至治二年以後，新例候有頒降，隨類編入梓行，不以刻板已成，而靳於附益也。至治二年六月日謹咨。

元通制

楊士奇等《文淵閣書目・政書》《元通制》。一部。五册。闕。

新編會要

楊士奇等《文淵閣書目・國朝》《新編會要》。一部。五十册。闕。

七國考

《四庫全書總目提要・政書類》《七國考》十四卷。兩淮馬裕家藏本。

明會典

《四庫全書總目提要・政書類》《明會典》一百八十卷。江蘇巡撫採進本。明弘治十年奉敕撰。

明朝典彙

《四庫全書總目提要・政書類》《明朝典彙》二百卷。浙江巡撫採進本。明徐學聚撰。

經世實用編

《四庫全書總目提要・政書類》《經世實用編》二十八卷。江蘇周厚堉家藏本。明馮應京撰。

明典章

《四庫全書總目提要・政書類》《明典章》。無卷數。浙江巡撫採進本。不著撰人名氏。輯太祖吴元年以後，世宗嘉靖十五年以前朝廷制誥典制。大抵從《實録》鈔出編次，殊無體例。

會典鈔略

《四庫全書總目提要・政書類》《會典鈔略》。無卷數。內府藏本。

欽定大清會典

《四庫全書總目提要·政書類》《欽定大清會典》一百卷。乾隆二十九年奉敕撰。伏考《國朝會典》，初修於康熙三十三年，續修於雍正五年。

欽定大清會典則例

《四庫全書總目提要·政書類》《欽定大清會典則例》一百八十卷。乾隆二十九年奉敕撰。與《大清會典》同時告成。《會典》原本以則例散附各條下，蓋沿歷代之舊體。

欽定續文獻通考

《四庫全書總目提要·政書類》《欽定續文獻通考》二百五十二卷。乾隆十二年奉敕撰。

欽定皇朝文獻通考

《四庫全書總目提要·政書類》《欽定皇朝文獻通考》二百六十六卷。乾隆十二年奉敕撰。

欽定續通典

《四庫全書總目提要·政書類》《欽定續通典》一百四十四卷。乾隆三十二年奉敕撰。

欽定皇朝通典

《四庫全書總目提要·政書類》《欽定皇朝通典》一百卷。乾隆三十二年奉敕撰。

欽定皇朝通志

《四庫全書總目提要·政書類》《欽定皇朝通志》二百卷。乾隆三十二年奉敕撰。

元朝典故編年考

《四庫全書總目提要·政書類》《元朝典故編年考》十卷。内府藏本。國朝孫承澤撰。

典禮分部

漢舊儀

《隋書·經籍志·儀注》《漢舊儀》四卷。衛敬仲撰。

《舊唐書·經籍志·儀注》《漢舊儀》四卷。衛宏撰。

錢東垣等輯《崇文總目輯釋·儀注類》《漢舊儀》三卷。衛宏撰。

《新唐書·藝文志·儀注類》衛宏《漢舊儀》四卷。

尤袤《遂初堂書目·儀注類》《漢舊儀》。

陳振孫《直齋書録解題・職官類》《漢官舊儀》三卷。案：《隋書・經籍志》、《唐書・藝文志》俱作四卷。漢議郎東海衛宏敬仲撰。或云胡廣。

《宋史・藝文志・儀注類》衛宏《漢舊儀》三卷。

《四庫全書總目提要・政書類》《漢官舊儀》一卷，《補遺》一卷。《永樂大典》本。

《四庫全書總目提要・政書類》《別本漢舊儀》二卷。兩江總督採進本。

姚振宗《後漢藝文志・儀制類》衛宏《漢舊儀》四篇。宏始末見經部書類。

漢中興儀

《隋書・經籍志・儀注》《漢中興儀》衛敬仲撰。

姚振宗《後漢藝文志・儀制類》衛宏《漢中興儀》一卷。

封禪儀記

姚振宗《後漢藝文志・儀制類》馬第伯《封禪儀記》。

婚禮結言

姚振宗《後漢藝文志・儀制類》崔駰《婚禮結言》。

南北郊冠冕車服制度

姚振宗《後漢藝文志・儀制類》東平王蒼《南北郊冠冕車服制度》。東平王始末見經部樂類。

曹褒漢禮

姚振宗《後漢藝文志・儀制類》曹褒《漢禮》一百五十篇，并《章句》。

婚禮謁文

姚振宗《後漢藝文志・儀制類》鄭衆《婚禮謁文》。衆始末見經部易類。

漢制度

姚振宗《後漢藝文志・儀制類》胡廣《漢制度》。廣始末見正史類。

漢儀

姚振宗《後漢藝文志・儀制類》蔡質《漢儀》。質始末見職官類。

獨斷

錢東垣等輯《崇文總目輯釋・儀注類》《獨斷》二卷。蔡邕撰。

趙希弁《讀書附志拾遺》蔡邕《獨斷》二卷。右漢左中郎將陳留蔡邕撰。雜記自古國家及漢朝故事。「王莽無髮」，蓋見于此。

尤袤《遂初堂書目・儀注類》漢蔡邕《獨斷》。

陳振孫《直齋書録解題・禮注類》《獨斷》二卷。漢議郎陳留蔡邕伯喈撰。記漢世制度、禮文、車服及諸帝世次，而兼及前代禮樂。舒、台二郡皆有刻本。向在莆田嘗録李氏本，大略與二本同，而上下卷前後錯互，因並存之。

《宋史·藝文志·故事類》 蔡邕《獨斷》二卷。

姚振宗《後漢藝文志·儀制類》 蔡邕《獨斷》二卷。

冠禮約制

姚振宗《後漢藝文志·儀制類》 何休《冠禮約制》。休始末見經部春秋類。

朝會志

姚振宗《後漢藝文志·儀制類》 蔡邕《朝會志》。邕始末見經部禮類。

車服志

姚振宗《後漢藝文志·儀制類》 蔡邕《車服志》。

禮　志

姚振宗《後漢藝文志·儀制類》 蔡邕《禮志》。

樂　志

姚振宗《後漢藝文志·儀制類》 蔡邕《樂志》。

郊祀志

姚振宗《後漢藝文志·儀制類》 蔡邕《郊祀志》。

封禪禮

姚振宗《後漢藝文志·儀制類》 曹充《封禪禮》。充始末見經部禮類。

七廟三雍大射養老禮儀

姚振宗《後漢藝文志·儀制類》 曹充《七廟三雍大射養老禮儀》。

禮義故事

姚振宗《後漢藝文志·儀制類》 應劭《禮義故事》。劭始末見正史類。

尚方故事

姚振宗《後漢藝文志·儀制類》 《尚方故事》。

東園祕記

姚振宗《後漢藝文志·儀制類》 《東園祕記》。

漢制橐録

尤袤《遂初堂書目・儀注類》《漢制橐録》。

大漢輿服志

《隋書・經籍志・儀注》《大漢輿服志》一卷。魏博士董巴撰。

《舊唐書・經籍志・儀注》《輿服志》一卷。董巴撰。

《新唐書・藝文志・儀注類》董巴《大漢輿服志》一卷。

姚振宗《三國藝文志・儀制類》董巴《大漢輿服志》一卷。

漢　儀

姚振宗《三國藝文志・儀制類》丁孚《漢儀》。孚始末具職官部。

魏制度

姚振宗《三國藝文志・儀制類》《魏制度》。

蜀制度

姚振宗《三國藝文志・儀制類》《蜀制度》。

魏朝儀

姚振宗《三國藝文志・儀制類》《魏朝儀》。

蜀朝儀

姚振宗《三國藝文志・儀制類》《蜀朝儀》。

吴朝儀

姚振宗《三國藝文志・儀制類》《吴朝儀》。

甲辰儀

《隋書・經籍志・儀注》《甲辰儀》五卷。江左撰。

《舊唐書・經籍志・儀注》《甲振儀注》五卷。

《新唐書・藝文志・儀注類》《甲辰儀注》五卷。

文廷式《補晉書藝文志・儀注類》《甲辰儀》五卷。江左撰。《唐志》作《甲辰儀注》。《藝文類聚》卷十六、《北堂書鈔》八十五並引之。《御覽》一百四十九亦引之。

姚振宗《三國藝文志・儀制類》《魏甲辰儀》五卷。

二宫出入見賓儀

姚振宗《三國藝文志・儀制類》闞澤《二宫出入見賓儀》。

郊丘議

姚振宗《三國藝文志·儀制類》 蔣濟《郊丘議》三卷。

明堂議

姚振宗《三國藝文志·儀制類》 王肅《明堂議》三卷。肅始末具經部易類。

祭　法

姚振宗《三國藝文志·儀制類》 王肅《祭法》五卷。

祭　儀

姚振宗《三國藝文志·儀制類》 繆襲《祭儀》。襲始末具經部樂類。

禮祭集志

姚振宗《三國藝文志·儀制類》 譙周《禮祭集志》。周始末具經部禮類。

晉儀注

《舊唐書·經籍志·儀注》 《晉儀注》三十九卷。

《新唐書·藝文志·儀注類》 《晉儀注》三十九卷。

晉新定儀注

《隋書·經籍志·儀注》 《晉新定儀注》四十卷。晉安成太守傅瑗撰。

《新唐書·藝文志·儀注類》 傅瑗《晉新定儀注》四十卷。

文廷式《補晉書藝文志·儀注類》 傅瑗《晉新定儀注》四十卷。安成太守。

晉雜儀注

《隋書·經籍志·儀注》 《晉雜儀注》十一卷。

《舊唐書·經籍志·儀注》 《晉雜儀注》二十一卷。

《新唐書·藝文志·儀注類》 《晉雜儀注》二十一卷。

文廷式《補晉書藝文志·儀注類》 《晉雜儀注》十一卷。《唐志》二十一卷。

晉尚書儀

《隋書·經籍志·儀注》 《晉尚書儀》十卷。

文廷式《補晉書藝文志·儀注類》 《晉尚書儀》十卷。《唐志》有《晉尚書儀曹事》九卷。

封禪儀

《隋書·經籍志·儀注》 《封禪儀》六卷。

晉尚書儀曹事

《新唐書・藝文志・儀注類》《晉尚書儀曹事》九卷。

決疑要注

《隋書・經籍志・儀注》《決疑要注》一卷。摯虞撰。

《新唐書・藝文志・儀注類》摯虞《決疑要注》一卷。

文廷式《補晉書藝文志・儀注類》摯虞《決疑要注》一卷。

車服雜注

《隋書・經籍志・儀注》《車服雜注》一卷。徐廣撰。

《舊唐書・經籍志・儀注》《車服雜注》一卷。徐廣撰。

《新唐書・藝文志・儀注類》徐廣《車服雜注》一卷。

文廷式《補晉書藝文志・儀注類》徐廣《車服雜注》一卷。

古今注

《新唐書・藝文志・儀注類》崔豹《古今注》一卷。

尤袤《遂初堂書目・儀注類》崔豹《古今注》。

晉鹵簿圖

《隋書・經籍志・儀注》《晉鹵簿圖》一卷。

文廷式《補晉書藝文志・儀注類》《晉鹵簿圖》一卷。

鹵簿儀

《隋書・經籍志・儀注》《鹵簿儀》二卷。

晉尚書儀曹吉禮儀注

《舊唐書・經籍志・儀注》《晉尚書儀曹吉禮儀注》三卷。

《新唐書・藝文志・儀注類》《晉尚書儀曹吉禮儀注》三卷。

文廷式《補晉書藝文志・儀注類》《晉尚書儀曹吉禮儀注》三卷。

晉尚書儀曹新定儀注

《舊唐書・經籍志・儀注》《晉尚書儀曹新定儀注》四十一卷。徐廣撰。

《新唐書・藝文志・儀注類》徐廣《晉尚書儀曹新定儀注》四十一卷。

文廷式《補晉書藝文志・儀注類》徐廣《晉尚書儀曹新定儀注》四十一卷。見《唐志》。

晉明堂郊社議

《舊唐書・經籍志・儀注》《晉明堂郊社議》三卷。孔朝等撰。

《新唐書・藝文志・儀注類》孔晁等《晉明堂郊社議》三卷。

魏臺雜訪議

《舊唐書・經籍志・儀注》《魏臺雜訪議》三卷。高堂隆撰。

《新唐書・藝文志・儀注類》高堂隆《魏臺雜訪議》三卷。

雜議

《舊唐書・經籍志・儀注》《雜議》五卷。干寶撰。

《新唐書・藝文志・儀注類》干寶《雜議》五卷。

晉七廟議

《舊唐書・經籍志・儀注》《晉七廟議》三卷。蔡謨撰。

《新唐書・藝文志・儀注類》蔡謨《晉七廟議》三卷。

要典

《舊唐書・經籍志・儀注》《要典》三十九卷。王景之撰。

《新唐書・藝文志・儀注類》王景之《要典》三十九卷。

大駕鹵簿

《舊唐書・經籍志・儀注》《大駕鹵簿》一卷。

《新唐書・藝文志・儀注類》《大賀鹵簿》一卷。

晉雜議

《舊唐書・經籍志・儀注》《晉雜議》十卷。荀顗等撰。

《新唐書・藝文志・儀注類》荀顗等《晉雜議》十卷。

司徒儀注

《舊唐書・經籍志・儀注》《司徒儀注》五卷。干寶撰。

晉尚書儀曹雜禮儀注

文廷式《補晉書藝文志・儀注類》《晉尚書儀曹雜禮儀注》三卷。

晉先蠶儀注

文廷式《補晉書藝文志・儀注類》《晉先蠶儀注》。

封禪儀

文廷式《補晉書藝文志・儀注類》張華《封禪儀》。《初學記》十三引之。

籍田儀

文廷式《補晉書藝文志・儀注類》賀循《籍田儀》。

納后儀

文廷式《補晉書藝文志・儀注類》華恒《納后儀》。

元日冬至進見儀

文廷式《補晉書藝文志·儀注類》 劉臻妻陳氏《元日冬至進見儀》。

晉喪葬令

文廷式《補晉書藝文志·儀注類》《晉喪葬令》。

晉服制令

文廷式《補晉書藝文志·儀注類》《晉服制令》。

晉鹵簿令

文廷式《補晉書藝文志·儀注類》《晉鹵簿令》。

三正東耕儀

文廷式《補晉書藝文志·儀注類》 裴憲《三正東耕儀》。

魏晉儀注

文廷式《補晉書藝文志·儀注類》《魏晉儀注》。

晉元康儀

文廷式《補晉書藝文志·儀注類》《晉元康儀》。

書儀

《新唐書·藝文志·儀注類》 謝允《書儀》二卷。

書儀

《隋書·經籍志·儀注》《書儀》十卷。王弘撰。

雜府州郡儀

《舊唐書·經籍志·儀注》《雜府州郡儀》十卷。范汪撰。

《新唐書·藝文志·儀注類》 范汪《雜府州郡儀》十卷。

文廷式《補晉書藝文志·儀注類》 范汪《雜府州郡儀》十卷。見《舊唐志》。

祭典

《新唐書·藝文志·儀注類》 范汪《祭典》三卷。

雜祭注

《新唐書・藝文志・儀注類》 盧諶《雜祭注》六卷。

宋儀注

《隋書・經籍志・儀注》 《宋儀注》十卷。

《舊唐書・經籍志・儀注》 《宋儀注》三十六卷。

宋儀注

《隋書・經籍志・儀注》 《宋儀注》二十卷。

《舊唐書・經籍志・儀注》 《宋儀注》二卷。

《新唐書・藝文志・儀注類》 《宋儀注》二卷。

書　儀

《隋書・經籍志・儀注》 《書儀》十卷。王弘撰。

宋東宫儀記

《隋書・經籍志・儀注》 《宋東宫儀記》二十三卷。宋新安太守張鏡撰。

《舊唐書・經籍志・故事》 《東宫儀記》二十二卷。張鏡撰。

《新唐書・藝文志・儀注類》 張鏡《宋東宫儀記》二十三卷。

宋尚書雜注

《隋書・經籍志・儀注》 《宋尚書雜注》十八卷。本二十卷。

《新唐書・藝文志・儀注類》 《宋尚書儀注》三十六卷。

宋長沙檀太妃薨弔答書

《隋書・經籍志・儀注》 《宋長沙檀太妃薨弔答書》十二卷。

徐爰家儀

《隋書・經籍志・儀注》 《徐爰家儀》一卷。

《新唐書・藝文志・儀注類》 徐爰《家儀》一卷。

趙李家儀

《隋書・經籍志・儀注》 《趙李家儀》十卷，《録》一卷。李穆叔撰。

南齊儀注

《新唐書・藝文志・儀注類》 嚴植之《南齊儀注》二十八卷。

齊鹵簿儀

《隋書·經籍志·儀注》《齊鹵簿儀》一卷。

弔答儀

《隋書·經籍志·儀注》《弔答儀》十卷。王儉撰。
《舊唐書·經籍志·儀注》《弔答書儀》十卷。王儉撰。
《新唐書·藝文志·儀注類》王儉《弔答書儀》十卷。

吉書儀

《隋書·經籍志·儀注》《吉書儀》二卷。王儉撰。

嚴植之儀

《隋書·經籍志·儀注》《嚴植之儀》二卷。

理禮儀注

《舊唐書·經籍志·儀注》《理禮儀注》九卷。何點撰。
《新唐書·藝文志·儀注類》何點《理禮儀注》九卷。

禮儀制度

《隋書·經籍志·儀注》《禮儀制度》十三卷。王逡之撰。

内外書儀

《隋書·經籍志·儀注》《内外書儀》四卷。謝元撰。
文廷式《補晉書藝文志·儀注類》謝元《内外書儀》四卷。

齊典

《舊唐書·經籍志·儀注》《齊典》四卷。王逸志。
《新唐書·藝文志·儀注類》王逸《齊典》四卷。

皇典

《隋書·經籍志·儀注》《皇典》二十卷。梁豫章太守丘仲孚撰。
《舊唐書·經籍志·儀注》《皇典》五卷。丘孝仲撰。
《新唐書·藝文志·儀注類》丘仲孚《皇典》五卷。

皇室儀

《隋書·經籍志·儀注》《皇室儀》十三卷。鮑行卿撰。
《舊唐書·經籍志·儀注》《皇室書儀》十三卷。鮑行卿撰。

梁儀注

《舊唐書・經籍志・儀注》《梁儀注》十卷。沈約撰。

《新唐書・藝文志・儀注類》沈約《梁儀注》十卷。

政禮儀注

《隋書・經籍志・儀注》《政禮儀注》十卷。何胤撰。

梁祭地祇陰陽儀注

《舊唐書・經籍志・儀注》《梁祭地祇陰陽儀注》二卷。沈約撰。

《新唐書・藝文志・儀注類》沈約《梁祭地祇陰陽儀注》二卷。

梁吉禮

《舊唐書・經籍志・儀注》《梁吉禮》十八卷。明山賓等撰。

《新唐書・藝文志・儀注類》明山賓等《梁吉禮》十八卷。

梁吉禮儀注

《隋書・經籍志・儀注》《梁吉禮儀注》十卷。明山賓撰。

《舊唐書・經籍志・儀注》《梁吉禮儀注》十卷。

《新唐書・藝文志・儀注類》《梁吉禮儀注》四卷。又十卷。

吉儀注

《隋書・經籍志・儀注》《吉儀注》二百六卷，《録》六卷。梁明山賓撰。亡。

凶儀注

《隋書・經籍志・儀注》《凶儀注》四百七十九卷，《録》四十五卷。梁嚴植之撰。亡。

士喪儀注

《隋書・經籍志・儀注》《士喪儀注》九卷。梁何胤撰。亡。

喪服治禮儀注

《新唐書・藝文志・儀注類》何胤《喪服治禮儀注》九卷。

梁皇帝崩凶儀

《舊唐書・經籍志・儀注》《梁皇帝崩凶儀》十一卷。嚴植之撰。

《新唐書・藝文志・儀注類》嚴植之《梁皇帝崩凶儀》十一卷。

梁陳大行皇帝崩儀注

《舊唐書・經籍志・儀注》《梁陳大行皇帝崩儀注》八卷。

《新唐書・藝文志・儀注類》《梁陳大行皇帝崩儀注》八卷。

梁天子喪禮

《新唐書・藝文志・儀注類》《梁天子喪禮》七卷。又五卷。

梁大行皇后崩儀注

《舊唐書・經籍志・儀注》《梁大行皇后崩儀注》一卷。

梁凶禮天子喪禮

《舊唐書・經籍志・儀注》《梁凶禮天子喪禮》五卷。嚴植之撰。

梁大行皇帝皇后崩儀注

《新唐書・藝文志・儀注類》《梁大行皇帝皇后崩儀注》一卷。

梁皇太子喪禮

《新唐書・藝文志・儀注類》《梁皇太子喪禮》五卷。

梁太子妃薨凶儀注

《舊唐書・經籍志・儀注》《梁太子妃薨凶儀注》九卷。

《新唐書・藝文志・儀注類》《梁太子妃薨凶儀注》九卷。

梁諸侯世子凶儀注

《舊唐書・經籍志・儀注》《梁諸侯世子凶儀注》九卷。

《新唐書・藝文志・儀注類》《梁諸侯世子卒凶儀注》九卷。

梁王侯以下凶禮

《舊唐書・經籍志・儀注》《梁王侯已下凶禮》九卷。嚴植之撰。

《新唐書・藝文志・儀注類》《梁王侯以下凶禮》九卷。

梁軍禮

《舊唐書・經籍志・儀注》《梁軍禮》四卷。陸璉撰。

《新唐書・藝文志・儀注類》陸璉《梁軍禮》四卷。

軍儀注

《隋書・經籍志・儀注》《軍儀注》一百九十卷，《録》二卷。陸璉撰。亡。

《舊唐書・經籍志・儀注》《梁軍禮》四卷。陸璉撰。

《新唐書・藝文志・儀注類》陸璉《梁軍禮》四卷。

梁賓禮

《舊唐書・經籍志・儀注》《梁賓禮》一卷。賀瑒等撰。

《新唐書・藝文志・儀注類》賀瑒等《梁賓禮》一卷。

梁賓禮儀注

《隋書・經籍志・儀注》《梁賓禮儀注》九卷。賀瑒撰。

《新唐書・藝文志・儀注類》《梁賓禮儀注》十三卷。

梁嘉禮

《舊唐書・經籍志・儀注》《梁嘉禮》三十五卷。司馬褧撰。

《新唐書・藝文志・儀注類》司馬褧《梁嘉禮》三十五卷。

嘉儀注

《隋書・經籍志・儀注》《嘉儀注》一百一十二卷，《録》三卷。司馬褧撰。亡。

《舊唐書・經籍志・儀注》《梁嘉禮儀注》二十一卷。司馬褧撰。

《新唐書・藝文志・儀注類》司馬褧《嘉禮儀注》四十五卷。

梁尚書儀注

《舊唐書・經籍志・儀注》《梁尚書儀注》十八卷。雜撰。

梁尚書儀曹注

《新唐書・藝文志・儀注類》《梁尚書儀曹儀注》十八卷。又二十卷。

皇室書儀

《新唐書・藝文志・儀注類》《皇室書儀》七卷。

弔答書儀

《舊唐書・經籍志・儀注》《弔答書儀》十卷。王儉撰。

《新唐書・藝文志・儀注類》王儉《弔答書儀》十卷。

古今輿服雜事

《新唐書・藝文志・儀注類》蕭子雲《古今輿服雜事》二十卷。

東宮雜事

《新唐書・藝文志・儀注類》蕭子雲《東宮雜事》二十卷。

東宫新記

《隋書・經籍志・儀注》《東宫新記》二十卷。蕭子雲撰。

書筆儀

《隋書・經籍志・儀注》《書筆儀》二十一卷。謝朏撰。

《舊唐書・經籍志・儀注》《書筆儀》二十卷。謝朓撰。

《新唐書・藝文志・儀注類》謝朏《書筆儀》二十卷。

書儀疏

《隋書・經籍志・儀注》《書儀疏》一卷。周捨撰。

新儀

《隋書・經籍志・儀注》《新儀》三十卷。鮑泉撰。

《新唐書・藝文志・儀注類》鮑泉《新儀》三十卷。

嚴植之儀

《隋書・經籍志・儀注》《嚴植之儀》二卷。

雜儀注

《隋書・經籍志・儀注》《雜儀注》一百八十卷。

《舊唐書・經籍志・儀注》《雜儀注》一百八卷。

《新唐書・藝文志・儀注類》《雜儀注》一百卷。

雜凶禮

《隋書・經籍志・儀注》《雜凶禮》四十二卷。

陳鹵簿圖

《隋書・經籍志・儀注》《陳鹵簿圖》一卷。

陳吉禮

《隋書・經籍志・儀注》《陳吉禮》一百七十一卷。

陳吉禮儀注

《舊唐書・經籍志・儀注》《陳吉禮儀注》五十卷。雜撰。

《新唐書・藝文志・儀注類》《陳吉禮儀注》五十卷。

陳雜吉儀志

《舊唐書・經籍志・儀注》《陳雜吉儀志》三十卷。
《新唐書・藝文志・儀注類》《陳雜吉儀注》三十卷。

陳軍禮

《隋書・經籍志・儀注》《陳軍禮》六卷。

陳賓禮

《隋書・經籍志・儀注》《陳賓禮》六十五卷。

陳賓禮儀注

《舊唐書・經籍志・儀注》《陳賓禮儀注》六卷。張彦志。
《新唐書・藝文志・儀注類》張彦《陳賓禮儀注》六卷。

陳嘉禮

《隋書・經籍志・儀注》《陳嘉禮》一百二卷。

古今輿服雜事

《隋書・經籍志・儀注》《古今輿服雜事》二十卷。梁周遷撰。
《舊唐書・經籍志・儀注》《古今輿服雜事》十卷。周遷撰。
《新唐書・藝文志・儀注類》周遷《古今輿服雜事》十卷。

陳諸帝后崩儀注

《舊唐書・經籍志・儀注》《陳諸帝后崩儀注》五卷。
《新唐書・藝文志・儀注類》《陳諸帝后崩儀注》五卷。

陳皇太后崩儀注

《舊唐書・經籍志・儀注》《陳皇太后崩儀注》四卷。儀曹撰。
《新唐書・藝文志・儀注類》《陳皇太后崩儀注》四卷。儀曹撰。

陳太子妃薨儀注

《舊唐書・經籍志・儀注》《陳皇太子妃薨儀注》五卷。儀曹志。
《新唐書・藝文志・儀注類》《陳皇太子妃薨儀注》五卷。儀曹撰。

陳雜儀注凶儀

《舊唐書・經籍志・儀注》《陳雜儀注凶儀》十三卷。

《新唐書·藝文志·儀注類》《陳雜儀注凶儀》十三卷。

陳尚書雜儀注

《隋書·經籍志·儀注》《陳尚書雜儀注》五百五十卷。

陳尚書曹儀注

《舊唐書·經籍志·儀注》《陳尚書曹儀注》二十卷。雜志。

邇　儀

《隋書·經籍志·儀注》《邇儀》四卷。馬樞撰。

陳雜儀注

《舊唐書·經籍志·儀注》《陳雜儀注》六卷。
《新唐書·藝文志·儀注類》《陳雜儀注》六卷。

書　儀

《隋書·經籍志·儀注》《書儀》二卷。蔡超撰。

僧家書儀

《隋書·經籍志·儀注》《僧家書儀》五卷。釋曇瑗撰。

要典雜事

《隋書·經籍志·儀注》《要典雜事》五十卷。

諸王國雜儀

《舊唐書·經籍志·儀注》《諸王國雜儀》十卷。
《新唐書·藝文志·儀注類》《諸王國雜儀注》十卷。

吉凶禮要

《新唐書·藝文志·儀注類》竇維鋈《吉凶禮要》二十卷。

五禮要記

《新唐書·藝文志·儀注類》韋叔夏《五禮要記》三十卷。

文　儀

《隋書·經籍志·儀注》《文儀》二卷。梁修端撰。

言語儀

《隋書・經籍志・儀注》《言語儀》十卷。

士喪禮儀注

《新唐書・藝文志・儀注類》《士喪禮儀注》十四卷。

雜　儀

《舊唐書・經籍志・儀注》《雜儀》三十卷。鮑衵撰。

明堂儀

《新唐書・藝文志・儀注類》張大頤《明堂儀》一卷。

親享太廟儀注

《新唐書・藝文志・儀注類》《親享太廟儀注》三卷。

諸王國雜儀注

《新唐書・藝文志・儀注類》《諸王國雜儀注》十卷。

雜嘉禮

《隋書・經籍志・儀注》《雜嘉禮》三十八卷。

諸衛左右廂旗圖樣

《隋書・經籍志・儀注》《諸衛左右廂旗圖樣》十五卷。

冠婚儀

《舊唐書・經籍志・儀注》《冠婚儀》四卷。

《新唐書・藝文志・儀注類》《冠婚儀》四卷。

東宫典記

《新唐書・藝文志・儀注類》陸開明、宇文愷《東宫典記》七十卷。

北齊吉禮

《舊唐書・經籍志・儀注》《北齊吉禮》七十二卷。趙彦深撰。

《新唐書・藝文志・儀注類》趙彦深《北齊吉禮》七十二卷。

北齊皇太后喪禮

《新唐書・藝文志・儀注類》《北齊皇太后喪禮》十卷。

北齊王太子喪禮

《舊唐書・經籍志・儀注》《北齊王太子喪禮》十卷。趙彦深撰。

後齊儀注

《隋書・經籍志・儀注》《後齊儀注》二百九十卷。

唐瑾書儀

《隋書・經籍志・儀注》《書儀》十卷。唐瑾撰。

婦人書儀

《隋書・經籍志・儀注》《婦人書儀》八卷。
《舊唐書・經籍志・儀注》《婦人書儀》八卷。唐瑾撰。
《新唐書・藝文志・儀注類》唐瑾《婦人書儀》八卷。

後魏儀注

《隋書・經籍志・儀注》《後魏儀注》五十卷。
《舊唐書・經籍志・儀注》《後魏儀注》三十二卷。常景撰。
《新唐書・藝文志・儀注類》常景《後魏儀注》五十卷。

祀典

《新唐書・藝文志・儀注類》盧辨《祀典》五卷。

婚儀祭儀

《新唐書・藝文志・儀注類》崔皓《婚儀祭儀》二卷。

隋朝儀禮

《隋書・經籍志・儀注》《隋朝儀禮》一百卷。牛弘撰。

太宗文皇帝政典

《舊唐書・經籍志・儀注》《太宗文皇帝政典》三卷。李延壽撰。

隋吉禮

《舊唐書・經籍志・儀注》《隋吉禮》五十四卷。高熲等撰。

《新唐書・藝文志・儀注類》高熲《隋吉禮》五十四卷。

隋江都集禮

《新唐書・藝文志・儀注類》牛弘、潘徽《隋江都集禮》一百二十卷。

《宋史・藝文志・儀注類》潘徽《江都集禮》一百四卷。本百二十卷，今殘闕。

隋書禮

《舊唐書・經籍志・儀注》《隋書禮》七卷。高熲等撰。

大賀鹵簿

《新唐書・藝文志・儀注類》《大賀鹵簿》一卷。

隋新禮

張鵬一《隋書經籍志補・刑法儀注》《隋新禮》一部。隋辛彥之。本傳。有六官墳典各一部。

徐崇《補南北史藝文志・北史・儀注》《隋新禮》見《文帝紀》，《隋書》同。辛彥之撰，見本傳，《隋書》同。牛弘撰，見《辛彥之傳》，《隋書》同。《隋・經籍志》未收。按《北史・文帝紀》開皇五年春正月，詔行新禮。《彥之傳》：隋文帝受禪，除太常少卿，改封任城郡公，進位開府，歷國子祭酒，禮部尚書，與祕書監牛弘撰《新禮》，故彥之傳載《新禮》一部。

隋禮要

張鵬一《隋書經籍志補・刑法儀注》《隋禮要》一部。隋辛彥之。

徐崇《補南北史藝文志・北史・儀注》《禮要》。辛彥之撰，見本傳，《隋書》同。《隋經籍志》未收。

禮儀注

《新唐書・藝文志・儀注類》王愨中《禮儀注》八卷。

楊炯家禮

《新唐書・藝文志・儀注類》楊炯《家禮》十卷。

國親皇太子序親簿

《隋書・經籍志・儀注》《國親皇太子序親簿》一卷。

大唐儀禮

《新唐書・藝文志・儀注類》《大唐儀禮》一百卷。長孫無忌、房玄齡、魏徵、李百藥、顔師古、令狐德棻、孔穎達、于志寧等撰。《吉禮》六十篇,《賓禮》四篇,《軍禮》二十篇,《嘉禮》四十二篇,《凶禮》六篇,《國恤》五篇,總一百三十篇。貞觀十一年上。

永徽五禮

《新唐書・藝文志・儀注類》《永徽五禮》一百三十卷。長孫無忌、侍中許敬宗、兼中書令李義府、黄門侍郎劉祥道許圉師、太常卿韋琨、博士蕭楚材孔志約等撰。削《國恤》,以爲豫凶事非臣子所宜論次,定著二百九十九篇。顯慶三年上。

紫宸禮要

《新唐書・藝文志・儀注類》 武后《紫宸禮要》十卷。

開元禮

《新唐書・藝文志・儀注類》《開元禮》一百五十卷。開元中,通事舍人王喦請改《禮記》,附唐制度,張説引喦就集賢書院詳議。説奏:「《禮記》,漢代舊文,不可更,請脩貞觀、永徽五禮爲《開元禮》。」命賈登、張烜、施敬本、李鋭、王仲丘、陸善經、洪孝昌撰緝,蕭嵩總之。

陳振孫《直齋書録解題・禮注類》《開元禮》一百五十卷。唐集賢院學士蕭嵩、王仲丘等撰。

《宋史・藝文志・儀注類》 蕭嵩《唐開元禮》一百五十卷。一云王立等作。

《四庫全書總目提要・政書類》《大唐開元禮》一百五十卷。兩淮鹽政採進本。唐太子太師同中書門下三品兼中書令蕭嵩等奉敕撰。

《天禄琳琅書目後編・影宋鈔諸部》《唐開元禮》。四函,十六册。唐蕭嵩等奉敕撰。嵩,後梁明帝之裔,開元時官至同中書門下三品兼中書令,《唐史》有傳。書一百五十卷。凡《序例》三卷,《吉禮》七十五卷,《賓禮》二卷,《軍禮》十卷,《嘉禮》三十卷,《凶禮》三十卷。别本有周必大序,此佚。

孫星衍《平津館鑒藏書籍記・影寫本》《大唐開元禮》一百五十卷。前有序文,附録《新唐書・禮樂志》及《文獻通考》諸條。陳氏《書録解題》作唐集賢院學士蕭嵩、王仲邱等撰。《附録》引《集賢注記》,《開元禮序例》三卷,《吉禮》七十五卷,《賓禮》五卷,《嘉禮》四十卷,《軍禮》十卷,《凶禮》廿卷。此本《賓禮》二卷,并《序例》三卷,爲百五十卷。又《軍禮》在《嘉禮》之前,俱與《集賢注記》異。

張金吾《愛日精廬藏書志・政書類》《大唐開元禮》一百五十卷。抄本。唐蕭嵩等奉敕撰。

開元禮儀鏡

《新唐書・藝文志・儀注類》 蕭嵩《開元禮義鏡》一百卷。

《宋史・藝文志・儀注類》 蕭嵩《開元禮儀鏡》五卷。一云王立等作。

開元禮京兆義羅

《新唐書・藝文志・儀注類》《開元禮京兆義羅》十卷。

開元禮類釋

《新唐書・藝文志・儀注類》《開元禮類釋》二十卷。

《宋史・藝文志・儀注類》《開元禮類釋》十二卷。並不知作者。

開元禮百問

《新唐書・藝文志・儀注類》《開元禮百問》二卷。

陳振孫《直齋書録解題・禮注類》《開元禮百問》二卷。不著名氏。案:《唐志》亦稱蕭嵩撰。

《宋史・藝文志・儀注類》《開元禮百問》二卷。

開元禮儀釋

《宋史・藝文志・儀注類》韋彤《開元禮儀釋》二十卷。

開元禮儀鏡略

《宋史・藝文志・儀注類》《開元禮儀鏡略》十卷。

開元禮教林

《宋史・藝文志・儀注類》《開元禮教林》一卷。

吉凶五服儀

《宋史・藝文志・儀注類》李隨《吉凶五服儀》一卷。

禮樂集

《新唐書・藝文志・儀注類》顏真卿《禮樂集》十卷。禮儀使所定。

貞元新集開元後禮

《新唐書・藝文志・儀注類》韋渠牟《貞元新集開元後禮》二十卷。

禮閣新儀

錢東垣等輯《崇文總目輯釋・儀注類》《禮閣新儀》三十卷。韋公肅撰。

《新唐書・藝文志・儀注類》韋公肅《禮閣新儀》二十卷。元和人。

陳振孫《直齋書録解題・禮注類》《禮閣新儀》三十卷。唐太常修撰京兆韋公肅撰。録開元以後禮文損益，至元和十年。其一卷爲目録。按《館閣書目》云卷數雖存，而書不全，又復差互重出。今本不爾，但目録稍誤。

《宋史・藝文志・儀注類》韋公肅《禮閣新儀》三十卷。

唐禮纂要

錢東垣等輯《崇文總目輯釋・儀注類》《唐禮纂要》六卷。柳逞撰。原釋闕。見天一閣鈔本。

《新唐書・藝文志・儀注類》柳逞《唐禮纂要》六卷。

《宋史・藝文志・儀注類》柳逞《唐禮纂要》六卷。

二儀實録

錢東垣等輯《崇文總目輯釋・儀注類》《二儀實録》一卷。劉孝孫撰。

《新唐書・藝文志・儀注類》劉孝孫《二儀實録》一卷。

中禮儀注

錢東垣等輯《崇文總目輯釋・儀注類》《中禮儀注》八卷。王慤撰。原釋闕。見天一閣鈔本。

歷古創置儀

尤袤《遂初堂書目・儀注類》顏魯公《歷古創儀制》。

《宋史・藝文志・儀注類》顏真卿《歷古創置儀》五卷。

紅亭紀吉儀

《宋史・藝文志・儀注類》《紅亭紀吉儀》一卷。獨孤儀及陸贄撰。

古今儀集

《新唐書・藝文志・儀注類》王方慶《古今儀集》五十卷。

大唐郊祀録

錢東垣等輯《崇文總目輯釋・儀注類》《大唐郊祀録》十卷。王涇撰。

《新唐書・藝文志・儀注類》王涇《大唐郊祀録》十卷。貞元九年上，時爲太常禮院脩撰。

尤袤《遂初堂書目・儀注類》《唐郊祀録》。

尤袤《遂初堂書目・儀注類》王涇《郊祀録》。

陳振孫《直齋書録解題・禮注類》《大唐郊祀録》十卷。唐太常禮院修撰王涇撰。考次歷代郊廟沿革之制，及其工歌祝號，而圖其壇屋陟降之序。貞元中上之。

《宋史・藝文志・儀注類》王涇《大唐郊祀録》十卷。

張金吾《愛日精廬藏書志・政書類》《大唐郊祀録》十卷。抄本。從錢唐何氏藏本傳録。唐朝散郎前行河南府密縣尉太常禮院修撰臣王涇上。

封禪録

《舊唐書・經籍志・儀注》《封禪録》十卷。孟利貞撰。

《新唐書・藝文志・儀注類》孟利貞《封禪録》十卷。

皇帝封禪儀

《舊唐書・經籍志・儀注》《皇帝封禪儀》六卷。令狐德棻撰。

《新唐書・藝文志・儀注類》令狐德棻《皇帝封禪儀》六卷。

神岳封禪儀注

《舊唐書・經籍志・儀注》《神岳封禪儀注》十卷。裴守真撰。

《新唐書・藝文志・儀注類》裴守真《神岳封禪儀注》十卷。

東封記

《新唐書・藝文志・儀注類》韋述《東封記》一卷。

德宗幸奉天録

《宋史・藝文志・故事類》 崔光庭《德宗幸奉天録》一卷。

崇豐二陵集禮

《新唐書・藝文志・儀注類》 裴瑾《崇豐二陵集禮》。卷亡。

三品官祔廟禮

《新唐書・藝文志・儀注類》 王方慶《三品官祔廟禮》二卷。

寢堂時饗儀

錢東垣等輯《崇文總目輯釋・儀注類》《寢堂時饗儀》一卷。范傳式撰。原釋闕。見天一閣鈔本。

《新唐書・藝文志・儀注類》 范傳式《寢堂時饗儀》一卷。

陳振孫《直齋書録解題・禮注類》 《范氏寢堂時饗禮》一卷。唐涇縣尉南陽范傳式、殿中侍御史傳正修定。

《宋史・藝文志・儀注類》 范傳式《寢堂時饗儀》一卷。

祠饗儀

錢東垣等輯《崇文總目輯釋・儀注類》 《祠饗儀》一卷。鄭正則撰。

《新唐書・藝文志・儀注類》 鄭正則《祠饗儀》一卷。

祭録

錢東垣等輯《崇文總目輯釋・儀注類》 《祭録》一卷。周元陽撰。原釋闕。見天一閣鈔本。

《新唐書・藝文志・儀注類》 周元陽《祭録》一卷。

《宋史・藝文志・儀注類》 周元陽《祭録》一卷。

梁南郊儀注

錢東垣等輯《崇文總目輯釋・儀注類》 《梁南郊儀注》一卷。原釋闕。見天一閣鈔本。

四季祠祭文

錢東垣等輯《崇文總目輯釋・儀注類》 《四季祠祭文》一卷。原釋闕。見天一閣鈔本。

汾陰后土故事

錢東垣等輯《崇文總目輯釋・儀注類》 《汾陰后土故事》三卷。《宋志》注不知作者。

祠儀

《宋史·藝文志·儀注類》王涇一作「浮」。《祠儀》一卷。

仲享儀

錢東垣等輯《崇文總目輯釋·儀注類》孫氏《仲享儀》一卷。孫日用撰。原釋闕。見天一閣鈔本。

《新唐書·藝文志·儀注類》孫氏《仲享儀》一卷。孫日用。

《宋史·藝文志·儀注類》孫日用《仲享儀》一卷。

親享太廟儀

《舊唐書·經籍志·儀注》《親享太廟儀》三卷。郭山惲撰。

大享明堂儀注

《舊唐書·經籍志·儀注》《大享明堂儀注》二卷。郭山惲撰。

《新唐書·藝文志·儀注類》郭山惲《大享明堂儀注》二卷。

皇太子方岳亞獻儀

《舊唐書·經籍志·儀注》《皇太子方岳亞獻儀》二卷。

《新唐書·藝文志·儀注類》《皇太子方岳亞獻儀》二卷。

明堂義

《舊唐書·經籍志·儀注》《明堂義》一卷。張大賾撰。

明堂儀注

《舊唐書·經籍志·儀注》《明堂儀注》七卷。姚璠等撰。

《新唐書·藝文志·儀注類》姚璠等《明堂儀注》三卷。

明堂序

《新唐書·藝文志·儀注類》李襲譽《明堂序》一卷。

明堂新禮

《新唐書·藝文志·儀注類》員半千《明堂新禮》三卷。

明堂新禮

《新唐書·藝文志·儀注類》李嗣真《明堂新禮》十卷。

喪儀纂要

《新唐書·藝文志·儀注類》張戩《喪儀纂要》九卷。

唐葬王播儀

錢東垣等輯《崇文總目輯釋・儀注類》《唐葬王播儀》一卷。原釋闕。見天一閣鈔本。

《新唐書・藝文志・儀注類》《葬王播儀》一卷。

《宋史・藝文志・儀注類》賈氏《葬王播儀》一卷。

喪禮極議

《新唐書・藝文志・儀注類》商价《喪禮極議》一卷。

家祭儀

錢東垣等輯《崇文總目輯釋・儀注類》《家祭儀》一卷。原釋徐閏。見天一閣鈔本。

《新唐書・藝文志・儀注類》徐閏《家祭儀》一卷。

陳振孫《直齋書録解題・禮注類》《徐氏家祭禮》一卷。唐左金吾衛倉曹參軍徐潤撰。

《宋史・藝文志・儀注類》徐閏《家祭儀》一卷。

（孟詵）家祭禮

錢東垣等輯《崇文總目輯釋・儀注類》《家祭禮》一卷。原釋孟詵。見天一閣鈔本。

《新唐書・藝文志・儀注類》孟詵《家祭禮》一卷。

陳振孫《直齋書録解題・禮注類》《孟氏家祭禮》一卷。唐侍御史平昌孟銑撰。曰《正祭》、《節祠》、《薦新》、《義例》，凡四篇。

《宋史・藝文志・儀注類》孟詵《家祭禮》一卷。

家祭儀

《新唐書・藝文志・儀注類》盧弘宣《家祭儀》。卷亡。

鄭氏祠享禮

陳振孫《直齋書録解題・禮注類》《鄭氏祠享禮》一卷。唐侍御史鄭正則撰。

《宋史・藝文志・儀注類》鄭正則《祠享儀》一卷。

賈氏家祭禮

陳振孫《直齋書録解題・禮注類》《賈氏家祭禮》一卷。唐武功縣尉賈頊撰。

家範

《宋史・藝文志・儀注類》李商隱《家範》十卷。

家祭儀

《宋史・藝文志・儀注類》鄭正則《家祭儀》一卷。

唐孟詵徐潤家祭禮

尤袤《遂初堂書目・儀注類》《唐孟詵徐潤家祭禮》。

家薦儀

錢東垣等輯《崇文總目輯釋・儀注類》《家薦》一卷。原釋闕。見天一閣鈔本。

《新唐書・藝文志・儀注類》賈頊《家薦儀》一卷。

《宋史・藝文志・儀注類》賈頊《家薦儀》一卷。

二儀實録衣服名義圖

《新唐書・藝文志・儀注類》袁郊《二儀實録衣服名義圖》一卷。字之儀，滋子也。昭宗翰林學士。

服飾變古元録

《新唐書・藝文志・儀注類》袁郊《服飾變古元録》一卷。

尤袤《遂初堂書目・儀注類》《服飾變古元録》。

陳振孫《直齋書録解題・禮注類》《服飾變古元録》三卷。唐翰林學士汝南袁郊之儀撰。郊，宰相滋之子。《唐志》作一卷。

《宋史・藝文志・儀注類》袁郊《服飾變古元録》三卷。

服飾圖

晁公武《郡齋讀書志・儀注類》《服飾圖》三卷。袁本前志卷二下儀注類第六。右唐李德裕編。共五十五事。

喪服變服

《新唐書・藝文志・儀注類》戴至德《喪服變服》一卷。

喪服正要

《新唐書・藝文志・儀注類》孟詵《喪服正要》二卷。

五服圖

《新唐書・藝文志・儀注類》張薦《五服圖》。卷亡。

五服圖

《新唐書・藝文志・儀注類》仲子陵《五服圖》十卷。貞元九年上。

內外親族五服儀

錢東垣等輯《崇文總目輯釋・儀注類》《內外親族五服儀》二卷。原釋闕。

見天一閣鈔本。

《新唐書・藝文志・儀注類》裴茝《内外親族五服儀》二卷。

大唐書儀

《舊唐書・經籍志・儀注》《大唐書儀》十卷。裴矩撰。

《新唐書・藝文志・儀注類》裴矩、虞世南《大唐書儀》十卷。

書儀

《新唐書・藝文志・儀注類》裴度《書儀》二卷。

書儀

錢東垣等輯《崇文總目輯釋・儀注類》《書儀》三卷。原釋裴蒞，闕。見天一閣鈔本。

《新唐書・藝文志・儀注類》《書儀》三卷。朱儔注。茝，元和太常少卿。

《宋史・藝文志・儀注類》裴茝《書儀》三卷。

吉凶書儀

《宋史・藝文志・儀注類》劉岳《吉凶書儀》二卷。

書儀

錢東垣等輯《崇文總目輯釋・儀注類》《書儀》二卷。原釋鄭餘慶撰。闕。見天一閣鈔本。

《新唐書・藝文志・儀注類》鄭氏《書儀》二卷。鄭餘慶。

尤袤《遂初堂書目・儀注類》唐鄭餘慶《書儀》。

《宋史・藝文志・儀注類》鄭餘慶《書儀》三卷。

新定書儀

錢東垣等輯《崇文總目輯釋・儀注類》《新定書儀》二卷。原釋劉岳。闕。見天一閣鈔本。

書儀

錢東垣等輯《崇文總目輯釋・儀注類》《書儀》二卷。原釋杜有晉。闕。見天一閣鈔本。

《新唐書・藝文志・儀注類》杜有晉《書儀》二卷。

《宋史・藝文志・儀注類》杜有晉《書儀》二卷。

使範

錢東垣等輯《崇文總目輯釋・儀注類》《使範》一卷。原釋王晉撰。記開元以後使者所用章奏、文牒之式，凡十二篇。見《玉海・禮儀類》。

《新唐書・藝文志・儀注類》王晉《使範》一卷。

《宋史・藝文志・儀注類》王晉《使範》一卷。

童悟

《舊唐書・經籍志・儀注》《童悟》十三卷。

《新唐書·藝文志·儀注類》《童悟》十三卷。

元和曲臺禮

《新唐書·藝文志·儀注類》 王彦威《元和曲臺禮》三十卷。

續曲臺禮

《新唐書·藝文志·儀注類》 王彦威《續曲臺禮》三十卷。

陳振孫《直齋書録解題·禮注類》《續曲臺禮》三十卷。唐太常博士太原王彦威撰。

《宋史·藝文志·儀注類》 王彦威一本作「崔靈恩」。《續曲臺禮》三十卷。

直　禮

《新唐書·藝文志·儀注類》 李弘澤《直禮》一卷。林甫孫，開成太府卿。

林梁南郊儀注

《宋史·藝文志·儀注類》《朱梁南郊儀注》一卷。

顧懷三《補五代史藝文志·儀注類》《朱梁南郊儀注》一卷。

梁祭地祇陰陽儀注

顧懷三《補五代史藝文志·儀注類》《梁祭地祇陰陽儀注》三卷。

中華古今注

尤袤《遂初堂書目·儀注類》 馬縞《中華古今注》。

新定書儀

顧懷三《補五代史藝文志·儀注類》《新定書儀》二卷。天成二年，劉岳奉詔撰。

州郡鄉飲酒注儀

顧懷三《補五代史藝文志·儀注類》《州郡鄉飲酒注儀》一卷。長興三年太常草定。

禮神志

《宋史·藝文志·儀注類》 和峴《禮神志》十卷。

祕閣集

《宋史·藝文志·儀注類》 和峴《祕閣集》二十卷。

吴南郊圖記

《宋史・藝文志・儀注類》《吴南郊圖記》一卷。

曲臺奏議集

《宋史・藝文志・儀注類》陳致雍《曲臺奏議集》。

新定寢祀禮

尤袤《遂初堂書目・儀注類》《寢祀儀》。

陳振孫《直齋書録解題・禮注類》《新定寢祀禮》一卷。不知作者。《中興館閣書目》有此書，云前後有序，題太常博士陳致雍撰集。今此本亦前後有序，意其是也。致雍，晉江人，及仕本朝。

《宋史・藝文志・儀注類》《寢祀儀》一卷。

開元通禮

陳振孫《直齋書録解題・禮注類》《開元通禮》二百卷。御史中丞洛陽劉温叟永齡等撰。開寶四年五月，命温叟及李昉、盧多遜、扈蒙、楊昭儉、賈黄中、和峴、陳諤以《開元禮》重加損益，以成此書。

開寶通禮

《宋史・藝文志・儀注類》劉温叟《開寶通禮》二百卷。

開寶通禮儀纂

《宋史・藝文志・儀注類》盧多遜《開寶通禮儀纂》一百卷。

封禪記

晁公武《郡齋讀書志・儀注類》《封禪記》五十卷。袁本前志卷二下儀注類第一。右皇朝丁謂等撰。大中祥符元年，詔謂與李宗諤、陳彭年，以景德五年正月三日天書降於左承天門鴟吻之上，迄十月泰山修封事迹儀注詔誥，編次成書上之。御製序冠之於首。

《宋史・藝文志・儀注類》《大中祥符封禪記》五十卷。丁謂、李宗諤等撰。

太常因革禮

《宋史・藝文志・儀注類》歐陽脩《太常因革禮》一百卷。

張萱等《内閣藏書目録・御製部》《太常因革禮》九册。不全。宋歐陽修等纂。輯歷代太常所掌五禮新舊之制，而廟議附焉，凡一百卷。

阮元《四庫未收書目提要・政書類》《太常因革禮》一百卷。宋歐陽修等奉敕撰。

顧廣圻《思適齋書跋・史部》《太常因革禮》一百卷。鈔本。

張金吾《愛日精廬藏書志・政書類》《太常因革禮》一百卷。抄本。

皇祐新樂圖記

陳振孫《直齋書録解題・音樂類》《皇祐新樂圖記》三卷。屯田員外郎阮逸、光禄寺丞胡瑗撰。

錢曾《讀書敏求記・禮樂》《聖宋皇祐新樂圖記》三卷。

大觀新編禮書吉禮

《宋史・藝文志・儀注類》《大觀新編禮書吉禮》二百三十二卷。《看詳》十七卷。

大觀禮書賓軍等四禮

《宋史・藝文志・儀注類》《大觀禮書賓軍等四禮》五百五卷。《看詳》十二卷。

政和五禮

胡師安等《元西湖書院重整書目》《政和五禮》。

政和五禮新儀

陳振孫《直齋書録解題・禮注類》《政和五禮新儀》二百四十卷，《目録》五卷。

《宋史・藝文志・儀注類》《政和五禮新儀》二百四十卷。鄭居中、白時中、慕容彦逢、强淵明等撰。

錢曾《讀書敏求記・史》《政和五禮新儀》二百四十卷，《目録》六卷。

《四庫全書總目提要・政書類》《政和五禮新儀》二百二十卷。兩淮馬裕家藏本。

五禮新儀

《宋史・藝文志・儀注類》張叔椿《五禮新儀》十五卷。

五祀新儀撮要

《宋史・藝文志・儀注類》范寅賓《五祀新儀撮要》十五卷。

五禮新編

《宋史・藝文志・儀注類》龐元英《五禮新編》五十卷。

鹵簿記

《宋史・藝文志・儀注類》王欽若《鹵簿記》三卷。

鹵簿圖記

錢東垣等輯《崇文總目輯釋・儀注類》《鹵簿圖記》十卷。宋綬撰。

天聖鹵簿圖記

陳振孫《直齋書録解題・禮注類》《天聖鹵簿圖記》十卷。翰林學士常山宋綬公垂撰。

《宋史·藝文志·儀注類》 宋綬《天聖鹵簿記》十卷。

宣和鹵簿圖

尤袤《遂初堂書目·儀注類》 《宣和鹵簿圖》。

張萱等《内閣藏書目録·圖經部》 《宋宣和鹵簿圖》九册。全。畫本。宋天聖閒學士宋綬撰集。

宣和重修鹵簿圖記

《宋史·藝文志·儀注類》 《宣和重修鹵簿圖記》三十五卷。蔡攸等撰。

皇宋大典

《宋史·藝文志·儀注類》 李沆《皇宋大典》三卷。

禮書

張萱等《内閣藏書目録·御製部》 《禮書》十五册。全。

儀禮經傳通解續卷祭禮

趙希弁《讀書附志·儀注類》 《儀禮經傳通解續卷祭禮》十四卷。

鹵簿圖

尤袤《遂初堂書目·儀注類》 宇文粹中修《鹵簿圖》。

十書

尤袤《遂初堂書目·儀注類》 朱氏《十書》。

永昭永穆陵儀

尤袤《遂初堂書目·儀注類》 《永昭永穆陵儀》。

皇朝太常儀注

尤袤《遂初堂書目·儀注類》 《皇朝太常儀注》。

政和五禮撮要

陳振孫《直齋書録解題·禮注類》 《政和五禮撮要》十五卷。

太常新禮

陳振孫《直齋書録解題·禮注類》 《太常新禮》四十卷。

《宋史·藝文志·儀注類》賈昌朝《太常新禮》四十卷。

新禮

《宋史·藝文志·儀注類》沿情子《新禮》一卷。不知名。

中興禮書

《宋史·藝文志·儀注類》《中興禮書》二卷。淳熙中，禮部、太常寺編。

張萱等《内閣藏書目録·御製部》《中興禮書》六十一册。全。鈔本。宋淳熙閒禮官編集。

廟儀

陳振孫《直齋書録解題·禮注類》《廟儀》一卷。吏部侍郎趙粹中選進。

廟制罪言

《宋史·藝文志·儀注類》吴仁傑《廟制罪言》二卷。

祀祭儀式

《宋史·藝文志·儀注類》《祀祭儀式》一卷。

祀汾陰記

晁公武《郡齋讀書志·儀注類》《祀汾陰記》五十卷。袁本前志卷二下儀注類第二。右皇朝丁謂撰。

《宋史·藝文志·儀注類》《大中祥符祀汾陰記》五十卷。丁謂等撰。

崇祀録

錢東垣等輯《崇文總目輯釋·儀注類》《崇祀録》二十卷。孫奭撰。

郊廟奉祀禮文

陳振孫《直齋書録解題·禮注類》《元豐郊廟奉祀禮文》三十卷。崇文院校書楊完撰。

《宋史·藝文志·儀注類》陳襄《郊廟奉祀禮文》三十卷。

張萱等《内閣藏書目録·御製部》《郊廟奉祀禮文》四册。全。宋元豐中，羣臣討論郊廟、制度、禮文、稱制，臨決成書，凡三十卷，岳珂有跋。

諸州縣祭社稷儀

錢東垣等輯《崇文總目輯釋·儀注類》《諸州縣祭社稷儀》一卷。原釋闕。見天一閣鈔本。

通祀儀禮

張萱等《内閣藏書目録·御製部》 《通祀儀禮》二册。全。宋朱晦庵守南康時編，集社稷、釋奠諸祭禮文，中列圖譜。

通祀輯略

張萱等《内閣藏書目録·御製部》 《通祀輯略》四册。全。孔子五十三代孫知單州，奉訓取朱晦庵所著《釋奠成式》編輯，中詳歷代尊崇典禮，而從祀諸賢各讚附焉。

侯國通祀

張萱等《内閣藏書目録·御製部》 《侯國通祀》一册。全。

諸州釋奠文宣王儀注

《宋史·藝文志·儀注類》 《諸州釋奠文宣王儀注》一卷。元豐間重修。

大宋崇祀録

《宋史·藝文志·儀注類》 孫奭《大宋崇祀録》二十卷。

慶曆祀儀

《宋史·藝文志·儀注類》 賈昌朝《慶曆祀儀》六十三卷。

南郊式

尤袤《遂初堂書目·儀注類》 《南郊式》。

《宋史·藝文志·儀注類》 王安石《南郊式》一百十卷。

南郊附式條貫

《宋史·藝文志·儀注類》 陳繹《南郊附式條貫》一卷。

(向宗儒)南郊式

《宋史·藝文志·儀注類》 向宗儒《南郊式》十卷。

北郊祀典

《宋史·藝文志·儀注類》 陳暘《北郊祀典》三十卷。

夏祭敕令格式

《宋史·藝文志·儀注類》 蔣猷《夏祭敕令格式》一部。卷亡。

天書儀制

《宋史・藝文志・儀注類》王欽若《天書儀制》五卷。

郊祀贅説

《宋史・藝文志・儀注類》吴仁傑《郊祀贅説》二卷。

淳熙編類祭祀儀式

《宋史・藝文志・儀注類》《淳熙編類祭祀儀式》一卷。齊慶胄所撰。

咸淳文廟儀式

黄虞稷《千頃堂書目・儀注類・補宋》《咸淳文廟儀式》一卷。
倪燦等《宋史藝文志補・儀注類》《咸淳文廟儀式》一卷。

景靈宫供奉敕令格式

《宋史・藝文志・儀注類》馮宗道《景靈宫供奉敕令格式》六十卷。

景靈宫四孟朝獻

《宋史・藝文志・儀注類》《景靈宫四孟朝獻》二卷。

諸陵薦獻禮文儀令格式并例

《宋史・藝文志・儀注類》《諸陵薦獻禮文儀令格式并例》一百五十一册。
紹聖間,卷亡。

熙寧新定祈賽式

《宋史・藝文志・儀注類》張諤《熙寧新定祈賽式》二卷。

紹興郊祀大禮儀注

尤袤《遂初堂書目・儀注類》《紹興郊祀大禮儀注》。

紹興籍田儀注

尤袤《遂初堂書目・儀注類》《紹興籍田儀注》。

紹興四孟朝獻儀注

尤袤《遂初堂書目・儀注類》《紹興四孟朝獻儀注》。

紹興祀高禖儀注

尤袤《遂初堂書目・儀注類》《紹興祀高禖儀注》。

州縣祠儀

尤袤《遂初堂書目·儀注類》 《州縣祠儀》。

釋奠儀禮考正

《宋史·藝文志·儀注類》 陳孔碩《釋奠儀禮考正》一卷。

紹熙州縣釋奠儀圖

嵇璜等《續通志·圖譜略·記有·儀制》 宋朱子《紹熙州縣釋奠儀圖》。

《四庫全書總目提要·政書類》 《紹熙州縣釋奠儀圖》一卷。兩淮鹽政採進本。

釋奠通祀圖

《宋史·藝文志·儀注類》 張維《釋奠通祀圖》一卷。

釋奠儀式

《宋史·藝文志·儀注類》 朱熹《釋奠儀式》一卷。

大饗明堂記要

陳振孫《直齋書録解題·禮注類》 《大饗明堂記》二十卷，《紀要》二卷。宰相河汾文彦博寬夫等撰。

《宋史·藝文志·儀注類》 文彦博《大饗明堂記要》二卷。

大饗明堂記

陳振孫《直齋書録解題·禮注類》 《大饗明堂記》二十卷，《紀要》二卷。宰相河汾文彦博寬夫等撰。

《宋史·藝文志·儀注類》 文彦博、高若訥《大饗明堂記》二十卷。

明堂祫饗大禮令式

《宋史·藝文志·儀注類》 《明堂祫饗大禮令式》三百九十三卷。元豐間。

明堂大饗視朔頒朔布政儀範敕令格式

《宋史·藝文志·儀注類》 《明堂大饗視朔頒朔布政儀範敕令格式》一部。宣和初，卷亡。

祭鼎儀範

《宋史·藝文志·儀注類》 王與之《祭鼎儀範》六卷。

六尚供奉式

《宋史・藝文志・儀注類》高中《六尚供奉式》二百册。卷亡。

歷代明堂事迹

《宋史・藝文志・儀注類》《歷代明堂事迹》一卷。

紹興明堂儀注

尤袤《遂初堂書目・儀注類》《紹興明堂儀注》。

國朝明堂紀要

尤袤《遂初堂書目・儀注類》《國朝明堂紀要》。

明堂通儀

《宋史・藝文志・儀注類》宋郊《明堂通儀》二卷。

淳熙明堂大享慶成詩

尤袤《遂初堂書目・本朝故事》《淳熙明堂大享慶成詩》。

武成王配饗事迹

《宋史・藝文志・故事類》《武成王配饗事迹》二十卷。並不知作者。

本朝歲祀總數

尤袤《遂初堂書目・儀注類》《本朝歲祀總數》。

本朝儀物

尤袤《遂初堂書目・儀注類》《本朝儀物》。

國朝祀典

《宋史・藝文志・儀注類》《國朝祀典》一卷。不知作者。

杜氏四時祭享禮

陳振孫《直齋書録解題・禮注類》《杜氏四時祭享禮》一卷。丞相山陰杜衍世昌撰。

《宋史・藝文志・儀注類》杜衍《四時祭享儀》一卷。

參用古今家祭式

《宋史・藝文志・儀注類》韓琦《參用古今家祭式》。無卷。

韓氏古今家祭式

陳振孫《直齋書録解題・禮注類》《韓氏古今家祭式》一卷。司徒兼侍中相臺韓琦稚圭撰。

范祖禹祭儀

《宋史・藝文志・儀注類》范祖禹《祭儀》一卷。

范氏家祭禮

陳振孫《直齋書録解題・禮注類》《范氏家祭禮》一卷。范祖禹淳甫撰。

涑水祭儀

《宋史・藝文志・儀注類》司馬光《涑水祭儀》一卷。

文公家禮

胡師安等《元西湖書院重整書目》《文公家禮》。

錢曾《讀書敏求記・禮樂》《文公家禮》十卷。

横渠張氏祭禮

陳振孫《直齋書録解題・禮注類》《横渠張氏祭禮》一卷。張載子厚撰。末有呂大鈞和叔説數條附焉。

《宋史・藝文志・儀注類》《横渠張氏祭儀》一卷。張載撰。

伊川程氏祭禮

陳振孫《直齋書録解題・禮注類》《伊川程氏祭禮》一卷。程頤正叔撰。首載作主式。

呂氏家祭禮

陳振孫《直齋書録解題・禮注類》《呂氏家祭禮》一卷。丞相京兆呂大防微仲、正字大臨與叔撰。

《宋史・藝文志・儀注類》呂大防、大臨《家祭儀》一卷。

藍田呂氏祭説

《宋史・藝文志・儀注類》《藍田呂氏祭説》一卷。呂大均撰。

伊川程氏祭儀

《宋史・藝文志・儀注類》《伊川程氏祭儀》一卷。程頤撰。

二十家古今祭禮

《宋史·藝文志·儀注類》 朱熹《二十家古今祭禮》二卷。

古今家祭禮

陳振孫《直齋書録解題·禮注類》 《古今家祭禮》二十卷。朱熹集《通典》、《會要》所載，以及唐、本朝諸家祭禮皆在焉。

六家祭儀

尤袤《遂初堂書目·儀注類》 《六家祭儀》。

厚終禮

尤袤《遂初堂書目·儀注類》 高氏《厚終禮》。

家祭儀

《宋史·藝文志·儀注類》 孟詵《家祭儀》一卷。

趙氏祭録

《宋史·藝文志·儀注類》 趙希蒼《趙氏祭録》二卷。

高氏送終禮

陳振孫《直齋書録解題·禮注類》 《高氏送終禮》一卷。禮部侍郎高閌抑崇撰。

《宋史·藝文志·儀注類》 高閌《送終禮》一卷。

唐吉凶禮儀禮圖

《宋史·藝文志·儀注類》 《唐吉凶禮儀禮圖》三卷。

冠婚喪祭禮

《宋史·藝文志·儀注類》 周端朝《冠婚喪祭禮》二卷。集司馬氏、程氏、吕氏禮。

政和冠昏喪祭禮

陳振孫《直齋書録解題·禮注類》 《政和冠昏喪祭禮》十五卷。

孫氏仲享儀

尤袤《遂初堂書目·儀注類》 《遜氏仲享儀》。

陳振孫《直齋書録解題·禮注類》 《孫氏仲享儀》一卷。

朝制要覽

尤袤《遂初堂書目·儀注類》《朝制要覽》。

御史臺儀制

《宋史·藝文志·儀注類》張知白《御史臺儀制》六卷。

朝會儀注

《宋史·藝文志·儀注類》《朝會儀注》一卷。元豐間。

紹興大朝會儀注

尤袤《遂初堂書目·儀注類》《紹興大朝會儀注》。

太常禮院祀儀

《宋史·藝文志·儀注類》歐陽脩《太常禮院祀儀》二十四卷。

禮閣新編

《宋史·藝文志·儀注類》王皞《禮閣新編》六十三卷。

幸太學儀

《宋史·藝文志·儀注類》《幸太學儀》一卷。元祐六年儀。

大禮前天興殿儀

《宋史·藝文志·儀注類》《大禮前天興殿儀》二卷。元豐間。

紹興太常初定儀注

《宋史·藝文志·儀注類》《紹興太常初定儀注》三卷。

太常圖

《宋史·藝文志·儀注類》《太常圖》一卷。並不知作者。

內東門儀制

《宋史·藝文志·儀注類》宋綬《內東門儀制》五卷。

閤門儀制

《宋史·藝文志·儀注類》梁顥《閤門儀制》十二卷。又并《目録》十四卷。

閤門集例

《宋史·藝文志·儀注類》《閤門集例》并《目録》。

閤門儀制

陳振孫《直齋書録解題·禮注類》《閤門儀制》十二卷。學士李淑等修定。皆朝廷禮式也。

《宋史·藝文志·儀注類》李淑《閤門儀制》十二卷。

閤門儀制

《宋史·藝文志·儀注類》《閤門儀制》四卷。

閤門令

《宋史·藝文志·儀注類》《閤門令》四卷。

閤門儀注

尤袤《遂初堂書目·儀注類》《閤門儀注》。

大臣特恩

《宋史·藝文志·儀注類》《大臣特恩》三十卷。

中興禮書續編

張萱等《内閣藏書目録·御製部》《中興禮書續編》二十一册。全。宋嘉泰間禮官編集。

公侯守宰士庶通禮

《宋史·藝文志·儀注類》李臯《公侯守宰士庶通禮》三十卷。

熙朝盛典詩

《宋史·藝文志·儀注類》趙師䍐《熙朝盛典詩》二卷。

徽號册寶儀注

《宋史·藝文志·儀注類》葉均《徽號册寶儀注》一卷。

服　制

《宋史·藝文志·儀注類》韓挺《服制》一卷。

春秋車服圖

《宋史・藝文志・儀注類》 張傑《春秋車服圖》五卷。

二儀實録衣服名義

《宋史・藝文志・儀注類》 劉孝孫《二儀實録衣服名義》二卷。

祭服制度

《宋史・藝文志・儀注類》《祭服制度》十六卷。

祭服圖

《宋史・藝文志・儀注類》《祭服圖》三册。卷亡。

五服志

《宋史・藝文志・儀注類》《五服志》三卷。

五服儀

《宋史・藝文志・儀注類》 裴茝《五服儀》二卷。

五服年月敕

《宋史・藝文志・儀注類》 劉筠《五服年月「年月」一作「用」敕》一卷。

喪服加減

《宋史・藝文志・儀注類》《喪服加減》一卷。

古今服飾儀

陳振孫《直齋書録解題・禮注類》《古今服飾儀》一卷。題蜀人樊建。紹興癸酉序。

辨太常禮官儀定章九冕服

《宋史・藝文志・儀注類》 夏休《辨太常禮官儀定章九冕服》一卷。

張萱等《内閣藏書目録・御製部》《辨太常禮官議定九章冕服》一册。全。宋景定元年夏休譔進。鈔本。皆攷正九章冕服、古今制度也。

大禮式

《宋史・藝文志・儀注類》 黄廉《大禮式》二十卷。

禮　範

《宋史·藝文志·儀注類》 李宗思《禮範》一卷。

禮　文

《宋史·藝文志·儀注類》 何洵直、蔡確《禮文》三十卷。

元祐建中宫記

尤袤《遂初堂書目·儀注類》 《元祐建中宫記》。

元祐納后儀

尤袤《遂初堂書目·儀注類》 《元祐納后儀》。

《宋史·藝文志·儀注類》 《納后儀》一卷。元祐七年儀。

王后儀範

《宋史·藝文志·儀注類》 李淑《王后儀範》三卷。

皇后册禮儀範

《宋史·藝文志·儀注類》 《皇后册禮儀範》八册。大觀間，卷亡。

帝系后妃吉禮

《宋史·藝文志·儀注類》 《帝系后妃吉禮》并《目録》一百一十卷。重和元年。

紹興上皇太后册寶儀注

尤袤《遂初堂書目·儀注類》 《紹興上皇太后册寶儀注》。

紹興中宫受册儀注

尤袤《遂初堂書目·儀注類》 《紹興中宫受册儀注》。

中宫儀範

《宋史·藝文志·儀注類》 王巖叟《中宫儀範》一部。卷亡。

政和御製冠禮

張金吾《愛日精廬藏書志·政書類》 《政和御製冠禮》十卷，《五禮新儀》二百二十卷。舊抄本。鄭居中等撰。前有《御筆指揮》及尚書省議禮院累次所上劄子。《御製冠禮》十卷，蓋當時頒此爲格式者，故以弁首不入卷。闕卷七十四、卷八十八至九十、卷一百八至一百十二、卷一百二十八至一百三十七、卷二百，共闕二十卷。

訓俗書

陳振孫《直齋書録解題・禮注類》《訓俗書》一卷。許洞洞夫撰。述廟祭、冠笄之禮，而拜掃附於末。謝絳希深、王舉正皆有序跋。洞，淳化三年進士，希深之舅也。

《宋史・藝文志・儀注類》 許洞《訓俗書》一卷。

呂氏鄉約

趙希弁《讀書附志・儀注類》《呂氏鄉約》一卷，《鄉儀》一卷。右二書呂和叔季明所定也。朱文公記于後。

陳振孫《直齋書録解題・禮注類》《呂氏鄉約》一卷，《鄉儀》一卷。呂大鈞和叔撰。

呂氏鄉約鄉儀

尤袤《遂初堂書目・儀注類》《呂氏鄉約鄉儀》。

鄉飲禮

《宋史・藝文志・儀注類》 鄭樵《鄉飲禮》三卷。

鄉飲禮圖

《宋史・藝文志・儀注類》 鄭樵《鄉飲禮圖》三卷。

南劍鄉飲酒儀

《宋史・藝文志・儀注類》 葉克刊《南劍鄉飲酒儀》一卷。

鄉飲規約

《宋史・藝文志・儀注類》 汪楲《鄉飲規約》一卷。

鄉飲酒儀

《宋史・藝文志・儀注類》 史定之《鄉飲酒儀》一卷。

家範

《宋史・藝文志・儀注類》 盧僎《家範》一卷。

家範

《宋史・藝文志・儀注類》 司馬光《家範》四卷。

居家雜儀

趙希弁《讀書附志・儀注類》 司馬公《居家雜儀》一卷。右温國文正公光所著也。

《宋史・藝文志・儀注類》 司馬光《居家雜儀》一卷。

四家禮範

陳振孫《直齋書録解題・禮注類》《四家禮範》五卷。張栻、朱熹所集司馬、程、張、吕氏諸家，而建安劉珙刻於金陵。

《宋史・藝文志・儀注類》 朱熹《四家禮範》五卷。

居家雜禮

陳振孫《直齋書録解題・禮注類》《居家雜禮》一卷。司馬光撰。

朱文公家禮

趙希弁《讀書附志・儀注類》《家禮》五卷。右朱文公所定，而趙崇思刻之萍鄉者。潘時舉、李道傳、黄榦、廖德明、陳光祖序跋附焉。

朱氏家禮

陳振孫《直齋書録解題・禮注類》《朱氏家禮》一卷。朱熹撰。

《宋史・藝文志・儀注類》 朱熹《家禮》一卷。

家禮附註

趙希弁《讀書附志・儀注類》《家禮附註》五卷。右陳雷刻于温州學宫者，凡九十九條。

陸氏禮象

胡師安等《元西湖書院重整書目》《陸氏禮象》。

十書類編

陳振孫《直齋書録解題・禮注類》《十書類編》三卷。不知何人所集。十書者，管子《弟子職》、曹昭《女誡》、韓氏《家祭式》、司馬温公《居家雜禮》、吕氏《鄉禮》、范氏《義莊規》、高氏《送終禮》、高登《修學門庭》、朱氏《重定鄉約社倉約束》也。雖不專爲禮，而禮居多，故附之於此。

打毬儀

《宋史・藝文志・儀注類》 張直方《打毬儀》一卷。

打毬儀注

《宋史・藝文志・儀注類》 李詠《打毬儀注》一卷。

高麗入貢儀式條令

《宋史・藝文志・儀注類》《高麗入貢儀式條令》三十卷。元豐間。

高麗女真排辨式

《宋史·藝文志·儀注類》《高麗女真排辨式》一卷。元豐間。

使範

《宋史·藝文志·儀注類》李商隱《使範》一卷。

諸蕃進貢令式

《宋史·藝文志·儀注類》《諸蕃進貢令式》十六卷。

儀物志

《宋史·藝文志·儀注類》《儀物志》三卷。

正辭録

錢東垣等輯《崇文總目輯釋·儀注類》《正辭録》三卷。李至撰。原釋闕。見天一閣鈔本。

《宋史·藝文志·儀注類》李至《正辭録》三卷。

聖朝徽名録

《宋史·藝文志·儀注類》李德芻《聖朝徽名録》十卷。

雜録

《宋史·藝文志·儀注類》王叡《雜録》五卷。

蜀坤儀令

《宋史·藝文志·儀注類》《蜀坤儀令》一卷。

葬祭會要

胡師安等《元西湖書院重整書目》《葬祭會要》。

書儀

尤袤《遂初堂書目·儀注類》司馬氏《書儀》。

陳振孫《直齋書録解題·禮注類》《温公書儀》一卷。司馬光撰。前一卷爲表章、書啓式，餘則冠昏、喪祭之禮詳焉。

《宋史·藝文志·儀注類》司馬光《書儀》八卷。

錢曾《讀書敏求記·史》司馬氏《書儀》十卷。

書儀

《宋史·藝文志·儀注類》 鄭洵瑜《書儀》一卷。

吉凶書儀

晁公武《郡齋讀書志·儀注類》 《吉凶書儀》二卷。袁本前志卷二下儀注類第四。右皇朝胡瑗翼之撰。略依古禮，而以今禮書疏儀式附之。

歷代年號并宮殿等名

陳振孫《直齋書録解題·典故類》 《歷代年號并宮殿等名》一卷。丞相饒陽李昉明叔在翰苑時所纂。

馬端臨《文獻通考·經籍考·故事》 《歷代年號并宮殿等名》一卷。

古今年號録

趙希弁《讀書附志拾遺》 《古今年號録》五卷。右紹熙中臨安府免解進士侯望所進也。其説謂自漢建元至今，一千三百三十五年正僞年號，總八百三十八，爲字二百三十五，有重用、三用至九用者。

嘗聞録

《宋史·藝文志·儀注類》 管鋭《嘗聞録》一卷。

奉常雜録

陳振孫《直齋書録解題·禮注類》 《奉常雜録》一卷，《樂章》一卷。無名氏。雜録禮寺牲牢、樂舞、祝辭。其《樂章》則祠祭見行用者。

漢制拾遺

《宋史·藝文志·儀注類》 《漢制拾遺》一卷。不知何人編。

江亭記

尤袤《遂初堂書目·儀注類》 《江亭記》。

榮觀集

《宋史·藝文志·故事類》 汪泱《榮觀集》五卷。

遼禮書

黄虞稷《千頃堂書目·儀注類·補遼》 耶律庶成、蕭韓家奴《禮書》。

倪燦等《補遼金元藝文志·儀注類》 [遼]耶律庶成、蕭韓家奴《禮書》。

錢大昕《補元史藝文志·儀注類》 《遼禮書》三卷。重熙中，蕭韓家奴等撰。

遼朝雜禮

黄虞稷《千頃堂書目・儀注類・補遼》《遼朝雜禮》。

倪燦等《補遼金元藝文志・儀注類》《遼朝雜禮》。失名。

投壺儀

黄任恒《補遼史藝文志・儀注類》《投壺儀》。

大金集禮

黄虞稷《千頃堂書目・儀注類・補金》《大金集禮》四十卷。明昌六年，禮部尚書張暐等進。

倪燦等《補遼金元藝文志・儀注類》《大金集禮》四十卷。

錢曾《讀書敏求記・史》《大金集禮》四十卷。

《四庫全書總目提要・政書類》《大金集禮》四十卷。兩淮馬裕家藏本。不著撰人名氏，亦不著成書年月。

孫星衍《平津館鑒藏書籍記・舊影寫本》《大金集禮》四十卷。不題撰人姓氏，前後亦無序跋。

錢大昕《補元史藝文志・儀注類》《大金集禮》四十卷。明昌六年，禮部尚書張暐等進。

黄丕烈《蕘圃藏書題識・史類》《大金集禮》四十卷。舊鈔本。

張金吾《愛日精廬藏書志・政書類》《大金集禮》四十卷。舊抄本。述古堂藏書。張暐撰。

校大金禮儀

錢大昕《補元史藝文志・儀注類》楊雲翼《校大金禮儀》。

大金德運圖説

《四庫全書總目提要・政書類》《大金德運圖説》一卷。《永樂大典》本。金尚書省會官集議德運所存案牘之文也。案《金史・本紀》，金初色尚白。章宗泰和二年十一月，更定德運爲土，臘月辰詔告中外。至宣宗貞祐二年正月，命有司復議本朝德運。是書所載，蓋即其事。

張金吾《愛日精廬藏書志・政書類》《大金德運圖説》一卷。文淵閣舊抄本。貞祐二年，尚書省集議德運之案牘也。

禮器纂修雜録

黄虞稷《千頃堂書目・儀注類・補金》《禮器纂修雜録》四百卷。世宗命禮官修。

倪燦等《補遼金元藝文志・儀注類》《禮器纂脩雜録》四百卷。世宗命禮官脩。

遼禮儀志

黄虞稷《千頃堂書目・儀注類・補金》陳大任《遼禮儀志》。

倪燦等《補遼金元藝文志・儀注類》陳大任《遼禮儀志》。

禮例纂

黃虞稷《千頃堂書目・儀注類・補金》 張行簡《禮例纂》一百二十卷。

倪燦等《補遼金元藝文志・儀注類》 張行簡《禮例纂》一百二十卷。

錢大昕《補元史藝文志・儀注類》 張行簡《禮例纂》一百二十卷。

大金儀禮

倪燦等《補遼金元藝文志・儀注類》 《大金儀禮》。明昌六年，禮部尚書張暐等進。

廟學典禮

《四庫全書總目提要・政書類》 《廟學典禮》六卷。《永樂大典》本。不著撰人名氏。諸家書目皆不著録。核其所載，始于元太宗丁酉，而終于成宗大德間。蓋元人所録也。

錢大昕《補元史藝文志・儀注類》 《廟學典禮》六卷。始太宗丁酉，訖成宗大德間。

通祀輯略

《四庫全書總目提要・政書類》 《通祀輯略》三卷。兩淮鹽政採進本。不著撰人名氏。載歷代崇祀孔廟禮儀，起魯哀公，迄宋咸淳三年，疑爲元人作也。凡三卷，上卷分謚號、廟祀、殿額、坐像、冕服、封爵、位序、配享八門，中卷分從祀、鄉賢二門，下卷分釋奠樂章、曲阜廟幸學、謁廟、告遷、奉安五門。

郊祀禮樂圖

黃虞稷《千頃堂書目・儀注類・補元》 魯巽申《郊祀禮樂圖》十册。

倪燦等《補遼金元藝文志・儀注類》 曾巽申《郊祀禮樂圖》十册。

錢大昕《補元史藝文志・儀注類》 曾巽申《郊祀禮樂圖》五卷，書三十卷。

大元續集禮

張萱等《內閣藏書目録・御製部》 《大元續集禮》十五册。全。元至元間，脱脱木兒等編進，名曰《至正續集禮》。

太常集禮

黃虞稷《千頃堂書目・儀注類・補元》 李好文《太常集禮》五十卷。

倪燦等《補遼金元藝文志・儀注類》 [元]李好文《太常集禮》五十卷。

錢大昕《補元史藝文志・儀注類》 《太常集禮》五十一卷。郊祀九，社稷三，宗廟二十一，輿服二，樂七，諸神祀三，諸臣請謚及官制因革典籍録六。李好文、孛朮魯翀等撰。

大元太常集禮稿

張萱等《內閣藏書目録・御製部》 《大元太常集禮稿》四十册。全。元天曆初，太常博士李好文譔進，凡五十一卷。

太常續集禮

黄虞稷《千頃堂書目・儀注類・補元》 脱脱木《太常續集禮》十五册。

倪燦等《補遼金元藝文志・儀注類》 脱脱木《太常續集禮》十五册。

錢大昕《補元史藝文志・儀注類》 《太常續集禮》十五册。脱脱木。

續編太常集禮

黄虞稷《千頃堂書目・儀注類・補元》 王守誠《續編太常集禮》三十一卷。

倪燦等《補遼金元藝文志・儀注類》 王守誠《續編太常集禮》三十一卷。

錢大昕《補元史藝文志・儀注類》 《續編太常集禮》三十一册。王守誠。

太常至正集禮

黄虞稷《千頃堂書目・儀注類・補元》 《太常至正集禮》二十卷。

倪燦等《補遼金元藝文志・儀注類》 《太常至正集禮》二十卷。失名。

錢大昕《補元史藝文志・儀注類》 《太常至正集禮》二十册。

太常禮儀沿革

錢大昕《補元史藝文志・儀注類》 《太常禮儀沿革》一卷。必里牙敦。

通祀輯略續集

錢大昕《補元史藝文志・儀注類》 黄元暉《通祀輯略續集》一卷。以謙從子。

朝儀備録

錢大昕《補元史藝文志・儀注類》 周之翰《朝儀備録》五卷。字子宣，太都人，由侍儀舍人至冠州知州。

朝儀紀原

錢大昕《補元史藝文志・儀注類》 周之翰《朝儀紀原》三卷。

郊祀十議

倪燦等《補遼金元藝文志・儀注類》 袁桷《郊祀十議》一卷。

錢大昕《補元史藝文志・儀注類》 袁桷《郊祀十議》一卷。

郊祀禮

張萱等《内閣藏書目録・御製部》 《郊祀禮》十册。全。鈔本。元廬陵布衣曾巽申編。

通祀輯略

張萱等《内閣藏書目録・御製部》 《通祀輯略》三册。元至元間，泉州分教黄以謙纂輯先聖及從祀諸賢謚號、歷代祭祀行幸諸儀，凡三卷，闕末卷。以謙姪元暉，又彙樂器各圖注之爲《續集》一卷。

錢大昕《補元史藝文志・儀注類》 黄以謙《通祀輯略》三卷。至元間泉州路分教。

釋奠通載

張萱等《内閣藏書目録・御製部》《釋奠通載》五册。全。元宣慰使范可仁編集孔廟釋奠禮制。

錢大昕《補元史藝文志・儀注類》 范可仁《釋奠通載》九卷。宣慰使。

通祀纂要

張萱等《内閣藏書目録・御製部》《通祀纂要》二册。不全。元宣慰使范可仁編集歷代禮器圖譜儀注。

錢大昕《補元史藝文志・儀注類》 范可仁《通祀纂要》二卷。

大德編輯釋奠圖

黄虞稷《千頃堂書目・儀注類・補元》《大德編輯釋奠圖》八卷。第一至第四卷爲釋奠器服，朱所定。第五卷爲釋奠節次，元學録劉芳實彭埜編次。第六卷至第八卷爲侯國通祀儀，宋吴郡何元壽編次，刻於灤州路學。

倪燦等《補遼金元藝文志・儀注類》 何元壽《大德編輯釋奠圖》八卷。

錢大昕《補元史藝文志・儀注類》《大德編輯釋奠圖》八卷。何元壽。

會同朝獻禘祫喪葬録

錢大昕《補元史藝文志・儀注類》 張行簡《會同朝獻禘祫喪葬録》。

三皇祭禮

錢大昕《補元史藝文志・儀注類》 任栻《三皇祭禮》一卷。記至正祀三皇禮儀。

至元州縣社稷通禮

錢大昕《補元史藝文志・儀注類》《至元州縣社稷通禮》。

釋奠儀注

錢大昕《補元史藝文志・儀注類》 張頦《釋奠儀注》一卷。

致美集成

錢大昕《補元史藝文志・儀注類》 曾巽申《致美集成》三卷。

釋奠樂器圖

錢大昕《補元史藝文志・儀注類》 趙鳳儀《釋奠樂器圖》一卷。

釋奠儀圖

張萱等《内閣藏書目録・御製部》《釋奠儀圖》。全。元至大間吴夢賢譔。

錢大昕《補元史藝文志・儀注類》 吴夢賢《釋奠儀圖》一卷。

葬祭會要

張萱等《内閣藏書目録・御製部》《葬祭會要》一册。全。元大德間曹南張才卿刻，即朱文公《家禮》也。

釋奠通禮

倪燦等《補遼金元藝文志・儀注類》 申屠致遠《釋奠通禮》三卷。

錢大昕《補元史藝文志・儀注類》 申屠致遠《釋奠通禮》三卷。

士禮儀舉要

錢曾《讀書敏求記・禮樂》 夏時正《士禮儀舉要》九卷。時正謂《文公家禮》未脱藁而佚亡。後雖出而行于世，寔文公未成之書。因取家禮儀禮，節舉其要，集成一編。

丁祭考

錢大昕《補元史藝文志・儀注類》 張希文《丁祭考》一卷。字質夫，瑞州新昌人。

鹵簿圖

黄虞稷《千頃堂書目・儀注類・補元》 魯異申《鹵簿圖》。永樂人，成宗時爲嚴州教授進書，授大樂署丞，後官應奉翰林文字，人稱之曰亦軒先生。

倪燦等《補遼金元藝文志・儀注類》 魯異申《鹵簿圖》。

錢大昕《補元史藝文志・儀注類》 魯異申《鹵簿圖》五卷，書五卷。

鹵簿志

黄虞稷《千頃堂書目・儀注類・補元》 魯異申《鹵簿志》十卷。

倪燦等《補遼金元藝文志・儀注類》 曾異申《鹵簿志》十卷。

錢大昕《補元史藝文志・儀注類》 曾異申《崇文鹵簿志》十卷。

鹵簿中道外仗圖志

黄虞稷《千頃堂書目・儀注類・補元》 魯異申《鹵簿中道外仗圖志》十卷。

倪燦等《補遼金元藝文志・儀注類》 曾異申《鹵簿中道外仗圖志》十卷。

祭器圖

倪燦等《補遼金元藝文志・儀注類》 趙孟頫《祭器圖》二十册。

錢大昕《補元史藝文志・儀注類》 趙孟頫《祭器圖式》十卷。

五服圖解

錢曾《讀書敏求記・禮樂》 龔端禮《五服圖解》一卷。五服列五門，每門立男女已未成人之科，分正加降義四等之服，分章劃圖。泰定元年，嘉興路牒呈此書于江浙行省，移咨中書照詳。端禮于至順年間，以布衣上書皇帝，誠有心當世之士，而沉淪不遇可惜也。

嵇璜等《續通志・圖譜略・記無・儀制》襲端禮《五服圖解》。

阮元《四庫未收書目提要・政書類》《五服圖解》一卷。元龔端禮撰。端禮字仁夫，嘉興人。

大明禮制

楊士奇等《文淵閣書目・國朝》《大明禮制》一部。二十六册。完全。

《大明禮制》一部。三册。闕。

張萱等《内閣藏書目録・御製部》《大明禮制》二十六册。全。鈔本。凡二十五卷。

黄虞稷《千頃堂書目・儀注類》《大明禮制》二十五卷。不知何人編。

《明史・藝文志・儀注類》《大明禮制》二十五卷。不知撰人。

大明集禮

楊士奇等《文淵閣書目・國朝》《大明集禮》一部。五十册。殘缺。

《大明集禮》一部。五十八册。闕。

王圻《續文獻通考・經籍考・儀注》《大明集禮》。本朝洪武三年成，凡五十三卷。

張萱等《内閣藏書目録・御製部》《大明集禮》三十二册。全。鈔本。

于敏中等《天禄琳琅書目・明版史部》《大明集禮》三函三十册。明太祖御撰。五十三卷。前明世宗序。考《明史・藝文志》載《大明集禮》一書，稱洪武中梁寅等纂修。初係寫本，嘉靖中詔禮部校刊。今觀世宗《御製序》亦稱：「禮部請刻布中外，俾人有所知見，乃命内閣發祕藏，令其刊佈。茲以訖工，遂使廣行宣傳」云云。與史所言脗合，是本版非初印，紙亦不精，蓋爲書肆通行之本。

皇朝禮制

楊士奇等《文淵閣書目・國朝》《皇朝禮制》一部。一册。闕。

國朝禮制

楊士奇等《文淵閣書目・國朝》《國朝禮制》一部。一册。完全。

行移繁減體式

黄虞稷《千頃堂書目・儀注類》《行移繁減體式》一卷。洪武十二年八月，先是元末官府文移案牘繁冗，非老吏不能通曉。欲習其業，必以吏爲師，官亦惟吏是聽。每曹主之者曰主文，附之者曰貼書，曰小書生，肆爲奸利。帝厭之，命廷臣減其繁文，著爲定式，鏤板頒之，永爲遵守。

《明史・藝文志・儀注類》《行移繁減體式》一卷。洪武中，以元季官府文移紛冗，詔廷臣減繁，著爲定式。

禮儀定式

楊士奇等《文淵閣書目・國朝》《禮儀定式》一部。二册。闕。

范邦甸等《天一閣書目・政書類》《禮儀定式》一册。刊本。明大學士董倫等奉敕撰。

王圻《續文獻通考・經籍考・儀注》《禮儀定式》。洪武二十年，太祖命禮部尚書李原名等著，詳前内府書。

黄虞稷《千頃堂書目・儀注類》《禮儀定式》一卷。洪武二十年冬十月頒。

《明史・藝文志・儀注類》《禮儀定式》一卷。

洪武禮制

楊士奇等《文淵閣書目・國朝》《洪武禮制》一部。一册。闕。

范邦甸等《天一閣書目・政書類》《洪武禮制》一卷。刊本。不著撰人名氏。

黄虞稷《千頃堂書目・儀注類》《洪武禮制》一卷。

稽制録

楊士奇等《文淵閣書目・國朝》《稽制録》一部。一册。完全。

黄虞稷《千頃堂書目・儀注類》《稽制録》一卷。洪武二十六年三月，上以諸功臣多武人，不知書，往往恃功驕恣，踰越禮分，肆情廢法，奢僭不度，因詔翰林院稽考漢唐宋功臣書爵食邑之多寡，及名號虚實之等第，爲書以頒示功臣。自爲之序。

五倫書

范邦甸等《天一閣書目・政書類》《五倫書》六十二卷。刊本。明正統十二年刊行。御製序。《五倫書》。刊本。已殘。

集禮

《明史・藝文志・儀注類》《集禮》五十卷。洪武中，梁寅等纂修。初係寫本，嘉靖中，詔禮部校刊。

稽古定制

楊士奇等《文淵閣書目・國朝》《稽古定制》一部。一册。闕。

范邦甸等《天一閣書目・政書類》《稽古定制》六册。刊本。明洪武二十九年，御製序。

黄虞稷《千頃堂書目・儀注類》《稽古定制》一卷。洪武二十九年十一月頒示功臣，戒其僭侈，皆取明初以來所定禮制，參酌損益，編類成書以進。

《明史・藝文志・儀注類》《稽古定制》一卷。頒示功臣。

教民榜文

黄虞稷《千頃堂書目・儀注類》《教民榜文》一卷。洪武三十一年二月十九日，户部尚書郁新等同文武羣臣於奉天門早朝，欽奉聖旨頒行。

《明史・藝文志・儀注類》《教民榜文》一卷。

禮制榜文

楊士奇等《文淵閣書目・國朝》《禮制榜文》一部。一册。闕。

申明禮制榜文

楊士奇等《文淵閣書目・國朝》《申明禮制榜文》一部。一册。闕。

禮制集要

楊士奇等《文淵閣書目・國朝》《禮制集要》一部。二册。闕。

范邦甸等《天一閣書目・政書類》《禮制集要》一卷。刊本。明永樂三年重刊，御製序。

王圻《續文獻通考・經籍考・儀注》《禮制集要》。洪武二十八年成。

黄虞稷《千頃堂書目・儀注類》《禮制集要》一卷。命學士劉三吾編輯。官民服、舍、器用等類，成書以戒僭越。凡爲目十有三。自冠、服、器、用，以至儀、從、奏、啓、書、押，皆有等第。洪武二十八年十一月成。

《明史・藝文志・儀注類》《禮制集要》一卷。官民服、舍、器用等式。

頖宮禮樂疏

范邦甸等《天一閣書目・政書類》《頖宮禮樂疏》十卷。刊本。卷首有項氏子仲、少華二圖章。明浙西李之藻撰。

《四庫全書總目提要・政書類》《頖宮禮樂疏》十卷。浙江巡撫採進本。明李之藻撰。之藻字振之，仁和人，萬曆戊戌進士，官至太僕寺少卿。

大禮要略

張萱等《内閣藏書目録・御製部》《大禮要略》二册。全。嘉靖六年兵部左侍郎張璁編進。

議禮成典

王圻《續文獻通考・經籍考・儀注》《議禮成典》。嘉靖十五年廖道南言：臣纂修《議禮成典》，自天、地、日、月、神祇、帝王、社稷、禘祫、先師、先農諸禮，分類成書。首冠祀、壇圖址、宸翰詩歌，中禮儀、樂器、樂舞、樂章，末本諸王、表箋、群臣疏頌，咸自聖裁。今九廟肇成，謹撰《禋頌》九章上獻。上以其書畀史館。

明典禮志

徐𤊹《徐氏家藏書目・本朝史類》《皇明典禮志》二十卷。郭正域。

黄虞稷《千頃堂書目・儀注類》郭正域《皇明典禮志》二十卷。

《明史・藝文志・儀注類》郭正域《皇明典禮志》二十卷。

《四庫全書總目提要・政書類》《明典禮志》二十卷。浙江巡撫採進本。明郭正域撰。正域有《批點考工記》，已著録。是書其官禮部尚書時所輯。第一卷爲登極儀，二卷爲朝儀，三卷爲宴享儀，四卷爲尊號，五卷至七卷爲册封，八卷爲冠禮，九卷爲婚禮，十卷爲喪禮，十一卷爲耕耤，十二卷爲親蠶，十三卷爲經筵日講諸儀，十四卷爲出閣讀書諸儀，十五卷爲巡狩，十六卷爲監國，十七卷爲儀仗，十八卷爲冠服，十九卷爲宫室，共子目一百二十有七。二十卷爲雜典禮，共子目六十有六。敘次亦尚明簡，而體例頗叢脞。朝儀既自爲卷，而外戚朝見又入雜典禮中。進實録、進玉牒、受降、獻俘、宣捷，皆國之大事，亦入雜典禮中。至於郊祀、宗廟，乃闕而不載，九不喻其故也。

大禮纂要

徐𤊹《徐氏家藏書目・本朝史類》《大禮纂要》二卷。唐書奉勅脩。

明典禮

張萱等《内閣藏書目録・御製部》《皇明典禮》一册。全。萬曆三十四年三月初三日以封皇太子、才人，降下典制部。

黃虞稷《千頃堂書目・儀注類》《皇明典禮》一卷。萬曆三十四年三月初三日封皇太子、才人頒。

皇明典禮

《明史・藝文志・儀注類》《皇明典禮》一卷。萬曆中頒。

大禮集議

錢謙益等《絳雲樓書目・本朝國紀》《大禮集議》六卷。

《四庫全書總目提要・政書類》《大禮集議》五卷。浙江范懋柱家天一閣藏本。

明席書編。書，遂寧人。弘治庚戌進士，官至武英殿大學士，謚文襄。事蹟具《明史》本傳。嘉靖初，書爲南京兵部侍郎，大禮議起，書揣知帝意方向張璁、桂萼，乃上疏力主其説。帝大喜，時汪俊代毛澄爲禮部尚書，猶堅執如澄議。及俊以力争建廟去位，帝特旨用書代之。此編即其爲禮部尚書時所編刻以進者也。初，侍讀學士方獻夫請刊《大禮奏議》二卷，後吏部侍郎胡世寧復續增一卷。至廟議已定，書乃取原編定爲《奏議》一卷，《會議》一卷，《續議》一卷，復增《廟議》一卷，末又附《諸臣私議》一卷。私議者，議而未奏者也。然皆不外璁、萼等附合時局之説耳。

大禮纂要

錢謙益等《絳雲樓書目・本朝國紀》《大禮纂要》。

禮書

張萱等《内閣藏書目録・御製部》《禮書》十七册。不全。鈔本。莫詳纂輯姓氏。凡四十一卷。

黃虞稷《千頃堂書目・儀注類》《禮書》四十一卷。不知何時纂。凡十七册，《目録》一册，《吉禮》五册，《軍禮》、《凶禮》共一册，《嘉禮》三册，《制度》一册，《考正》一册，《官制》二册，《公式》三册，《雜禮》一册。

《明史・藝文志・儀注類》《禮書》四十一卷。不知撰人，凡十七册。《目録》一，《吉禮》五，《軍禮》、《凶禮》共一，《喪禮》三，《制度》一，《考正》一，《官制》二，《公式》二，《雜禮》一。

欽降禮制

黃虞稷《千頃堂書目・儀注類》《欽降禮制》一册。

儀制禮式

黃虞稷《千頃堂書目・儀注類》《儀制禮式》一册。

存心録

《四庫全書總目提要・政書類》《存心録》十卷。浙江朱彝尊家曝書亭藏本。

不著撰人名氏。皆記明初壇廟祭祀之制，而附以災祥物異。其前有序，稱「臣等承命作此録，以堅誠敬之心」。是奉敕所撰，而其文多殘損不完。考《明史・藝文志》有吴沈等編集《存心録》十八卷，《精誠録》三卷，皆在故事類中。吴沈者，蘭谿人，元國子博士師道子。洪武時官東閣大學士。嘗著辨言孔子封王之非禮，後嘉靖中更定祀典，實祖其説，則其人嫻於説禮可知。而此書内所載禮節，皆洪武三年以前之事，則《藝文志》所謂《存心録》者，即此書也。惟此本止十卷，與十八卷之數不合。檢核書首，有私印一，其文曰「尚寶少卿袁氏忠徹印」。蓋猶明初舊本，尚無脱佚。又黃佐《南廱志》載嘉靖間《存心録》版，存者五十八面，闕者三面。所列亦止十卷，與此本同。是史志誤衍二「八」字也。

累朝禮儀榜例

黃虞稷《千頃堂書目・儀注類》《累朝禮儀榜例》一册。

行移體式

黃虞稷《千頃堂書目・儀注類》《行移體式》二卷。

王國典禮

黃虞稷《千頃堂書目・儀注類》朱勤美《王國典禮》八卷。

《明史・藝文志・儀注類》朱勤美《王國典禮》八卷。

《四庫全書總目提要・政書類》《王國典禮》八卷。江蘇周厚堉家藏本。明朱勤美撰。勤美字伯榮，開封人。鎮國中尉睦㮮子。爲周藩宗正，以文學世其家。是書采輯宗藩成憲，勒爲一書。分聖訓、玉牒、講讀、冠禮、婚禮、爵秩、冠服、宮室、儀仗、禄米、田地、祀禮、之國、錫命、慶祝、入覲、奏事、宴饗、喪禮、事例、管理、宗子、奬勸、懲戒、秩官、儀賓、兵衛、倉庾、支鹽、諱禁凡三十類。每類又各有子目。

禮儀志

黃虞稷《千頃堂書目・儀注類》俞汝楫《禮儀志》一百卷。字汝濟，華亭人。

《明史・藝文志・儀注類》俞汝楫《禮儀志》一百卷。

明倫大典

范邦甸等《天一閣書目・政書類》《明倫大典》十二卷。刊本。明嘉靖六年纂脩。

又《明倫大典》二十四卷。刊本。明大學士楊一清等奉敕纂脩。各有後序，凡例五條，首條載是典倣《通鑑》編年，以年繫月，以月繫日。始於正德辛巳三月丙寅，終於嘉靖戊子三月壬申。卷端有嘉靖七年六月御製序文，「欽命之寶」圖章，卷首有「廣運之寶」圖章。

王圻《續文獻通考・經籍考・儀注》《明倫大典》。嘉靖丙戌年，命儒臣費宏、楊一清、桂蕚纂修。凡二十四卷，初名《大禮全書》。

徐𤊹《徐氏家藏書目・本朝史類》《明倫大典》二十四卷。

張萱等《內閣藏書目録・御製部》《明倫大典》二十四册。全。四套。

明禮制

張萱等《內閣藏書目録・御製部》《皇明禮制》一册。全。國初祀典諸儀，自郊祀至王國、山川，凡二十一類。鈔本。

黃虞稷《千頃堂書目・儀注類》《皇明禮制》一卷。明初祀典諸儀，自郊丘至王國、山川，凡二十一類。

太廟敕議

《四庫全書總目提要・政書類》《太廟敕議》一卷。左都御史張若淮家藏本。明嘉靖中禮部頒行本也。成祖既遷都北平，而南京太廟仍舊不廢。至嘉靖十三年，南京太廟災，禮部尚書湛若水疏請重建。世宗敕羣臣集議，尚書夏言及大學士張孚敬等會疏，稱國不當有二廟，請以南京太廟香火歸併奉先殿。其太廟故址，仿古壇壝遺意，高築牆垣，令所司謹其啓閉。帝從其議，言因取所奉敕旨及會議題稾彙成此帙，奏請刊行。

明堂或問

《四庫全書總目提要・政書類》《明堂或問》一卷。左都御史張若淮家藏本。明世宗肅皇帝御撰。嘉靖十七年，致仕同知豐坊疏請復古禮，建明堂，加興獻帝廟號，稱宗以配上帝。詔下禮部會議，尚書嚴嵩等皆以明堂爲應建，而於稱宗、配享二事，則依違其詞。户部侍郎唐胄抗疏言：宜以太宗配享。帝怒，下胄獄。嵩乃再會廷臣議，請以興獻帝稱宗配食。帝以疏不言祔廟，留中不下。復設爲臣下問答之詞，作《或問》一篇。大略言文皇遠祖，不應嚴父之義，宜以父配稱宗。雖無定説，尊親崇上，義所當行。既稱宗則當祔廟，豈有太廟中四親不具之禮？是年九月，遂尊興獻帝爲睿宗，祔太廟。又即元極寶殿爲明堂，大享上帝，以睿宗配，皆如帝旨。此本前有帝所自作小序，後以配享詔書一通附之。

正孔子祀典説

《四庫全書總目提要・政書類》《正孔子祀典説》一卷。左都御史張若淮家藏本。明世宗肅皇帝御撰。嘉靖九年，大學士張璁請正先師祀典。帝因言聖人尊天與尊親同，今全用祀天儀，非正禮。謚號章服，悉宜改正。璁遂請改孔子稱先師，不稱王，用木主，不用塑像。籩豆用十，樂用六佾。配位宜削公侯伯之號，止稱先賢、先儒。帝命禮部集議，編修徐階疏陳不可。帝怒，謫階官。因親製此文，宣付史館。大略謂孔子以魯僭王爲非，寧肎自僭天子之禮？尋以羣臣爭執者衆，復降諭曉示，命禮部與《祀典説》通行刊佈。於是其議遂定。案《明史・禮志》尚有帝所製《正孔子祀典申記》一篇。此本所附敕諭中亦有「朕著説記」之語。而書中有説無記，疑爲傳寫者所脱也。

孔廟禮樂考

《四庫全書總目提要・政書類》《孔廟禮樂考》六卷。兩淮馬裕家藏本。明瞿九思撰。九思有《春秋以俟録》，已著録。是書於孔廟禮樂沿革同異，考證頗詳，勝他家鈔撮舊文有同簿籍者，惟二卷以從祀諸弟子編爲歌括，殊乖體例。

重輯祖陵紀略

《四庫全書總目提要・政書類》《重輯祖陵紀略》二卷。兩江總督採進本。明宗室朱自新撰。祖陵者，明高帝祖熙祖陵也，在泗上。初，高帝未知熙祖葬所，有朱貴者繪圖以獻，即命貴充奉祀。其八世孫邦翰，因輯《祖陵紀略》一書，述修繕祭祀之事。嘉靖癸丑，自新又重輯是編。自新，邦翰孫也。

萬古法程

《四庫全書總目提要・政書類》《萬古法程》一卷。浙江巡撫採進本。明袁應兆撰。應兆有《大樂嘉成》，已著録。是書統載學宫從祀先賢、先儒名氏位次，而考證其是非。如所辨複姓皆題一字之類，自是下邑之謬，不足以簡牘相争。其他所辨字畫，則舛陋頗甚。若辨「句井疆」「句」字，謂當作「勾」，宋人避康王諱，始改「勾」爲「句」。不知《説文》句本從口，《廣韻》註「句從口不從厶」，具有明文也。

郊壇祭享儀注

黄虞稷《千頃堂書目・儀注類》 國初《郊壇祭享儀注》十卷。

《明史・藝文志・儀注類》《郊壇祭享儀注》一卷。皆明初定式。

祭祀禮儀

楊士奇等《文淵閣書目・國朝》《祭祀禮儀》一部。三册。完全。

張萱等《内閣藏書目録・御製部》《祭祀禮儀》六册。不全。内載國朝大祀各神祇，列於祀典者，咸注其儀，凡六卷，闕第二卷。鈔本。又六册。

黄虞稷《千頃堂書目・儀注類》《祭祀禮儀》六卷。載明初列在祀典諸神祇儀注。

《明史・藝文志・儀注類》《祭祀禮儀》六卷。

祭祀儀注

楊士奇等《文淵閣書目・國朝》《祭祀儀注》一部。一册。完全。

張萱等《内閣藏書目録・御製部》《祭祀儀注》六册。全。自圜丘至五祀壇圖、陳設、樂舞、祭器、禮物、祝文、樂章、儀注，皆備焉。鈔本。

黄虞稷《千頃堂書目・儀注類》《祭祀儀注》六册。自圜丘至祀壇圖、陳設、樂舞、祭器、禮物、祝文、樂章、儀注。

祭禮儀注

黄虞稷《千頃堂書目・儀注類》謝鐸《祭禮儀注》。

《明史・藝文志・儀注類》謝鐸《祭禮儀注》二卷。

儀　注

張萱等《内閣藏書目録・御製部》《儀注》一册。自大祀天地至普濟禪師各祭祀儀注，凡十卷。

祭祀禮儀

張萱《内閣藏書目録・御製部》《祭祀禮儀》六册。全。自圜丘至五祀、陳設、祭器、禮物、祝文、樂章、儀注，皆備焉。鈔本。

祭祀儀注

黄虞稷《千頃堂書目・儀注類》《祭祀儀注》十卷。自大祀天地至普濟禪師各祭祀儀注。

大祀歌

楊士奇等《文淵閣書目・國朝》《大祀歌》一部。一册。闕。

欽定儀注輯録

張萱等《内閣藏書目録・御製部》《欽定儀注輯録》一册。隆慶六年，漳州守羅青霄采輯郡邑慶賀、祭祀諸儀。

黄虞稷《千頃堂書目・儀注類》《欽定儀注輯録》一册。隆慶六年，漳州府知府雷青霄采輯郡邑慶賀、祭祀諸儀，爲書進呈。

御製忌祭或問

黄虞稷《千頃堂書目・儀注類》世宗《御製忌祭或問》一卷。嘉靖七年。

《明史・藝文志・儀注類》 世宗《御製忌祭或問》一卷。

禮儀定式

范邦甸等《天一閣書目・政書類》 《禮儀定式》一卷。刊本。明李源撰。

儀制總集

范邦甸等《天一閣書目・政書類》 《儀制總集》一卷。

王國儀注

黄虞稷《千頃堂書目・儀注類》 《王國儀注》一册。

《明史・藝文志・儀注類》 《王國儀注》一卷。

儀注輯録

《明史・藝文志・儀注類》 羅青霄《儀注輯録》一卷。郡邑慶賀祭祀諸儀。

儀注事例

黄虞稷《千頃堂書目・儀注類》 《儀注事例》一册。

《明史・藝文志・儀注類》 《儀注事例》一卷。

郊議録

范邦甸等《天一閣書目・政書類》 《郊議録》一卷。明工部尚書章拯奏上。

郊廟賦

范邦甸等《天一閣書目・政書類》 《郊廟賦》五卷。明宣城貢汝成撰并表。

大明新定九廟頌

范邦甸等《天一閣書目・政書類》 《大明新定九廟頌》。明楊循吉撰。

釋奠演義

范邦甸等《天一閣書目・政書類》 《釋奠演義》一卷。不著撰人名氏。

文華盛記

范邦甸等《天一閣書目・政書類》 《文華盛記》一册。鈔本。明禮部侍郎嚴嵩序云：「文華爲我朝列聖講學之所，殿之東宫舊設物像，乃命撤去，以伏羲、神農、黄帝、堯、舜、禹、湯、周、孔數聖人製主設位而祠焉。冬十二月丁丑，惟奉安之期，夜漏四十刻，上親奠告，既上御西室，進羣臣，諭以啟沃交脩之旨。咸欣踴感奮，退自南省，恭録聖製祠告之文、祗承之諭，及諸臣陳謝之疏，刊爲書，以昭示天下。

講筵恭紀

范邦甸等《天一閣書目・政書類》《講筵恭紀》一卷。明大學士衛周祚、李馮銓、金之俊等恭紀。

新建伯從祀覆議

范邦甸等《天一閣書目・政書類》《新建伯從祀覆議》一冊。

明郊禮通典

張萱等《內閣藏書目録・御製部》《皇明郊禮通典》八冊。全。嘉靖閒，禮部尚書夏言采輯四郊禮儀，以欽定儀注爲經文，附以考議，爲傳注凡五十卷。鈔本。

祀儀成典

張萱等《內閣藏書目録・御製部》《祀儀成典》七十一冊。全。十六套。嘉靖閒更定大小諸祀典，自圜丘至孔子，凡三十七卷。諸王、諸臣章奏、賦頌爲《附録》三十四卷。

又五十四冊。不全。副本原七十五冊，今闕二十一冊。

又二冊。不全。

又《祭祀禮儀》六冊。全。

又五冊。全。

又三冊。全。

黃虞稷《千頃堂書目・儀注類》《祀儀成典》七十一卷。嘉靖間更定大小諸祀典，自一卷至三十七卷爲圜丘至孔子更定儀文，三十八卷以後附録章奏賦頌。

《明史・藝文志・儀注類》《祀儀成典》七十一卷。嘉靖間更定儀文。

先師孔子祀典集議

張萱等《內閣藏書目録・御製部》《先師孔子祀典集議》一冊。大學士張公孚敬著。

文廟儀注便説

張萱等《內閣藏書目録・御製部》《文廟儀注便説》一冊。萬曆癸巳，御史趙楷輯。後附周洪謨《璿璣玉衡圖》奏辨。

歷代崇儒廟學典禮本末

張萱等《內閣藏書目録・御製部》《歷代崇儒廟學典禮本末》十九冊。鈔本。莫詳編輯姓氏。第一冊至第三冊勝國時條例，第四冊以後乃歷代禮制。

顯陵紀瑞文碑式

張萱等《內閣藏書目録・圖經部》《顯陵紀瑞文碑式》。獻皇帝紀瑞碑文，大學士李時奉敕撰進圖樣。

釋奠陳設須知

張萱等《内閣藏書目録・圖經部》《釋奠陳設須知》一册。全。同前。

郊祀通典

黄虞稷《千頃堂書目・儀注類》《郊祀通典》二十七卷。嘉靖□□年，禮部尚書夏言等撰進。采集《四郊禮儀》。以欽定儀注爲經文，附以考議爲傳注，一作五十卷。

《明史・藝文志・儀注類》《郊祀通典》二十七卷。夏言等編次。

世宗奠上皇天上帝儀注

黄虞稷《千頃堂書目・儀注類》《世宗奠上皇天上帝儀注》一卷。

嘉靖祀典

黄虞稷《千頃堂書目・儀注類》《嘉靖祀典》十七卷。紀嘉靖祀典沿革，不知編輯名氏。

《明史・藝文志・儀注類》《嘉靖祀典》十七卷。不知撰人。

太廟儀注便説

黄虞稷《千頃堂書目・儀注類》《太廟儀注便説》一册。萬曆二十一年御史趙楷輯。

陵寢禮式

黄虞稷《千頃堂書目・儀注類》《陵寢禮式》一册。

《明史・藝文志・儀注類》《陵寢儀式》一卷。

太常祭禮

楊士奇等《文淵閣書目・國朝》《太常祭禮》。一部。一册。完全。

張萱等《内閣藏書目録・御製部》《太常祭禮》一册。全。鈔本。

墨莊祭儀

王圻《續文獻通考・經籍考・儀注》《墨莊祭儀》，臨江劉清之著。

冠服奠享儀注

王圻《續文獻通考・經籍考・儀注》《冠服奠享儀注》，黄學著。學字上文，惠安人，嘉定戊辰進士，教授全州時著。

祭酒禮儀注

王圻《續文獻通考・經籍考・儀注》《祭酒禮儀註》，侍郎謝鐸著。

朝儀

楊士奇等《文淵閣書目・國朝》《朝儀》。一部。一册。完全。

張萱等《内閣藏書目録・御製部》《朝儀》一册。全。鈔本。

黄虞稷《千頃堂書目・儀注類》《朝儀》二册。

《明史・藝文志・儀注類》《朝儀》二卷。

納徵傳制遣官圖

楊士奇等《文淵閣書目・國朝》《納徵傳旨遣官圖》。一部。一册。完全。塾本「旨」作「制」。

張萱等《内閣藏書目録・御製部》《納徵傳制遣官圖》一册。全。鈔本。

朝勤事例

范邦甸等《天一閣書目・政書類》《朝勤事例》一册。

敕議

范邦甸等《天一閣書目・政書類》《敕議》一册。

容臺儀注

黄虞稷《千頃堂書目・儀注類》《容臺儀注》。

鴻臚寺儀注要録

黄虞稷《千頃堂書目・儀注類》《鴻臚寺儀注要録》二卷。

正德二年新奏禮儀

黄虞稷《千頃堂書目・儀注類》《正德二年新奏禮儀》一卷。

鴻臚儀注

黄虞稷《千頃堂書目・儀注類》《鴻臚儀注》二册。

《明史・藝文志・儀注類》《鴻臚儀注》二卷。

到任儀注

黄虞稷《千頃堂書目・儀注類》《到任儀注》一册。

太常總覽

張萱等《内閣藏書目録・御製部》《太常總覽》五册。全。纂輯每年祀典事宜，自冬至大祀圜丘，至立冬祫享宗廟，祭司井之神，凡四卷。後附《祝文》、《樂章》二卷，俱鈔本。

《四庫全書總目提要・政書類》《太常總覽》無卷數。兩淮馬裕家藏本。明金贇仁撰。贇仁，嘉靖初道士，以齋醮有寵，官太常寺少卿。是書嘗經奏進，於典禮分別圖註，條理頗詳，然大抵其時之黷祀也。

太常紀

張萱等《内閣藏書目録・御製部》《太常紀》四册。全。萬曆壬辰括蒼吕鳴珂纂輯太常諸祀禮，凡二十二卷。

太常志

王圻《續文獻通考・經籍考・儀注》《太常志》，夏正著。

陳設樂器儀注

楊士奇等《文淵閣書目・國朝》《陳設樂器儀注》。一部。一册。闕。

國子監建置沿革等項文籍

張萱等《内閣藏書目録・御製部》《國子監建置沿革等項文籍》一册。自吴元年至永樂五年。

開國以來節次賞賜則例文册

張萱等《内閣藏書目録・御製部》《開國以來節次賞賜則例文册》三册。共一皮套。洪武間平定下封賞諸臣功次。

教坊司陳設樂工并樂器儀注

張萱等《内閣藏書目録・御製部》《教坊司陳設樂工并樂器儀注》一册。全。鈔本。

東宫監國事宜

黄虞稷《千頃堂書目・儀注類》嚴嵩《東宫監國事宜》一册。

册立儀注

黄虞稷《千頃堂書目・儀注類》朱國祚《册立儀注》一卷。

《明史・藝文志・儀注類》朱國祚《册立儀注》一卷。

命婦朝賀禮儀

楊士奇等《文淵閣書目・國朝》《命婦朝賀禮儀》。一部。一册。闕。

親王婚禮儀注

楊士奇等《文淵閣書目・國朝》《親王婚禮儀注》。一部。一册。完全。

張萱等《内閣藏書目録・御製部》《親王婚禮儀注》一册。全。

黄虞稷《千頃堂書目・儀注類》《親王昏禮儀注》一册。

《明史・藝文志・儀注類》《親王昏禮儀注》一卷。

婚禮儀注

楊士奇等《文淵閣書目・國朝》《婚禮儀注》一部。一册。闕。

張萱等《内閣藏書目録・圖經部》《婚禮儀注》。親王納妃并公主、郡主、郡君、婚禮。

公主婚禮儀注

楊士奇等《文淵閣書目・國朝》《公主婚禮儀注》一部。一册。完全。

侑食樂歌九奏

楊士奇等《文淵閣書目・國朝》《侑食樂歌九奏》。一部。一册。闕。

秦泉鄉禮

范邦甸等《天一閣書目・政書類》《秦泉鄉禮》一卷。歙邑國子生汪鐸校正。

鄉飲酒儀

張萱等《内閣藏書目録・御製部》《鄉飲酒儀》一册。全。宋黄幹著。

鄉飲酒禮

張萱等《内閣藏書目録・御製部》《鄉飲酒禮》二册。不全。

禮廷合藁

王圻《續文獻通考・經籍考・儀注》《禮廷合藁》,景泰中衍聖公孔承慶著。

吏禮

張萱等《内閣藏書目録・御製部》《吏禮》二部,《條例》二册。

建言格式

黄虞稷《千頃堂書目・儀注類》《建言格式》。洪武八年十二月頒。

繁文鑑戒

黄虞稷《千頃堂書目・儀注類》《繁文鑑戒》。

表箋式

黄虞稷《千頃堂書目・儀注類》《表箋式》。

聖駕臨雍録

范邦甸等《天一閣書目·政書類》《聖駕臨雍録》二卷。

張萱等《内閣藏書目録·御製部》《聖駕臨雍録》一册。弘治元年。

《四庫全書總目提要·政書類》《臨雍録》一卷。浙江范懋柱家天一閣藏本。

明費誾撰。誾字廷言，丹徒人。成化己丑進士，官至禮部侍郎。弘治元年三月，孝宗舉行臨雍釋奠禮，誾時爲祭酒，因録其禮儀奏議。及官禮部時，乃編次成書，付淮安知府徐鏞刻之。至弘治九年，林瀚兼祭酒事，又刻於國子監。其書全録吏牘之文，無一字之删潤。詞不雅馴，不足以稱崇儒大典。考郊外農談曰：鳳翔之麟游，有虎臣者，慷慨有節氣。成化末貢入太學。適聞萬歲山架樓棚以備登眺，臣上疏極諫，憲廟奇之，祭酒費誾不知也。懼其賈禍，乃會六堂，鳴鼓聲罪，鋃鐺鎖之以待。俄官校宣臣至左順門，中官傳温旨勞之曰：「爾言是也，樓棚好拆卸矣。命吏部予臣七品正官，誾大慚」云云。則誾爲祭酒，本不愜於公論，其著作益可知矣。

巡狩事宜

張萱等《内閣藏書目録·御製部》《巡狩事宜》一册。永樂間儀注。

黄虞稷《千頃堂書目·儀注類》《巡狩事宜》一册。永樂間儀注。

《明史·藝文志·儀注類》《巡狩事宜》一卷。永樂中儀注。

幸學儀注

張萱等《内閣藏書目録·御製部》《幸學儀注》一册。全。成化元年鈔本。

車駕巡幸禮儀

黄虞稷《千頃堂書目·儀注類》《車駕巡幸禮儀》一册。

《明史·藝文志·儀注類》《車駕巡幸禮儀》一卷。

成化元年幸學儀注

黄虞稷《千頃堂書目·儀注類》《成化元年幸學儀注》一卷。

《明史·藝文志·儀注類》憲宗《幸學儀注》一卷。

出使儀注

黄虞稷《千頃堂書目·儀注類》《出使儀注》二册。

《明史·藝文志·儀注類》《出使儀注》二卷。

日本東夷朝貢考

《四庫全書總目提要·政書類》《日本東夷朝貢考》一卷。浙江范懋柱家天一閣藏本。

明張迪撰。迪字文海，華亭人。所輯日本朝貢事，頗多闕略。如永樂二年封其國山爲壽安鎮國之山，兩遣使來貢等事，悉佚不載。書末全録《宋》、《元》二史《外國列傳》以足其卷。似是議日本封貢時偶爲考紀云。

射禮儀節

張萱等《内閣藏書目録·御製部》《射禮儀節》二册。全。萬曆乙未，四川學憲黄克纘編。

黄虞稷《千頃堂書目·儀注類》《射禮儀節》二册。萬曆二十三年，四川提學副使黄充纘編。

射禮儀注

黄虞稷《千頃堂書目·儀注類》《射禮儀注》一册。

《明史·藝文志·儀注類》《射禮儀注》一卷。已上俱萬曆間制式。

大駕鹵簿

張萱等《内閣藏書目録·圖經部》《大駕鹵簿》一册。

中宮鹵簿

張萱等《内閣藏書目録·圖經部》《中宮鹵簿》一册。地。俱畫本，内有廣運之寶。

儀　仗

張萱等《内閣藏書目録·圖經部》《儀仗》三册。全。地。畫本，内有廣運之寶。

内外服制

王圻《續文獻通考·經籍考·儀注》《内外服制》，車經臣著。

稽制録

《明史·藝文志·儀注類》《稽制録》一卷。編輯功臣服舍制度。

喪禮儀注

楊士奇等《文淵閣書目·國朝》《喪禮儀注》。一部。一册。完全。

喪禮祝文

楊士奇等《文淵閣書目·國朝》《喪禮祝文》。一部。一册。完全。

高士送終禮

王圻《續文獻通考·經籍考·儀注》《高士送終禮》，瑞安陳傅良著。

士儀禮畧舉要

王圻《續文獻通考·經籍考·儀注》《士儀禮畧舉要》十卷，夏言著。

秦璽始末

《四庫全書總目提要·政書類》《秦璽始末》一卷。編修程晉芳家藏本。

明沈德符撰。德符字景倩，一字虎臣，秀水人。萬曆戊午舉人。元世祖至元三十一年，有獻傳國璽者，御史兗州楊桓考辨，定爲秦物，見於《輟耕録》。德符以爲不確，因歷引宋李心傳之説，及《五代會要》并《晉史》、《通鑑》等書，以證元所得之非秦璽。然傳國一璽，歷代傳聞，紛如聚訟。恭讀我皇上御製《國朝傳寶記》，折衷定論，大哉王言。允足垂訓億禩。若德符之齗齗争辨，猶不揣其本而齊其末耳。

藩府政令

黄虞稷《千頃堂書目・儀注類》 皇甫濂皇明《藩府政令》一册。

《明史・藝文志・儀注類》 皇甫濂《藩府政令》一卷。

家禮儀節

王圻《續文獻通考・經籍考・儀注》 《家禮儀節》，瓊山丘濬著。

冕服圖

楊士奇等《文淵閣書目・國朝》 《冕服圖》。一部。一册。完全。

張萱等《内閣藏書目録・圖經部》 《冕服圖》一册。宙。畫本。

冠服圖

楊士奇等《文淵閣書目・國朝》 《冠服圖》。一部。三册。完全。

張萱等《内閣藏書目録・圖經部》 《冠服圖》一册。地。畫本。皆中宮以下及郡主冠服式，内有廣運之寶。

朝服圖

楊士奇等《文淵閣書目・國朝》 《朝服圖》。一部。二册。完全。

張萱等《内閣藏書目録・圖經部》 《朝服圖》一册。畫本。皆文武諸臣朝服、公服、常服、衣履、帶笏之式也。

黄虞稷《千頃堂書目・儀注類》 《朝服圖》一册。文武諸臣朝服、公服、常服、衣履、帶笏之式。

鹵簿圖

楊士奇等《文淵閣書目・國朝》 《鹵簿圖》。一部。七册。完全。

錢曾《讀書敏求記・史》 《鹵簿圖》一卷。此是國初常朝鹵簿圖。按：《三輔黄圖》云天子出車駕次第謂之鹵簿，而唐制四品以上咸給鹵簿，則鹵簿者，君臣皆得通稱矣。宋王欽若爲《鹵簿記》，元曾巽申爲《鹵簿圖》，今失傳。《内閣書目》有《宋宣和鹵簿圖》九册。全天聖間宋綬撰集，宣和蔡攸等重脩，凡三十五卷。又有《大駕鹵簿》一册，《中宮鹵簿》一册，俱畫本。内府之珍，人間罕覯，更不知圖繪爲何等也。

士冠士婚饋食圖

王圻《續文獻通考・經籍考・儀注》 《士冠士婚饋食圖》，趙彦肅著。

冠婚喪祭圖

王圻《續文獻通考・經籍考・儀注》 《冠婚喪祭圖》，楊明復著，臨海人，號浦城先生。

明堂定製圖

王圻《續文獻通考・經籍考・儀注》《明堂定製圖》，姚舜臣著。

東宮及公主郡主以下儀仗圖

張萱等《内閣藏書目録・圖經部》《東宮及公主郡主以下儀仗圖》共一册。

乘輿冕服製圖

張萱等《内閣藏書目録・圖經部》《乘輿冕服製圖》一册。宙。嘉靖八年，上諭大學士張璁，謂古者上衣下裳，不相掩覆，今使衣通掩其裳，且古裳如帷幔，今則兩幅而已，均非禮制，命更定之。因分十二章，衣、裳各六。璁考古自有虞及周以下之制爲説，繪圖以進。内有廣運之寶。

黄虞稷《千頃堂書目・儀注類》《乘輿冕服圖説》一卷。嘉靖八年□月，上諭大學士張璁，謂古者上衣下裳，不相掩覆，今衣通掩其裳，且古裳如帷幔，今止兩幅，均非禮制，命更定之。因分十二章，衣、裳各六。璁考自古有虞及周以下之制爲説，繪圖以進。

《明史・藝文志・儀注類》《乘輿冕服圖説》一卷。嘉靖間考古衣冠之制，張璁爲注説。

嵇璜等《續通志・圖譜略・記無・儀制》明張璁《乘輿冕服圖説》。

乘輿武弁服製圖

張萱等《内閣藏書目録・圖經部》《乘輿武弁服製圖》一册。宙。嘉靖八年，上諭大學士張璁凡乘輿親征，有類造宜禡之祭，當具武弁服，令考古制，繪圖以進，璁爲之注説。上有廣運之寶。

黄虞稷《千頃堂書目・儀注類》《乘輿武弁服製圖説》一卷。上又謂璁凡乘輿親征，有類造宜禡之祭，當具載武弁服，令考古制，繪圖以進，璁爲之注説。

《明史・藝文志・儀注類》《武弁服製圖説》一卷。親征冠服之制，張璁爲注説。

嵇璜等《續通志・圖譜略・記無・儀制》張璁《武弁服製圖説》。

衮冕冠服圖

張萱等《内閣藏書目録・圖經部》《衮冕冠服圖》一册。地。畫本。内有廣運之寶。

玄端冠服圖

張萱等《内閣藏書目録・圖經部》《玄端冠服圖》一册。宙。嘉靖七年，上諭製燕居之冠，曰燕弁服，曰玄端，并深衣帶履，大學士張璁繪圖説以進。内有廣運之寶。

黄虞稷《千頃堂書目・儀注類》《玄端冠服圖説》一卷。嘉靖七年，上製燕居之冠，曰燕弁，服曰玄端，并深衣帶履，大學士張璁繪圖爲説以進。

《明史・藝文志・儀注類》《玄端冠服圖説》一卷。燕居冠服之制，張璁爲注説。

嵇璜等《續通志・圖譜略・記無・儀制》張璁《元端冠服圖説》。

保和冠服圖

張萱等《内閣藏書目録・圖經部》《御製保和冠服圖》一册。宙。嘉靖七年，因光澤王奏請冠服之式，上命大學士張璁以燕弁爲準，參酌降殺以賜宗室，璁爲之圖説以進。

黄虞稷《千頃堂書目・儀注類》《御製保和冠服圖説》一卷。嘉靖七年，光澤王□奏請冠服之式，上命大學士張璁以燕弁爲準，參考降殺以賜宗室，璁爲圖説以進。

《明史・藝文志・儀注類》《保和冠服圖説》一卷。宗室冠服之制，張璁爲注説。

嵇璜等《續通志・圖譜略・記無・儀制》張璁《保和冠服圖説》。

《四庫全書總目提要・政書類》《保和冠服圖》一卷。浙江范懋柱家天一閣藏本。明張璁撰。璁有《諭對録》，已著録。是書作於嘉靖七年，在璁未更名以前，故仍題原名。先是，世宗命璁製燕弁冠服爲燕居所御，又製忠静冠服以錫有位。會光澤王請宗室冠服式，命以燕弁爲準。定爲此圖，而敕璁爲之説。前有諭旨及璁序。其冠，親王九禩，世子八禩，郡王七禩。服用青身青緣，前後方龍補。襯用深衣，玉色。帶用青表緑裏緑緣。履用皁緑，結白韈。其鎮國將軍至奉國中尉，左右長史至伴讀，咸從忠静冠服，以品官之制服之。其儀賓則不預焉。名曰保和，言各得其分則和也。其冠圖爲前後左右四面，服圖爲前後二面。較三禮諸圖繪一面者爲詳，可爲繪圖之式云。

圜丘方澤祭器樂器圖

張萱等《内閣藏書目録・圖經部》《圜丘方澤祭器樂器圖》各一册。

《明史・藝文志・儀注類》《圜丘方澤祭器樂器圖》二卷。

嵇璜等《續通志・圖譜略・記無・儀制》《圜丘方澤祭器樂器圖》。

圜丘方澤祭器用銀杓鍍造牌額字等件圖册

張萱等《内閣藏書目録・圖經部》《圜丘方澤祭器用銀杓鍍造牌額字等件圖册》各一册。

圜丘禮器畫圖貼説

張萱等《内閣藏書目録・圖經部》《圜丘禮器畫圖貼説》一册。

方澤禮器圖

張萱等《内閣藏書目録・圖經部》《方澤禮器圖》一册。

圜丘方澤神牀褥等件圖

張萱等《内閣藏書目録・圖經部》《圜丘方澤神牀褥等件圖》各一册。

朝日壇總圖

張萱等《内閣藏書目録・圖經部》《朝日壇總圖》一册，又《總圖》一幅。

黄虞稷《千頃堂書目・儀注類》《朝日壇總圖》一卷。

朝日夕月壇祭器圖

張萱等《内閣藏書目録・圖經部》《朝日夕月壇祭器圖》各一册。

黄虞稷《千頃堂書目・儀注類》《朝日夕月壇祭器圖》一卷。

夕月壇用祭器銀杓圖

張萱等《内閣藏書目録・圖經部》《夕月壇用祭器銀杓圖》一册。

朝日夕月壇用錢糧圖

張萱等《内閣藏書目録・圖經部》《朝日夕月壇用錢糧圖》各一册。即神坐褥錦綬圖式。

四郊用制帛圖

張萱等《内閣藏書目録・圖經部》《四郊用制帛圖》一册。宙。

太廟供器祭器圖

張萱等《内閣藏書目録・圖經部》《太廟供器祭器圖》一册。宙。

黄虞稷《千頃堂書目・儀注類》《太廟供器祭器圖》一卷。

《明史・藝文志・儀注類》《太廟供器祭器圖》一卷。

嵇璜等《續通志・圖譜略・記無・儀制》《太廟供器祭器圖》。

大享殿供器祭器圖

張萱等《内閣藏書目録・圖經部》《大享殿供器祭器圖》一册。宙。

黄虞稷《千頃堂書目・儀注類》《大享殿供器祭器圖》一卷。

《明史・藝文志・儀注類》《大享殿供器祭器圖》一卷。

嵇璜等《續通志・圖譜略・記有・儀制》《大享殿供器祭器圖》。

司設監圖

張萱等《内閣藏書目録・圖經部》《司設監圖》四册。

黄虞稷《千頃堂書目・儀注類》《司設監圖》四卷。

兵仗局圖

張萱等《内閣藏書目録・圖經部》《兵仗局圖》五册。

黄虞稷《千頃堂書目・儀注類》《兵仗局圖》五卷。

巾帽局圖

張萱等《内閣藏書目録・圖經部》《巾帽局圖》四册。

黄虞稷《千頃堂書目・儀注類》《巾帽局圖》四册。

鍼工局圖

張萱等《内閣藏書目録・圖經部》《鍼工局圖》四册。

黄虞稷《千頃堂書目・儀注類》《鍼工局圖》四册。以上皆圖各壇所用神御物件，並大次帷幄各鎖鑰，執事人冠帶靴履祭服等圖式，嘉靖九年繪進。

瑞應圖

張萱等《内閣藏書目録・圖經部》《瑞應圖》一册。全。永樂十六年，北京起蓋宫殿，連日有卿雲瑞光之祥。成祖皇帝令逐日爲圖，諭皇長子修德應天。敕冠於圖首，各有紀，但未繪圖，此圖稿也。

黃虞稷《千頃堂書目・儀注類》《瑞應圖説》一卷。永樂十六年建北京宫闕，有卿雲瑞光之祥。帝令日記爲圖，各爲之説，以示皇太子，令修德以應天意。

《明史・藝文志・儀注類》《瑞應圖説》一卷。永樂中編次。

春秋釋奠儀圖

張萱等《内閣藏書目録・圖經部》《春秋釋奠儀圖》一册。全。

釋奠圖

張萱等《内閣藏書目録・圖經部》《釋奠圖》八册。全。

皇明神器譜

錢謙益等《絳雲樓書目・典故》《皇明神器譜》四册。

鄉飲酒禮圖式

黃虞稷《千頃堂書目・儀注類》《鄉飲酒禮圖式》一卷。洪武十六年十月頒。

《明史・藝文志・儀注類》《鄉飲酒禮圖式》一卷。俱洪武中頒行。

大駕鹵簿圖

黃虞稷《千頃堂書目・儀注類》《大駕鹵簿圖》一册。

中宫鹵簿圖

黃虞稷《千頃堂書目・儀注類》《中宫鹵簿圖》一册。

儀仗圖

黃虞稷《千頃堂書目・儀注類》《儀仗圖》三册。

東宫儀仗圖

黃虞稷《千頃堂書目・儀注類》《東宫儀仗圖》一册。

親王儀仗圖

黃虞稷《千頃堂書目・儀注類》《親王儀仗圖》一册。

東宮妃及公主郡主儀仗圖

黄虞稷《千頃堂書目·儀注類》《東宮妃及公主郡主儀仗圖》一册。

中宫以下及郡王冠服圖式

黄虞稷《千頃堂書目·儀注類》《中宫以下及郡王冠服圖式》一卷。

太廟總圖

黄虞稷《千頃堂書目·儀注類》《太廟總圖》一卷。

《明史·藝文志·儀注類》《太廟總圖》一卷。

嵇璜等《續通志·圖譜略·記無·儀制》《太廟總圖》。

獻皇帝廟殿圖

黄虞稷《千頃堂書目·儀注類》《獻皇帝廟殿圖》一卷。

天壽山諸陵總圖

黄虞稷《千頃堂書目·儀注類》《天壽山諸陵總圖》一卷。

《明史·藝文志·儀注類》《天壽山諸陵總圖》一卷。

嵇璜等《續通志·圖譜略·記無·儀制》《天壽山諸陵總圖》。

泰神殿圖

黄虞稷《千頃堂書目·儀注類》《泰神殿圖册》一卷。

《明史·藝文志·儀注類》《泰神殿圖》一卷。

嵇璜等《續通志·圖譜略·記無·儀制》《泰神殿圖》。

帝王廟總圖

黄虞稷《千頃堂書目·儀注類》《帝王廟總圖》一卷。

《明史·藝文志·儀注類》《帝王廟總圖》二卷。

嵇璜等《續通志·圖譜略·記無·儀制》《帝王廟總圖》。

大仙都等殿並旋坡臺圖樣

黄虞稷《千頃堂書目·儀注類》《大仙都等殿並旋坡臺圖樣》一卷。

大高玄等殿圖

黄虞稷《千頃堂書目·儀注類》《大高玄等殿圖》一卷。

皇史宬並景神等殿圖

黄虞稷《千頃堂書目·儀注類》《皇史宬並景神等殿圖》一卷。

《明史·藝文志·儀注類》《皇史宬并景神等殿圖》二卷。

嵇璜等《續通志・圖譜略・記無・儀制》《皇史宬景神等殿圖》。

圓明閣陽雷軒殿宇圖

黄虞稷《千頃堂書目・儀注類》《圓明閣陽雷軒殿宇圖》一卷。
《明史・藝文志・儀注類》《圓明閣陽雷軒殿宇圖》一卷。
嵇璜等《續通志・圖譜略・記無・儀制》《圓明閣陽雷軒殿宇圖》。

圜丘總圖

黄虞稷《千頃堂書目・儀注類》《圜丘總圖》一卷。

方澤總圖

黄虞稷《千頃堂書目・儀注類》《方澤總圖》一卷。

皇穹宇崇雩壇神祇壇圖樣

黄虞稷《千頃堂書目・儀注類》《皇穹宇崇雩壇神祇壇圖樣》一卷。

大享殿圖

黄虞稷《千頃堂書目・儀注類》《大享殿圖》一卷。
《明史・藝文志・儀注類》《大享殿圖》一卷。
嵇璜等《續通志・圖譜略・記無・儀制》《大享殿圖》。

夕月壇總圖

黄虞稷《千頃堂書目・儀注類》《夕月壇總圖》一卷。

神祇壇總圖

黄虞稷《千頃堂書目・儀注類》《神祇壇總圖》一卷。

社稷壇圖

黄虞稷《千頃堂書目・儀注類》《社稷壇圖》一卷。

雩壇總圖

黄虞稷《千頃堂書目・儀注類》《雩壇總圖》一卷。

沙河行宫圖

黄虞稷《千頃堂書目・儀注類》《沙河行宫圖》一卷。
《明史・藝文志・儀注類》《沙河行宫圖》一卷。已上俱嘉靖間制式。

鼓樓圖

黄虞稷《千頃堂書目・儀注類》《鼓樓圖》一卷。

龍鳳船方船四脊黄船圖

黄虞稷《千頃堂書目·儀注類》《龍鳳船方船四脊黄船圖》一卷。以上皆嘉靖中繪進。

圜丘方澤祭器圖

黄虞稷《千頃堂書目·儀注類》《圜丘方澤祭器圖》一卷。

樂器圖

黄虞稷《千頃堂書目·儀注類》《樂器圖》一卷。

禮器圖

黄虞稷《千頃堂書目·儀注類·補宋》《禮器圖》一卷。

倪燦等《宋史藝文志補·儀注類》《禮器圖》一卷。

圜丘方澤總圖

《明史·藝文志·儀注類》《圜丘方澤總圖》二卷。

嵇璜等《續通志·圖譜略·記無·儀制》《圜丘方澤總圖》。

朝日夕月壇總圖

《明史·藝文志·儀注類》《朝日夕月壇總圖》二卷。

嵇璜等《續通志·圖譜略·記無·儀制》《朝日夕月壇總圖》。

朝日夕月壇祭器樂器圖

《明史·藝文志·儀注類》《朝日夕月壇祭器樂器圖》二卷。

嵇璜等《續通志·圖譜略·記無·儀制》《朝日夕月壇祭器樂器圖》。

神祇社稷雩壇總圖

《明史·藝文志·儀注類》《神祇社稷雩壇總圖》三卷。

嵇璜等《續通志·圖譜略·記無·儀制》《神祇社稷雩壇總圖》。

古今官制沿革圖

嵇璜等《續通志·圖譜略·記有·儀制》王光魯《古今官制沿革圖》。

昏禮傳制遣官圖

黄虞稷《千頃堂書目·儀注類》《昏禮傳制遣官圖》一册。

《明史·藝文志·儀注類》《昏禮傳制遣官圖》一卷。

孝慈録

范邦甸等《天一閣書目・政書類》 御製《孝慈録》一卷。刊本。是書因洪武七年秋九月貴妃薨，禮官引經皆不合，特詔定制。

《明史・藝文志・儀注類》 《孝慈録》一卷。宋濂等考定喪服古制爲是書，太祖有序。

宗法

范邦甸等《天一閣書目・政書類》 《宗法》一卷。鈔本。

便民圖纂

嵇璜等《續通志・圖譜略・記有・儀制》 明鄺璠《便民圖纂》。

寶匣等式樣

楊士奇等《文淵閣書目・國朝》 《寶匣等式様》。一部。一册。闕。

欽禁奢侈

黄虞稷《千頃堂書目・儀注類》 《欽禁奢侈》一册。

復古議

范邦甸等《天一閣書目・政書類》 《復古議》一卷。

南巡圖

嵇璜等《清通志・圖譜略・禦定政典》 《南巡圖》。

大清通禮

《四庫全書總目提要・政書類》 欽定《大清通禮》五十卷。

張之洞《書目答問・政書》 《大清通禮》五十四卷。道光四年。敕修。殿本。貴陽重刻官本。乾隆二十一年本五十卷。

哨鹿圖

嵇璜等《清通志・圖譜略・禦定政典》 《哨鹿圖》。

幸魯盛典

《四庫全書總目提要・政書類》 《幸魯盛典》四十卷。國朝襲封衍聖公孔毓圻等撰進。

萬壽盛典

《四庫全書總目提要・政書類》《萬壽盛典》一百二十卷。

南巡盛典

《四庫全書總目提要・政書類》《南巡盛典》一百二十卷。

皇朝禮器圖式

《四庫全書總目提要・政書類》《欽定皇朝禮器圖式》二十八卷。

張之洞《書目答問・政書》《皇朝禮器圖式》二十八卷。乾隆二十四年敕撰，三十年校補。殿本。

聖門禮樂統

《四庫全書總目提要・政書類》《聖門禮樂統》二十四卷。山東巡撫採進本。

國初祭享儀注

錢曾《讀書敏求記・史》《國初祭享儀注》十卷。

滿洲祭神祭天典禮

《四庫全書總目提要・政書類》《欽定滿洲祭神祭天典禮》六卷。

北郊配位儀

《四庫全書總目提要・政書類》《北郊配位議》一卷。浙江巡撫採進本。國朝毛奇齡撰。

廟製圖考

《四庫全書總目提要・政書類》《廟製圖考》一卷。浙江巡撫採進本。國朝萬斯同撰。斯同字季野，鄞縣人。

廟學典禮

張金吾《愛日精廬藏書志・政書類》《廟學典禮》六卷。文淵閣傳抄本。不著撰人名氏。

文廟從祀先賢先儒考

《四庫全書總目提要・政書類》《文廟從祀先賢先儒考》一卷。編修程晉芳家藏本。

八旬萬壽盛典

《四庫全書總目提要·政書類》 《八旬萬壽盛典》一百二十卷。乾隆五十四年正月，大學士阿桂等奏請纂修。

國朝宫史

《四庫全書總目提要·政書類》 《國朝宫史》三十六卷。乾隆七年奉敕撰。乾隆二十四年以原書簡略，復命增修，越兩載而告成。

頖宫禮樂全書

《四庫全書總目提要·政書類》 《頖宫禮樂全書》十六卷。兩淮馬裕家藏本。國朝張安茂撰。安茂字蓼匪，松江人。順治丁亥進士，官至浙江提學僉事。

參用古今家祭禮

錢曾《讀書敏求記·史》 韓氏《參用古今家祭禮》一卷。魏公得秘閣所有御史鄭正則《祠享儀》，御史孟詵《家祭禮》，殿中御史范正傳《寢堂時享儀》，汝南周元陽《祭録》，京兆武功尉賈氏《家薦儀》，金吾衛倉曹參軍徐潤《家祭儀》，撿校散騎常侍孫日用《仲享儀》，凡七家，採舊説之可行，酌時俗之難廢者，以人情斷之，成十三篇，名《參用古今家祭儀》。

旌義類編

錢曾《讀書敏求記·史》 浦江鄭氏《旌義類編》一卷。鄭氏世居浦江縣東二十五里，鄉名感德里，曰仁義。其遠祖冲素處士綺，自宋建炎初，同居至元末已十世，歷二百六十餘年，守詩書禮樂之教弗墜。是編則其六世孫太和録家範五十八則，七世孫鉉補續一百餘，則八世孫濤又因時損益之，總一百六十八則，勒成一書，以訓子弟。

琉球入太學始末

《四庫全書總目提要·政書類》 《琉球入太學始末》一卷。山東巡撫採進本。國朝王士禎撰。士禎有《古懽録》，已著録。先是康熙二十三年翰林院檢討汪楫、中書舍人林麟焻册封琉球，歸奏中山王尚貞請以陪臣子八國學，聖祖仁皇帝俯允所請。士禎因紀其始末。其中追敘明代琉球入國學事，於洪武二十五年祗紀中山，而失載山南；又二十六年中山復遣寨官子入國學，永樂八年山南遣官生三人入國學，俱未及載。蓋沿舊本《太學志》之誤也。其書已見士禎《帶經堂集》中，此蓋初出别行之本。

辨定嘉靖大禮議

《四庫全書總目提要·政書類》 《辨定嘉靖大禮議》二卷。浙江巡撫採進本。國朝毛奇齡撰。奇齡有《仲氏易》，已著録。是書力斥楊廷和之議，而又不屑與張、桂相雷同。謂張、桂較廷和議爲正，特不知根柢經傳。凡爲辨二十四篇，援據典確，亦可備一説。

四譯館考

《四庫全書總目提要・政書類》 《四譯館考》十卷。浙江鮑士恭家藏本。 國朝江蘩撰。蘩有《奏議》，已著録。是書略記外藩朝貢之目。恭載列祖敕諭及賜予物數，皆《實録》、《會典》之所有。其國俗土風，則捃摭前代史傳爲之，多不確實。後係以集字詩二卷，皆蘩所自作，而以諸國字譯之。詩既無關於外藩，所譯之字，又不能該諸國之字，則亦戲筆而已，不足以資掌故也。

太常紀要

《四庫全書總目提要・政書類》 《太常紀要》十五卷。江西巡撫採進本。 國朝江蘩撰。是編乃蘩爲太常寺卿時以《太常寺考》及《太常續考》所載止於明代，因考核近制，勒爲一書。分祀訓、祀儀、祀例、祀禮、祀官、祀賦六門。其書成於康熙壬午。於時《皇清禮書》尚未纂修，故蘩有此著也。

改元考

《四庫全書總目提要・政書類》 《改元考》一卷。兩江總督採進本。 明宗室朱常㴐撰。前有自序，載嘉靖壬午魯國常㴐識。考《明史・諸王世表》不載其名，蓋魯荒王檀之元孫，而懷王常漎之從兄弟也。此書專考歷代年號，起漢建元，迄明嘉靖。自正統以及僭僞、偏安，無不具載。然其中譌謬之處，不一而足。

年號韻編

《四庫全書總目提要・政書類》 《年號韻編》一卷。浙江汪啟淑家藏本。 明陳懋仁撰。懋仁有《泉南雜志》，已著録。是書仿表譜之法，横格分正統、偏閏、僭僞、叛亂、蠻夷五等。直格下貫，則同一年號。年號前後之序，則依韻部編次，以便檢閲，體例頗亦詳密。

歷代建元考

《四庫全書總目提要・政書類》 《歷代建元考》十卷。兩江總督採進本。 國朝鍾淵映撰。淵映字廣漢，秀水人。自來紀元諸書，多詳於正統。惟國初吴肅公《改元考同》，及近時萬光泰《紀元敘韻》與淵映此書，則併僞朝、霸國以至草竊、僭稱，皆一一具載。其例以年號相同者列前。次以年號分韻排編。次列歷朝帝王及僭國始末，竝外藩亦間及之，秩然有序。雖載籍浩博，蒐採難周。如蜀王衍、宋太祖年號與輔公祏同，裘甫有維平之僭。成都爲西夏之稱。凡斯之類，不免間有闕漏，未可云毫髮無遺。然較吴、萬二家，足稱賅洽矣。

紀元彙考

《四庫全書總目提要・政書類》 《紀元彙考》三十五卷。大學士程景伊家藏本。 國朝黄琳撰。琳有《經學淵源録》，已著録。是書取歷代紀元之號，自漢至明，悉以朝代次第纂輯。分正統、列國、僭竊、外夷四門。凡史鑑之外，稗官野史有關考訂者，悉搜採補入。其例以所紀之元爲綱，以前後所同者詮註于下，采輯亦頗該洽。然如後魏及遼、金俱載入列國條下，與西夏諸國相同，殊屬比擬不倫。又如紀遼太祖名爲耶律健德，考《遼史》及《契丹國志》，竝無此名。又遼興宗之改元景福，次年即改重熙，亦無崇興之號，頗不免於疏舛。

紀元要略

《四庫全書總目提要・政書類》 《紀元要略》二卷，《補遺》一卷。江蘇巡撫採進本。國朝陳景雲撰。景雲有《通鑑胡註舉正》，已著録。是書紀漢迄明帝王建元及歷年，其子黄中又摭歷代僭僞之號，附以外國，爲《補遺》一卷。景雲於分據諸朝各爲紀載，彼此互註，不分大書、附書，體例最公。然皆史傳所習見，取便檢閲而已。

歷代帝係年號

《四庫全書總目提要・政書類》《歷代帝係年號》二十卷。江西巡撫採進本。國朝劉宗魏撰。宗魏字友韓，號柚航，贛州人。乾隆戊辰進士，官至監察御史。是書以歷代帝係年號爲名，乃兼及割據僭竊。下至李自成、張獻忠亦入記載，而所列割據僭竊又不能詳備。體例頗爲冗碎。

邦計分部

邦計彙編

《四庫全書總目提要・政書類》《邦計彙編》一卷。編修程晉芳家藏本。舊本題宋李維撰。維字仲芳，肥鄉人。雍熙二年進士，召試中書，知制誥，歷翰林學士、工部尚書、柳州觀察使。事蹟具《宋史》本傳。是書載曹溶《學海類編》中，實《册府元龜》邦計一門之總敘。案晁公武《讀書志》，載修《册府元龜》時，預修者十五人，維居第四。又載初撰編敘，諸儒皆作。真宗以體制不一，遂擇李維、錢維演、陳彭年、劉筠、夏竦等，付楊億竄定。其剽剟此敘，詭題書名，而以爲維之所撰，蓋以此云。

會稽和買事宜録

陳振孫《直齋書録解題・典故類》《會稽和買事宜録》七卷。浙東帥鄱陽洪邁景盧，提舉常平三山鄭湜補之集。初，承平時，預買令下，守越者無遠慮，凡一路州縣所不受之數，悉受之，故越之額特重，以匹計者十四萬六千九百，居浙東之半。人户百計規免，皆詭爲第五等户，而四等以上户之害日益甚。於是有爲畝頭均科之説者，帥鄭丙少嘉、憲邱崇宗卿、張詔君卿頗主之，由淳熙十一年以後略施行，而議者多以刱科五等户爲不便。參政李彦穎秀叔、尚書王希吕仲行先後帥越皆言之，而王畫八事尤力。會光廟亦以爲貽貧弱之害，户部尚書葉翥叔羽奏乞先減四萬四千餘匹，止以十萬爲額，而後議均敷。詔從之，仍令侍從集議，皆乞闕併詭挾。遂詔邁、湜措置，既畢，以施行次第類成此書，時紹熙元年也。

馬端臨《文獻通考・經籍考・故事》《會稽和買事宜》七卷。

《宋史・藝文志・故事類》洪邁《會稽和買事宜録》七卷。

四川宣撫司財賦兵馬數

尤袤《遂初堂書目・本朝故事》《四川宣撫司財賦兵馬數》。

長樂財賦志

陳振孫《直齋書録解題・典故類》《長樂財賦志》十六卷。知漳州長樂何萬一之撰。往在鄞學，訪同官薛師雍子然，几案間有書一編，大略述三山一郡財計，而累朝詔令申明沿革甚詳。其書雖爲一郡設，於天下實相通。問所從得，薛曰：「外舅陳止齋修《圖經》，欲以爲《財賦》一門，後緣卷帙多，不果入。」因借録之，書無標目，以意命之曰《三山財計本末》。及來莆田，爲鄭寅子敬道之，鄭曰：「家有何一之《長樂財賦志》，豈此耶？」復借觀之，良是。其間亦微有增損，末又有《安撫司》一卷。併鈔録附益爲全書。

馬端臨《文獻通考・經籍考・故事》《長樂財賦志》十六卷。

歷代山澤征稅記

《四庫全書總目提要・政書類》《歷代山澤征稅記》一卷。編修程晉芳家藏本。國朝彭寧求撰。寧求字文洽，長洲人，康熙壬戌進士，官至左春坊左中允。其書臚敘歷代山澤征稅諸政。然海稅之加，不知起於漢宣帝。鹽鐵之稅，不知起於管子。既彙敘歷代稅法，而遼代之置銀冶鐵冶，金之和買金銀冶，及大定中罷金銀坑冶之稅，與採買隨處金銀銅冶之法，元之鐵冶銅、冶銀、冶淘金諸政，特置官司，載於史志者，皆略而不及，殊未爲賅備也。

鑄錢故事

尤袤《遂初堂書目・本朝故事》《鑄錢故事》。

《宋史・藝文志・故事類》杜鎬《鑄錢故事》一卷。

坑冶利害

尤袤《遂初堂書目・本朝故事》張貴謨《坑冶利害》。

錢　通

《四庫全書總目提要・政書類》《錢通》三十二卷。浙江巡撫採進本。明胡我琨撰。我琨字自玉，爵里未詳。據書中所記時事年月，是明末人也。其書專論明代錢法，而因及於古制。首曰正朔一統，次曰原、曰制、曰象、曰用、曰才、曰行、曰操、曰節、曰分、曰異、曰弊、曰文、曰閏，凡十三門。每門之中，各爲小目。其載明制，起洪、永，訖萬曆。徵引各史紀、志、列傳，以及古今說部文集，援據頗爲賅洽。於明代錢法沿革，條分縷析，言之尤詳，多《明史・食貨志》及《明會典》、《明典彙》諸書所未備。其敘述古制，如引《桂海虞衡志》，記右江之銅；引《宋會典》，記利州諸監錢數，亦足補唐、宋各史所未詳。他如錢、象門之黃河錢投河國錢諸品，又董逌、洪遵、李孝美、顧烜各家舊譜所未載，皆足以資考證。中如劉仁恭丸土爲錢之類，乃一時謬製，亦倣圖其式，未免稍雜。然義取賅備，不得不巨細兼收，亦未可以叢脞譏也。

錢法纂要

《四庫全書總目提要・政書類》《錢法纂要》一卷。編修程晉芳家藏本。

明通寶義

《四庫全書總目提要・政書類》《明通寶義》一卷。明羅汝芳撰。汝芳有《孝經宗旨》，已著錄。前明錢鈔通行，其弊百出。汝芳督屯滇省，以滇爲鑄錢之藪，因作此書，以明其利弊。大旨以錢制大小輕重，貴在持平，乃足爲萬世之利。歷引古來錢制，始自太昊、軒轅，下迄唐、宋，臚列具備。其第一篇《本義》引據唐人《錢譜》，謂「秦世八銖，失之太重。漢初榆莢，失之太輕」。按《文獻通考》「秦兼天下，銅錢質如周錢，文曰半兩。漢高后二年，始行八銖錢」。是八銖之名定於漢，謂秦世八銖，非也。又考唐武德四年廢五銖錢，鑄開通元寶錢，其文則歐陽詢所書。迴環讀之曰「開通元寶」。今書悉謂「開元通寶」，亦非本義。

廣通寶義

《四庫全書總目提要・政書類》《廣通寶義》一卷。浙江范懋柱家天一閣藏本。

泉刀匯纂

《四庫全書總目提要・政書類》《泉刀匯纂》無卷數。浙江巡撫採進本。國朝邱峻撰。峻有《南湖記略稾》，已著録。《錢譜》創自顧烜，見於《隋書・經籍志》。其後封演諸人相繼有作，竝已散佚，今惟洪遵之書存。然遵特考其形制，繪其文字，而未及於政典沿革之詳。峻是書則自邃古訖於有明，典故藝文，悉爲采録。分六門，一曰沿革、二曰利弊、三曰建元、四曰圖異、五曰官監、六曰雜編。搜採頗詳，亦多考證。而編次雜亂無緒，亦未分卷，蓋未成之本也。

錢録

《四庫全書總目提要・政書類》《錢録》十二卷。江蘇巡撫採進本。國朝張端木撰。端木字昆喬，上海人。乾隆壬戌進士，官至諸暨縣知縣。此書卷一至卷七具載歷代錢幣，并及僞朝、僭號所鑄，卷八至卷十載錢之不知年代者，卷十一專載外國錢名，卷十二則敘述古來作志之人，而以洪遵《泉・志序》終焉。書中頗引遵説，宋、元以後則端木所蒐羅。伏考《御定西清古鑒》中《錢録》一編，圖繪精妙，考據典核，足折衷百代，無以復加。端木蓋未及見，故摭拾殘賸，有此編録耳。

寶鈔通考

《四庫全書總目提要・政書類》《寶鈔通考》八卷。《永樂大典》本。元武祺撰。祺里貫未詳，至正十三年爲户部尚書。因當時鈔法漸壞，浮議者但以不動鈔本爲名，而不詳流通之實，乃歷考中統以後八十餘年中鈔法，撰爲此書。

平陽會

陳振孫《直齋書録解題・典故類》《平陽會》四卷。通直郎和平陽縣汪季良子駟撰。平陽號難治，制制東「三陽」之冠，季良治有聲。迺以一邑財計，自兩税而下，爲二十一篇，終於歲會，旁通沿革，本末大略備矣。又爲外篇五條，如砧基副本、催科檢放及書手除科敷之類，以爲此財用所從出也。季良，端明應辰之孫，佳士，且能吏也。得年不永，士論惜之。

馬端臨《文獻通考・經籍考・故事》《平陽會》四卷。

利路管田事目

尤袤《遂初堂書目・本朝故事》《利路管田事目》。

錢秦魯長主俸賜録

尤袤《遂初堂書目・本朝故事》《錢秦魯長主俸賜録》。

乾道國用司月給數

尤袤《遂初堂書目・本朝故事》《朝道國用司月給數》。

淳熙七年財用録

尤袤《遂初堂書目・本朝故事》《淳熙七年財用録》。

户部諸道歲收數

尤袤《遂初堂書目·本朝故事》《户部諸道歲收數》。

左藏兩庫約支

尤袤《遂初堂書目·本朝故事》《左藏兩庫約支》。

國朝運糧數

尤袤《遂初堂書目·本朝故事》《國朝運糧數》。

熙寧發運司事目

尤袤《遂初堂書目·本朝故事》《熙寧發運司事目》。

國用司錢米會子出納數

尤袤《遂初堂書目·本朝故事》《國用司錢米會子出納數》。

淳熙國計録

尤袤《遂初堂書目·本朝故事》《淳熙國計録》。

元和國計録

尤袤《遂初堂書目·故事類》《元和國計録》。

治平經費節要

尤袤《遂初堂書目·本朝故事》《治平經費節要》。

《宋史·藝文志·故事類》《經費節要》八卷。

元和國計略

《宋史·藝文志·故事類》李吉甫《元和國計略》一卷。

慶曆會計録

尤袤《遂初堂書目·本朝故事》《慶曆會計録》。

《宋史·藝文志·故事類》《慶曆會計録》二卷。

元祐會計録

尤袤《遂初堂書目·本朝故事》《元祐會計録》。

《宋史·藝文志·故事類》李常《元祐會計録》三卷。

治平會計録

《宋史·藝文志·故事類》 韓絳《治平會計録》六卷。

景德會計録

晁公武《郡齋讀書志·儀注類》 《景德會計録》六卷。袁本後志第一儀注類第二。右皇朝丁謂謂之撰。謂景德中纂三司户口税賦之人，及兵食吏禄之費，會計天下每歲出納贏虧之數，李吉甫《元和國計圖》之類是也。書成奏御。

陳振孫《直齋書録解題·典故類》 《景德會計録》六卷。丞相吴郡丁謂謂之撰。時爲三司使。序言歲收兩京十七路帳籍四萬四百有七，日入疾徐事一千五百，文移倍之。倣李吉甫國計簿、賈耽《國要圖》，總其目得四十，列爲六卷，一《户賦》，二《郡縣》，三《課入》，四《歲用》，五《禄食》，六《雜記》。大抵取景德中一年爲準。

馬端臨《文獻通考·經籍考·故事》 《景德會計録》六卷。

《宋史·藝文志·故事類》 丁謂《景德會計録》六卷。

皇祐會計録

晁公武《郡齋讀書志·儀注類》 《皇祐會計録》六卷。袁本前志卷二下儀注類第三。右皇朝田況元鈞撰。況兩爲三司使，謂夏戎阻命之後，增兵比之景德幾一倍，加之吏員益繁，經費日侈，民力甚疲。乃約丁謂《會計録》，以皇祐財賦所入多於景德，而其出又多於所入，著成此書上之，庶幾朝廷稽祖宗之舊，省浮費以裕斯民云。

尤袤《遂初堂書目·本朝故事》 《皇祐會計録》。

陳振孫《直齋書録解題·典故類》 《皇祐會計録》六卷。樞密信都田況元均權三司使時所撰。倣景德之舊，取一歲最中者爲準。又爲《儲運》一篇，以補其闕。

馬端臨《文獻通考·經籍考·故事》 《皇祐會計録》六卷。

《宋史·藝文志·故事類》 田況《皇祐會計録》六卷。

嘉靖清源關志

《四庫全書總目提要·政書類》 《嘉靖清源關志》四卷。兩淮鹽政採進本。明劉璽撰。璽字雙泉，濟州衛籍，唐縣人。嘉靖壬辰進士，官至右副都御史巡撫宣府。是編乃璽以户部主事監理臨清關税時所編，即是關之條例也。序稱嘉靖九年以前，案牘無徵，故舊事皆不載，是猶可以散佚委也。其凡例云，凡例制不合於今者亦棄不取，則是徵課簿籍，榜示商賈吏役者耳。志乘以存舊典，寧計其現行否耶？

淮關志

《四庫全書總目提要·政書類》 《淮關志》八卷。兩淮馬裕家藏本。明馬麟撰。麟，巴縣人。嘉靖戊戌進士，官南京户部員外郎。是書凡分八門，其建置不敘淮關之始末，而泛引歷代征商典故，綴爲一卷，殊爲汗漫。又地志列藝文一門，原爲風土而設。此志不過徵榷之條格，一關之外，皆非所屬，而亦濫載藝文，尤非體例矣。

茶馬類考

《四庫全書總目提要·政書類》 《茶馬類考》六卷。兩淮馬裕家藏本。明胡彦撰。彦，沔陽人。嘉靖辛丑進士，官巡察茶馬御史。因歷考典故及時事利弊，作爲此書。明制，茶馬御史兼理寧夏鹽務，故第三卷併記鹽政云。

洲課條例

《四庫全書總目提要・政書類》《洲課條例》一卷。兩淮鹽政採進本。明王侹撰。侹始末未詳。其作此書時，則官南京工部營繕司員外郎也。明代自鎮江至九江，沿江洲課，皆隸南工部。後以其有影射吞占之弊，復設官以董之。《明史・食貨志》未詳其法。蓋以其併入地糧内也。是編乃嘉靖中侹爲督理時所輯。首載敕諭及課銀數目取用條例。次載准奏事例八條，部司酌議事宜九條。可以考見一時之制。

八閩政議

《四庫全書總目提要・政書類》《八閩政議》三卷。浙江范懋柱家天一閣藏本。不著撰人名氏，亦無序跋。皆載明嘉靖三十二年福建布政使及福寧道參政條議申文，曰鹽法、綱銀、運脚，各爲一卷。蓋當時布政司所刊則例也。

蘇松浮賦議

《四庫全書總目提要・政書類》《蘇松浮賦議》一卷。浙江范懋柱家天一閣藏本。明鄭若曾撰。其説已具其所撰《萬里海防編》内，此則縷析地畝科徵之數，而詳悉陳之。嘉靖中嘗條上當事，力請入告。會格於倭變，不果行。此其遺稾也。

北新鈔關志

《四庫全書總目提要・政書類》《北新鈔關志》十六卷。兩淮馬裕家藏本。明荆之琦撰。之琦，丹陽人。萬曆甲辰進士，仕履未詳。是書分十六門。其建置、命遣、禁令、經制、則例、課額、責委、鈐轄、區行、利弊、因革、宦蹟、公署、人役十四門，皆關政之所當考。其藝文一門，亦沿《淮關志》之例，非所應有也。

開荒十二政

《四庫全書總目提要・政書類》《開荒十二政》一卷。直隸總督採進本。明魏純粹撰。純粹，柏鄉人，官永城縣知縣。因萬曆三十六年純粹在永城開墾荒田，招集流民，條上十二議，併以其事繪爲圖，其時上官批答及士民歌頌皆附焉。純粹即大學士裔介祖也。

國賦紀略

《四庫全書總目提要・政書類》《國賦紀略》一卷。編修程晉芳家藏本。舊本題明倪元璐撰。元璐有《兒易内外儀》，已著録。是書載古來賦税諸法，每類引故實一條，疎陋萬狀，必非元璐所爲，殆亦鈔撮類書策略數條，嫁名元璐耳。《學海類編》所收，大抵此類也。

蘇松歷代財賦考

《四庫全書總目提要・政書類》《蘇松歷代財賦考》一卷。江蘇巡撫採進本。不著撰人名氏。其大略謂蘇、松二郡之田，僅居天下八十五分之一，而所出之賦竟任天下一十三分之一。其始也，因張士誠之負固，明太祖以租額爲官糧；其繼也，以萬曆之後，有司官以耗增充正數。相沿既久，民困未蘇。於是摘其大要彙成一書，并恭録世祖章皇帝、聖祖仁皇帝歷年蠲欠減額諸聖諭，次載巡撫韓世琦至湯斌十人奏疏。伏考蘇、松浮糧之弊，業經特沛恩綸，普蠲舊額。東南士女，久已歌咏皇仁，恬熙化日。此書所載奏疏，止於康熙二十四年，其情形與今全異矣。謹存其目，以見列聖以來留心民瘼，閭閻疾苦，無不上達天聽者。所以厚澤深仁，淪肌浹髓，迥非前代之所及也。

左司筆記

《四庫全書總目提要・政書類》《左司筆記》二十卷。江蘇巡撫採進本。國朝吴暻撰。暻字西齋，太倉人，康熙戊辰進士。是編乃其官户部時所作。分疆域、户口、田地、正賦、漕運、錢法、鹽課、茶馬、關税、雜税、物産、三庫、十倉、常平、官俸、兵食、經費、設官、廨署、雜識二十門。所載皆户部掌故，亦兼及他部事。每門敘事，俱自漢、唐至國朝。其稱左司者，據《雜識》内一條云：「時官户部者稱廣東、山西二司爲左右二大司。」暻適官廣東司，而所摭拾多一曹遺事，故以「左司筆記」名書云。

至和發運茶鹽須知

尤袤《遂初堂書目・本朝故事》《至和發運茶鹽須知》。

熬波圖

《四庫全書總目提要・政書類》《熬波圖》一卷。《永樂大典》本。元陳椿撰。椿，天台人，始末未詳。此書乃元統中椿爲下砂場鹽司，因前提幹舊圖而補成者也。自各團竈座，至起運散鹽，爲圖四十有七。圖各有説，後繫以詩。凡晒灰打滷之方，運薪試運之細，纖悉畢具。亦樓璹《耕織圖》、曾之謹《農器譜》之流亞也。

鹽法考略

《四庫全書總目提要・政書類》《鹽法考略》一卷。編修程晉芳家藏本。舊本皆題明邱濬撰。濬有《家禮儀節》，已著録。此二書諸家書録皆不載。以其文考之，即濬《大學衍義補》中之兩篇也。曹溶割裂其文，竝載《學海類編》中。較其以《元海運志》爲危素撰者，猶爲近實，然摘録巨帙之一篇，即别立新名，亦猶之乎作僞也。

鐵冶志

《四庫全書總目提要・政書類》《鐵冶志》二卷。浙江巡撫採進本。明傅浚撰。浚字汝源，南安人。弘治己未進士，官至工部郎中。正德癸酉，浚督理遵化鐵廠，創爲此志。自建置山場，迄於雜職，凡二十三目，冠以公署、鐵廠二圖。所紀皆歲辦出入之數，頗瑣屑無裨考證。

鹽政志

《四庫全書總目提要・政書類》《鹽政志》十卷。兩江總督採進本。明朱廷立撰。廷立，通山人。嘉靖癸未進士，官至禮部右侍郎。嘉靖八年，廷立以河南道監察御史奉使清理兩淮鹽政，因博考古今鹽制，以成此書。凡分七門，曰出産、曰建立、曰制度、曰制詔、曰疏議、曰鹽官、曰禁令。每門各分子目，凡三百九十有四。蓋制詔疏議每一篇立一目，故其繁至是也。

兩淮鹽法志

《四庫全書總目提要・政書類》《兩淮鹽法志》十二卷。兩淮鹽政採進本。明史起蟄、張矩同撰。起蟄，江都人。矩，儀徵人。書成於嘉靖庚戌，因弘治舊志增損之。董其事者巡按御史楊選與運使陳暹也。

山東鹽法志

《四庫全書總目提要・政書類》《山東鹽法志》四卷。兩淮鹽政採進本。明查志隆撰。譚耀、詹仰庇參修。志隆字鳴治，海寧人。嘉靖己未進士，官至山東布政司左參政。耀，東莞人。萬曆丁丑進士，官至監察御史。仰庇，安溪人。嘉靖乙丑進士，官至刑部侍郎。是編乃志隆官山東鹽司同知時所作。耀時巡鹽長蘆，仰庇時爲山東按察司副使。正統中，命長蘆巡鹽御史兼理山東鹽法，隆慶五年，又令山東驛傳副使兼管鹽法。故皆得與志隆裁訂焉。

重修兩浙鹺志

《四庫全書總目提要・政書類》《重修兩浙鹺志》二十四卷。浙江巡撫採進本。明王圻撰。圻有《東吴水利考》，已著録。是書圖説二卷、詔令一卷、鹽政十三卷、職官表一卷、列傳一卷、奏議三卷、藝文三卷。

長蘆鹽法志

《四庫全書總目提要・政書類》《長蘆鹽法志》十三卷。浙江汪啟淑家藏本。明何繼高、馮學易、閔遠慶同撰。繼高字汝登，山陰人，萬曆癸未進士，官至江西布政司參政。學易字韋卿，臨海人，隆慶丁卯舉人，官至長蘆鹽運司運同。遠慶字基厚，烏程人，萬曆丙戌進士，官至四川按察使僉事。纂是書時，繼高方爲運使，遠慶方爲運判，故三人以現行鹽法事例參稽典故，共相酌定云。

粵東鹽政考

《四庫全書總目提要・政書類》《粵東鹽政考》二卷。兩淮鹽政採進本。明李檉撰。檉字長儒，鄞縣人。萬曆辛丑進士，官至兵部侍郎。事蹟具《明史》本傳。是書乃檉官廣東按察使僉事統理鹽法時所作。上卷載鹽律、鹽官、鹽署、鹽産、鹽課、鹽餉、鹽廠、鹽牙、鹽包、鹽斤。下卷載鹽秤、鹽單、鹽票、鹽旗、鹽船、鹽限、鹽籍、鹽會、鹽界、鹽運。於鹺政利弊，頗爲詳悉。其於鹽官題銜之後，不紀宦績，并不具全前後居官者姓名，蓋專爲鹽政而作，與他志體例不同也。繼檉任者張邦翼、楊瑩鍾、龔承薦，皆有所續刻，各見所撰序文中，然於原書體例，則無所改易焉。

古今鹺略

《四庫全書總目提要・政書類》《古今鹺略》九卷，《鹺略補》九卷。浙江汪啟淑家藏本。明汪砢玉撰。案《明詩綜》作珂玉，字之誤也。砢玉字玉水，徽州人，寄籍嘉興。崇禎中官山東鹽運使判官。是書前後兩編，卷首皆有自序。《鹺略》九卷，凡分生息、供用、職掌、會計、政令、利弊、法律、徵異、雜考九門，名曰九府。《鹺略補》亦按九門分類拾遺。砢玉當明季匱乏之時，欲復漢牢盆之制，而用宋轉般之法。案般字今案牘皆書爲搬，考李燾《通鑑長編》凡轉搬皆作此般字，砢玉蓋因其原文。其意雖善，而於勢恐不可行。其所徵引，務爲浩博，多蒐古典，亦不切後世時勢，至旁及遐荒，又無關於中國之鹽政矣。

鹽法考

《四庫全書總目提要・政書類》《鹽法考》十卷。江蘇周厚堉家藏本。不著撰人名氏，亦無序目。首總論，次兩淮、次兩浙、次長蘆、次山東、次福建、次河東、次陝西、次廣東。所載事迹，至崇禎初年而止，疑爲明末人所作也。

淮鹺本論

《四庫全書總目提要・政書類》《淮鹺本論》二卷。兩淮鹽政採進本。國朝胡文學撰。文學有《疏稾》，已著録。是書乃文學於順治庚子、辛丑閒官兩淮巡鹽御史時所作。上卷分十篇：曰停兊會，曰附銷不帶鹽，曰復三府，曰闢橋掣規，曰釐所掣，曰掣江都食鹽，曰淮北改所，曰撤分司，曰廢興莊臨湖場，曰草蕩不加税。下卷分十五篇：曰恤株連，曰緩倒追，曰禁私販，曰除鏇棍，曰謝遊客，曰簡關防，曰祛吏弊，曰不任承役，曰寬追比，曰便銷批，曰公僉報，曰均急公窩引，曰去江掣弊，曰酌歸綱，曰省繁費，曰修書院。是時尚當國朝定鼎之初，百度新舉，往往尚沿明制。文學所論，蓋祇其一時之利弊云爾。

漕書

《四庫全書總目提要・政書類》《漕書》一卷。兩淮鹽政採進本。明張鳴鳳撰。鳴鳳有《桂勝》，已著録。是書專論漕運利弊，分爲八篇：曰漕政、漕司、漕軍、漕河、漕海、漕船、漕倉、漕刑。力主海運之利。又以漕船工料不堅，入水易破，欲採木川湖，大治萬餘艘，斥餘材以支數十年用。又以丹陽、京口并出於江，水淺船多，欲別開運道，由孟瀆趨白塔河至揚州。其説頗多難行。

漕運通志

《四庫全書總目提要・政書類》《漕運通志》十卷。浙江范懋柱家天一閣藏本。明楊宏撰。宏字希仁，海州大河衛人。嘉靖中，以指揮使署都督同知，總運江北。舊有《漕運志》，宏病其未備，乃捃摭羣書，手自記録。延甌寧謝純考古今沿革，作表六卷，首漕渠、次漕職、次漕卒、次漕船、次漕倉、次漕數。作略三卷，首漕例、次漕議、次漕文。序謂「表立則經見，略輯則緯彰」。書凡十卷，而序云九卷者，蓋漕渠文繁，分爲二卷故也。

通漕類編

《四庫全書總目提要・政書類》《通漕類編》九卷。浙江汪啟淑家藏本。明王在晉撰。在晉有《歷代山陵考》，已著録。是書先漕運、次河渠，附以海運、海道。前有自序，并作書凡例。大抵採自官府册籍，無所考訂。在晉爲經略時，值時事方棘，一籌莫展，逡巡移疾而去，蓋好談經濟而無實用者。是書殆亦具文而已。

明漕運志

《四庫全書總目提要・政書類》《明漕運志》一卷。編修程晉芳家藏本。舊本題國朝曹溶撰。

元海運志

《四庫全書總目提要・政書類》《元海運志》一卷。編修程晉芳家藏本。舊本題明危素撰。

漕政舉要録

《四庫全書總目提要・政書類》《漕政舉要録》十八卷。浙江范懋柱家天一閣藏本。明邵寶撰。

海運編

《四庫全書總目提要・政書類》《海運編》二卷。户部尚書王際華家藏本。明崔旦撰。旦字伯東，平度人。是書成於嘉靖甲寅。

海運詳考

《四庫全書總目提要・政書類》《海運詳考》一卷。明王宗沐撰。宗沐字新甫，臨海人。嘉靖甲辰進士，官至刑部左侍郎。

海運志

張萱等《内閣藏書目録・志乘部》《海運志》二册全。隆慶壬申總漕王宗沐撰。又二册全。

趙琦美《脈望館書目・史・河》《海運志》一本。

《四庫全書總目提要・政書類》《海運志》二卷。浙江范懋柱家天一閣藏本。

航海指南

徐𤊹《徐氏家藏書目・邊海省》《航海指南》一卷。孫敖。

海道經

朱睦㮮《萬卷堂書目・雜志》《海道經》一卷。熊磨溪。

海運新考

《四庫全書總目提要・政書類》《海運新考》三卷。副都御史黄登賢家藏本。明梁夢龍撰。

海運圖説

《四庫全書總目提要・政書類》《海運圖説》一卷。浙江范懋柱家天一閣藏本。明鄭若曾撰。

海運圖説

張之洞《書目答問・地理・今地志》《海運圖説》卷。施彦士。求已堂八種本，附此取便尋覽。陶澍編《海運全案》十二卷。江蘇官本。

新譯海道圖説

張之洞《書目答問・地理・外紀》《新譯海道圖説》十五卷附《長江圖説》三卷。西洋人。上海製造局刻本。極有用。

河防通議

《宋史・藝文志・故事類》沈立《河防通議》一卷。

吴門水利

《宋史・藝文志・故事類》郏亶《吴門水利》四卷。

江防信地

黃虞稷《千頃堂書目・地理類下》 洪朝選《江防信地》二卷。

三州論

姚振宗《三國藝文志・地理類・河渠》 蔣濟《三州論》，濟始末具儀制類。《魏志》本傳，黃初中徵爲尚書車駕，幸廣陵。濟表水道難通，又上《三州論》以諷帝。帝不從，于是戰船數千皆滯，不得行。

嚴可均《三國文編》曰，蔣濟《三州論》水經淮水注引之。

趙一清水經淮水注釋曰，一清案蔣子通作《三州論》本，詩人淮有三洲之義，言水淺也。

川瀆記

姚振宗《三國藝文志・地理類・河渠》 虞翻《川瀆記》。翻始末具經部易類。

章宗源《隋志考證》曰：《太平寰宇記》江南東道虞仲翔《川瀆記》曰：太湖東通長洲松江水，南通烏程霅溪水，西通義興荆溪水，北通晉陵滆湖水，東連嘉興韭溪水，凡五通，謂之五湖。

案李氏兆洛《地理今釋》晉陵郡縣始于南宋，非吴時所當有。又吴大帝以立太子和，改禾興爲嘉興事在赤烏五年，時翻已前卒，亦非翻所及知此。或爲樂史改稱，或别有虞仲翔其人，今姑過而存之。

濟河論

秦榮光《補晉書藝文志・地理類・河渠》 《濟河論》。鄧艾撰，据國志傳。

姚振宗《三國藝文志・地理類・河渠》 鄧艾《濟河論》。《魏志》本傳：艾字士載，義陽棘陽人也。太祖破荆州，徙汝南爲農民，爲都尉學士稻田守叢草吏，後爲典農，綱紀上計吏，因使見太尉司馬宣王。宣王奇之，闢爲掾，遷尚書郎。時欲廣田畜穀爲滅賊資，使艾行陳項以東至壽春。艾以爲田良水少，不足以盡地利，宜開河渠，可以引水澆溉，大積軍糧，又通漕運之道，乃著《濟河論》以喻其指，宣王善之。

岷江渠堰譜

鄭樵《通志・藝文略・地里・川瀆》 《岷江渠堰譜》十卷。張蹺撰。

古今大河指掌

鄭樵《通志・藝文略・地里・川瀆》 《古今大河指掌》一卷。

靈異治水記

鄭樵《通志・藝文略・地里・川瀆》 《靈異治水記》一卷。

導河形勝書

鄭樵《通志・藝文略・地里・川瀆》 《導河形勝書》三卷。李聖撰。

尤袤《遂初堂書目・地理類》 李重《導河形勢[勝]書》。

《宋史・藝文志・地理類》 李垂《導河形勝書》一卷。

河防通議

鄭樵《通志・藝文略・地里・川瀆》《河防通議》一卷。沈立撰。

大禹治水玄奥録

鄭樵《通志・藝文略・地里・川瀆》《大禹治水玄奥録》一卷。

《宋史・藝文志・地理類》《大禹治水玄奥録》一卷。

宣和編類河防書

《宋史・藝文志・地理類》《宣和編類河防書》一百九十二卷。

姑蘇水利

鄭樵《通志・藝文略・地里・川瀆》《姑蘇水利》一卷。剌正甫撰。

尤袤《遂初堂書目・地理類》《姑蘇水利》。

范文正公堰記

尤袤《遂初堂書目・地理類》《范文正公堰記》。

水利書

王圻《續文獻通考・經籍考・地理》《水利書》。范仲淹著。

吴中水利録

朱睦㮮《萬卷堂書目・雜志》《吴中水利録》一卷。單鍔。

錢謙益等《絳雲樓書目・地誌類》《吴中水利録》。一卷。單鍔，宜興人。震川論水利不取此書。單鍔此書，曾爲東坡所稱。

《四庫全書總目提要・地理類二・河渠》《吴中水利書》一卷。兩江總督採進本。宋單鍔撰。鍔字季隱，宜興人。嘉祐四年進士，歐陽修知舉時所取士也。得第以後，不就官，獨留心於吴中水利。嘗獨乘小舟，往來於蘇州、常州、湖州之閒，經三十餘年。凡一溝一瀆，無不周覽其源流，考究其形勢。因以所閲歷，著爲此書。

四明它山水利備覽

《四庫全書總目提要・地理類二・河渠》《四明它山水利備覽》二卷。浙江吴玉墀家藏本。宋魏峴撰。峴，鄞縣人。官朝奉郎，提舉福建路市舶。鄞故有它山一水，其始大溪，與江通流，鹹潮衝接，耕者弗利。唐大和七年，邑令王元暐始築堰以捍江潮。於是溪流灌注城邑，而鄞西七鄉之田皆蒙其利。歲久廢壞，宋嘉定閒，峴言於府，請重修，且董興作之役，因爲是書記之。上卷雜志源流規制，及修造始末。下卷則皆碑記與題咏詩也。

李渠志

《宋史・藝文志・地理類》 陳哲夫《李渠志》一卷。

湟川開峽志

《宋史・藝文志・地理類》 李華《湟川開峽志》五卷。

宕渠志

《宋史・藝文志・地理類》 《宕渠志》二卷。

浙西水利議答録

《四庫全書總目提要・地理類存目四・河渠》 《浙西水利議答録》十卷。永樂大典本。一名《水利文集》，元任仁發撰。

上虞縣五鄉水利本末

瞿鏞《鐵琴銅劍樓藏書目録・地理類・河渠》 《上虞縣五鄉水利本末》二卷。明刊本。元陳恬撰。恬字晏如，上虞人。其地有三湖，曰夏蓋、曰上妃、曰白馬。邑中永豐、上虞、寧遠、新興、孝義等鄉之田，皆賴水利以治，而通塞不常。晏如因撰此書，詳載疏治圍築、啟閉蓄洩之法，兼及沿革興復事實，以至誌刻公牘，前列四圖，俾後人遵行不廢。其有功於是鄉大矣。書成於至正二十二年，有劉仁本、楊翮序。刻板久佚，嘉靖丙申邑令汝陰張光祖序而重刻之。舊爲陳子準氏藏書。卷首有稽瑞樓朱記。

至正河防記

黄虞稷《千頃堂書目・地理類下・補元》 歐陽原功《至正河防記》一卷。

倪燦等《補遼金元藝文志・地理類》 歐陽原功《至正河防記》一卷。

河防通議

黄虞稷《千頃堂書目・地理類下・補元》 贍思《重訂河防通議》。

倪燦等《補遼金元藝文志・地理類》 贍思《重訂河防通議》。

金門詔《補三史藝文志・地理類・元》 贍思《又重訂河防通議》。

《四庫全書總目提要・地理類二・河渠之屬》 《河防通議》二卷。永樂大典本。元沙克什撰。案沙克什原本作贍思，今改正。沙克什，色目人。官至祕書少監，事蹟具《元史》本傳。是書具論治河之法，以宋沈立汴本，及金都水監本彙合成編，本傳所稱重訂《河防通議》是也。

河源志

黄虞稷《千頃堂書目・地理類下・補元》 潘昂霄《河源志》。

倪燦等《補遼金元藝文志・地理類》 潘昂霄《河源志》。

《四庫全書總目提要・地理類存目四・河渠之屬》 《河源記》一卷。編修程晉芳家藏本。元潘昂霄撰。昂霄字景梁，號蒼崖，濟南人。

錢大昕《補元史藝文志・地理類》 潘昂霄《河源志》。字景梁，濟南人。集賢侍讀學士。謚文簡。

治河圖略

楊士奇等《文淵閣書目・古今志》《治河圖略》。一册。

《四庫全書總目提要・地理類二・河渠之屬》《治河圖略》一卷。永樂大典本。元王喜撰。喜爵里無考。其書首列六圖，圖末各係以說，而附所爲治河方略，及歷代決河總論二篇於後。

水利集

楊士奇等《文淵閣書目・古今志》《水利集》十册。

楊士奇等《文淵閣書目・古今志》《水利集》七册。

水利圖經

王圻《續文獻通考・經籍考・地理》《水利圖經》。程師孟嘗灑渠築堰淤良田萬八千頃，州縣哀其事，爲《水利圖經》。

涇渠圖説

楊士奇等《文淵閣書目・古今志》《涇渠圖説》二册。

黃虞稷《千頃堂書目・地理類下》《涇渠圖説》二卷。不知撰人。

漕河通志

王圻《續文獻通考・經籍考・地理》《漕河通志》。吏部尚書王恕著。恕，三原人。

黃虞稷《千頃堂書目・地理類下》王恕《漕河通志》十四卷。

《明史・藝文志・地理類》王恕《漕河通志》十四卷。

治河總考

范邦甸等《天一閣書目・地理類》《治河總考》四卷。河南按察司僉事車璽撰，祥符縣儒學訓導毛憲校閲，山東兗州同知陳銘續編。

趙琦美《脈望館書目・史・河》《治河總考》一本。

《四庫全書總目提要・地理類存目四・河渠》《治河總考》四卷。浙江范懋柱家天一閣藏本。明車璽撰。璽，宛平人。成化戊戌進士，官至河南按察司僉事。是編考歷代治河之事，以時代先後爲次。始周定王，終明嘉靖十七年。又以《禹貢》、《史記・河渠書》、《漢書・溝洫志》、《元史・河源附録》、宋濂《治河議》、《河南總志》諸條列後。其標題又稱山東兗州府同知陳銘續編。前後無序跋，不知孰爲璽之原書，孰爲銘之所補。體例參差，刊刻拙陋，蓋當時書帕本也。

水利書

王圻《續文獻通考・經籍考・地理》《水利書》十卷。任仁發著。

黃虞稷《千頃堂書目・地理類下・補元》任仁發《浙西水利書》十卷。上海人，官都水監歷。浙江宣慰司副使。

倪燦等《補遼金元藝文志・地理類》任仁發《浙西水利集》十卷。上海人，官都水監歷，浙江宣慰司副使。

水利通編

王圻《續文獻通考・經籍考・地理》《水利通編》。韓準著。

陸容水利集

黄虞稷《千頃堂書目·地理類下》《陸容水利集》。

水利策

黄虞稷《千頃堂書目·地理類下》陳九疇《水利策》。

水利芻言

張金吾《愛日精廬藏書志·地理類·外紀》《水利芻言》一卷。刊本。常熟李卿雲撰。論開濬白茆河事。鄧韍序。正德辛巳。

晏海編

黄虞稷《千頃堂書目·地理類下》張延登《晏海編》二卷。字濟美。崇禎己巳浙江督撫。

治水筌蹏

黄虞稷《千頃堂書目·地理類下》《治水筌蹏》。

水利節略

黄虞稷《千頃堂書目·地理類下》周大韶《水利節略》。

問水贅言

黄虞稷《千頃堂書目·地理類下》黄景章《問水贅言》。

水利圖考

黄虞稷《千頃堂書目·地理類下》金松《水利圖考》。

開漕河紀事

徐𤊹《徐氏家藏書目·各省雜誌》《開漕河紀事》二卷。尚書宋禮。

黄虞稷《千頃堂書目·地理類下》宋禮《開漕河紀事》二卷。

漕河總考

黄虞稷《千頃堂書目·地理類下》車璽《漕河總考》四卷。

《明史·藝文志·地理類》車璽《漕河總考》四卷。

禹治水年譜

楊士奇等《文淵閣書目・古今志》 《禹治水年譜》一册。

黄河或問

黄虞稷《千頃堂書目・地理類下》 龔弘《黄河或問》。

漕河圖志

黄虞稷《千頃堂書目・地理類下》 王瓊《漕河圖志》八卷。

《明史・藝文志・地理類》 王瓊《漕河圖志》八卷。

《四庫全書總目提要・地理類存目四・河渠》 《漕河圖志》三卷。浙江鄭大節家藏本。明王瓊撰。瓊有《晉溪奏議》，已著録。先是，成化閒三原王恕作《漕河通志》十四卷，弘治九年瓊以工部郎中管理河道，乃因恕之書而增損之。首載漕河圖，次記河之脈絡原委，及古今變遷、修治經費，以逮奏議、碑記，罔不具悉。《明史》本傳稱瓊出治漕河三年，臚其事爲志。繼任者案稽之，不爽毫髮，由是以敏練稱。蓋其書之切於實用如此。惜原本八卷，此本止存三卷，非完帙矣。

治河記

黄虞稷《千頃堂書目・地理類下》 楊旦劉松石《治河記》一卷。

治河通考

黄虞稷《千頃堂書目・地理類下》 吴山《治河通考》十卷。吴江人，字静之，河南巡撫，歷刑部尚書。

《明史・藝文志・地理類》 吴山《治河通考》十卷。

《四庫全書總目提要・地理類存目四・河渠》 《治河通考》十卷。浙江汪啟淑家藏本。明吴山撰。山，高安人。嘉靖乙未進士，官至禮部尚書，謚文端。是書大旨謂河雖經數省，而自龍門下趨，則梁地當其衝，故河患爲甚。前有自序云：近日所刻《治河總考》，疏漏混複，乃重加校輯，彙分序次。一卷曰河源考，二卷曰河決考，三卷至九卷曰議河、治河考，末卷曰理河職官考。上泝夏、周，下迄明代，總爲十卷。前有崇禎戊寅其曾孫士顔序略，蓋重刊時所作也。

治河録

黄虞稷《千頃堂書目・地理類下》 潘希曾《治河録》。

問水集

黄虞稷《千頃堂書目・地理類下》 劉天和《問水集》六卷。

《明史・藝文志・地理類》 劉天和《問水集》六卷。

《四庫全書總目提要・地理類存目四・河渠》 《問水集》三卷。浙江鄭大節家藏本。明劉天和撰。天和有《仲志》，已著録。嘉靖初，黄河南徙，天和以右副都御史總理河道，乃疏汴河，自朱仙鎮至沛縣飛雲橋。又疏山東七十二泉，自鳧、尼諸山達南旺河。役夫二萬，不三月訖工，詔加工部侍郎。此書蓋據其案視所至形勢利害，及處置事宜，詳述之，以示後人。一卷末有治河本末一篇，爲工部都水郎中鄆城楊旦所作，以紀天和之績。後四卷則皆其前後奏議之文也。

新河初議

《四庫全書總目提要・地理類存目四・河渠》《新河初議》一卷。浙江范懋柱家天一閣藏本。不著編輯者名氏。

河南管河道事宜

范邦甸等《天一閣書目・地理類》《河南管河道事宜》一卷。刊本。嘉靖二十五年，漢南商大節撰。

黄虞稷《千頃堂書目・地理類下》商大節《治河事宜》一卷。漢南人。時爲河南管河南[道]。

胡氏問水集

黄虞稷《千頃堂書目・地理類下》胡纘宗《胡氏問水集》一卷。

治河通考

黄虞稷《千頃堂書目・地理類下》劉隅《治河通考》十卷。

《明史・藝文志・地理類》劉隅《治河通考》十卷。

濟漕志補略

黄虞稷《千頃堂書目・地理類下》邵經清《濟漕志補略》二卷。四川人，南户部員外郎。

漕黄要覽

黄虞稷《千頃堂書目・地理類下》高捷《漕黄要覽》二卷。

《明史・藝文志・地理類》高捷《漕黄要覽》二卷。

黄河圖議

黄虞稷《千頃堂書目・地理類下》鄭若曾《黄河圖議》一卷。

《四庫全書總目提要・地理類存目四・河渠》《黄河圖議》一卷。浙江范懋柱家天一閣藏本。明鄭若曾撰。

治河通考

晁瑮《晁氏寶文堂書目・圖誌》《治河通考》。

范邦甸等《天一閣書目・地理類》《治河通考》三卷。嘉靖癸巳纂。

張萱等《内閣藏書目録・志乘部》《治河通考》三册。全。嘉靖間河南撫臺吴山采集古今志乘凡有裨於河道者，輯以成書，凡三卷。

治河全書

范邦甸等《天一閣書目・地理類》《治河全書》十二卷。刊本。明潘季馴撰。于慎行序。順治乙亥葉獻章序。

河防一覽

趙琦美《脈望館書目・史・河》《河防一覽》十二本。

黃虞稷《千頃堂書目・地理類下》 潘季馴《河防一覽》十四卷。

《明史・藝文志・地理類》 潘季馴《河防一覽》十四卷。

《四庫全書總目提要・地理類二・河渠》 《河防一覽》十四卷。江蘇巡撫採進本。明潘季馴撰。

兩河經略

范邦甸等《天一閣書目・地理類》 《兩河經略》一卷。欽差潘季馴等纂脩。

黃虞稷《千頃堂書目・地理類下》 潘季馴《宸斷兩河大工録》十卷。

《明史・藝文志・地理類》 潘季馴《宸斷大工録》十卷。

兩河管見

《四庫全書總目提要・地理類存目四・河渠》 《兩河管見》三卷。浙江范懋柱家天一閣藏本。明潘季馴撰。季馴有《司空奏疏》，已著録。此書乃其巡撫廣東時，值兩河水決，再以右都御史督理河道之所建白也。首卷爲圖説，冠以敕諭。二卷治河節解。三卷爲修守事宜。其大旨與所撰《河防一覽》相同云。

漕河總録

黃虞稷《千頃堂書目・地理類下》 顧寰《漕河總録》二卷。

《明史・藝文志・地理類》 顧寰《漕河總録》二卷。

河道平治議

黃虞稷《千頃堂書目・地理類下》 徐銘《河道平治議》一卷。北直河間知縣。

西瀆大河志

黃虞稷《千頃堂書目・地理類下》 張光孝《西瀆大河志》六卷。

《明史・藝文志・地理類》 張光孝《西瀆大河志》六卷。

《四庫全書總目提要・地理類存目四・河渠》 《西瀆大河志》五卷。兩淮馬裕家藏本。明張光孝撰。

河類攷

朱睦㮮《萬卷堂書目・雜志》 《河類攷》六卷。陳夢鶴。

治河三議

黃虞稷《千頃堂書目・地理類下》 劉堯誨《治河三議》。

治河辨疑

黃虞稷《千頃堂書目・地理類下》 胡宗謂《治河辨疑》。

治河管見

《四庫全書總目提要・地理類存目四・河渠》《治河管見》四卷。兩淮馬裕家藏本。明潘鳳梧撰。鳳梧，桐鄉人，貴州籍，隆慶庚午舉人。是編末有茅一桂跋，稱爲安邊濟運本書。蓋鳳梧別有邊事一書，合此書而總名之，此則僅存其治河書也。其書多作歌括，立名詭激，而詞意實淺近。後載聘啟之類，尤爲蕪雜。

疏治黃河全書

黃虞稷《千頃堂書目・地理類下》 黃克纘《疏治黃河全書》二卷。

《明史・藝文志・地理類》 黃克纘《疏治黃河全書》二卷。

《四庫全書總目提要・地理類存目四・河渠》《古今疏治黃河全書》四卷。兩淮馬裕家藏本。明黃克纘撰。克纘字紹夫，晉江人。萬曆庚辰進士，官至工部尚書，事蹟具《明史》本傳。是編乃其巡撫山東時所作，分黃河考略、治河左祖、三吴水利諸目。所載上起祖乙之圮耿，下終萬曆三十二年蘇莊之決，末係以論，陳當時便宜。其大旨主於順河之性以疏之，而歷陳明代河決，未疏先塞之害。其引漢武《瓠子歌》，謂漢時河已通淮、泗。又引宋張洎疏，以爲禹貢九河之外，原引一支南行入淮、泗，則未免出於附會也。

河渠志

徐𤊹《徐氏家藏書目・各省雜誌》《國史溝洫志》二卷。吴道南。

黃虞稷《千頃堂書目・地理類下》 吴道南《國史河渠志》二卷。

《明史・藝文志・地理類》 吴道南《國史河渠志》二卷。

《四庫全書總目提要・地理類存目四・河渠》《河渠志》一卷。江蘇巡撫採進本。明吴道南撰。道南字會甫，崇仁人。萬曆己丑進士。官至文淵閣大學士，謚文恪，事蹟具《明史》本傳。萬曆甲午，陳于廷建議修國史，令翰林諸臣分門受事。道南領修河渠志，此即其原稾也。凡三篇，曰運河、曰黃河、曰通惠河，其餘皆未之及。案《明史・藝文志》作二卷，則是本已非全帙矣。前有總序，謂冠以圖策，載其領要。今此書無圖，蓋傳寫者失之。考《元史》以前諸志，皆無圖繪，此例蓋道南所首創也。

河漕通考

黃虞稷《千頃堂書目・地理類下》 黃承玄《漕河通考》四十五卷。

《明史・藝文志・地理類》 黃承玄《河漕通考》四十五卷。

《四庫全書總目提要・地理類存目四・河渠之屬》《河漕通考》二卷。浙江巡撫採進本。明黃承元撰。承元，秀水人。萬曆丙戌進士，官至副都御史巡撫福建。上卷論河防，下卷論漕運，皆上溯歷代，下迄萬曆中年。文頗簡潔，而傷於太略。

北河紀略

黃虞稷《千頃堂書目・地理類下》 黃承玄《北河紀略》十四卷。

《明史・藝文志・地理類》 黃承玄《北河紀略》十四卷。

漕河治標議

黃虞稷《千頃堂書目・地理類下》 姜志禮《漕河治標議》一卷。

修河録

朱睦㮮《萬卷堂書目・雜志》《修河録》一卷。張鼎。

黄虞稷《千頃堂書目・地理類下》 張鼎《修河録》一卷。

總河揭帖

趙琦美《脈望館書目・史・河》 《總河揭帖》一本。

北河紀

徐㶿《徐氏家藏書目・山東省》 《北河紀》十二卷。謝肇浙。

黄虞稷《千頃堂書目・地理類下》 謝肇淛《北河紀》八卷,《北河紀餘》四卷。爲工部郎中管張秋河作。

《明史・藝文志・地理類》 謝肇淛《北河紀》八卷,《紀餘》四卷。

《四庫全書總目提要・地理類二・河渠》 《北河紀》八卷,《紀餘》四卷。江西巡撫採進本。 明謝肇淛撰。肇淛有《史觿》,已著録。此書乃其以工部郎中視河張秋時所作。《明史・藝文志》著録,卷數亦同。

漕河一觀

徐㶿《徐氏家藏書目・山東省》 《漕河一觀》十一卷。周之龍。

黄虞稷《千頃堂書目・地理類下》 周子龍《漕河一觀》十一卷。

河工諸議

黄虞稷《千頃堂書目・地理類下》 李□□《河工諸議》四卷。

萬曆河渠志

黄虞稷《千頃堂書目・地理類下》 姜鴻緒《萬曆河渠志》。

南河紀略

張萱等《内閣藏書目録・志乘部》 《南河紀略》二册全。萬曆甲戌工部郎中熊子臣著。

趙琦美《脈望館書目・史・河》 《南河記畧》二本。

趙琦美《脈望館書目・史・南直總志》 《南河紀畧》二本。

黄虞稷《千頃堂書目・地理類下》 熊子臣《南河紀略》二册。萬曆甲戌工部郎中。

南河志

黄虞稷《千頃堂書目・地理類下》 朱國盛《南河志》十四卷。

《明史・藝文志・地理類》 朱國盛《南河志》十四卷。

《四庫全書總目提要・地理類存目四・河渠》 《南河志》十四卷。兩淮馬裕家藏本。 明朱國盛撰。國盛字敬韶,華亭人。萬曆庚戌進士,官至工部尚書,兼理侍郎事。天啓五年,國盛以工部郎中管理南河,創爲此志。自敕諭至公移,凡三十三門,於黄、淮諸水疏治事宜,頗爲詳析。前有自作序例一首,又有李思誠、徐標二序,後有彭期生跋。思誠,揚州人,標與期生皆繼國盛董斯役者也。

治水或問

黄虞稷《千頃堂書目・地理類下》 《治水或問》。

《四庫全書總目提要・地理類存目四・河渠》《治水或問》四卷。江蘇巡撫採進本。明龐尚鴻撰。尚鴻字少襲，南海人。副都御史尚鵬之弟，以貢入國學，上書政府。復獻飛車、飛舟諸疏，得旨下部。授鹽城訓導，擢英山知縣。時河決，爲祖陵患，尚鴻撰進治河三策。值巡撫與河臣議不合，移怒尚鴻，謫西安縣教諭，終崑山縣丞。蓋亦好事而兼好議論者也。是編乃其在鹽城時講求治河方略，設爲或問，類次成書。其力闢毀高堰之議，大抵與潘季馴相合。末附開潤河疏草一首，則專論泗州祖陵利害云。

河防榷

黃虞稷《千頃堂書目・地理類下》 潘大復《河防榷》十二卷。

《明史・藝文志・地理類》 潘大復《河防榷》十二卷。

周中孚《鄭堂讀書記補逸・地理類四・河渠》 《河防一覽榷》十二卷。屺堂刊本。明潘大復重編。大復字徵復，烏程人，季馴之子。《明史・藝文志》著録徵復父印川季馴撰《河防一覽》十四卷，分類彙載，極有條理。徵復以書頗繁富，復取而重訂之。凡敕諭及河源河決考一卷，圖説一卷，辨惑一卷，險要及事宜一卷，稽證一卷，具題四卷，彙輯三卷，卷帙雖僅減二卷，刊削頗夥，益爲簡明。書刻於萬曆己未，前仍載于慎行及印川原序，版世藏潘氏。

河患備考

黃虞稷《千頃堂書目・地理類下》 徐標《河患備考》二卷。

《明史・藝文志・地理類》 徐標《河患備考》二卷。

河防律令

黃虞稷《千頃堂書目・地理類下》 徐標《河防律令》二卷。

《明史・藝文志・地理類》 徐標《河防律令》二卷。

河防要書

黃虞稷《千頃堂書目・地理類下》 吴繼志《河防要書》十卷。

復河套議

黃虞稷《千頃堂書目・地理類下》 《復河套議》。

河防要略

黃虞稷《千頃堂書目・地理類下》 邵鐙《河防要略》。

河防備考

黃虞稷《千頃堂書目・地理類下》 徐防《河防備考》。

導河迂談要覽

黃虞稷《千頃堂書目・地理類下》 《導河迂談要覽》。

念功編

黃虞稷《千頃堂書目・地理類下》 《念功編》二卷。

濬河録

黄虞稷《千頃堂書目・地理類下》《濬河録》四卷。

漕河志

黄虞稷《千頃堂書目・地理類下》《漕河志》三卷。

漕河紀事

黄虞稷《千頃堂書目・地理類下》 楊淳《漕河紀事》。録王端毅奏議及丘文莊語，以表彰宋禮之功。

漕渠七議

黄虞稷《千頃堂書目・地理類下》 何堅《漕渠七議》一册。

漕河十覞

黄虞稷《千頃堂書目・地理類下》《漕河十覞》六卷。

通惠河志

晁瑮《晁氏寶文堂書目・圖誌》《通惠河志》。

晁瑮《晁氏寶文堂書目・圖誌》《通惠河志》一。

趙琦美《脈望館書目・史・北直》《惠通河志》一本。

秦金通惠河志

黄虞稷《千頃堂書目・地理類下》 秦金《通惠河志》二卷。

《明史・藝文志・地理類》 秦金《通惠河志》二卷。

吴仲通惠河志

黄虞稷《千頃堂書目・地理類下》 吴仲《通惠河志》三卷。字弘甫。御史。嘉靖八年記開河事。山陰蔡宗兗序。

《四庫全書總目提要・地理類存目四・河渠之屬》《通惠河志》二卷《附録》一卷。兩淮馬裕家藏本。明吴仲撰。仲字亞甫，武進人。正德丁丑進士，官至處州府知府。通惠河即元郭守敬所開通州運河，明初湮廢，糧皆由陸以運，費重民勞。仲以御史巡按直隸，疏請重濬，不數月工成，遂至今爲永利。其事詳見《明史》。後仲外調處州時，恐久而其法寖弛，故於舟中撰此書奏進，得旨刊行。上卷載閘壩建置開濬事宜，而冠以源委圖説，中卷及附録皆諸司奏疏，下卷皆碑記、詩章也。

通惠河志

張萱等《内閣藏書目録・志乘部》《通惠河志》一册全。嘉靖戊午郎中汪一中修。

黄虞稷《千頃堂書目・地理類下》 汪一中《通惠河志》一卷。嘉靖戊午修。工部郎中。

皇都水利考

趙琦美《脈望館書目・史・北直》《皇都水利考》一本。

徐𤊹《徐氏家藏書目・方輿》《皇都水利》一卷。袁黄。

黄虞稷《千頃堂書目・地理類下》 袁黄《皇都水利》一卷。

《明史・藝文志・地理類》 袁黄《皇都水利》一卷。

《四庫全書總目提要・地理類存目四・河渠之屬》《皇都水利》一卷。江蘇巡撫採進本。明袁黄撰。黄號了凡，嘉善人。萬曆丙辰進士，官兵部主事。是編歷攷北直隸河渠，意在興修水利。末載畿内田制、開田賞功、沿海開田諸論，大旨頗與徐貞明《潞水客談》相近。黄嘗任寶坻令，縣賦繁重，具疏乞減，故於畿輔利弊尤所究心。卷首題前進士袁黄撰，旁註云了凡雜著，亦疑非完帙也。

密昌二鎮漕河志

黄虞稷《千頃堂書目・地理類下》《密昌二鎮漕河志》。

潞水客談

范邦甸等《天一閣書目・地理類》《潞水客談》一卷。刊本。明徐給諫撰，萬曆四年東齊朱鴻謨序。

黄虞稷《千頃堂書目・地理類下》 徐貞明《潞水客談》三卷。

《四庫全書總目提要・地理類存目四・河渠》《潞水客談》一卷。兩淮鹽政採進本。明徐貞明撰。

任丘修河事宜

黄虞稷《千頃堂書目・地理類下》《任丘修河事宜》。

濟寧閘河志

《明史・藝文志・地理類》 王寵《濟寧閘河志》四卷。

濟寧閘河類考

黄虞稷《千頃堂書目・地理類下》 陳夢鶴《濟寧閘河類考》六卷。工部主事，管濟寧水利時。

《明史・藝文志・地理類》 陳夢鶴《濟寧閘河類考》六卷。

開漕河志

徐𤊹《徐氏家藏書目・山東省》《開漕河志》一卷。宋尚書。

鄒魯水利

黄虞稷《千頃堂書目・地理類下》 張朝瑞《鄒魯水利》。

膠萊新河議略

晁瑮《晁氏寶文堂書目・圖誌》《膠萊新河議略》。

《四庫全書總目提要・地理類存目四・河渠之屬》《膠萊新河議》一卷。浙江范懋柱家天一閣藏本。明王獻撰。獻字惟從，號南澧，又自號木石子，咸寧人。嘉靖癸未進士，官山東巡察海運副使。初，元時海運，經由登萊，避槐子口大石之險，故放洋於三沙黑水。歷成山正東，踰登州東北，又西北抵萊州海倉，然後出直沽，以達天津。後於槐子口西之馬壕，別開河道，由麻灣抵海倉，以達直沽，鑿之遇石而止。獻於元人所鑿之西，燒石開道十四里，麻灣以通。於是江、淮之舟，可至膠萊。餘三十里，功未竟，獻適遷去。有撓之者，案《明史・孫應鼇傳》稱爲山東布政使時，有剏開膠萊河議者，應鼇力言不可，則撓之者指應鼇也。功遂不成。獻因敘其案牘爲一編，以貽後來，此書上卷是也。其下卷則獻没之後，膠萊人思其功，祀之名宦。工科給事中李用敬又理其説，奏請續蕆其事。其後人又彙刻之，附獻書以行云。

膠萊河始末會議

黃虞稷《千頃堂書目・地理類下》 龍文明《膠萊河始末會議》。

膠萊末議

黃虞稷《千頃堂書目・地理類下》 來斯行《膠萊末議》。

濟寧閘

朱睦㮮《萬卷堂書目・地志》《濟寧閘》。

濟寧開河志

黃虞稷《千頃堂書目・地理類下》《濟寧開河志》四卷。（別本補）

水利集

黃虞稷《千頃堂書目・地理類下》 錢仁夫《水利集》。

水利書

黃虞稷《千頃堂書目・地理類下》 姚文灝《水利書》。

水利事宜

黃虞稷《千頃堂書目・地理類下》 姚文灝《水利事宜》。

水利書

黃虞稷《千頃堂書目・地理類下》 楊舫《水利書》一卷。

三江水利考

黃虞稷《千頃堂書目・地理類下》 徐獻忠《三江水利考》。

呂梁洪志

朱睦㮮《萬卷堂書目・雜志》《呂梁洪志》八卷。馮世雍。

徐圖等《行人司重刻書目・地理類》《呂梁洪志》一本。

黄虞稷《千頃堂書目・地理類下》馮世雍《呂梁洪志》一卷。

吴中水利通志

晁瑮《晁氏寶文堂書目・圖誌》《吴中水利通志》。

《四庫全書總目提要・地理類存目四・河渠》《吴中水利通志》十七卷。浙江巡撫採進本。不著撰人名氏。前七卷分序蘇、松、常、鎮，并杭、嘉、湖諸府之水，而各以歷代修濬之跡附載於後。次爲考議二卷，次爲公移三卷，次爲奏疏三卷，次爲紀述二卷。其敘事皆至嘉靖二年止。每卷之末，題嘉靖甲申錫山安國活字銅版印行。安國嘗翻刻留元剛所編《顔真卿集》及年譜，蓋亦好事之家也。

吴江水利考

趙琦美《脈望館書目・史・南直・蘇州府》《吴江水利考》四本。

黄虞稷《千頃堂書目・地理類下》沈啓《吴江水利考》四卷。

《明史・藝文志・地理類》沈啓《吴江水利考》四卷。

《四庫全書總目提要・地理類存目四・河渠》《吴江水利考》五卷。江蘇巡撫採進本。明沈啓撰。啓字子由，號江村，吴江人。嘉靖戊戌進士，官至湖廣按察司副使。是書大旨以吴江爲太湖之委，三江之首。凡蘇、松、常、鎮、杭、嘉、湖七郡之水，其瀦於湖，流於江，而歸於海者，皆總匯於此。故述其源委之要，蓄洩之方，輯爲一編。前二卷曰水圖考、水道考、水源考、水官考、水則考、水年考、隄水岸式、水蝕考、水治考、水栅考。後三卷皆水議考，乃啓晚歲家居所輯。至國朝雍正中，其八世孫守義復爲校正刊行。《江南通志》稱其於水道最爲詳核。今觀其書，於治水條規，頗爲明備，而支派曲折，尚不能一一縷載也。

東吴水利考

黄虞稷《千頃堂書目・地理類下》王同祖《東吴水利考》一卷。

三吴水利録

朱睦㮮《萬卷堂書目・雜志》《三吴水利録》四卷。歸有光。

黄虞稷《千頃堂書目・地理類下》歸有光《三吴水利録》四卷。

《明史・藝文志・地理類》歸有光《三吴水利録》四卷。

《四庫全書總目提要・地理類二・河渠》《三吴水利録》四卷。江蘇巡撫採進本。明歸有光撰。有光有《易經淵旨》，已著録。是書大旨以治吴中之水，宜專力於松江。松江既治，則太湖之水東下，而他水不勞餘力。當時隄防廢壞，漲沙幾與崖平，水旱俱受其病。因采集前人水議之尤善者七篇，而自作水利論二篇以發明之，又以三江圖附於其後。蓋松江爲震澤尾閭，全湖之水皆從此赴海。所謂塞則六府均其害，通則六府同其利者，前人已備言之。尋其湮塞之流，則張弼水議所謂自夏原吉濬范家浜直接黄浦，浦勢湍急，洩水益徑。而江潮平緩，易致停淤。故黄浦之闊，漸倍於舊。吴淞狹處，僅若溝渠，其言最爲有理。有光乃概以爲湖田圍占之故，未免失於詳究。然有光居安亭，正在松江之上，故所論形勢、脈絡最爲明晰。其所云宜從其湮塞而治之，不可別求其他道者，亦確中要害。言蘇松水利者，是書固未嘗不可備考核也。

張之洞《書目答問・地理・水道》《三吴水利録》四卷。明歸有光。借月山房本，涉聞梓舊本。

沽頭志

趙琦美《脈望館書目・史・南直・徐州》《沽頭志》三本。

黃虞稷《千頃堂書目・地理類下》 陸夢韓《沽頭閘志》十二卷。平湖人。嘉靖間工部都水司主事，閘在徐州。

三吴水利論

黃虞稷《千頃堂書目・地理類下》 伍餘福《三吴水利論》一卷。

《明史・藝文志・地理類》 伍餘福《三吴水利論》一卷。

《四庫全書總目提要・地理類存目四・河渠》《三吴水利論》一卷。户部尚書王際華家藏本。明伍餘福撰。餘福有《陝西志》，已著録。是書凡分八篇，一論五堰，二論九陽江，三論夾苧干，四論荆溪，五論百瀆，六論七十三漊，七論長橋百洞，八論震澤，皆吴中水利要害。大旨本宋單鍔所論，而推廣之。

全吴水略

《四庫全書總目提要・地理類存目四・河渠》《全吴水略》七卷。浙江范懋柱家天一閣藏本。明吴韶撰。韶，華亭人，自號秦阜山人。是書成於嘉靖戊戌，首載蘇、松七府爲總圖，次作捍海塘紀，次列太湖、三江及諸水原委。凡疏導修築之事，以及歷代官司職掌，公移事實，悉采録之。

常熟縣水論

錢謙益等《絳雲樓書目・地誌類》《常熟縣水論》。

《四庫全書總目提要・地理類存目四・河渠》《常熟水論》一卷。編修程晉芳家藏本。明薛尚質撰。尚質，常熟人。以白茅、許浦、福山三浦爲常熟宣洩所賴，故作此以明其利害。前有自序，言考當代名臣奏議，及唐宋諸賢成説，可以行於今者，凡若干條，爲之贊論，以備於左。復著水利論一篇，雜論十條，以厠於末。此本爲曹溶《學海類編》所載，僅有水利論及雜論，而無所謂名臣奏議及唐宋成説者。蓋删其前半，非完書矣。

三吴水利考

張萱等《内閣藏書目録・志乘部・南直隸》《三吴水利攷》一册全。嘉靖間吴中守王道行刻。

黃虞稷《千頃堂書目・地理類下》 王道行《三吴水利考》二卷。

《明史・藝文志・地理類》 王道行《三吴水利考》二卷。

東吴水利考

黃虞稷《千頃堂書目・地理類下》 王圻《東吴水利考》十卷。

《明史・藝文志・地理類》 王圻《東吴水利考》十卷。

《四庫全書總目提要・地理類存目四・河渠》《東吴水利考》十卷。浙江巡撫採進本。明王圻撰。圻字元翰，上海人。嘉靖乙丑進士，官至陝西布政司參議。《明史・文苑傳》附見陸深傳中。其書首列東吴七郡水利總圖，而書中所載止六郡，於杭郡未之及也。六郡中尤詳於蘇、松、常、鎮四郡，嘉、湖則稍略焉。前九卷爲圖考，圖各繫以説。後一卷爲歷代名臣奏議，所採亦復寥寥。圻以吴人而考吴地水利，應無謬誤。然謂錢塘江出寧波之赭山，不知寧波别有赭山，乃混而爲一。又引水經東至餘姚縣東入於海，不知姚江源出大菁山，逕寧波入海，竝不與浙江通。圻不加辨正，均未免於疎舛。

吴淞江議

黄虞稷《千頃堂書目・地理類下》 王圻《吴淞江議》一卷。

三吴水利考

趙琦美《脈望館書目・史・河》《三吴水利考》十二本。林應訓。

三吴水利考

趙琦美《脈望館書目・史・南直》《三吴水利考》一本。

三吴水利考

焦竑《國史經籍志・地里・川瀆》《三吴水利攷》十卷。

黄虞稷《千頃堂書目・地理類下》《三吴水利考》十卷。不著撰人。

高家堰施家溝議

趙琦美《脈望館書目・史・河》《高家堰施家溝議》一本。

江南水利通考

趙琦美《脈望館書目・史・南直總志》《江南水利通考》一本。

三吴水利考

黄虞稷《千頃堂書目・地理類下》 姜鴻緒《三吴水利考》。

常熟水利全書

趙琦美《脈望館書目・史・南直・蘇州府》《常熟水利全書》十四本。

黄虞稷《千頃堂書目・地理類下》 耿橘《常熟縣水利全書》十二卷附《録》二卷。

五塘議

趙琦美《脈望館書目・史・南直隷・揚州府》《五唐議》一本。

弘濟河疏

趙琦美《脈望館書目・史・南直・揚州府》《弘濟河疏》一本。

三吴水考

《四庫全書總目提要・地理類二・河渠》《三吴水考》十六卷。浙江巡撫採進本。明張内藴、周大韶同撰。

敬止録

黃虞稷《千頃堂書目・地理類下》 陳應芳《敬止録》。字元振，泰州人，萬曆丙申序。（別本補）

《四庫全書總目提要・地理類二・河渠》 《敬止集》四卷。浙江汪汝瑮家藏本。明陳應芳撰。應芳字元振，泰州衛人。萬曆乙未進士，官福建布政司參政。淮南夙稱澤國，而泰州、興化尤甚。應芳家於泰州，因講求水道源委，與河之利害，悉其形勢。集當時奏疏、公移、私札言河道者爲一書，名曰敬止，重桑梓也。又各繪爲圖，曰泰州上河、曰泰州下河、曰高興下河、曰興化下河、曰寶應下河、曰鹽城下河。附論十三首，兼及漕運、田賦。雖今昔異宜，形勢遞變，核以水道，與所圖已不相符。然其書議論詳明，以是地之人言是地之利病，終愈於臨時相度，隨事揣摩。因其異同以推求沿革之故，於疏濬築防亦未爲無補矣。

開溝法

黃虞稷《千頃堂書目・地理類下》 葉秉敬《開溝法》一卷。

三吴水利便覽

黃虞稷《千頃堂書目・地理類下》 童時明《三吴水利便覽》一卷。萬曆癸丑序。

漴缺捍海石塘録

周中孚《鄭堂讀書記補逸・地理類四・河渠》 《漴缺捍海石塘録》。不分卷數。康熙乙亥十菊齋重刊本。明吴嘉允撰。嘉允字繩如，青浦人，天啓甲子舉人。

修舉三吴水利考

黃虞稷《千頃堂書目・地理類下》 許應夔《修舉三吴水利考》四卷。一作許應逵。

《明史・藝文志・地理類》 許應夔《修舉三吴水利考》四卷。

吴中水利全書

黃虞稷《千頃堂書目・地理類下》 張國維《吴中水利全書》二十八卷。

《四庫全書總目提要・地理類二・河渠》 《吴中水利書》二十八卷。浙江巡撫採進本。明張國維撰。

吴中開江書

黃虞稷《千頃堂書目・地理類下》 《吴中開江書》二卷。一名《婁江志》。

蕭山水利事迹

黃虞稷《千頃堂書目・地理類下》 魏驥《蕭山水利事迹》。

浙西水利書

《四庫全書總目提要・地理類二・河渠》 《浙西水利書》三卷。兩淮馬裕家藏本。明姚文灝撰。文灝，貴溪人。成化甲辰進士，官工部主事。

濬復西湖録

高儒《百川書志·地理》《濬復西湖録》一卷。皇明杭州知府西蜀楊夢瑛温甫著。載濬湖章疏文移碑記二十篇，以論古今利病事勢，以紀告厥成功之始終也。

晁瑮《晁氏寶文堂書目·圖誌》《濬復西湖録》。

黄虞稷《千頃堂書目·地理類下》 楊孟瑛《濬復西湖録》一卷。字温甫，酆都人。成化丁未進士，弘治末知杭州府，濬復西湖，俾水有蓄洩，利益下塘諸田有功。後遷順天府丞，以人言再出知府。

建閘事迹

黄虞稷《千頃堂書目·地理類下》 湯紹恩《建閘事迹》。紹興人。

秀水縣水利考

黄虞稷《千頃堂書目·地理類下》 林應亮《秀水縣水利考》。

海塘記

朱睦㮮《萬卷堂書目·雜志》《海塘記》一卷。黄光昇。

黄虞稷《千頃堂書目·地理類下》 黄光昇《海塘記》一卷。

《明史·藝文志·地理類》 黄光昇《海塘記》一卷。

海寧水利圖志

黄虞稷《千頃堂書目·地理類下》 嚴寬《海寧水利圖志》。

全修海壤録

張萱等《内閣藏書目録·志乘部·浙江》《全修海壤録》四册全。萬曆間邑人仇俊卿。編次海鹽縣海塘修築事實。

黄虞稷《千頃堂書目·地理類下》《全修海塘録》十卷。萬曆間邑人。編次海鹽縣海塘修築事實。

水利議

黄虞稷《千頃堂書目·地理類下》 鄭日休《水利議》。海寧教諭。

四明水利圖説

黄虞稷《千頃堂書目·地理類下》 游應乾《四明水利圖説》。

紹興水利圖説

黄虞稷《千頃堂書目·地理類下》 費應璧《紹興水利圖説》二卷。

《明史·藝文志·地理類》 賈應璧《紹興水利圖説》二卷。

杭州府水利圖説

黃虞稷《千頃堂書目・地理類下》　劉伯縉《杭州府水利圖説》。杭州知府。

仇俊卿海塘録

趙琦美《脈望館書目・史・浙江・嘉興府》　《海塘録》五本。

黃虞稷《千頃堂書目・地理類下》　仇俊卿《海塘録》十卷。

《明史・藝文志・地理類》　仇俊卿《海塘録》十卷。

《四庫全書總目提要・地理類存目四・河渠》　《海塘録》八卷。江西巡撫採進本。明仇俊卿撰。俊卿，海鹽人，官國子監博士。萬曆十五年，海鹽塘潰重修，俊卿因録其圖式案牘爲此書。《浙江通志》已采録其大略。其所紀述，距今一百餘載，亦今昔異宜矣。

海寧閘河類考

晁瑮《晁氏寶文堂書目・圖誌》　《海寧閘河類考》。

海鹽縣海塘録

徐圖等《行人司重刻書目・地理類》　《海鹽縣海塘録》。六本。

西湖治興

徐𤊹《徐氏家藏書目・各省題咏》　《西湖治興》一卷。

浙西水利書

錢謙益等《絳雲樓書目・地誌類》　《浙西水利書》。

黃虞稷《千頃堂書目・地理類下》　《浙西水利書》一卷。

《四庫全書總目提要・地理類存目四・河渠》　《浙西水利書》一卷。浙江巡撫採進本。不著編輯者名氏。録前代治水文字，凡奏記、書狀、疏論、或問之類竝列焉。計宋文十九首，元文十五首，明文十二首，而宋以前不採，疑爲未成之書。其明文載至弘治間止，則當爲正德時所撰集也。

新濬海鹽内河圖説

《四庫全書總目提要・地理類存目四・河渠》　《新濬海鹽内河圖説》一卷。浙江巡撫採進本。不著撰人名氏。前有序略云：海鹽地勢卑下，與海沙平。每潮水漲，高出平地丈餘。恃以障蔽者，僅石塘。石塘之内有裒土塘，然猶不能禦潮。必有内河以納過塘之水，而後洩其横流之勢。萬曆五年海溢，鹽邑受害特甚。是年遂開内河，此編即詳記是役。其説撮舉大要，而圖則甚詳。蓋海鹽知縣所刊。稱於時巡撫浙江僉都御史爲徐拭，拭字世寅，常熟人。嘉靖丁未進士，以劾趙文華坐謫者，即其人。後官至南京工部尚書。題名碑録作栻，《明史》本傳亦作栻。此本作拭，刊版誤也。

濬湖議

黃虞稷《千頃堂書目・地理類下》　倪復《濬湖議》。

嘉興七縣塘圩水利圖

黄虞稷《千頃堂書目・地理類下》《嘉興七縣塘圩水利圖》七卷。

東湖水利

黄虞稷《千頃堂書目・地理類下》金澄《東湖水利》。

温州水利

黄虞稷《千頃堂書目・地理類下》《温州水利》四卷。

歷修海塘録

黄虞稷《千頃堂書目・地理類下》《歷修海塘録》九卷。萬曆間築。不著撰人。

海鹽築塘記

黄虞稷《千頃堂書目・地理類下》《海鹽築塘記》一卷。不著撰人。

千金陂志

黄虞稷《千頃堂書目・地理類下》姜鴻緒《千金陂志》。

《四庫全書總目提要・地理類存目四・河渠》《千金堤志》八卷。浙江范懋柱家天一閣藏本。明謝廷諒、周孔教、姜宏範仝撰。廷諒字友可，金谿人。萬曆乙未進士，官至順慶府知府，事蹟附見《明史・謝廷瓚傳》。孔教有《中丞疏稾》，已著録。宏範，臨川人，仕履未詳。千金堤在撫州府城東，當汝水之衝，即唐之千金陂，屢有興廢。萬曆五年，知府古之賢率屬重修。廷諒等因述此志，以紀其事。凡形勝、沿革、經畫、人物各一卷，藝文四卷，皆一時頌美之詞也。

新河成疏

《四庫全書總目提要・地理類存目四・河渠》《新河成疏》無卷數。浙江范懋柱家天一閣藏本。明工部都水郎中游季勳、沈子木、朱應時、涂淵、主事陳楠、張純、唐鍊同編。初，嘉靖四十四年七月，黄河決浸沛縣諸處，工部尚書朱衡與都御史潘季馴等相度地勢。議於南陽至留城一帶，别開新河。自留城至白洋淺一帶，則挑復舊河。於時朝議不一，然迄從衡議。是編皆其前後案牘，凡圖五，奏疏十有一。其稱古之治河，惟避其害。今之治河，則又欲藉以通漕事，與賈讓等異，所言極爲明晰。又稱居民之情在新河者，則稱新河可開。在舊河者，則稱舊河可復。皆爲市廛之私，非爲國家運道之計，亦究悉物情之言也。

治汴書

黄虞稷《千頃堂書目・地理類下》葉秉敬《治汴書》一卷。

西北水利議

馬國翰《玉函山房藏書簿録・史編・地理類》《西北水利議》一卷。國朝江都許承宣力臣撰。大旨謂水之流盛於東南，而其源皆在西北。用其流者利害常兼，用其源者有利而無害。其或有害，則不善用之之過也。通書籌屯田、水利，不爲迂闊之論。

行水金鑑

《四庫全書總目提要・地理類二・河渠》《行水金鑑》一百七十五卷。通行本。國朝傅澤洪撰。澤洪字稺君，鑲紅旗漢軍。官至分巡淮揚道、按察司副使。是書成於雍正乙巳。

張之洞《書目答問・地理・水道》《行水金鑑》一百七十五卷。鄭餘慶代傅澤洪撰。通行本。

水道提綱

《四庫全書總目提要・地理類二・河渠》《水道提綱》二十八卷。浙江巡撫採進本。國朝齊召南撰。召南字次風，台州人。乾隆丙辰召試博學鴻詞，授翰林院編修，官至禮部侍郎。歷代史書各志地理，而水道則自《水經》以外無專書。郭璞所注，久佚不傳。酈道元所注，詳於北而略於南。且距今千載，陵谷改移，即所述北方諸水，亦多非其舊。

國初餘姚黄宗羲作《今水經》一卷，篇幅寥寥，粗具梗概。且塞外諸水頗有舛譌，不足以資考證。召南官翰林時，預修。

張之洞《書目答問・地理・水道》《水道提綱》二十八卷。齊召南。原刻本。

水　鑑

《四庫全書總目提要・地理類存目四・河渠》《水鑑》六卷。福建巡撫採進本。國朝郭起元撰。起元，閩縣人。歷官盱眙縣知縣，遷泗州知州、宿虹同知，皆積水爲患之區，因即所見聞，勒爲一編。凡論十四篇、説四十四篇、策六篇、考四篇，刻於乾隆癸酉。其論淮徐一路，皆身所閱歷之言。其他如江南、浙江、湖北、山東諸水，則亦傳聞之論。至於黄河源流一篇，仍襲元人舊説，尤未得其真也。

續行水金鑑

張之洞《書目答問・地理・水道》《續行水金鑑》一百五十六卷。黎世序。潘錫恩刻本。

河　紀

《四庫全書總目提要・地理類存目四・河渠》《河紀》二卷。山東巡撫採進本。國朝孫承澤撰。承澤有《尚書集解》，已著録。是書紀黄河遷徙始末，兼及畿輔水利，大旨爲籌畫漕運而作也。

周中孚《鄭堂讀書記補逸・地理類四・河渠》《河紀》二卷。原刊本。國朝孫承澤撰。仕履見經部書類。《四庫全書》存目。是編首言歷代治河大略，次詳前明治河治漕諸務，自正統十三年迄崇禎十六年止。其於治之人、治之事、治之言，不厭詳紀，而通河之窮，并及於海，避海之險，又及新河，大指在於籌畫漕運。《明史・河渠志》頗掇取其要云，後有自跋，稱八十一老人，蓋作於康熙中矣。

黄運兩河考議

《四庫全書總目提要・地理類存目四・河渠》《黄運兩河考議》六卷。浙江汪啟淑家藏本。不著撰人名氏。首總論一篇，次以歷代治河之事編年紀載，始唐堯迄明熹宗。其大旨欲復九河故道，引全河北趨以歸海。所謂紙上空談，不達時變，與欲復井田、封建，同一迂謬耳。

河防芻議

《四庫全書總目提要・地理類存目四・河渠》《河防芻議》六卷。直隸總督採進本。國朝崔維雅撰。維雅，新安人。順治丙戌舉人，初任儀封縣知縣，陞淮安府同知，調開封府南河同知。即以防河功，授寧波府知府。因總河王光裕請，再還管河道僉事，官至布政使。其成是書，則爲江蘇按察使司時也。其治河有七法，曰引河、曰遥堤、曰月堤、曰縷堤、曰格堤、曰護掃、曰截壩。前明潘季馴《河防一覽》詳於堤壩之説，而不言引河。維雅獨申引河之説，蓋當河流悍激之地，不得不濬此以殺其勢耳。其書前爲總圖，後爲分圖。總圖所以審其形勢，而分圖所以定其工程。圖各有説，所以明其致治之原。維雅身歷河工二十餘年，著爲此書，其意見與靳輔頗不相合。康熙二十一年河決蕭家渡，維雅因上疏條奏河務，斥輔所築減水壩爲不可用，請變前法而更張之。上特遣大臣履勘，復召輔與維雅廷辨。輔指列情形，具陳維雅勦襲之謬，維雅無以對，卒從輔議，而河患以息。是其説亦多出於一偏之見，不可據爲定論也。

北河續記

《四庫全書總目提要・地理類存目四・河渠》《北河續記》八卷。浙江汪啟淑家藏本。國朝閻廷謨撰。廷謨，孟津人。順治丙戌進士，以工部主事督理河工。是編因謝在杭舊志而修之，又附録古蹟、藝文於其後。廷謨自序，謂删其不宜於今而增其正行於今者，故所紀形勢頗詳，然正行於今者增之是也。其不宜於今者亦當存以備考證，乃協志乘之體。一概刊除，非通論也。

治水要議

《四庫全書總目提要・地理類存目四・河渠》《治水要議》一卷。編修程晉芳家藏本。國朝孫宗彝撰。宗彝有《易宗集註》，已著録。此書載曹溶《學海類編》中。其議治河之法，以築歸仁堤、疏周家橋爲主。蓋亦執一偏之見，未可坐論起行也。

治河奏績書

《四庫全書總目提要・地理類二・河渠》《治河奏績書》四卷。浙江鮑士恭家藏本。附《河防述言》一卷。内廷藏本。國朝靳輔撰。輔有奏疏，已著録。是書卷一爲川澤考、漕運考、河決考、河道考。卷二爲職官考、堤河考及修防汛地埽規、河夫額數、閘壩修規、船料工值皆附焉。卷三爲輔所上章疏及部議。卷四爲各河疏濬事宜及施工緩急先後之處。

治河方略

周中孚《鄭堂讀書記補逸・地理類四・河渠》《治河方略》十卷。聽泉齋刊本。國朝靳輔撰，崔應階重編。輔字紫垣，鑲紅旗漢軍，初授翰林院修撰，官至總督河道，兵部尚書。應階字吉升，江夏人，乾隆進士。

居濟一得

《四庫全書總目提要・地理類二・河渠》《居濟一得》八卷。河南巡撫採進本。國朝張伯行撰。伯行有《道統録》，已著録。是編乃伯行爲河道總督時相度形勢，録之以備參考者。前七卷條議東省運河壩閘隄岸，及修築、疏濬、蓄洩、啟閉之法。於諸水利病，條分縷析，疏證最詳。後附《河漕類纂》一卷，則僅撮大槩。蓋伯行惟督河工，故漕政在所略也。大旨謂河自宿遷而下，河博而流迅，法宜縱之。宿遷而上，河窄而流舒，法又宜束之。徐邳水高而岸平，泛濫之患在上，宜築隄以制其上。河南水平而岸高，衝刷之患在下，又宜捲埽以制其下。又有三禁、三束、四防、八因諸條，皆得諸閱歷，非徒爲紙上之談者。伯行平生著述，惟此書切於實用。迄今六七十載，雖屢經疏濬，形勢稍殊，而因其所記，以考因革損益之故，亦未爲無所裨焉。

安瀾文獻

《四庫全書總目提要・地理類存目四・河渠》《安瀾文獻》一卷。兩江總督採進本。國朝沈光曾撰。光曾，秀水人，官高郵州知州。是編輯前明及國朝修治南河大要，分爲四篇。一曰分黄、二曰導淮、三曰利運、四曰全下，以皆録前人奏議之詞，故名曰文獻。其大旨在於劉老澗多設滚壩，疏通沭河。以六塘清水道之，使疾趨入海，以治河。於張福口、裴家塘等處浚引河，使洪澤之水盡出雲梯關，以治淮。又繪圖冠於卷首，末有乾隆十年重刻書後一篇，乃其病中所作。謂潘季馴稱河不兩行，乃泇河未創，中河未開以前，以黄河爲運道，故有是説。今則運道自清河、桃源以上，已無藉於黄河，自宜隨時籌書。又稱惟别穿一渠之説，必不可行。穿則河水横經，運道挾之而走，實有可虞，黄壩新河之陳迹足鑒云。

治河前策後策

《四庫全書總目提要・地理類存目四・河渠》《治河前策》二卷、《後策》二卷。浙江巡撫採進本。國朝馮祚泰撰。祚泰字粹中，滁州人。乾隆壬申舉人。是編乃其肄業中山書院所作，分前策、後策二集。前策三十篇，皆詳述《禹貢》水道及歷代遷徙之迹，而評其得失。後策十一篇，皆條析現在利病。前策大旨主復北派放河，使東入海，自不病會通。後策大旨主閉南崖減水壩，不引濁沙入湖。添建北崖減水壩，另闢海口以洩其泛漲。

疏河心鏡

周中孚《鄭堂讀書記補逸・地理類四・河渠》《疏河心鏡》一卷。凌氏自刊本。國朝凌鳴喈撰。鳴喈字體元，號泊齋，烏程人。嘉慶壬戌進士，官兵部員外郎。泊齋以近世治河者，僅知以隄防爲急，而不知以疏濬爲先。嘗與河上諸老，相與講畫，晰其利弊。因以得諸目驗者，括爲是編。凡十七則，冠以全圖。自序謂辭簡而法賅，工省而易行，名之曰《疏河心鏡》者，取其以疏爲先，而防次之也。其説實爲明暢易知，若當事者，權其緩急爲之，宜未有不濟者也。序末不著年月，大約作於嘉慶乙亥以後，掌教東林書院時云。

河工器具圖説

張之洞《書目答問・地理・水道》《河工器具圖説》四卷。麟慶。道光丙午刻本。

歷代治河扼要

周中孚《鄭堂讀書記補逸・地理類四・河渠》《歷代治河扼要》。不分卷數。舊鈔本。不著撰人名氏。是書前分八目，曰黄河、曰淮河、曰裏河、曰漕河紀原、曰諸儒總論、曰河防險要、曰修守事宜、曰河議辨惑，後則自有虞氏以迄國朝治河事蹟，及諸臣奏疏之屬，所載至康熙中止，而以效力河務候選經歷吕廷用之議稟殿於末。廷用當于于山成龍總督河道之時，其所條陳，必有可觀。是編疑即廷用編集之稟本，於治河之道，頗能扼其要焉。

直隸河渠志

《四庫全書總目提要・地理類二・河渠之屬》《直隸河渠志》一卷。直隸總督採進本。國朝陳儀撰。儀字子翽，號一吾，文安人。康熙乙未進士，官至翰林院侍講學士，充霸州等處營田觀察使，是編即其經理營田時作。所列凡海河、衛河、白河、淀河、東淀、永定河、清河、會同河、中定河、西淀、趙北口、子牙河、千里長堤、滹沱河、滏陽河、寧晉泊、大陸澤、鳳河、牤牛河、窩頭河、鮑邱河、薊河、還鄉河、塌河淀、七里海二十五水，皆洪流巨浸也。雖敘述簡質，但載當時形勢，而不詳古蹟。又數十年來，屢經皇上軫念民依，經營疏濬，久慶安瀾。較儀作書之日，水道之通塞分合，又已小殊。然儀本土人，又身預水利諸事，於一切水性地形，知之較悉。故敷陳利病之議多，而考證沿革之文少。録而存之，亦足以參考梗概也。

畿輔河道水利叢書

張之洞《書目答問・地理・水道》　《畿輔河道水利叢書》十五卷。附圖。吴邦慶。道光四年刻本。九種。

畿輔水利備覽

李慈銘《越縵堂讀書記・地理類》　《畿輔水利備覽》清唐鑑撰。唐氏鑑《畿輔水利備覽》。唐字鏡海，湖南人，山東籍而居于江寧。由翰林歷官江南布政，入爲太常卿。《水利備覽》引證明晰，議論俱切實可行。書中缺第五第六兩卷。首列臆說一卷。咸豐庚申（一八六〇）正月二十日

涇渠志

馬國翰《玉函山房藏書簿録・史編・地理類》　《涇渠志》一卷。國朝陝西督糧道定興王太岳基平撰，嘉慶庚寅刊。鄭白渠自秦漢以來擅關中水利，涇邑尤賴之。此識渠水灌溉之境界，及掌司者之規約。

山東運河備覽

周中孚《鄭堂讀書記補逸・地理類四・河渠》　《山東運河備覽》十三卷。切問齋刊本。國朝陸燿撰。燿字朗夫，號青來，吴江人。乾隆壬申舉人，官至湖南巡撫。是編乃其官山東運河道時所作。

新劉河志婁江志

《四庫全書總目提要・地理類存目四・河渠》　《新劉河志》一卷《婁江志》二卷。兩江總督採進本。國朝顧士璉撰。士璉字殷重，太倉州人。

東南水利

《四庫全書總目提要・地理類存目四・河渠》　《東南水利》八卷。浙江巡撫採進本。國朝沈愷曾撰。愷曾，歸安人。康熙壬戌進士，官至山東道監察御史。是書前四卷録康熙以來太湖、劉河、白茆、孟河諸處興修開濬奏議公牘，第五卷録折解、緩徵、議賑、兵糧、關稅諸奏議。

三江水利紀略

周中孚《鄭堂讀書記補逸・地理類四・河渠》　《三江水利紀略》四卷。乾隆甲申刊本。不著編輯者名氏。

江蘇水利圖說

張之洞《書目答問・地理・水道》　《江蘇水利圖說》二十一卷。陶澍江蘇官本。七種。

湘湖水利志

《四庫全書總目提要・地理類存目四・河渠》《湘湖水利志》三卷。浙江巡撫採進本。國朝毛奇齡撰。

海塘通志

張之洞《書目答問・地理・水道》《海塘通志》二十卷。方觀承。乾隆辛未刻本。

蕭山水利書

《四庫全書總目提要・地理類存目四・河渠》《蕭山水利書》《初集》二卷《續集》一卷《三集》三卷《附集》一卷。浙江汪啟淑家藏本。初集，明富玹編，國朝來鴻雯重訂。續集、三集皆國朝張文瑞編。附集，文瑞之子學懋所編。

海塘録

《四庫全書總目提要・地理類二・河渠之屬》《海塘録》二十六卷。浙江巡撫採進本。國朝翟均廉撰。

浙西水利備考

張之洞《書目答問・地理・水道》《浙西水利備考》八卷。王鳳生。道光四年刻本。

新譯海塘輯要

張之洞《書目答問・地理・水道》《新譯海塘輯要》十卷。西洋人。上海製造局刻本。

淮南水利考

趙琦美《脈望館書目・史・河》《淮南水利考》二本。

峽江利涉集

《宋史・藝文志・地理類》潘子韶《峽江利涉集》一卷。

明代河渠考

《四庫全書總目提要・地理類存目四・河渠》《明代河渠考》。無卷數。浙江巡撫採進本。國朝萬斯同撰。斯同有《廟製圖考》，已著録。是書采取有明列朝實録，凡事之涉於河渠者，悉按年編次。天啓四年以後，則雜取邸鈔野史以足成之。

明江南治水記

《四庫全書總目提要・地理類存目四・河渠》《明江南治水記》一卷。編修程晉芳家藏本。國朝陳士鑛撰。士鑛號宿峰，秀水人。康熙初以貢生闈試，授主事。

兩河清彙

《四庫全書總目提要·地理類二·河渠》《兩河清彙》八卷。山東巡撫採進本。國朝薛鳳祚撰。

青社賑濟録

陳振孫《直齋書録解題·典故類》《青社賑濟録》一卷，丞相富文忠公弼，青州捄荒施行文牘也。

馬端臨《文獻通考·經籍考·故事》《青社賑濟録》一卷。

救濟流民經畫事件

《宋史·藝文志·故事類》富弼《救濟流民經畫事件》一卷。

富文忠青州賑濟録

尤袤《遂初堂書目·本朝故事》《富文忠青州賑濟録》。

江東救荒録

《宋史·藝文志·故事類》劉珙《江東救荒録》五卷。

劉忠肅救荒録

陳振孫《直齋書録解題·典故類》《劉忠肅救荒録》五卷。王居仁撰。淳熙乙未，樞密劉珙共父帥江東救荒本末，嘉定乙亥真景元刻之漕司，以配富鄭公《青社》之編，而以劉公行狀、謚議附録於後。

馬端臨《文獻通考·經籍考·故事》《劉忠肅救荒録》五卷。

活民書

《宋史·藝文志·故事類》董煟《活民書》三卷。《活民書拾遺》一卷。

胡師安等《元西湖書院重整書目》《救荒活民書》。

《四庫全書總目提要·政書類》《救荒活民書》三卷。浙江范懋柱家天一閣藏本。宋董煟撰。煟字季興，鄱陽人。紹熙五年進士，嘗知瑞安縣。

拯荒事略

《四庫全書總目提要·政書類》《拯荒事略》一卷。編修程晉芳家藏本。舊本題元歐陽元撰。元字原功，瀏陽人。延祐二年進士，除同知平江州事，調蕪湖、武岡二縣尹。召爲國子博士，遷翰林待制。

荒政續編

楊士奇等《文淵閣書目·政書》劉漫塘《荒政續編》。一部。一册。闕。

救荒續録

楊士奇等《文淵閣書目・政書》 蒲登辰《救荒續録》。一部。二册。闕。

救荒活民補遺書

《四庫全書總目提要・政書類》 《救荒活民補遺書》三卷。浙江范懋柱家天一閣藏本。明朱熊撰。熊字維吉，江陰人。取宋從政郎董煟原書，而益以有明卹賑制詔，及前代好施獲福事蹟。

救荒事宜

《四庫全書總目提要・政書類》 《救荒事宜》一卷。江西巡撫採進本。明周孔教撰。孔教有《中丞疏稾》，已著録。是編乃其官應天巡撫時以三吴被水而作。分目二十三條，附議三條，大旨不出《周官》荒政之意。蓋當時所頒條教，而其屬官爲之刊行也。

救荒策會

《四庫全書總目提要・政書類》 《救荒策會》七卷。浙江巡撫採進本。明陳龍正撰。龍正字惕龍，嘉善人。崇禎甲戌進士，授中書舍人，左遷南京國子監丞。福王召爲禮部祠祭司員外郎。事蹟具《明史》本傳。

救荒事宜

《四庫全書總目提要・政書類》 《救荒事宜》一卷。編修程晉芳家藏本。明張陛撰。陛字登子，山陰人。

荒政叢書

《四庫全書總目提要・政書類》 《荒政叢書》十卷。山西巡撫採進本。國朝俞森編。森號存齋，錢塘人。由貢生官至湖廣布政司參議。是書成於康熙庚午，輯古人救荒之法，於宋取董煟，於明取林希元、屠隆、周孔教、鍾化明、劉世教，於國朝取魏禧，凡七家之言。

欽定康濟録

《四庫全書總目提要・政書類》 《欽定康濟録》六卷。乾隆四年御定。初，仁和監生陸曾禹作《救饑譜》，吏科給事中倪國璉爲檢擇精要，釐爲四卷。會詔翰林科道輪奏經史講義，國璉因恭録進呈。皇上嘉其有裨於實用，命内直諸臣刪潤其詞，剞劂頒佈，因賜今名。

捕蝗考

《四庫全書總目提要・政書類》 《捕蝗考》一卷。福修程晉芳家藏本。國朝陳芳生撰。芳生字漱六，仁和人。

軍政分部

西南備邊録

《宋史・藝文志・故事類》李德裕《西南備邊録》一卷。

北征紀實

《宋史・藝文志・故事類》蔡絛《北征紀實》二卷。

北邊備對

《宋史・藝文志・故事類》程大昌《北邊備對》六卷。

慶曆邊議

《宋史・藝文志・故事類》《慶曆邊議》三卷。

金陵叛盟記

《宋史・藝文志・故事類》《金陵叛盟記》十卷。

清邊前要

《宋史・藝文志・故事類》曾致堯《清邊前要》五十卷。

雲南録

《宋史・藝文志・故事類》辛怡顯《雲南録》三卷。

安南議

《宋史・藝文志・故事類》陳次公《安南議》十篇。

静邊説

《宋史・藝文志・故事類》蘇安《静邊説》一卷。

邊陲利害

《宋史・藝文志・故事類》薛向《邊陲利害》三卷。

平蠻録

《宋史・藝文志・故事類》家安國《平蠻録》三卷。

呂丞相勤王記

《宋史·藝文志·故事類》 臧梓《呂丞相勤王記》一卷。

宣和軍馬司敕

陳振孫《直齋書録解題·法令類》 《宣和軍馬司敕》十三卷，《令》一卷。陳氏曰：宣和時所修。

王渥川奏馬政邊防録

尤袤《遂初堂書目·本朝故事》 《王渥川奏馬政邊防録》。

建中靖國進故事

尤袤《遂初堂書目·本朝故事》 《建中靖國進故事》。

涇原分將論列

尤袤《遂初堂書目·本朝故事》 《涇原分將論列》。

皇祐平蠻記

尤袤《遂初堂書目·本朝故事》 《皇祐平蠻記》。

慶曆軍録

尤袤《遂初堂書目·本朝故事》 《慶曆軍録》。

歷代兵制

《四庫全書總目提要·政書類》 《歷代兵制》八卷。浙江范懋柱家天一閣藏本。宋陳傅良撰。傅良有《春秋傳》，已著録。是書上溯成周鄉遂之法，及春秋、秦、漢、唐以來歷代兵制之得失，於宋代言之尤詳。

補漢兵志

《四庫全書總目提要·政書類》 《補漢兵志》一卷。浙江巡撫採進本。宋錢文子撰。文子字文季，樂清人。紹熙三年由上舍釋褐出身，以吏部員外郎兼國史院編修官歷宗正少卿。後退居白石山下，自號「白石山人」。

馬政紀

《四庫全書總目提要·政書類》 《馬政紀》十二卷。浙江巡撫採進本。明楊時喬撰。時喬有《周易古今文全書》，已著録。是書紀明一代馬政，上起洪武元年，下至萬曆二十三年。分十有二門。

馬政志

《四庫全書總目提要·政書類》 《馬政志》四卷。兩淮鹽政採進本。明陳講撰。講字子學，遂寧人。正德辛巳進士，官至山西提學副使。此書乃其嘉靖三年以御史巡視陝西馬政時所作。

八旗通志初集

《四庫全書總目提要・政書類》《八旗通志初集》二百五十卷。雍正五年世宗憲皇帝敕撰。乾隆四年告成，御製序文頒行。

法令分部

漢尚書故事

姚振宗《漢書藝文志拾補・法家》《漢尚書故事》。

漢　律

姚振宗《漢書藝文志拾補・法家》《漢律》六十篇。

杜周律章句

姚振宗《漢書藝文志拾補・法家》《杜周律章句》。亦名《大杜律》。

杜延年律章句

姚振宗《漢書藝文志拾補・法家》《杜延年律章句》。亦名《小杜律》。

漢　令

姚振宗《漢書藝文志拾補・法家》《漢令》。三百餘篇。

考功課吏法

姚振宗《漢書藝文志拾補・法家》京房《考功課吏法》。

王莽法

姚振宗《漢書藝文志拾補・法家》《王莽法》五十條。

王莽六筦令

姚振宗《漢書藝文志拾補・法家》《王莽六筦令》。

吏禄制度

姚振宗《漢書藝文志拾補・法家》王莽《吏禄制度》。

漢建武律令故事

《隋書・經籍志・刑法》《建武律令故事》二卷。亡。

《舊唐書・經籍志・刑法》《漢建武律令故事》三卷。
《新唐書・藝文志・刑法類》《漢建武律令故事》三卷。
鄭樵《通志・藝文略・刑法》《漢建武律令故事》三卷。
姚振宗《後漢藝文志・刑法類》《建武律令故事》三卷。

漢律章句

姚振宗《後漢藝文志・刑法類》叔孫宣《漢律章句》。

漢律章句

姚振宗《後漢藝文志・刑法類》郭令卿《漢律章句》。

漢律章句

姚振宗《後漢藝文志・刑法類》馬融《漢律章句》。

漢律章句

姚振宗《後漢藝文志・刑法類》鄭玄《漢律章句》。

廷尉板令

姚振宗《後漢藝文志・刑法類》《廷尉板令》。

漢朝議駁

《隋書・經籍志・刑法》《漢朝議駁》三十卷。應劭撰。
《舊唐書・經籍志・刑法》《漢朝義駁》三十卷。應劭撰。
《新唐書・藝文志・故事類》應劭《漢朝議駁》三十卷。
鄭樵《通志・藝文略・刑法》《漢朝議駁》三十卷。應劭撰。
姚振宗《後漢藝文志・刑法類》應劭《議駁》三十篇。

五曹詔書

姚振宗《後漢藝文志・刑法類》《五曹詔書》。

漢　議

姚振宗《後漢藝文志・刑法類》應劭《漢議》二百五十篇。劭始末見正史類。

司徒都目

姚振宗《後漢藝文志・刑法類》鮑昱《司徒都目》八卷。

司徒辭訟比

姚振宗《後漢藝文志・刑法類》陳寵《司徒辭訟比》七卷。

律略論

《舊唐書・經籍志・刑法》《律略論》五卷。劉邵撰。
《新唐書・藝文志・刑法類》劉邵《律略論》五卷。
鄭樵《通志・藝文略・刑法》《律略論》五卷。劉邵撰。
姚振宗《三國藝文志・刑法類》劉邵《律略論》五卷。邵始末具經部樂類。

漢名臣奏事

《隋書・經籍志・刑法》《漢名臣奏事》三十卷。
《舊唐書・經籍志・刑法》《漢名臣奏》三十卷。陳壽撰。
又二十九卷。
《新唐書・藝文志・刑法類》《漢名臣奏》二十九卷。
陳壽《漢名臣奏事》三十卷。
鄭樵《通志・藝文略・刑法》《漢名臣奏事》三十卷。
姚振宗《後漢藝文志・刑法類》《漢名臣奏》二十九卷。

魏名臣奏事

《隋書・經籍志・刑法》《魏名臣奏事》四十卷，《目》一卷。陳壽撰。
鄭樵《通志・藝文略・刑法》《魏名臣奏》四十卷。陳壽撰。

魏　科

姚振宗《三國藝文志・刑法類》《魏科》。亦名《甲子科》。

蜀　科

姚振宗《三國藝文志・刑法類》《蜀科》。

吴　科

姚振宗《三國藝文志・刑法類》《吴科》。

魏　令

姚振宗《三國藝文志・刑法類》《魏令》一百八十餘篇。

魏　律

姚振宗《三國藝文志・刑法類》《魏律》十八篇。

廷尉決事

《隋書・經籍志・刑法》《魏廷尉決事》十卷。
《舊唐書・經籍志・刑法》《廷尉決事》二十卷。
《新唐書・藝文志・刑法類》《廷尉決事》二十卷。
鄭樵《通志・藝文略・刑法》《廷尉決事》二十卷。
姚振宗《三國藝文志・刑法類》《魏廷尉決事》十卷。

廷尉決事比

姚振宗《後漢藝文志・刑法類》《廷尉決事比》二十卷。

廷尉駁事

《舊唐書・經籍志・刑法》《廷尉駁事》十一卷。
《新唐書・藝文志・刑法》《廷尉駁事》十一卷。
鄭樵《通志・藝文略・刑法》《廷尉駁事》十一卷。
姚振宗《後漢藝文志・刑法類》《廷尉駮事》十一卷。

廷尉雜詔書

《舊唐書・經籍志・刑法》《廷尉雜詔書》二十六卷。
《新唐書・藝文志・刑法》《廷尉雜詔書》二十六卷。
鄭樵《通志・藝文略・刑法》《廷尉雜詔書》二十六卷。
姚振宗《後漢藝文志・刑法類》《廷尉雜詔書》二十六卷。

魏王奏事

《隋書・經籍志・刑法》《魏王奏事》十卷。
鄭樵《通志・藝文略・刑法》《魏王奏事》十卷。

魏臺雜訪議

《隋書・經籍志・刑法》《魏臺雜訪議》三卷。高堂隆撰。

南臺奏事

《隋書・經籍志・刑法》《南臺奏事》二十二卷。
《舊唐書・經籍志・刑法》《南臺奏事》二十二卷。
《新唐書・藝文志・刑法類》《南臺奏事》二十二卷。
鄭樵《通志・藝文略・刑法》《南臺奏事》二十二卷。
姚振宗《後漢藝文志・刑法類》《南臺奏事》二十二卷。

魏南臺奏事

姚振宗《三國藝文志・刑法類》《魏南臺奏事》九卷。

律本

《隋書・經籍志・刑法》《律本》二十一卷。杜預撰。
《舊唐書・經籍志・刑法》《刑法律本》二十一卷。賈充等撰。
《新唐書・藝文志・刑法類》賈充、杜預《刑法律本》二十一卷。
鄭樵《通志・藝文略・刑法》《律本》二十一卷。賈充、杜預撰。
文廷式《補晉書藝文志・刑法類》杜預《律本》二十一卷。

雜律

文廷式《補晉書藝文志・刑法類》 杜預《雜律》七卷。

漢晉律序注

《隋書・經籍志・刑法》 《漢晉律序注》一卷。晉僮長張斐撰。

鄭樵《通志・藝文略・刑法》 《漢晉律序注》一卷。晉僮長張斐撰。

文廷式《補晉書藝文志・刑法類》 張斐《漢晉律序注》一卷。

雜律解

《隋書・經籍志・刑法》 《雜律解》二十一卷。張斐撰。案：梁有《杜預雜律》七卷，亡。

《舊唐書・經籍志・刑法》 《律解》二十一卷。張斐撰。

《新唐書・藝文志・刑法類》 張斐《律解》二十卷。

鄭樵《通志・藝文略・刑法》 《雜律解》二十一卷。張斐撰。

文廷式《補晉書藝文志・刑法類》 張斐《雜律解》二十一卷。

晉令

《隋書・經籍志・刑法》 《晉令》四十卷。

《舊唐書・經籍志・刑法》 《晉令》四十卷。賈充等撰。

《新唐書・藝文志・刑法類》 賈充、杜預《晉令》四十卷。

鄭樵《通志・藝文略・刑法》 《晉令》四十卷。賈充、杜預撰。

文廷式《補晉書藝文志・刑法類》 《晉令》四十卷。

晉故事

文廷式《補晉書藝文志・刑法類》 賈充等《晉故事》三十卷。

晉彈事

《隋書・經籍志・刑法》 《晉彈事》十卷。

《舊唐書・經籍志・刑法》 《晉彈事》九卷。

《新唐書・藝文志・刑法類》 《晉彈事》九卷。

鄭樵《通志・藝文略・刑法》 《晉彈事》十卷。

文廷式《補晉書藝文志・刑法類》 《晉彈事》十卷。《唐志》九卷。

晉駁事

《隋書・經籍志・刑法》 《晉駁事》四卷。

《舊唐書・經籍志・刑法》 《晉駁事》四卷。

《新唐書・藝文志・刑法類》 《晉駁事》四卷。

鄭樵《通志・藝文略・刑法》 《晉駁事》四卷。

文廷式《補晉書藝文志・刑法類》 《晉駁事》四卷。

晉雜議

《隋書・經籍志・刑法》 《晉雜議》十卷。

鄭樵《通志・藝文略・刑法》 《晉雜議》十卷。

晉雜制

《隋書·經籍志·刑法》《晉雜制》六十卷。

鄭樵《通志·藝文略·刑法》《晉雜制》六十卷。

文廷式《補晉書藝文志·刑法類》《晉雜制》十六卷。

晉刺史六條制

《隋書·經籍志·刑法》《晉刺史六條制》一卷。

鄭樵《通志·藝文略·刑法》《晉刺史六條制》一卷。

文廷式《補晉書藝文志·刑法類》《晉刺史六條制》一卷。

晉百官敕戒

文廷式《補晉書藝文志·刑法類》《晉百官敕戒》。

朝堂制

文廷式《補晉書藝文志·刑法類》沮渠蒙遜《朝堂制》《沮渠蒙遜載記》：命征南姚艾尚書左丞房晷撰《朝堂制》，行之旬日，百僚振肅。

燕律

文廷式《補晉書藝文志·刑法類》《燕律》。

齊永明律

《舊唐書·經籍志·刑法》《齊永明律》八卷。宗躬撰。

《新唐書·藝文志·刑法類》宗躬《齊永明律》八卷。

鄭樵《通志·藝文略·刑法》《齊永明律》八卷。宗躬撰。

梁律

《隋書·經籍志·刑法》《梁律》二十卷。梁義興太守蔡法度撰。

《舊唐書·經籍志·刑法》《梁律》二十卷。蔡法度撰。

《新唐書·藝文志·刑法類》蔡法度《梁律》二十卷。

鄭樵《通志·藝文略·刑法》《梁律》二十卷。蔡法度撰。

梁令

《隋書·經籍志·刑法》《梁令》三十卷。《録》一卷。

《舊唐書·經籍志·刑法》《梁令》三十卷。蔡法度撰。

《新唐書·藝文志·刑法類》蔡法度《梁令》三十卷。

鄭樵《通志·藝文略·刑法》《梁令》三十卷。

梁科

《隋書·經籍志·刑法》《梁科》三十卷。

《舊唐書·經籍志·刑法》《梁科》二卷。蔡法度撰。

《新唐書·藝文志·刑法類》蔡法度《梁科》二卷。

鄭樵《通志・藝文略・刑法》《梁科》三十卷。

晉宋齊梁律

《隋書・經籍志・刑法》《晉宋齊梁律》二十卷。蔡法度撰。

《新唐書・藝文志・刑法類》《條鈔晉宋齊梁律》二十卷。

鄭樵《通志・藝文略・刑法》《晉宋齊梁律》二十卷。蔡法度撰。

陳律

《隋書・經籍志・刑法》《陳律》九卷。范泉撰。

《新唐書・藝文志・刑法類》范泉等《陳律》九卷。

鄭樵《通志・藝文略・刑法》《陳律》九卷。范泉等撰。

陳令

《隋書・經籍志・刑法》《陳令》三十卷。范泉撰。

《舊唐書・經籍志・刑法》《陳令》三十卷。范泉等撰。

《新唐書・藝文志・刑法類》范泉等《陳令》三十卷。

鄭樵《通志・藝文略・刑法》《陳令》三十卷。范泉等撰。

陳科

《隋書・經籍志・刑法》《陳科》三十卷。范泉撰。

《舊唐書・經籍志・刑法》《陳科》三十卷。范泉志。

《新唐書・藝文志・刑法類》范泉等《陳科》三十卷。

鄭樵《通志・藝文略・刑法》《陳科》三十卷。

陳新制

《隋書・經籍志・刑法》《陳新制》六十卷。

鄭樵《通志・藝文略・刑法》《陳新制》六十卷。

後魏律

《隋書・經籍志・刑法》《後魏律》二十卷。

鄭樵《通志・藝文略・刑法》《後魏律》二十卷。

魏六條

鄭樵《通志・藝文略・刑法》《後魏六條》一卷。蘇綽撰。

北齊律

《隋書・經籍志・刑法》《北齊律》十二卷。《目》一卷。

《舊唐書・經籍志・刑法》《北齊律》二十卷。趙郡王叡撰。

《新唐書・藝文志・刑法類》趙郡王叡《北齊律》二十卷。

鄭樵《通志・藝文略・刑法》《北齊律》十二卷。

北齊令

《隋書・經籍志・刑法》《北齊令》五十卷。

《舊唐書・經籍志・刑法》《北齊令》八卷。
《新唐書・藝文志・刑法類》趙郡王叡《令》八卷。
鄭樵《通志・藝文略・刑法》《北齊令》五十卷。

北齊權令

《隋書・經籍志・刑法》《北齊權令》二卷。
鄭樵《通志・藝文略・刑法》《北齊權令》二卷。

齊五服制

《隋書・經籍志・刑法》《齊五服制》一卷。

麟趾格

《新唐書・藝文志・刑法類》《麟趾格》四卷。文襄帝時撰。
鄭樵《通志・藝文略・刑法》《麟趾格》四卷。

周律

《隋書・經籍志・刑法》《周律》二十五卷。
《舊唐書・經籍志・刑法》《周大律》二十五卷。趙肅等撰。
《新唐書・藝文志・刑法類》趙肅等《周律》二十五卷。
鄭樵《通志・藝文略・刑法》《周律》二十五卷。趙肅等撰。

周大統式

《隋書・經籍志・刑法》《周大統式》三卷。
《新唐書・藝文志・刑法類》蘇綽《大統式》三卷。
鄭樵《通志・藝文略・刑法》《周大統式》三卷。蘇綽撰。

隋律

《隋書・經籍志・刑法》《隋律》十二卷。
《舊唐書・經籍志・刑法》《隋律》十二卷。高熲等撰。
《新唐書・藝文志・刑法類》高熲等《隋律》十二卷。
鄭樵《通志・藝文略・刑法》《隋律》十二卷。高熲等撰。

隋開皇令

《隋書・經籍志・刑法》《隋開皇令》三十卷。《目》一卷。
《舊唐書・經籍志・刑法》《隋開皇令》三十卷。裴正等撰。
《新唐書・藝文志・刑法類》牛弘等《隋開皇令》三十卷。
鄭樵《通志・藝文略・刑法》《隋開皇令》三十卷。牛弘等撰。

隋大業律

《隋書・經籍志・刑法》《隋大業律》十一卷。
《舊唐書・經籍志・刑法》《隋大業律》十八卷。
《新唐書・藝文志・刑法類》《隋大業律》十八卷。

鄭樵《通志・藝文略・刑法》《隋大業律》十八卷。

隋大業令

《隋書・經籍志・刑法》《隋大業令》三十卷。

鄭樵《通志・藝文略・刑法》《隋大業令》三十卷。

金科易覽

錢東垣等輯《崇文總目輯釋・刑法類》《金科易覽》一卷。

鄭樵《通志・藝文略・刑法》《金科易覽》一卷。趙緒撰。

晁公武《郡齋讀書志・刑法類》《金科易覽》三卷。

尤袤《遂初堂書目・刑法類》《金科易覽》。

馬端臨《文獻通考・經籍考・刑法》《金科易覽》三卷。

《宋史・藝文志・刑法類》趙緒《金科易覽》一卷。

法例

《新唐書・藝文志・刑法類》趙仁本《法例》二卷。

鄭樵《通志・藝文略・刑法》《唐趙仁本法例》二卷。

法例

《舊唐書・經籍志・刑法》《法例》二卷。崔知悌等撰。

《新唐書・藝文志・刑法類》崔知悌《法例》二卷。

鄭樵《通志・藝文略・刑法》《唐崔知悌法例》一卷。

刑法總歷

鄭樵《通志・藝文略・刑法》《刑法總歷》七卷。張善言纂。

令律

《舊唐書・經籍志・刑法》《令律》十二卷。裴寂撰。

唐律

錢東垣等輯《崇文總目輯釋・刑法類》《律》十二卷。《宋志》不著撰人。

尤袤《遂初堂書目・刑法類》《律文》。

陳振孫《直齋書録解題・法令類》《律文》十二卷，《音義》一卷。

馬端臨《文獻通考・經籍考・刑法》《律文》十二卷，《音義》一卷。

《宋史・藝文志・刑法類》《律》十二卷。

楊士奇等《文淵閣書目・刑書》《唐律》。一部。一册。闕。

《唐律》。一部。三册。闕。

《唐律》。一部。十四册。闕。

顧廣圻《思適齋書跋・史部》《律》十二卷，《音義》一卷。景宋鈔本。

張金吾《愛日精廬藏書志・政書類》《律文》十二卷，《音義》一卷。抄本。

唐律疏義

《舊唐書・經籍志・刑法》《律疏》三十卷。長孫無忌撰。

錢東垣等輯《崇文總目輯釋・刑法類》《律疏》三十卷。長孫無忌等撰。

《新唐書・藝文志・刑法類》《律疏》三十卷。無忌、李勣、于志寧、刑部尚書唐臨、大理卿段寶玄、尚書右丞劉燕客、御史中丞賈敏行等奉詔撰，永徽四年上。

鄭樵《通志・藝文略・刑法》《律疏》三十卷。

《宋史・藝文志・刑法類》《律疏》三十卷。唐長孫無忌等撰。

楊士奇等《文淵閣書目・刑書》《唐律疏義》。一部。三册。闕。

《唐律疏義》。一部。十五册。闕。

《唐律疏義》。一部。三册。闕。

錢謙益等《絳雲樓書目・刑法類》《唐律疏議》六册。三十卷。

《四庫全書總目提要・政書類》《唐律疏義》三十卷。兩淮鹽政採進本。唐太尉揚州都督趙國公長孫無忌等奉敕撰。

孫星衍《平津館鑒藏書籍記・元版》故《唐律疏議》三十卷。題太尉揚州都督監修國史上柱國趙國公長孫無忌等撰。

張金吾《愛日精廬藏書志・政書類》故《唐律疏議》三十卷，附《釋文纂例》元至順刊本。唐太尉揚州都督監修國史上柱國趙國公長孫無忌等撰。

張之洞《書目答問・法家》《唐律疏議》三十卷。唐長孫無忌。附《洗冤集録》五卷。宋宋慈。岱南閣本。《唐律》舊入政書，附此取便尋覽。

潘祖蔭《滂喜齋藏書記・史部》宋刻《唐律疏義》三十卷。四函二十四册。題太尉揚州都督監修國史上柱國趙國公長孫無忌等撰。孫刻此書據影元泰定本，每卷後附《纂例釋女》，元王元亮所編也，此本無之。

唐刑統

楊士奇等《文淵閣書目・刑書》《唐刑統》。一部。三册。闕。

唐律刑統賦註解

楊士奇等《文淵閣書目・刑書》《唐律刑統賦註解》。一部。四册。闕。

唐律明法類説

楊士奇等《文淵閣書目・刑書》《唐律明法類説》。一部。一册。闕。

唐律棋盤抹子

楊士奇等《文淵閣書目・刑書》《唐律棋盤抹子》。一部。一册。闕。

唐律纂例

楊士奇等《文淵閣書目・刑書》《唐律纂例》。一部。一册。闕。

唐格

鄭樵《通志・藝文略・刑法》《唐格》十八卷。

唐令

陳振孫《直齋書録解題・法令類》《唐令》三十卷。唐開元中宋璟、蘇頲、盧從愿等所刪定。考《藝文志》卷數同，更同光、天福校定，至本朝淳化中右贊善大夫潘憲、著作郎王泗校勘其篇目、條例，頗與今見行令式有不同者。

馬端臨《文獻通考・經籍考・刑法》《唐令》三十卷，《式》二十卷。

唐式

尤袤《遂初堂書目・刑法類》《唐式》。

陳振孫《直齋書録解題・法令類》《唐式》二十卷。

《宋史・藝文志・刑法類》《唐式》二十卷。

武德律

《新唐書・藝文志・刑法類》《武德律》十二卷。

鄭樵《通志・藝文略・刑法》《唐武德律》十二卷。

武德令

《舊唐書・經籍志・刑法》《武德令》三十一卷。裴寂等撰。

《新唐書・藝文志・刑法類》《武德令》三十一卷。尚書左僕射裴寂、右僕射蕭瑀、大理卿崔善爲、給事中王敬業、中書舍人劉林甫顔師古王孝達、涇州别駕靖延、太常丞丁孝烏、隋大理丞房軸、天策上將府參軍李桐客、太常博士徐上機等奉詔撰定。以五十三條附新律，餘無增改。武德七年上。

鄭樵《通志・藝文略・刑法》《唐武德令》三十一卷。長孫無忌等撰。

武德式

《新唐書・藝文志・刑法類》《武德式》十四卷。

鄭樵《通志・藝文略・刑法》《唐武德式》十四卷。

貞觀律

《新唐書・藝文志・刑法類》《貞觀律》十二卷。

鄭樵《通志・藝文略・刑法》《貞觀律》十二卷。

貞觀令

《新唐書・藝文志・刑法類》《貞觀令》二十七卷。

鄭樵《通志・藝文略・刑法》《貞觀令》二十七卷。

貞觀格

《舊唐書・經籍志・刑法》《貞觀格》十八卷，房玄齡撰。

《新唐書・藝文志・刑法類》《貞觀格》十八卷。

留司格

《新唐書・藝文志・刑法類》《留司格》一卷。

鄭樵《通志・藝文略・刑法》《留司格》一卷。

貞觀式

《新唐書・藝文志・刑法類》《貞觀式》三十三卷。中書令房玄齡、右僕射長孫無忌、蜀王府法曹參軍裴弘獻等奉詔撰定。凡律五百條，令一千五百四十六條，格七百條。以尚書省諸曹爲目，其常務留本司者，著爲《留司格》。

鄭樵《通志・藝文略・刑法》《貞觀式》三十三卷。

永徽律

《新唐書・藝文志・刑法類》《永徽律》十二卷。

鄭樵《通志・藝文略・刑法》《永徽律》十二卷。

永徽式

《新唐書・藝文志・刑法類》《永徽式》十四卷。

永徽式本

《新唐書・藝文志・刑法類》《永徽式本》四卷。

鄭樵《通志・藝文略・刑法》《式本》一卷。

永徽散行天下格中本

《舊唐書・經籍志・刑法》《永徽散行天下格中本》七卷。

永徽留本司行中本

《舊唐書・經籍志・刑法》《永徽留本司行中本》十八卷。源直心等撰。

永徽令

《舊唐書・經籍志・刑法》《永徽令》三十卷。

《新唐書・藝文志・刑法類》《永徽令》三十卷。

永徽留本司格後本

《舊唐書・經籍志・刑法》《永徽留本司格後本》十一卷。劉仁軌撰。

《新唐書・藝文志・刑法類》《永徽留本司格後》十一卷。左僕射劉仁軌、右僕射戴至德、侍中張文瓘、中書令李敬玄、右庶子郝處俊、黃門侍郎來恒、左庶子高智周、右庶子李義琰、吏部侍郎裴行儉馬載、兵部侍郎蕭德昭裴炎、工部侍郎李義琛、刑部侍郎張楚金、金部郎中盧律師等奉詔撰，儀鳳二年上。

鄭樵《通志・藝文略・刑法》《永徽留本司格後》十一卷。

永徽成式

《舊唐書・經籍志・刑法》《永徽成式》十四卷。

永徽散頒天下格

《舊唐書・經籍志・刑法》《永徽散頒天下格》七卷。

《新唐書・藝文志・刑法類》《散頒天下格》七卷。

鄭樵《通志・藝文略・刑法》《散頒天下格》七卷。

永徽留本司行格

《舊唐書・經籍志・刑法》《永徽留本司行格》十八卷。長孫無忌撰。

《新唐書・藝文志・刑法類》《留本司行格》十八卷。太尉無忌、司空李勣、左僕射于志寧、右僕射張行成，侍中高季輔、黄門侍郎宇文節柳奭、尚書右丞段寶玄、太常少卿令狐德棻、吏部侍郎高敬言、刑部侍郎劉燕客、給事中趙文恪、中書舍人李友益、少府丞張行實、太府丞王文端、大理丞元紹、刑部郎中賈敏行等奉詔撰定。分格爲二部，以曹司常務爲「行格」，天下所共爲「散頒格」。永徽三年上。至龍朔二年，詔司刑太常伯源直心、少常伯李敬玄、司刑大夫李文禮復删定，唯改官曹局名而已。題行格曰「留本司行格中本」，散頒格曰「天下散行格中本」。

鄭樵《通志・藝文略・刑法》《留本司行格》十八卷。

永徽中式本

《舊唐書・經籍志・刑法》《永徽中式本》四卷。

垂拱式

《舊唐書・經籍志・刑法》《垂拱式》二十卷。

《新唐書・藝文志・刑法類》《垂拱式》二十卷。

鄭樵《通志・藝文略・刑法》《垂拱式》二十卷。

删垂拱式

《新唐書・藝文志・刑法類》《删垂拱式》二十卷。

垂拱格

《舊唐書・經籍志・刑法》《垂拱格》二卷。

《新唐書・藝文志・刑法類》《格》十卷。

鄭樵《通志・藝文略・刑法》《垂拱格》十卷。

新格

《新唐書・藝文志・刑法類》《新格》二卷。

鄭樵《通志・藝文略・刑法》《新格》二卷。

散頒格

《新唐書・藝文志・刑法類》《散頒格》三卷。

《新唐書・藝文志・刑法類》《散頒格》七卷。中書令韋安石、禮部尚書同中書門下三品祝欽明、尚書右丞蘇瓌、兵部郎中狄光嗣等删定，神龍元年上。

鄭樵《通志・藝文略・刑法》《散頒格》三卷。

垂拱留司格

《舊唐書・經籍志・刑法》《垂拱留司格》六卷。裴居道撰。

《新唐書・藝文志・刑法類》《留司格》六卷。秋官尚書裴居道、夏官尚書同鳳閣鸞臺三品岑長倩、鳳閣侍郎同鳳閣鸞臺平章事韋方質、删定官袁智弘、咸陽尉王守慎奉詔撰。加計帳、勾帳二式。垂拱元年上新格，武后製序。

鄭樵《通志・藝文略・刑法》《留司格》六卷。

太極格

《新唐書・藝文志・刑法類》《太極格》十卷。户部尚書同中書門下三品岑羲、中書侍郎同中書門下三品陸象先、右散騎常侍徐堅、右司郎中唐紹、刑部員外郎邵知新、大理寺丞陳義海、評事張名播、右衛長史張處斌、左衛率府倉曹參軍羅思貞、刑部主事閻義顓等删定，太極元年上。

鄭樵《通志・藝文略・刑法》《太極格》十卷。

開元格

錢東垣等輯《崇文總目輯釋・刑法類》《開元格》十卷。原釋闕。見天一閣鈔本。

開元前格

《舊唐書・經籍志・刑法》《開元前格》十卷。姚崇等撰。

《新唐書・藝文志・刑法類》《開元前格》十卷。兵部尚書兼紫微令姚崇、黄門監盧懷慎、紫微侍郎兼刑部尚書李乂、紫微侍郎蘇頲、舍人吕延祚、給事中魏奉古、大理評事高智静、韓城縣丞侯郢璡、瀛州司法參軍閻義顓等奉詔删定，開元三年上。

鄭樵《通志・藝文略・刑法》《開元前格》十卷。

開元後格

《舊唐書・經籍志・刑法》《開元後格》九卷。宋璟等撰。

《新唐書・藝文志・刑法類》《開元後格》十卷。

鄭樵《通志・藝文略・刑法》《開元後格》十卷。

開元新格

《新唐書・藝文志・刑法類》《開元新格》十卷。

鄭樵《通志・藝文略・刑法》《開元新格》十卷。李林甫等修。

《宋史・藝文志・刑法類》李林甫《開元新格》十卷。

開元格抄

鄭樵《通志・藝文略・刑法》《開元格抄》一卷。

唐令

《舊唐書・經籍志・刑法》《令》三十卷。

錢東垣等輯《崇文總目輯釋・刑法類》《唐令》三十卷。原釋闕。見天一閣鈔本。

《新唐書・藝文志・刑法類》《令》三十卷。

《宋史・藝文志・刑法類》李林甫開元《令》三十卷。

唐格式律令事類

《新唐書・藝文志・刑法類》《格式律令事類》四十卷。中書令李林甫、侍中牛仙客、御史中丞王敬從、左武衛冑曹參軍崔晃、衛州司户參軍直中書陳承信、酸棗尉直刑部俞元杞等删定，開元二十五年上。

鄭樵《通志・藝文略・刑法》《唐格式律令事類》四十卷。李林甫纂，律令格式長行敕，附尚書省二十四司，總爲篇目。

《宋史・藝文志・刑法類》《唐律令事類》四十卷。

度支長行旨

錢東垣等輯《崇文總目輯釋・刑法類》《度支長行旨》五卷。李林甫撰。原釋闕。見天一閣鈔本。

《新唐書・藝文志・刑法類》《度支長行旨》五卷。

鄭樵《通志・藝文略・刑法》《度支長行旨》五卷。李林甫編。

《宋史・藝文志・刑法類》《度支長行旨》五卷。

式

《舊唐書・經籍志・刑法》《式》二十卷。姚崇等撰。

錢東垣等輯《崇文總目輯釋・刑法類》《式》二十卷。姚崇等撰。原釋闕。見天一閣鈔本。

《新唐書・藝文志・刑法類》《式》二十卷。吏部侍郎兼侍中宋璟、中書侍郎蘇頲、尚書左丞盧從愿、吏部侍郎裴漼慕容珣、户部侍郎楊滔、中書舍人劉令植、大理司直高智静、幽州司功參軍侯郢璡等删定，開元七年上。

鄭樵《通志・藝文略・刑法》《開元式》二十卷。

格後長行敕

《新唐書・藝文志・刑法類》《格後長行敕》六卷。侍中裴光庭、中書令蕭嵩等删次，開元十九年上。

鄭樵《通志・藝文略・刑法》《開元格後長行敕》六卷。

傍通開元格

錢東垣等輯《崇文總目輯釋・刑法類》《傍通開元格》一卷。宋璟撰。原釋闕。見天一閣鈔本。

鄭樵《通志・藝文略・刑法》《傍通開元格》一卷。

《宋史・藝文志・刑法類》宋璟《傍通開元格》一卷。

開元格并律令

尤袤《遂初堂書目・刑法類》《開元格并律令》。

律令手鑑

《新唐書・藝文志・刑法類》王行先《律令手鑑》二卷。

鄭樵《通志・藝文略・刑法》《律令手鑑》一卷。唐王行先撰。

式苑

《新唐書・藝文志・刑法類》元泳《式苑》四卷。

鄭樵《通志・藝文略・刑法》《式苑》四卷。唐元泳撰。

《宋史・藝文志・刑法類》元泳《式苑》四卷。

開元禮律格令要訣

《宋史・藝文志・刑法類》蕭旻《開元禮律格令要訣》一卷。

唐開元格令科要

《新唐書・藝文志・刑法類》裴光庭《唐開元格令科要》一卷。

錢東垣等輯《崇文總目輯釋・刑法類》《唐開元格令科要》一卷。裴光庭撰。

鄭樵《通志・藝文略・刑法》《唐開元格令科要》一卷。裴光庭撰，記律令科目。

《宋史・藝文志・刑法類》裴光庭《開元格令科要》一卷。

龍筋鳳髓判

高儒《百川書志・法令》《龍筋鳳髓判》二卷。唐司門員外郎張鷟文成撰。

錢謙益等《絳雲樓書目・刑法類》張鷟《龍筋鳳髓判》。十卷，凡一百首。洪文敏議此書全類俳體，但知堆垛故事，而於蔽罪議法處，不能深切。

張之洞《書目答問・法家》《龍筋鳳髓判》四卷。唐張鷟。湖海樓本、海山仙館本、學津本。名似法家，實則詞章，無類可歸，附此。其目藉可考唐時律令公式。

元和格敕

《新唐書・藝文志・刑法類》《元和格敕》三十卷。權德輿、劉伯芻等集。

鄭樵《通志・藝文略・刑法》《元和格敕》三十卷。

元和删定制敕

《新唐書・藝文志・刑法類》《元和删定制敕》三十卷。許孟容、韋貫之、蔣乂、柳登等集。

鄭樵《通志・藝文略・刑法》《元和删定制敕》三十卷。

大和格後敕

《新唐書・藝文志・刑法類》《大和格後敕》四十卷。

錢東垣等輯《崇文總目輯釋・刑法類》《大和格後敕》四十卷。《通志略》不著撰人。原釋闕。見天一閣鈔本。

鄭樵《通志・藝文略・刑法》《太和格後敕》四十卷。

《宋史・藝文志・刑法類》《大和格後敕》四十卷。

格後敕

《新唐書・藝文志・刑法類》《格後敕》五十卷。初，前大理丞謝登纂，凡六十卷。詔刑部詳定，去其繁複。大和七年上。

開成刑法格

《宋史・藝文志・刑法類》狄兼謩《開成刑法格》十卷。

開成詳定格

錢東垣等輯《崇文總目輯釋・刑法類》《開成詳定格》十卷。狄兼謩撰。原釋闕。見天一閣鈔本。繹按玉海引崇文目同通志略作狄兼纂撰誤。

《新唐書・藝文志・刑法類》狄兼謩《開成詳定格》十卷。

鄭樵《通志・藝文略・刑法》《開成詳定格》十卷。狄兼謩撰。

《宋史・藝文志・刑法類》狄兼謩《開成詳定格》十卷。

大中刑法總要

《宋史・藝文志・刑法類》《大中刑法總要》六十卷。

大中刑法總要格後敕

《新唐書・藝文志・刑法類》《大中刑法總要格後敕》六十卷。刑部侍郎劉瑑等纂。

錢東垣等輯《崇文總目輯釋・刑法類》《大中刑法總要格後敕》六十卷。原釋刑部侍郎劉瑑等纂。見《玉海》詔令類。闕。見天一閣鈔本。

鄭樵《通志・藝文略・刑法》《大中刑法總要格後敕》六十卷。宣宗朝編。

大中刑律統類

《新唐書・藝文志・刑法類》張戣《大中刑律統類》十二卷。

錢東垣等輯《崇文總目輯釋・刑法類》《大中刑律統類》十二卷。張戣撰。原釋闕。見天一閣鈔本。

鄭樵《通志・藝文略・刑法》《大中刑律統類》十二卷。唐張戣撰。

《宋史・藝文志・刑法類》張戣《大中統類》十二卷。

大中已後雜敕

《宋史・藝文志・刑法類》《大中已後雜敕》三卷。

大中後雜敕

《宋史・藝文志・刑法類》《大中後雜敕》十二卷。

雜敕

鄭樵《通志・藝文略・刑法》《雜敕》，三卷。唐大中以後至昭宗朝詔敕。

刑法要録

《新唐書・藝文志・刑法類》盧紓《刑法要録》十卷。裴向上之。

鄭樵《通志・藝文略・刑法》《刑法要録》十卷。唐盧紓撰。

判格

《新唐書・藝文志・刑法類》張伾《判格》三卷。

法鑑

《新唐書・藝文志・刑法類》李崇《法鑑》八卷。

鄭樵《通志・藝文略・刑法》《法鑑》八卷。唐李崇編，律令格式條目。

梁令

錢東垣等輯《崇文總目輯釋·刑法類》《梁令》三十卷。諸家書目並不著撰人。

鄭樵《通志·藝文略·刑法》《梁令》三十卷。朱梁時修。

《宋史·藝文志·刑法類》《梁令》三十卷。

梁式

錢東垣等輯《崇文總目輯釋·刑法類》《梁式》二十卷。《通志略》不著撰人。

鄭樵《通志·藝文略·刑法》《梁式》二十卷。

《宋史·藝文志·刑法類》《梁式》二十卷。

梁格

錢東垣等輯《崇文總目輯釋·刑法類》《梁格》十卷。《宋志》不著撰人。

鄭樵《通志·藝文略·刑法》《梁格》十卷。

《宋史·藝文志·刑法類》《梁格》十卷。

朱梁格目録

鄭樵《通志·藝文略·刑法》《朱梁格目録》一卷。

後唐長定格

錢東垣等輯《崇文總目輯釋·刑法類》《後唐長定格》三卷。《通志略》不著撰人。原釋闕。見天一閣鈔本。

鄭樵《通志·藝文略·刑法》《後唐長定格》一卷。

新長定格

錢東垣等輯《崇文總目輯釋·刑法類》《新長定格》三卷。原釋闕。見天一閣鈔本。

天成穕敕

錢東垣等輯《崇文總目輯釋·刑法類》《天成襍敕》三卷。原釋闕。見天一閣鈔本。繹按通志略云後唐詔敕僞蜀人編。

鄭樵《通志·藝文略·刑法》《天成雜敕》三卷。後唐詔敕，僞蜀人編。

《宋史·藝文志·刑法類》《天成雜敕》三卷。

後唐統類目

鄭樵《通志·藝文略·刑法》《後唐統類目》一卷。後唐滕起撰。

江南删定條

錢東垣等輯《崇文總目輯釋·刑法類》《江南删定條》三十卷。僞唐李氏撰。原釋闕。見天一閣鈔本。

鄭樵《通志・藝文略・刑法》《江南删定條》三十卷。僞唐李氏删定。

天福編敕

錢東垣等輯《崇文總目輯釋・刑法類》《天福編敕》三十卷。諸家書目並不著撰人。

鄭樵《通志・藝文略・刑法》《天福編敕》三十卷。後唐制敕，晉朝編。

《宋史・藝文志・刑法類》《天福編敕》三十一卷。

天福編敕

鄭樵《通志・藝文略・刑法》《天福編敕》一卷。

江南刑律統類

錢東垣等輯《崇文總目輯釋・刑法類》《江南刑律統類》十卷。姜虔嗣撰。

鄭樵《通志・藝文略・刑法》《江南刑律統類》十卷。僞吴天祚中姜虔嗣撰。

《宋史・藝文志・刑法類》姜虔嗣《江南刑律統類》十卷。

疑獄集

錢東垣等輯《崇文總目輯釋・刑法類》《疑獄集》三卷。和凝及子㠓撰。

鄭樵《通志・藝文略・刑法》《疑獄集》三卷。後晉和凝撰。

晁公武《郡齋讀書志・刑法類》《疑獄》三卷。袁本前志卷二下刑法類第二。右晉和凝撰。纂史傳決疑獄事。其上卷，凝書也。下、中卷，凝子㠓所續。

馬端臨《文獻通考・經籍考・刑法》《疑獄》三卷。

《宋史・藝文志・刑法類》和凝《疑獄集》三卷。

高儒《百川書志・法令》《疑獄集》二卷。晉魯國公和凝集，凡四十七條事。石晉。

范邦甸等《天一閣書目・法家類》《疑獄録》十卷。刊本。五代和凝撰，子和㠓補。

《四庫全書總目提要・法家類》《疑獄集》四卷，《補疑獄集》六卷。浙江范懋柱家天一閣藏本。五代和凝與其子㠓同撰。

疑獄集前集

孫星衍《平津館鑒藏書籍記補遺・寫本》《疑獄集前集》一卷。題中書令右僕射平章事魯國公和凝集。《後集》一卷，題將仕郎守太子中允和㠓集。前有㠓《自序》，至元十六年杜震《序》。《續集》二卷，題巡按浙江監察御史張景集，李崧祥《序》。附録《許襄毅公異政》一卷。前有嘉靖四十三年李濂《序》，遲鳳翔《序》，後有嘉靖四十四年朱大器《跋》。晁氏《讀書志》：《疑獄》三卷，晉和凝撰，纂史傳決疑獄事。其上卷，凝書也。下中二卷，凝子㠓所續。至元十六年，杜震序而刊之。明嘉靖閒，遲鳳翔又以張景《續集》，并《許襄毅異政》，合刊爲一書。《四庫全書》所收《疑獄集》四卷，附張景《補疑獄集》六卷，在此本之前。

吴壽暘《拜經樓藏書題跋記》《疑獄集》三卷。前二卷和凝編，後一卷子㠓續。首有㠓《序》，及杜震《序》。此鈔本乃吴氏太初所録，有其圖記。太初書後云「此册乃余友鮑以文得於石倉吴氏。前頁有朱檢討手書竹垞鈔本。康熙戊子閏月，奉寄池北書庫，蓋録以寄漁洋山人者也。按《歸田録》載魯公與馮相道在中書省問韡，直詬責小吏良久。及馮相語明，哄堂大笑。其素性褊急可知。而用刑一節，能采古人精察得情者爲《疑獄集》，以當韋弦之佩，亦可謂好學深思者矣。子顯仁中允，繼父志，彙成百條，勒四軸，今存六十六條，分上、中、下三卷，蓋佚去四分之一」云。辛巳小春月，太初吴長元書於留耕艸堂。

續疑獄

鄭樵《通志・藝文略・刑法》《續疑獄》一卷。

高儒《百川書志・法令》《疑獄續集》二卷。凝子太子中允和㠓述，凡三十二事。

顯德刑律

鄭樵《通志・藝文略・刑法》《顯德刑律》二十卷。周張昭撰。

顯德刑統

錢東垣等輯《崇文總目輯釋・刑法類》《顯德刑統》二十卷。張昭撰。原釋闕。見天一閣鈔本。

《宋史・藝文志・刑法類》張昭《顯德刑統》二十卷。

顯德刑統目

鄭樵《通志・藝文略・刑法》《顯德刑統目》一卷。

江南格令條

《宋史・藝文志・刑法類》《江南格令條》八十卷。

蜀雜制敕

《宋史・藝文志・刑法類》《蜀雜制敕》三卷。

刑法要録

錢東垣等輯《崇文總目輯釋・刑法類》《刑法要録》十卷。盧紓撰。原釋闕。見天一閣鈔本。

《宋史・藝文志・刑法類》盧紓《刑法要録》十卷。

五刑纂要録

《宋史・藝文志・刑法類》黄克昇《五刑纂要録》三卷。

刑法纂要

《宋史・藝文志・刑法類》《刑法纂要》十二卷。

斷獄立成

錢東垣等輯《崇文總目輯釋・刑法類》《斷獄立成》三卷。《通志畧》不著撰人。原釋闕。見天一閣鈔本。

《宋史・藝文志・刑法類》《斷獄立成》三卷。

刑法要例

《宋史・藝文志・刑法類》黄懋《刑法要例》八卷。

法鑒

錢東垣等輯《崇文總目輯釋・刑法類》《法鑒》八卷。李崇撰。原釋闕。見天一閣鈔本。

《宋史・藝文志・刑法類》張員《法鑑》八卷。

章程體要

《宋史・藝文志・刑法類》田晉《章程體要》二卷。

律令手鑒

錢東垣等輯《崇文總目輯釋・刑法類》《律令手鑒》二卷。王行先撰。

《宋史・藝文志・刑法類》王行先一作「仙」《律令手鑑》二卷。

法例六贓圖

《宋史・藝文志・刑法類》張履冰《法例六贓圖》二卷。

判格

錢東垣等輯《崇文總目輯釋・刑法類》《判格》三卷。張伾撰。原釋闕。見天一閣鈔本。

《宋史・藝文志・刑法類》張伾《判格》三卷。

沿革制置敕

《宋史・藝文志・刑法類》盛度《沿革制置敕》三卷。

續疑獄集

《宋史・藝文志・刑法類》王皥《續疑獄集》四卷。

式苑

錢東垣等輯《崇文總目輯釋・刑法類》《式苑》四卷。元泳撰。原釋闕。見天一閣鈔本。

襍敕

錢東垣等輯《崇文總目輯釋・刑法類》《襍敕》三卷。《通志略》不著撰人。原釋闕。見天一閣鈔本。

五刑纂經

錢東垣等輯《崇文總目輯釋・刑法類》《五刑纂經》三卷。黄克昇撰。原釋闕。見天一閣鈔本。

鄭樵《通志・藝文略・刑法》《五刑纂徑》三卷。唐黄克昇撰。

刑律總要

錢東垣等輯《崇文總目輯釋・刑法類》《刑律總要》十二卷。原釋闕。見天一閣鈔本。

僞吴删定格令

錢東垣等輯《崇文總目輯釋・刑法類》《僞吴删定格令》五十卷。楊行密時所修。原釋闕。見天一閣鈔本。

鄭樵《通志・藝文略・刑法》《僞吴删定格令》五十卷。楊行密時所修。

律　鑒

錢東垣等輯《崇文總目輯釋・刑法類》《律鑒》一卷。原釋無撰人。見《玉海》詔令類。闕。見天一閣鈔本。

鄭樵《通志・藝文略・刑法》《律鑑》一卷。

《宋史・藝文志・刑法類》趙綽《律鑑》一卷。

法　要

錢東垣等輯《崇文總目輯釋・刑法類》《法要》一卷。趙綽撰。原釋闕。見天一閣鈔本。

《宋史・藝文志・刑法類》趙綽《法要》一卷。

外臺祕要

錢東垣等輯《崇文總目輯釋・刑法類》《外臺祕要》一卷。原釋闕。見天一閣鈔本。

《宋史・藝文志・刑法類》《外臺祕要》一卷。

百司考選格敕

《宋史・藝文志・刑法類》《百司考選格敕》五卷。

憲　問

《宋史・藝文志・刑法類》《憲問》十卷。

法例六臟圖

嵇璜等《續通志・圖譜略・記無・刑法》宋張履冰《法例六臟圖》。

九族五服圖制

《宋史・藝文志・刑法類》《九族五服圖制》一卷。不知何人編。

編類諸路茶鹽敕令格式目録

《宋史・藝文志・刑法類》《編類諸路茶鹽敕令格式目録》一卷。

永熙寶訓

《宋史・藝文志・故事類》《永熙寶訓》二卷。李昉子宗諤纂。

三朝寶訓

陳振孫《直齋書録解題・典故類》《三朝寶訓》三十卷。翰林學士李淑等撰。

馬端臨《文獻通考・經籍考・故事》《三朝寶訓》三十卷。

三朝太平寶訓

《宋史・藝文志・故事類》《三朝太平寶訓》二十卷。

三朝訓鑒圖

陳振孫《直齋書録解題・典故類》《三朝訓鑑圖》十卷。學士李淑、楊偉等修纂。

馬端臨《文獻通考・經籍考・故事》《三朝訓鑒圖》十卷。

《宋史・藝文志・故事類》《三朝訓鑒圖》十卷。仁宗製序。

《宋史・藝文志・故事類》李淑《三朝訓鑒圖》十卷。

五朝寶訓

《宋史・藝文志・故事類》呂夷簡、林希進《五朝寶訓》六十卷。

兩朝寶訓

陳振孫《直齋書録解題・典故類》《兩朝寶訓》二十卷。禮部郎中長樂林希子中編進，用天聖故事也。元豐六年表上。

馬端臨《文獻通考・經籍考・故事》《兩朝寶訓》二十卷。

仁皇訓典

陳振孫《直齋書録解題・典故類》《仁皇訓典》六卷。翰林侍講范祖禹撰。元祐八年經筵所上。凡三百十七條，大略亦用「寶訓」體。

馬端臨《文獻通考・經籍考・故事》《仁皇訓典》六卷。

胡師安等《元西湖書院重整書目》《仁皇訓典》。

《宋史・藝文志・故事類》范祖禹《仁皇訓典》六卷。

神宗寶訓

《宋史・藝文志・故事類》沈該進《神宗寶訓》一百卷。

神宗寶訓

晁公武《郡齋讀書志・雜史類》《神宗寶訓》二十卷。袁本前志、後志未收。

右皇朝林虙撰。虙，希之姪也，剽聞神宗聖政，輒私記録，分一百門，以續五朝《寶訓》。崇寧上於朝。

馬端臨《文獻通考・經籍考・故事》《神宗寶訓》二十卷。

《宋史・藝文志・故事類》《神宗寶訓》五十卷。不知集者姓名。

元豐聖訓

《宋史・藝文志・故事類》林虙《元豐聖訓》二十卷。

哲宗寶訓

《宋史・藝文志・故事類》洪邁集《哲宗寶訓》六十卷。

欽宗寶訓

《宋史・藝文志・故事類》《欽宗寶訓》四十卷。

高宗寶訓

《宋史・藝文志・故事類》《高宗寶訓》七十卷。

孝宗寶訓

《宋史・藝文志・故事類》《孝宗寶訓》六十卷。並國史實録院進。

孝宗寶訓

《宋史・藝文志・故事類》史彌遠《孝宗寶訓》六十卷。

國朝寶訓

《宋史・藝文志・故事類》《國朝寶訓》二十卷。

德音寶訓

《宋史・藝文志・故事類》曾鞏《德音寶訓》三卷。

建隆編敕

錢東垣等輯《崇文總目輯釋・刑法類》《建隆編敕》三卷。竇儀與法官編。

原釋闕。見天一閣鈔本。

鄭樵《通志・藝文略・刑法》《建隆編敕》四卷。竇儀與法官編。

《宋史・藝文志・刑法類》《建隆編敕》四卷。

開寶刑統

錢東垣等輯《崇文總目輯釋・刑法類》《開寶刑統》三十卷。竇儀與法官蘇曉等撰。

鄭樵《通志・藝文略・刑法》《開寶刑統》三十卷。竇儀與法官蘇曉等修。

晁公武《郡齋讀書志・刑法類》《刑統》三十卷。袁本前志卷二下刑法類第一。右皇朝竇儀以尚書判大理寺，與法官蘇曉、奚嶼、張希讓等修定。古者議事以制，使民不知所争也；後世鑄刑書，使民知所避也。雖若不同，所以爲民之意則一。然議事以制者，委重於人；鑄刑書者，委重於法。委重於人，則上之人將輕重由心，以虐其下；委重於法，則下之人將徵於書，以慢其上。其爲失也亦均。要之以人行法，不使偏重，然後爲得耳。

尤袤《遂初堂書目・刑法類》《刑統》。

陳振孫《直齋書録解題・法令類》《刑統》三十卷。判大理寺燕山竇儀可象詳定。初，范質既相周，建議律條繁廣，輕重無據，特詔詳定，號《大周刑統》，凡二十一卷。至是重加詳定，建隆四年頒行。

馬端臨《文獻通考・經籍考・刑法》《刑統》三十卷。

重詳定刑統

《宋史・藝文志・刑法類》竇儀《重詳定刑統》三十卷。

宋刑統律

楊士奇等《文淵閣書目・刑書》《宋刑統律》。一部。二册。闕。

宋詳定刑統

楊士奇等《文淵閣書目・刑書》《宋詳定刑統》。一部。八册。闕。

宋申明刑統

楊士奇等《文淵閣書目・刑書》《宋申明刑統》。一部。一册。闕。

刑統注疏

胡師安等《元西湖書院重整書目》《刑統注疏》。

刑統申明

胡師安等《元西湖書院重整書目》《刑統申明》。

開寶長定格

鄭樵《通志・藝文略・刑法》《開寶長定格》三卷。盧多遜等修。

尤袤《遂初堂書目・刑法類》《開寶格》。

《宋史・藝文志・刑法類》《開寶長定格》三卷。

《宋史・藝文志・刑法類》盧多遜《長定格》三卷。

宋乾德長安格

鄭樵《通志・藝文略・刑法》《宋乾德長安格》十卷。陶穀修。

太平興國編敕

錢東垣等輯《崇文總目輯釋・刑法類》《太平興國編敕》十五卷。諸家書目並不著撰人。原釋闕。見天一閣鈔本。

鄭樵《通志・藝文略・刑法》《太平興國編敕》十五卷。

《宋史・藝文志・刑法類》《太平興國編敕》十五卷。

儀制赦書德音

鄭樵《通志・藝文略・刑法》《儀制赦書德音》十卷。陳彭年刪定。

宋朝淳化令

鄭樵《通志・藝文略・刑法》《宋朝淳化令》三十卷。

淳化編敕

《宋史・藝文志・刑法類》蘇易簡《淳化編敕》三十卷。

咸平敕

鄭樵《通志・藝文略・刑法》《咸平敕》十二卷。柴成務等編。

《宋史・藝文志・刑法類》柴成務《咸平編敕》十二卷。

咸平敕目

鄭樵《通志・藝文略・刑法》《咸平敕目》一卷。

三司咸平雜敕

鄭樵《通志・藝文略・刑法》《三司咸平雜敕》十二卷。林特等修。

措刑論

王圻《續文獻通考・經籍考・法律》《措刑論》南安錢熙著。

景德農田敕

錢東垣等輯《崇文總目輯釋・刑法類》《景德農田編敕》五卷。丁謂等編。原釋闕。見天一閣鈔本。

鄭樵《通志・藝文略・刑法》《景德農田敕》四卷。丁謂等定。

《宋史・藝文志・刑法類》丁謂《農田勅》五卷。

大政要録

《宋史・藝文志・法家類》 張去華《大政要録》三卷。

儀制赦書德音

錢東垣等輯《崇文總目輯釋・刑法類》 《儀制赦書德音》十卷。原釋闕。見天一閣鈔本。

諸路轉運司編敕

錢東垣等輯《崇文總目輯釋・刑法類》 《諸路轉運司編敕》三十卷。陳彭年編。原釋闕。見天一閣鈔本。

鄭樵《通志・藝文略・刑法》 《諸路轉運司編敕》三十卷。陳彭年編。

大中祥符編敕

錢東垣等輯《崇文總目輯釋・刑法類》 《大中祥符編敕》二十卷。陳彭年編。原釋闕。見天一閣鈔本。

鄭樵《通志・藝文略・刑法》 《大中祥符編敕》三十卷。陳彭年與法官編。

《宋史・藝文志・刑法類》 陳彭年《大中祥符編敕》四十卷。

轉運司編敕

《宋史・藝文志・刑法類》 陳彭年《轉運司編敕》三十卷。

諸路宣敕

錢東垣等輯《崇文總目輯釋・刑法類》 《諸路宣敕》十二卷。《通志略》不著撰人。原釋闕。見天一閣鈔本。

鄭樵《通志・藝文略・刑法》 《諸路宣敕》十二卷。天聖中刊正《祥符敕》，頒下諸路。

律音義

錢東垣等輯《崇文總目輯釋・刑法類》 《律音義》一卷。孫奭撰。

鄭樵《通志・藝文略・刑法》 《律音義》一卷。宋朝孫奭撰。

《宋史・藝文志・刑法類》 孫奭《律音義》一卷。

律令釋文

《宋史・藝文志・刑法類》 孫奭《律令釋文》一卷。

端拱以來宣敕劄子

《宋史・藝文志・刑法類》 韓琦《端拱以來宣敕劄子》六十卷。

嘉祐編敕

《宋史・藝文志・刑法類》 韓琦《嘉祐編敕》十八卷，《總例》一卷。

嘉祐詳定編敕

《宋史・藝文志・刑法類》 韓琦《嘉祐詳定編敕》三十卷。

慶曆編敕

《宋史・藝文志・刑法類》 賈昌朝《慶曆編敕》、《律學武學敕式》共二卷。

慶曆編敕

鄭樵《通志・藝文略・刑法》 《慶曆編敕》二十卷。韓琦等定。

舉明自首敕

鄭樵《通志・藝文略・刑法》 《舉明自首敕》一卷。

禮部考試進士敕

錢東垣等輯《崇文總目輯釋・刑法類》 《禮部考試進士敕》一卷。晁迥等撰。原釋闕。見天一閣鈔本。

鄭樵《通志・藝文略・刑法》 《禮部考試進士敕》一卷。宋朝晁迥等撰。

《宋史・藝文志・刑法類》 晁迥《禮部考試進士敕》一卷。

一司一務敕

錢東垣等輯《崇文總目輯釋・刑法類》 《一司一務敕》三十卷。原釋闕。見天一閣鈔本。

《宋史・藝文志・刑法類》 呂夷簡《一司一務敕》三十卷。

天聖編敕

錢東垣等輯《崇文總目輯釋・刑法類》 《天聖編敕》十二卷。呂夷簡等修。

鄭樵《通志・藝文略・刑法》 《天聖編敕》十二卷。呂夷簡等修。

晁公武《郡齋讀書志・刑法類》 《天聖編敕》三十卷。

馬端臨《文獻通考・經籍考・刑法》 《天聖編敕》三十卷。

《宋史・藝文志・刑法類》 呂夷簡《天聖編敕》十二卷。

天聖令

鄭樵《通志・藝文略・刑法》 《天聖令》三十卷。

尤袤《遂初堂書目・刑法類》 《天聖令》。

《宋史・藝文志・刑法類》 《天聖令文》三十卷。呂夷簡、夏竦等撰。

景祐刺配敕

鄭樵《通志・藝文略・刑法》 《景祐刺配敕》五卷。

慶曆編敕

《宋史・藝文志・刑法類》 賈昌朝《慶曆編敕》十二卷，《總例》一卷。

附令敕

《宋史・藝文志・刑法類》《附令敕》十八卷。慶曆中編，不知作者。

續附敕令

《宋史・藝文志・刑法類》《續附敕令》一卷。慶曆中編，不知作者。

三司條約

《宋史・藝文志・刑法類》《三司條約》一卷。慶曆中纂集。

皇祐審官院敕

鄭樵《通志・藝文略・刑法》《皇祐審官院敕》一卷。賈壽編。

《宋史・藝文志・刑法類》《審官院編敕》十五卷。

貢舉條制

鄭樵《通志・藝文略・刑法》《貢舉條制》五卷。

《宋史・藝文志・刑法類》《貢舉條制》十二卷。至和二年。

國子監敕令格式

《宋史・藝文志・刑法類》 陸佃《國子監敕令格式》十九卷。

五服敕

《宋史・藝文志・刑法類》《五服敕》一卷。劉筠、宋綬等撰。

刑法敘略

《四庫全書總目提要・法家類》《刑法敘略》一卷。編修程晉芳家藏本。舊本題宋劉筠撰。筠字子儀，大名人。咸平元年進士，累擢司諫，知制誥，翰林學士承旨，進龍圖閣學士，加禮部侍郎。是編載曹溶《學海類編》中，今考其文，即《册府元龜》刑法一門之總敘也。

嘉祐禄令

鄭樵《通志・藝文略・刑法》《嘉祐禄令》十卷。

《宋史・藝文志・刑法類》 吴奎《嘉祐録令》十卷。

《宋史・藝文志・刑法類》 張方平《嘉祐禄令》十卷。

嘉祐驛令

鄭樵《通志・藝文略・刑法》《嘉祐驛令》四卷。

陳振孫《直齋書録解題・法令類》《嘉祐驛令》三卷。三司使梁國張方平安道等修定。前一卷爲條貫勅，後二卷爲則例令。官吏、幫支、驛劵、衙官、傔從之類，皆據此也。

馬端臨《文獻通考・經籍考・刑法》《嘉祐驛令》三卷。

《宋史・藝文志・刑法類》吴奎《嘉祐驛令》三卷。

《宋史・藝文志・刑法類》張方平《嘉祐驛令》三卷。

在京諸司庫務條式

《宋史・藝文志・刑法類》王珪《在京諸司庫務條式》一百三十卷。

銓曹格敕

《宋史・藝文志・刑法類》《銓曹格敕》十四卷。

羣牧司編

《宋史・藝文志・刑法類》王誨《羣牧司編》十二卷。

大宗正司條

《宋史・藝文志・刑法類》張稚圭《大宗正司條》六卷。

重修開封府熙寧編

《宋史・藝文志・刑法類》王安禮《重修開封府熙寧編》十卷。

新修審官西院條貫

《宋史・藝文志・刑法類》沈立《新修審官西院條貫》十卷，又《總例》一卷，《支賜式》十二卷。

支賜式

《宋史・藝文志・刑法類》《支賜式》二卷。

官馬俸馬草料等式

《宋史・藝文志・刑法類》《官馬俸馬草料等式》九卷。

祼制敕

錢東垣等輯《崇文總目輯釋・刑法類》《祼制敕》三卷。原釋闕。見天一閣鈔本。

刑統釋文

鄭樵《通志・藝文略・刑法》《刑統釋文》三十卷。范遂良撰。

熙寧支賜式

鄭樵《通志・藝文略・刑法》《熙寧支賜式》一卷。

三司編敕

鄭樵《通志・藝文略・刑法》《三司編敕》二卷。宋朝索湘等編。

熙寧續降敕

鄭樵《通志・藝文略・刑法》《熙寧續降敕》二十卷。

熙寧編敕赦降附令

鄭樵《通志・藝文略・刑法》《熙寧編敕赦降附令》二十二卷。王安石定。

熙寧詳定編敕等

《宋史・藝文志・刑法類》王安石《熙寧詳定編敕等》二十五卷。

新編續降并敍法條貫

《宋史・藝文志・刑法類》《新編續降并敍法條貫》一卷。編治平、熙寧詔旨并官吏犯罪敍法、條貫等事。

熙寧常平敕

鄭樵《通志・藝文略・刑法》《熙寧常平敕》三卷。

熙寧新編常平敕

《宋史・藝文志・刑法類》曾布《熙寧新編常平敕》二卷。

審官東院編敕

《宋史・藝文志・刑法類》《審官東院編敕》二卷。熙寧七年編。

編修入國條貫

《宋史・藝文志・刑法類》張大中《編修入國條貫》二卷。

奉朝要録

《宋史・藝文志・刑法類》張大中《奉朝要録》二卷。

熙寧貢舉敕

鄭樵《通志・藝文略・刑法》《熙寧貢舉敕》三卷。

《宋史・藝文志・刑法類》范鏜《熙寧貢舉敕》二卷。

熙寧八路差官敕

鄭樵《通志・藝文略・刑法》《熙寧八路差官敕》一卷。

《宋史・藝文志・刑法類》《八路差官敕》一卷。編熙寧總條、審官東院條、流内銓條。

熙寧法寺斷例

鄭樵《通志・藝文略・刑法》《熙寧法寺斷例》八卷。

《宋史・藝文志・刑法類》《熙寧法寺斷例》十二卷。

熙寧歷任儀式

《宋史・藝文志・刑法類》《熙寧歷任儀式》一卷。不知作者。

熙寧番官陳院編敕

尤袤《遂初堂書目・刑法類》《熙寧番官陳院編敕》。

熙寧大理寺斷例

尤袤《遂初堂書目・刑法類》《熙寧大理寺斷例》。

熙寧新編大宗正司敕

《宋史・藝文志・刑法類》《熙寧新編大宗正司敕》八卷。

陳繹熙寧編三司式

《宋史・藝文志・刑法類》《陳繹熙寧編三司式》四百卷。《隨酒式》一卷。

馬遞鋪特支式

《宋史・藝文志・刑法類》《馬遞鋪特支式》二卷。

熙寧新定諸軍直禄令

《宋史・藝文志・刑法類》《熙寧新定諸軍直禄令》二卷。

將作監式

《宋史・藝文志・刑法類》曾肇《將作監式》五卷。

八路敕

《宋史・藝文志・刑法類》蒲宗孟《八路敕》一卷。

禮房條例

《宋史・藝文志・刑法類》 李承之《禮房條例》并《目録》十九册。卷亡。

熙寧新定孝贈式

《宋史・藝文志・刑法類》 章惇《熙寧新定孝贈式》十五卷。

熙寧新定節式

《宋史・藝文志・刑法類》 章惇《熙寧新定節式》二卷。

熙寧新定時服式

《宋史・藝文志・刑法類》 《熙寧新定時服式》六卷。

熙寧新定皇親録令

《宋史・藝文志・刑法類》 《熙寧新定皇親録令》十卷。

司農寺敕

《宋史・藝文志・刑法類》 《司農寺敕》一卷,《式》一卷。

熙寧將官敕

《宋史・藝文志・刑法類》 《熙寧將官敕》一卷。

熙寧詳定軍馬敕

《宋史・藝文志・刑法類》 吴充《熙寧詳定軍馬敕》五卷。

熙寧詳定諸色人廚料式

《宋史・藝文志・刑法類》 沈括《熙寧詳定諸色人廚料式》一卷。

熙寧新修凡女道士給賜式

《宋史・藝文志・刑法類》 《熙寧新修凡女道士給賜式》一卷。

讞獄集

王圻《續文獻通考・經籍考・法律》 《讞獄集》元絳著。

諸敕式

《宋史・藝文志・刑法類》 《諸敕式》二十四卷。

諸敕令格式

《宋史·藝文志·刑法類》《諸敕令格式》十二卷。

諸敕格式

《宋史·藝文志·刑法類》《諸敕格式》三十卷。

熙寧葬式

《宋史·藝文志·刑法類》張叙《熙寧葬式》五十五卷。

熙寧詳定尚書刑部敕

《宋史·藝文志·刑法類》范鏜《熙寧詳定尚書刑部敕》一卷。

熙寧五路義勇保甲敕

《宋史·藝文志·刑法類》張誠一《熙寧五路義勇保甲敕》五卷,《總例》一卷。

學士院等處敕式交并看詳

《宋史·藝文志·刑法類》張誠一《學士院等處敕式交并看詳》二十卷。

御書院敕式令

《宋史·藝文志·刑法類》《御書院敕式令》二卷。

吏部七司法

尤袤《遂初堂書目·刑法類》《吏部七司法》。

七司式

尤袤《遂初堂書目·刑法類》《七司式》。

元豐廣案

晁公武《郡齋讀書志·刑法類》《元豐廣案》二百卷。袁本後志卷一刑法類第三。右皇朝元豐初,置新科明法,或類其所試成此書。

馬端臨《文獻通考·經籍考·刑法》《元豐廣案》二百卷。

元豐令

鄭樵《通志·藝文略·刑法》《元豐令》五十卷。

元豐賞格

鄭樵《通志・藝文略・刑法》《元豐賞格》五卷。

元豐敕

鄭樵《通志・藝文略・刑法》《元豐敕》二十卷。

元豐諸司總統要目

鄭樵《通志・藝文略・刑法》《元豐諸司總統要目》一卷。

元豐敕令格式

鄭樵《通志・藝文略・刑法》《元豐敕令格式》七十卷。

元豐司農敕令式

鄭樵《通志・藝文略・刑法》《元豐司農敕令式》十五卷。

《宋史・藝文志・刑法類》蔡確《元豐司農敕令式》十七卷。

江湖淮浙鹽敕令賞格

《宋史・藝文志・刑法類》李承之《江湖淮浙鹽敕令賞格》六卷。

元豐湖鹽令敕

鄭樵《通志・藝文略・刑法》《元豐江湖鹽令敕》六卷。

元豐新修吏部敕令式

《宋史・藝文志・刑法類》曾伉《元豐新修吏部敕令式》十五卷。

元豐仕途守法

鄭樵《通志・藝文略・刑法》《元豐仕途守法》二卷。

元豐斷例

晁公武《郡齋讀書志・刑法類》《元豐斷例》六卷。袁本前志卷二下刑法類第三。右元豐中法寺所斷罪，此節文也。

元豐刑部敘法通用

陳振孫《直齋書録解題・法令類》《元豐刑部敘法通用》一卷。末載《申明》，至紹興、淳熙以後。

馬端臨《文獻通考・經籍考・刑法》《元豐刑部敘法通用》一卷。

元豐新定在京人從敕式三等

《宋史・藝文志・刑法類》 沈希顔《元豐新定在京人從敕式三等》。卷亡。

元豐新修國子監大學小學元新格

《宋史・藝文志・刑法類》 李定《元豐新修國子監大學小學元新格》十卷，又《令》十三卷。

武學敕令格式

《宋史・藝文志・刑法類》《武學敕令格式》一卷。元豐間。

明堂赦條

《宋史・藝文志・刑法類》《明堂赦條》一卷。元豐間。

新修尚書吏部式

《宋史・藝文志・刑法類》 曾伉《新修尚書吏部式》三卷。

元豐將官敕

《宋史・藝文志・刑法類》 蔡碩《元豐將官敕》十二卷。

貢舉醫局龍圖天章寶文閣等敕令儀式

《宋史・藝文志・刑法類》《貢舉醫局龍圖天章寶文閣等敕令儀式》及《看詳》四百一十卷。元豐間。

宗室及外臣葬敕令式

《宋史・藝文志・刑法類》《宗室及外臣葬敕令式》九十二卷。元豐間。

皇親禄令并釐修敕式

《宋史・藝文志・刑法類》《皇親禄令并釐修敕式》三百四十卷。

都提舉市易司敕令

《宋史・藝文志・刑法類》 吴雍《都提舉市易司敕令》并《釐正看詳》二十一卷，《公式》二卷。元豐間。

水部條

《宋史・藝文志・刑法類》《水部條》十九卷。元豐間。

國子監支費令式

《宋史・藝文志・刑法類》 朱服《國子監支費令式》一卷。

讞獄集

《宋史・藝文志・刑法類》 元絳《讞獄集》十三卷。

元豐編敕令格式

《宋史・藝文志・刑法類》 崔台符《元豐編敕令格式》并《赦書德音》、《申明》八十一卷。

元豐敕令式

《宋史・藝文志・刑法類》 崔台符《元豐敕令式》七十二卷。

新史吏部式

《宋史・藝文志・刑法類》 吕惠卿《新史吏部式》二卷。

五服相犯法纂

《宋史・藝文志・刑法類》 程龜年《五服相犯法纂》三卷。

縣　法

《宋史・藝文志・刑法類》 程龜年《縣法》十卷。

吏部四選敕令格式

《宋史・藝文志・刑法類》 《吏部四選敕令格式》一部。元祐初，卷亡。

元豐户部敕令格式

《宋史・藝文志・刑法類》 《元豐户部敕令格式》一部。元祐初，卷亡。

六曹條貫

《宋史・藝文志・刑法類》 《六曹條貫》及《看詳》三千六百九十四册。元祐間，卷亡。

元祐諸司市務敕令格式

《宋史・藝文志・刑法類》 《元祐諸司市務敕令格式》二百六册。卷亡。

六曹敕令格式

《宋史・藝文志・刑法類》 《六曹敕令格式》一千卷。元祐初。

元祐令

鄭樵《通志・藝文略・刑法》《元祐令》二十五卷。

元祐敕

鄭樵《通志・藝文略・刑法》《元祐敕》二十卷。

併贓折杖式

鄭樵《通志・藝文略・刑法》《併贓折杖式》一卷。

元祐敕令格式

鄭樵《通志・藝文略・刑法》《元祐敕令格式》五十六卷。

元祐新修差官出使條

鄭樵《通志・藝文略・刑法》《元祐新修差官出使條》三卷。

一司一務敕

鄭樵《通志・藝文略・刑法》《一司一務敕》三十卷。

兩浙轉運須知

鄭樵《通志・藝文略・刑法》《兩浙轉運須知》一卷。

元祐廣西衙規

鄭樵《通志・藝文略・刑法》《元祐廣西衙規》一卷。

元祐貢舉敕

鄭樵《通志・藝文略・刑法》《元祐貢舉敕》三卷。

貢舉事目

鄭樵《通志・藝文略・刑法》《貢舉事目》一卷。

元祐新修制科條

鄭樵《通志・藝文略・刑法》《元祐新修制科條》一卷。

元祐法寺斷例

鄭樵《通志・藝文略・刑法》《元祐法寺斷例》十二卷。

樞密院條

《宋史・藝文志・刑法類》《樞密院條》二十册，《看詳》三十册。元祐間，卷亡。

茶法易覽

鄭樵《通志・藝文略・刑法》《茶法易覽》一卷。

茶法總例

鄭樵《通志・藝文略・刑法》《茶法總例》一卷。

紹聖斷例

鄭樵《通志・藝文略・刑法》《紹聖斷例》四卷。

紹聖續修武學敕令格式看詳

《宋史・藝文志・刑法類》《紹聖續修武學敕令格式看詳》并《浄條》十八册。建中靖國初，卷亡。

紹聖續修律學敕令格式看詳

《宋史・藝文志・刑法類》《紹聖續修律學敕令格式看詳》并《浄條》十二册。建中靖國初，卷亡。

諸路州縣敕令格式

《宋史・藝文志・刑法類》《諸路州縣敕令格式》并《一時指揮》十三册。卷亡。

六曹格子

《宋史・藝文志・刑法類》《六曹格子》十册。卷亡。

中書省官制事目格

《宋史・藝文志・刑法類》《中書省官制事目格》一百二十卷。

尚書省官制事目格參照卷

《宋史・藝文志・刑法類》《尚書省官制事目格參照卷》六十七册。卷亡。

門下省官制事目格

《宋史・藝文志・刑法類》《門下省官制事目格》并《參照卷舊文浄條釐析總目目録》七十二册。卷亡。

元符敕令

尤袤《遂初堂書目・刑法類》《元符敕令》。

元符敕令格式

鄭樵《通志・藝文略・刑法》《元符敕令格式》一百三十二卷。

《宋史・藝文志・刑法類》章惇《元符敕令格式》一百三十四卷。

刑名斷例

《宋史・藝文志・刑法類》曾旼《刑名斷例》三卷。

崇寧申明敕令格式

鄭樵《通志・藝文略・刑法》《崇寧申明敕令格式》二卷。

崇寧通用貢舉法

鄭樵《通志・藝文略・刑法》《崇寧通用貢舉法》十二卷。

崇寧州學制

鄭樵《通志・藝文略・刑法》《崇寧州學制》一卷。

《宋史・藝文志・刑法類》《崇寧州學制》一卷。徽宗學校新法。

諸路將官通用敕

晁公武《郡齋讀書志・刑法類》《諸路將官通用敕》二十卷。袁本前志卷二下刑法類第四。右皇朝崇寧中修。

馬端臨《文獻通考・經籍考・刑法》《諸路將官通用敕》二十卷。

徽宗崇寧國子監算學敕令格式

《宋史・藝文志・刑法類》《徽宗崇寧國子監算學敕令格式》并《對修看詳一部。卷亡。

崇寧國子監畫學敕令格式

《宋史・藝文志・刑法類》《崇寧國子監畫學敕令格式》一部。卷亡。

崇寧改修法度

《宋史・藝文志・刑法類》沈錫《崇寧改修法度》十卷。

御製八行八刑條

鄭樵《通志・藝文略・刑法》《御製八行八刑條》一卷。

《宋史・藝文志・刑法類》《八行八刑條》一卷。大觀元年御製。

大觀州縣學法

鄭樵《通志・藝文略・刑法》《大觀州縣學法》十卷。

大觀新修學制

鄭樵《通志・藝文略・刑法》《大觀新修學制》三卷。

大觀學制敕令格式

鄭樵《通志・藝文略・刑法》《大觀學制敕令格式》三十五卷。

大觀中書敕令格式

尤袤《遂初堂書目・刑法類》《大觀中書敕令格式》。

大觀新修内東門司應奉禁中請給敕令格式

《宋史・藝文志・刑法類》《大觀新修内東門司應奉禁中請給敕令格式》一部。卷亡。

大觀告格

《宋史・藝文志・刑法類》《大觀告格》一卷。

政和新修學法

《宋史・藝文志・刑法類》鄭居中《政和新修學法》一百三十卷。

宗子大小學敕令格式

《宋史・藝文志・刑法類》李圖南《宗子大小學敕令格式》十五册。卷亡。

政和重修敕令格式

《宋史・藝文志・刑法類》何執中《政和重修敕令格式》五百四十八册。卷亡。

政和禄令格

《宋史・藝文志・刑法類》《政和禄令格》等三百二十一册。卷亡。

宗祀大禮敕令格式

《宋史・藝文志・刑法類》《宗祀大禮敕令格式》一部。政和間卷亡。

直達綱運法

《宋史・藝文志・刑法類》張動《直達綱運法》并《看詳》一百三十一册。卷亡。

政和敕令式

《宋史・藝文志・刑法類》王韶《政和敕令式》九百三卷。

政和新修御試貢士敕令格式

《宋史・藝文志・刑法類》白時中《政和新修御試貢士敕令格式》一百五十九卷。

政和重修國子監律學敕令格式

《宋史・藝文志・刑法類》孟昌齡《政和重修國子監律學敕令格式》一百卷。

政和敕令格式

鄭樵《通志・藝文略・刑法》《政和敕令格式》一百三十四卷。

政和中書門下敕令格式

尤袤《遂初堂書目・刑法類》《政和中書門下敕令格式》。

學制書

《宋史・藝文志・刑法類》鄭居中《學制書》一百三十卷。

政和續編諸路州縣學敕令格式

《宋史・藝文志・刑法類》蔡京《政和續編諸路州縣學敕令格式》十八卷。

政和新修貢士敕令格式

《宋史・藝文志・刑法類》白時中《政和新修貢士敕令格式》五十一卷。

接送高麗敕令格式

《宋史・藝文志・刑法類》《接送高麗敕令格式》一部。宣和初，卷亡。

明堂敕令格式

《宋史・藝文志・刑法類》《明堂敕令格式》一千二百六册。宣和初，卷亡。

奉使高麗敕令格式

《宋史・藝文志・刑法類》《奉使高麗敕令格式》一部。宣和初，卷亡。

兩浙福建路敕令格式

《宋史・藝文志・刑法類》《兩浙福建路敕令格式》一部。宣和初，卷亡。

神霄宫使司法令

《宋史・藝文志・刑法類》薛昂《神霄宫使司法令》一部。卷亡。

青囊本旨論

《宋史・藝文志・刑法類》劉次莊《青囊本旨論》一卷。

使範

《宋史・藝文志・刑法類》王晉《使範》一卷。

建炎元年以後續降録

尤袤《遂初堂書目・刑法類》《建炎元年以後續降録》。

紹興敕令格式

鄭樵《通志・藝文略・刑法》《紹興敕令格式》一百卷。

紹興重修敕令格式

《宋史・藝文志・刑法類》張守《紹興重修敕令格式》一百二十五卷。

紹興重修六曹寺監庫務通用敕令格式

《宋史・藝文志・刑法類》《紹興重修六曹寺監庫務通用敕令格式》五十四卷。秦檜等撰。

紹興重修吏部敕令格式

《宋史・藝文志・刑法類》《紹興重修吏部敕令格式》并《通用格式》一百二卷。朱勝非等撰。

紹興重修常平免役敕令格式

《宋史・藝文志・刑法類》《紹興重修常平免役敕令格式》五十四卷。秦檜等撰。

紹興重修貢舉敕令格式申明

《宋史・藝文志・刑法類》《紹興重修貢舉敕令格式申明》二十四卷。紹興中進。

紹興參附尚書吏部敕令格式

《宋史・藝文志・刑法類》《紹興參附尚書吏部敕令格式》七十卷。陳康伯等撰。

紹興重修在京通用敕令格式申明

《宋史・藝文志・刑法類》《紹興重修在京通用敕令格式申明》五十六卷。紹興中進。

紹興敕

晁公武《郡齋讀書志・刑法類》《紹興敕》十二卷。右皇朝張守等紹興中被旨編修。

馬端臨《文獻通考・經籍考・刑法》《紹興敕》十三卷。

紹興令

晁公武《郡齋讀書志・刑法類》《紹興令》五十卷。張守等紹興中被旨編修。

馬端臨《文獻通考・經籍考・刑法》《紹興令》五十卷。

紹興格

晁公武《郡齋讀書志・刑法類》《紹興格》三十卷。張守等紹興中被旨編修。

馬端臨《文獻通考・經籍考・刑法》《紹興格》三十卷。

紹興式

晁公武《郡齋讀書志・刑法類》《紹興式》三十卷。張守等紹興中被旨編修。

馬端臨《文獻通考・經籍考・刑法》《紹興式》三十卷。

五刑旁通圖

鄭樵《通志・圖譜略・記無・刑法》路仁恕《五刑旁通圖》。

政和二年以後敕

晁公武《郡齋讀書志・刑法類》《政和二年以後敕》十五卷。袁本前志卷二下刑法類第五。張守等紹興中被旨編修。

馬端臨《文獻通考・經籍考・刑法》《政和以後敕》十五卷。

紹興刑統申明

陳振孫《直齋書録解題・法令類》《紹興刑統申明》一卷。開寶以來累朝訂正與《刑統》並行者。

馬端臨《文獻通考・經籍考・刑法》《紹興刑統申明》一卷。

紹興貢舉法

陳振孫《直齋書録解題・法令類》《紹興貢舉法》五十卷。丞相萬俟卨等紹興二十六年表上。

馬端臨《文獻通考・經籍考・刑法》《紹興貢舉法》五十卷。

紹興監學法

陳振孫《直齋書録解題・法令類》《紹興監學法》二十六卷、《目録》二十五卷、《申明》七卷、《對修釐正條法》四卷，共六十二卷。宰相秦檜等紹興十三年表上。

馬端臨《文獻通考・經籍考・刑法》《紹興監學法》二十六卷、《目録》二十五卷、《申明》七卷、《對修釐正條法》四卷，共六十二卷。

大宗正司敕令格式申明

《宋史・藝文志・刑法類》《大宗正司敕令格式申明》及《目録》八十一卷。紹興重修。

類刑賦

鄭樵《通志・藝文略・刑法》《類刑賦》一卷。王言撰。

乾道重修三省密院敕令格式申明

尤袤《遂初堂書目・刑法類》《乾道重修三省密院敕令格式申明》。

官誥院一司條格

尤袤《遂初堂書目・刑法類》《官誥院一司條格》。

刑統賦

晁公武《郡齋讀書志・刑法類》《刑統賦》二卷。袁本後志卷一刑法類第四。右皇朝傅霖撰。或人爲之注。

馬端臨《文獻通考・經籍考・刑法》《刑統賦》兩卷。晁氏曰：皇朝傅霖撰，或人爲之注。

楊士奇等《文淵閣書目・刑書》《刑統賦》。一部。一册。闕。

高儒《百川書志・法令》《刑統賦》一卷。宋律學博士徐霖撰。

錢謙益等《絳雲樓書目・刑法類》《刑統賦》二卷。宋傅霖撰。《刑統》三十卷，宋竇儀等修。明初江陰陳書以歷代刑書，霖賦最善，詞約義博，注者非一，乃著輯義四卷。永樂中以薦歷大理寺正，有明允稱。

錢曾《讀書敏求記・史》傅霖《刑統賦》一卷。《刑統賦》藏本有二，一是延祐丙辰刻本，東原郄氏韻釋，趙孟頫序。後有李方中韻釋。

《四庫全書總目提要・法家類》《刑統賦》二卷。兩淮鹽政採進本。宋傅霖撰。

四科律心要訣

錢東垣等輯《崇文總目輯釋・刑法類》《四科律心要訣》一卷。

金科玉律總括詩

《宋史・藝文志・刑法類》劉高夫《金科玉律總括詩》三卷。

金科玉律

錢東垣等輯《崇文總目輯釋・刑法類》《金科玉律》二卷。

《宋史・藝文志・刑法類》《金科玉律》一卷。

王圻《續文獻通考・經籍考・法律》《金科玉律》。

金科類要

陳振孫《直齋書錄解題・法令類》《金科類要》二卷。案：《宋史・藝文志》作一卷。不著名氏。

尤袤《遂初堂書目・刑法類》《金科類要》。

《宋史・藝文志・刑法類》《金科類要》一卷。

刑統賦解

《宋史・藝文志・刑法類》《刑統賦解》一卷。並不知作者。

法紀精英

鄭樵《通志・藝文略・刑法》《法紀精英》二卷。王大川撰。

敍法

鄭樵《通志・藝文略・刑法》《敍法》二卷。

五刑旁通圖

鄭樵《通志・藝文略・刑法》《五刑旁通圖》一卷。路仁恕纂。

鄭樵《通志・圖譜略・刑法》路仁恕《五刑旁通圖》。

大理寺例總要

鄭樵《通志・藝文略・刑法》《大理寺例總要》十二卷。

六贓論

鄭樵《通志・藝文略・刑法》《六贓論》一卷。

斷獄指南

鄭樵《通志・藝文略・刑法》《斷獄指南》一卷。

繩墨斷例

鄭樵《通志・藝文略・刑法》《繩墨斷例》三卷。

斷獄立成

鄭樵《通志・藝文略・刑法》《斷獄立成》三卷。

許公辨正案問録

鄭樵《通志・藝文略・刑法》《許公辨正案問録》一卷。許長卿編。

案前決遣

鄭樵《通志・藝文略・刑法》《案前決遣》二卷。

仕途守法

鄭樵《通志・藝文略・刑法》《仕途守法》二卷。

作邑自箴

鄭樵《通志・藝文略・刑法》《作邑自箴》十卷。

《宋史・藝文志・刑法類》李元弼《作邑自箴》一卷。

錢謙益等《絳雲樓書目・故事類》《作邑自箴》。十卷。李元弼撰。政和丁酉序。

吕觀文縣

鄭樵《通志・藝文略・刑法》《吕觀文縣法》十卷。

牧宰政術

鄭樵《通志・藝文略・刑法》《牧宰政術》二卷。唐蕭秩撰。

公侯政術

鄭樵《通志・藝文略・刑法》《公侯政術》十卷。唐魯人名初撰。

決獄龜鑑

晁公武《郡齋讀書志・刑法類》 《決獄龜鑑》二十卷。袁本後志卷一刑法類第五。右皇朝鄭克編次。五代和凝有《疑獄集》，近時趙仝有《疑獄事類》，皆未詳盡。克因增廣之，依劉向《晏子春秋》，舉其綱要，爲之目録。分二十門，計三百九十五事。

馬端臨《文獻通考・經籍考・刑法》 《決獄龜鑑》二十卷。

律心

晁公武《郡齋讀書志・刑法類》 《律心》四卷。袁本後志卷一刑法類第六。右未詳撰人。纂《刑統》綱要也。

馬端臨《文獻通考・經籍考・刑法》 《律心》四卷。

斷例

晁公武《郡齋讀書志・刑法類》 《斷例》四卷。袁本後志卷一刑法類第七。右皇朝王安石執政以後，士大夫頗垂意律令。此熙、豐、紹聖中法寺決獄比例也。

養賢録

趙希弁《讀書附志・刑法類》 《養賢録》二十二卷。右王日休所編也。以嘉祐、元豐、政和、紹興《勑》、《令》、《格》、《式》，嘉祐、政和《禄》、《令》，紹興《禄秩》、《吏部七司條法》，紹興《免役令》參攷編類，其舊法不行於今者亦存之，以見沿革云。日休，字作德，釣臺人也。

尤袤《遂初堂書目・刑法類》 《養賢録》。

《宋史・藝文志・刑法類》 王日休《養賢録》三十二卷。

治縣法

趙希弁《讀書附志・刑法類》 《治縣法》十卷。右呂惠卿所著也。曰《法令》，曰《詞訟》，曰《刑獄》，曰《簿曆》，曰《造簿》，曰《給納》，曰《災傷》，曰《盜賊》，曰《勸課》，曰《教化》。惠卿自序於前，紹聖二年九月也。所在多刊此法，豈非不以人廢言與。

常平役法

趙希弁《讀書附志・刑法類》 《常平役法》一卷。右紹興以來臣僚申請、士民陳訴備載於中。按《朱文公語録》，乃朝廷頒降者。

尤袤《遂初堂書目・刑法類》 《常平役法》。

淳熙常平茶鹽敕令

尤袤《遂初堂書目・刑法類》 《淳熙常平茶鹽敕令》。

淳熙重修敕令格式

《宋史・藝文志・刑法類》 《淳熙重修敕令格式》及《隨敕申明》二百四十八卷。

淳熙吏部條法總類

《宋史・藝文志・刑法類》《淳熙吏部條法總類》四十卷。淳熙二年，敕令所編。

條令總類

尤袤《遂初堂書目・刑法類》《條令總類》。

折獄龜鑑

尤袤《遂初堂書目・刑法類》《折獄龜鑑》。

《宋史・藝文志・刑法類》鄭克《折獄龜鑑》三卷。

張萱等《内閣藏書目録・雜部》《折獄龜鑑》二册。全。宋鄭克編。皆古人善折獄之事也。原二十卷，中外二十門，凡三百九十五事，前刻亦非完書。

黄虞稷《千頃堂書目・政刑類補元》鄭克《折獄龜鑑》二十卷。

倪燦等《補遼金元藝文志・政刑類》鄭克《折獄龜鑑》二十卷。

《四庫全書總目提要・法家類》《折獄龜鑑》八卷。《永樂大典》本。宋鄭克撰。是書《宋志》作二十卷。

張之洞《書目答問・法家》《折獄龜鑑》八卷。宋鄭克。守山閣本。金壺本。

百家備覽

楊士奇等《文淵閣書目・刑書》《百家備覽》。一部。二册。闕。

棠陰比事

楊士奇等《文淵閣書目・刑書》《棠陰比事》。一部。一册。闕。

高儒《百川書志・法令》《棠陰比事》一卷。南宋四明桂萬榮取《疑獄集》、《折獄龜鑑》比事屬辭，聯成七十二韻。

王圻《續文獻通考・經籍考・法律》《棠陰比事》桂萬榮著。萬榮慈谿人，慶元初進士，歷典州縣，有聲。仕終直秘閣。

錢謙益等《絳雲樓書目・故事類》《棠陰比事》。一卷。宋桂萬榮撰，折獄之書。

《四庫全書總目提要・法家類》《棠陰比事》一卷，《附録》一卷。浙江巡撫採進本。宋桂萬榮撰，明吴訥删補。

黄丕烈《蕘圃藏書題識・子類一》《棠陰比事》一卷。宋本。

洗冤録

范邦甸等《天一閣書目・法家類》《洗冤録》五卷。刊本卷首有天一閣左司馬氏二圖章。宋淳祐丁未提刑宋慈惠父撰，嘉靖丙午東牟王吉序。

《四庫全書總目提要・法家類》《洗冤録》二卷。永樂大典本。宋宋慈撰，慈字惠父始末未詳。

黄丕烈《蕘圃藏書題識・子類一》宋提刑《洗冤集録》五卷。附聖朝頒降新例。元刊本。

洗冤録

楊士奇等《文淵閣書目・刑書》《洗冤録》。一部。一册。闕。

王圻《續文獻通考・經籍考・法律》《洗冤録》。宋慈著。慈建陽人，嘉定中進士，居官，所在有聲。

高儒《百川書志・法令》《提刑洗冤録》一卷。宋湖南提刑大使宋慈惠父編集。

張金吾《愛日精廬藏書續志・政書類》《宋提刑洗冤集録》五卷附聖朝頒降新例。元刊本。

欽恤編

王圻《續文獻通考・經籍考・法律》《欽恤編》陳光祖作以戒僚屬。光祖字世德奉化人。

乾道重修敕令格式

《宋史・藝文志・刑法類》《乾道重修敕令格式》一百二十卷。虞允文等撰。

明刑盡心録

尤袤《遂初堂書目・刑法類》《明刑盡心録》。

士民指掌

尤袤《遂初堂書目・刑法類》《士民指掌》。

檢驗法

尤袤《遂初堂書目・刑法類》《檢驗法》。

中書條例格式

尤袤《遂初堂書目・刑法類》《中書條例格式》。

淳熙重修吏部左選敕令格式申明

《宋史・藝文志・刑法類》《淳熙重修吏部左選敕令格式申明》三百卷。龔茂良等撰。

諸軍班直禄令

《宋史・藝文志・刑法類》《諸軍班直禄令》一卷。

諭俗編

《宋史・藝文志・刑法類》鄭至道《諭俗編》一卷。

慶元重修敕令格式

《宋史・藝文志・刑法類》《慶元重修敕令格式》及《隨敕申明》二百五十六卷。慶元三年詔重修。

慶元敕

陳振孫《直齋書録解題・法令類》《慶元勅》十二卷。丞相豫章京鏜仲遠等慶元四年表上。國朝自建隆以來，世有編敕，每更修定，號爲「新書」。中興至此，凡三修矣。其有續降指揮，謂之「後敕」，以待他時修入云。

馬端臨《文獻通考・經籍考・刑法》《慶元敕》十二卷。

慶元令

陳振孫《直齋書録解題・法令類》《慶元令》五十卷。

馬端臨《文獻通考・經籍考・刑法》《慶元令》五十卷。

慶元格

陳振孫《直齋書録解題・法令類》《慶元格》三十卷。

馬端臨《文獻通考・經籍考・刑法》《慶元格》三十卷。

慶元式

陳振孫《直齋書録解題・法令類》《慶元式》三十卷。

馬端臨《文獻通考・經籍考・刑法》《慶元式》三十卷。

慶元敕令格式目録

陳振孫《直齋書録解題・法令類》《慶元敕令格式目録》一百二十二卷。

馬端臨《文獻通考・經籍考・刑法》《慶元敕令格式目録》一百二十二卷。

慶元隨勅申明

陳振孫《直齋書録解題・法令類》《隨敕申明》十二卷。

馬端臨《文獻通考・經籍考・刑法》《慶元隨勅申明》十二卷。

慶元條法事類

楊士奇等《文淵閣書目・政書》《慶元條法事類》。一部。三十册。闕。

役法撮要

陳振孫《直齋書録解題・法令類》《役法撮要》一百八十九卷。提舉編修宰相京鏜等慶元六年上。自紹興十七年正月以後，至慶元五年七月以前，爲五十五門，又八十二小門，門爲一卷外，爲參詳目録等。卷雖多而文甚少。其書於州縣差役，極便於引用。

馬端臨《文獻通考・經籍考・刑法》《役法撮要》一百八十九卷。

慶元條法事類

《宋史・藝文志・刑法類》《慶元條法事類》八十卷。嘉泰元年，敕令所編。

錢謙益等《絳雲樓書目・刑法類》《慶元條法事類》十册。九十卷。

張金吾《愛日精廬藏書志・政書類》《慶元條法事類》八十卷。附《開禧重修尚書吏部侍郎右選格》二卷。抄本。

嘉泰條法事類

陳振孫《直齋書録解題・法令類》 《嘉泰條法事類》八十卷。宰相天台謝深甫子肅等嘉泰二年表上。初，吏部七司有《條法總類》，《淳熙新書》既成，孝宗詔倣七司體分門修纂，別爲一書，以「事類」爲名，至是以《慶元新書》修定頒降。此書便於檢閲引用，惜乎不併及《刑統》也。

馬端臨《文獻通考・經籍考・刑法》 《嘉泰條法事類》八十卷。

開禧重修吏部七司敕令格式申明

《宋史・藝文志・刑法類》 《開禧重修吏部七司敕令格式申明》三百二十三卷。開禧元年上。

開禧吏部七司法

楊士奇等《文淵閣書目・政書》 《開禧吏部七司法》。一部。二十册。闕。

嘉定編修百司吏職補授法

《宋史・藝文志・刑法類》 《嘉定編修百司吏職補授法》一百三十三卷。嘉定六年上。

嘉定吏部條法總類

陳振孫《直齋書録解題・法令類》 《嘉定吏部條法總類》五十卷。嘉定中，以開禧重修《七司法》并《慶元海行法》、《在京通用法》、《大宗正司法》參定，凡改正四百六十餘條。視淳熙《總類》增多十卷，七年二月頒行。

馬端臨《文獻通考・經籍考・刑法》 《嘉定吏部條法總類》五十卷。

《宋史・藝文志・刑法類》 《嘉定編修吏部條法總類》五十卷。嘉定中詔修。

景定條總類

楊士奇等《文淵閣書目・政書》 《景定條總類》。一部。二十册。闕。

宋六曹法

楊士奇等《文淵閣書目・政書》 《宋六曹法》。一部。六册。闕。

疑獄集

《宋史・藝文志・刑法類》 趙仝《疑獄集》三卷。

刑名斷例

陳振孫《直齋書録解題・法令類》 《刑名斷例》十卷。不著名氏。以《刑統》、《勅令》總爲一書，惜有未備也。

馬端臨《文獻通考・經籍考・刑法》 《刑名斷例》十卷。

金國刑統

尤袤《遂初堂書目・刑法類》 《金國刑統》。

軍前權宜條理

孫德謙《金史藝文略・法制》《軍前權宜條理》。無撰人。以上三種，見《金史・刑志》。

大定編制

孫德謙《金史藝文略・法家》《大定編制》一卷。任邱齊伯顔士元撰，見《畿輔通志》引《任邱縣志》。案此與《泰和律義》似當入史部法令類，今從《通志》。大定一作人定。

刑統賦删要

孫德謙《金史藝文略・法家》《刑統賦删要》。李祐之撰。賦爲宋傅霖作，《提要》云：其後註者不一，金泰和中李祐之有《删要》。

大定重修條制

錢大昕《補元史藝文志・刑法類》《大定重修制條》十二卷。大理卿移刺慥撰。

大定律例

孫德謙《金史藝文略・法制》《大定律例》十二卷。大理卿移刺慥撰。

承安律義

錢大昕《補元史藝文志・刑法類》《承安律義》承安五年尚書省進。

孫德謙《金史藝文略・法制》《承安律義》。無撰人。《補遼金元藝文志》注失名。

泰和律令格式

楊士奇等《文淵閣書目・刑書》《泰和律令格式》。一部。九册。闕。

泰和新定律令敕條格式

黄虞稷《千頃堂書目・政刑類補金》《新定律令敕條格式》五十二卷。泰和元年司空襄等進。

倪燦等《補遼金元藝文志・政刑類》［金］《新定律令勅條格式》五十二卷。泰和元年司空襄等進。

錢大昕《補元史藝文志・刑法類》《泰和新定律令敕條格式》五十二卷。《泰和律令》二十卷，《新定敕條》三卷六部，《格式》三十卷。泰和元年司空襄進。

孫德謙《金史藝文略・法制》《泰和新定律令敕條格式》五十三卷。無撰人。泰和元年司空襄進。內《泰和律令》二十卷，《新定敕條》三卷，《六部格式》三十卷。《菉竹堂書目》有《泰和律令格式》三册。

泰和律義

倪燦等《補遼金元藝文志・政刑類》《泰和律義》失名。

錢大昕《補元史藝文志・刑法類》《泰和律義》三十卷。泰和元年十二月成。

孫德謙《金史藝文略・法制》《泰和律義》三十卷。無撰人。見《金史・刑志》。《菉竹堂書目》作《泰和新定律義》，題十六册。

楊士奇等《文淵閣書目・刑書》《泰和新定律義》。一部。十六册。闕。

刪注刑統賦

錢大昕《補元史藝文志・刑法類》 李祐之《刪注刑統賦》。太原人。

孫德謙《金史藝文略・法制》《刪注刑統賦》。太原李祐之撰。

金國須知

尤袤《遂初堂書目・刑法類》《金國須知》。

總格

孫德謙《金史藝文略・法制》《總格》。無撰人。

金格

孫德謙《金史藝文略・法制》《金格》。無撰人。以上二種，見《金史・百官志注》。

至元新格

黃虞稷《千頃堂書目・政刑類補元》 何榮祖《至元新格》。

倪燦等《補遼金元藝文志・政刑類》 何榮祖《至元新格》。

錢大昕《補元史藝文志・刑法類》《至元新格》。參知政事何榮祖撰。

大元通制

王圻《續文獻通考・經籍考・法律》《大元通制》。樞密副使完顔納丹、侍御史曹伯啓等纂集。凡二千五百三十九條，內斷例七百一十七條，格千一百五十一，詔赦九十四，令類五百七十七。孛術魯翀序。

錢大昕《補元史藝文志・刑法類》《大元通制》八十八卷，二千五百三十九條。至治三年完顔納丹、曹伯啓纂集。

元刑統一覽

楊士奇等《文淵閣書目・刑書》《元刑統一覽》。一部。五册。闕。

錢大昕《補元史藝文志・刑法類》《刑統一覽》五册。

刑統

錢大昕《補元史藝文志・刑法類》 趙惟賢《刑統》。

永徽法經

《四庫全書總目提要・政書類》《永徽法經》三十卷。《永樂大典》本。元鄭汝翼撰。汝翼字鵬舉，河南人。喬從善跋謂其「束髮讀書，學刑名家，罔不涉獵，得法外意。中金朝律科，選官刑部檢法。迨壬辰革命，徙居順德州。節度趙公識其有平反譽，擢詳議中書省，尋舉授大理丞，後以奉直大夫左三部郎中致仕」。是書作於中統癸亥，意主發明《唐律》，故名之曰《永徽法經》。自序稱：「唐永徽因隋參定爲十三章三十卷，其法詳備。金朝嘉尚制科，皇統、大定，權定大略，未成章目。道陵敕設詳定、校定兩所，自明昌至泰和，以隋、唐、遼、宋遺文參定篇目，卷帙全依唐制。其間度時增損者十有一二。遼、宋、皇、統、大定，文籍更革無存。永徽、泰和，遺文足徵。因閱此書，以隨款異同者分析編類，庶便於觀覽。」其目仍用十三章之舊，每篇目下有議。自李悝以後，同異分合，前後之次，各析其沿革源流。其書則列《唐律》於前，而附《金律》於後。或有或無，或同或異，或增或減，俱詳爲之註，頗爲精密。《文淵閣書目》載此書一部五册，不著卷數。《永樂大典》所載者併爲四卷，今從之著録。

元折獄龜鑑

楊士奇等《文淵閣書目・刑書》 《元折獄龜鑑》。一部。三册。闕。

元會要格例

楊士奇等《文淵閣書目・刑書》 《元會要格例》。一部。六册。闕。

唐律删要

黄虞稷《千頃堂書目・政刑類補元》 吴萊《唐律删要》三十卷。

倪燦等《補遼金元藝文志・政刑類》 吴萊《唐律删要》三十卷。

錢大昕《補元史藝文志・刑法類》 吴萊《唐律删要》三十卷。

唐律類要

黄虞稷《千頃堂書目・政刑類・補元》 梁琮《唐律類要》六卷。安陽人。福建轉運副使。

錢大昕《補元史藝文志・刑法類》 梁琮《唐律類要》六卷。

官吏須用

黄虞稷《千頃堂書目・政刑類・補元》 梁琮《官吏須用》十六卷。

倪燦等《補遼金元藝文志・政刑類》 梁琮《官吏須用》十六卷。安陽人，福建轉運副使。

審聽要訣

王圻《續文獻通考・經籍考・法律》 《審聽要决》。儋思著。

倪燦等《補遼金元藝文志・政刑類》 贍思《審聽要訣》。

錢大昕《補元史藝文志・刑法類》 贍思《審聽要訣》。

無冤録

錢大昕《補元史藝文志・刑法類》 王與《無冤録》二卷。

孫星衍《平津館鑒藏書籍記補遺・寫本》 新刻《無冤録》一卷。題錢唐胡文焕德甫校。前有洪武十七年羊角山叟序，稱東甌王氏作，據《四庫全書》所收本，是元王與撰。《永樂大典》有《自序》一篇，題至大改元之歲，此本無之。庫本作二卷，此本併作一卷。

唐律疏義釋文

錢大昕《補元史藝文志・刑法類》 王元亮《唐律疏義釋文》三十卷。

唐律纂例圖

錢大昕《補元史藝文志・刑法類》 王元亮《唐律纂例圖》。不分卷。字長卿，汴梁人。江西行省檢校官。

金玉新書

《四庫全書總目提要・政書類》《金玉新書》二十七卷。《永樂大典》本。不著撰人名氏，蓋元時坊本也。其書凡大綱三十一門：一曰民庶，二曰商旅，三曰僧道，四曰官制，五曰州縣，六曰監司，七曰皇族，八曰遣使，九曰職任，十曰薦舉，十一曰選試，十二曰推鞫，十三曰公吏，十四曰軍防，十五曰督捕，十六曰倉庫，十七曰場務，十八曰綱運，十九曰工役，二十曰功賞，二十一曰推賞，二十二曰職田，二十三曰朝享，二十四曰恩封，二十五曰儀制，二十六曰禮制，二十七曰給賜，二十八曰文書，二十九曰請給，三十曰急遞，三十一曰貢獻。每門皆以二字爲題，中又分子目，皆以六字爲題。繁雜瞀亂，殊不足觀。其曰「金玉新書」者，殆取金科玉律之意，立名亦未雅馴也。

憲臺通記

楊士奇等《文淵閣書目・政書》《憲臺通記》。一部。二册。塾本無此部。

西臺對越集

楊士奇等《文淵閣書目・政書》《西臺對越集》。一部。一册。闕。

爲政通論

楊士奇等《文淵閣書目・政書》《爲政通論》。一部。一册。闕。

至正條格

楊士奇等《文淵閣書目・刑書》元《至正條格》。一部。三十八册。闕。

王圻《續文獻通考・經籍考・法律》《至正條格》。至元四年二月修，至正五年成。制詔百有五十條，格千有七百，斷例千五十有九。

張萱等《内閣藏書目録・御制部》《至正條格》四册。全。

《四庫全書總目提要・政書類》《至正條格》二十三卷。《永樂大典》本。元順帝時官撰。凡分目二十七：曰祭祀，曰户令，曰學令，曰選舉，曰宮衛，曰軍防，曰儀制，曰衣服，曰公式，曰禄令，曰倉庫，曰廄牧，曰田令，曰賦役，曰關市，曰捕亡，曰賞令，曰醫藥，曰假寧，曰獄官，曰雜令，曰僧道，曰營繕，曰河防，曰服制，曰站赤，曰榷貨。案《元史・刑法志》載元初平宋，簡除繁苛，始定新律。至元二十一年，中書省咨各衙門，將元降聖旨條律，頒之有司，號曰「至元新格」。仁宗時，又以格例條畫，類集成書，號曰「風憲宏綱」。英宗時復加損益，書成，號曰「大元通制」，其書之大綱有三：一曰詔制，二曰條格，三曰斷制。自仁宗以後，率遵用之，而不及此書。據歐陽玄序，則此書乃順帝至元四年中書省言，《大元通制》纂集於延祐乙卯，頒行於至治之癸亥，距今二十餘年。朝廷續降詔條，法司續議格例，簡牘滋繁，因革靡常。前後衡決，有司無所質正。往復稽留，吏或舞文。請擇老成耆舊、文學法理之臣，重新删定。上乃敕中書專官，典治其事。遴選樞府、憲臺、大宗正、翰林集賢等官，編閲新舊條格，參酌增損。書成，爲制詔百有五十條，格千有七百，斷例千五十有九。至正五年書成，丞相阿魯圖等入奏，請賜名曰「至正條格」。其編纂始末，釐然可考。《元史》遺之，亦疎漏之一證矣。原本卷數不可考，今載於《永樂大典》者，凡二十三卷。

錢大昕《補元史藝文志・刑法類》《至正條格》二十三卷。

元選格

楊士奇等《文淵閣書目・政書》 《元選格》。一部。四册。闕。

至正國朝典章

錢謙益等《絳雲樓書目・刑法類》 元《至正國朝典章》六册。

刑統續賦

錢曾《讀書敏求記・史》 楊淵《刑統續賦》一卷。《刑統續賦》一是至正壬辰鈔。本鄒人孟奎解，沈維時序。

平冤録

黄虞稷《千頃堂書目・政刑類補元》 東甌王氏《平冤録》二卷。

倪燦等《補遼金元藝文志・政刑類》 東甌王氏《平冤録》二卷。失名。

孫星衍《平津館鑒藏書籍記補遺・寫本》 新刻《平冤録》一卷。題錢唐胡文煥德甫校，前後無序、跋。據《無冤録》羊角山叟序，此書在《洗冤録》後，《無冤録》前，當亦宋元閒人所撰。自檢復至發冢，四十三類，《四庫全書》不著録。

折獄比事

楊士奇等《文淵閣書目・政書》 《折獄比事》一部。二册。闕。

錢大昕《補元史藝文志・刑法類》 徐泰亨《折獄比事》十卷。字和甫，餘杭人，青陽縣尹。

政刑類要

《四庫全書總目提要・法家類》 《政刑類要》一卷。永樂大典本。元彭天錫撰。天錫字仁仲，湖州人，其始末無考。原序謂其通才明吏，專於法家。能成書如此，必有推轂者，殆吏胥之流歟。其書以當時法令區別科類，大字標目於其上，細字分記於其下。蓋因舊文繁重，變爲簡易，以便於記覽者耳。

名公書判清明集

《四庫全書總目提要・法家類》 《名公書判清明集》十七卷。永樂大典本。不著撰人名氏。輯宋、元人案牘判語，分類編次，皆署其人之别號。蓋用《文選稱》字之例，然名不甚顯者，其人遂不可知矣。其詞率以文采儷偶爲工，蓋當時之體如是云。

唐律文明法會要録

《四庫全書總目提要・法家類》 《唐律文明法會要録》一卷。《永樂大典》本。不著撰人名氏。前有原序，亦不署名。後有沈侃序，署其字曰和鄉，署其官曰陵州同知。案陵州始設於元，則元人作也。其説皆郛廓迂腐，殆無足觀。

官民準用

《四庫全書總目提要・政書類》 《官民準用》七卷。《永樂大典》本。不著撰人名氏。前有徐天麟序曰：「元不尚苛細，故不用太和舊例。然隨事立法，前後所降格例，文墨之吏，不能盡睹。及蒙省臺降令，內外衙門編類，置簿檢舉。適有好事君子，出一編書示余曰『官民準用』云云。則是書乃留心法律者鈔集案牘而爲之，非官撰也。前列詔敕，中分三十二目：一曰官制，二曰吏員，三曰公牘，四曰禮儀，五曰學校，六曰僧道，七曰户役，八曰田産，九曰婚娶，十曰良賤，十一曰債負，十二曰俸給，十三曰錢糧，十四曰課程，十五曰倉庫，十六曰榷禁，十七曰鋪驛，十八曰軍兵，十九曰臺察，二十曰訴訟，二十一曰警捕，二十二曰斷獄，二十三曰禁約，二十四曰雜犯，二十五曰盜賊，二十六曰毆殺，二十七曰贓婪，二十八曰姦汙，二十九曰詐僞，三十曰拾遺，三十一曰工作，三十二曰匠役，附以唐律諸圖。蓋元初罷科舉而用掾吏，故官制之下，即次以吏員。又其時三教竝重，故學校之後即次以僧道也。此書明《文淵閣書目》作四册，不言幾卷。今見於《永樂大典》者，凡七卷，已合併舊帙，非其原數矣。

續律

楊士奇等《文淵閣書目・刑書》《續律》。一部。三册。闕。

《續律》。一部。一册。闕。

刑統賦註精要

楊士奇等《文淵閣書目・刑書》《刑統賦註精要》。一部。一册。闕。

刑統律文

楊士奇等《文淵閣書目・刑書》《刑統律文》。一部。三册。闕。

清明集

黄虞稷《千頃堂書目・政刑類補元》《清明集》十四卷。

倪燦等《補遼金元藝文志・政刑類》《清明集》十四卷。失名。

折獄龜鑑

黄虞稷《千頃堂書目・政刑類補元》《折獄龜鑑》二卷。不著撰人姓氏。

律令直解

黄虞稷《千頃堂書目・政刑類》《律令直解》□□卷。吴王元年，上以律令初頒，恐民一時不能盡知法意，乃命大理卿周禎直解其義，頒之郡縣，使民人人通曉。十二月戊午書成，進呈刊行。

大明令

楊士奇等《文淵閣書目・國朝》《大明令》。一部。一册。闕。

高儒《百川書志・法令》《大明令》一卷。凡一百三十四條。

范邦甸等《天一閣書目・政書類》《大明令》一卷。明洪武元年御撰并製序。

徐𤊹《徐氏家藏書目・本朝史類》《大明令》一卷。

錢謙益等《絳雲樓書目・本朝制書實録》《大明令》。

黄虞稷《千頃堂書目・政刑類》《大明令》一卷。高帝命楊慈劉基陶安等裁定，分六曹，凡一百四十五條。洪武元年□月十八日頒行。

大明律令

王圻《續文獻通考・經籍考・法律》《大明律令》。洪武元年，命中書省御史臺諸臣詳定。

明祖訓

《四庫全書總目提要・政書類》《明祖訓》一卷。浙江巡撫採進本。明洪武二年，命中書編次。其目十有三，一祖訓首章、一持守、一嚴祭祀、一謹出入、一愼國政、一禮儀、一法律、一内令、一内官、一職制、一兵衛、一營繕、一供用。至六年五月書成，太祖自爲序，復命宋濂序之。此本佚濂序，惟太祖之序載篇首。序稱「開導後人，立爲家法，大書揭於西廡，朝夕親覽，以求至當。首尾六年，凡七謄録稾，至今方定。翰林編輯成書，禮部刊印」云云。然則諸詞臣僅繕録排纂而已，其文詞悉太祖御撰也。其中多言親藩體制，大抵懲前代之失，欲兼用封建郡縣以相牽制，故親王與方鎮各掌兵，王不得預民事，官吏亦不得預王府事。尤諄諄以姦臣壅蔽離間爲慮，所以防之者甚至。如云：「若大臣行姦，不令王見天子，私下傳致其罪而遇不幸者，其長史司併護衛移文五軍都督府，索取姦臣，族滅其家。」又云：「如朝無正臣，内有姦惡，則親王訓兵待命，或領正兵討平。」然則靖難之事，肇釁於此。高煦、宸濠遂接踵傚尤。是亦矯枉過直，作法於涼之弊矣。皇甫録《明記略》云：「《祖訓》所以教戒後世者甚備，獨無委任閹人之禁，世以爲怪。或云本有此條，因販在司禮監削去耳。」然《永樂大典》所載，亦與此本相同，則似非後來削去，録所云云，蓋以意揣之也。

刑統賦解

黃虞稷《千頃堂書目・政刑類》朱升《刑統賦解》。

申明誡諭書

黃虞稷《千頃堂書目・政刑類》《申明誡諭書》。洪武五年八月丙戌書成，頒示天下。

明律

楊士奇等《文淵閣書目・國朝》《大明律》一部。二册。闕。

《大明律》一部。二册。闕。

《大明律》一部。二册。闕。

《大明律》一部。二册。闕。

《大明律》一部。一册。闕。

黃虞稷《千頃堂書目・政刑類》《大明律》三十卷。洪武六年命刑部尚書劉惟謙詳定。其篇目皆準《唐律》，采用舊律二百八十八條，舊令改律三十六條，因事制律三十一條，掇唐律以補遺一百二十三條，合六百有六條。其間損益務合輕重之宜，每成一篇，輒繕寫以進。上令揭於兩廡之壁，親加裁定。及成篇，命學士宋濂爲表以進。九年十月，又謂猶有擬議，命右丞相胡惟庸、御史大夫汪廣洋復詳加考定，釐正者凡十有三條，餘如故頒行。

《明史・藝文志・刑法類》《大明律》三十卷。洪武六年，命刑部尚書劉惟謙詳定。篇目皆準唐律，合六百有六條。九年復釐正十有三條，餘仍故。

《四庫全書總目提要・政書類》《明律》三十卷。《永樂大典》本。明太祖時敕修。初，太祖平武昌，即議律令。吳元年，命左丞相李善長爲律令總裁官，楊憲、陶安等爲議律官。諭之曰：「法貴簡當，使人易曉。若條緒繁多，或一事兩端，可輕可重，吏得因緣爲姦，非法意也。」遂御西樓，召諸臣賜坐，從容講論律意。書成，又恐小民不能周知，命大理卿周禎等自禮樂、制度、錢糧、選、法之外，凡民間所行事宜，類聚成編。訓釋其義，頒之郡縣，名曰《律令直解》。洪武元年，又命儒臣四人，同刑官講《唐律》，日進二十條。六年夏，刊《律令憲綱》，頒之諸司，然皆隨宜草創，未及詳備。此書乃六年之冬，詔刑部尚書劉惟謙詳定。凡近代比例之繁，姦吏可資爲出入者，咸痛革之。每一篇成，繕書上奏，揭於西廡之壁，親爲裁定。明年二月，書成，篇目一準於唐。采用已頒舊律三十六條，因事制律三十一條，掇唐律以補遺者又一百二十二條，合六百有六條。然明代斷獄，不甚遵用，故其書亦罕傳本，此猶《永樂大典》所載明初之舊本也。

唐律疏義

黃虞稷《千頃堂書目・政刑類》 劉惟謙《唐律疏義》十二卷。

《明史・藝文志・刑法類》 劉惟謙《唐律疏義》十二卷。

操練軍士例

張萱等《內閣藏書目録・御制部》 《操練軍士例》一册。洪武六年頒刻。又一册。

操練軍士律

楊士奇等《文淵閣書目・國朝》 《操練軍士律》。一部。一册。完全。

《操練軍士律》。一部。一册。闕。

軍法定律

楊士奇等《文淵閣書目・國朝》 《軍法定律》。一部。一册。完全。

《軍法定律》。一部。一册。完全。

《軍法定律》。一部。一册。完全。

《軍法定律》。一部。一册。闕。

《軍法定律》。一部。一册。闕。

張萱等《內閣藏書目録・御制部》 《軍法定律》一册。全。又三册。全。同前。

律解附例

范邦甸等《天一閣書目・政書類》 《律解附例》四卷。明刑部尚書劉惟謙表上。

律條

張萱等《內閣藏書目録・御制部》 《律條》一册。洪武十三年奉旨更定數條，河南神武衛鈔本。

臣戒録

黃虞稷《千頃堂書目・政刑類》 《臣戒録》一卷。洪武十三年正月，胡惟庸謀叛事覺，命翰林侍臣纂録歷代諸侯王宗戚宦官之屬悖逆不道者凡二百十二人，備其行事以類書之。六月書成，頒佈中外。

御製大誥

楊士奇等《文淵閣書目・國朝》 《御製大誥》。一部。三册。完全。

《御製大誥》。一部。三册。完全。

《御製大誥》。一部。三册。殘缺。

《御製大誥》。一部。三册。闕。

高儒《百川書志・法令》 《御製大誥》一卷。凡七十四條，洪武十八年十月頒。

黄虞稷《千頃堂書目・政刑類》 《御製大誥》一卷。洪武十八年十月《御製大誥》成，又明年三月再爲《續編》，至十二月更爲《三編》。上以中外臣民染元之俗，往往不安職業，觸麗憲章，欲倣成周「乃洪大誥治」之制以訓誥之，凡爲三編。其意切至而辭益加詳，每編成，上親序之。

《明史・藝文志・刑法類》 太祖《御製大誥》一卷。

大誥續編

高儒《百川書志・法令》 《大誥續編》一卷。洪武十九年三月頒，凡八十七條。

張萱等《内閣藏書目録・聖制部》 《御製大誥續編》一册。太祖御製序，凡八十七條。又一册。全。又一册。全。

《明史・藝文志・刑法類》 《大誥續編》一卷。

大誥三編

高儒《百川書志・法令》 《大誥三編》一卷。洪武十九年十月頒，凡四十二條，俱御製。

王圻《續文獻通考・經籍考・法律》 《大誥三編》。洪武十九年作。見前。

張萱等《内閣藏書目録・聖制部》 《御製大誥三編》一册。全。又一册。全。又一册。全。又一册。全。

《明史・藝文志・刑法類》 《大誥三編》一卷。

集犯論

張萱等《内閣藏書目録・御制部》 《集犯論》二册。國初凡罪犯已正典刑者，皆爲圖書其名姓、罪狀刊佈之。編修吳沈有序。

志戒録

黄虞稷《千頃堂書目・政刑類》 《志戒録》二卷。洪武十九年十月頒其書，劉三吾編輯。采晉李克至宋劉正彦爲臣悖逆者凡百有餘事，一名《歷代姦臣備傳》。賜羣臣及教官諸生講誦，使知所鑒戒。

保治要議

徐𤊹《徐氏家藏書目・本朝史類》 《保治要議》四卷。

皇祖四大法

徐𤊹《徐氏家藏書目・本朝史類》 《皇祖四大法》十二卷。何棟如。

欽明大録

徐𤊹《徐氏家藏書目・本朝史類》 《欽明大獄録》二卷。

大誥武臣

高儒《百川書志・法令》《大誥武臣》六卷。皇朝洪武二十年製，《大誥》三十二條，四勒及武士訓戒一録。

張萱等《内閣藏書目録・聖制部》《大誥武臣》一册。太祖高皇帝御製序，凡三十二條。又一册。

黄虞稷《千頃堂書目・政刑類》《大誥武臣》一卷。洪武二十年十二月，上以武臣多出自行伍，罔知憲典，故所爲往往麗法，乃製《大誥》三十一篇以訓。

御製武臣敕諭

黄虞稷《千頃堂書目・政刑類》《御製武臣敕諭》一卷。洪武二十一年八月頒行，凡八條。

《明史・藝文志・刑法類》《武臣敕諭》一卷。

武士訓戒録

黄虞稷《千頃堂書目・政刑類》《武士訓戒録》一卷。洪武二十一年十月乙丑頒行。命儒臣編輯古今武臣善惡事，釋以直解，以訓武臣。

御製大誥條目

楊士奇等《文淵閣書目・國朝》《御製大誥條目》一部。一册。闕。

大誥經義

張萱等《内閣藏書目録・聖制部》《大誥經義》一册。鈔本。莫詳注人姓氏。分三十一章而注其義。

逆臣録

黄虞稷《千頃堂書目・政刑類》《逆臣録》五卷。太祖敕翰林臣輯録藍黨獄詞。

《明史・藝文志・刑法類》《逆臣録》五卷。藍黨獄詞。

昭示姦黨録

張萱等《内閣藏書目録・聖制部》《昭示姦黨録》三册。國初楊憲、胡惟庸等謀反罪狀。高皇帝御製序。又五册，散逸不全。

錢謙益等《絳雲樓書目・本朝制書實録》《昭示姦黨録》二卷。凡有三録。

黄虞稷《千頃堂書目・政刑類》《昭示奸黨録》一卷，又《第二録》一卷，又《第三録》一卷。

《明史・藝文志・刑法類》《昭示姦黨録》一卷，《第二録》一卷，《第三録》三卷。已上三《録》皆胡黨獄詞。

姦黨録

楊士奇等《文淵閣書目・國朝》《姦黨録》。一部。一册。完全。

彰善癉惡録

楊士奇等《文淵閣書目・國朝》《彰善癉惡録》。一部。三册。完全。

《彰善癉惡録》。一部。二册。完全。

黄虞稷《千頃堂書目・政刑類》《彰善癉惡録》三卷。

《明史・藝文志・刑法類》《彰善癉惡録》三卷。

癉惡録

楊士奇等《文淵閣書目・國朝》《癉惡録》。一部。一册。完全。

《癉惡録》。一部。一册。完全。

癉惡續録

楊士奇等《文淵閣書目・國朝》《癉惡續録》。一部。一册。完全。

《癉惡續録》。一部。一册。闕。

范邦甸等《天一閣書目・政書類》《癉惡續録》一卷。朱絲闌鈔本。

黄虞稷《千頃堂書目・政刑類》《癉惡續録》一卷。

《明史・藝文志・刑法類》《癉惡續録》一卷。

賞善罰惡録

楊士奇等《文淵閣書目・國朝》《賞善罰惡録》。一部。一册。闕。

集犯諭

黄虞稷《千頃堂書目・政刑類》《集犯諭》一卷。録國初罪犯正典刑者，爲圖書其名姓罪狀以訓吏，編修吴沈序。

《明史・藝文志・刑法類》《集犯諭》一卷。

功臣鐵券

楊士奇等《文淵閣書目・國朝》《功臣鐵券》一部。一册。闕。

黄虞稷《千頃堂書目・政刑類》《戒勅功臣鐵榜》一卷。

《明史・藝文志・刑法類》《戒敕功臣鐵榜》一卷。已上皆洪武中頒。

鐵榜

楊士奇等《文淵閣書目・國朝》《鐵榜》。一匣。

清教録

黄虞稷《千頃堂書目・政刑類》《清教録》□卷。備列僧徒交結胡惟庸謀逆爰書，凡六十四人。

更定大明律

黄虞稷《千頃堂書目・政刑類》《更定大明律》三十卷。洪武二十八年刑部言：比年律條增損不一，在外理刑官及初入仕者不能盡知，致令斷獄失當，請頒編類頒行，俾知所遵守，遂令翰林院同刑部官取比年所增者參考折衷，以類編附，舊律名例附斷讞之下，今移載篇首，凡四百六十條。

《明史·藝文志·刑法類》《更定大明律》三十卷。洪武二十八年，命詞臣同刑官參考比年律條，以類編附，凡四百六十條。

醒貪録

楊士奇等《文淵閣書目·國朝》《醒貪録》。一部。二册。闕。

《醒貪録》。一部。一册。完全。

《醒貪録》。一部。一册。完全。

《醒貪録》。一部。二册。闕。

技藝鑒戒録

楊士奇等《文淵閣書目·國朝》《技藝鑒戒録》。一部。一册。完全。

大明律例

范邦甸等《天一閣書目·政書類》《大明律例》三十卷四百三十條。明刑部尚書劉惟謙等表上。洪武三十年御製序。

徐𤊹《徐氏家藏書目·本朝史類》《大明律例》二十八卷。

黃虞稷《千頃堂書目·政刑類》《大明律例》七卷。

大明律解附例

高儒《百川書志·法令》《大明律解附例》三十一卷。御史胡瓊故效才集解。

大明律

范邦甸等《天一閣書目·政書類》《大明律》一卷。不著撰人名氏。

大明律

范邦甸等《天一閣書目·政書類》《大明律》二卷。明洪武三十年御製序。

明律釋義

范邦甸等《天一閣書目·政書類》《明律釋義》五卷。明洪武三十年御撰。

律疏附例

范邦甸等《天一閣書目·政書類》《律疏附例》八卷。明洪武三十年御製序。

大明律直引

范邦甸等《天一閣書目·政書類》《大明律直引》五卷。明洪武三十年御製序。

敕文武羣臣

楊士奇等《文淵閣書目・國朝》《敕文武羣臣》。一部。一册。闕。

誥敕各衙門官

楊士奇等《文淵閣書目・國朝》《誥敕各衙門官》。一部。一册。闕。

誥李善長文

楊士奇等《文淵閣書目・國朝》《誥李善長文》。一部。一册。完全。

御製敕文

楊士奇等《文淵閣書目・國朝》《御製敕文》。一部。一册。闕。

御製戒酒文

楊士奇等《文淵閣書目・國朝》《御製戒酒文》。一部。一册。闕。

御製申明五常敕

楊士奇等《文淵閣書目・國朝》《御製申明五常敕》。一部。一册。完全。

長史黄章等薄福不臣榜文

黄虞稷《千頃堂書目・政刑類》《長史黄章等薄福不臣榜文》一卷。章，福建人，爲文華殿直府長史。洪武三十年，與侍讀張信，侍講戴德彝，贊善王俊、華司憲，修撰陳郊，編修尹昌隆、劉諤等翻閲學士劉三吾主考會試落卷。以不用心批閲，且所進卷，有「一氣交而萬物存，及至尊者君，至卑者臣」等語，坐罪，皆寘於法，惟德彝與昌隆免。特榜其事以示戒。

大誥條例

楊士奇等《文淵閣書目・國朝》《大誥條例》。一部。一册。完全。

律　條

楊士奇等《文淵閣書目・國朝》《律條》。一部。一册。完全。

律令條目

楊士奇等《文淵閣書目・國朝》《律令條目》。一部。一册。闕。

律解辨疑

黄虞稷《千頃堂書目・政刑類》何廣《律解辨疑》三十卷。上海人，洪武中以明經薦爲縣令，累官湖廣參議。

《明史·藝文志·刑法類》何廣《律解辨疑》三十卷。

徽垣平恕録

黄虞稷《千頃堂書目·政刑類》黄仲芳《徽垣平恕録》。建安人。永樂□□進士，雲南右参政。

外戚事鑒

王圻《續文獻通考·經籍考·法律》《外戚事覽》。宣德元年御製。

錢謙益等《絳雲樓書目·本朝制書實録》《外戚事鑒》。五卷，宣宗。

憲綱

楊士奇等《文淵閣書目·國朝》《憲綱》。一部。一册。闕。

高儒《百川書志·法令》《憲綱》一卷。凡三十八條。

張萱等《内閣藏書目録·御制部》《憲綱》一册。全。鈔本。

則例

楊士奇等《文淵閣書目·國朝》《則例》。一部。一册。闕。

條例

楊士奇等《文淵閣書目·國朝》《條例》。一部。一册。闕。

世臣總録

楊士奇等《文淵閣書目·國朝》《世臣總録》。一部。一册。完全。

《世臣總録》。一部。一册。闕。

清理佛教榜文

楊士奇等《文淵閣書目·國朝》《清理佛教榜文》。一部。一册。闕。

彰善榜文

楊士奇等《文淵閣書目·國朝》《彰善榜文》。一部。一册。闕。

糧長規戒録

楊士奇等《文淵閣書目·國朝》《糧長規戒録》。一部。一册。闕。

黄長史不臣榜文

楊士奇等《文淵閣書目·國朝》《黄長史不臣榜文》。一部。一册。闕。

黄教諭不才榜文

楊士奇等《文淵閣書目·國朝》《黄教諭不才榜文》。一部。一册。闕。

行移減煩體式

楊士奇等《文淵閣書目・國朝》《行移減煩體式》。一部。一册。闕。

《行移減煩體式》。一部。一册。完全。

《行移減煩體式》。一部。一册。闕。

志戒録

楊士奇等《文淵閣書目・國朝》《志戒録》。一部。一册。完全。

歷代姦臣備傳

楊士奇等《文淵閣書目・國朝》《歷代姦臣備傳》。一部。一册。完全。

逆臣録

楊士奇等《文淵閣書目・國朝》《逆臣録》。一部。五册。完全。

集犯録

楊士奇等《文淵閣書目・國朝》《集犯録》。一部。三册。殘缺。

紀非録

楊士奇等《文淵閣書目・國朝》《紀非録》。一部。一册。完全。

《紀非録》。一部。一册。完全。

《紀非録》。一部。一册。完全。

《紀非録》。一部。一册。完全。

《紀非録》。一部。一册。完全。

《紀非録》。一部。一册。完全。

齊王紀非録

楊士奇等《文淵閣書目・國朝》《齊王紀非録》。一部。一册。闕。

疑獄三集

高儒《百川書志・法令》《疑獄三集》六卷。大明御史汝陽張景光啓集。凡一百二十八事。

大明律比例

范邦甸等《天一閣書目・政書類》《大明律比例》一卷。緜紙烏絲格鈔本。不著撰人名氏。

刑　統

范邦甸等《天一閣書目·政書類》 《刑統》三十卷。烏絲闌鈔本。不著撰人名氏。

律解辨疑

范邦甸等《天一閣書目·政書類》 《律解辨疑》一卷。明魏銘撰。

祥刑要覽

范邦甸等《天一閣書目·法家類》 《祥刑要覽》一卷。刊本。明正統壬戌左副都御史海虞吴訥撰并序。

《四庫全書總目提要·法家類》 《祥刑要覽》二卷。浙江巡撫採進本。明吴訥撰。訥有《棠陰比事》，已著録。此書乃其致仕後所作。上卷《經典大訓》十六條，次爲《先哲議論》十五條，下卷《善可爲法》十三人，《惡爲可戒》十人。其《經典大訓》中引及《論語》、《大學》，而開卷《尚書》一條，皋陶下註「舜臣」字。蓋爲通俗之文，以戒不甚讀書者，故淺近如是也。

祥刑集覽

黄虞稷《千頃堂書目·政刑類》 盧廷佐《祥刑集覽》。江寧人。天順丁丑進士，湖廣右布政使。

比部招議

范邦甸等《天一閣書目·政書類》 《比部招議》一册。鈔本。天順間纂。

續真西山政經

《明史·藝文志·刑法類》 鄭節《續真西山政經》二卷。

從政録

《明史·藝文志·刑法類》 薛瑄《從政録》一卷。

祥刑集覽

《明史·藝文志·刑法類》 盧雍《祥刑集覽》二卷。

牧民備用

《明史·藝文志·刑法類》 何文淵《牧民備用》一卷。

司刑備用

黄虞稷《千頃堂書目·政刑類》 何文淵《司刑備用》。

《明史・藝文志・刑法類》 何文淵《司刑備用》一卷。

歷年條例

范邦甸等《天一閣書目・政書類》 《歷年條例》九卷。藍絲闌鈔本。成化元年纂脩。

律條疏議

范邦甸等《天一閣書目・政書類》 《律條疏議》十卷。成化三年錢塘倪謙序，南京吏民重刊。

孫星衍《平津館鑒藏書籍記・明版》 《律條疏議》三十卷。前有序文，稱「四明張公式之，因歷官憲府，考訂始末，述沿革之由，著律文之義，設問荅以辨其疑，爲總説以詳其意，編次成書，名曰疏議」。又稱「西江僉憲宗魯宋君，募其寫本，繕録鋟梓，序文末葉已缺，不知何人所作」。据《明史》，洪武初，命儒臣詳定《明律》，其篇目一準於唐。至洪武廿二年，始分吏、户、禮、兵、刑、工六律，而以名例冠於篇首。此本名例在前，當作於改編之後。黑口板，每葉廿二行，行廿四字。

成化條例

范邦甸等《天一閣書目・政書類》 《成化條例》三卷。不著撰人名氏。

恤刑録

范邦甸等《天一閣書目・政書類》 《恤刑録》二卷。明弘治十八年孫燧撰。

審録編

范邦甸等《天一閣書目・政書類》 《審録編》二卷。明弘治十八年刑部郎中孫燧撰。

比部招擬

黄虞稷《千頃堂書目・政刑類》 陳璋《比部招擬》二卷。字宗獻，樂清人。弘治乙丑進士，刑部郎中，歷官本部侍郎。

《明史・藝文志・刑法類》 陳璋《比部招擬》二卷。

棘臺駁稿

黄虞稷《千頃堂書目・政刑類》 張綸《棘臺駁稿》。字大任，宣城人。成化甲辰進士，右都御史。

洗冤叙述録

黄虞稷《千頃堂書目・政刑類》 王鵬《洗冤叙述録》。祥符人。成化辛卯舉人，知衡州府，釋滯獄囚數百人。

好生録

黄虞稷《千頃堂書目・政刑類》 金文《好生録》三卷。成化壬辰，文以刑部郎中奉敕審理南畿刑獄，平反二百七十餘事，其奏稿也。

條例便覽

范邦甸等《天一閣書目·政書類》《條例便覽》七卷。明正德癸酉陳琳序。

山東雪冤録

黄虞稷《千頃堂書目·政刑類》李裕《山東雪冤録》一卷。

大理駁稿

黄虞稷《千頃堂書目·政刑類》熊桂《大理駁稿》。新建人。弘治己未進士，爲大理評事，平反獄詞。

大理駁稿

黄虞稷《千頃堂書目·政刑類》魏有本《大理駁稿》。字伯深，餘姚人。正德辛巳進士，漕運都御史。

大理駁稿

黄虞稷《千頃堂書目·政刑類》戴時宗《大理駁稿》。

讞律瑣言

范邦甸等《天一閣書目·政書類》《讞律瑣言》七卷。明嘉靖丁亥廬州知府汪克用刊。

萬軍門勘處夷情

范邦甸等《天一閣書目·政書類》《萬軍門勘處夷情》一卷。明欽差湖貴地方右副都御史萬鏜撰。

張文博招

范邦甸等《天一閣書目·政書類》《張文博招》一卷。藍絲闌鈔本。

靖江王招

范邦甸等《天一閣書目·政書類》《靖江王招》一卷。鈔本。明刑部查勘靖江王之軍校趙相違法諸事。

武定侯招

范邦甸等《天一閣書目·政書類》《武定侯招》一卷。烏絲闌鈔本。

魯府招

范邦甸等《天一閣書目·政書類》《魯府招》一卷。藍絲闌鈔本。

比部招議

范邦甸等《天一閣書目·政書類》《比部招議》二卷。明少司寇陳省齋撰，古渝聶賢序。

讞獄稿

范邦甸等《天一閣書目·政書類》《讞獄稿》五卷。明刑部郎中應檟撰，常州府通判周南校正，聶豹序。

移駁稿

范邦甸等《天一閣書目·政書類》《移駁稿》五卷。明王浚川撰。直隸巡按監察御史郭廷冕序。

風紀集覽

范邦甸等《天一閣書目·法家類》《風紀集覽》四卷。刊本。明傳漢臣撰并自序。其書分四類：一聽斷，二相檢，三擬議，四發落。

審録疏畧

范邦甸等《天一閣書目·政書類》《審録疏畧》一册。鈔本。明應檟撰，後附林瓊疏畧，并正統、正德、嘉靖間題奏、覆議十餘條。

比部招議類鈔

范邦甸等《天一閣書目·政書類》《比部招議類鈔》六卷。藍絲闌鈔本。明嘉靖十五年唐龍等撰。

讞獄記

范邦甸等《天一閣書目·政書類》《讞獄記》四卷。刊本。明嘉靖十六年何魁撰。

聖朝頒降洗冤録

高儒《百川書志·法令》《聖朝頒降洗冤録》一卷。

恤刑疏草

范邦甸等《天一閣書目·政書類》《恤刑疏草》八卷。明欽差刑部署郎中事葛木撰。蘭谿唐龍序，吏門李士允跋。

問刑條例

王圻《續文獻通考・經籍考・法律》《問刑條例》。嘉靖二十九年定。

黃虞稷《千頃堂書目・政刑類》《問刑條例》六卷。

重修問刑例

張萱等《内閣藏書目録・御制部》《重修問刑條例》二册。全。嘉靖二十九年修。

黃虞稷《千頃堂書目・政刑類》《重修問刑條例》□卷。嘉靖二十九年。

三朝律例事實

黃虞稷《千頃堂書目・政刑類》《三朝律例事實》四十册。

重修問刑條例

黃虞稷《千頃堂書目・政刑類》顧應祥《重修問刑條例》七卷。

《明史・藝文志・刑法類》顧應祥《重修問刑條例》七卷。

審録廣東書册

范邦甸等《天一閣書目・政書類》《審録廣東書册》二卷。刊本。明嘉靖三十年刑部署郎中事林大章撰，首載敕諭。

審録河南題稿

范邦甸等《天一閣書目・政書類》《審録河南題稿》十四卷。明欽差大理評事查絳撰。卷首有嘉靖三十五年敕諭。

宗藩條例

王圻《續文獻通考・經籍考・法律》《宗藩條例》。嘉靖乙丑年編。

刑統賦解

黃虞稷《千頃堂書目・政刑類》程仁壽《刑統賦解》。歙縣人。

大明律分類條目

黃虞稷《千頃堂書目・政刑類》陳廷璉《大明律分類條目》四卷。

《明史・藝文志・刑法類》陳廷璉《大明律分類條目》四卷。

大明律解

黃虞稷《千頃堂書目・政刑類》張楷《大明律解》□□卷。

《明史・藝文志・刑法類》張楷《大明律解》十二卷。

律條撮要

黄虞稷《千頃堂書目・政刑類》 張楷《律條撮要》□□卷。

律條疏議

王圻《續文獻通考・經籍考・法律》 《律條疏議》。四明張楷著。

大明律釋義

黄虞稷《千頃堂書目・政刑類》 應檟《大明律釋義》三十卷。

《明史・藝文志・刑法類》 應檟《大明律釋義》三十卷。

讞獄程

黄虞稷《千頃堂書目・政刑類》 應檟《讞獄程》□卷。

大明律集解附例

黄虞稷《千頃堂書目・政刑類》 高舉《大明律集解附例》三十卷。

《明史・藝文志・刑法類》 高舉《大明律集解附例》三十卷。

大明律例

黄虞稷《千頃堂書目・政刑類》 范永鑾《大明律例》三十卷。

《明史・藝文志・刑法類》 范永鑾《大明律例》三十卷。

律法詳明

黄虞稷《千頃堂書目・政刑類》 徐舟《律法詳明》。字輯之，曹州人。成化進士，兵部侍郎。

柏臺公案

《明史・藝文志・刑法類》 段正《柏臺公案》八卷。

禮律類要

黄虞稷《千頃堂書目・政刑類》 陳璋《禮律類要》。光州人，與前陳璋别一人。

法家哀集

黄虞稷《千頃堂書目・政刑類》 蘇祐《法家哀集》一卷。

讀律管窺

黃虞稷《千頃堂書目・政刑類》 應廷育《讀律管窺》十二卷。字仁卿，永康人。嘉靖癸未進士，福建按察司僉事。

《明史・藝文志・刑法類》 應廷育《讀律管窺》十二卷。

讀律瑣言

王圻《續文獻通考・經籍考・法律》 《讀律瑣言》。豐城雷夢麟著。

黃虞稷《千頃堂書目・政刑類》 雷夢麟《讀律瑣言》三十卷。字伯仁，豐城人。嘉靖甲辰進士，刑部員外郎。

《明史・藝文志・刑法類》 雷夢麟《讀律瑣言》三十卷。

陝西審録揭帖

黃虞稷《千頃堂書目・政刑類》 鄭世威《陝西審録揭帖》一卷。

南法司駁稿

黃虞稷《千頃堂書目・政刑類》 李祐《南法司駁稿》六卷。字吉甫，清平衛人。嘉靖丁未進士，巡撫南贛，都御史。

批駁鈔略

范邦甸等《天一閣書目・政書類》 《批駁鈔略》一卷。卷面題「按吴」二字，餘無考。

夏恤刑審録廣東案稿

范邦甸等《天一閣書目・政書類》 《夏恤刑審録廣東案稿》二卷。明隆慶元年山陰宋楷序。

一峯審録

范邦甸等《天一閣書目・政書類》 《一峯審録》八卷。明萬曆四年刑部郎中盧漸撰。首載敕諭。

發落便覽

黃虞稷《千頃堂書目・政刑類》 《發落便覽》。

刑部事宜

張萱等《内閣藏書目録・御制部》 《刑部事宜》二册。萬曆間刑部郎中劉文徵等輯。

刑部纂集事例

范邦甸等《天一閣書目・政書類》 《刑部纂集事例》一卷。鈔本。

刑部文獻考

張萱等《内閣藏書目録・御制部》《刑部文獻考》四册。全。

法司近題事例

范邦甸等《天一閣書目・政書類》《法司近題事例》一卷。鈔本。

近題事例

范邦甸等《天一閣書目・政書類》《近題事例》一卷。鈔本。

省愆録

范邦甸等《天一閣書目・政書類》《省愆録》一卷。

祗役紀略

范邦甸等《天一閣書目・政書類》《祗役紀略》三卷。不著撰人名氏，亦無序跋。

西都雜例

范邦甸等《天一閣書目・政書類》《西都雜例》一卷。藍絲闌鈔本。不著撰人名氏，亦無序跋。

無冤録

黄虞稷《千頃堂書目・政刑類》王乘《無冤録》一卷。永嘉人，一稱羊角山叟。

法家要覽

黄虞稷《千頃堂書目・政刑類》黄芳《法家要覽》三册。

政刑辨釋

黄虞稷《千頃堂書目・政刑類》蕭緒《政刑辨釋》五卷。字正業，萬安人。舉人，官宿遷，海門知縣。

增補疑獄集

黄虞稷《千頃堂書目・政刑類》任智志《增補疑獄集》一卷。

慎刑録

黄虞稷《千頃堂書目・政刑類》王士翹《慎刑録》二册。

明刑録

黄虞稷《千頃堂書目·政刑類》 翁汝進《明刑録》二卷。

比擬指南

黄虞稷《千頃堂書目·政刑類》 龔大器《比擬指南》五卷。

山西恤刑疏草

黄虞稷《千頃堂書目·政刑類》 杜輅《山西恤刑疏草》六册。

天中明刑録

黄虞稷《千頃堂書目·政刑類》 熊尚文《天中明刑録》六册。

淑問彙編

黄虞稷《千頃堂書目·政刑類》 李文麟《淑問彙編》八卷。

聽斷衡鑑

黄虞稷《千頃堂書目·政刑類》 李文麟《聽斷衡鑑》一卷。

欽卹題稿

黄虞稷《千頃堂書目·政刑類》 陳幼學《欽卹題稿》。

仁獄類編

黄虞稷《千頃堂書目·政刑類》 余懋衡《仁獄類編》三十卷。

敬刑録

黄虞稷《千頃堂書目·政刑類》 閻世科《敬刑録》四卷。字伯登，其先太原人，居山陽。萬曆甲辰進士，湖州推官，治獄有聲，後歷寧前兵備道。

招擬假如

黄虞稷《千頃堂書目·政刑類》《招擬假如》十五卷。

敬由編

黄虞稷《千頃堂書目·政刑類》 竇子偁《敬由編》十二卷。

洗冤録

黄虞稷《千頃堂書目·政刑類》 王圻《洗冤録》二卷。

洗冤集覽

王圻《續文獻通考·經籍考·法律》《洗冤集覽》。上海王圻著。

類字判草

黄虞稷《千頃堂書目·政刑類》陳禹謨《類字判草》二卷。

大明律讀法書

黄虞稷《千頃堂書目·政刑類》孫存《大明律讀法書》三十卷。

《明史·藝文志·刑法類》孫存《大明律讀法書》三十卷。

棘寺駁審

黄虞稷《千頃堂書目·政刑類》王樵《棘寺駁審》。

讀律私箋

黄虞稷《千頃堂書目·政刑類》王樵《讀律私箋》二十四卷。

《明史·藝文志·刑法類》王樵《讀律私箋》二十四卷。

五刑六贓圖

嵇璜等《續通志·圖譜略·記有·刑法》明章滿《五刑六贓圖》。

大明律解

黄虞稷《千頃堂書目·政刑類》鄭汝璧《大明律解》□□卷。

讀律管見

王圻《續文獻通考·經籍考·法律》《讀律管見》。祥符陸柬著。

黄虞稷《千頃堂書目·政刑類》陸柬《讀律管見》。祥符人。

律解辯疑

王圻《續文獻通考·經籍考·法律》《律解辯疑》。餘姚楊簡著。

大明律例

黄虞稷《千頃堂書目·政刑類》林兆珂註《大明律例》二十卷。

《明史·藝文志·刑法類》林兆珂註《大明律例》二十卷。

律解附例

黃虞稷《千頃堂書目·政刑類》《律解附例》八卷。隆慶五年三月，刑科給事中王之垣奏請編輯。

《明史·藝文志·刑法類》 王之垣《律解附例》八卷。

問刑條例

黃虞稷《千頃堂書目·政刑類》 舒化《問刑條例》七卷。

《明史·藝文志·刑法類》 舒化《問刑條例》七卷。

刑書會據

黃虞稷《千頃堂書目·政刑類》 舒化《刑書會據》三十卷。

《明史·藝文志·刑法類》《刑書會據》三十卷。

律例箋解

黃虞稷《千頃堂書目·政刑類》 王肯堂《律例箋解》三十卷。

《明史·藝文志·刑法類》 王肯堂《律例箋解》三十卷。

閫律

黃虞稷《千頃堂書目·政刑類》 歐陽東鳳《閫律》一卷。

《明史·藝文志·刑法類》 歐陽東鳳《閫律》一卷。

刑書會典

黃虞稷《千頃堂書目·政刑類》《刑書會典》十八卷。

昭代王章

黃虞稷《千頃堂書目·政刑類》 熊鳴岐《昭代王章》十五卷。

《明史·藝文志·刑法類》 熊鳴岐《昭代王章》十五卷。

筮仕要訣

《明史·藝文志·刑法類》 鄒元標《筮仕要訣》一卷。

臨民寶鏡

《明史·藝文志·刑法類》 蘇茂相《臨民寶鏡》十六卷。

政書

《明史·藝文志·刑法類》 陳龍正《政書》二十卷。

治術綱目

《明史・藝文志・刑法類》 曹璜《治術綱目》十卷。

平刑八議

黄虞稷《千頃堂書目・政刑類》 何熊祥《平刑八議》。新會人。萬曆壬辰進士，吏部尚書。

盡心録

黄虞稷《千頃堂書目・政刑類》 李栻《盡心録》六卷。

補注大明律例致君奇術

黄虞稷《千頃堂書目・政刑類》 《補注大明律例致君奇術》十二卷。不知撰人。

刑部十大招

黄虞稷《千頃堂書目・政刑類》 《刑部十大招》十卷。

欽定逆案

黄虞稷《千頃堂書目・政刑類》 《欽定逆案》一卷。崇禎二年。

魏客爰書

黄虞稷《千頃堂書目・政刑類》 《魏客爰書》一册。

五虎五彪招

黄虞稷《千頃堂書目・政刑類》 《五虎五彪招》一册。

王恭毅公駁稿

范邦甸等《天一閣書目・法家類》 《王恭毅公駁稿》二卷。刊本。明王槩撰高銓編并序。

《四庫全書總目提要・法家類》 《王恭毅駁稾》二卷。兩江總督採進本。明王槩撰，高銓編。槩字同節，廬陵人。正統壬戌進士，官至刑部尚書，謚恭毅。銓字宗選，江都人。成化己未進士，官至南京户部尚書。《江右名賢編》云：「槩先爲大理寺卿，與兩法司會讞，多所平反。」是書即其官大理寺時案牘之文。時銓方爲左評事，因爲編次成帙。首列參駁文書式九條，而以所駁諸案分載於後。

慎刑録

范邦甸等《天一閣書目・法家類》 《慎刑録》四卷。藍絲闌鈔本。明王士翹撰。自序云：「奉命按粵西行諸郡邑録獄囚至人命往往有初檢不明經五七覆未定者，乃彙《洗冤録》、《風紀集覽》、《明冤節要》、《疑獄集》、《祥刑要覽》諸書，取其最關人命者爲四卷。首二卷《檢法》，三卷《疑獄》，四卷《法戒》存焉。」

崔呈秀招

黄虞稷《千頃堂書目・政刑類》《崔呈秀招》一册。

張體乾等招

黄虞稷《千頃堂書目・政刑類》《張體乾等招》一册。

陽明鄉約法

《四庫全書總目提要・政書類》《陽明鄉約法》一卷。浙江巡撫採進本。明王守仁撰。守仁字伯安，號陽明，餘姚人。弘治己未進士，官至兵部尚書，封新建伯。事蹟具《明史》本傳。是書已載《陽明全書》中。崇禎間，嘉善陳龍正復録出別行。其法有約長、約副、約正、約史、知約、約贊諸人，已極繁瑣。至争鬬、賦役諸事，以至寄莊人户納糧當差，皆約長主之。蓋欲以約長代周官比長、黨正之法，然古法亦未必盡宜於今也。

陽明保甲法

《四庫全書總目提要・政書類》《陽明保甲法》一卷。浙江巡撫採進本。明王守仁撰。悉載牌諭諸文，亦見《陽明全集》中。陳龍正録出別行，而各附題識於其下。

大清律例

《四庫全書總目提要・政書類》《大清律例》四十七卷。乾隆五年奉敕撰，御製序文頒行。凡律目一卷，諸圖一卷，服制一卷，名例律二卷，吏律二卷，户律七卷，禮律二卷，兵律五卷，刑律十五卷，工律二卷，總類七卷，比引律條一卷。前列凡例十則，及順治初年以來奏議，而恭録世祖章皇帝御製序一篇，聖祖仁皇帝諭旨一道，世宗憲皇帝御製序一篇，諭旨一道，冠於卷首。蓋我朝律文，自定鼎之初，即詔刑部尚書吴達海等詳考《明律》，參以國制，勒爲成書，頒佈中外。康熙九年，大學士管刑部尚書事對喀納等，復奉詔校正，旋又諭部臣於定律之外，所有條例，或删或存，詳爲考定，隨時增改，刊附律後。逮雍正元年，大學士朱軾、尚書查郎阿等，奉詔續成。我皇上御極之初，即允尚書傅鼐之請，簡命廷臣，逐條考正，以成是編。纂入定例凡一千餘條。而皇心欽恤，道取協中。凡讞牘奏陳，皆辨析纖微，衡量情法，隨事訓示，務準其平，以昭世輕世重之義。又每數載而一修，各以新定之例分附於後。在廷之臣，恭聆玉音，或略迹而原心，或推見以至隱。折以片言，悉斟酌於天理人情之至信。聖人留心庶獄，爲千古帝王之所無，而是編亦爲千古之玉律金科矣。

折獄卮言

《四庫全書總目提要・法家類》《折獄卮言》一卷。編修程晉芳家藏本。國朝陳士鑛撰。士鑛有《江南治水記》，已著録。是篇摭取四書諸經慎刑之語，兼及漢詔一二條。徵引疎略，無所發明。曹溶載之《學海類編》中，姑盈卷帙而已，不足以言著書也。

巡城條約

《四庫全書總目提要・法家類》《巡城條約》一卷。直隸總督採進本。國朝魏裔介撰。裔介有《孝經註義》，已著録。順治丁酉，裔介爲左都御史，立此約以釐清五城之事，凡四十條。然其中有瑣屑過甚者，如禁舖户唱曲，禁擊太平鼓，禁小兒踢石拋毬之類，皆必不能行之法。即令果能禁絶，於民生國計，亦復何裨，徒滋吏役之擾而已。

風憲禁約

《四庫全書總目提要・法家類》《風憲禁約》一卷。直隸總督採進本。國朝魏裔介撰。皆巡按條約，凡五十四條。考《五朝國史》裔介本傳，載其由庶吉士授工科給事中，轉吏科兵科給事中，累遷太常寺少卿，左都御史，吏部尚書，保和殿大學士。不載其巡按外省。不知此書何時所作也。

讀律佩觿

《四庫全書總目提要・法家類》《讀律佩觿》八卷。江蘇周厚堉家藏本。國朝王明德撰。明德字金樵，高郵人，官刑部陝西司郎中。是編成於康熙甲寅。取現行律例，分類編輯，各爲箋釋。附以《洗冤録》及《洗冤録補》。每門先載《大清律本註》，次《明律》舊註，而以己意辨證之。其説好爲駁難，而不免穿鑿。所作《洗冤録補》，雜記異聞，旁及鬼神醫藥之事，尤近小説家言。

續刑法敘略

《四庫全書總目提要・法家類》《續刑法敘略》一卷。編修程晉芳家藏本。國朝譚瑄撰。瑄字子羽，嘉興人。康熙乙酉舉人，官至給事中。是書敘宋、元、明三代刑法，舛略殊甚。其曰《續刑法敘略》者，以曹溶《學海類編》取《册府元龜》中敘文僞題爲劉筠《刑法敘略》也。然筠書既僞，續者可知。又不知掇何類書數頁，贋題此名耳。

疑獄箋

《四庫全書總目提要・法家類》《疑獄箋》四卷。浙江巡撫採進本。國朝陳芳生撰。芳生有《捕蝗考》，已著録。此書《自序》，謂晉和魯公凝著《疑獄集》二卷，其子宋太子中允㠓增之，爲四卷。明巡按御史張景廣之，爲六卷。兹復增汰之，統爲三卷。而附和㠓及元杜震、明李崧原序於卷後。末又輯昔賢論説讞獄成法，别爲一卷。統名《疑獄箋》。大旨主於全活，亦古人恤欽之意。然如「張差梃擊」一案，以主瘋顛者爲是，主姦宄者爲非，則又矯枉過直矣。其論妊娠過期，至引佛經脅尊者之處胎六十年，神仙傳老聃之處胎七十二年，是亦未可爲典要也。

佐治藥言

張之洞《書目答問・法家》《佐治藥言》一卷，《續》一卷。汪輝祖。知不足齋本。

謚諱分部

周公謚法

晁公武《郡齋讀書志・禮類》《周公謚法》一卷。右其序曰：「維周公旦、太公望相嗣王發，建功於牧野，及終將葬，乃制謚。」計一百九十餘條云。謚，《隋志》附於論語類中，今還於此。

春秋謚法

晁公武《郡齋讀書志・禮類》《春秋謚法》一卷。右與《周公謚法》相類而小有異同。

汝南君諱議

姚振宗《後漢藝文志・儀制類》應劭《汝南君諱議》二卷。原名《舊君諱議》。

《隋書・經籍志》：《汝南諱議》二卷。《通志・校讎略》以爲「謚議」，非也。

《吳志・張昭傳》注曰：汝南主簿應劭議宜爲舊君諱論者皆互有異同，事在風俗通。錢氏《考異》曰：漢人以郡守爲君也。

魏明帝謚議

《舊唐書・經籍志・儀注》《魏明帝謚議》二卷。何晏撰。

《新唐書・藝文志・儀注類》何晏《魏明帝謚議》二卷。

姚振宗《三國藝文志・儀制類》何晏《魏明帝謚議》二卷。晏始末具經部易類。《唐書・經籍志》：《魏明帝謚議》二卷，何晏撰。《藝文志》：何晏《魏明帝謚議》二卷。案：《隋志》有《魏晉謚議》十三卷，何晏撰。蓋誤合晉《謚議》八卷，晉簡文《謚議》四卷爲一書。兩唐《志》始分別著録，時曹爽爲大將軍，何晏爲尚書，典選舉專政。

晉謚議

《舊唐書・經籍志・儀注》《晉謚議》八卷。

《新唐書・藝文志・儀注類》《晉謚議》八卷。

晉簡文謚議

《舊唐書・經籍志・儀注》《晉簡文謚議》四卷。

《新唐書・藝文志・儀注類》《晉簡文謚議》四卷。

魏晉謚議

《隋書・經籍志・儀注》《魏晉謚議》十三卷。何晏撰。

汝南君諱議

《隋書・經籍志・儀注》《汝南君諱議》二卷。

謚　法

晁公武《郡齋讀書志・禮類》沈賀《謚法》四卷。右梁沈約撰。凡七百九十四條。賀琛又加婦人謚二百三十八條。

續謚法

尤袤《遂初堂書目・儀注類》王彥威《續謚法》。

六家謚法

尤袤《遂初堂書目・儀注類》《六家謚法》。

謚　法

晁公武《郡齋讀書志・禮類》《嘉祐謚法》三卷。右皇朝蘇洵明允撰。洵嘉祐中被詔編定周公、《春秋》、《廣謚》、沈約、賀琛、扈蒙六家謚法，於是講求六家外采《今文尚書》、《汲冢師春》、蔡邕《獨斷》，凡古人論謚之書，收其所長，加以新意，得一百六十八謚，三百一十一條，芟去者百九十有八。又爲論四篇，以敘其去取之意。

范邦甸等《天一閣書目・政書類》《謚法》四卷刊本。宋蘇洵撰。明張志淳識云：鄭樵謂蘇洵承詔編定六家謚法。蓋謂周公、《春秋》、《廣謚》、沈約、賀琛、扈蒙之書耳。今傳古謚幾二百言，豈六家之餘，抑蘇氏所據以編定者也。樵又自定二百十謚，表裏蘇氏之學，今不可見。然此編古謚三十五，上文五十六言，下文三十五言，則固蘇氏編定之書，自可分爲三卷，而總題之曰蘇氏編定《謚法》，且與洵傳所謂謚法三卷者亦合矣。大方伯楊公志仁以中間刻字多舛，屬予正之，既爲正數字如左，因并此以復。

《四庫全書總目提要・政書類》《謚法》四卷。内府藏本。宋蘇洵撰。洵字明允，眉山人。官祕書省校書郎，以霸州文安縣主簿修《太常因革禮》，書成而卒。事蹟具《宋史》本傳。自《周公謚法》以後，歷代言謚者有劉熙、來奥、沈約、賀琛、王彦威、蘇冕、扈蒙之書。然皆雜糅附益，不爲典要。至洵奉詔編定六家謚法，乃取周公、《春秋》、《廣謚》及諸家之本删訂考證，以成是書。凡所取一百六十八謚，三百十一條。新改者二十三條，新補者十七條。別有七去、八類，於舊文所有者刊削甚多。其間如堯、舜、禹、湯、桀、紂乃古帝王之名，並非謚號。而沿襲前譌，概行載入，亦不免疎失。然較之諸家義例，要爲嚴整。後鄭樵《通志・謚略》，大都因此書而增補之。且稱其斷然有所去取，善惡有一定之論，實前人所不及。蓋其斟酌損益，審定字義，皆確有根據，故爲禮家所宗。雖其中閒收僻字，今或不能盡見諸施行，而歷代相傳之舊典，猶可以備參考焉。曾鞏作洵墓志，載此書作三卷。而此本實四卷，殆後人所分析歟。

張之洞《書目答問・政書》《謚法》四卷。宋蘇洵。金壺本。錢熙祚刻《珠叢別録》本。

皇朝謚録

尤袤《遂初堂書目・儀注類》《皇朝謚録》。

集謚總録

晁公武《郡齋讀書志・禮類》《集謚總録》一卷。右皇朝孫緯撰。《春明退朝録》嘗集類國朝謚幾二百人。緯任宗正寺丞日，因宋氏之舊，纂元豐以後，遂得三百餘人。自宗室、宰相以下，分爲九等。其序畧云：有爵位已高當得謚而未聞者，若范質、吕餘慶、韓崇訓、王博文、姜遵、王洧是也。

尊號録

尤袤《遂初堂書目・儀注類》《尊號録》。

謚　法

張萱等《内閣藏書目録・圖經部》《謚法》二册。不全。元祕書省搜訪，陳思著。采摭宋朝諸臣謚號。原三册，今闕第一册。

太祖謚議

張萱等《内閣藏書目録・御製部》《太祖謚議》一册。永樂元年尊上太祖高皇帝及孝慈高皇后謚議。

黄虞稷《千頃堂書目・儀注類》《太祖謚議》一册。永樂元年上謚羣臣撰進呈。

明謚法

范邦甸等《天一閣書目・政書類》《明謚法》一册。烏絲闌鈔本。不著撰人名氏。

謚紀

徐𤊹《徐氏家藏書目・本朝史類》《謚紀》二十五卷。

諸家謚法

張萱等《内閣藏書目録・御製部》《諸家謚法》一册。不全。鈔本。殘亂莫詳姓氏。

謚號録

張萱等《内閣藏書目録・御製部》《謚號録》一册。不全。鈔本。莫詳姓氏，闕上本。

明臣謚彙考

《四庫全書總目提要・政書類》《明臣謚彙考》二卷。浙江巡撫採進本。明鮑應鼇撰。應鼇字山父，歙縣人。萬曆乙未進士，官至禮部祠祭司郎中。是書載明代文武諸臣贈謚，與《欽定明》史各傳俱相符合。首載各謚釋義，爲當時禮官體例。而所列諸謚，如某人謚某字，皆分注當日定謚取義之文于下，使觀者具知其所以然。較他家所記，較有根據。其前代諸臣，如謝枋得之謚忠節，紀信、文天祥之謚忠烈，鄧文進之謚忠襄，蘇緘之謚忠壯，史或不載，世所罕知，亦頗賴此書以存。卷末附萬曆三十一年至三十七年擬謚者二十九人，又三十八年至四十年擬謚者四人，皆二謚竝列。蓋神宗荒怠，奏章率不批荅。莫知進止，故兩存也。最後列《考誤》一篇，凡五十七人，皆據官册以正野史、文集之譌。其中多有無謚而冒稱謚某者，亦有字相同異，美惡頓殊者，或詭詞假借，或傳寫舛謬，外人無從而知，非應鼇身爲禮官，親檢故籍，不能一一釐正也。其於一代易名之典，可云精核矣。

謚苑

《四庫全書總目提要・政書類》《謚苑》二卷。浙江范懋柱家天一閣藏本。明朱睦㮮撰。睦㮮有《易學識遺》，已著録。是編上卷輯古謚法十二家：曰《史記》謚法解、曰《周書》謚法、曰蔡邕《獨斷》謚法、曰蘇洵《謚法》、曰《周公謚法》、曰《春秋謚法》、曰《廣謚法》、曰沈約《謚法》、曰賀琛《謚法》、曰扈蒙《謚法》、曰鄭樵《謚法》、曰陳思《謚法》。其周公、《春秋》、《廣謚》、沈約、賀琛、扈蒙六家，因王圻《續文獻通考》之舊，餘六家則睦㮮增輯也。因樹屋作《書影》，嘗疑漢蕭何謚曰文終，不知於謚法居何等。今考《周公謚法》下卷，乃有終字，則其傳已久。然其書最不可解。堯、舜、禹、湯謂之謚，此猶相傳有説。帝皇王侯君公亦列爲謚，設帝當謚帝，將曰帝帝。王當謚王，當曰王王乎？又設帝當謚王侯，當曰王帝侯帝。王侯當謚帝，當曰帝王帝侯乎？此等宜有所辨正。一概因其原文，不足以爲考證。王圻《續文獻通考》舛漏百出，其與古書不合者皆校刻之誤，乃據之以註異同，尤爲失考。《唐會要》亦有「謚法篇」，漏而不收，亦爲疎略。下卷列明代王侯以下至於守令之謚，不及鮑應鼇書之賅備，又頗舛誤。參以諸書，如徐溥謚文靖而曰文穆，顧鼎臣謚文康而曰文簡，喬宇謚莊簡而曰端簡，馬昂謚恭襄而曰忠襄，墨麟謚榮毅而曰文毅，不一而足，則亦不盡可據矣。

謚法通考

《四庫全書總目提要·政書類》《謚法通考》十八卷。浙江朱彝尊家曝書亭藏本。明王圻撰。圻有《東吴水利考》，已著録。圻著《續文獻通考》，於《禮考》之末增謚法一目，補馬端臨之闕。然於明代謚典，猶未之及。此書所載，上考列朝，下至萬曆。自君后、妃主、王公、卿相以逮百官，至於聖賢、隱逸，旁及異端、宦寺、篡逆之黨，凡有謚者，皆備書以資考證。其卷首冠以「總紀」、「釋義」二目，猶《續通考》之例，又所以自補其闕也。有趙可懷序，稱就《續通考》中抽出「謚法」一種另梓，殆未詳閲其書歟。

明謚記彙編

徐𤊹《徐氏家藏書目·本朝史類》《皇明謚紀彙編》二十五卷。郭良翰。

《四庫全書總目提要·政書類》《明謚記彙編》二十五卷。江蘇巡撫採進本。明郭良翰撰。良翰有《周禮古本訂注》，已著録。玆編輯有明一代謚法，最爲詳備。首曰功令，凡子目二，曰會典事例，曰近日事例。次曰謚法，無子目。次曰尊謚，凡子目九，曰帝后，曰皇妃謚六字，曰皇妃謚四字，曰皇妃謚二字，曰東宫，曰公主，曰親王，曰郡王，曰王妃。次曰臣謚，凡子目九，曰文臣，曰武臣，曰異流，曰夫人淑人，曰追贈前朝臣，曰外夷，曰近題准謚諸文臣，曰議論，曰考誤。其「近題准謚」一條，即當代文臣所以不散入各類者。蓋即鮑應鼇書所載之二十九人，不予不奪，莫知所定者也。其「議論」一門，則雜採明人諸説。如李東陽以有黨謚文正，彭韶以孤立謚惠安之類，持論頗公。其「考誤」一門，以閣籍正野史異同，尤爲可據。亦考典故者所宜取證也。

明臣謚類鈔

《四庫全書總目提要·政書類》《明臣謚類鈔》一卷。内府藏本。明鄭汝璧撰。汝璧有《明帝后紀略》，已著録。是書專載明代臣僚之得謚者，始自劉基，終於李珍，凡六百六十一人。各以謚法區分門類，而不敘年代。末附蘇禄、朝鮮、浡泥、日本諸國王凡得謚者，咸編入焉。其不載親藩者，則以《帝后紀略》已附「藩封」一門故也。汝璧此書，與《功臣封爵考》，乃其官禮部儀制司及吏部驗封司時所作。皆有案牘可考，故紀載較他家爲確云。

明謚考

《四庫全書總目提要·政書類》《明謚考》三十八卷。山東巡撫採進本。明葉秉敬撰。秉敬有《字孿》，已著録。是書采集有明一代諸臣之謚，創爲冠額之法。以上一字爲冠，下一字爲額，復依四聲次第分列。其例頗爲杜撰，而所載之謚亦多舛誤。如宋濂正德間追謚文憲，而作「文惠」。又載陶琬、鄭世威俱謚恭介，而不及陳有年。有年得謚在萬曆二十六年，書中載趙志皐謚文懿在二十九年，則不可謂非考據之疎矣。末一卷所載祖父子孫得謚者，亦多所遺漏，未爲詳贍。

謚法纂

《四庫全書總目提要·政書類》《謚法纂》十卷。浙江汪啟淑家藏本。明孫能傳撰。能傳字一之，寧波人。萬曆丙辰進士，官至工部員外郎，即嘗與張萱同編《内閣書目》者。此書詳考易名之制，首功令、次謚法、次尊謚、次臣謚，而以議論終焉。大抵據内閣册籍鈔録成書。其例頗與葉秉敬《謚考》相同，而不及其精密。

謚法考

吴壽暘《拜經樓藏書題跋記》 《謚法考》右鈔本。不分卷，無纂述名氏。其載明臣謚法至弘治十二年王越止。

國朝謚法考

《四庫全書總目提要・政書類》 《國朝謚法考》一卷。山東巡撫採進本。國朝王士禎撰。始於國初，下迄康熙三十四年，大臣之賜謚者咸録焉。凡親王十八人、郡王十五人、貝勒十二人、貝子十二人、鎮國公十一人、輔國公十六人、鎮國將軍五人、輔國將軍七人、妃三人、公主二人、額駙二人、藩王七人、民公九人、侯伯十四人、大學士二十七人、學士四人、詹事一人、尚書二十七人、侍郎九人、都御史三人、八旗大臣一百六人、總督十七人、巡撫十七人、殉難監司三人、提督十七人、總兵官八人、前代君臣二十六人、外藩一人。

考工分部

修城法式條約

陳振孫《直齋書録解題・法令類》 《修城法式條約》二卷。判軍器監沈括、知監丞吕和卿等所修敵樓馬面團敵式樣，并申明條約。熙寧八年上。

營造法式

陳振孫《直齋書録解題・法令類》 《營造法式》三十四卷，《看詳》一卷。將作少監李誡編修。初，熙寧中，始詔修定，至元祐六年成書。紹聖四年命誡重修，元符三年上，崇寧二年頒印。前二卷爲《總釋》，其後曰《制度》、曰《功限》、曰《料例》、曰《圖樣》，而壕寨石作，大小木雕鏃鋸作，泥瓦、彩畫刷飾，又名分類，匠事備矣。

《宋史・藝文志・儀注類》 《營造法式》二百五十册。元祐間，卷亡。

《四庫全書總目提要・政書類》 《營造法式》三十四卷。浙江范懋柱家天一閣藏本。宋通直郎試將作少監李誡奉敕撰。初，熙寧中敕將作監官編修《營造法式》，至元祐六年成書。紹聖四年以所修之本祇是料狀，別無變造制度，難以行用，命誡別加撰輯。誡乃考究羣書，并與人匠講説，分列類例，以元符三年奏上之，崇寧二年復請用小字鏤版頒行。誡所作《總看詳》中稱：「今編修海行法式，總釋、總例共二卷，制度十五卷，功限十卷，料例并工作等共三卷，圖樣六卷，目録一卷，總三十六卷，計三百五十七篇。内四十九篇係於經史等羣書中檢尋考究。其三百八篇係自來工作相傳、經久可用之法，與諸作諳會工匠詳悉講究」。蓋其書所言雖止藝事，而能考證經傳，參會衆説，以合於古者飭材庀事之義，故陳振孫《書録解題》以爲遠出喻皓《木經》之上。考陸友仁《硯北雜志》載誡所著尚有《續山海經》十卷、《古篆説文》十卷、《續同姓名録》二卷、《琵琶録》三卷、《馬經》三卷、《六博經》三卷，則誡本博洽之士，故所撰述具有條理。惟友仁稱誡字明仲，而書其名作「誡」字。然范氏天一閣影鈔宋本及《宋史・藝文志》、《文獻通考》俱作「誡」字，疑友仁誤也。此本前有誡所奏《劄子》及《進書序》各一篇。其第三十一卷當爲本作制度圖樣上篇，原本已闕，而以《看詳》一卷錯入其中。檢《永樂大典》内亦載有此書，其所闕二十餘圖並在。今據以補足，而仍移《看詳》於卷首。又《看詳》内稱書總三十六卷，而今本制度一門，較原目少二卷，僅三十四卷。《永樂大典》所載不分卷數，無可參校。而核其前後篇目，又別無脱漏。疑爲後人所併省，今亦姑仍其舊云。

歷代宮殿名

尤袤《遂初堂書目・故事類》 《歷代宮殿名》。

興宮營建圖式

范邦甸等《天一閣書目・政書類》《興宮營建圖式》一册。明嘉靖間營都宮經始訖工事并圖。

元内府宮殿製作

《四庫全書總目提要・政書類》《元内府宮殿製作》一卷。《永樂大典》本。不著撰人名氏。所記元代門廊宮殿製作甚詳，而其辭鄙俚冗贅，不類文士之所爲。疑當時營繕曹司私相傳授之本也。

西槎彙草

《四庫全書總目提要・政書類》《西槎彙草》一卷。浙江范懋柱家天一閣藏本。明龔輝撰。輝有《全陝政要略》，已著録。嘉靖時營仁壽宮，輝以營繕司主事奉使督木四川。得大木五千餘株，販枋如之。部劄欲再倍其數，公私俱困，民情洶洶。輝乃繪山川險惡、轉運艱苦等狀，爲十五圖。前後各作圖説具奏，竟得旨停止。後列劄子三篇，又附載詩文數首。其曰「西槎彙草」者，輝嘗使浙東，故此名「西槎」以別之也。其圖説、劄子皆剴切酸楚，使人感動，與張問之《造甎圖説》相等。自當以「採木圖説」爲名，不當更贅附詩文，名以「彙草」。其編次殊無體例，且詩文寥寥數首，又皆不工，益爲無謂矣。今仍著録政書中，從所重也。

南船紀

《四庫全書總目提要・政書類》《南船紀》四卷。江蘇巡撫採進本。明沈啓撰。啓有《吴江水利考》，已著録。是編乃啓嘉靖中以南工部營繕司主事監督龍江提舉司時所撰。案《明史・兵志》，太祖於新江口設船四百。永樂初，又命鎮江各府衛造海風船，皆江船也。又《職官志》所載各船，有黄船、遮洋船、淺船、馬船、風快船、備倭戰船諸名。内惟遮洋、備倭二種爲海中所用。故啓不之及。其餘各船圖形，工料數目，暨因革典司諸例，無不詳悉備載。國朝江寧府設同知一員，專管督造戰船。今昔異宜，其制已不盡合。然參考損益，未始非船政之權輿也。

水部備考

《四庫全書總目提要・政書類》《水部備考》十卷。浙江巡撫採進本。明周夢暘撰。夢暘字啟明，南漳人。萬曆甲戌進士，官至工部都水司郎中。以工曹職掌冗雜，又前後多所更革，難於稽考。因檢校案牘，以類編次，各立綱目，分爲職官、河渠、橋道、舟車、織造、器用、權量、徵輸、供億、叢事凡十考，末附吏典承行事件。書成於萬曆丁亥。

造甎圖説

嵇璜等《續通志・圖譜略・記無・儀制》 張問之《造甎圖説》。

《四庫全書總目提要・政書類》《造甎圖説》一卷。浙江巡撫採進本。明張問之撰。問之，慶雲人。嘉靖癸未進士，官至工部郎中。自明永樂中，始造甎於蘇州，責其役於長洲窑户六十三家。甎長二尺二寸，徑一尺七寸。其土必取城東北陸墓所産乾黄作金銀色者。掘而運，運而晒，晒而椎，椎而舂，舂而磨，磨而篩，凡七轉而後得土；復澄以三級之池，濾以三重之羅，築地以晾之，布瓦以晞之，勒以鐵弦，踏以人足，凡六轉而後成泥。揉以手，承以托版，砑以石輪，椎以木掌，避風避日，置之陰室，而日日輕築之，閲八月而後成坯。其入窑也，防驟火激烈，先以穅草薰一月，乃以片柴燒一月，又以棵柴燒一月，又以松枝柴燒四十日，凡百三十日而後窨水出窑。或三五而選一，或數十而選一，必面背四旁，色盡純白，無燥紋，無墜角，叩之聲震而清者，乃爲入格。其費不貲。嘉靖中營建宫殿，問之往督其役，凡需甎五萬，而造至三年有餘乃成。窯户有不勝其累而自殺者。乃以採鍊燒造之艱，每事繪圖貼説，進之於朝，冀以感悟，亦鄭俠繪流民意也。其書成於嘉靖甲午。而明之弊政已至於此，蓋其法度陵夷，民生塗炭，不待至萬曆之末矣。

欽定武英殿聚珍版程式

《四庫全書總目提要·政書類》 《欽定武英殿聚珍版程式》一卷。乾隆四十一年户部侍郎金簡恭撰進呈。初乾隆三十八年詔纂修《四庫全書》，復命擇其善本，校正剞劂，以嘉惠藝林。金簡實司其事。因棗梨繁重，乃奏請以活字排印，力省功多。得旨俞允，併賜以嘉名，紀以睿藻。行之三載，印本衣被於天下。金簡因述其程式，以爲此書。

浮梁陶政志

《四庫全書總目提要·政書類》 《浮梁陶政志》一卷。編修程晉芳家藏本。國朝吴允嘉撰。允嘉有《吴越順存集》，已著録。是書皆記江西景德鎮官窯始末。凡七條，疎略殊甚。後爲景德舊事十四條，而吴十九一條重出，又時代顛舛。《容齋隨筆》一條，以宋事列明後；《池北偶談》一條，以國朝事列宋前，殊無條理。

邦交分部

富弼奉使録

尤袤《遂初堂書目·本朝故事》 《富弼奉使録》。

契丹議盟別録

《宋史·藝文志·故事類》 富弼《契丹議盟別録》五卷。

朝貢録

《宋史·藝文志·故事類》 宋敏求《朝貢録》二十卷。

奉使別録

尤袤《遂初堂書目·本朝故事》 《奉使別録》。

劉原父奉使録

尤袤《遂初堂書目·本朝故事》 《劉原父奉使録》。

戴斗奉使録

尤袤《遂初堂書目·本朝故事》 《戴斗奉使録》。

寇瑊奉使録

尤袤《遂初堂書目·本朝故事》 《寇瑊奉使録》。

兩國交聘書

尤袤《遂初堂書目・國史類》《兩國交聘書》。

永祐陵迎奉録

《宋史・藝文志・故事類》湯思退等《永祐陵迎奉録》十卷。

開禧通和録

《宋史・藝文志・故事類》《開禧通和録》一卷。

開禧持書録

《宋史・藝文志・故事類》《開禧持書録》二卷。

開禧通問本末

《宋史・藝文志・故事類》《開禧通問本末》一卷。

使遼録

尤袤《遂初堂書目・本朝故事》張芸叟《使遼録》。

《宋史・藝文志・故事類》張舜民《使遼録》一卷。

兩朝交聘往來國書

《宋史・藝文志・故事類》《兩朝交聘往來國書》一卷。並不知作者。

學制分部

唐選舉志

尤袤《遂初堂書目・故事類》《唐選舉志》。

選舉志

《宋史・藝文志・故事類》沈既濟《選舉志》三卷。

學科考略

《四庫全書總目提要・政書類》《學科考略》一卷。編修程晉芳家藏本。明董其昌撰。其昌字元宰，華亭人。萬曆己丑進士，官至禮部尚書，謚文敏。事蹟具《明史・文苑傳》。是書敘歷代立學之制，兼敘孔廟封贈配享之始，而貢舉之志兼及焉。如敘太公廟起於唐，而宋以後不載，敘明經起於漢，而唐、宋明經之選亦不載。殿試親策祇載漢、唐及宋，而遼、金、元悉不載。殊爲疎略。此與馮夢禎《歷代貢舉志》俱載於《學海類編》中，疑亦鈔撮割裂而成也。

首善編

張萱等《内閣藏書目録・御製部》《首善編》四册。萬曆間順天府丞李楨編，爲學校設也。

饁堂考故

《四庫全書總目提要・政書類》《饁堂考故》一卷。浙江巡撫採進本。明張鼒撰。鼒有《吴淞甲乙倭變志》，已著録。此其官司業時所述明代國學典故兼及軼事。大旨主於端師範、抑倖進，其言多切要中理。惟所載國學官陳言國事一條，於義未允。師儒之官，掌教化而已，必以與聞朝政爲美談，是未考宋季三學之弊者也。

辟雍紀事

《四庫全書總目提要・政書類》《辟雍紀事》無卷數。兩淮馬裕家藏本。明盧上銘撰。上銘字爾新，東莞人。崇禎中官南京國子監典簿。是編敘述明代太學典故，起洪武，訖崇禎十年，詳於南監而北監亦附見焉。

國學禮樂録

《四庫全書總目提要・政書類》《國學禮樂録》二十四卷。浙江巡撫採進本。國朝李周望、謝履忠同撰。周望字渭湄，蔚州人。康熙丁丑進士。履忠字方山，昆明人。康熙癸未進士。是編乃周望官祭酒、履忠官司業時所輯。自孔子世系，及先賢、先儒列傳，列朝祀典、禮樂圖譜，并石鼓潘迪音訓，而以祭酒、司業題名終焉。所列頗多疏漏，如祀典中既載晉泰始七年皇太子講經釋奠，而元康三年之講經釋奠乃佚不録；樂器之載於諸經註疏及歷代史志者甚詳，兹僅列《史記》、《漢書》寥寥數則。至石鼓自唐以來辨論甚多，如楊慎所僞則字完於真本，周、秦石刻釋音則補以圍方，皆各有考據。是編概不徵引，而僅載《音訓》一篇，亦未免稍略矣。

學宮備考

《四庫全書總目提要・政書類》《學宮備考》十卷。浙江巡撫採進本。國朝彭其位撰。其位字素君，吴縣人。是書前八卷自孔子以及從祀諸儒各爲之傳，九卷則載歷代禮樂典制，卷末附録未從祀者申黨、孺悲、公孫尼子、公明子儀、公明子宣、樂正子春、檀弓、河間王德、文翁、孔氏孟皮凡十人。所考禮樂典制，頗多挂漏。

學典

《四庫全書總目提要・政書類》《學典》三十卷。副都御史黄登賢家藏本。國朝孫承澤撰。承澤有《尚書集解》，已著録。是書所載皆歷代建學、設官、行禮、講學、科舉之事。自虞訖明，分年編載。惟前代僅居八卷，而明代之事多至二十二卷。如釋奠之禮，凡各史、志、紀所載者皆未收入。既載國子監學興廢創置，而各朝學官之職，學宮之制，又皆闕焉。至泮宮習射，及各經列於學官者，如漢之石經，唐之寫經，石經，後唐之鋟版，卷中皆未言及，而明代一切章疏毫無關於學典者，乃一概濫入。蓋門户之見既深，無往不用其標榜也。

科舉分部

唐登科記

尤袤《遂初堂書目・故事類》《唐登科記》。

五化登科記

尤袤《遂初堂書目・故事類》《五代登科記》。

本朝登科記

尤袤《遂初堂書目・故事類》《本朝登科記》。

皇族登科記

尤袤《遂初堂書目・故事類》《皇族登科記》。

貢舉敘略

《四庫全書總目提要・政書類》《貢舉敘略》一卷。編修程晉芳家藏本。舊本題宋陳彭年撰。載曹溶《學海類編》中，實《册府元龜》貢舉一門之總序。以彭年爲作序五人之一，遂題彭年之名，然原本不言此序出彭年也。

皇朝事類樞要

陳振孫《直齋書録解題・典故類》《皇朝事類樞要》二百五十卷。蜀人張和卿編集。爲一百五十門。蓋舉子答策之具也。

馬端臨《文獻通考・經籍考・故事》《皇朝事類樞要》二百五十卷。

貢舉故事

《宋史・藝文志・故事類》樂史《貢舉故事》二十卷。《目》一卷。

元豐士貢録

《宋史・藝文志・故事類》李清臣、張誠一《元豐士貢録》二卷。

文場盛事

尤袤《遂初堂書目・故事類》《文場盛事》。

武舉録式

張萱等《内閣藏書目録・御製部》《武舉録式》一册。正德十五年頒。

明進士登科考

張萱等《内閣藏書目録・御製部》《明進士登科考》五册。全。嘉靖戊申無錫俞憲輯。

明貢舉考

張萱等《内閣藏書目録・御製部》《明貢舉考》八册。萬曆間張廷瑞輯，自國初至萬曆癸未科會元。田一儁序。

《四庫全書總目提要・政書類》《明貢舉考》九卷。浙江鮑士恭家藏本。明張朝瑞編。朝瑞有《忠節録》，已著録。是書專考明代科舉之制。首爲《場屋事例》一卷，於沿革之故，言之頗詳。附以《貢舉紀略》，不入卷數。二卷以下則起洪武三年庚戌，迄萬曆十七年己丑。其目録止於萬曆癸未，蓋丙戌以後又以次而增也。每科載會試考官、試題及所刻程文之目。殿試之榜首尾全録，會試之榜則惟録前五人，鄉試之榜則惟録各省第一人。其有名臣碩儒足傳於後者，皆附記於制策之末，名姓籍貫之異同亦附註焉。其考據頗爲詳核。惟《貢舉紀略》載狀元年老、年少之類，類乎説部，於體例爲未安。第一卷事例之中雜引諸儒之論，至於引柱有三種，紅爲狀元，黄爲榜眼，白爲探花，以證鼎甲三人名所自起，尤爲蕪雜矣。

科場條貫

《四庫全書總目提要・政書類》《科場條貫》一卷。江蘇巡撫採進本。明陸深撰。深有《南巡日録》，已著録。是書紀洪武至嘉靖閒科舉條式，於前後損益之制，臚列頗詳。

歷代貢舉志

《四庫全書總目提要・政書類》《歷代貢舉志》一卷。編修程晉芳家藏本。明馮夢禎撰。夢禎字開之，秀水人。萬曆丁丑進士，官至國子監祭酒。是書敘歷代貢舉之制。如敘周官，而於大司徒、鄉老、太宰内史選士之法不詳，敘漢制，而誤以董仲舒之舉賢良在建元之初。魏、晉以降，中正九品之法盛行，遼、金、元亦有進士科及薦舉制科。載於各史志者甚悉，夢禎一概略之，未免過簡，不足以資考證也。

明三元考

《四庫全書總目提要・政書類》《明三元考》十四卷。浙江汪啟淑家藏本。明

張宏道、張凝道同撰。宏道字成儒，凝道字明儒，武進人。其書專紀明代鄉、會、殿試之元魁鼎甲，或非元魁而後至貴顯，及一門科名極盛者，亦咸載焉。始於洪武三年庚戌鄉試，終於萬曆四十七年己未會試。每科具詳京省主試官。大致與張朝瑞書互相出入。

彙征録

《四庫全書總目提要・政書類》《彙征録》一卷。兵部侍郎紀昀家藏本。不著撰人名氏。

制科雜録

《四庫全書總目提要・政書類》《制科雜録》一卷。浙江巡撫採進本。國朝毛奇齡撰。皆記康熙己未召試博學鴻詞始末。中多露才揚己之詞，且有恩怨是非之語。猶是前代門户餘習，不盡足據也。

歷代武舉考

《四庫全書總目提要・政書類》《歷代武舉考》一卷。浙江巡撫採進本。國朝譚吉璁撰。吉璁有《延綏鎮志》，已著録。是書敘歷代武舉之制，間引唐、宋諸儒奏議參證之。如敘唐試武舉長垜諸例，而失載穿札。宋武舉之法屢變，其出官之法亦極詳，皆略而不敘。又如遼之統和十二年詔諸道軍有勇健者，具以名聞。金皇統時特設武舉之科，至貞祐時又賜敕命章服，與進士同例。其科特重，載於諸史紀志者甚詳，亦未及徵引，不足以云賅備也。

雜著分部

漢武帝故事

《隋書・經籍志・舊事》《漢武帝故事》二卷。
《舊唐書・經籍志・故事》《漢武故事》二卷。
《新唐書・藝文志・故事類》《漢武帝故事》二卷。
鄭樵《通志・藝文略・故事》《漢武故事》二卷。
《宋史・藝文志・故事類》班固《漢武故事》五卷。

西京雜記

《隋書・經籍志・舊事》《西京雜記》二卷。
《舊唐書・經籍志・故事》《西京雜記》一卷。葛洪撰。
《新唐書・藝文志・故事類》葛洪《西京雜記》二卷。
鄭樵《通志・藝文略・故事》《西京雜記》二卷。葛洪撰。

秦漢以來舊事

《新唐書・藝文志・故事類》《秦漢以來舊事》八卷。
鄭樵《通志・藝文略・故事》《秦漢以來舊事》十卷。

漢魏吴蜀舊事

《隋書・經籍志・舊事》《漢魏吴蜀舊事》八卷。
《舊唐書・經籍志・故事》《漢魏吴蜀舊事》八卷。
《新唐書・藝文志・故事類》《漢魏吴蜀舊事》八卷。
鄭樵《通志・藝文略・故事》《漢魏吴蜀舊事》八卷。

晉朝雜事

《隋書・經籍志・舊事》《晉朝雜事》二卷。
《舊唐書・經籍志・故事》《晉朝雜事》二卷。
《新唐書・藝文志・故事類》《晉朝雜事》二卷。

晉故事

《舊唐書・經籍志・故事》《晉故事》四十三卷。

晉諸雜故事

《舊唐書・經籍志・故事》《晉諸雜故事》二十二卷。
《新唐書・藝文志・故事類》《晉諸雜故事》二十二卷。
鄭樵《通志・藝文略・故事》《晉諸雜故事》二十二卷。

晉太始太康故事

《舊唐書・經籍志・故事》《晉太始太康故事》五卷。
《新唐書・藝文志・故事類》《晉太始太康故事》八卷。
鄭樵《通志・藝文略・故事》《晉泰始太康故事》八卷。

晉建武咸和咸康故事

《舊唐書・經籍志・故事》《晉建武咸和咸康故事》四卷。孔愉撰。

《新唐書・藝文志・故事類》孔愉《晉建武咸和咸康故事》四卷。

鄭樵《通志・藝文略・故事》《晉建武咸和咸康故事》四卷。孔愉撰。《隋志》無「建武」字。

晉建武已來故事

《舊唐書・經籍志・故事》《晉建武已來故事》三卷。

《新唐書・藝文志・故事類》《晉建武以來故事》三卷。

先朝故事

《舊唐書・經籍志・故事》《先朝故事》二十卷。劉道會撰。

《新唐書・藝文志・故事類》劉道薈《先朝故事》二十卷。

鄭樵《通志・藝文略・故事》《先朝故事》二十卷。劉道薈撰。

江南故事

《舊唐書・經籍志・故事》《江南故事》三卷。

《新唐書・藝文志・故事類》應詹《江南故事》三卷。

晉宋舊事

《隋書・經籍志・舊事》《晉宋舊事》一百三十五卷。

《舊唐書・經籍志・故事》《晉宋舊事》一百三十卷。

《新唐書・藝文志・故事類》《晉宋舊事》一百三十卷。

晉要事

《隋書・經籍志・舊事》《晉要事》三卷。

《新唐書・藝文志・故事類》《晉要事》三卷。

鄭樵《通志・藝文略・故事》《晉朝要事》三卷。

晉故事

《隋書・經籍志・舊事》《晉故事》四十三卷。

《舊唐書・經籍志・故事》《晉故事》三卷。

《新唐書・藝文志・故事類》《晉故事》四十三卷。

鄭樵《通志・藝文略・故事》《晉故事》四十三卷。

晉建武故事

《隋書・經籍志・舊事》《晉建武故事》一卷。

《新唐書・藝文志・故事類》《建武故事》三卷。

鄭樵《通志・藝文略・故事》《建武故事》三卷。

鄭樵《通志・藝文略・故事》《晉建武故事》三卷。《隋志》一卷。

晋咸和咸康故事

《隋書・經籍志・舊事》《晋咸和咸康故事》四卷。晋孔愉撰。

晋定品制

《舊唐書・經籍志・故事》《晋定品制》一卷。

晋修復山陵故事

《隋書・經籍志・舊事》《晋修復山陵故事》五卷。車灌撰。
《舊唐書・經籍志・故事》《修復山林故事》五卷。車灌撰。
《新唐書・藝文志・故事類》車灌《晋脩復山陵故事》五卷。

交州雜事

《隋書・經籍志・舊事》《交州雜事》九卷。記士燮及陶璜事。
《舊唐書・經籍志・故事》《交州雜故事》九卷。
《新唐書・藝文志・故事類》《交州雜故事》九卷。
鄭樵《通志・藝文略・故事》《交州雜事》九卷。記士燮及陶璜事。

晋八王故事

《隋書・經籍志・舊事》《晋八王故事》十卷。
《舊唐書・經籍志・故事》《晋八王故事》十二卷。盧綝撰。
《新唐書・藝文志・故事類》盧綝《晋八王故事》十二卷。
鄭樵《通志・藝文略・故事》《晋八王故事》十二卷。盧綝撰。

晋四王起事

《隋書・經籍志・舊事》《晋四王起事》四卷。晋廷尉盧綝撰。
《舊唐書・經籍志・故事》《四王起事》四卷。盧綝撰。
《新唐書・藝文志・故事類》盧綝《晋四王起事》四卷。
鄭樵《通志・藝文略・故事》《晋四王起事》四卷。盧綝撰。

大司馬陶公故事

《隋書・經籍志・舊事》《大司馬陶公故事》三卷。
《舊唐書・經籍志・故事》《大司馬陶公故事》三卷。
《新唐書・藝文志・故事類》《大司馬陶公故事》三卷。
鄭樵《通志・藝文略・故事》《大司馬陶公故事》二卷。

郄太尉爲尚書令故事

《隋書・經籍志・舊事》《郄太尉爲尚書令故事》三卷。
《舊唐書・經籍志・故事》《郗太尉爲尚書令故事》二卷。
《新唐書・藝文志・故事類》《郗太尉爲尚書令故事》三卷。

桓玄僞事

《隋書・經籍志・舊事》《桓玄僞事》三卷。

《舊唐書·經籍志·故事》《桓公僞事》二卷。應德詹撰。

鄭樵《通志·藝文略·故事》《桓玄僭僞事》二卷。

晉東宮舊事

《隋書·經籍志·舊事》《晉東宮舊事》十卷。

《舊唐書·經籍志·故事》《東宮舊事》十一卷。張敞撰。

《新唐書·藝文志·故事類》張敞《晉東宮舊事》十卷。

晉氏故事

《新唐書·藝文志·故事類》《晉氏故事》三卷。

晉雜議

《新唐書·藝文志·故事類》《晉雜議》十卷。

秦漢已來舊事

《隋書·經籍志·舊事》《秦漢已來舊事》十卷。

《舊唐書·經籍志·故事》《秦漢已來舊事》八卷。

尚書大事

《隋書·經籍志·舊事》《尚書大事》二十卷。范汪撰。

《舊唐書·經籍志·故事》《尚書大事》二十一卷。

《新唐書·藝文志·故事類》范汪《尚書大事》二十一卷。

沔南故事

《隋書·經籍志·舊事》《沔南故事》三卷。應思遠撰。

鄭樵《通志·藝文略·故事》《沔南故事》三卷。應思遠撰。

天正舊事

《隋書·經籍志·舊事》《天正舊事》三卷。釋撰，亡名。

《新唐書·藝文志·故事類》僧亡名《天正舊事》三卷。

鄭樵《通志·藝文略·故事》《天正舊事》三卷。

皇儲故事

《隋書·經籍志·舊事》《皇儲故事》二卷。

梁舊事

《隋書·經籍志·舊事》《梁舊事》三十卷。內史侍郎蕭大圜撰。

東宮典記

《隋書·經籍志·舊事》《東宮典記》七十卷。左庶子宇文愷撰。

《舊唐書・經籍志・故事》《東宫典記》七十卷。宇文愷等撰。

華林故事名

《新唐書・藝文志・故事類》《華林故事名》一卷。

鄭樵《通志・藝文略・故事》《華林故事名》一卷。

魏永安故事

《新唐書・藝文志・故事類》温子昇《魏永安故事》三卷。

鄭樵《通志・藝文略・故事》《魏永安故事》三卷。温子昇撰。

梁魏舊事

《新唐書・藝文志・故事類》蕭大圜《梁魏舊事》三十卷。

鄭樵《通志・藝文略・故事》《梁魏舊事》三十卷。蕭大圜撰。

開業平陳記

《隋書・經籍志・舊事》《開業平陳記》二十卷。

三輔舊事

《舊唐書・經籍志・故事》《三輔舊事》一卷。韋氏撰。

《新唐書・藝文志・故事類》韋氏《三輔舊事》一卷。

鄭樵《通志・藝文略・故事》韋氏《三輔舊事》三卷。

救襄陽上都督府事

《舊唐書・經籍志・故事》《救襄陽上都督府事》一卷。王𢖩期撰。

《新唐書・藝文志・故事類》王𢖩期《救襄陽上都府事》一卷。

鄭樵《通志・藝文略・故事》《救襄陽上都府事》一卷。王𢖩期撰。

荆江揚州遷代記

《舊唐書・經籍志・故事》《荆江揚州遷代記》四卷。

中興伐逆事

《舊唐書・經籍志・故事》《中興伐逆事》二卷。

《新唐書・藝文志・故事類》《中興伐逆事》二卷。

鄭樵《通志・藝文略・故事》《中興伐逆事》二卷。

春坊要録

《舊唐書・經籍志・故事》《春坊要録》四卷。杜正倫撰。

《新唐書・藝文志・故事類》杜正倫《春坊要録》四卷。

鄭樵《通志・藝文略・故事》《春坊要録》四卷。杜正倫撰。

春坊舊事

《舊唐書・經籍志・故事》《春坊舊事》三卷。
《新唐書・藝文志・故事類》《春坊舊事》三卷。
鄭樵《通志・藝文略・故事》《春坊舊事》三卷。

永平故事

《新唐書・藝文志・故事類》《永平故事》二卷。
鄭樵《通志・藝文略・故事》《永平故事》二卷。

述聖紀

《新唐書・藝文志・故事類》武后《述聖紀》一卷。

南宫故事

《新唐書・藝文志・故事類》王方慶《南宫故事》十二卷。
鄭樵《通志・藝文略・故事》《南宫故事》十二卷。王方慶撰。

鄴都故事

《新唐書・藝文志・故事類》裴矩《鄴都故事》十卷。
鄭樵《通志・藝文略・故事》《鄴都故事》十卷。裴矩撰。

唐年小録

《新唐書・藝文志・故事類》馬揔《唐年小録》八卷。
鄭樵《通志・藝文略・故事》《唐年小録》八卷。馬總撰。

孝和中興故事

《新唐書・藝文志・故事類》張齊賢《孝和中興故事》三卷。
鄭樵《通志・藝文略・故事》《孝和中興故事》三卷。張齊賢撰。

南宫故事

《新唐書・藝文志・故事類》盧若虚《南宫故事》三十卷。
鄭樵《通志・藝文略・故事》《南宫故事》三十卷。盧若虚撰。

凌煙閣功臣故事

《新唐書・藝文志・故事類》令狐德棻《凌煙閣功臣故事》四卷。

文貞公傳事

《新唐書・藝文志・故事類》敬播《文貞公傳事》四卷。
鄭樵《通志・藝文略・故事》《文貞公傳事》四卷。敬播撰。

文貞公故事

《新唐書・藝文志・故事類》劉禕之《文貞公故事》六卷。

鄭樵《通志・藝文略・故事》《文貞公故事》六卷。劉禕之撰。

魏文貞故事

《新唐書・藝文志・故事類》張大業《魏文貞故事》八卷。

鄭樵《通志・藝文略・故事》《魏文貞故事》八卷。張大業撰。

文貞公事録

《新唐書・藝文志・故事類》王方慶《文貞公事録》一卷。

鄭樵《通志・藝文略・故事》《文貞公事録》一卷。王方慶撰。

衛公平突厥故事

《新唐書・藝文志・故事類》李仁實《衛公平突厥故事》二卷。

鄭樵《通志・藝文略・故事》《衛公平突厥故事》二卷。李仁實撰。

英公故事

《新唐書・藝文志・故事類》謝偃《英公故事》四卷。

鄭樵《通志・藝文略・故事》《英公故事》四卷。謝偃撰。

英國貞武公故事

《新唐書・藝文志・故事類》劉禕之《英國貞武公故事》四卷。

鄭樵《通志・藝文略・故事》《英國貞武公故事》四卷。劉禕之撰。

彭城公故事

《新唐書・藝文志・故事類》陳諫等《彭城公故事》一卷。劉晏。

鄭樵《通志・藝文略・故事》《彭城公故事》一卷。陳諫等撰。

張九齡事迹

《新唐書・藝文志・故事類》《張九齡事迹》一卷。

鄭樵《通志・藝文略・故事》《張九齡事迹》一卷。

李渤事迹

《新唐書・藝文志・故事類》《李渤事迹》一卷。

鄭樵《通志・藝文略・故事》《李渤事迹》一卷。

杜悰事迹

《新唐書・藝文志・故事類》《杜悰事迹》一卷。

鄭樵《通志・藝文略・故事》《杜悰事迹》一卷。

《宋史・藝文志・故事類》《杜悰事迹》一卷。

吴湘事迹

《新唐書・藝文志・故事類》《吴湘事迹》一卷。

鄭樵《通志・藝文略・故事》《吴湘事迹》一卷。

《宋史・藝文志・故事類》《吴湘事迹》一卷。不知作者。

相國凉公録

《新唐書・藝文志・故事類》丘據《相國凉公録》一卷。李抱玉事。據，諫議大夫。

魏鄭公諫録

陳振孫《直齋書録解題・典故類》《魏鄭公諫録》五卷。唐尚書吏部郎中瑯邪王綝撰。綝，字方慶，以字行。相武后，其爲吏部當在。高宗時，《館閣書目》作王琳，誤也。所録魏公進諫奏對之語，又名《魏文貞公故事》。

《宋史・藝文志・故事類》王綝《魏鄭公諫録》五卷。

開元昇平源

《宋史・藝文志・故事類》吴兢《開元昇平源》一卷。

中樞龜鑑

《宋史・藝文志・故事類》蘇瓌《中樞龜鑑》一卷。

御史臺記

《宋史・藝文志・故事類》韓琬《御史臺記》十二卷。

集賢注記

《宋史・藝文志・故事類》韋述《集賢注記》二卷。

征南故事

鄭樵《通志・藝文略・故事》《征南故事》三卷。應詹撰。

國朝舊事

鄭樵《通志・藝文略・故事》《國朝舊事》四十卷。紀唐事。

集　説

鄭樵《通志・藝文略・故事》《集説》一卷。記唐十五事。

柳氏舊聞

《宋史・藝文志・故事類》 李德裕《柳氏舊聞》一卷。

衣冠盛事

陳振孫《直齋書録解題・典故類》 《衣冠盛事》一卷。唐武功蘇特撰。

馬端臨《文獻通考・經籍考・故事》 《衣冠盛事》一卷。

李司空論事

《宋史・藝文志・故事類》 《李司空論事》七卷。唐蔣偕編，李絳所論。

陳振孫《直齋書録解題・典故類》 《李司空論事》一卷。唐大中史官蔣偕録。司空者，李絳深之，元和宰相也。

太和辨謗略

晁公武《郡齋讀書志・雜史類》 《太和辨謗略》三卷。袁本前志卷二上雜史類第十六。右唐李德裕撰。先是，唐次録周、秦迄隋忠賢罹讒謗事，德宗覽之不悦。後，憲宗以爲善，命令狐楚等廣之，成十卷。至大和中，文成上之。

陳振孫《直齋書録解題・典故類》 《太和辨謗略》三卷。唐宰相李德裕撰。初，憲宗命令狐楚等爲《元和辨謗略》十卷，録周、秦、漢、魏迄隋忠賢罹讒謗事迹。德裕等删其繁蕪，益以唐事，裁成三卷，太和中上之。集賢學士裴潾爲之序。元和書今不存，《邯鄲書目》亦止有前五卷。

馬端臨《文獻通考・經籍考・故事》 《太和辯謗略》三卷。

楚寶傳

陳振孫《直齋書録解題・典故類》 《楚寶傳》一卷。杜確撰。肅宗乾元二年，楚州尼真如獻寶事。

馬端臨《文獻通考・經籍考・故事》 《楚寶傳》一卷。

明皇雜録

《宋史・藝文志・故事類》 鄭處誨《明皇雜録》二卷。

天寶西幸略

《宋史・藝文志・故事類》 鄭處誨《天寶西幸略》一卷。

八寶記

陳振孫《直齋書録解題・典故類》 《八寶記》一卷。無名氏。大觀二年。

馬端臨《文獻通考・經籍考・故事》 《八寶記》一卷。

唐文宗朝備問

陳振孫《直齋書録解題・典故類》 《唐文宗朝備問》一卷。不著名氏。雜録唐朝典故。

馬端臨《文獻通考・經籍考・故事》 《唐文宗朝備問》一卷。

開元天寶遺事

《宋史・藝文志・故事類》 王仁裕《開元天寶遺事》一卷。

仁宗政要

馬端臨《文獻通考・經籍考・故事》 《仁宗政要》四十卷。晁氏曰：皇朝張唐英撰。

三朝聖政録

晁公武《郡齋讀書志・雜史類》 《三朝聖政録》十卷。袁本前志卷二上雜史類第二十八。右皇朝富弼上言乞選官置局，將三朝典故，編成一書。即命王洙、余靖、孫甫、歐陽修編修，分別事類，成九十六門。

陳振孫《直齋書録解題・典故類》 《三朝政要》二十卷。宰相河南富弼彦國撰。慶曆三年，弼爲樞副，上言選官置局，以三朝典故分門類聚，編成一書，以爲模範。命王洙、余靖、孫甫、歐陽修同共編纂，四年書成，名《太平故事》，凡九十六門，每事之後各釋其意。至紹興八年，右朝議大夫吕源得舊印本，刊正增廣，名《政要釋明策備》上之於朝。《館閣書目》指《政要》爲《寶訓》，非也。

馬端臨《文獻通考・經籍考・故事》 《三朝聖政録》十卷。

高宗聖政

《宋史・藝文志・故事類》 《高宗聖政》六十卷。

高宗聖政草

陳振孫《直齋書録解題・典故類》 《高宗聖政草》一卷。陸游在隆興初奉詔修《高宗聖政》，草創凡例，多出其手，未成而去，私篋不敢留藁。他日追記得此，録之而書其後，凡二十條。

馬端臨《文獻通考・經籍考・故事》 《高宗聖政草》一卷。

《宋史・藝文志・故事類》 陸游《聖政草》一卷。

高宗孝宗聖政編要

陳振孫《直齋書録解題・典故類》 《高宗孝宗聖政編要》二十卷。《高宗聖政》五十卷，《孝宗聖政》五十卷，乾道、淳熙中所修，皆有御製序。此二帙，書坊鈔節以便舉子應用之儲者也。

馬端臨《文獻通考・經籍考・故事》 《高宗孝宗聖政編要》二十卷。

高宗聖政典章

《宋史・藝文志・故事類》 《高宗聖政典章》十卷。不知作者。

高宗孝宗聖政編要

《宋史・藝文志・故事類》 《高宗孝宗聖政編要》二十卷。乾道、淳熙中修。

光宗聖政

《宋史·藝文志·故事類》《光宗聖政》三十卷。

三朝逸史

《宋史·藝文志·故事類》陳湜《三朝逸史》一卷。

君臣政要

《宋史·藝文志·故事類》張唐英《君臣政要》四十卷。

三朝政録

《宋史·藝文志·故事類》《三朝政録》十二卷。

宋朝政要策

《宋史·藝文志·故事類》曾鞏《宋朝政要策》一卷。

仁宗君臣政要

《宋史·藝文志·故事類》《仁宗君臣政要》二十卷。不知何人編。

政要

《宋史·藝文志·故事類》張戒《政要》一卷。

三朝政要增釋

《宋史·藝文志·故事類》李源《三朝政要增釋》二十卷。

孝宗聖政

陳振孫《直齋書録解題·典故類》《孝宗聖政》十二卷。亦書坊鈔節，比前爲稍詳。

馬端臨《文獻通考·經籍考·故事》《孝宗聖政》十二卷。【略】。按：《孝宗聖政》，係陳止齋奉詔擬御製序言，起初潛至内禪，撥其最，凡得六百四十一條，爲五十卷，紹興三年序。

《宋史·藝文志·故事類》《孝宗聖政》五十卷。

唐朝綱領圖

尤袤《遂初堂書目·故事類》《唐朝綱領圖》。

《宋史·藝文志·故事類》南卓《綱領圖》一卷。

唐國鏡

尤袤《遂初堂書目·故事類》《唐國鏡》。

建隆遺事

《宋史·藝文志·故事類》王禹偁《建隆遺事》一卷。

言行録

《宋史·藝文志·故事類》王皥《言行録》一卷。

名賢遺範録

《宋史·藝文志·故事類》王旦《名賢遺範録》十四卷。

東齋記事

《宋史·藝文志·故事類》范鎮《東齋記事》十二卷。

賓佐記

尤袤《遂初堂書目·故事類》《賓佐記》。

文宗朝備問

尤袤《遂初堂書目·故事類》《文宗朝備問》。

卓絶記

尤袤《遂初堂書目·故事類》《卓絶記》。

續卓絶記

尤袤《遂初堂書目·故事類》《續卓絶記》。

翰苑羣書

《宋史·藝文志·故事類》洪遵《翰苑羣書》三卷。

國朝事始

《宋史·藝文志·故事類》范鎮《國朝事始》一卷。

春明退朝録

陳振孫《直齋書録解題·典故類》《春明退朝録》三卷。龍圖閣直學士常山宋敏求次道撰。所記多故實。其父宣獻公綬居第在春明坊，如晁氏稱昭德也。

馬端臨《文獻通考·經籍考·故事》《春明退朝録》三卷。

先朝政範

陳振孫《直齋書録解題·典故類》《先朝政範》一卷。直集賢院徂徠石介守道編進。自《任將》至《悔過》凡十二篇。

馬端臨《文獻通考·經籍考·故事》《先朝政範》一卷。

尊號録

陳振孫《直齋書録解題·典故類》《尊號録》一卷。丞相安陸宋庠公序撰。

馬端臨《文獻通考·經籍考·故事》《尊號録》一卷。

《宋史·藝文志·故事類》宋庠《尊號録》一卷。

輔弼名對

陳振孫《直齋書録解題·典故類》《輔弼名對》四十卷。天禧中前進士劉顔編。自漢迄五代爲四十門。

馬端臨《文獻通考·經籍考·故事》《輔弼名對》四十卷。

元豐問事録

陳振孫《直齋書録解題·典故類》《元豐問事録》二卷。光禄寺丞李德芻撰。德芻，邯鄲李淑之子，元豐中爲詳定官制檢討文字，詔旨所問奏藁，録爲此書。

馬端臨《文獻通考·經籍考·故事》《元豐問事録》二卷。

官制局紀事

陳振孫《直齋書録解題·典故類》《官制局紀事》一卷。李德芻奉旨編。録置局以來命官等事。

馬端臨《文獻通考·經籍考·故事》《官制局紀事》一卷。

吕申公掌記

陳振孫《直齋書録解題·典故類》《吕申公掌記》一卷。丞相申國吕公著晦叔撰。在相位所記人材已用、未用名姓，及事當行、已行條目。

馬端臨《文獻通考·經籍考·故事》《吕申公掌記》一卷。

元祐榮觀集

陳振孫《直齋書録解題·典故類》《元祐榮觀集》五卷。左朝奉大夫權太學正汪浹撰。記元祐六年視學本末，并羣臣所上詩、賦、頌、表之類。張舜民芸叟爲之序。

馬端臨《文獻通考·經籍考·故事》《元祐榮觀集》五卷。

泰陵故事

陳振孫《直齋書録解題·典故類》《泰陵故事》二十卷。不著名氏。皆敍宣仁臨朝九年中制誥、表章、奏議之屬。

馬端臨《文獻通考·經籍考·故事》《泰陵故事》二十卷。

四明尊堯集

陳振孫《直齋書録解題・典故類》《四明尊堯集》一卷。司諫延平陳瓘瑩中撰。專辨王安石《日録》之誣僭不孫，與配食坐像之爲不恭。瓘初在諫省，未以安石爲非，合浦所著《尊堯集》猶回隱不直，末乃悔之，復爲此書。以謂蔡卞專用《日録》以修《神宗實録》，薄神考而厚安石，尊私史而壓宗廟，以是編類其語得六十五條，總而論之。坐此羈管台州。

尊堯録

陳振孫《直齋書録解題・典故類》《尊堯録》八卷。延平羅從彦仲素撰。

馬端臨《文獻通考・經籍考・故事》《尊堯録》八卷。

《宋史・藝文志・故事類》羅從彦《宋遵堯録》八卷。

本朝事實

陳振孫《直齋書録解題・典故類》《本朝事實》三十卷。右承議郎李攸撰。雜録故事，不成條貫統紀。

馬端臨《文獻通考・經籍考・故事》《本朝事實》三十卷。

皇朝治迹統類

陳振孫《直齋書録解題・典故類》《皇朝治迹統類》七十三卷。眉山彭百川叔融撰。略用袁樞《通鑑本末》條例，爲《前集》四十卷，中興後事爲《後集》三十三卷。

馬端臨《文獻通考・經籍考・故事》《皇朝治迹統類》七十三卷。

《宋史・藝文志・故事類》彭百川《治迹統類》四十卷。

東家雜記

陳振孫《直齋書録解題・典故類》《東家雜記》二卷。右朝議大夫孔傳撰。歷代追崇先聖故事，及孔林古跡。傳，蓋先聖四十七世孫也。

内治聖監

陳振孫《直齋書録解題・典故類》《内治聖監》二十卷。起居舍人兼嘉王府贊讀清江彭龜年子壽撰。取列聖修身齊家教子、訓齊宗室、防制外戚宦官贄御等事，以紹熙五年表上之。光宗稱善，且曰：「祖宗家法最善，漢、唐所不及也。」

馬端臨《文獻通考・經籍考・故事》《内治聖鑑》二十卷。

《宋史・藝文志・故事類》彭龜年《内治聖鑒》二十卷。

漢制叢録

陳振孫《直齋書録解題・典故類》《漢制叢録》三十二卷。袁夢麟應祥撰。以《二漢》所記典故，分門編類，凡二十五門。

馬端臨《文獻通考・經籍考・雜史》《漢制叢録》三十三卷。

《宋史・藝文志・故事類》袁夢麟《漢制叢録》二十卷。

唐昌記

陳振孫《直齋書録解題・典故類》《唐昌計》二卷。知昌化縣趙希坙克家撰。

馬端臨《文獻通考·經籍考·故事》《唐昌記》二卷。

朝制要覽

陳振孫《直齋書録解題·典故類》《朝制要覽》五十卷。屯田郎中宋咸撰。

馬端臨《文獻通考·經籍考·故事》《朝制要覽》五十卷。

《宋史·藝文志·故事類》宋咸《朝制要覽》十五卷。

蜀公事始

尤袤《遂初堂書目·本朝故事》《蜀公事始》。

裕陵五使長牋

尤袤《遂初堂書目·本朝故事》《裕陵五使長牋》。

釋故事

尤袤《遂初堂書目·國史類》呂源增《釋故事》。

福建盜賊須知

尤袤《遂初堂書目·本朝故事》《福建盜賊須知》。

淮西措置事宜

尤袤《遂初堂書目·本朝故事》《淮西措置事宜》。

兩鎮還山書稿

尤袤《遂初堂書目·本朝故事》《兩鎮還山書稿》。

太平盛典

尤袤《遂初堂書目·國史類》《太平盛典》。

《宋史·藝文志·故事類》《太平盛典》三十六卷。

祖宗故事

尤袤《遂初堂書目·國史類》《祖宗故事》。

《宋史·藝文志·故事類》王洙《祖宗故事》二十卷。

慶曆編類勳臣姓名録

尤袤《遂初堂書目·本朝故事》《慶曆編類勳臣姓名録》。

廣開隨志

尤袤《遂初堂書目・本朝故事》《廣開隨志》。

王介父送伴録

尤袤《遂初堂書目・本朝故事》《王介父送伴録》。

華戎魯衛信録

尤袤《遂初堂書目・本朝故事》《華戎魯衛信録》。

皇親故事

尤袤《遂初堂書目・本朝故事》《皇親故事》。

《宋史・藝文志・故事類》李至《皇親故事》一卷。

青唐録

尤袤《遂初堂書目・本朝故事》《青唐録》。

隴右録

尤袤《遂初堂書目・本朝故事》《隴右録》。

沈黎備邊録

尤袤《遂初堂書目・本朝故事》《沈黎備邊録》。

邇英要覽

尤袤《遂初堂書目・本朝故事》《邇英要覽》。

《宋史・藝文志・故事類》蘇頌《邇英要覽》一部。卷亡。

元祐講筵謝御書表

尤袤《遂初堂書目・本朝故事》《元祐講筵謝御書表》。

元祐東宮錫極録

尤袤《遂初堂書目・本朝故事》《元祐東宮錫極録》。

政和曲燕記

尤袤《遂初堂書目・本朝故事》《政和曲燕記》。

誕聖録

尤袤《遂初堂書目・本朝故事》《誕聖録》。

温公河外諮目

尤袤《遂初堂書目・本朝故事》《温公河外諮目》。

濮議墨守

尤袤《遂初堂書目・本朝故事》《濮議墨守》。

近事會元

尤袤《遂初堂書目・本朝故事》《近事會元》。

《宋史・藝文志・故事類》 李上交《近事會元》五卷。

元主議

尤袤《遂初堂書目・本朝故事》《元主議》。

浸銅要略

尤袤《遂初堂書目・本朝故事》《浸銅要略》。

馬端臨《文獻通考・經籍考・故事》《浸銅要略》一卷。陳氏曰：張甲撰。稱德興草澤，紹聖元年序，蓋膽水浸鐵成銅之始。甲，參政子公之祖。

景龍文館記

尤袤《遂初堂書目・故事類》《景龍文館記》。

中書備對

晁公武《郡齋讀書志・職官類》《中書備對》十卷。袁本後志卷一職官類第七。右皇朝元豐三年畢仲衍承詔編次。

尤袤《遂初堂書目・本朝故事》《中書備對》。

陳振孫《直齋書録解題・典故類》《中書備對》十卷。太常丞檢正户房公事管城畢仲衍夷仲撰。凡一百二十五門，附五十八事。

馬端臨《文獻通考・經籍考・故事》《中書備對》十卷。

《宋史・藝文志・故事類》 畢仲衍《中書備對》十卷。

承祚實跡

《宋史・藝文志・故事類》 裴炬之《承祚實跡》一卷。

鄴城舊事

《宋史・藝文志・故事類》 劉公鉉《鄴城舊事》六卷。

貞陵遺事

《宋史・藝文志・故事類》 令狐澄《貞陵遺事》一卷。

制表疏

《宋史・藝文志・故事類》 令狐綯《制表疏》一卷。

成憲綱要

胡師安等《元西湖書院重整書目》《成憲綱要》。

楊士奇等《文淵閣書目・政書》《元成憲綱要》。一部。五册。闕。

蔣魏公逸史

馬端臨《文獻通考・經籍考・故事》《蔣魏公逸史》二十卷。容齋洪氏《隨筆》曰：《蔣魏公逸史》，穎叔所著也，多記當時典章文物之舊。

本朝事實

晁公武《郡齋讀書志・儀注類》《本朝事實》三十卷。袁本前志卷二下儀注類第五。右皇朝李攸編次。雜纂國朝事儀注爲多。

續貞陵遺事

《宋史・藝文志・故事類》 柳玭《續貞陵遺事》一卷。

起居注故事

《宋史・藝文志・故事類》 鄭向《起居注故事》三卷。

勤王録

《宋史・藝文志・故事類》 李巨川《勤王録》二卷。

梁宣底

《宋史・藝文志・故事類》《梁宣底》三卷。

國朝典要雜編

《宋史・藝文志・故事類》 林勳《國朝典要雜編》一卷。

典故辨疑

《宋史・藝文志・故事類》 李大性《典故辨疑》二十卷。

仁宗觀文鑒古圖

《宋史・藝文志・故事類》《仁宗觀文鑒古圖》十卷。

耕籍類事

《宋史·藝文志·故事類》 李淑《耕籍類事》五卷。

東封西祀朝謁太清宫慶賜總例

《宋史·藝文志·故事類》 林特《東封西祀朝謁太清宫慶賜總例》二十六卷。

故事稽疑

《宋史·藝文志·故事類》 崔立《故事稽疑》十卷。

秀水閒居録

《宋史·藝文志·故事類》 朱勝非《秀水閒居録》二卷。

紫微雜記

《宋史·藝文志·故事類》 吕本中《紫微雜記》一卷。

太后回鑾事實

《宋史·藝文志·故事類》 萬俟卨《太后回鑾事實》十卷。

塞北紀實

《宋史·藝文志·故事類》 大惟簡《塞北紀實》三卷。

六朝事迹

《宋史·藝文志·故事類》 張養正《六朝事迹》十四卷。

六朝事迹别集

《宋史·藝文志·故事類》 吴彦夔《六朝事迹别集》十四卷。

金國生辰語録

《宋史·藝文志·故事類》 韓元吉《金國生辰語録》一卷。

執禮集

《宋史·藝文志·故事類》 宋介《執禮集》二卷。

通州鬻海録

《宋史·藝文志·故事類》 陳曄《通州鬻海録》一卷。

續稽古録

《宋史・藝文志・故事類》龔頤正《續稽古録》一卷。

掖垣叢志

《宋史・藝文志・故事類》宋庠《掖垣叢志》三卷。

五國故事

《宋史・藝文志・故事類》《五國故事》二卷。並不知作者。

中朝故事

《宋史・藝文志・故事類》尉遲偓《中朝故事》二卷。

金華講義

《宋史・藝文志・故事類》孔武仲《金華講義》十三卷。

羣牧故事

《宋史・藝文志・故事類》王曙《羣牧故事》三卷。

兩朝誓書

《宋史・藝文志・故事類》《兩朝誓書》一卷。景德中，與契丹往復書。

金坡遺事

《宋史・藝文志・故事類》錢惟演《金坡遺事》三卷。

別書金坡遺事

《宋史・藝文志・故事類》晁迥《別書金坡遺事》一卷。

國信語録

《宋史・藝文志・故事類》余靖《國信語録》一卷。

國信語録

《宋史・藝文志・故事類》陳襄《國信語録》一卷。

日　記

《宋史・藝文志・故事類》趙槩《日記》一卷。

日　録

《宋史·藝文志·故事類》　司馬光《日録》三卷。

歷代備覽

《宋史·藝文志·故事類》　何澹《歷代備覽》二卷。

王家三世書誥

《宋史·藝文志·故事類》　王禹《王家三世書誥》一卷。

涑水記聞

《宋史·藝文志·故事類》　司馬光《涑水記聞》三十二卷。

鑾坡録

《宋史·藝文志·故事類》　周必大《鑾坡録》一卷。

淳熙玉堂雜記

《宋史·藝文志·故事類》　周必大《淳熙玉堂雜記》一卷。

東宫備覽

《宋史·藝文志·故事類》　陳模《東宫備覽》一卷。

廣東西城録

《宋史·藝文志·故事類》　《廣東西城録》一卷。

交廣圖

《宋史·藝文志·故事類》　《交廣圖》一卷。並不知作者。

文昌雜録

《宋史·藝文志·故事類》　龐元英《文昌雜録》七卷。

樞密院時政記

《宋史·藝文志·故事類》　韓絳、吴充《樞密院時政記》十五卷。

章獻事迹

《宋史·藝文志·故事類》　劉永壽《章獻事迹》一卷。

三朝正論

《宋史・藝文志・故事類》曾布《三朝正論》二卷。

崇聖恢儒集

《宋史・藝文志・故事類》吴若虚《崇聖恢儒集》三卷。

創業故事

《宋史・藝文志・故事類》洪榆《創業故事》十二卷。

建炎中興記

《宋史・藝文志・故事類》耿延禧《建炎中興記》一卷。

祖宗英睿龜鑑

《宋史・藝文志・故事類》歐陽安永《祖宗英睿龜鑑》十卷。

通商集

《宋史・藝文志・故事類》嚴守則《通商集》三卷。

契丹禮物録

《宋史・藝文志・故事類》《契丹禮物録》一卷。

金華故事

《宋史・藝文志・故事類》《金華故事》一卷。

通今集

《宋史・藝文志・故事類》李攸《通今集》二十卷。

宋朝事實

《宋史・藝文志・故事類》李攸《宋朝事實》三十五卷。

合宫嚴父書

《宋史・藝文志・故事類》倪思《合宫嚴父書》一卷。

淳熙經筵日進故事

《宋史・藝文志・故事類》詹儀之《淳熙經筵日進故事》一卷。

淳熙東宫日納故事

《宋史・藝文志・故事類》 詹儀之《淳熙東宫日納故事》一卷。

皇朝事實類苑

《宋史・藝文志・故事類》 江少虞《皇朝事實類苑》二十六卷。

列聖孝治類編

《宋史・藝文志・故事類》 張綱《列聖孝治類編》一百卷。

藝祖憲監

《宋史・藝文志・故事類》 黄度《藝祖憲監》三卷。

仁皇從諫録

《宋史・藝文志・故事類》 黄度《仁皇從諫録》三卷。

宋朝開基要覽

《宋史・藝文志・故事類》 趙善譽《宋朝開基要覽》十四卷。

元風憲宏綱

楊士奇等《文淵閣書目・政書》 《元風憲宏綱》。一部。二十册。闕。《元風憲宏綱》。一部。三十册。闕。

元省部政典舉要

楊士奇等《文淵閣書目・政書》 《元省部政典舉要》。一部。一册。闕。

元諭民政要

楊士奇等《文淵閣書目・政書》 《元諭民政要》。一部。一册。闕。

清明録

楊士奇等《文淵閣書目・政書》 《清明録》。一部。八册。闕。

唐中朝故事

楊士奇等《文淵閣書目・史附》 《唐中朝故事》。一部。一册。闕。

尚書故實

楊士奇等《文淵閣書目・史雜》 《尚書故實》。一部。一册。闕。

立教録

楊士奇等《文淵閣書目·政書》《立教録》。一部。一册。闕。

外家積慶圖

楊士奇等《文淵閣書目·國朝》《外家積慶圖》。一部。一册。闕。塾本「積」作「集」。

外戚事鑑

楊士奇等《文淵閣書目·國朝》《外戚事鑑》。一部。一册。完全。

宗屬親疎服圖

楊士奇等《文淵閣書目·國朝》《宗屬親疎服圖》。一部。一册。

目録部

論述

《隋書・經籍志・簿録類序》 古者史官既司典籍，蓋有目録，以爲綱紀，體制堙滅，不可復知。孔子删書，别爲之序，各陳作者所由。韓、毛二《詩》，亦皆相類。漢時劉向《别録》、劉歆《七略》，剖析條流，各有其部，推尋事迹，疑則古之制也。自是之後，不能辨其流别，但記書名而已。博覽之士，疾其渾漫，故王儉作《七志》，阮孝緒作《七録》，並皆别行。大體雖準向、歆，而遠不逮矣。其先代目録，亦多散亡。今總其見存，編爲簿録篇。

焦竑《國史經籍志・簿録類序》 《記》有之：「進退有度，出入有局，各司其局。」書之有類例，亦猶是也。故部分不明，則兵亂；類例不立，則書亡。向、歆剖判百家，條綱粗立。自是以往，書名徒具而流别莫分，官縢私楮，喪脱幾盡，無足怪者。嘗觀老、釋二氏，雖歷廢興而篇籍具在，豈盡其人之力哉？二家類例既明，世守彌篤，雖亡而不能亡也。古今簿録，勝劣不同，鄭樵彈射，不遺餘力，而倫類溷殺，或自蹈之。目論之譏，誰能獨免？今備列之，而别爲《糾謬》一卷，以附末篇。

《四庫全書總目提要・目録類序》 鄭玄有《三禮目録》一卷，此名所昉也。其有解題，胡應麟《經義會通》謂始於唐之李肇。案《漢書》録《七略》書名，不過一卷，而劉氏《七略别録》至二十卷，此非有解題而何？《隋志》曰：「劉向《别録》，劉歆《七略》，剖析條流，各有其序，推尋事迹。自是以後，不能辨其流别，但記書名而已。」其文甚明，應麟誤也。今所傳者，以《崇文總目》爲古，晁公武、趙希弁、陳振孫竝準爲撰述之式。惟鄭樵作《通志・藝文略》，始無所詮釋，併建議廢《崇文總目》之解題，而尤袤《遂初堂書目》因之。自是以後，遂兩體竝行。今亦兼收，以資考核。金石之文，隋、唐《志》附小學，《宋志》乃附目録。今用《宋志》之例，竝列此門，而别爲子目，不使與經籍相淆焉。

又《目録類一》 案《隋志》以下，皆以法書、名畫列入目録。今書畫列入子部藝術類，惟記載金石者無類可歸，仍入目録，然别爲子目，不與經籍相參。蓋目録皆爲經籍作，金石其附庸也。

耿文光《萬卷精華樓藏書記・目録類序》 目録之學，乃學中第一要事。不知此，則書之面目且不能識，安問其它？歷代書目，傳者甚罕。近世藏書之家雖多，而簿録亦少，故目録一門，最爲寥落。今所録者，凡三十五家，共六卷。前代公私撰述，分爲二卷；皇朝官書爲一卷；私家所藏，終以外國，分爲三卷。目録之書，未有富於此者矣。歷代書目載於各史《藝文志》、《經籍志》者，皆有録無説。其有説而最傳者，晁、陳二家之書，世盛稱之，然亦粗陳其大略，而未能極盡其精微也。恭讀《欽定四庫全書總目》，於學問之授受，詩文之支派，靡不窮究源流，指陳得失，實從來未有之目録，永宜奉爲典要者也矣。至於孫、黄諸家，或辨板之精粗，或别本之真僞，使讀書者知書，編目者知目。學者由是而入，依目訪書，以書印目，庶不爲俗本所誤，而可臻絶學。

黄逢元《補晉書藝文志・簿録類序》 劉歆嗣父業，著《七略》；荀勖分中經，創四部。此學淵源，析爲兩派。用劉法者，班固以外，王儉之《志》、阮孝緒之《録》兩家而已。用荀法者，李充以後，宋有謝靈運，齊有王亮、謝朏，梁有任昉、殷鈞，下及隋唐之《經籍》、《藝文》諸志，悉祖之。其中篇目出入，非無異同，總之以四部爲限。釋家者流，竊取儒術，凡有經典，亦成簿目。晉以前未之聞也，若法護，其開山祖歟？今並列之。

雜録

《隋書・經籍志・簿録》 右三十部，二百一十四卷。

《舊唐書・經籍志・目録》 右雜四部書目十八部，凡二百一十七卷。

錢東垣等輯《崇文總目輯釋・目録類》 共十九部，計一百七十九卷。

《新唐書・藝文志・目録類》 右目録類十九家，二十二部，四百六卷。失姓名二家，毋煚以下不著録十二家，一百一十四卷。

王應麟《玉海・藝文・書目》 劉歆著《七略》，荀勖分四部。合兵書、術數、方技於諸子，自春秋類摘出《史記》别爲一，六藝、諸子、詩賦皆仍歆舊。其後歷代所編，如王儉、阮孝緒之徒，咸從歆例；謝靈運、任昉之徒，咸從勖例。唐之四庫，亦祖述勖而加詳焉。歐陽公謂其始於開元，誤矣。

《宋史・藝文志・目録類》 右目録類六十八部，六百七卷。

《四庫全書總目提要・目録類一》　右目録類經籍之屬十一部，四百二十一卷，皆文淵閣著録。

又《目録類存目》　右目録類經籍之屬十四部，四十一卷。內二部無卷數。皆附存目。

張之洞《書目答問・略例》　讀書不知要領，勞而無功。知某書宜讀而不得精校精注本，事倍功半。此編所録，其原書爲修《四庫》書時所未有者，十之三四；《四庫》雖有其書而校本注本晚出者，十之七八。今爲分別條流，慎擇約舉，視其性之所近，各就其部求之。又於其中詳分子目，以便類求。一類之中，復以義例相近者使相比附，再敘時代，令其門徑秩然，緩急易見。凡所箸録，並是要典雅記，各適其用。皆先輩通人考求論定者。總期令初學者易買易讀，不致迷罔眩惑而已。弇陋者當思擴其見聞，汎濫者當知學有流別。

凡無用者空疏者偏僻者殽雜者不録。古書爲今書所包括者不録。注釋淺陋者，妄人删改者，編刻譌謬者不録。古人書已無傳本，今人書尚未刊行者不録。舊槧舊鈔，偶一有之，無從購求者不録。若今人箸述有關經史要義，確知已成書者，間附録其書名，以備物色，且冀好事爲刊行之。

多傳本者，舉善本；未見精本者，舉通行本；未見近刻者，舉今日見存明本。子史小種，多在通行諸叢書內。若別無精本及尤要而希見者，始偶一舉之。有他善本，即不言通行本。凡云又某本者，有異同。

《漢書・藝文志》有互見例。今於兩類相關者，間亦互見，注其下。

所舉二千餘部，疑於浩繁，然分類以求，亦尚易盡。較之汎濫無歸者，則爲少矣。諸生當知其約，勿駭其多。

又《譜録類・書目》　目録之學，最要者《漢書・藝文志》、《隋書・經籍志》，《經典釋文敘録》，《舊唐書・經籍志》，《新唐書》、《宋史》、《明史・藝文志》。《文獻通考》中《經籍考》雖非專書，尤爲綱領。朱彝尊《經義考》極要，已入經部。阮孝緒《七録序目》，在《廣宏明集》內，及《續古文苑》。《文選注引書目》，《文選理學權輿》卷二。《太平御覽引用書目》，卷首。《三國志注引書目》，在趙翼《廿二史劄記》內。亦要。其餘若遂初堂、明文淵閣、焦竑《經籍志》、菉竹堂、世善堂、絳雲樓、述古堂、《敏求記》、天一閣、傳是樓、汲古閣、季滄葦、《浙江采進遺書》、文瑞樓、愛日精廬各家書目，或略或誤，或別有取義，乃藏書家所貴，非讀書家所亟，皆非切要。坊行《彙刻書目》、《續書目》亦可備覽，但未詳核，亦多蕪雜，活字本尤劣。

以上譜録類書目之屬。此類各書，爲讀一切經史子集之塗徑。

官簿分部

七略別録

《隋書・經籍志・簿録》　《七略別録》二十卷。劉向撰。

七　略

《隋書・經籍志・簿録》　《七略》七卷。劉歆撰。

《舊唐書・經籍志・目録》　《七略》七卷。劉歆撰。

《新唐書・藝文志・目録類》　劉歆《七略》七卷。

蘭臺書部

姚振宗《後漢藝文志・簿録類》　《蘭臺書部》。

東觀新記

姚振宗《後漢藝文志・簿録類》　《東觀新記》。

仁壽闥新記

姚振宗《後漢藝文志・簿録類》　《仁壽闥新記》。范書《儒林傳序》：昔王莽、更始之際，天下散亂，禮樂分崩，典文殘落。及光武中興，愛好經術，未及下車而先訪儒雅，采求闕文，補綴漏逸。先是四方學士多懷挾圖書，遁逃林藪，自是莫不抱負墳策，雲會京師，范升、陳元、鄭興、杜林、衛宏、劉昆、桓榮之徒，繼踵而集。初光武遷還洛陽，其經牒祕書，載之二千餘兩，自此以後，參倍于前。阮孝緒《七録序目》曰：及後漢，蘭臺猶爲書部，又于東觀及仁壽闥撰集《新記》，校書郎班固、傅毅並典祕籍。

《隋書・經籍志》序曰：光武中興，篤好文雅，明、章繼軌，尤重經術。四方鴻生鉅儒負袠自遠而至者不可勝算。石室、蘭臺彌以充積。又于東觀及仁壽閣集新書，校書郎班固、傅毅等典掌焉。並依《七略》而爲書部。按兩漢簿録之書，可考見者，前漢惟劉中壘父子《別録》、《七略》，後漢惟此三書。此三書蓋亡于卓、傕之亂，故《七志》、《七録》及《五代史志》皆無由著録。其曰《書部》，曰《新記》，創立首目，不相因襲。後荀勗因《中經》著《新簿》，其定名取義，遞相祖述，未必不由於此。部與簿本相通也。嚴氏《全後漢文編》謂蔡邕十志，僅有八意可考，以爲其二是地理、藝文。據所云云，則蔡邕有《藝文志》，然未見明文，又無別證，故今亦置不復録焉。

條上蘭臺石室圖書

姚振宗《後漢藝文志・簿録類》 王允《條上蘭臺石室圖書》允始末具雜傳記類。范書本傳：初平元年，代楊彪爲司徒，守尚書令如故。及董卓遷都關中，允悉收斂蘭臺、石室圖書祕緯要者以從。既至長安，皆分別條上，又集漢朝舊事所當施用者，一皆奏之。經籍具存，允有力焉。按條上者，條列其篇目也。又《儒林傳序》曰：初，光武遷還洛陽，其經牒祕書載之二千餘兩，自此以後，參倍于前。及董卓移都之際，吏民擾亂，自辟雍、東觀、蘭臺、石室、宣明、鴻都諸藏典策文章，競共剖散，其縑帛圖書，大則連爲帷蓋，小迺制爲縢囊。及王允所收而西者，裁七十餘乘，道路艱遠，復棄其半矣。後長安之亂，一時焚蕩，莫不泯盡焉。

魏皇覽簿

姚振宗《三國藝文志・簿録類》 《魏皇覽簿》。《魏志・文紀》：初，帝好文學，以著述爲務，使諸儒撰集經傳，隨類相從，凡千餘篇，號曰《皇覽》。《魏志・楊俊傳》注：《魏略》曰：王象爲常侍，受詔撰《皇覽》，使象領祕書監。象從延康元年始撰集，數歲成，藏于祕府。合四十餘部，部有數十篇，通合八百餘萬字。《隋書・經籍志》序曰：祕書監荀勗又因《中經》更著《新簿》，分爲四部，其三曰丙部，有《皇覽簿》。案《皇覽》必有部目，《魏略》稱四十餘部，其總要也。部分數十篇，凡千餘篇，則其子目。荀氏取其門類部分編入《新簿》之丙，曰《皇覽簿》，蓋即魏之舊名。《隋志》雜家：梁有《皇覽目》四卷。則又從殘佚之餘，鈔合其目也。

魏中經簿

姚振宗《三國藝文志・簿録類》 鄭默《魏中經簿》。《魏志・鄭渾傳》：渾，河南開封人也。高祖父衆，衆父興，皆爲名儒。渾兄泰，與荀攸等謀誅董卓。爲揚州刺史，卒。注引《晉陽秋》曰：泰子袤，初爲臨菑侯文學，至光禄大夫。袤子默，字思玄，晉諸公贊曰位至太常。《初學記・職官部》引王隱《晉書》曰：鄭默字思玄，爲祕書郎。刪省舊文，除其浮穢，著《魏中經簿》。中書令虞松謂默曰：而今而後，朱紫別矣。梁阮孝緒《七録序目》曰：魏晉之世，文籍逾廣，皆藏在祕書中外三閣。魏祕書郎鄭默刪定舊文，時之論者謂爲朱紫有別。晉領祕書監荀勗因《魏中經》更著《新簿》。《隋書・經籍志》序曰：魏氏代漢，采掇遺亡，藏在祕書中外三閣。魏祕書郎鄭默始制《中經》。祕書監荀勗又因中經更著《新簿》。案《晉書・鄭袤附傳》：默起家爲祕書郎，至大司農、光禄勳。太康元年卒，年六十八，謚曰成。漢大中大夫鄭興八世孫，其書名《中經簿》。自荀勖《新簿》出而此書遂微。《皇覽簿》當在此書中。

文廷式《補晉書藝文志・目録類》 鄭默《魏中經簿》。《書鈔》五十七王隱

《晉書》，鄭默爲祕書郎，删省舊文，除其浮僞，著《魏中經簿》。中書令虞松謂默曰：而今而後，朱紫別矣。

魏闕書目録

《隋書・經籍志・簿録》　《魏闕書目録》一卷。

韋昭校定衆書

姚振宗《三國藝文志・簿録類》　《韋昭校定衆書》昭始末具經部詩類。

《吴志・韋曜傳》：孫休踐阼，爲中書郎博士祭酒。命曜依劉向故事校定衆書。《吴志》第二十評曰：薛瑩稱韋曜篤學好古，博見羣籍，有記述之才。案《吴主孫休傳》：休鋭意典籍，欲畢覽百家之言。又《答張布詔》曰：孤之涉學，羣書略徧，所見不少也。其明君闇主，姦臣賊子，古今賢愚成敗之事，無不覽也。按休在位七年，初即位，即命韋昭依劉向故事校定衆書，而昭以史職兼領是事七年之久，必有成書。史文簡略，但著其始，不言其終。後入晉，又爲荀勖《中經新簿》所掩，遂湮没不傳。

晉中經簿

《隋書・經籍志・簿録》　《晉中經》十四卷。荀勖撰。

鄭樵《通志・藝文略・目録・總目》　《晉中經簿》十四卷。荀勖撰。

文廷式《補晉書藝文志・目録類》　荀勗《晉中經》十四卷。《舊唐志》作《中書簿》，誤。案《晉書》、《隋志》四部之分，始於此書。章宗源《考證》已詳，兹於其未及者考而録之，以見此書體例。《隋書・音樂志》云：《晉中經簿》無復樂書，《別録》所載已復亡逸。《七録序》云：《晉中經簿》，四部書一千八百八十五部，二萬九千九百三十五卷。《隋志》云二萬九千九百四十五卷。其中十六卷佛經，《書簿》少二卷，不詳所載多少。又云：荀勗因《魏中經》，更著《新簿》，雖分爲十有餘卷，而總以四部別之。《文選》卷四十六注引王隱《晉書》曰：荀勗領祕書監，與中書令張華依劉向《別録》，整理錯亂，又得《汲冢竹書》，身自撰次，以爲《中經》。此與今《晉書》略同，因所引爲王隱書，故仍録之。《隋書・牛宏傳》曰：晉祕書監荀勗定魏《内經》，更著《新簿》，雖古文舊簡，猶云有缺。新章後録，鳩集已多。《隋書・經籍志》曰：荀勗因《中經》，更著《新簿》。分爲四部：一曰甲部，紀六藝及小學等書；二曰乙部，有古今諸子家及近世子家、兵家、兵書、術數；三曰丙部，有史記、舊事、皇覽簿、雜事；四曰丁部，有詩賦、圖讚、汲冢書。大凡四部，合二萬九千九百四十五卷。《郡齋讀書志》卷一曰：勗之部，蓋合兵書、術數、方伎於諸子。自春秋類摘出《史記》，別爲一部。六藝、諸子、詩賦皆仍歆舊。其後歷代所編書目，如王儉、阮孝緒之徒，咸從歆例。謝靈運、任昉之徒，咸從勗例。《初學記》卷十二傅暢《晉諸公讚》曰：荀勗領祕書監，太康二年汲郡冢中得竹書，勗躬自撰次注寫，以爲《中經》，列於祕書，經傳闕文，多於證明。宋董逌《廣川畫跋》卷二曰：《晉中經》言佛本臨倪國世子，父曰屑頭邪，母曰莫邪，身服色黄，髮如青絲。初，莫邪夢白象始孕，及生，從左脅出，生而有髻，墮地能行。臨倪在天竺域，天竺又有神人名沙津。一作「律」。漢元壽元年，秦景憲使大月氏，王使伊存口授浮圖。□復皇者，其人也。傴歸一作「滿」，按疑當作「蒲」。塞、桑門、伯開、疏簡、白間、比邱、桑門，皆弟子號，是《中經》已録釋典，但未知於四部入何門耳。《晉中興當作「經」簿》曰：盛書皁縹囊，書函中皆有香囊二。《御覽》七百四。《書鈔》一百三十六：《晉中經簿》云：盛書用皁縹囊，布裹，書函中皆有香囊，素裹，封書也。

晉元帝書目

文廷式《補晉書藝文志・目録類》　《晉元帝書目》。《七録序》云：《晉元帝書目》，四部三百五袠，三千一十四卷。

晉義熙四年祕閣四部書目

文廷式《補晉書藝文志・目録類》 《晉義熙四年祕閣四部書目》。見《七録序》。嚴可均《全晉文》曰：此下當有脱文。《北堂書鈔》一百一引《義熙起居注》云：何無忌見祕閣中書勝俗，悉求賜副，詔賜一千卷。《御覽》二百三十三：《晉太康二字有誤起居注》曰：祕書丞桓石綏啟據定四部書，詔郎中四人各掌一部。又二百三十四引作晉。又引《晉令》云：祕書郎掌中外三閣經書，復據太元不誤闕遺，正定脱誤。《北堂書鈔》一百一《續晉陽秋》：太元三年，詔賜會稽王祕閣書八千卷。

李充四部

文廷式《補晉書藝文志・目録類》 《李充四部》。《文選》卷四十六注：臧榮緒《晉書》曰：李充，字宏度，爲著作郎。于時典籍混亂，充删除煩重，以類相從，分爲四部。《晉起居注》云：祕書丞桓石綏啓校定四部書。《書鈔》五十七引《晉中興書》同。甚有條貫，祕閣以爲永制。今《晉書》本傳同。《御覽》二百三十四引《晉中興書》同。五經爲甲部，《史記》爲乙部，諸子爲丙部，詩賦爲丁部。《七録序》云：江左草創，十不一存。後雖鳩集，淆亂已甚。著作佐郎李充頗加删正，因荀勗舊簿四部之法，而换其乙丙之書。没略衆篇之名，總以甲乙爲次。《隋書・經籍志》曰：充以勗舊簿校之，其見存者，但有三千一十四卷。《晉陽秋》云：孝武好覽文籍，敕著作郎徐野民料簡四部，書得三萬六千卷。

宋元徽元年四部書目録

《隋書・經籍志・簿録》 《宋元徽元年四部書目録》四卷。王儉撰。

《舊唐書・經籍志・目録》 《元徽元年書目》四卷。王儉撰。

《新唐書・藝文志・目録類》 王儉《宋元徽元年四部書目録》四卷。

鄭樵《通志・藝文略・目録・總目》 宋元徽元年《四部書目録》四卷。王儉撰。

四部書目序録

《新唐書・藝文志・目録類》 殷淳《四部書目序録》三十九卷。

鄭樵《通志・藝文略・目録・總目》 《四部書目序録》三十九卷。殷淳撰。

梁天監四年書目

《舊唐書・經籍志・目録》 《梁天監四年書目》四卷。兵賓卿撰。

梁天監六年四部書目録

《隋書・經籍志・簿録》 《梁天監六年四部書目録》四卷。殷鈞撰。

梁東宮四部目録

《隋書・經籍志・簿録》 《梁東宮四部目録》四卷。劉遵撰。

梁文德殿四部目録

《隋書・經籍志・簿録》 《梁文德殿四部目録》四卷。劉孝標撰。

陳祕閣圖書法書目録

《隋書・經籍志・簿録》《陳祕閣圖書法書目録》一卷。

陳天嘉四部書目

《舊唐書・經籍志・目録》《陳天嘉四部書目》四卷。

陳天嘉六年壽安殿四部目録

《隋書・經籍志・簿録》《陳天嘉六年壽安殿四部目録》四卷。

陳德教殿四部目録

《隋書・經籍志・簿録》《陳德教殿四部目録》四卷。

陳承香殿五經史記目録

《隋書・經籍志・簿録》《陳承香殿五經史記目録》二卷。

東觀甲乙新録

徐崇《補南北史藝文志・北史・簿録》 魏《東觀甲乙新録》。盧昶撰，見《孫惠蔚傳》，《魏書》同。《隋經籍志》未收。

香厨四部目録

《隋書・經籍志・簿録》《香厨四部目録》四卷。

開皇四年四部目録

《隋書・經籍志・簿録》《開皇四年四部目録》四卷。

《舊唐書・經籍志・目録》《隋開皇四年書目》四卷。牛弘撰。

開皇八年四部書目録

《隋書・經籍志・簿録》《開皇八年四部書目録》四卷。

隋開皇二十年書目

《舊唐書・經籍志・目録》《隋開皇二十年書目》四卷。王邵撰。

隋大業正御書目録

《隋書・經籍志・簿録》《隋大業正御書目録》九卷。

鄭樵《通志・藝文略・目録・總目》 隋大業《正御書目録》九卷。

羣書四録

《舊唐書・經籍志・目録》《羣書四録》二百卷。元行沖撰。

《新唐書・藝文志・目録類》《羣書四録》二百卷。殷踐猷、王愜、韋述、余欽、毋煚、劉彦直、王灣、王仲丘撰，元行沖上之。

開元四庫書目

錢東垣等輯《崇文總目輯釋・目録類》《開元四庫書目》四十卷。《通志略》不著撰人。原釋闕。見天一閣鈔本。

鄭樵《通志・藝文略・目録・總目》《開元四庫書目》四十卷。

唐祕閣書目

《宋史・藝文志・目録類》《唐祕閣四部書目》四卷。

錢東垣等輯《崇文總目輯釋・目録類》《唐祕閣書目》四卷。《通志略》不著撰人。

集賢書目

《新唐書・藝文志・目録類》韋述《集賢書目》一卷。

鄭樵《通志・藝文略・目録・總目》《唐集賢書目》一卷。韋述撰。

《宋史・藝文志・目録類》韋述《集賢書目》一卷。

後唐統類目

《宋史・藝文志・目録類》《後唐統類目》一卷。

錢東垣等輯《崇文總目輯釋・目録類》《後唐統類目》一卷。《宋志》不著撰人。原釋闕。見天一閣鈔本。

梁天下郡縣目

《宋史・藝文志・目録類》《梁天下郡縣目》一卷。

學士院襍撰目

錢東垣等輯《崇文總目輯釋・目録類》《學士院襍撰目》一卷。原釋闕。見天一閣鈔本。

太祖實録目

鄭樵《通志・藝文略・目録・經史目》《太祖實録目》二卷。

太宗實録目

鄭樵《通志・藝文略・目録・經史目》《太宗實録目》二卷。

崇文總目

鄭樵《通志・藝文略・目録・總目》 《崇文總目》六十六卷。王堯臣等撰。

晁公武《郡齋讀書志・書目類》 《崇文總目》六十四卷。袁本前志卷二下書目類第二。右皇朝王堯臣等撰。景祐中，詔張觀、李若谷、宋庠取昭文、史館、集賢、秘閣書刊正訛謬，條次之，凡四十六類，計三萬六百六十九卷。康定三年書成。堯臣及提舉官聶冠卿、郭積加階邑，編修官吕公綽、王洙、刁約、歐陽修、楊儀、陳經各進秩有差。《國史》謂書録自劉向至毋煚所著皆不存，由是古書難考，故此書多所謬誤。

陳振孫《直齋書録解題・目録類》 《崇文總目》一卷。景祐初，學士王堯臣同聶冠卿、郭縝、案：《文獻通攷》作「稹」。吕公綽、王洙、歐陽修等撰定，凡六十六卷。諸儒皆有論議，歐公《文集》頗見數條，今此惟六十六卷之目耳。題云紹興改定。案：晁公武《讀書志》，是書刊正訛謬條次之，凡四十六類，計三萬六百六十九卷。《通攷》作《總目》六十四卷，此云一卷者，或因鄭漁仲之言，以排比諸儒每書之下必出新意著説，嫌其繁蕪無用，故紹興中從而去其序釋，僅存其目也。

《四庫全書總目提要・目録類》 《崇文總目》十二卷。《永樂大典》本。宋王堯臣等奉敕撰。蓋以四館書併合著録者也。宋制以昭文、史館、集賢爲三館，太平興國三年，於左升龍門東北建崇文院，謂之三館新修書院。端拱元年，詔分三館之書萬餘卷，别爲書庫，名曰「祕閣」，以别貯禁中之籍，與三館合稱四館。景祐元年閏六月，以三館及祕閣所藏或謬濫不全，命翰林學士張觀、知制誥李淑、宋祁等看詳，定其存廢，譌謬者删去，差漏者補寫。因詔翰林學士王堯臣、史館檢討王洙、館閣校勘歐陽修等校正條目，討論撰次，定著三萬六百六十九卷，分類編目，總成六十六卷，於慶曆元年十二月己丑上之，賜名曰《崇文總目》。後神宗改崇文院曰祕書省，徽宗時因改是書曰《祕書總目》。然自南宋以來，諸書援引，仍謂之《崇文總目》，從其朔也。李燾《續通鑑長編》云《崇文總目》六十卷，《麟臺故事》亦同，《中興書目》云六十六卷，江少虞《事實類苑》則云六十七卷，《文獻通考》則云六十四卷，《宋史・藝文志》則據《中興書目》作六十六卷，其説參差不一。考原本於每條之下具有論説，逮南宋時，鄭樵作《通志》，始謂其文繁無用，紹興中，遂從而去其序釋。故晁公武《讀書志》、陳振孫《書録解題》著録皆云一卷，是刊除序釋之後，全本已不甚行。南宋諸家，或不見其原書，故所記卷數各異也。考《漢書・藝文志》本劉歆《七略》而作，班固已有自註。《隋書・經籍志》參考《七録》，互註存佚，亦沿其例。《唐書》於作者姓名不見紀傳者，尚間有註文，以資考核，後來得略見古書之崖略，實緣於此，不可謂之繁文。鄭樵作《通志》二十略，務欲凌跨前人，而藝文一略，非目睹其書則不能詳究原委。自揣海濱寒畯，不以窺中祕之全，無以駕乎其上，遂惡其害己而去之。此宋人忌刻之故智，非出公心。厥後托克托等案「托克托」原作「脱脱」，今改正。作《宋史・藝文志》紕漏顛倒，瑕隙百出，於諸史志中最爲叢脞。是即高宗誤用樵言，删除序釋之流弊也。宋人官私書目，存於今者四家，晁氏、陳氏二目，諸家藉爲考證之資，而尤袤《遂初堂書》目及此書則若存若亡，幾希湮滅，是亦有説無説之明效矣。此本爲范欽天一閣所藏，朱彝尊鈔而傳之，始稍見於世，亦無序釋。彝尊《曝書亭集》有康熙庚辰九月作是書跋，謂欲從《六一居士集》暨《文獻通考》所載，别鈔一本以補之。然是時彝尊年七十二矣，竟未能辦也。今以其言考之，其每類之序，見於歐陽修集者，祇經史二類及子類之半，馬端臨《文獻通考》所載論説亦然。晁公武《讀書志》、陳振孫《書録解題》皆在《通考》之前，惟晁公武所見多《通考》一條，陳氏則但見六十六卷之目，題曰「紹興改定」者而已。《永樂大典》所引，亦即從晁、陳二家目中採出，無所增益，已不能復睹其全。然蒐輯排比，尚可得十之三四，是亦較勝於無矣。謹依其原次，以類補入，釐爲一十二卷。其六十六卷之原次，仍註于各類之下。又《續宋會要》載：「大觀四年五月，祕書監何志同言，慶曆間，集四庫爲籍，今案籍求之，十纔六七，宜頒其名類於天下，《總目》之外，别有異書，竝借傳寫。紹興十二年十二月，權發遣盱眙軍向子固言，乞下本省以《唐藝文志》及《崇文總目》所闕之書，註闕字於其下，付諸州軍，照應搜訪云云。」今所傳本，每書之下多註闕字，蓋由於此，今亦仍之。王應麟《玉海》稱，當時國史謂《總目》序録多所謬誤，黄伯思《東觀餘論》有校正《崇文總目》十七條，鄭樵《通志・校讎略》則全爲攻擊此書而作。李燾《長編》亦云《總目》或有相重，亦有可取而誤棄不録者。今觀其書，載籍浩繁，牴牾誠所難保。然數千年著作之目，總匯於斯，百世而下，藉以驗存佚，辨真贋，核同異，固不失爲册府之驪淵，藝林之玉圃也。

張之洞《書目答問・書目》 《崇文總目輯釋》五卷，《補遺》一卷。宋王堯臣等，錢東垣等輯。汗筠齋本、粤雅堂重刻本。

秘閣四庫書

鄭樵《通志・藝文略・目録・總目》《祕閣四庫書》十卷。

尤袤《遂初堂書目・目録類》《祕閣四庫書目》。

史館書目

鄭樵《通志・藝文略・目録・總目》《史館書目》二卷。張方平撰。

訪遺書詔并目

鄭樵《通志・藝文略・目録・總目》嘉祐《訪遺書詔并目》一卷。

尤袤《遂初堂書目・目録類》《嘉祐永遺書目》。

求書目録

鄭樵《通志・藝文略・目録・總目》《求書目録》一卷。

國子監書目

鄭樵《通志・藝文略・目録・總目》《國子監書目》一卷。

《宋史・藝文志・目録類》《國子監書目》一卷。

上清文苑目

鄭樵《通志・藝文略・目録・文章目》《上清文苑目》二卷。

祕閣書目

《宋史・藝文志・目録類》《祕閣書目》一卷。

秘書省書目

《宋史・藝文志・目録類》《祕書省書目》二卷。

大宋史館書目

晁公武《郡齋讀書志・書目類》《大宋史館書目》一卷。袁本前志卷二下書目類第五。右皇朝史館書。總計一萬五千一百四十二卷。

皇祐祕閣書目

尤袤《遂初堂書目・目録類》《皇祐祕閣書目》。

皇祐史館書目

尤袤《遂初堂書目・目録類》《皇祐史館書目》。

中興館閣書目

尤袤《遂初堂書目・目録類》《中興館閣書目》。

陳振孫《直齋書録解題・目録類》《中興館閣書目》三十卷。祕書監臨海陳騤叔進等撰。淳熙五年上之。中興以來庶事草創，網羅遺逸，中祕所藏，視前世獨無歉焉，殆且過之。大凡著録四萬四千四百八十六卷。蓋亦盛矣。其間攷究疏謬，亦不免焉。

《宋史・藝文志・目録類》 陳騤《中興館閣書目》十七卷，《序例》一卷。

秘書省四庫闕書目

陳振孫《直齋書録解題・目録類》《秘書省四庫闕書目》一卷。亦紹興改定。其闕者，注「闕」字於逐書之下。

馬端臨《文獻通考・經籍考・目録》《祕書省四庫闕書目》一卷。

胡師安等《元西湖書院重整書目・史》《四庫闕書》。

楊士奇等《文淵閣書目・類書》《四庫闕書録》。一部。二册。完全。

趙希弁《讀書附志拾遺》《祕書省闕書目》四卷。右祕書省見闕書之目也。

館閣續書目

陳振孫《直齋書録解題・目録類》《館閣續書目》三十卷。祕書丞吴郡張攀從龍等撰。嘉定十三年上。以淳熙後所得書，纂續前録，草率尤甚。凡一萬四千九百四十三卷。

秘書省續編到四庫闕書

張金吾《愛日精廬藏書志・目録類》《秘書省續編到四庫闕書》二卷。舊抄本。紹興□年改定。《玉海》云：紹興初，改定《崇文總目》：《秘省續編四庫闕書》。又云：紹興十七年，鄭樵按秘省所頒《闕書目録》，集爲《求書闕記》七卷。此本即改定頒行之《闕書目録》也。《通志・藝文略》引《四庫書目》，書名、卷數俱與此合。《校讐略》曰《四庫書目》以星禽、洞微之書列於天文。又曰：軌革一家，四庫收入五行類。又曰：謚法，《四庫書目》入禮類。又曰：《四庫書目》既立命書類，今本作命術。而三命五命之書，復入五行卜筮類。又曰：遁甲，一種書耳，《四庫書目》分而爲四類，兵書見之，五行卜筮又見之，壬課又見之，命書又見之。又曰：《月令》乃禮家之一類，《四庫書目》見於禮類，又見於兵家，又見於農家，又見於月鑑。今本無月鑑一類，或亦稍有闕佚耶。又曰：《太元經》以諱故，《崇文》改爲太真，《四庫書目》分太元、太真爲兩家書。又曰：《唐志》以封演《錢譜》列於小説家，《崇文》、《四庫》因之。凡此之類，證之此本一一符合。《郡齋讀書志》曰：《藝文志》以《爾雅》附《孝經》類，《經籍志》又以附《論語》類，皆非是。今依《四庫書目》置於小學之首。亦與此本合。若是則是書初名《四庫書目》，紹興時添注「闕」字，頒之天下者也。至《四庫書目》編於何時何人，姑俟續考。

《直齋書録解題》曰：《秘書省四庫闕書目》一卷，亦紹興改定。其闕者注「闕」字於逐書之下。

隆安西庫書目

《宋史・藝文志・目録類》《隆安西庫書目》二卷。不知作者。

龍圖閣書目

《宋史・藝文志・目録類》杜鎬《龍圖閣書目》七卷。

太清樓書目

《宋史・藝文志・目録類》《太清樓書目》四卷。

玉宸殿書目

《宋史・藝文志・目録類》《玉宸殿書目》四卷。

學士院雜撰目

《宋史・藝文志・目録類》《學士院雜撰目》一卷。

史館書新定書目録

《宋史・藝文志・目録類》《史館書新定書目録》四卷。不知作者。

共山書院藏書目録

錢大昕《補元史藝文志・簿録類》《共山書院藏書目録》。柳貫序稱：汲郡張公，不詳其名。延祐三年參議中書省。

史館購書目録

錢大昕《補元史藝文志・簿録類》《史館購書目録》。至正中危素撰。

上都分學書目

錢大昕《補元史藝文志・簿録類》《上都分學書目》。至正中，助教毛文在購書一千二百六十三卷。爲目，藏之崇文閣。一藏開平儒學，一藏分學。

元秘書監志

吴壽暘《拜經樓藏書題跋記》卷三《元秘書監志》《秘書監志》十一卷。元承務郎秘書監著作郎王士點、承事郎秘書監著作佐郎商企翁同編。首載至正二年聖旨。竹垞檢討序稱《秘書監志》，而書題《秘書志》。先君子書云：《曝書亭集》作《秘書監志》。「監」字似不可少。又書目録前云：此志既用國書，語多鄙俚，而每卷立題尤荒謬不通，恐并非王、商手筆，或後人妄撰此目未可知。惜竹垞、竹汀諸公均未論及。書卷末云：丙寅五月，仲魚孝廉爲予從吴中購得此志。其卷數、門類與《十駕齋養新録》所載悉同。惟葉數《養新録》共二百六十五葉，而此計二百六十八葉，豈宫詹所見本尚有闕葉歟？此本舛錯甚多，予雖以意校，終未能釋然。復屬仲魚訪之三吴藏書家，率與此本無異，仍攜以見還。仲魚亦照録一部，弆於紫微講舍。嗟乎！宫詹往矣，誰復與予輩再訂此書耶？嘉慶己巳五月，吴某記。

文淵閣書目

錢謙益等《絳雲樓書目・書目類》 《文淵閣書目》。十四卷。楊士奇等編。正統六年編《文淵閣書目》凡四萬三千二百餘册。其後典守不嚴，歲久被竊。萬曆三十三年，中書舍人張萱等奉閣喻校理纂輯書目，并累朝續添書籍入焉。大半殘缺，較之正統目録十僅存二三耳。朱竹垞先生云。

黄虞稷《千頃堂書目・簿録類》 楊士奇《文淵閣書目》十四卷。宣德四年編定。

《四庫全書總目提要・目録類》 《文淵閣書目》四卷。内府藏本。明楊士奇編。士奇有《三朝聖諭録》，已著録。是編前有正統六年題本一通，稱「各書自永樂十九年南京取來，一向於左順門北廊收貯，未有完整書目。近奉旨移貯文淵閣東閣，臣等逐一打點清切，編置字號，寫完一本，總名《文淵閣書目》，請用『廣運之寶』鈐識備照，庶無遺失。」蓋本當時閣中存記册籍，故所載書多不著撰人姓氏。又有册數而無卷數，惟略記若干部爲一橱，若干橱爲一號而已。考明自永樂閒取南京藏書送北京，又命禮部尚書鄭賜四出購求，所謂鋟版十三、鈔本十七者，正統時尚完善無闕。此書以千字文排次，自「天」字至「往」字，凡得二十號，五十橱。今以《永樂大典》對勘，其所收之書，世無傳本者，往往見於此目，亦可知其儲庋之富。士奇等承詔編録，不能考訂撰次，勒爲成書，而徒草率以塞責，較劉向之編《七略》、荀勗之敘《中經》誠爲有愧。然考王肎堂《鬱岡齋筆麈》，書在明代已殘闕不完。王士禎《古夫于亭雜録》亦載國初曹貞吉爲内閣典籍，文淵閣書散失殆盡，貞吉檢閲，見宋槧歐陽修《居士集》八部，無一完者。今閲百載，已散失無餘。惟藉此編之存，尚得略見一代祕書之名數，則亦考古所不廢也。舊本不分卷數，黄虞稷《千頃堂書目》作十四卷，不知所據何本，殆傳寫者以意分析？今釐定爲四卷云。

舊書目

張萱等《内閣藏書目録・雜部》 《舊書目》。二册。國初祕閣所藏書目也。

縱横三尺餘，細書，記其卷數，不下十萬有奇。藏書之富，古今未有。今存之，以志其盛。聖世右文，遣一介使，購求遺書，寖復舊藏，亦一快也。

内閣藏書目

錢謙益等《絳雲樓書目・書目類》 《内閣藏書目録》。萬曆年張萱重編。

黄虞稷《千頃堂書目・簿録類》 張萱新定《内閣藏書目録》八卷。萬曆中編定。

閣藏家録

黄虞稷《千頃堂書目・簿録類》 張萱《閣藏家録》四卷。

御書樓藏書目

錢謙益等《絳雲樓書目・書目類》 《御書樓藏書目》。據黄佐翰林記，永樂間曾編定《御書書目》，疑即此書。

黄虞稷《千頃堂書目・簿録類》 《御書樓藏書目》一卷。北京國子監。

都察院書目

錢謙益等《絳雲樓書目・書目類》 《都察院書目》。

黄虞稷《千頃堂書目・簿録類》 《都察院書目》。

行人司書目

錢謙益等《絳雲樓書目・書目類》 《行人司書目》。一卷。

黄虞稷《千頃堂書目・簿録類》《行人司書目》二卷，又《續書目》一卷。

南雍書目

錢謙益等《絳雲樓書目・書目類》《南雍書目》。一卷。

黄虞稷《千頃堂書目・簿録類》《南雍總目》一卷。

古今書目

錢謙益等《絳雲樓書目・書目類》《古今書目》。前漢、隋、唐、宋正史。

黄虞稷《千頃堂書目・簿録類》《天下古今書目》一卷。

古今書刻目

錢謙益等《絳雲樓書目・書目類》《古今書刻目》。四卷。

黄虞稷《千頃堂書目・簿録類》周弘祖《古今書刻》二卷。各府州縣所刊書及石刻。一作四卷。

皇明琬琰録目録

錢謙益等《絳雲樓書目・書目類》《皇明琬琰録目録》。

經廠書目

《四庫全書總目提要・目録類存目》《經廠書目》一卷。編修汪如藻家藏本。明内府所刊書目也。黄虞稷《千頃堂書目》有此書，亦作一卷。經廠即内繙經廠，明世以宦官主之，書籍刊版，皆貯於此。所列書一百十四部，凡册數、頁數、紙幅多寡，一一詳載。蓋即當時通行則例，好事者録而傳之。然大抵皆習見之書，甚至《神童詩》、《百家姓》亦厠其中，殊爲猥雜。今印行之本尚有流傳，往往舛錯，疑誤後生。蓋天禄、石渠之任，而以寺人領之，此與唐魚朝恩判國子監何異？明政不綱，此亦一端。而當時未有論及之者，宜馮保刻私印，其文曰内翰之章也。案馮保印文，見所作《經書輯音序》文末。

祕閣書目

黄虞稷《千頃堂書目・簿録類》馬愉《祕閣書目》二卷。

祕閣書目

《四庫全書總目提要・目録類存目》《祕閣書目》。無卷數。兩淮鹽政採進本。明錢溥撰。溥有《使交録》，已著録。是編前有自序，蓋其致仕歸里後所作，稱自選入東閣爲史官，日閲中祕書，凡五十餘大厨，因録其目，藏以待考。近兒子山自京授職回，又録未收書目，芟其重複，併爲一集。所載書祇有册數而無卷數，大抵多與《文淵閣書目》相出入。正統六年，楊士奇等奏疏一篇，亦附於後。黄虞稷《千頃堂書目》載此書爲馬愉撰，而溥别有《内閣書目》一卷。然溥序實載此書卷首，疑虞稷所記誤也。

國子監書目

黄虞稷《千頃堂書目・簿録類》《國子監書目》一卷。

欽定天禄琳琅書目

《四庫全書總目提要・目録類》《欽定天禄琳琅書目》十卷。乾隆四十年奉敕撰。初，乾隆九年，命内置諸臣檢閲祕府藏書，擇其善本，進呈御覽，於昭仁殿列架庋置，賜名曰「天禄琳琅」。迄今三十餘年，祕笈珍函，蒐羅益富。又以詔求遺籍，充四庫之藏，《宛委叢編》、《嫏嬛墜簡》咸出應昌期。因掇其菁華，重加整比，併命編爲目録，以垂示方來。冠以丁卯御題昭仁殿詩，及乙未重華宫茶宴用天禄琳瑯聯句詩。其書亦以經、史、子、集爲類，而每類之中，宋、金、元、明刊版及影寫宋本，各以時代爲次。或一書而兩刻皆工緻，則兩本竝存，猶尤袤《遂初堂書目》例也，一版而兩印皆精好，亦兩本竝存，猶漢祕書有副例也。案事見《漢書》敘傳。每書各有解題，詳其鋟梓年月及收藏家題識、印記，竝一一考其時代、爵里，著授受之源流。案張彦遠《歷代名畫記》有論十六篇，其十一記鑒識、收藏、閲玩，十二記自古跋尾押署，十三記自古公私印記。自後賞鑒諸家，遞相祖述。至《鐵網珊瑚》所載書畫，始於是事特詳。然藏書著録，則未有辨訂及此者。即錢曾於《也是園書目》之外，別出《讀書敏求記》，述所藏舊刻、舊鈔，亦粗具梗概，不能如是之條析也。至於每書之首，多有御製詩文題識，竝恭録於舊跋之前。奎藻光華，增輝簡册，旁稽舊典，自古帝王惟唐太宗有賦《尚書》一篇，詠司馬彪《續漢志》一篇，宋徽宗有題南唐舊本《金樓子》一篇而已，未有乙覽之博，宸章之富，鑒別之詳明，品題之精確如是者。臣等繕録之下，益頌聖學高深，超軼乎三古也。

四庫全書總目提要

張之洞《書目答問・書目》《四庫全書總目提要》二百卷。乾隆四十七年敕撰。殿版大字本。揚州小字本。廣州小字本。

四庫簡明目録

張之洞《書目答問・書目》《四庫簡明目録》二十卷。同上。繙閲較便，惟四庫歸存目者，《簡明目録》無之，亦間有與《提要》不合者。

四庫搜訪圖書目

錢東垣等輯《崇文總目輯釋・目録類》《四庫搜訪圖書目》一卷。原釋闕。見天一閣鈔本。

鄭樵《通志・藝文略・目録・總目》 唐《四庫搜訪圖書目》一卷。

《宋史・藝文志・目録類》《唐四庫搜訪圖書目》一卷。

四庫未收書目提要

張之洞《書目答問・書目》《四庫未收書目提要》五卷。阮元。即《揅經室外集》。原刻本一百七十五種。

私録分部

陳思王自撰目録

姚振宗《三國藝文志・簿録類》《陳思王自撰目録》。《晉書・曹志傳》：志，字允恭，魏陳思王植之孽子也。帝嘗閲六代論問志曰：是卿先王所作耶？志對曰：先王有手所作目録，請歸尋案。還奏曰：案録無此。帝曰：誰作志？曰以臣所聞，是臣族父囧所作。

案《魏志・陳思王傳》：前後所著賦頌、詩銘、雜論凡百餘篇，副藏内外。此自撰目録，蓋即所作詩文、雜著之録，自爲一編。當時或編入集後者。又案《魏志・王粲傳》注引《嵇康集目録》曰：「孫登字公和，不知何許人」云云，知當時撰著繁富者，皆各自爲目録。

今書七志

《隋書・經籍志・簿録》《今書七志》七十卷。王儉撰。

《舊唐書・經籍志・目録》《今書七志》七十卷。王儉撰，賀縱補。

《新唐書・藝文志・目録類》《今書七志》七十卷。賀縱補注。

七録

《隋書・經籍志・簿録》《七録》十二卷。阮孝緒撰。

古今書録

《新唐書・藝文志・目録類》毋煚《古今書録》四十卷。

鄭樵《通志・藝文略・目録・總目》《古今書録》四十卷。唐毋煚撰。

吴氏西齋書目

錢東垣等輯《崇文總目輯釋・目録類》《吴氏西齋書目》一卷。吴兢撰。原釋闕。見天一閣鈔本。

《新唐書・藝文志・目録類》《吴氏西齋書目》一卷。吴兢。

鄭樵《通志・藝文略・目録・家藏總目》吴氏《西齋書目》一卷。唐吴兢撰。

新集書目

錢東垣等輯《崇文總目輯釋・目録類》《新集書目》一卷。蔣彧撰。原釋闕。見天一閣鈔本。

《新唐書・藝文志・目録類》蔣彧《新集書目》一卷。

鄭樵《通志・藝文略・目録・家藏總目》《新集書目》一卷。唐蔣彧撰。

東齋籍

《新唐書・藝文志・目録類》杜信《東齋籍》二十卷。字立言，元和國子司業。

鄭樵《通志・藝文略・目録・家藏總目》《東齋集籍》二十卷。唐杜信撰。

蜀王建書目

鄭樵《通志・藝文略・目録・總目》僞蜀王建《書目》一卷。

顧櫰三《補五代史藝文志・總集類》《蜀王建書目》一卷。

紫微樓書目

鄭樵《通志・藝文略・目録・總目》《紫微樓書目》一卷。

都氏書目

鄭樵《通志・藝文略・目録・家藏總目》《都氏書目》一卷。

沈諫議書目

鄭樵《通志·藝文略·目録·家藏總目》《沈諫議書目》三卷。沈立。

沈少卿書目

鄭樵《通志·藝文略·目録·家藏總目》《沈少卿書目》二卷。

李正議書目

鄭樵《通志·藝文略·目録·家藏總目》《李正議書目》三卷。李定。

荆州田氏書目

鄭樵《通志·藝文略·目録·家藏總目》《荆州田氏書目》六卷。田瑋。

晁公武《郡齋讀書志·書目類》《田氏書目》六卷。袁本後志卷一書目類第五。右皇朝田鎬撰。田偉居荆南，家藏書幾三萬卷。鎬，偉之子也，因成此目。元祐中，袁默爲之序。

《宋史·藝文志·目録類》《荆州田氏書總目》三卷。田鎬編。

籯金堂書目

鄭樵《通志·藝文略·目録·家藏總目》《籯金堂書目》三卷。吴良嗣。

《宋史·藝文志·目録類》《鄱陽吴氏籯金堂書目》三卷。

慶善樓書目

鄭樵《通志·藝文略·目録·家藏總目》《慶善樓書目》三卷。台州陳氏。

《宋史·藝文志·目録類》 陳貽範《潁川慶善樓家藏書目》二卷。

邯鄲書目

鄭樵《通志·藝文略·目録·家藏總目》《李邯鄲書目》三卷。李淑。

晁公武《郡齋讀書志·書目類》《邯鄲圖書志》十卷。袁本前志卷二下書目類第六。右皇朝李淑獻臣撰。淑，若谷之子也。載其家所藏圖書五十七類。經、史、子、集，通計一千八百三十六部，二萬三千一百八十六卷。其外又有《藝術志》、《道書志》、《書志》、《畫志》，通爲八目。

尤袤《遂初堂書目·目録類》《李邯鄲書目》。

陳振孫《直齋書録解題·目録類》《邯鄲書目》十卷。學士河南李淑獻臣撰，號《圖書十志》。皇祐己五自作序以示子孫曰朋、圭、芻者，其子壽朋、復圭、德芻也。

馬端臨《文獻通考·經籍考·目録》《邯鄲圖書志》十卷。

《宋史·藝文志·目録類》 李淑《邯鄲書目》十卷。

漳浦吴氏藏書目

鄭樵《通志·藝文略·目録·家藏總目》《漳浦吴氏藏書目》四卷。吴興。

陳振孫《直齋書録解題·目録類》《吴氏書目》一卷。奉議郎漳浦吴與可權家藏。閩中不經兵火，故家文籍多完具，然地濕苦蠹損。

馬端臨《文獻通考·經籍考·目録》《吴氏書目》一卷。

萬卷樓書目

鄭樵《通志・藝文略・目録・家藏總目》 方作謀《萬卷樓書目》一卷。

萬卷藏書目

鄭樵《通志・藝文略・目録・家藏總目》 余衛公《萬卷藏書目》一卷。

歐陽參政書目

鄭樵《通志・藝文略・目録・家藏總目》 《歐陽參政書目》一卷。

葉石林書目

尤袤《遂初堂書目・目録類》 《葉石林書目》。

郡齋讀書志

陳振孫《直齋書録解題・目録類》 《晁氏讀書志》二十卷。案：《宋史・藝文志》作四卷。昭德晁公武子止撰。其序言得南陽公書五十篋，合其家舊藏得二萬四千五百卷。其守榮州，日夕讎校，每終篇輒論其大指。時紹興二十一年也。其所發明有足觀者。南陽公未知何人，或云井度憲孟也。案：井度《文獻通攷》作「丌度」。

馬端臨《文獻通考・經籍考・目録》 《晁氏讀書志》二十卷。

《宋史・藝文志・傳記類》 晁公武《讀書志》二十卷。

又《目録類》 晁公武《讀書志》四卷。

楊士奇等《文淵閣書目・類書》 《讀書志》。一部，二十六册。殘缺。《讀書志》。一部，八册。完全。

張萱等《内閣藏書目録・雜部》 《讀書志》。四册，全。宋淳祐間侍郎晁昭德撰。乃《讀書後志》及趙希弁《附志》也。中載古今經、史、子、集名義，凡七卷。尚有《讀書前志》別刻。又《讀書志》。三册，不全。

錢謙益等《絳雲樓書目・書目類》 晁氏公武《讀書志》。二十卷。《宋史》作四卷。《後志》。公武字子止，文元五世孫，歷官臨安少尹，《文集》五卷。昭德晁氏藏書，二萬四千五百卷。

《四庫全書總目提要・目録類一》 《郡齋讀書志》四卷《後志》二卷《考異》一卷《附志》二卷。兩江總督採進本。《郡齋讀書志》四卷，宋晁公武撰。《後志》二卷，亦公武所撰，趙希弁重編。《附志》一卷，則希弁所續輯也。公武字子止，鉅野人，沖之之子。官至敷文閣直學士，臨安少尹。丘珂《桯史》記隆興二年湯思退罷相，洪适草制作平語，侍御史晁公武擊之。則亦骨鯁之士。希弁，袁州人，宋宗室子，自題稱江西漕貢進士、祕書省校勘。以輩行推之，蓋太祖之九世孫也。始，南陽井憲孟爲四川轉運使，家多藏書，悉舉以贈公武。乃躬自讎校，疏其大略爲此書。以時方守榮州，故名《郡齋讀書志》。後書散佚，而《志》獨存。淳祐己酉，鄱陽黎安朝守袁州，因令希弁即其家所藏書目參校，删其重複，摭所未有，益爲《附志》一卷，而重刻之，是爲袁本。時南充游鈞守衢州，亦取公武門人姚應績所編蜀本刊傳，是爲衢本。當時二書竝行於世，惟衢本分析至二十卷，增加書目甚多。卷首公武《自序》一篇，文亦互有詳略。希弁以衢本所增乃公武晚年續裒之書，而非所得井氏之舊，因別摘出，爲《後志》二卷，又以袁、衢二本異同，別爲《考異》一卷，附之編末。蓋原《志》四卷爲井氏書，《後志》二卷爲晁氏書，竝至南渡而止。《附志》一卷，則希弁家書，故兼及於慶元以後也。馬端臨作《經籍考》，全以是書及陳氏《書録解題》爲據。然以此本與《經籍考》互校，往往乖迕不合。如《京房易傳》，此本僅註三十餘字，而馬氏所引，其文多至十倍。又如《宋太祖實録》、《太宗實録》、《建康實録》、《汲冢周書》之類，此《志》本僅述其撰人時代及卷數而止，而馬氏所引，尚有考據議論，凡數十言。其餘文之多寡，詞之增損互異者，不可勝數。又希弁《考異》稱袁本《毗陵易傳》，衢本作《東坡易傳》；袁本《芸閣先生易解》，衢本作《吕氏章句》。今《經籍考》所題，竝同衢本，似馬端臨原據衢本採掇。然如《晉公談録》、

《六祖壇經》之類，希弁《考異》稱袁本所載而衢本所遺者，今《經籍考》實竝引晁氏之説，則當時亦兼用袁本。疑此書已經後人删削，不特衢本不可復見，即袁本亦非盡舊文。故與馬氏所引，不能一一符合歟？又《前志・子部序録》稱：九曰小説類，十曰天文歷算類，十一曰兵家類，十二曰刑家類，十三曰雜藝類，十四曰醫家類，十五曰神仙類，十六曰釋家類，而《志》中所列小説類《雞跖集》後，即爲《羣仙會真記》、《王氏神仙傳》、葛洪《神仙傳》三種。是天文曆算等五類全佚，而神仙類亦脱其標目，則其他類之殘闕，蓋可例推矣。然書雖非舊，而梗概仍存，終爲考證者所取資也。

阮元《四庫未收書目提要・目録類》 《衢本郡齋讀書志》二十卷。汪士鐘刊本。宋晁公武撰，姚應績編。應績，公武門人。此書在宋時已兩本並行。淳祐庚戌鄱陽黎安朝守袁州所刻，謂之袁本，《四庫全書》已著録。是編淳祐己酉南充游鈞知衢州時所刻，其所收書，較之袁本幾倍之。馬端臨作《經籍考》，全據是册。如《京房易傳》、《宋太祖實録》、《太宗實録》、《建康實録》之類，悉與之合，其文亦多至數倍。伏讀《四庫全書提要》云，衢本不可復見。此從舊鈔依樣影寫。經凡十類，史凡十三類，子凡十八類，集凡四類，次序有法，足爲考核之資。

顧廣圻《思適齋書跋・史部》 《昭德先生郡齋讀書志》二十卷。鈔本。此衢本《郡齋讀書志》，五硯主人所得，余從之借鈔。凡錯簡十數，一一正之矣。雖史部書目類闕一葉，別集類下《劉筠集》以後闕者約二三十葉，無從補全也。嘉慶乙丑九月潤蕡居士記。

《郡齋讀書志》二十卷。藝芸書舍刻本。此卷有顛倒之葉，不得舊本，尚無從移定也。或欲將《臨池妙訣》及《唐氏字説解》兩標題互改，以泯其蹟者，豈其然乎？思適居士記。卷四後。

今細讀，知當分六段改轉。又記。

《郡齋讀書志》二十卷。藝芸書舍刻本。小學類顛倒錯亂，當分六段移轉。若硬改《臨池妙訣》、《唐氏字説解》兩題目，即謂無誤，豈知每類以時代爲先後，晁氏自有例耶。思適居士記。在卷四後。

丁亥冬日，孏閲一過。黄、李嘗説，無非無事取鬧，至於確鑿轉寫之譌者，則又茫然莫辨也，可笑可憐而已。牛背散人書。在後序後。

《昭德先生郡齋讀書志》四卷《後志》二卷《考異》一卷《附志》一卷。舊抄本。道光三年重觀於績學堂。顧千里記。

張之洞《書目答問・書目》 宋衢州本《郡齋讀書志》二十卷。汪士鍾校刻本。此本善。宋袁州本《郡齋讀書志》四卷《後志》二卷，宋晁公武。《考異》一卷《附志》一卷，宋趙希弁。海寧陳氏刻本。

鄱陽吴氏書目

尤袤《遂初堂書目・目録類》 《鄱陽吴氏書目》。

夾漈書目

陳振孫《直齋書録解題・目録類》 《夾漈書目》一卷，《圖書志》一卷。鄭樵記其平生所自著之書。

馬端臨《文獻通考・經籍考・目録》 《夾漈書目》一卷，《圖書志》一卷。

秦氏書目

陳振孫《直齋書録解題・目録類》 《秦氏書目》一卷。濡須秦氏，元祐二年，有爲金部員外郎者，聞於朝，請以宅舍及文籍不許子孫分割。

馬端臨《文獻通考・經籍考・目録》 《秦氏書目》一卷。

藏六堂書目

陳振孫《直齋書録解題・目録類》 《藏六堂書目》一卷。莆田李氏云唐江王之後，有家藏誥命。其藏書自承平時。今浸以散逸矣。

馬端臨《文獻通考・經籍考・目録》 《藏六堂書目》一卷。

續讀書志

黄虞稷《千頃堂書目・簿録類・補宋》 趙希弁《續讀書志》四卷。

倪燦等《宋史藝文志補・簿録類》 趙希弁《續讀書志》四卷。

遂初堂書目

陳振孫《直齋書録解題・目録類》 《遂初堂書目》一卷。錫山尤氏尚書袤延之，淳熙名臣，藏書至多，法書尤富。嘗燼於火，今其存亡幾矣。

馬端臨《文獻通考・經籍考・目録》 《遂初堂書目》一卷。

《宋史・藝文志・目録類》 《遂初堂書目》二卷。尤袤集。

錢謙益等《絳雲樓書目・書目類》 《遂初堂書目》。一卷。尤延之家藏書最多。寶慶初，盡厄於火，見魏鶴山跋。遂初堂扁額，宋寧宗御筆也。堂在無錫九龍山下，《宋史》作二卷，「遂初」誤作「遂安」，尤謬。

《四庫全書總目提要・目録類》 《遂初堂書目》一卷。兩江總督採進本。宋尤袤撰。

鄭氏書目

陳振孫《直齋書録解題・目録類》 《鄭氏書目》七卷。莆田鄭寅子敬以所藏書爲七録，曰經，曰史，曰子，曰藝，曰方技，曰文，曰類。寅，知樞密院僑之子，博文彊記，多識典故。端平初召爲都司，執法守正，出爲漳州以没。

馬端臨《文獻通考・經籍考・目録》 《鄭氏書目》七卷。

直齋書録解題

楊士奇等《文淵閣書目・類書》 《書録解題》。一部。七册。闕。

黄虞稷《千頃堂書目・簿録類・補元》 陳振孫《直齋書録解題》。（別本補）。

倪燦等《宋史藝文志補・簿録類》 陳振孫《直齋書録解題》五十六卷。今分二十二卷。

《四庫全書總目提要・目録類》 《直齋書録解題》二十二卷。《永樂大典》本。宋陳振孫撰。

張金吾《愛日精廬藏書志・目録類》 《直齋書録解題》殘本四卷。舊抄本。宋陳振孫撰。有楚詞類一卷，別集類三卷。《四庫全書》著録本係從《永樂大典》録出者，此則原本殘帙也。

吴壽暘《拜經樓藏書題跋記》卷三 《直齋書録解題》。《書録解題》二十二卷，武英殿聚珍本。

張之洞《書目答問・書目》 《直齋書録解題》二十二卷。宋陳振孫。聚珍本、杭本、福本。

子略

高儒《百川書志・目録》 《子略》目一卷。宋疏寮高似孫續古著《子略》。又集《漢》、《隋》、《唐書》、《子鈔》、《通志略》五家之目便觀。

《四庫全書總目提要・目録類》 《子略》四卷，《目録》一卷。内府藏本。宋高似孫撰。

張之洞《書目答問・書目》 《子略》四卷，《目録》一卷。宋高似孫。《學津》本，《百川》本。

家藏龜鑑目

《宋史・藝文志・目録類》 劉德崇《家藏龜鑑目》十卷。

書目

《宋史・藝文志・目録類》劉沆《書目》二卷。

沈氏萬卷堂目録

《宋史・藝文志・目録類》《沈氏萬卷堂目録》二卷。

家藏書目

《宋史・藝文志・目録類》吴祕《家藏書目》二卷。

邯鄲再集書目

《宋史・藝文志・目録類》李德芻《邯鄲再集書目》三十卷。

徐州江氏書目

《宋史・藝文志・目録類》《徐州江氏書目》二卷。

呂氏書目

《宋史・藝文志・目録類》《呂氏書目》二卷。

孫氏羣書目録

《宋史・藝文志・目録類》《孫氏羣書目録》二卷。

紫雲樓書目

《宋史・藝文志・目録類》《紫雲樓書目》一卷。

陸氏藏書目録

錢大昕《補元史藝文志・簿録類》《陸氏藏書目録》。黄溍序稱吴郡陸君，不詳其名。

寧獻王書目

錢謙益等《絳雲樓書目・書目類》《寧獻王書目》。

黄虞稷《千頃堂書目・簿録類》《寧獻王書目》一卷。

《四庫全書總目提要・目録類存目》《寧藩書目》一卷。浙江范懋柱家天一閣藏本。不著撰人名氏。初，寧獻王權以永樂中改封南昌，日與文士往還，所纂輯及刊刻之書甚多。嘉靖二十年，多焜求得其書目，因命教授施文明校刊行之。所載書凡一百三十七種，詞曲、院本、道家煉度、齋醮諸儀俱附焉。前有多焜序及啟一通，後有施文明跋。多焜啟中所稱父王者，乃弋陽端惠王拱樻，以嘉靖初受命攝寧府事。多焜後亦襲封，謚曰恭懿，見《明史諸王世表》。

江寧王府書目

黄虞稷《千頃堂書目·簿録類》《江寧王府書目》一卷。

西亭中尉萬卷堂書目

黄虞稷《千頃堂書目·簿録類》《西亭中尉萬卷堂書目》十六卷。朱勤美編。

菉竹堂書目

錢謙益等《絳雲樓書目·書目類》葉文莊《菉竹堂書目》。

黄虞稷《千頃堂書目·簿録類》葉文莊公《菉竹堂書目》六卷。

《四庫全書總目提要·目録類存目》《菉竹堂書目》六卷。兩淮鹽政採進本。

明葉盛撰。盛有《葉文莊奏議》，已著録。

吴壽暘《拜經樓藏書題跋記》卷三《菉竹堂書目》。葉文莊公《菉竹堂書目》鈔本二册。

吴匏翁書目

錢謙益等《絳雲樓書目·書目類》《吴匏翁書目》。文定公藏書多手抄，有自署吏部東廂書者，蓋六十以後筆也。牧翁云。

黄虞稷《千頃堂書目·簿録類》《吴匏庵叢書堂書目》一卷。

萬卷堂書目

錢謙益等《絳雲樓書目·書目類》睦㮮《萬卷堂書目》六卷。凡一萬二千五百六十卷。朱竹垞先生云：世所傳《萬卷堂書目》，不列卷數、撰人，非故籍也。予家藏有《聚樂堂藝文志》四册，俱詳列卷數、撰人。係陂上鈔本。

李蒲汀家藏書目

黄虞稷《千頃堂書目·簿録類》《李蒲汀家藏書目》二卷。李廷相。

王文莊書目

黄虞稷《千頃堂書目·簿録類》《王文莊書目》二卷。王鴻儒。

臨潁賈氏藏書目

黄虞稷《千頃堂書目·簿録類》《臨潁賈氏藏書目》二卷。賈詠。

浚川何山書目

黄虞稷《千頃堂書目·簿録類》《浚川何山書目》一卷。

陸仲式齋藏書目録

黃虞稷《千頃堂書目・簿録類》《陸仲式齋藏書目録》一卷。

顧尚書書目

黃虞稷《千頃堂書目・簿録類》《顧尚書書目》六卷。顧璘。

金陵羅氏書目

黃虞稷《千頃堂書目・簿録類》《金陵羅氏書目》四卷。羅鳳。

喬三石書目

黃虞稷《千頃堂書目・簿録類》《喬三石書目》一卷。

天一閣藏書目

黃虞稷《千頃堂書目・簿録類》四明范氏《天一閣藏書目》四卷。范欽。

李氏家藏書目

黃虞稷《千頃堂書目・簿録類》上蔡《李氏家藏書目》一卷。

李中麓書目

黃虞稷《千頃堂書目・簿録類》《李中麓書目》一卷。

晁氏寶文堂書目

黃虞稷《千頃堂書目・簿録類》《晁氏寶文堂書目》三卷。晁瑮。

《四庫全書總目提要・目録類存目》《寶文堂分類書目》三卷。編修程晉芳家藏本。明晁瑮撰。瑮字君石，號春陵，開州人。

百川書志

黃虞稷《千頃堂書目・簿録類》古涿高儒《百川書志》二十卷。

吴氏書目

黃虞稷《千頃堂書目・簿録類》姑蘇《吴氏書目》一卷。方山吴岫。

葛寢野書目

黃虞稷《千頃堂書目・簿録類》《葛寢野書目》一卷。葛臣。

四櫃書目

黄虞稷《千頃堂書目·簿録類》 張鹵《四櫃書目》二卷。

玩易樓藏書目

黄虞稷《千頃堂書目·簿録類》 湖州沈氏《玩易樓藏書目》二卷。

存石草堂書目

黄虞稷《千頃堂書目·簿録類》 沈啓原《存石草堂書目》十卷。秀水人，嘉靖己未進士。

寄傲堂書目

黄虞稷《千頃堂書目·簿録類》 韓氏《寄傲堂書目》四卷。

蠙衣生書目

黄虞稷《千頃堂書目·簿録類》 郭子章《蠙衣生書目》二卷。

焦氏藏書目

黄虞稷《千頃堂書目·簿録類》 《焦氏藏書目》二卷。焦竑。

欣賞齋書目

黄虞稷《千頃堂書目·簿録類》 《欣賞齋書目》六卷。

澹生堂藏書目

黄虞稷《千頃堂書目·簿録類》 祁承㸁《澹生堂藏書目》八卷。

汲古閣書目

吴壽暘《拜經樓藏書題跋記》卷三 《汲古閣書目》。右鈔本一册，不分卷，無序目，間有説，見各書下。

汲古閣刊書細目

吴壽暘《拜經樓藏書題跋記》卷三 《汲古閣刊書細目》。《汲古閣刊書細目》，子晉先生所記。

汲古閣珍藏秘本書目

吴壽暘《拜經樓藏書題跋記》卷三 《汲古閣珍藏秘本書目》。《汲古閣珍藏秘本書目》，斧季先生所記，每部皆記價值。蓋以書歸潘稼堂先生，此其細目也。凡與時本不同者，略記數條，足資證据。末有從孫琛題語。

大業堂書目

黃虞稷《千頃堂書目・簿録類》周廷槐《大業堂書目》二卷。金谿人。

徐氏家藏書目

黃虞稷《千頃堂書目・簿録類》徐𤊹《徐氏家藏書目》七卷。

千頃齋藏書目録

黃虞稷《千頃堂書目・簿録類》黃居中《千頃齋藏書目録》六卷。

牧齋書目

黃虞稷《千頃堂書目・簿録類》《牧齋書目》一卷。

錢塘夏氏書目

黃虞稷《千頃堂書目・簿録類》《錢塘夏氏書目》一卷。

華亭徐氏書目

黃虞稷《千頃堂書目・簿録類》《華亭徐氏書目》一卷。

平湖沈氏書目

黃虞稷《千頃堂書目・簿録類》《平湖沈氏書目》一卷。

楊氏書目

黃虞稷《千頃堂書目・簿録類》《楊氏書目》一卷。

吴文公藏書目

錢謙益等《絳雲樓書目・書目類》《吴文公藏書目》。疑即吴文定公書目。

徐傚弦藏書目

錢謙益等《絳雲樓書目・書目類》《徐傚弦藏書目》。

黃虞稷《千頃堂書目・簿録類》《徐傚弦藏書目》。

于文定公書目

錢謙益等《絳雲樓書目・書目類》《于文定公書目》。于公有《穀城集》。

黃虞稷《千頃堂書目・簿録類》《于文定公書目》。

楊升菴著述目録

錢謙益等《絳雲樓書目・書目類》《楊升菴著述目録》。

黃虞稷《千頃堂書目・簿録類》《楊升庵著述目録》一卷。

桓瘦齋書目

錢謙益等《絳雲樓書目・書目類》《桓瘦齋書目》。

千頃堂書目

《四庫全書總目提要・目録類》《千頃堂書目》三十二卷。浙江巡撫採進本。國朝黃虞稷撰。

吴壽暘《拜經樓藏書題跋記》卷三《千頃堂書目》。《千頃堂書目》三十二卷。

張之洞《書目答問・書目》《千頃堂書目》三十二卷。黃虞稷。孫星衍《孫祠書目》未刊。

慈雲樓藏書志

顧廣圻《思適齋書跋・史部》《慈雲樓藏書志》五十卷。鈔本。

絳雲樓書目

黃丕烈《蕘圃藏書題識・史類二》《絳雲樓書目》一卷。舊鈔本。

黃丕烈《蕘圃藏書題識續録・史類》《絳雲樓書目》不分卷。鈔本。此本爲張子白華所藏。

吴壽暘《拜經樓藏書題跋記》卷三《絳雲樓書目》。右鈔本，不分卷。凡上下二册，首有曹倦圃先生題辭，末有倦翁後跋。

得月樓書目

黃丕烈《蕘圃藏書題識・史類二》《得月樓書目》一卷。鈔本。江陰李氏《得月樓書目》，各家簿録未載。

傳是樓宋板書目

黃丕烈《蕘圃藏書題識・史類二》《傳是樓宋板書目》一卷。鈔本。《傳是樓書目》裒然大帙，約有數本。兹題崑山徐氏《傳是樓宋板書目》，未知即是《小樓書目》否。蓋傳聞《小樓書目》專在宋板也。兹本亦從古泉山館借來，原與延令季氏《宋板書目》、江陰李氏《得月樓書目》摘録合裝，題曰「三家宋板書目」。余因延令季氏《宋板書目》先有鈔本，故第傳録兩家，命閽人張泰手鈔。張泰曾在京師傭書，故字跡頗不惡云。癸亥二月八日蕘翁記。

吴壽暘《拜經樓藏書題跋記》卷五《傳是樓宋元版書目》。《傳是樓宋元版書目》一册，先君子手寫本。後有黃梨洲先生《傳是樓藏書記》，汪鈍翁、邵青門二先生《傳是樓記》。

求古居宋本書目

黃丕烈《蕘圃藏書題識續録・史類》《求古居宋本書目》不分卷。鈔本。《百宋一廛賦》後所收，俱登此目。内有賦載而已易出者，兹目不列。壬申季冬復翁記。

季滄葦藏書目跋

黄丕烈《蕘圃刻書題識》《季滄葦藏書目跋》。

傳是樓書目

顧廣圻《思適齋書跋·史部》《傳是樓書目》不分卷。鈔本。集部自漢至明嘉靖以前皆未見，乃脱去一册，宜訪求補完也。道光三年一雲散人記。

吴壽暘《拜經樓藏書題跋記》卷三《傳是樓書目》。《傳是樓書目》三册，不分卷，無序。首册總目，分四部，以周興嗣《千文》編號，内有黄筆、墨筆補記處。先君子書後云：「《傳是樓書目》二册，雖蝨簡塵編，然上下旁行之注猶是東海手筆也，勿易視之。兔牀記。」又鈔本六册，亦不分卷，知不足齋主人所贈，係緑飲先生手録。

也是園藏書目録

吴壽暘《拜經樓藏書題跋記》卷五《也是園藏書目録》。右鈔本一册，不分卷，無序目。

道古樓書畫目録

吴壽暘《拜經樓藏書題跋記》卷三《道古樓書畫目録》。右鈔本五册，目録一册。先君子記云：此爲插花山馬寒中上舍所輯。上自三代，下迄有明，凡金石、碑版，以至法書、名畫、真蹟、題跋，靡不甄録。蓋將勒成一書，如《珊瑚網》、《清河書畫舫》之流，此乃其草創。總目上下添注者，猶是寒中手筆。予夙負書畫之癖，恨生也晚，不及與前輩周旋，縱觀道古樓收藏之富。癸卯殘冬，花山後人有持此數帙，屬沈吕璜孝廉求售，人無應之者，余遂購之。雖知其殘缺不全，亦以見前輩好古之殷云爾。乙巳杪冬，兔牀書。

曝書亭書目

吴壽暘《拜經樓藏書題跋記》卷三《曝書亭書目》。

静惕堂書目

吴壽暘《拜經樓藏書題跋記》卷三《静惕堂書目》。

述古堂書目

《四庫全書總目提要·目録類存目》《述古堂書目》無卷數。浙江巡撫採進本。國朝錢曾撰。曾此編乃其藏書總目。所列門類瑣碎冗雜，全不師古。其分隸諸書，尤舛謬顛倒，不可名狀。

讀書敏求記

《四庫全書總目提要·目録類存目》《讀書敏求記》四卷。江蘇巡撫採進本。國朝錢曾撰。曾字遵王，自號也是翁，常熟人。

黄丕烈《蕘圃藏書題識·史類二》《讀書敏求記》四卷。舊鈔本。

吴壽暘《拜經樓藏書題跋記》卷三《讀書敏求記》。右刻本四卷。先君子校閲，記後云：此書未刻之前，最爲難得。錢塘吴尺鳧先生嘗言，竹垞檢討典試江南，與遵王會飲，私屬錢氏侍史竊出一鈔，償以美裘一襲、白金十兩。蓋前輩之好古如此，亦可起敬也。

讀書蕞殘

《四庫全書總目提要・目録類存目》《讀書蕞殘》三卷。湖北巡撫採進本。國朝王鉞撰。鉞有《粤遊日記》，已著録。

史志分部

漢藝文志考證

黄虞稷《千頃堂書目・簿録類・補宋》　王應麟《漢藝文志考證》十卷。

倪燦等《宋史藝文志補・簿録類》　王應麟《漢藝文志考證》十卷。

《四庫全書總目提要・目録類》《漢藝文志考證》十卷。通行本。宋王應麟撰。應麟有《周易鄭康成註》，已著録。《漢書藝文志》因劉歆《七略》而修。凡句下之註，不題姓氏者，皆班固原文。其標某某曰者，則顔師古所集諸家之説。

藝文志見闕書目

晁公武《郡齋讀書志・書目類》《藝文志見闕書目》一卷。袁本前志卷二下書目類第一。右《唐書藝文志》。近因朝廷募遺書，刻牘布告境内，下注書府所闕，俾之訪求。

唐藝文志

尤袤《遂初堂書目・目録類》《唐藝文志》。

陳振孫《直齋書録解題・目録類》《唐藝文志》四卷。《新唐書》中録出別行。監中有印本。

馬端臨《文獻通考・經籍考・目録》《唐藝文志》四卷。

經籍考

焦竑《國史經籍志・糾謬》　馬端臨《經籍考》。

黄虞稷《千頃堂書目・簿録類》　何喬新《訂刻馬端臨經籍考》七十六卷。

孫星衍《平津館鑒藏書籍記・明版》《經籍考》七十六卷，題鄱陽馬端臨貴與著。此即《文獻通考》中之一門，後人別刻單行。審其紙板，當出於明代嘉、隆以前。

藝文志考

楊士奇等《文淵閣書目・類書》《藝文志考》。一部。二册。闕。《藝文志考》。一部。三册。闕。《藝文志考》。一部。四册。闕。

宋藝文志

高儒《百川書志・目録》《宋藝文志》八卷。宋史内抄出者，以備參考。

諸史藝文鈔

黄虞稷《千頃堂書目・簿録類》　祁承㸁《諸史藝文鈔》三十卷。

國史經籍志

錢謙益等《絳雲樓書目・書目類》 焦竑《國史經籍志》。六卷。

黃虞稷《千頃堂書目・簿録類》 焦竑《國史經籍志》六卷《糾繆》一卷。

《四庫全書總目提要・目録類存目》 《國史經籍志》六卷。兩江總督採進本。

明焦竑撰。竑有《易筌》，已著録。是書首列制書類，凡御制及中宫著作，記注時政，敕修諸書皆附焉。

明藝文志

《四庫全書總目提要・目録類存目》 《明藝文志》五卷。兵部侍郎紀昀家藏本。

國朝尤侗撰。侗字展成，號悔菴，又稱艮齋，又號西堂，長洲人。由拔貢生任永平府推官，康熙己未召試博學鴻詞，授翰林院檢討，官至侍講。是編即其初入翰林，纂修《明史》之志稾也。

文籍志

黃虞稷《千頃堂書目・簿録類》 楊士奇《文籍志》□卷。

國史目録

黃虞稷《千頃堂書目・簿録類》 陳仁錫《國史目録》四十卷。

國朝經籍考

黃虞稷《千頃堂書目・簿録類》 《國朝經籍考》五册。不知編人。

題跋分部

廣川書跋

陳振孫《直齋書録解題・目録類》 《廣川書跋》十卷。董逌撰。

廣川畫跋

馬端臨《文獻通考・經籍考・目録》 《廣川畫跋》五卷。董逌撰。

跋祕閣書目

洪邁《容齋題跋》卷一《書目類》 《跋祕閣書目》。

跋漢志雜占十八家

洪邁《容齋題跋》卷一 《跋漢志雜占十八家》。《漢・藝文志》、《七略》雜占十八家，以《黃帝》、《甘德占夢》二書爲首。

跋漢志兵技考

洪邁《容齋題跋》卷一 《跋漢志兵技考》。

南濠居士文跋

高儒《百川書志·别集》 《南濠居士文跋》四卷。皇明太僕少卿吴郡都穆玄敬撰。書籍四十五跋,翰墨三十一跋,圖畫二十四跋。

吴壽暘《拜經樓藏書題跋記》卷五 《南濠文跋》。都元敬《南濠文跋》四卷,鈔本,無序目。

東坡題跋

毛晉《汲古閣書跋》 《東坡題跋》。

山谷題跋

毛晉《汲古閣書跋》 《山谷題跋》。

无咎題跋

毛晉《汲古閣書跋》 《无咎題跋》。无咎之父君成,居官深静,能文與詩,亦不求人知。藏集十卷有奇,无咎能乞東坡一序以傳。東坡以君子稱之,併稱无咎於文無所不能,博辨俊偉,絶人遠甚,將必顯於世。後果爲神宗所擧。

淮海題跋

毛晉《汲古閣書跋》 《淮海題跋》。

鶴山題跋

毛晉《汲古閣書跋》 《鶴山題跋》。

西山題跋

毛晉《汲古閣書跋》 《西山題跋》。

放翁題跋

毛晉《汲古閣書跋》 《放翁題跋》。

姑溪題跋

毛晉《汲古閣書跋》 《姑溪題跋》。

石門題跋

毛晉《汲古閣書跋》 《石門題跋》。

六一題跋

毛晉《汲古閣書跋》《六一題跋》。

元豐題跋

毛晉《汲古閣書跋》《元豐題跋》。

水心題跋

毛晉《汲古閣書跋》《水心題跋》。

益公題跋

毛晉《汲古閣書跋》《益公題跋》。

後村題跋

毛晉《汲古閣書跋》《後村題跋》。

止齋題跋

毛晉《汲古閣書跋》《止齋題跋》。

魏公題跋

毛晉《汲古閣書跋》《魏公題跋》。

晦菴題跋

毛晉《汲古閣書跋》《晦菴題跋》。

海嶽題跋

毛晉《汲古閣書跋》《海嶽題跋》。

容齋題跋

毛晉《汲古閣書跋》《容齋題跋》。題跋似屬小品，非具翻海才、射雕手，莫敢道隻字。自坡仙、涪翁聯鑣樹幟，一時無不效顰。鄱陽洪容齋昇蘇、黄之堂而嚌其胾者也。恨未見其全集。己卯秋，從長千里獲其題跋二卷，尾有「匏庵吴氏」印記，較之隨筆所載，互有異同。予珍之不異木難，遂與六一居士《集古録》並付梓人。

藏書紀要跋

黄丕烈《蕘圃刻書題識》《藏書紀要跋》。孫慶增所藏書，余家收得不下數十種。其所著述，未之聞也。此《藏書紀要》言之甚詳且備。蓋亦真知篤好者。

地方藝文分部

廣川藏書志

尤袤《遂初堂書目・目録類》 《廣川董氏藏書志》。

陳振孫《直齋書録解題・目録類》 《廣川藏書志》二十六卷。徽猷閣待制董逌彦遠撰。以其家藏書考其本末，而爲之論説，及於諸子而止。蓋其本意專爲經設也。

馬端臨《文獻通考・經籍考・目録》 《廣川藏書志》二十六卷。

《宋史・藝文志・目録類》 董逌《廣川藏書志》二十六卷。

川中書籍目録

尤袤《遂初堂書目・目録類》 《川中書目》。

《宋史・藝文志・目録類》 《川中書籍目録》二卷。

東湖書目志

《宋史・藝文志・目録類》 滕强恕《東湖書目志》一卷。

川本書籍目録

鄭樵《通志・藝文略・目録・總目》 《川本書籍目録》三卷。

邯鄲圖書志

尤袤《遂初堂書目・目録類》 《邯鄲圖書志》。

諸州書目

《宋史・藝文志・目録類》 《諸州書目》一卷。

兩浙著作考

黄虞稷《千頃堂書目・簿録類》 祁承㸁《兩浙著作考》四十六卷。

福建書目

黄虞稷《千頃堂書目・簿録類》 《福建書目》一卷。

徽府書目

黄虞稷《千頃堂書目・簿録類》 《徽府書目》一卷。

衡府書目

黄虞稷《千頃堂書目・簿録類》 《衡府書目》一卷。

專題分部

羣書麗藻目録

錢東垣等輯《崇文總目輯釋・目録類》《羣書麗藻目録》五十卷。宋遵度撰。

鄭樵《通志・藝文略・目録・文章目》《羣書麗藻目録》，五十卷。僞唐朱遵度撰。

陳振孫《直齋書録解題・總集類》《羣書麗藻》六十五卷。按：《三朝藝文志》一千卷，崔遵度編。《中興館閣書目》但有《目録》五十卷，云南唐司門員外郎崔遵度撰。以六例總括古今之文，一曰「六籍瓊華」，二曰「信使瑶英」，三曰「玉海九流」，四曰「集苑金鑾」，五曰「絳闕蘂珠」，六曰「鳳首龍編」。爲二百六十七門，總一萬三千八百首。今無目録，合三本，共存此卷數。斷續訛缺，不復成書，當其傳寫時固已如此矣。其目止有四種，無「金鑾」、「蘂珠」二類，姑存之，以備闕文。按《江南餘載》：遵度，青州人，居金陵，高尚不仕。《中興書目》云「司門郎」，未知何據也。

《宋史・藝文志・目録類》朱遵度《羣書麗藻目録》五十卷。

唐書敍例目録

錢東垣等輯《崇文總目輯釋・目録類》《唐書敍例目録》一卷。《唐志》、《通志略》、《宋志》並不著撰人。原釋闕。見天一閣鈔本。

《新唐書・藝文志・目録類》《唐書敍例目録》一卷。

鄭樵《通志・藝文略・目録・經史目》《唐書敘例目録》一卷。見《唐志》。

《宋史・藝文志・目録類》《唐書敍例目録》一卷。

經史釋題

《新唐書・藝文志・目録類》李肇《經史釋題》二卷。

鄭樵《通志・藝文略・目録・經史目》《經史釋題》二卷。唐李肇撰。

《宋史・藝文志・目録類》李肇《經史釋文題》三卷。

經史品題

尤袤《遂初堂書目・目録類》《經史品題》。

載籍討源

《宋史・藝文志・文史類》竇苹《載籍討源》一卷。

舉　要

《宋史・藝文志・文史類》《舉要》二卷。

經子法語

楊士奇等《文淵閣書目・類書》《經子法語》。一部。三册。闕。

易傳辨異

《四庫全書總目提要・目録類存目》《易傳辨異》四卷。浙江巡撫採進本。國朝翟均廉撰。均廉字春沚，錢塘人。乾隆乙酉舉人，官内閣中書舍人。其書考自漢訖元諸家《易》註源流得失，凡一百一十四條。中間惟辨朱彝尊誤引《張氏易》、毛奇齡誤引《劉表易》，及彝尊誤荀煇爲長倩、宋咸不及見《鮮于侁易》四條，差有考證。其餘一百一十條，皆剌取《經義考》之文，而排比聯貫之者也。

漢書叙例目

鄭樵《通志・藝文略・目録・經史目》《漢書叙例目》一卷。

文苑春秋敘録

《四庫全書總目提要・目録類存目》《文苑春秋敘録》一卷。兩江總督採進本。明崔銑撰。銑有《讀易餘言》，已著録。是書自序稱，夫子删書百篇，以寓懲勸，後來選文家，未有繼夫子之志而法《尚書》者。乃録漢詔疏，以迄明太祖檄元文，共爲百篇，名曰《文苑春秋》，爲敘録一卷，略表作者之志。自漢文以下凡十一目，今已散入《文苑春秋》，各冠本篇之首。此則其單行別本也。大抵皆仿《尚書》小序之文，欲自比於王通擬經，未免近妄。其所去取，專主明理，惟漢文稍多，餘則代各數篇，更不足盡文章之變矣。

經書目録

《宋史・藝文志・目録類》歐陽伸一作「坤」《經書目録》十一卷。

授經圖

《四庫全書總目提要・目録類》《授經圖》二十卷。兩江總督採進本。明朱睦㮮撰。睦㮮有《易學識疑》，已著録。是編所述經學源流也。案《崇文總目》有《授經圖》三卷，敘《易》、《詩》、《書》、《禮》、《春秋》三傳之學，其書不傳。朱章俊卿《山堂考索》嘗溯其宗派，各爲之圖，亦未能完備，且頗有舛譌。睦㮮乃因章氏舊圖而增定之，首敘授經世系，次諸儒列傳，次諸儒著述，歷代經解名目、卷數，每經四卷，五經共爲二十卷。睦㮮自序稱釐爲四卷，疑傳寫有脱文也。舊無刊版，惟黄虞稷家有寫本，康熙中，虞稷乃同錢塘龔翔麟校而刻之。虞稷序稱「西亭舊本，案西亭即睦㮮之別號。先後不無參錯，予與龔子蘅圃重爲釐正，《易》則以復古爲先，《書》則以今文爲首，其他經傳之闕軼者，復取歷代史藝文志及《通志》、《通考》所載，咸爲補入。而近代傳註可傳者，亦間録焉。視西亭所輯，庶幾少備」云云。又睦㮮義例稱：「周漢而下至金元，作者凡一千一百三十二人，國朝三十九人，經解凡一千七百九十八部，二萬一千七十一卷。」虞稷等附註其下，稱新增入古今作者二百五十五人，經解凡七百四十一部，六千二百一十八卷。則虞稷等大有所竄改，非復睦㮮之舊矣。

經序録

《四庫全書總目提要・目録類存目》《經序録》五卷。浙江巡撫採進本。明朱睦㮮撰。睦㮮既作《授經圖》，又取諸家説經之書，各采篇首一序，編爲一集，以誌其概。頗嫌挂漏。

經籍目略

黄虞稷《千頃堂書目・簿録類》王佐《經籍目略》。瓊州臨高人。

古經解書目

黄虞稷《千頃堂書目・簿録類》《古經解書目》一卷。

經義考

《四庫全書總目提要・目録類》《經義考》三百卷。通行本。國朝朱彝尊撰。彝尊字錫鬯，號竹垞，秀水人。康熙己未，薦舉博學鴻詞。召試授檢討，入直内廷。彝尊文章淹雅，初在布衣之内，已與王士禎聲價相齊。博識多聞，學有根柢，復與顧炎武、閻若璩頡頏上下。凡所撰述，具有本原。是編統考歷朝經義之目，初名《經義存亡考》，惟列存亡二例。後分例曰存、曰闕、曰佚、曰未見，因改今名。

史目

《舊唐書・經籍志・目録》《史目》三卷。楊松珍撰。

《新唐書・藝文志・目録類》楊松珍《史目》。

雜儀注目録

《隋書・經籍志・簿録》《雜儀注目録》四卷。

魏世録目

文廷式《補晉書藝文志・目録類》《魏世録目》一卷。

晉世雜録

文廷式《補晉書藝文志・目録類》《晉世雜録》一卷。

吴世録目

文廷式《補晉書藝文志・目録類》《吴世録目》一卷。

十三代史目

錢東垣等輯《崇文總目輯釋・目録類》《十三代史目》十卷。宗諫撰。原釋闕。見天一閣鈔本。

《新唐書・藝文志・目録類》宗諫注《十三代史目》十卷。

鄭樵《通志・藝文略・目録・經史目》《十三代史目》十卷。唐宗諫撰。

晁公武《郡齋讀書志・書目類》《十三代史目》三卷。袁本後志卷一書目類第二。右唐殷仲茂撰。輯《史記》、兩漢、三國、晉、宋、齊、梁、陳、後魏、北齊、周、隋史籍篇次名氏。國朝杜鎬以唐、五代書目續之。

馬端臨《文獻通考・經籍考・目録》《十三代史目》三卷。

《宋史・藝文志・目録類》宗諫注《十三代史目》十卷。

十九代史目

錢東垣等輯《崇文總目輯釋・目録類》《十九代史目》二卷。舒雅等撰。

《通志・藝文略・目録・經史目》《十九代史目》二卷。宋朝舒雅等撰。

《宋史・藝文志・目録類》杜鎬《十九代史目》二卷。

唐列聖實録目

錢東垣等輯《崇文總目輯釋·目録類》《唐列聖實録目》五十卷。孫玉汝撰。

《新唐書·藝文志·目録類》 孫玉汝《唐列聖實録目》二十五卷。

鄭樵《通志·藝文略·目録·經史目》《唐列聖實録目》二十五卷。唐孫玉汝撰。

《宋史·藝文志·目録類》 孫玉汝《唐列聖實録目》二十五卷。

河南東齋史目

錢東垣等輯《崇文總目輯釋·目録類》《河南東齋史目録》三卷。諸家書目並不著撰人。

《新唐書·藝文志·目録類》《河南東齋史目》三卷。

鄭樵《通志·藝文略·目録·經史目》《河南東齋史目》三卷。唐人撰。

《宋史·藝文志·目録類》《河南東齋一作「齊」史書目》三卷。

五代史目

鄭樵《通志·藝文略·目録·經史目》 太宗新修《五代史目》一卷。

歷代史目

鄭樵《通志·藝文略·目録·經史目》《歷代史目》十五卷。

《宋史·藝文志·目録類》 楊松珍《歷代史目》十五卷。

高氏小史目

鄭樵《通志·藝文略·目録·經史目》《高氏小史目》一卷。

史鑑目

鄭樵《通志·藝文略·目録·經史目》《史鑑目》三卷。

經史目録

鄭樵《通志·藝文略·目録·經史目》《經史目録》,七卷。楊九齡撰。

《宋史·藝文志·目録類》 楊九齡《經史書目》七卷。

史鑑

《宋史·藝文志·目録類》 曾氏《史鑑》三卷。

經史目録

鄭樵《通志·藝文略·目録·經史目》《經史目録》三卷。

十三代史目

鄭樵《通志·藝文略·目録·經史目》《十三代史目》三卷。殷仲茂撰。

《宋史·藝文志·目録類》 商仲茂《十三代史目》一卷。

采史目録

黄虞稷《千頃堂書目·簿録類》 吕仲善《采史目録》四卷。章貢人,洪武初纂修《元史》而順帝三十六年事缺。乃命黄盅等十三人采訪事實,仲善以國子監掌饌往北平,得故事遺聞八十帙歸,以功遷太常典簿,尋擢寺丞,因集其目録而上之於朝。

皇明史乘

錢謙益等《絳雲樓書目·書目類》 《皇明史乘》。

五百名家書目

錢謙益等《絳雲樓書目·書目類》 《五百名家書目》。

古今書目

黄虞稷《千頃堂書目·簿録類》 丁雄飛《古今書目》十卷。

法書志

黄虞稷《千頃堂書目·簿録類》 楊士奇《法書志》一卷。

醫書目

黄虞稷《千頃堂書目·簿録類》 李嵩渚《醫書目》四卷。李濂。

古經録

姚振宗《後漢藝文志·簿録類》 《古經録》一卷。唐沙門智昇《開元釋教録》曰:《古經録》一卷,尋諸舊録,多稱爲《古録》,似是秦始皇時釋利防等所齎經録。

舊經録

姚振宗《後漢藝文志·簿録類》 《舊經録》一卷。《開元釋教録》曰:《舊經録》一卷,似是前漢劉向校書天禄閣,往往見有佛經,即謂《古藏經録》。謂孔壁所藏,或秦正焚書人中所藏者。

漢時佛經目録

姚振宗《後漢藝文志·簿録類》 《漢時佛經目録》一卷。《開元釋教録》曰:《漢時佛經目録》一卷,似是明帝時迦葉摩騰創譯四十二章經,因即撰録。

按迦葉摩騰即攝摩騰,其始末具《佛經録》。

漢　録

姚振宗《三國藝文志·簿録類》 朱士行《漢録》一卷。梁沙門慧皎《高僧傳》：朱士行，潁川人。少懷遠悟，脱落塵俗，出家已後專務經典。昔漢靈之時，竺佛朔譯出《道行經》，即《小品》之舊本也。文句簡略，意義未周。士行嘗于洛陽講《道行經》，覺文意隱質，諸未盡善，每歎曰：此經大乘之要，而譯理不盡，誓志捐身，遠求大本。遂以魏甘露五年西渡流沙，既至于闐。果得梵書正本，凡九十章。遣弟子送本還歸。時竺叔蘭等譯爲漢文，稱《放光般若經》。士行遂終于于闐，春秋八十。依西方法闍維之斂骨起塔焉。

二秦衆經録目

文廷式《補晉書藝文志・目録類》 釋僧叡《二秦衆經録目》一卷。隋費長房《歷代三寶記》卷十五：姚秦沙門釋僧叡一部一卷《經録目》。又卷八云：叡，魏郡人。

綜理衆經目録

文廷式《補晉書藝文志・目録類》 釋道安《綜理衆經目録》一卷。見《歷代三寶記》卷八。《高僧傳》云：漢、魏迄晉傳經之人，名字弗説，後人莫測年代。安乃總集名目，表其時人，詮品新舊，撰爲《經録》。衆經有據，實由其功。

魏世録目　吴世録目　晉世雜録　河西録目

文廷式《補晉書藝文志・目録類》 《魏世録目》一卷。《吴世録目》一卷。《晉世雜録》一卷。《河西録目》一卷。《歷代三寶記》卷七云：右四録經目合四卷，廬山東林寺釋慧遠弟子沙門釋道流創撰，未就而流病卒。同學竺道祖因而成之，大行於世。

經論都録　別録

文廷式《補晉書藝文志・目録類》 《經論都録》一卷，《別録》一卷。《歷代三寶記》卷七云：右《録》一卷，成帝世豫章山沙門支敏度總校羣經，合古今目録，撰此《都録》。《別録》一卷，詳《開元釋教録》卷十。

衆經録目

文廷式《補晉書藝文志・目録類》 竺法護《衆經録目》一卷。見《歷代三寶記》卷六。《大唐内典録》卷十云：右依檢是晉武帝長安青衣外大寺沙門也。翻經極廣，因出其録。

衆經録目

文廷式《補晉書藝文志・目録類》 聶道真《衆經録目》一卷。道真，承遠子，見《歷代三寶記》卷八。

二趙經録

文廷式《補晉書藝文志・目録類》 《二趙經録》一卷。《大唐内典録》卷十云：似是二石趙時諸録遥注，未知姓氏。

開元釋教録

晁公武《郡齋讀書志・書目類》 《開元釋教録》三十卷。袁本後志卷一書目類第三。右唐僧智昇撰。智昇在開元中纂釋氏諸書入中國歲月及翻譯者姓氏。以《楞嚴經》爲唐僧懷迪譯，張天覺以懷迪與菩提流支同時，流支，後魏僧，其言殆不可信也。

道藏書目

晁公武《郡齋讀書志·書目類》《道藏書目》一卷。袁本前志卷二下書目類第四。右皇朝鄧自和撰。大洞真部八十一秩，靈寶洞玄部九十秩，太上洞神部三十秩，太真部九十六秩，太平部一十六秩，正一部三十九秩，凡六部三百一十一秩。

錢謙益等《絳雲樓書目·書目類》《道藏目録》。一卷。宋鄧自和。

釋書品次録

陳振孫《直齋書録解題·目録類》《釋書品次録》一卷。題唐僧從梵集。末有黎陽張鞏跋，稱大定丁未。蓋北方板本也。

法寶標目

陳振孫《直齋書録解題·目録類》《法寶標目》十卷。户部尚書三槐王右敏仲撰。以釋藏諸函隨其次第爲之目録，而釋其因緣。凡佛會之先後，華譯之異同，皆具著之。右，旦之曾孫，入元祐黨籍。

至元法寶總目

黄虞稷《千頃堂書目·簿録類·補元》《至元法寶總目》十卷。

倪燦等《補遼金元藝文志·簿録類》[元]《法寶總目》十卷。失名。

元藏經目

錢謙益等《絳雲樓書目·書目類》《元藏經目》。

大明法寶標目

黄虞稷《千頃堂書目·簿録類》《大明法寶標目》十卷。

大明三藏聖教目録

黄虞稷《千頃堂書目·簿録類》《大明三藏聖教目録》三卷。

大明道藏目録

黄虞稷《千頃堂書目·簿録類》《大明道藏目録》四卷。

道藏目録詳注

黄虞稷《千頃堂書目·簿録類》《道藏目録詳注》四卷。金陵道士白雲霽。

晉義熙已來新集目録

《隋書·經籍志·簿録》《晉義熙已來新集目録》三卷。

鄭樵《通志・藝文略・目録・總目》《晉義熙已來新集目録》三卷。邱深之撰。

義熙已來雜集目録

《舊唐書・經籍志・目録》《義熙已來雜集目録》三卷。丘深之撰。

《新唐書・藝文志・目録類》丘深之《晉義熙以來新集目録》三卷。

晉文章記

文廷式《補晉書藝文志・目録類》顧愷之《晉文章記》。《世説・文學門》注：顧凱之《晉文章記》曰：阮籍《勸進》落落有宏致，至轉説徐而攝之也。

雜撰文章家集敍

《隋書・經籍志・簿録》《雜撰文章家集敍》十卷。荀勖撰。

鄭樵《通志・藝文略・目録・文章目》《文章家集叙》十卷。荀勗撰。

文廷式《補晉書藝文志・目録類》荀勗《雜撰文章家集叙》十卷。

新撰文章家集

《舊唐書・經籍志・目録》《新撰文章家集》五卷。荀勗撰。

《新唐書・藝文志・目録類》荀勗《新撰文章家集敍》五卷。

文章志

《隋書・經籍志・簿録》《文章志》四卷。摯虞撰。

《舊唐書・經籍志・目録》《文章志》四卷。摯虞撰。

《新唐書・藝文志・目録類》摯虞《文章志》四卷。

鄭樵《通志・藝文略・目録・文章目》《文章志》四卷。摯虞撰。

文廷式《補晉書藝文志・目録類》摯虞《文章志》四卷。

續文章志

《隋書・經籍志・簿録》《續文章志》二卷。傅亮撰。

《舊唐書・經籍志・目録》《續文章志》二卷。傅亮撰。

《新唐書・藝文志・目録類》傅亮《續文章志》二卷。

晉江左文章志

《隋書・經籍志・簿録》《晉江左文章志》三卷。宋明帝撰。

《新唐書・藝文志・目録類》宋明帝《晉江左文章志》二卷。

宋世文章志

《隋書・經籍志・簿録》《宋世文章志》二卷。沈約撰。

《新唐書・藝文志・目録類》沈約《宋世文章志》二卷。

鄭樵《通志・藝文略・目録・文章目》《宋世文章志》二卷。沈約撰。

書品

《隋書・經籍志・簿録》《書品》二卷。

名手畫録

《隋書・經籍志・簿録》《名手畫録》一卷。

《舊唐書・經籍志・目録》《名手畫録》一卷。

《新唐書・藝文志・目録類》《名手畫録》一卷。

正流論

《隋書・經籍志・簿録》《正流論》一卷。

法書目録

《隋書・經籍志・簿録》《法書目録》六卷。

《舊唐書・經籍志・目録》《法書目録》六卷。虞和撰。

《新唐書・藝文志・目録類》虞龢《法書目録》六卷。

文樞祕要録

錢東垣等輯《崇文總目輯釋・目録類》《文樞祕要録》七卷。尹直撰。原釋闕。見天一閣鈔本。

《新唐書・藝文志・目録類》尹植《文樞祕要目》七卷。鈔《文思博要》、《藝文類聚》爲祕要。

鄭樵《通志・藝文略・目録・文章目》《文樞祕要目》七卷。唐尹植撰。

《宋史・藝文志・目録類》田鎬、尹植《文樞密要目》七卷。

樂簿

鄭樵《通志・藝文略・樂類・曲簿》《樂簿》十卷。

齊朝曲簿

鄭樵《通志・藝文略・樂類・曲簿》《齊朝曲簿》一卷。

隋總曲簿

鄭樵《通志・藝文略・樂類・曲簿》《隋總曲簿》一卷。

正聲伎雜等曲簿

鄭樵《通志・藝文略・樂類・曲簿》《正聲伎雜等曲簿》一卷。

太常寺曲名

鄭樵《通志・藝文略・樂類・曲簿》《太常寺曲名》一卷。

太常寺曲簿

鄭樵《通志・藝文略・樂類・曲簿》《太常寺曲簿》十一卷。

歌曲名

鄭樵《通志・藝文略・樂類・曲簿》《歌曲名》五卷。

歷代樂名

鄭樵《通志・藝文略・樂類・曲簿》《歷代樂名》一卷。

唐郊祀樂章譜

鄭樵《通志・藝文略・樂類・曲簿》《唐郊祀樂章譜》二卷。張説、王涇。

歷代曲名

鄭樵《通志・藝文略・樂類・曲簿》《歷代曲名》一卷。

外國伎曲

鄭樵《通志・藝文略・樂類・曲簿》《外國伎曲》三卷。又,一卷。

樂府廣題

鄭樵《通志・藝文略・樂類・曲簿》《樂府廣題》一卷。

太常大樂曲部并譜

鄭樵《通志・藝文略・樂類・曲簿》《太常大樂曲部并譜》一卷。

樂章記

鄭樵《通志・藝文略・樂類・曲簿》《樂章記》五卷。

西漢文類目

范邦甸等《天一閣書目・目録類》《西漢文類目》二本。藍絲闌鈔本。不著撰人名氏,卷内秪載某書若干卷,無序跋。

東漢文類目

范邦甸等《天一閣書目・目録類》《東漢文類目》二卷。藍絲闌鈔本。同前。

國朝名家文集目

黄虞稷《千頃堂書目・簿録類》《國朝名家文集目》一册。

國朝文集目録

錢謙益等《絳雲樓書目・書目類》《國朝文集目録》。

文選著作人名目

錢東垣等輯《崇文總目輯釋・目録類》《文選著作人名目》三卷。韋寶鼎撰。

《新唐書・藝文志・目録類》常寶鼎《文選著作人名目》三卷。

鄭樵《通志・藝文略・目録・文章目》《文選著作人名目》三卷。唐韋寶鼎。

晁公武《郡齋讀書志・書目類》《文選著作人名》三卷。袁本後志卷一書目類第一。右唐常寶鼎撰。纂《文選》所集文章著作人姓氏、爵里、行事，及其述作之意。

馬端臨《文獻通考・經籍考・目録》《文選著作人名》三卷。

重定文集目録

張萱等《内閣藏書目録・聖制部》《重定文集目録》。太祖高皇帝《御製集目録》也。鈔本。

宣宗皇帝御製集目録

張萱等《内閣藏書目録・聖制部》《宣宗皇帝御製集目録》二册。全。鈔本。

太宗御製御書目

陳振孫《直齋書録解題・目録類》《太宗御製御書目》一卷。玉宸殿所藏，兼有真宗御製序十四篇。又本稍多，而無序文。

馬端臨《文獻通考・經籍考・目録》《太宗御製御書目》一卷。

御書文簿

楊士奇等《文淵閣書目・國朝》《御書文簿》。一部。一册。闕。

御寶文簿

楊士奇等《文淵閣書目・國朝》《御寶文簿》。一部。一册。完全。

御寶圖書

楊士奇等《文淵閣書目・國朝》《御寶圖書》。一部。一册。完全。

皇明御製策要

高儒《百川書志・目録》《皇明御製策要》一卷。真定雲鳳山人梁橋公濟纂集八朝聖製書文詩頌四十七目，各撮其要語。

太平御覽經史圖書綱目

范邦甸等《天一閣書目・目録類》《太平御覽經史圖書綱目》四册。藺紙藍絲闌鈔本。不著撰人名氏，亦不分卷數。

特種分部

名臣言行録目録

錢謙益等《絳雲樓書目・書目類》《名臣言行録目録》。

古今僞書考

張之洞《書目答問・書目》《古今僞書考》一卷。姚際恆。知不足齋本。

禁書目録

鄭樵《通志・藝文略・目録・總目》《禁書目録》一卷。

《宋史・藝文志・目録類》《禁書目録》一卷。學士院、司天監同定。

紹興求書闕記

《宋史・藝文志・目録類》鄭樵《求書闕記》七卷。

求書外記

《宋史・藝文志・目録類》鄭樵《求書外記》十卷。

唐餘録目

鄭樵《通志・藝文略・目録・經史目》《唐餘録目》一卷。宋敏求撰。

羣書備檢録

鄭樵《通志・藝文略・目録・經史目》《羣書備檢録》十卷。

晁公武《郡齋讀書志・書目類》《羣書備檢》十卷。袁本後志卷一書目類第六。

右未詳撰人。輯《易》、《書》、《詩》、《左氏》、《公羊》、《穀梁》、二《禮》、《論語》、《孟子》、《荀子》、《揚子》、《文中子》、《史記》、《兩漢》、《三國志》、《晉》、《宋》、《齊》、《梁》、《陳》、《後周》、《北齊》、《隋》、《新》、《舊唐》、《五代史》書以備檢閲。

尤袤《遂初堂書目・目録類》《羣書備檢》。

陳振孫《直齋書録解題・目録類》《羣書備檢》三卷。案：《文獻通攷》作十卷。不知名氏。皆經、史、子、集目録。

馬端臨《文獻通考・經籍考・目録》《羣書備檢》十卷。

羣書會記

陳振孫《直齋書録解題・目録類》《羣書會記》二十六卷。案：《文獻通攷》作三十六卷。鄭樵撰。大略記世間所有之書，非必其家皆有之也。

馬端臨《文獻通考・經籍考・目録》《羣書會記》三十六卷。

求書補闕

《宋史·藝文志·目録類》徐士龍《求書補闕》一卷。

圖譜有無記

《宋史·藝文志·目録類》《圖譜有無記》二卷。

建寧書坊書目

黄虞稷《千頃堂書目·簿録類》《建寧書坊書目》一卷。

曹學佺蜀中著作記

黄虞稷《千頃堂書目·簿録類》《曹學佺蜀中著作記》十卷。

符瑞圖目

錢東垣等輯《崇文總目輯釋·目録類》《符瑞圖目》一卷。顧野王撰。原釋闕。見天一閣鈔本。

書莊記

高儒《百川書志·目録》《書莊記》一卷。國朝武定侯家刻書目也。並記。

金石部

論述

歐陽修《集古録目序》 湯盤孔鼎，岐陽之鼓，岱山、鄒嶧、會稽之刻石，與夫漢、魏已來聖君賢士桓碑、彝器、銘詩、序記，下至古文、籀篆、分隸諸家之字書，皆三代以來至寶，怪奇偉麗，工妙可喜之物。其去人不遠，其取之無禍，然而風霜兵火，湮淪磨滅，散棄於山崖墟莽之間未嘗收拾者，由世之好者少也；幸而有好之者，又其力或不足，故僅得其一二，而不能使其聚也。夫力莫如好，好莫如一。予性顓而嗜古，凡世人之所貪者，皆無欲於其間，故得一其所好於斯。好之已篤，則力雖未足，猶能致之。故上自周穆王以來，下更秦、漢、隋、唐、五代，外至四海九州，名山大川，窮崖絶谷，荒林破塚，神仙鬼物，詭怪所傳，莫不皆有，以爲《集古録》。以謂轉一作「傳」。寫失真，故因其石本，軸而藏之。有卷帙次第而無時世之先後，蓋其取多而未已，故隨其所得而録之。又以謂聚多而終必散，乃撮其大要，别爲録目，因并載夫可與史傳正其闕繆者，以傳後學，庶益於多聞。或譏予曰：「物多則其勢難聚，聚久而無不散，何必區區於是哉？」予對曰：「足吾所好，玩而老焉，可也。象犀金玉之聚，其能果不散乎？予固未能以此而易彼也。」廬陵歐陽修序。嘉祐八年歲在癸卯七月二十四日書。

又 歐陽棐《記》 《集古録》既成之八年，家君命棐曰：「吾集録前世埋没缺落之文，獨取世人無用之物而藏之者，豈徒出於嗜好之僻，而以爲耳目之玩哉？其爲所得，亦已多矣，故嘗序其説而刻之，又跋於諸卷之尾者二百九十六篇，序所謂可與史傳正其闕謬者，已粗備矣。若撮其大要，别爲《目録》，則吾未暇，然不可以缺而不備也。」棐退而悉發千卷之藏，而考之曰：嗚呼！可謂詳矣。蓋自文、武以來，迄於五代，盛衰得失，賢臣義士，姦雄賊亂之事可以動人耳目者，至於釋氏、道家之言，莫不皆有，然分散零落，數千百年而後聚於此，則亦可謂難矣。其聚之既難，則其久也，又將遂散而無傳，宜公之惜乎此也。於是各取其書撰之人事迹之始終，所立之時世而著之，爲一十卷，以附於跋尾之後。夫此千卷之書者，刻之金石，記之山崖，未嘗不爲無窮之計也。然必待集録而後著者，豈非以其繁而難於盡傳哉？故著其大略而不道其詳者，公之志也。熙寧二年二月記。

鄭樵《通志・金石略・金石序》 序曰：方册者，古人之言語；款識者，古人之面貌。以後學跂慕古人之心，使得親見其面而聞其言，何患不與之俱化乎？所以仲尼之徒三千皆爲賢哲，而後世曠世不聞若人之一二者，何哉？良由不得親見聞於仲尼耳。蓋閑習禮度，不若式瞻容儀；諷誦遺言，不若親承音旨。今之方册所傳者，已經數千萬傳之後，其去親承之道遠矣。惟有金石所以垂不朽，今列而爲略，庶幾式瞻之道猶存焉。且觀晉人字畫，可見晉人之風猷；觀唐人書蹤，可見唐人之典則。此道後學安得而舍諸！三代而上，惟勒鼎彝。秦人始大其制而用石鼓，始皇欲詳其文而用豐碑。自秦迄今，惟用石刻。散佚無紀，可爲太息，故作《金石略》。

王圻《續文獻通考・六書考》 《論墓碑之始》：東都自路都尉始見墓闕，蓋表阡銘壙之濫觴也。有文而傳于今，則自謁者景君始。齊葬穆妃，議立石誌，王儉以爲非《禮經》所出。元嘉中，顔延之輩爲之，遂相祖述爾。梁任昉作《文章緣起》，又云墓碑自晉始。予考酈氏《水經》所載，漢刻已不少。後魏與齊梁，時相先後也。豈碑碣多在北方，南人未之見乎？然《郭林宗傳》云：林宗既葬，同志者立碑，蔡邕爲其文，謂盧植曰：「吾爲碑銘多矣，唯郭有道無媿色。」史稱王儉，晉宋以來故事儀典諳憶無遺，每博議，引證先儒，無能異者。《范書》所載，豈不知之？今漢人墓刻，猶存數十百碑，其云始於晉宋，非也。

于奕正《天下金石志序》 倉頡昔始作字，臨雒汭，靈龜負書以出，遂捉二十八字於陽虚之名室。繇是觀之，自始文字即已記金石，永其年矣。陽虚片石，今不可尋，而李斯識其字八，叔孫通識其字十二，至今傳之。若是乎金石之壽不壽於楮墨也。令天下堙罍沉鼎，頹趺仆碣，或呵護於蒼莽之濵者，一古人精魂所寄。自歐陽永叔、趙德甫搜而輯之，後來鮮有。將使奇文秘字，剥蝕之以風雨，摧殘之以樵牧，捶擊之以俗吏腐儒已乎？於戯！後死者得與於斯文也，何以稱焉？閒居寡營，偶編周秦暨宋元金石之屬某地者，以貽同志。編已載，護之傳之；即未載，尚求之其土之人，則以佳楮妙墨，發古人之幽光，韻今人之眉睫。敢曰古人是功，抑後死者之有責焉爾。嗟夫，趾不及垣，目無周覽，紀志不詳，徵引未的，則以俟讀萬卷、行萬里者。崇禎壬申七月宛平于奕正識。

孫星衍《寰宇訪碑録序》 金石之學，始自《漢・藝文志》春秋家《奏事》二十篇載秦刻石名山文，其後謝莊、梁元帝俱撰碑文，見于《隋・經籍志》酈道元注《水經》。魏收作《地形志》，附列諸碑以徵古迹。而專書則創自宋歐陽修、趙明誠、王象之諸人。其時出土之物尚少，或以偏安，未能遠致。明宋濂作《貞石志》，于奕正作《天下金石志》，録目漸廣，但率據方志，未見其碑，尤多舛誤。本朝黄叔璥作《中州金石志》，亦同其失，且僅一方，不足備當代掌故。國家統一車書，拓地萬億，山陬海澨，吉金貞石之出世，比之器車馬圖，表瑞清時，曠古所未聞，前哲所未紀矣。昔邵學士晉涵纂書三通館，檄取海内石刻進之。内廷編書，以續鄭樵《金石略》，録其副本，舉以相贈，藏在行笈，廿載有餘。中間游學四方，思以目見手摸，爲之增補。蓋嘗西遊河華，北集神京，東攬三齊，南窮越紐，所至山川城邑，古陵廢廟，或有殘碑斷碣，無不懷墨握管，拓本看題，録入兹編，歲有加益。其足迹不到之處，又值同世通人名士搜奇好異，郵示所獲，擴其見聞。若今王少寇昶，錢少詹大昕，翁閣學方綱，馮編修敏昌，阮撫部元，黄司馬易，武大令億，趙明經魏，何文學元錫，皆爲此學，藉以訂正邵書，又增倍蓰。頃歸吴下，獲交邢明府澍，出以相質。明府博學洽聞，藏書萬卷，復據篋簏所有，補其不備，删其複重，乃始成書，刊以問世，題爲《寰宇訪碑録》。既屬敘緣始，不敢以譾陋辭。此書之成，前後閲廿年。始于故學士邵君，成于邢明府，契闊之交，幸有成説，表而出之，知撰述之苦心。若夫金石之録，日出不窮，非敢以此自足，亦願來者之續成其志，以備石渠採擇云耳。嘉慶七年春二月賜進士及第分巡山東兖沂曹濟道孫星衍撰。

耿文光《萬卷精華樓藏書記・金石類序》 《宋志》以金石入目録類，《四庫書目》因之。我朝治化昌明，人文蔚起，金石之學專門者五十餘家，著述之富行世者千有餘卷，因别爲一類。所録者凡六十七家。先《石經攷》，尊經也。石經本宜入經部，而私家所藏《開成石經》、《國朝石經》，皆無全本，故但以攷石經者入此類。次《石鼓文》，王氏《萃編》首石鼓之意也。光嘗於朱氏《石鼓攷》三卷之後纂集近人之説並朱氏所遺者凡三百餘條，詳載於《目録學》，此其大略也。次《御史臺精舍碑》、《郎官石柱題名》二種，本職官類之書，以其爲碑石，出於拓本，故入此類，亦孫氏《書目》之例也。次自歐、趙、洪以下，迄於今人，凡金石佳本，無不遍搜備録，得以窺見一家之學。但經眼而非所藏者不録，故各省金石書之精審者，尚有未收，猶待訪焉。次金石諸例，此等書尤要，宜尋常熟玩，使有據依，否則碑板文字不能下筆。終以泉譜，近時泉有專家之學，其攷証與鐘鼎同功，故殿於金石之末。其有圖而無説，或有説而非專家之學者，仍入之子部譜録類。《平津館書籍記》以《漢銅印叢》入史部，則印譜亦金石類也。然印文無甚攷証，仍入之子部藝術類。金石書有目録之屬，如《輿地碑目》、《寰宇訪碑録》之類是也；有文字之屬，如《金石文字記》、《金石文跋尾》之類是也；有圖象之屬，如《金石苑》、《小蓬來金石文字》之類是也；有義例之屬，如《漢石例》、《金石三例》之類是也。然或録目而不録文，或録文而無跋，或題識而不録全文，殊難細分。又或專攷一碑一帖，專誌一方一隅，各有限斷，不及其他。今微以類相從，而亦不甚區别。又如小學類之《五經文字》、《九經字樣》、《漢隷》、《字原》諸書，譜録類之《博古》、《考古》諸圖，總集類之《古文苑》、《續古文苑》，皆與金石類相通，可並觀而互証也。

雜録

趙明誠《金石録敘》 余自少小，喜從當世學士大夫訪問前代金石刻詞，以廣異聞。後得歐陽文忠公《集古録》，讀而賢之，以爲是正譌謬，有功于後學甚大，惜其尚有漏落，又無歲月先後之次，思欲廣而成書，以傳學者。於是益訪求藏畜，凡廿年而後粗備。上自三代，下及隋唐五季，内自京師，達于四方，遐邦絶域，夷狄所傳，倉、史以来古文奇字，大小二篆，分隷行草之書，鐘鼎、簠簋、尊敦、甗鬲、盤杅之銘，詞人墨客詩歌、賦頌、碑志、敘記之文章，名卿賢士之功烈行治，至于浮屠、老子之説，凡古物奇器、豐碑巨刻所載，與夫殘章斷畫，磨滅而僅存者，略無遺矣。因次其先後，爲二千卷。余之致力于斯，可謂勤且久矣，非特區區爲玩好之具而已也。蓋竊嘗以謂：《詩》、《書》以後，君臣行事之跡，悉載于史。雖是非褒貶，出于秉筆者私意，或失其實，然至于善惡大節，有不可誣，而又傳諸既久，理當依據。若夫歲月、地理、官爵、世次以金石刻考之，其牴牾十常三四，蓋史牒出于後人之手，不能無失。而刻詞當時所立，可信不疑，則又攷其異同，參以他書，爲《金石録》三十卷。至于文辭之媺惡，字畫之工拙，覽者當自得之，皆不復論。嗚呼！自三代以来，聖賢遺迹著于金石者多矣。蓋其風雨侵蝕，與夫樵夫牧童毁傷淪棄之餘，幸而存者，止此爾。是金石之固，猶不足恃。然則所謂二千卷者，終歸於磨滅而余之是書，有時而或傳也。孔子曰：「飽食終日，無所用心也，難矣哉。不有博弈者乎！爲之猶賢乎已。」是書之成，其賢于無所用心，豈特博弈之比乎？輒録而傳諸後世，好古博雅之士，其必有補焉。東武趙明誠序。

梁詩正等《西清古鑑・上諭》 乾隆十四年十一月初七日奉上諭：邃古法

物，流傳有自者，惟尊彝鼎鼐，歷世恒遠，良以質堅而體厚，不爲燥濕所移，剥蝕所損，淵然之光，穆乎可見三代以上規模氣象。故嗜古之士，亟有取焉。《宣和博古》一圖，播在藝苑。繼之者有吕氏《考古圖》，而外此紀載寂寥，豈非力能致之而弗能聚，所見隘而無足紀歟？我朝家法，不事玩好；民間鑒賞，槩弗之禁。而殿廷陳列與夫内府儲藏者，未嘗不富。朕於幾務晏閒，間加題品，夷考舊圖，多所未載，因思古器顯晦有時，及今不爲之表章，載之簡牘，考索者其奚取徵焉？爰命尚書梁詩正、蔣溥、汪由敦率同内廷翰林倣《博古圖》遺式，精繪形模，備摹款識，爲《西清古鑑》一編，以游藝之餘功，寄鑒古之遠思，亦足稱昇平雅尚云。特諭。

《四庫全書總目提要・目録類二》 案《隋志》以《秦會稽刻石》及諸石經皆入小學，《宋志》則金石附目録。今以集録古刻、條列名目者，從《宋志》入目録。其《博古圖》之類，因器具而及款識者，別入譜録。《石鼓文音釋》之類，從《隋志》，別入小學。《蘭亭考》、《石經考》之類，但徵故實，非考文字，則仍隸此門，俾從類焉。

又 右目録類金石之屬三十六部，二百七十六卷，皆文淵閣著録。

又 《目録類存目》 右目録類金石之屬二十二部，六十卷，内三部無卷數。皆附存目。

王昶《金石萃編序》 宋歐、趙以來，爲金石之學者衆矣。非獨字畫之工，使人臨摹把翫而不厭也；跡其襄括包舉，靡所不備，凡經史、小學暨於山經地志叢書別集，皆當忝稽會萃，覈其異同而審其詳略。自非輇材，末學能與於此？且其文亦多環偉怪麗，人世所罕見，前代選家所未備，是以博學君子，咸貴重之。歐、趙所採，止於五代。後之著録者，取以爲法焉。然歐公上至五代，僅及百年；《金石録》以劉跂作序之歲數之，亦百有五十年耳；而宋末遼金迄今，至歷五百餘年之久。其未可引歐、趙之例，斤斤以五代爲斷明矣。且《宋》、《遼》、《金》三史，皆成於托克托之手，卒以時日迫促，載者有所弗詳，重者有所未削，方藉碑碣文字正其是非，而可置而不録與？古金石之書，具目録，疏年月，加攷證焉爾。録全文者，惟洪氏《隸釋》、《隸續》爲然，而明都氏穆、近時吴氏玉搢等繼之。然洪氏隸書之外，篆輿行、楷屏而不載；都氏止六十八通，吴氏止一百二十餘通，愛博者頗以爲憾焉。余弱冠即有志於古學，及壯游京師，始嗜金石。朋好所贏，無不丐也；蠻陬海澨度可致，無不索也；兩仕江西，一仕秦，三年在滇，五年在蜀，六出興桓而北，以至往來青、徐、兖、豫、吴、楚、燕、趙之境，無不訪求也。蓋得之之難如此。然方其從軍於西南徼也，留書篋於京師，往往爲人取去。又游宦輒數千百里，攜以行，間有失者，失則復蒐羅以補之。其聚之之難又如此。而後自三代至宋末遼金，始有一千五百餘通之存。夫舊物難聚而易散也，後人能守者少而不守者多也。使環偉怪麗之文，銷沈不見於世，不足以備通儒之採擇，而經史之異同詳略，無以參稽，其得失豈細故哉？於是因吏牘之暇，盡取而甄録之。缺其漫漶陊剥不可辨識者，其文間見於他書，則爲旁注，以記其全。秦漢、三國、六朝篆隸之書，多有古文別體，摹其點畫，加以訓釋。自唐以後隸體無足異者，仍以楷書寫定。凡額之題字，陰之題名，兩側之題識，胥詳載而不敢以遺。碑制之長短寬博，則取漢建初慮俿尺，度其分寸，并志其行字之數，使讀者一展卷而宛見古物焉。至題跋見於金石諸書及文集所載，删其繁複，悉著於編。前賢所未及，始援據故籍，益以鄙見，各爲按語。總成書一百六十卷，名《金石萃編》。嗚呼！余之爲此，前後垂五十年矣。海内博學多聞之彦，相與摩挲參訂者不下二十餘人，咸以爲欲論金石，取足於此，不煩他索也。然天下之寶，日出不窮，其藏於嗜古博物之家，余固無由盡覩，而叢祠破冢，繼自今爲田父野老所獲者，又何限？是在同志之士，爲我續之已矣。嘉慶十年仲秋青浦王昶書時年八十有二。

張之洞《書目答問・金石弟十三》 金石之學，今爲專家。依鄭夾漈例，別出一門。無考證者不録，疏舛者不録。

又 《金石圖象之屬》 縮摹百漢碑硯石刻拓本，較褚圖爲詳，可考漢刻原式，非玩物也。

又 《附録》 國朝各省金石書精審者。皆舉有刻本者。其止考一碑者不録。目列後。

吴式芬《金石彙目分編・凡例》

一、薈萃金石目録，分州縣編之。其尚存者，皆列爲已見；其未見者，則註明見於某書，列爲待訪。凡古今金石諸書，世有傳本，無不備采；復取歷代史及諸家文集説部以益之。惟墓誌非可訪求，必以曾出土箸録者爲斷，不采文集。鐘鼎甎瓦流傳，本無定所，亦不收載。其各書所載地里未詳者，另附於後，以俟考。

一、箸録之書，《水經注》最先；其次歐、趙、鄭樵、朱長文、洪景盧諸家。今所徵引，惟取所載撰書人名、建立年月最詳者，首列題下；其他書別詳出處，間以論斷，及小有異同者，均附綴于後，以備參考。不以箸書之時代先後爲次，庶眉目清晰，便於觀覽。其諸書遞相徵引、文字悉同者，均不複註，惟復見。明季國朝諸家之據拓本箸録者，仍綴於後，以見是碑之近時尚存拓本，用備好古者加意搜訪。

一、宋人分地箸録之書，如《寳刻叢編》、《輿地碑記目》諸書，皆以州郡分部，不復析其縣邑。今取其確有可考者，分列各縣；其無可考者，統附本郡，附郭邑下。如古稱西京、洛州各碑，俱附洛陽縣；古稱京兆各碑，均附咸甯、長安二縣。

一、有兩縣同城者，如京師之大興、宛平，江蘇之長洲、元和，吴縣陝西之咸甯、長安等處，地址相接，最難分析，諸家所載，亦往往互相參錯，非親歷其處，不能確定爲何縣。兹并合二縣爲一篇，其舊云在某縣者，仍分註於各條下。

一、古今地名沿革分併，最易混淆。兹俱詳悉考訂，以免迷惑。

一、有一碑而兩書所註地里各異者，《輿地碑目》兩地、三地互見之碑尤多，莫詳孰是，仍兩地分載之，而互註又見某地。其有考知其誤者，仍存其目，而辨其誤於條下。

一、引書貴從其朔而尤貴徵實。自來著書之病，轉相販鬻，仍題原書之目，有其書今實不存者，甚有原書竟無其語者，殊詒讀者之笑。兹編所引，概以目見之書爲斷。如《集古録目》、《諸道石刻録》、《京兆金石録》等書，今已久佚，兹從《叢編》引入，概爲註明。又各郡邑地志、各家文集及《唐文粹》、《宋文鑑》、《元文類》諸書，遊宦四方，行篋亦多所未備，俱從目見之書引入，不更虚引原書，庶不失實事求是之恉。

葉昌熾《語石自序》 訪求逾二十年，藏碑至八千餘通，朝夕摩挲，不自知其耄及。亡兒在日，每得石本，助予討論，後進來學，亦間有樂予之樂，而苦於入門之無自，因輯爲此編，以餉同志。上溯古初，下迄宋元，元覽中區，旁徵島索，制作之名義，標題之發凡，書學之升降，藏弆之源流，以逮摹拓裝池，軼聞瑣事，分門別類，不相雜厠，自首至尾，可析可并。既非歐、趙之目，亦非潘、王之例，非攷釋，非輯録，但示津塗，聊資談囿。藏身人海，借瑣耗奇，若言簒述，則吾豈敢？

總録分部

集古録

尤袤《遂初堂書目・目録類》 歐陽氏《集古録》。

《宋史・藝文志・總集類》 歐陽脩《集古録》五卷。

楊士奇等《文淵閣書目・法帖》 《集古録》。一部。一册。闕。

王士禛《漁洋書跋》 《集古録》。順治癸巳之歲，予兄弟過章丘，故大司徒謝倌敏公招飲，出所刻《金石録》，人贈一本。且云欲刻《集古録》以成雙璧。苦無善本歐集校對，先考功兄因言家有藏本，當奉佐讎校。蓋謀梓此録緣起如此。康熙丙子，予以户部左侍郎祭告西嶽江瀆還朝，過里，索之公嗣孫琮，得此本。其版已多殘闕，回憶癸巳舊事，倏已四十有五年。而倌敏公洎先兄皆下世已久，感愴移時。因記其刻梓本末如此。丁丑歲重九前五日，漁洋山人書。是日餞彭羡門少宰歸浙西，愴悢移日。

《四庫全書總目提要・目録類》 《集古録》十卷。通行本。宋歐陽修撰。修有《詩本義》，已著録。古人法書惟重真蹟，自梁元帝始集録碑刻之文，爲《碑英》一百二十卷，見所撰《金樓子》，是爲金石文字之祖。今其書不傳，曾鞏欲作《金石録》而未就，僅製一序，存《元豐類稿》中。修始採摭佚遺，積至千卷，撮其大要，各爲之説。至嘉祐、治平間，修在政府，又各書其卷尾，於是文或小異，蓋隨時有所竄定也。修自書其後，題「嘉祐癸卯」。至熙寧二年己酉，修季子棐復摭其略，别爲目録，上距癸卯蓋六年，而棐記稱「録既成之八年」，則是録之成，當在嘉祐六年辛丑。其真蹟跋尾，則多係治平初年所書，亦間有在熙寧初者，知棐之目録，固承修之命而爲之也。諸碑跋今皆具修集中。其跋自爲書，則自宋方崧卿裒聚真蹟，刻於廬陵。曾宏父《石刻鋪敘》稱有二百四十六跋，陳振孫《書録解題》稱有三百五十跋，修子棐所記，則曰凡二百九十六跋，修又自云凡四百餘篇有跋。近日刻《集古録》者，又爲之説曰：「世所傳《集古跋》四百餘篇，而棐乃謂二百九十六，雖是時修尚無恙，然續跋不應多逾百篇。因疑寫本誤以三百爲二百。」以今考之，則通此十卷，乃正符四百餘跋之數。蓋以集本與真蹟合編，與專據集本者不同。宋時廬陵之刻今已不傳，無從核定，不必以棐記爲疑矣。是原本但隨得隨録，不復詮次年月，故修之自序曰：「有卷帙而無時世先後，蓋其取多而未已也。」近來刻本乃以時代先後爲序，而於每卷之末附列原本卷帙次第，轉有年月倒置，更易補正之處，故錢曾《讀書敏求記》以爲失其初意。然考毛晉跋是書曰：「自序謂上自周穆王以來，則當以吉日癸巳石刻爲卷首，毛伯敦三銘是作序目後所得，宜在卷末。即子棐亦未敢妄爲詮次。蓋周益公未能考訂。」云云。據此，則周必大時之本已案時世爲次，其由來固已久矣。今刻修文集者，但序時代，不復存每卷末之原次，則益爲疎耳。今仍依見行篇次著於録焉。

集古目録

陳振孫《直齋書録解題・目録類》《集古目録》二十卷。公子禮部郎官棐叔弼撰。公既爲跋尾二百九十六篇，命棐撮其大要，别爲目録。棐之序云爾。今考集中凡三百五十餘跋。案：以上三條，《文獻通攷》引陳氏之言，原本俱脱去，今補入。

馬端臨《文獻通考・經籍考・目録》《集古目録》二十卷。

楊士奇等《文淵閣書目・法帖》《集古目録》。一部。五册。闕。

張萱等《内閣藏書目録・金石部》《集古目録》五册。全。宋歐陽修著，中皆古今金石刻也。

錢曾《讀書敏求記・書法》《集古目録》三卷。歐陽《集古目》，隨得隨録，不復證次。宋刻原本如此，今人以時代次第之，失公初意矣。

歐公親書集古録跋

馬端臨《文獻通考・經籍考・目録》《歐公親書集古録跋》六卷。廬陵所刻。凡二百五十篇，視集中闕七之二。

集古録跋尾

趙希弁《讀書附志・法帖類》歐陽公《集古録跋尾》六卷，《拾遺》一卷。右周益公跋。方崧卿所刊，雖非石刻，亦真蹟也。故附于法帖之後。

陳振孫《直齋書録解題・目録類》《集古録跋尾》十卷。歐陽修撰。編述之意，序文詳之，世所共知，不復著。

馬端臨《文獻通考・經籍考・目録》《集古録跋尾》十卷。

張之洞《書目答問・金石》《集古録跋尾》十卷，宋歐陽修。《目》五卷。歐陽棐。三長物齋合刻本。《跋尾》附集本。

寶刻叢章

鄭樵《通志・藝文略・碑碣》《寶刻叢章》三十卷。

《宋史・藝文志・目録類》宋敏求《寶刻叢章》三十卷。

京兆金石録

尤袤《遂初堂書目・目録類》《京兆金石録》。

陳振孫《直齋書録解題・目録類》《京兆金石録》六卷。北平田概纂。元豐五年王欽臣爲序，自爲後序。皆記京兆府縣古碑所在，覽之使人慨然。

馬端臨《文獻通考・經籍考・目録》《京兆金石録》六卷。

《宋史・藝文志・總集類》崔君授《京兆尹金石録》十卷。

考古圖

晁公武《郡齋讀書志・小學類》《考古圖》十卷。袁本前志卷一下小學類第二十五。右皇朝呂大臨與叔撰。裒諸家所藏三代、秦、漢尊彝鼎敦之屬，繪之於幅而辨論形制文字。

尤袤《遂初堂書目・譜録類》《考古圖》。

陳振孫《直齋書録解題・目録類》《考古圖》十卷。汲郡呂大臨與叔撰。其書作於元祐七年，所紀目御府之外，凡三十六家所藏古器物，皆圖而録之。

楊士奇等《文淵閣書目・類書》《考古圖》。一部。十五册。闕。《考古圖》。一部。六册。完全。《考古圖》。一部。三册。闕。《考古圖》。一部。三册。闕。

張萱等《内閣藏書目録・圖經部》《考古圖》六册。全。宋元祐間汲郡呂大臨著。裒諸家所藏尊、卣、敦、盉之屬繪爲巨編。元大德間，陳翼子又屬羅庚蒴臨本，并采諸名賢賞鑒家辨證附于左方，爲十卷，其書陰文摹刻。

錢曾《讀書敏求記・器用》 《考古圖》十卷《續考古圖》五卷《釋文》一卷。汲郡呂大臨論次考古圖成，并識古器所藏于目録後。祕閣、太常、内藏外，列三十七家。即後記謂閱之士大夫，得傳摹圖寫者，蓋非朝伊夕矣。其《續圖》五卷，《釋文》一卷，《文獻通考》俱不載，豈貴與暨諸藏書家都未見此本耶？間以元刻讎校，牴牾脱落，幾不成書。此係北宋鏤板，予得之梁溪顧脩遠。洵縹囊中異物也。後爲季滄葦借去，屢索不還，耿耿掛胸臆者數年。滄葦没，此書歸之徐乾菴。予復從健菴借來，躬自摹寫。其圖象命良工繪畫，不失毫髮。楮墨更精于槧本。閲之沾沾自喜。嗟嗟！此書得而失，失而復得，繕寫成帙，予之嗜好可謂勤矣。然聚散何常，終歸一嘅，學者唯以善讀爲善藏可耳。

于敏中等《天禄琳琅書目・影宋鈔子部》 《考古圖》一函，六册。宋呂大臨撰。十卷。後大臨自記，又附《續考古圖》五卷，《考古圖釋文》一卷。鼂公武《郡齋讀書志》曰：皇朝呂大臨與叔裒諸家所藏三代秦漢尊彝鼎敦之屬，繪之於幅而辨論形制、文字。馬端臨《文獻通考》引陳振孫曰：《考古圖》十卷，呂大臨作於元祐七年。所記自御府之外，凡三十六家。所藏古器物，皆圖而録之。考《宋史》，大臨，字與叔，學於程頤，與謝良佐、游酢、楊時在程門號四先生。通六經，尤邃於《禮》。元祐中，爲太學博士，遷祕書省正字。范祖禹薦之，未及用而卒。大臨記稱「余於士大夫之家所閲多矣，每得傳摹圖寫，寖盈卷軸，尚病款識未能深考，暇日論次成書」云云。是大臨所撰之書，止於十卷。鼂公武、陳振孫所見，皆此本也。今書後有《續考古圖》五卷、《釋文》一卷，不載纂人姓氏。《宋史・經籍志》及《玉海》、《文獻通考》諸書，亦未之及。書中往往引《考古圖》以爲證，稱之曰「呂與叔」，則非大臨自爲續纂之書明矣。其體例皆仿前書，所收古器頗多，亦好古之士。卷一首列玉尺，云「周尺、漢尺、晉尺，皆同宋尺」，則爲宋人所撰無疑。影鈔繪圖，雖取工細而用筆圓健，迥殊俗手，其摹古器文字，亦不失篆籀遺意。

錢遵王述古堂藏書。每葉邊闌外左方。按：曾撰《讀書敏求志》載此書，稱「北宋鏤版，予得之梁溪顧修遠，洵縹囊中異物。後爲季滄葦借去，屢索不還，耿耿挂胸臆者數年。滄葦殁，此書歸之徐健菴，予復從健菴借來，躬自摹寫。其圖象，命良工繪畫，不失毫髮，楮墨更精於槧本，閲之沾沾自喜」云云。據此，則是書正爲曾所手鈔，宜其精妙絶倫矣。

又《明版史部》 泊如齋重修《考古圖》。一函，二册。

宋呂大臨輯。十卷。前大臨自序。

此書刊刻極精，楷體仿二王書，篆法亦古，乃明版中傑出之本。第《考古圖》别本均有元大德二年茶陵陳才子、翼子兄弟二序，才子序且云「屬羅兄更翁臨本，刻以傳世」，是自元以後所刊者，方謂之重修，修書前應載其序，而此本無之，則書賈之所私汰也。

收藏諸印記無考。

《四庫全書總目提要・譜録類》 《考古圖》十卷，《續考古圖》五卷，《釋文》一卷。内府藏本。宋呂大臨撰。大臨字與叔，藍田人。元祐中官祕書省正字。事蹟附載《宋史・呂大防傳》。案陳振孫《書録解題》載大臨《考古圖》十卷。錢曾《讀書敏求記》則稱「十卷之外尚有《續考》五卷，《釋文》一卷，乃北宋鏤版，得於無錫顧宸家。後歸泰興季振宜，又歸崑山徐乾學。曾復從乾學借鈔，其圖亦令良工繪畫，不失毫髮，紙墨更精於槧本」云云。此本勘驗印記，即曾所手録。以較世所行本，卷一多孔文父飲鼎圖一，銘十四字，説五十一字。卷三《邢敦圖》多一蓋圖。卷四《開封劉氏小方壺圖》乃《祕閣方文方壺圖》，《祕閣方文方壺圖》乃開封劉氏小方壺圖，今本互相顛倒。卷六目録多標題盤匜盂弩戈削一行。卷八多玉鹿盧劍具圖三説一百五十五字，又多白玉雲鉤、玉環、玉玦圖各一。卷九多京兆田氏鹿盧鐙圖一説四十七字，又犀鐙第二圖與今本迥别，又内藏環耳鼒多一蓋圖。卷十「新平張氏連環鼎壺」無「右所從得及度量銘識皆闕失無可考，惟様存於此」二十字，又多廬江李氏鐎斗圖一，又獸鑪第二圖後多説三十五字，又卷末多邛州天寧寺僧捧敕佩圖二説四十六字。卷首大臨自序，本題曰「後記」，附載卷末。其餘字句行款之異同，不可縷舉，而參驗文義，皆以此本爲長。《續圖》卷一，二十器，卷二，二十二器，卷三，二十六器，卷四，二十器，卷五，十二器，先後不以類從。蓋隨見隨録，故第五卷所載獨少，或有銘而不摹其文，有文而不釋其讀者。其收藏名姓皆載圖説之首，云右某人所得，與前圖註姓名於標目下者例亦小殊。《釋文》一卷，前有大臨題詞，取銘識古字以《廣韻》四聲部分編之。其有所異同者，則各爲訓釋考證。疑字、象形字、無所從之字，則附於卷末。大臨圖成於元祐壬申，在《宣和博古圖》之前，而體例謹嚴，有疑則闕，不似《博古圖》之附會古人，動成舛謬。其「郈敦」一條，胡安國註《春秋》「成周宣榭火」，乃引之詁經。足知其説之可據。吾丘衍《學古編》稱此圖有黑白兩様，案黑字、白字皆指所刻款識。黑字者後有韻圖欠瑞玉璏，白字者博山鑪上雞畫作人手。此本銘文作白字，然博山鑪圖無所謂人手，亦無所謂雞。其釋文一卷，依韻排次，當即衍所謂韻圖。然八卷實有廬江李氏瑞玉璏，知衍所見之本亦不及此本之完善。錢曾稱爲縹囊異物，洵不虚矣。惟《續圖》五卷，《書録解題》所不載，吾邱衍《學古編》亦未言及，其中第二卷引吕與叔云云，又引《考古圖》云云，第三卷有「紹興壬午所得之器」云云，則其書在紹興三十二年之後，與大臨遠不相及。蓋南宋人續大臨之書而佚其名氏，錢曾竝以爲大臨作，蓋考之未審也。其釋文所舉諸器，皆在前十卷中。所釋「榭」字、「析」字之類，亦多與圖説相合。惟「弡」字圖説釋爲「張」，與歐陽修《集古録》同，而釋文則從闕疑，稍相牴牾。或大臨削改未竟，偶爾駁文歟？至其題詞稱：古器銘識，不獨與小篆有異，有同一器、同一字，而筆畫多寡、偏旁位置不一者，如伯百父敦之「百」字，「寶」字、「嶄」字，叔高父簋之「簋」字，晉鼎之「作」字，其異器者如彝尊「壽」、「萬」等字，諸器筆畫皆有小異，知古字未必同文，至秦始就一律，故非小篆所能該。亦通論也。

又 別本《考古圖》十卷。內府藏本。宋吕大臨撰。大臨原書十六卷，已著録。此本無續圖及釋文，乃元大德己亥茶陵陳翼子所重刊，附以諸家之考證，已非吕氏之舊。且亦自多謬誤，如「河南張氏戠敦條」下云：「愚案前『惟蓋存』，又云，『形制與伯百父敦相似而無耳』。圖像亦非蓋形，必是謬誤。」今考所云「惟蓋存」者，乃中言父旅敦正作蓋形。此條原文但有「形制與伯百父敦略相似」字，無「惟蓋存」字。翼子云云，非所刻大臨原本佚脱「惟蓋存」三字，即誤連上文爲一條，以原文不譌爲譌也。明萬曆中，遂州鄭樸重刊之，新都楊明時繪圖及摹篆，而題其首曰「元默齋羅更翁考訂」。今考卷前陳才子序「稱吾弟翼甫，廣吕公好古素志，屬羅兄更翁臨本。且更翁刻以傳世，併採諸老辨證附左方」。則似繪圖刊版竝考證皆出更翁。至翼子序則云：「命友臨本刊譌刻傳，且採諸君子辨證附其下。或嗤予剞精芻狗之器」云云，則似臨圖及篆者爲更翁，增考證者實翼子。兩序皆語意蹇躍，其出誰手，竟不可明。今既未見茶陵刊版作何題署，姑闕疑焉可矣。

彭元瑞等《天禄琳琅書目後編・明版子部》 《重修考古圖》。二函，十册。

宋吕大臨撰。大臨，字與叔，藍田人。元祐中官祕書省正字。書十卷。皆繪圖，立説，並載所藏姓氏。前有大臨自記，大德己亥陳才子、陳翼子二序，元默齋羅更翁考訂，明新都丁雲鵬、吴廷羽注《耕繪圖》，吴元滿篆銘，劉然書録，汪杲補録，黄德時、德懋刻。

又 《考古圖》。一函，四册。

篇目同上，明鄭樸校，楊明時刻。後有萬曆庚子吴廷後序，略稱遂州鄭公博學多識，以元本《考古圖》剥蝕刓缺，命楊不棄翻摹重梓云。不棄，明時字。廷，字明卿。皆徽州人，即刻《餘清齋法帖》者。

張之洞《書目答問・金石》 《考古圖》十卷，《續圖》五卷，《釋音》五卷。宋吕大防。通行本。

重修考古圖

黄虞稷《千頃堂書目・小學類・補法帖・元》 陳翼子《重修考古圖》十卷。茶陵人，因吕大臨元本，復將諸辨證附於下，屬其友羅更翁摹本。

博古圖

于敏中等《天禄琳琅書目・元版史部》 《博古圖》四函，二十册。宋徽宗御撰。三十卷。

陳振孫《書録解題》曰：「宣和殿所藏古器物，圖其形象而記其名物，録其款識。品有總説，以舉其凡。而物物考訂，則其目詳焉。」此書係仿宣和舊刻，前後序跋俱無，惟每卷首行標題冠以「至大重修」四字。按：至大爲元武宗年號。書中字體、圖式，規模略具而不能工整，非元刻之佳本也。

達觀樓收藏印，無考。

闕補卷一、四十三。卷二、十三。卷六、四。卷七、五、六、三十四、三十六。卷十二、三十二。卷十九、九。卷二十八、一、二。卷二十九、二十三。卷三十。六、二十四、二十五。

又 《博古圖》四函，三十册。

篇目同前。

此書與前版同紙色較潔而質之匀緻亦過之。闕補卷十六、二十九。卷二十三、三十六。卷二十五、十五。卷二十九。十四。

又 《博古圖》六函，三十册。篇目同前。

此書規仿舊刻，縮其方幅，前後無序跋，而每卷首行標以「博古圖録考正」，則必有其人因取是刻他本校之。前有遂州鄭樸序。卷一《總説》後有樸題跋，稱「《宣和博古圖録》一書，舊刻卷帙頗大，雖度置無妨而囊攜稱苦。予始改册減圖，凡摹式、花紋、款識、銘籀則不敢遺舊刻錙黍也，至若名物之稍乖、器目之不協、字釋之或譌、剥泐之或缺，具參覈元本，多方訂正，或可以秘蔡帳而内巾箱乎」云云。此本卷一《總説》後尚有别紙接補之痕，可知爲後人割去。第樸序自紀年月爲宣和五年十月朔，而序首乃云「粤稽趙宋，時維宣和」，且中多詆毁徽宗之語。考《徽宗本紀》，以宣和七年傳位欽宗，豈有以當時臣民敢肆然詆毁其君而並付之剞劂者？況其序若作於宣和，又何以「粤稽時」、「維作」追述之語乎？歷考宋元以來正史并各載記之書，皆無所謂鄭樸者，似是樸有此書，刻之者欲僞充宋本，妄於序中題以宣和年月。而獲此本者，閲序中所言，亦知樸非宣和時人，又割去以爲僞充之地耳。樸，無可考。姑附於元版《博古圖》後，以俟參訂。

元趙孟頫、鮮于樞，明都穆、吴寬、文嘉俱經收藏，孟頫、樞、寬，俱見前。考《蘇州府志》，都穆字元敬，吴縣人。弘治己未進士，歷禮部主客郎中，加太僕少卿。七歲能詩，及長，泛濫羣籍。奉使至秦中搜訪金石遺文，作《金薤琳琅録》。文嘉字休承，徵明次子，以貢爲湖州廣文，善書畫。餘印無考。

于敏中等《天禄琳琅書目・明版史部》《寶古堂重修宣和博古圖》三函，三十册。

宋徽宗御撰。三十卷。時吴公宏重刊，前明焦竑、洪世俊、蔣暘三序。

按：蔣暘序作於嘉靖七年，言屬掌鹽司黄君景星翻刻。焦竑、洪世俊二序作於萬曆三十一年，俱言新安吴氏公宏重刻，則此書當是公宏所刊。緣其仿照蔣本，故載暘原序也。第宏序標題稱爲《考古博古二圖序》，且序中有「以《古玉圖》附焉」之語。今書則僅存《博古》，其《考古圖》、《古玉圖》二種蓋已佚矣。考《明史・藝文志》，惟載程士莊《博古圖録》三十卷，而蔣、吴二家所刊均不著録，則此書之流傳希少，概可知也。是本橅印極精，竑序作篆書係出歐陽序之手，用筆深有古致。考《江寧府志》，歐陽序，字惟禮，江寧人。能詩詞，工篆籀。仕福州府幕官。蔣暘，山東樂安人。正德辛巳進士。洪世俊，歙縣人。萬曆乙未進士。並見《太學題名碑》。焦竑，見前。吴公宏，無考。

「餘菴珍藏」印記，未詳何人。

闕補卷五、三十。卷六、三十二。卷七、五。卷十五、二十一。卷十六、十五。卷十七、四。卷十八、十八。卷二十二、四。卷二十九、二十九。卷三十。十五。

宣和博古圖

晁公武《郡齋讀書志・小學類》《博古圖》二十卷。袁本前志卷一下小學類第二十六。 右皇朝王楚集三代、秦、漢彝器，繪其形範，辨其款識，增多吕氏《考古》十倍矣。

尤袤《遂初堂書目・譜録類》《宣和博古圖》。

陳振孫《直齋書録解題・目録類》《宣和博古圖》三十卷。宣和殿所藏古器物，圖其形製而記其名物，録其款識。品有總説，以舉其凡。而物物攷訂，則其目詳焉。然亦不無牽合也。

楊士奇等《文淵閣書目・類書》《博古圖》。一部。三十册。完全。

又《博古圖》。一部。三十册。完全。

又《博古圖》。一部。二十八册。殘缺。

范邦甸等《天一閣書目・譜録類》《宣和博古圖》三十卷。刊本。

張萱等《内閣藏書目録・圖經部》《博古圖》三十册。全。宣和舊本。元至大閒重修。凡三十卷。

又《博古圖》二十四册。不全。闕第七册，第二十二册，第二十四册，二十六、二十七、二十八、三十册。

又 十六册。不全。闕第三、第十四、第十五、第十六。

又 一册，殘闕不全。

宣和博古圖

錢曾《讀書敏求記・器用》《宣和重脩博古圖録》三十卷。《博古圖》成于宣和年間，而謂之重脩者，蔡絛日蓋以採取李公麟《考古圖》在前也。至大翻雕，而仍謂《重脩博古圖》，未知所脩何事。循名責寔，豈不可笑。是書雕造精工，字法俱模歐陽，乃當時名手所書，非草草付諸剞劂者。凡「臣王黼撰」云云，元板都爲削去，殆以人廢書歟。

《四庫全書總目提要・譜録類》《宣和博古圖》三十卷。大理寺卿陸錫熊家藏本。案晁公武《讀書志》稱，《宣和博古圖》爲王楚撰。而錢曾《讀書敏求記》稱，「元至大中重刻《博古圖》凡『臣王黼撰』，云云，都爲削去，殆以人廢書」。則是書實王黼撰，「楚」字爲傳寫之譌矣。曾又稱《博古圖》成於宣和年間，而謂之重修者，蓋以採取黄長睿《博古圖説》在前也。考陳振孫《書録解題》曰：「《博古圖説》十一卷，秘書郎昭武黄伯思長睿撰，凡諸器五十九品，其數五百二十七，印章十七品，其數四十五。長睿没於政和八年，其後修《博古圖》頗採用之，而亦有删改」云云。錢曾所説良信。然考蔡絛《鐵圍山叢談》曰李公麟，字伯時，最善畫，性喜古，取生平所得及其聞睹者作爲圖狀，而名之曰《考古圖》，及大觀初，乃倣公麟之《考古》，作《宣和殿博古圖》。則此書踵李公麟而作。非踵黄伯思而作。且作於大觀初，不作於宣和中。絛，蔡京之子，所説皆其目覩，當必不誤。陳氏蓋考之未審。其時未有宣和年號，而曰《宣和博古圖》者，蓋徽宗禁中有宣和殿以藏古器書畫。後政和八年改元重和，右丞范致虚言犯遼國年號，案遼先以「重熙」建元，後因天祚諱禧遂追稱「重和」。徽宗不樂，遂以常所處殿名其年，且自號曰「宣和」人，亦見《鐵圍山叢談》。則是書實以殿名，不以年號名。自洪邁《容齋隨筆》始誤稱「政和、宣和閒朝廷置書局以數十計，其荒陋而可笑，莫若《博古圖》云云」。錢曾遂沿以立説，亦失考也。絛又稱：尚方所貯至六千餘數百器，遂盡見三代典禮文章，而讀先儒所講説，殆有可哂者。而洪邁則摘其父癸匜、周義母匜、漢注水匜、楚姬盤，漢梁山鋗及州吁高克諸條，以爲詬厲。皆確中其病，知絛説乃回護時局，不爲定評。然其書考證雖疎，而形模未失，音釋雖謬，而字畫俱存，讀者尚可因其所繪以識三代鼎彝之製，款識之文，以重爲之核訂。當時裒集之功亦不可没。其支離悠謬之説，不足以當駁詰，置之不論不議可矣。

孫星衍《平津館鑒藏書籍記・明版》《至大重修宣和博古圖録》三十卷。前有序云：「爰屬掌鹽司者黄君景星，再博佳木而翻刊之。」末行已爲書賈所剜，據《天禄琳琅》，是嘉靖七年蔣暘撰。内府所收萬曆卅一年吴公宏本，已稱流傳稀少。吴本即從蔣本翻雕，則此本尤可寶重。大字本，每器俱注元樣製，減小樣製，別本縮爲小字，故悉删之。序跋每葉十六行，行十七字。

又《泊如齋重修宣和博古圖録》卅卷。前有萬曆戊子程士莊序。《天禄琳琅》有《泊如齋重修考古圖》，稱其刊刻極精，此書疑其同時並刻之本。面葉題丁南羽、吴左千繪圖，劉季然書録，南羽，丁雲鵬字也。敘説每葉十六行，行十七字。

張之洞《書目答問・金石》《宣和博古圖》三十卷。宋王黼等。通行本。

嘯堂集古録

陳振孫《直齋書録解題・小學類》《嘯堂集古録》二卷。案：《文獻通攷》「嘯堂」作「嘯臺」。王俅子弁撰。李邴漢老序之，稱故人長孺之子，未詳何王氏也。皆録古彝器款識，自商迄秦凡數百章，以今文釋之，疑者闕焉。

馬端臨《文獻通考・經籍考・小學》《嘯臺集古録》二卷。

于敏中等《天禄琳琅書目・宋版子部》《嘯堂集古録》一函，二册。宋王俅撰。分上、下二卷。首宋李邴序，後宋曾機跋。《文獻通考》載宋陳振孫語曰：王俅子弁撰，李邴漢老序之。稱故人長孺之子，未詳何王氏也。皆録古彝器款式，自商迄秦，凡數百章，以今文釋之，疑者闕焉。是王俅在振孫時已無可考。按《宋史》：李邴，任城縣人。中徽宗崇寧五年進士。第高宗紹興間，累官資政殿學士。卒，謚文敏。有《草堂集》一百卷。此書邴序稱，與俅父同鄉，又爲同年進士，則俅之家聲里閈約略可知。俅於邴爲後進，成書時當在南渡以後。書末有跋，其署名處闕去。考宋版翻刻本，乃淳熙丙申廬陵曾機所撰跋，中稱是書最爲後出，奇文名蹟，自商及秦，凡數百章，尤爲精夥，初不曉其前晦而今見。因得其鋟版，試摘所藏邵康節秦權篆銘較之，毫髮不舛，益信子弁裒類之不妄。敬書於後，且掇古人所爲觸物存誡之意以記之云云。丙申，爲宋孝宗淳熙三年，去紹興間未遠。曾機，無考，當亦好古博雅之士也。

書中收藏印記三，俱無考。卷下載古印章處下方鈐有朱印，雜複不倫，篆刻亦出俗手，非鑒賞家所爲，故不採録。

《四庫全書總目提要・譜録類》《嘯堂集古録》二卷。浙江范懋柱家天一閣藏本。宋王俅撰。俅字子弁，一作球字夔玉。米芾《畫史》又作夔石，未詳孰是。陳振孫《書録解題》謂李邴序祗稱故人長儒之子，未詳其爲何王氏。考邴序稱與長儒同鄉閈，邴籍濟州任城，則俅爲齊人可知。是編録古尊彝敦卣之屬，自商迄漢，凡數百種。摹其款識，各以今文釋之。中有古印章數十，其一曰「夏禹」。元吾邱衍《學古編》謂係漢巫厭水災法印，世俗傳有渡水佩禹字法，此印乃漢篆，故知之。衍精於鑒古，當得其實。衍又謂《滕公墓銘》「鬱鬱」作兩字書，與古法疊字止作二小畫者不同，灼知其僞。則是書固真贋雜糅。然所採摭，尚足資考鑒，不能以一二疵累廢之。蓋居千百年下，而辨别千百年上之遺器，其物或真或不真，其説亦或確或不確。自《考古圖》以下，大勢類然，亦不但此書也。

彭元瑞等《天禄琳琅書目後編・宋版子部》 《嘯堂集古録》一函，二册。宋王俅撰。俅，字子弁，一作球，字夔玉。書二卷。取古器銘摹款釋文，凡鼎七十五，尊十九，彝二十一，卣三十六，壺五，爵三十九，斝三，觚十三，卮一，觶三，角一，敦二十八，簠一，簋二，豆一，鋪一，甗六，錠一，私印三十七，盤銘一，帶錢一，墓銘一，匜十三，洗二，鋗一，杅一，鐸一，鍾二十，鑒十五，槃一，甬一，權一。前有李邴序，後有淳熙丙申曾機書後。邴字漢老，任城人。崇寧中進士，官參知政事，謚文敏。曾機，字伯虞，爵系無考。

張之洞《書目答問・金石》 《嘯堂集古録》二卷。宋王俅。明刻本摹篆形，故列此。

金石録

鄭樵《通志・藝文略・碑碣》 《金石録》三十卷。趙明誠集。

洪邁《容齋題跋》 趙德甫《金石録》。東武趙明誠德甫清獻丞相中子也。著《金石録》三十篇，上自三代下訖五季，鼎、鍾、甗、鬲、槃、匜、尊、爵之欵識，豐碑、大碣，顯人、晦士之事蹟，見于石刻者，皆是正僞謬，去取褒貶。凡爲卷二千，其妻易安李居士平生與之同好，趙没後，愍悼舊物之不存，乃作後序，極道遭罹變故本末。今龍舒郡庫刻其書，而此序不見取，比獲見元藁於王順伯，因爲撮述大槩云：「余以建中辛巳歸趙氏，時丞相作吏部侍郎，家素貧儉，德甫在太學，每朔望謁告出，質衣取半千錢，步入相國寺，市碑文果實歸。相對展玩，咀嚼。後二年從官，便有窮盡天下古文奇字之志，傳寫未見書，買名人書畫、古奇器。有持徐熙《牡丹圖》求錢二十萬，留信宿，計無所得，捲還之。夫婦相向惋悵者數日。及連守兩郡，竭俸入以事鉛槧，每獲一書，即日勘校裝緝，得名畫彝器，亦摩玩舒卷，指摘疵病，盡一燭爲率。故紙扎精緻，字畫全整，冠於諸家。每飯罷，坐歸來堂，烹茶，指堆積書史，言某事在某書某卷第幾葉第幾行，以中否勝負，爲飲茶先後，中則舉盃大笑，或至茶覆懷中，不得飲而起。凡書史百家字不刓缺、本不誤者，輒市之，儲作副本。靖康丙午，德甫守淄川，聞虜犯京師，盈箱溢篋，戀戀悵悵，知其必不爲已物。建炎丁未，奔太夫人喪南來，既長物不能盡載，乃先去書之印本重大者，畫之多幅者，器之無欵識者，已又去書之監本者，畫之平常者，器之重大者，所載尚十五車，連艫渡淮江。其青州故第所鎖十間屋，期以明年具舟載之，凡化爲煨燼。己酉歲六月，德甫駐家池陽，獨赴行都，自岸上望舟中告别。予意甚惡，呼曰：『如傳聞城中緩急，奈何？』遥應曰：『從衆，必不得已，先棄輜重，次衣衾，次書册，次卷軸，次古器。獨宋器者可自負抱，與身俱存亡，勿忘之。』徑馳馬去。秋八月，德甫以病不起。時六宫往江西，予遣二吏，部所存書二萬卷，金石刻二千卷。先往洪州，至冬，虜陷洪，遂盡委棄所。謂連艫渡江者，又散爲雲烟矣。獨餘輕小卷軸，寫本李、杜、韓、柳集，《世説》、《鹽鐵論》，石刻數十副軸，鼎鼐十數，及南唐書數篋，偶在卧内，巋然猶存。上江既不可往，乃之台、温，之衢，之越，之杭，寄物於嵊縣。庚戌春，官軍收叛卒，悉取去，入故李將軍家。巋然者十失五六，猶有五七簏，挈家寓越城，一夕爲盗穴壁，負五簏去，盡爲吴説運使賤價得之。僅存不成部帙殘書策數種。忽閲此書，如見故人，因憶德甫在東萊静治堂，裝褾初就，芸籤縹帶，束十卷作一帙，日校二卷，跋一卷，此二千卷，有題跋者五百二卷耳。今手澤如新，墓木已拱。乃知有有必有無，有聚必有散，亦理之常，亦胡足道？所以區區記其終始者，亦欲爲後世好古博雅者之戒云。」時紹興四年也，易安年五十二矣，自敘如此。予讀其文而悲之，爲識於是書。

尤袤《遂初堂書目・目録類》 趙氏《金石録》。

陳振孫《直齋書録解題・目録類》 《金石録》三十卷。東武趙明誠德甫撰其所藏二千卷。蓋倣歐陽《集古》，而數則倍之。本朝諸家蓄古器物款式，其考訂詳洽，如劉原父、吕與叔、黄長睿多矣，大抵好附會古人名字，如「丁」字，即以爲祖丁；「舉」字，即以爲伍舉；「方鼎」，即以爲子産；「仲吉匜」，即以爲偪姞之類。邃古以來，人之生世夥矣，而僅見於簡册者幾何？器物之用於人亦夥矣，而僅存於今世者幾何？迺以其姓字、名物之偶同而實焉，余嘗竊笑之。惟其附會之過，併與其詳洽者，皆不足取信矣。惟此書跋尾獨不然，好古之通人也。明誠，宰相挺之之子。其妻易安居士李氏爲作後序，頗可觀。

馬端臨《文獻通考・經籍考・目録》 《金石録》三十卷。

《宋史・藝文志・總集類》 趙明誠《金石録》三十卷。

楊士奇等《文淵閣書目・類書》 趙明誠《金石録》。一部，六册。殘缺。 趙明誠《金石録》。一部，六册。闕。

錢謙益等《絳雲樓書目・金石類》 趙明誠《金石録》。三十卷。李易安後序，明誠之室，文叔之女也。其文淋漓曲折，筆力不減乃翁。中郎有女堪傳業，文叔之謂耶。

錢曾《讀書敏求記・書》 《金石録》三十卷。《金石録》，清照序之極詳。其搜訪可謂不遺餘力。而予所藏宋榻《章仇府君碑》，爲明誠所未見。信乎碑版之難窮矣。昔者吾友馮硯祥有不全宋槧本，刻一圖記曰「金石録十卷人家」，長箋短札，帖尾書頭，每每用之，亦藝林中一美談也。

《四庫全書總目提要・目録類》 《金石録》三十卷。兩淮馬裕家藏本。宋趙明誠撰。明誠字德父，密州諸城人。歷官知湖州軍州事。是書以所藏三代彝器及漢唐以來石刻，仿歐陽修《集古録》例編排成帙。紹興中，其妻李清照表上於朝。張端義《貴耳集》謂清照亦筆削其間，理或然也。有明誠《自序》竝清照《後序》。前十卷皆以時代爲次，自第一至二千咸著於目，每題下註年月、撰書人名。後二十卷爲辨證，凡《跋尾》五百二篇。中邢義、李證、義興茶舍、般舟和尚四碑，《目録》中不列其名，或編次偶有疎舛，或所續得之本未及補入卷中歟？初鋟版於龍舒。開禧元年，浚儀趙不譾又重刻之，其本今已罕傳，故歸有光、朱彝尊所見皆傳鈔之本，或遂指爲未完之書。其實當時有所考證，乃爲題識，故李清照《跋》稱，二千卷中有題跋者五百二卷耳。原非卷卷有跋，未可以殘闕疑也。清照跋，據洪邁《容齋四筆》，原爲龍舒刻本所不載，邁於王順伯家見原藁，乃撮述大概載之。此本所列，乃與邁所撮述者不同，則後人補入，非清照之全文矣。自明以來，轉相鈔録，各以意爲更移，或删除其目内之次第，又或竄亂其目之年月。第十一卷以下，或併削每卷之細目，或竟佚卷末之後序，沿譌踵謬，彌失其真。顧炎武《日知録》載章邱刻本，至以後序「壯月朔」爲「牡丹朔」，其書之舛謬，可以槩見。近日所傳，惟焦竑從秘府鈔出本，文嘉從宋刻影鈔本，崑山葉氏本，閩中徐氏本，濟南謝氏重刻本，又有長洲何焯、錢塘丁敬諸校本，差爲完善。今揚州刻本，皆爲採録，又於註中以《隸釋》、《隸續》諸書增附案語，較爲詳核。别有范氏天一閣、惠氏紅豆山房諸校本，皆稍不及。故今從揚州所刊，著於録焉。

黄丕烈《蕘圃藏書題識・史類二》 《金石録》三十卷。校鈔本。《金石録》三十卷，崑山葉文莊公故物，首尾二紙，則公手所自書。余收得吴文定公寫本書，亦皆然。乃知前賢事事必有體源，貴乎多見而識之也。康熙己丑五月何焯記。闕。

在京師，心友書來，則又收得吴文定叢書堂本矣。《金石録》唯此最善，錢叔寶手鈔者，不能及也。近盧運使曾經刊行，然實無此兩真本，故大要甚舛。今家兄抱沖既皆收得，因借以細校，特多是正，惟惜未并得吴文定家本相證。乾隆甲寅六月十一日廣圻記。

東城騎龍巷顧肇聲家藏書甚富，及余知蓄書，其家書散逸久矣。惟此《金石録》及葉石君手鈔《大金國志》尚存。相傳程瘦樵曾欲收之，因索直昂，未之得也。余由其族人取閲之，仍以議價不安，還之。遲之久而知《金石録》已歸吾友抱沖，所存《大金國志》，余即歸之。儲諸讀未見書齋矣。既抱沖弟澗蘋爲余言《金石録》之妙，無過此本者。有手校本示余，余病其行款尚未細傳，復向小讀書堆借得原本，自爲對勘，中以他事作輟。澗蘋爲余補校，悉照原本傳録。至葉本妙處，俟後之讀者自領之。嘉慶己未中春月雨窗鐙下棘人黄丕烈。

右本爲蕘圃所校而予續完之者，葉本妙處亦略擇極精者標著下方，餘散在行間，皆可領得矣。雅雨堂書尚非惡刻，乃其舛如此，即一易安後序已不勝指摘，而全書何論乎？議門雖知用《隸釋》互勘，然所取僅載此跋尾之三卷耳。他如原碑全文散在《隸續》中者，且未遑細較，又曷怪其多誤改也？重讀益歎葉本之妙。顧廣圻校畢記。

癸酉春二月，從書賈處獲見義門跋、陸敕先以錢罄室手鈔本校勘者，索直十番，囊慳未得。余於古書之緣日深一日，於購書之力年絀一年。遂致交臂失之，是可歎也。《金石録》向最著名者三本，一葉文莊本，一錢罄室本，三吴文定本，余皆見之而未及收。又何論此本之居於次者耶？葉錢本藏在小讀書堆，他日猶可蹤跡。惟吴本不知流轉何所，徒勞夢想，則此陸校何跋者，後之視今不猶今之視昔耶？附載此一段淒楚之懷于臨校葉本上，俾後之覽者亦有感於斯。三月上巳前一日，連日陰晦，今始放晴。復翁記。

既書友元以四番易去而貼，余家刻抵直二枚，陸校本仍復歸余，書不舍余，余其敢舍書哉。同日鐙下記。

顧廣圻《思適齋書跋・史部》 《金石録》十卷。宋刻殘本。余髮甫燥，即獲交鮑丈以文。每與縱談古書淵源，知宋槧《金石録》十卷，曾被收得，惜未及一校，即爲歸安丁杰持去，售之揚州也。嗣後余在里門，凡見善本二，其一是葉文莊手鈔前後兩翻者，其一是錢叔寶通部手鈔者。皆細勘一過，是正近刻處甚多。邇來客遊邗上，一日晉齋先生得此見示，恍然識馮硯祥家舊物，擊節不置。惜以翁弗克偕之校刊，與此書結一重墨緣耳。嘉慶乙亥六月朔，思適居士元和顧廣圻題，時同在全唐文局。

又 《金石録》三十卷。校鈔本。《金石録》唯此最善，錢叔寶手鈔者不能及也。近盧運使曾經刊行，然實無此兩真本，故大要甚舛。今家兄抱沖既皆收得，因借以細校，特多是正。唯惜未并得吴文定家本相證。乾隆甲寅六月十一日廣圻記。

右本爲蕘圃所校，而余續完之者。葉本妙處亦略擇極精者標著下方，餘散在行間，皆可領得矣。雅雨堂書尚非惡刻，乃其舛如此。即一易安《後序》已不勝指摘，而全書何論乎？義門雖知用《隸釋》互勘，然所取僅載此跋尾之三卷耳。他如原碑全文，散在《隸續》中者，且未遑細較，又曷怪其多誤改也。重讀益歎葉本之妙。顧廣圻校畢記。

又 《金石録》三十卷。校本。《金石録》葉文莊手鈔首尾兩葉本，康熙己丑何義門收得。中、後有二跋者最善，至錢磬室鈔本便稍有失真處。雅雨堂據何別本刊行，雖何校有「真從葉書鈔録，脱誤至少」語，實不能然也。又其所稱錢本非何親見，乃從陸敕先傳得，故並多譌。今悉用錢、葉真本細勘一過，以葉本爲主，而附錢本異同。葉本所有，何校亦頗與此出入。因并跋，仍録焉。乾隆甲寅六月十日顧廣圻記。

嘉慶己未葉本再校澗蘋。

顧廣圻《思適齋集外書跋輯存・史類》 《金石録》十卷。宋刊本。予髮甫燥，即獲交鮑丈以文。每與縱談古書淵源，知宋槧《金石録》曾被收得，惜未及一校，即爲歸安丁杰持去，售之揚州也。嗣後，予在里門，凡見善本二，其一是葉文莊手鈔，前後兩翻者；其一是錢叔寶通部手鈔者。皆細勘一過，是正近刻處甚多。邇來客遊邗上，一日晉齋先生得此見示，恍然識馮研祥家舊物，擊節不置。惜以翁弗克偕之校刊，與此書結一重墨緣耳。嘉慶乙亥六月朔，思適居士元和顧廣圻題。時同在《全唐文》局。

又 《金石録》三十卷。雅雨堂本。《金石録》唯此最善，錢叔寶手鈔者不能及也。近盧運使曾經刊行，然實無此兩真本，故大要甚舛。今家兄抱沖既皆收得，因借以細校，特多是正。惟惜未并得吴文定家本相證。乾隆甲寅六月十一日廣圻記。

右本爲蕘圃所校而予續完之者。葉本鈔處亦略擇極精者標著下方，餘散在行間，皆可領得矣。雅雨堂書尚非惡刻，乃其舛如此，即一易安《後序》已不勝指摘，而全書何論乎？義門雖知用《隸釋》互勘，然所取僅載此跋尾之三卷耳。他如原碑全文，散在《隸續》中者，且未遑細較，又曷怪其多誤改也。重讀益歎葉本之妙。顧廣圻校畢記。

張金吾《愛日精廬藏書志・目録類》 《金石録》三十卷。舊抄本，據竹堂藏書。

宋趙明誠撰。此葉文莊公舊藏本也。首尾二頁及板心、卷數，則公所自書。見國華及何義門跋。

自序。

劉跂序。政和七年。

明藏室。易安後序。

趙不譾跋。開禧改元。

葉氏手跋曰：《金石録》余求之三十年不可得。壬辰冬始遇此善本於京師，如獲寶玉。然鈔畢略觀一度，其於《集古録》正譌最多，誠亦精審已。雖然自昔著書家几塵風葉之喻，前后彼此，蓋恒有之，不足怪也。吾安得歐陽棐《集古録目》、洪丞相《漢款釋》等書悉集於此，而又有閒暇工夫，稍盡心焉，亦平生之一適也。漫筆之以竢。成化九年二月朔旦吴郡葉仲盛甫志。

葉國華手跋曰：《金石録》近無刻本。是本爲先文莊公鈔藏，復經先大父手輯一過，不知何時散逸。頃從吴興書賈高價售之，還我舊物。先公云遇此善本，如獲寶玉。今小子得之，則不啻傳家之天球河關矣。後之人其□□□□崇禎癸未仲秋晦日六出玄孫國華百拜識。

上闕。及卷心次第數日，皆先公手蹟。

何氏手跋曰：《金石録》三十卷，崑山葉文莊公故物。首尾二紙，則公手所自書。余收得吴文定公寫本書亦皆然，乃知前賢事事必有體源，貴乎多見而識之也。康熙己丑五月何焯記。

乙上闕。在京師心友書來，則又收得吴文定叢書堂本矣。并以下闕。

又 《金石録》三十卷。舊抄本，汲古閣藏書。

宋趙明誠撰。是本行疑、格式俱仿葉文莊公原本。惟原本二十四卷以下有破損霉爛處。予所見義門藏本，如《華陽國志》、《張來儀文集》等書往往如是。蓋何氏覆舟西江所致也。何氏《羅昭諫集跋》云，庚辰嘉平月，焯自潮郡榕城旋異里，遂經西江烏屯，舟被風偃，琴書游囊盡入水中。而時際仲冬，雨雪連綿，曝無日色。舟師急於請行，凡濕書籍成以爐火烘焙，柰奚童又不經心，失于翻檢，徵染焦盡之痕云云。此本尚係未經水厄時所鈔，可補原本之闕，故並存之。

趙明誠序。

劉跋序。

明誠室易安後序。

趙不譾跋。

葉仲盛跋。俱見上。

何氏手跋曰：鈔此書者，格行皆仿澱東老漁元本槧成可，謂好事矣。康熙壬辰，汲古主人命余校後跋中譌字，因識。後生何焯。

張之洞《書目答問・目録》《金石録》三十卷。宋趙明誠。雅雨堂本。又三長物齋本，凡歐録所有者，旁加墨圍，便於檢核。歐、趙二書，其要在目録，故列目録之屬。

潘祖蔭《滂喜齋藏書記・史類》宋刻《金石録》十卷。一函四册。此即《敏求記》所稱馮硯祥家本也。乾隆間歸儀徵江玉屏。趙晉齋魏得自江氏，又自趙氏轉入芸臺相國家，繼入玉雨堂韓氏。同治十年，遂歸滂喜齋。馮氏初得是刻，鐫一印曰「金石録十卷人家」。其後江氏、阮氏、韓氏遞相祖述，皆有是印。翁覃谿、江鄭堂、洪筠軒、顧澗蘋、姚于章、汪孟慈、沈匏廬皆有題詞。後補政和劉跂跋一篇，則余蓉裳所手録也。鑒定印記纍纍，異書到處，真如景星慶雲，先覩爲快。趙氏原本三十卷，此僅十卷。蘇齋老人以爲南宋坊賈刻，其有題跋者是也。藏棄源流及與今本異同，詳見諸家跋，並録於後。

易安居士李氏，趙丞相挺之之子，諱明誠，字德夫之内子也。才高學博，近代鮮倫。其詩詞行於世甚多。今觀爲其夫作《金石録後序》使人歎息不已。以見世間萬事，真如夢幻泡影，而終歸於一空也。

丙辰秋，偶得古書數帙，中有《金石録》四册，然止十卷，後二十卷亡之矣。因勒烏絲，命侍兒録此序於後，以存當時故事。易安此序委曲有情致，殊不似婦女口中語，文固可愛。余夙有好古之癖，且亦因以誡戒云。丙辰七夕後再日，前史官華亭文石主人題於欽天山下學舍味道齋中。

《讀書敏求記》：《金石録》三十卷，清照序之極詳。其搜訪可謂不遺餘力。而予所藏宋搨《章仇府君碑》爲明誠所未見，信乎碑版之難第矣。昔者吾友馮硯祥有不全宋槧木，刻一圖記，曰「金石録十卷人家」，長箋短札，帖尾書頭，每每用之，亦藝林中一美談也。

《淮海英靈集》：江立字玉屏，號雲溪，舊居杭州，移籍儀徵。工填詞，爲王蘭泉少司寇所甄録。有宋板《金石録》，因題其齋曰「金石録十卷人家」。著《小齊雲山館詩鈔》、《詩餘》、《集》共若干卷。

張徵君《芑堂印跋》：昔馮硯祥有不全宋槧本《金石録》，刻一印曰「金石録十卷人家」，長箋短札，每每用之，見《讀書敏求記》。今爲玉屏先生所有，珍重示余。余爲用飛白書刻印以贈。藝林中又增一段佳話矣。

宋槧《金石録》十卷，舊藏吾鄉江玉屏先生家，今爲晉齋先生所有。先生博雅好古，所藏金石文字不下數千百種，於是書源流洞悉已久。既購而得之，因屬余録其流傳所自。歐陽文忠云「物莫不聚於所好」，於斯益信。嘉慶乙亥夏五，甘泉吴應溶識。馮硯祥名文昌，祭酒夢禎之子，幾社黨人。開先收藏甚富，得右軍《快雪時晴》真蹟，因築快雪堂於西湖之孤山，自嘉禾移居武林，遂爲杭人焉。江藩識。

《金石録》宋時刻於龍舒。開禧時，浚儀趙不譾又刻之。此本疑是浚儀重刊本也。藩與玉屏先生之長君定甫交，三十年前，獲觀此書及謝臯羽像。嘉慶二十年六月五日，晉齋先生出此命題，爰書數語，以誌眼福云。書於邗上宵市橋西一草堂，江藩跋。子屏。

予髫甫燥，即獲交鮑丈以文，每與縱談古書淵源，知宋槧《金石録》下卷曾被收得，惜未及一校，即爲歸安丁杰持去，售之揚州也。嗣後，予在里門，凡見善本二，其一是葉文莊手鈔，前後兩翻者；其一是錢叔寶通部手鈔者。皆細勘一過，是正近刻處甚多。邇來客游邗上，一日晉齋先生得此見示，恍然識馮硯祥家舊物，擊節不置，惜以翁弗克偕之校刊，與此書再結一重墨緣耳。嘉慶乙亥六月朔，思適居士元和顧廣圻題。時同在《全唐文》局。千里顧氏廣圻。

嘉慶辛未，喜孫臥病里門。吴興書賈持宋本《金石録》見示，置問禮堂一日，怱怱索去，悵惘無已。後五年，晉齋先生得吾鄉江玉屏所藏殘本，與前所見本正同。因以雅雨堂本校之，疏其同異，别爲攷證一篇。如《周敦銘跋》「楊南仲爲圖刻石」，「楊」雅雨堂本誤作「湯」；《毛伯敦銘跋》原父釋「祝」下一字爲「鄭」，「祝」誤作「足」；《齊鐘銘跋》「乃就鐘上摹拓者」，「上」誤作「工」；《李翕碑》「穆如清風」，「清」誤作「春」；《魯峻碑跋》「寰宇記」，「記」誤作「志」；《費汎碑》「因以爲姓」，「以」誤作「㧃」；《費君碑陰跋》「其後爲五字韻語」，「韻」誤作「龍」；《朱龜碑跋》「遣御史中丞朱龜討之，不能克」，「克」誤作「兄」；《劉衡碑跋》「余嘗親至墓下觀此碑」，「下」誤作「丁」；「制作甚工」，「工」誤作「上」；《樊君碑》「晉爲韓魏」，「晉」誤作「晳」；《宗俱碑跋》「官秩姓名」，「官」誤作「呈」；《離府君碑》「徵爲博士」，「博」誤作「傅」；《陳君碑額跋》「司空掾」，「掾」誤作「椽」；《卞統碑跋》「《晉書・卞壼傳》」，「壺」誤作「壼」；《右軍將軍鄭烈碑》「右」下脱「軍」字；《學生題名跋》「乃決知其非文翁學生也」，「生」誤作「立」。此本俱不誤。他如「爾」作「尔」、「揚」作「楊」、「倉」作「蒼」、「鳳」作「皇」、「以」作「己」、「洛」作「雒」、「飭」作「飾」、「屢」作「婁」、「奕」作「亦」、「貌」作「皃」、「藏」作「臧」，古字具在，遠出雅雨堂本之上。凡此數百條，文多不録。校畢送還晉齋先生，并承命書跋册尾。

先生收藏金石遺文至數千卷，是正文字，稽合同異，當世金石家無出其右。先君撰《修禊序跋尾》云：「吾友江編修德量、趙文學某，皆深於金石之學。」先君持論謹嚴，不輕許人，附誌於此，以諗後世尚友之君子。喜孫。

道光十八年歲戊戌三月望日，直文華殿，夜宿内閣，繙閲一過，計前粤中題識廿餘年矣。選樓老人筆。

覃溪先生屢言欽州馮魚山先生家有《施顧蘇詩》，余再四訪之，實無之也。雲台記。雲台。

余童時即與定甫往來，其書室内有「金石録十卷人家」扁，問其故，出此書相示。嘉慶廿二年，余從晉齋處購得之。伯元記，時道光戊戌。阮元印。戊戌。

易安此序言德甫夫婦之事甚詳。《宋史・趙挺之傳》傳後無明誠之事，若非此序，則德甫一生事蹟年月今無可考。按《後序》作於紹興四年，易安自言：「余自少陸機作賦之二年，至過蘧伯玉知非之兩歲，三十四年之間，憂患得失，何其多也。」是作序之年五十二矣。序言：「十九歲歸趙氏，時先君作禮部員外郎侯，年二十一。」按德甫卒於建炎三年，是德甫卒年四十九也。易安十九歲爲建中靖國元年，是年挺之爲禮部侍郎，是趙李同官禮部時聯姻也。序言建炎丁未，按丁未三月猶是靖康，五月始有建炎之號，戊申方是建炎之元也。又《文選注》引《陸機傳》云：「年二十而吴滅，退臨舊里，與弟雲勤學積十一年。」是士衡二十歲時乃歸里之年，不能定爲作賦年，或是易安别有所據，或是離亂之時偶然忘記耳。嘉慶戊寅，阮劉文如跋。

揅經老人著筆暇，頗有閒情及鐘鼎。家藏宋槧《金石録》，故紙不是雙鉤影。今世有雙鉤古碑、影宋本書。《天禄琳琅》偶未入，高宗訪求宋板書，聚集目録已盈八卷，名《天禄琳琅》。汲引今古得修綆。相隨滇粤廿餘年，今春攜入中書省。惟日丁亥三月望，殿閣參差月華静。燈前親寫第五跋，不似東坡醉酩酊。蘇詩曰：「醉眼有花書字大，老人無睡漏聲長。」公平生不飲酒，以七旬有五之年，書法了無頹唐氣，故云。閏月丁亥索我詩，我固願焉不敢請。日吉辰良古所重，萬舞登歌味尤永。但慙前輩富題識，恐污蛟龍混蛙黽。顧公壽考如金石，宋録秦碑伴煙艇。道光戊戌閏月望日丁亥，應雲台相國命題。後學奕繪。

《金縷曲》：

日暮來青鳥。啟芸囊、紙光如砑，香雲縹緲。易安夫妻皆好古，夏鼎商彝細攷。聚絶世、人間奇寶。太息兵荒零落散，剩殘編幾卷當年藁。前人物，後人保。雲台相國親搜校。押紅泥、重重小印，篇篇玉藻。南渡君臣荒唐甚，誰寫亂離懷抱。抱遺憾、訛言顛倒。賴有先生爲昭雪，算生年、特記伊人老。千古案，平翻了。俚詞呈雲台老夫子、静春居伯母同教正。西林春。西林春印。太清。

趙明誠《金石録》在宋時初刻於龍舒，再刻於浚儀。此十卷或云即浚儀本。今驗第一卷《古鐘銘》至第十卷《宋武帝檄譙縱文》止，即原書之第十一卷至第廿卷。而改題曰第一卷至第十卷，是删其前目十卷，專刻其跋者也。凡書前目與後卷悉同，惟此書不然。趙氏藏金石文二千卷，其跋則止五百種耳故。其前具列一至二千之次第，而後跋無之。前目具載歲月及撰書人名，而後跋無之。此刻專有其後跋，故從第十一卷起，以便於覽誦。此必南宋末書賈所重刻也。就此考之，若第一卷《周姜敦銘》，吕氏《考古圖》訓作「𦣻」，諸本作「百」，此作「𦣻」；第三卷《嶧山碑跋》「楷」，此作「揩」；第六卷《馮緄碑跋》「謡」，此作「謡」；第十卷《唐重立大饗碑》題内「立」下有「魏」字，凡若此類，皆足正諸本之失。又如第四卷《巴官鐵盆銘》題下「韓暉仲」此作「韓注仲」；第五卷《倉頡廟碑跋》「池陽集丞」，此作「集水」；第六卷《馮緄碑跋》「史云復拜」，此無「云」字；第七卷《費君碑陰跋》「甘陵石勯」，「勯」他木或作「勛」，或作「勛」；第十卷《晉太公碑》「文王見太公而計之」，諸本作「汁」，此作「言」旁，其右半似「斗」，亦不分明。此下「有所見於」句，此作「於見」，皆可疑。又第十卷《卞統碑》「冤句」，此作「宛句」；《吴禪國山碑》「三表納貢」，此作「三表」，是則顯然之誤。然而此書世無刻本久矣，近來謝刻、盧刻僅憑傳寫本，易滋歧誤。此雖重刻不全本，尚是宋槧真本之僅存者，宜爲鑒藏家所珍祕耳。嘉慶丁丑冬十二月十六日，八十五叟方綱識。

陝西金石文

錢謙益等《絳雲樓書目・金石類》 《陝西金石文》又《京兆金石録》六卷。宋田概纂，王欽臣序。時元豐五年。

集古系時録

陳振孫《直齋書録解題・目録類》《集古系時録》十卷。鄭樵撰。

馬端臨《文獻通考・經籍考・目録》《集古系時録》十卷。

系地録

陳振孫《直齋書録解題・目録類》《系地録》十一卷。鄭樵撰。大抵因《集古》之舊，詳考其時與地而系之，二書相爲表裏。案：此條《文獻通攷》引陳氏之言，原本脱，今補入。

馬端臨《文獻通考・經籍考・目録》《系地録》十一卷。

紹興内府古器評

《四庫全書總目提要・譜録類》《紹興内府古器評》二卷。内府藏本。舊本題宋張掄撰。掄字材甫，履貫未詳。周密《武林舊事》載：乾道三年三月，高宗幸聚景園，知閤張掄進《柳梢青》詞，蒙宣賜。淳熙六年三月再幸聚景園，掄進《壺中天慢》詞，賜金盃盤法錦。是年九月，孝宗幸絳華宮，掄進《臨江仙》詞。則亦能文之士矣。又王應麟《玉海》曰張掄爲《易卦補遺》，其説曰：「易以初、上二爻爲定體，以中四爻爲變。《繫詞》謂之中爻，先儒謂之互體，所謂雜物撰德，辨是與非，八卦互成，剛柔相易之道，非此無見焉。」則掄亦留心於經術。又張端義《貴耳集》曰：「孝宗朝幸臣雖多，其讀書作文不減儒生。應制燕閒，未可輕視。當倉卒翰墨之奉，豈容宿撰！其人有曾覿、龍大淵、張掄、徐本中、王忭、劉弼，當時士大夫少有不游曾、龍、張、徐之門者。」則掄亦狎客之流。然《宋史・佞倖傳》僅有曾覿、龍大淵、王忭，不列掄等，則但以詞章邀寵，未亂政也。是書宋以來諸家書目皆不著録。據書末毛晉跋稱，晉得於范景文，景文得於于奕正。至奕正從何得之，則莫明所自。上卷凡九十八事，下卷凡九十七事，皆漢以前物。漢以後者惟梁中大同博山鑪一器。其中如上卷之周文王鼎，商若癸鼎，父辛鼎，商持刀祖乙卣，周召父彝，商父辛尊，商父癸尊，商父庚觚，商持刀父巳鼎，周淮父卣，周虎斝，周季父鼎，周南宮中鼎，商癸鼎，商瞿鼎，商貫耳弓壺，商亞虎父丁鼎，商祖戊尊，商兄癸卣，周已酉方彝，周觚棱壺，周綏女鼎，商子孫父辛彝，周叔液鼎，商父巳鼎，周宰辟父敦，周剌公敦，周孟皇父彝，下卷如商冀父辛卣，周舉巳尊，商父丁尊，周仲丁壺，商父巳尊商象形饕餮鼎，商龍鳳方尊，周犧尊，商伯伸鼎，商夔龍饕餮鼎，周節鼎，周中鼎，周婦氏鼎，商提梁田鳳卣漢麟瓶，周虬紐鍾，周欒司徒卣，漢獸耳圜壺，漢提梁小匾壺，商祖丙爵，商子孫巳爵，周仲偁父鼎，皆即《博古圖》之文割剥點竄，詞義往往不通。其他諸器亦皆《博古圖》所載，惟上卷商虎乳彝、周言鼎、周尹鼎、周獸足鼎，下卷商祖癸鼎、周乙父鼎、周公命鼎、周方鼎、商立戈父辛鼎、商父辛鼎，爲《博古圖》所不收而已。考《館閣續録》所載南渡後古器儲藏祕省者，凡四百十八事。淳熙以後續降付四十事，别有不知名者二十三事。嘉定以後續降付八十三事，與此書所録數既不符，而此書所載商冀父辛卣、父辛鼎、周南宮中鼎、周綏女鼎，皆嘉定十八年十一月所續降付，何以先著録於紹興中？其爲明代妄人剽《博古圖》而僞作更無疑義。毛晉刻入《津逮祕書》蓋未詳考其文也。

寶刻類編

《四庫全書總目提要・目録類》《寶刻類編》八卷。永樂大典本。不著撰人名氏。《宋史・藝文志》不載其名，諸家書目亦未著録，惟《文淵閣書目》有之。然世無傳本，僅見於《永樂大典》中。核其編眷次第，斷自周、秦，迄於五季，並記及宣和、靖康年號，知爲南宋人所撰。又宋理宗寶慶初，始改筠州爲瑞州，而是編多以瑞州標目，則理宗以後人矣。其書爲類者八，曰帝王，曰太子、諸王，曰國主，曰名臣，曰釋氏，曰道士，曰婦人，曰姓名殘闕。每類以人名爲綱，而載所書碑目，其下各係以年月、地名。且於名臣類取歷官先後之見於石刻者，臚載姓氏下方，以備參考。詮次具有條理。其間如書碑篆額之出自二手者，即兩系其人，近於重複。又如歐陽詢終於唐而系之隋，郭忠恕終於宋而系之五季，祗就所書最初一碑爲定時代歲月，前後未免混淆，於體例皆爲未密。然金石目録自歐陽修、趙明誠、洪适三家以外，惟陳思《寶刻叢編》頗爲該洽，而又多殘佚不完，獨此書蒐採贍博，敘述詳明，視鄭樵《金石略》、王象之《輿地碑目》增廣殆至數倍，前代金石著録之富，未有過於此者，深足爲考據審定之資，固嗜古者之所取證也。原本屢經傳寫，譌脱頗多。謹詳加訂證，釐次如左。其名臣類十三之三，《永樂大典》原闕，故自唐天寶迄肅、代兩朝，碑目未全。今亦仍其舊焉。

顧廣圻《思適齋書跋・史部》 《寶刻類編》八卷。知不足齋鈔本。

覩此知以翁欲刊入叢書而未就也，唯校定卻非易事。雖經多手，仍不足爲定。蓋傳寫必譌，落葉難掃耳。前歲余遇一噉名客倩人作金石書圖刊布，遽告之曰：不如刊《寶刻類編》、《寶刻叢編》、王象之《輿地碑目》、《復齋碑目》等書，自當傳矣。尋趙晉齋可也。旁人惎之而止。噫！豈無此福命耶。一雲散人漫記。

張之洞《書目答問・金石》 《寶刻類編》八卷。宋闕名。劉喜海刻本。

寶刻叢編

陳振孫《直齋書録解題・目録類》 《寶刻叢編》二十卷。臨安書肆陳思者，以諸家集古書録，用《九域志》京、府、州、縣繫其名物，而昔人辨證審定之語，具著其下，其不詳所在，附末卷。

馬端臨《文獻通考・經籍考・目録》 《寶刻叢編》二十卷。

《四庫全書總目提要・目録類》 《寶刻叢編》二十卷。河南巡撫採進本。宋陳思撰。思，臨安人。所著《小字録》，前有結銜稱「成忠郎緝熙殿國史實録院祕書省搜訪」。又有《海棠譜自序》，題開慶元年。則理宗時人也。是書蒐録古碑，以《元豐九域志》京府州縣爲綱，其石刻地理之可考者，案各路編纂，未詳所在者，附於卷末，兼採諸家辨證審定之語，具著於下。今以《元豐九域志》及《宋史・地理志》互相參核，其中改併地名，往往未能畫一。即卷内所載與目録所題，亦不盡相合。如目稱鎮江而卷内稱潤州，目稱建康而卷内稱昇州之類，不一而足。蓋諸家著録，多據古碑之舊額，思所編次，又皆仍諸家之舊文，故有是譌異。至於所引諸説，不稱某書某集，但稱其字，如蔡君謨、王厚之之類。又有但稱其別號，如碧岫野人、養浩書室之類，茫不知爲何人者，尤宋元坊肆之陋習。然當南北隔絶之日，不得如歐、趙諸家多見拓本，而能紬繹前聞，博稽方志，於徵文攷獻之中，寓補葺圖經之意，其用力良勤。且宋時因志地而兼志碑刻者，莫詳於王象之《輿地碑目》，而河淮以北，概屬闕如。惟是書於諸道郡邑，綱分目析，沿革釐然，較象之特爲賅備。朱彝尊嘗欲取所引《隷續》諸條，以補原書二十一卷之闕。今考所引，如《曾南豐集古録》、《施氏大觀帖總釋序》、《集古後録》、《諸道石刻録》、《復齋碑録》、《京兆金石録》、《訪碑録》、《元豐碑目》、《資古紹志録》諸種，今皆散佚不傳，猶藉是以見崖略。又《汝帖》十二卷、慈恩《鴈塔唐人題名》十卷，以及《越州石氏帖目》，則他書所不載，而亦藉是書以覘其大凡，亦可云有資考證者矣。鈔本流傳第四卷京東北路，第九卷京兆府下，十一卷秦鳳路、河東路，十二卷淮南東路、西路，十六卷荆湖南路、北路，十七卷成都路，竝已闕佚。十五卷江南東路饒州以下至江南西路亦佚其半。十八卷梓州、利川路，惟有渠、巴、文三州，而錯入京東西路、京西北路、淮南路諸碑。其餘亦多錯簡，如魏三體石經遺字條下，文義未竟，忽接「石藏高紳家，紳死，其子弟以石質錢」云云，乃是王羲之書《樂毅論》跋語，傳寫者竄置於是。朱彝尊《經義考》，於刊石門内「魏石經」條下，引「歐陽棐、趙明誠石藏高紳家」云云，蓋未詳究原書，故沿其誤。今一一釐正。其闕卷則無從考補，姑仍其舊焉。

孫星衍《平津館鑒藏書籍記・影寫本》 《寶刻叢編》廿卷。題錢唐陳思纂次。前有紹定二年元鶴山翁序，紹定五年孔山居士序，紹定辛卯陳伯玉父序，又有一序，已闕其半。《目録》後有近人程炎跋，稱予得璜川吴氏本，蓋從天一閣范氏本影鈔，缺譌校他本爲善。今年四月，借帶湖沈中翰藏本，又借稷堂吴編修本，繕寫成帙。卷内大半脱落，亥豕魯魚，其誤甚多。與璜川本大相逕庭。此本即程氏續鈔之本，其闕卷闕葉，視《四庫全書》本又甚。

顧廣圻《思適齋書跋・史部》 《寶刻叢編》二十卷。鈔本。求此書久不得，近於江秬香翁所借到鈔本，因傳寫一部。但其中顛倒錯亂，未及理正，又脱文譌字，種種不少，非細勘不可，則當俟他日矣。道光戊子春仲千翁識。

張金吾《愛日精廬藏書志・目録類》 《寶刻叢編》二十卷。文瀾閣傳抄本。宋陳思撰。闕四卷九、卷十一、十二、十六、十七，凡六卷。

張金吾《愛日精廬藏書續志・目録類》 《寶刻叢編》二十卷。舊抄本。宋錢唐陳思纂次。闕卷四、卷九、卷十一十二、卷十六、十七，凡六卷。

余無他嗜，惟書癖殆不可毉。臨安鬻書人陳思多爲余收攬散逸，扣其顛末，輒對如響。一日，以其所粹《寶刻叢録》見寄，且求一言，蓋屢却而請不已。發而視之，地世年行，炯然在目。嗚呼，賈人窺書於肆而善其事若此，可以爲士而不如乎。

撫卷太息，書而歸之。紹定二年鶴山翁。

辛卯之秋，余篋中所藏書厄於鬱攸之焰，因求所闕於肆。有陳思道人者數持書來售，一日攜一編，遺余曰：「此思所自集前賢勘定碑誌諸書之目也，雖其文不能盡載，姑記其篇目地里與夫作者之姓氏。好事者得而觀之，其文亦可因是而訪求。」余受而閲之，蓋昔之《寰宇訪碑録》之類，而名數加多，郡縣加詳，知其用心之良勤，因爲之改目。夫以它人之書刊而貨之，鬻書者之事也。今道人者乃能自裒一書，以爲好古博雅者之助，其亦異於人之鬻書者矣。故樂爲題其篇端。紹定五年六月改朔，孔川居士書。

始歐陽兖公爲《集古録》，有卷帙次第而無時世先後。趙德甫《金石録》迺自三代秦漢而下敘次之而不著所在郡邑。及鄭漁仲作《系時》、《系地》二録，亦疏略弗備。其他如諸道石刻録、訪碑録之類，於所在詳矣，而考訂或缺焉。都人陳思，儈書於都市。士之好古博雅，蒐遺獵忘，以足其所藏，與夫故家之淪墜不振，出其所藏以求售者，往往交於其肆。且售且儈，久而所閲滋多，望之輒能別其真贋。一旦盡取諸家所録，輯爲一編，以今九域京府州縣爲本，而繫其名物於左，昔人辨證審定之語具著之。既録本，首以遺余，求識其端。凡古刻所以貴重於世，歐陽公以來言之悉矣，不待余言。余獨感夫古今宇宙之變，火焚水漂，陵谷堙，雖金石之堅，不足保恃。載祀攸緬，其毁弗存、存弗全者不勝數矣。矧今河洛尚隔版圖，其幸而存且全可椎榻者，非邊牙市不可得。得或賈兼金，固不能家有而人見之也。則得是書而觀之，猶可想象，仿佛於上下數千載間，其不謂之有補於斯文矣乎？思，市人也。其爲是編，志於儈而已矣，而於斯文有補焉。視他書坊所刻，或蕪釀不切，徒費板墨靡椶楮者，可同日語哉？誠以是獲厚利，亦善於擇術矣。余故樂爲之書，是亦柳河東述宋清之意云爾。紹定辛卯小至，直齋陳伯玉父。

張之洞《書目答問・金石》《寶刻叢編》二十卷。宋陳思。翁刻本。

翠琰集

鄭樵《通志・藝文略・碑碣》《翠琰集》一卷。

竇氏集古録

鄭樵《通志・藝文略・碑碣》竇氏《集古録》一卷。

金石類考

王圻《續文獻通考・經籍考・類書》《金石類考》。葉夢得集。

龍圖閣瑞物寶目

陳振孫《直齋書録解題・目録類》《龍圖閣瑞物寶目》。玉宸殿書數附。

馬端臨《文獻通考・經籍考・目録》《龍圖閣瑞物寶目》。玉宸殿書數附。

古器圖

尤袤《遂初堂書目・譜録類》李伯時《古器圖》。

辨古圖

尤袤《遂初堂書目・譜録類》晏氏《辨古圖》。

韋昭辨釋名

尤袤《遂初堂書目・小學類》韋昭《辨釋名》。

資古紹志録

尤袤《遂初堂書目・目録類》 《資古紹志録》。

祕閣書畫器物目

尤袤《遂初堂書目・目録類》 《祕閣書畫器物目》。

川郡金石録

尤袤《遂初堂書目・目録類》 《川郡金石録》。

古器類編

錢大昕《補元史藝文志・簿録類》 蔡珪《古器類編》三十卷。金。

孫德謙《金史藝文略・簿録類》 《古器類編》三十卷。蔡珪撰。《金史》本傳未載。本傳云：《補正水經晉陽志文集》今存，餘皆亡，則此書在元時已未見，不但如《南北史志續金石遺文跋尾》猶得列其目也。《中州集》云：正隆三年銅禁，行官得三代以來鼎鐘彝器，無慮千數。禮部官以正甫博物，且識古文奇字，辟爲編類官，則書當作于此時矣。《續夷堅志》：蔡内翰正夫《古器類編》記二鼎云：其一明昌三年二月藍田玉山鄉農民李興穿地得之，高二尺，兩耳有字，一十行文曰：王四月初吉，丁亥。以長歷考之，魯莊公十二年四月丁亥，即周安釐王初立之歲，未改元，故不稱年，而僅以月數焉。又有一百二字，必周侯伯所作之器也。其一太原三交西南大定九年汾水壞東岸古墓，有鼎分鐘磬之屬，鼎小者五寸許，大幾三尺，中作黄金色，所實牛羹尚可辨，鐘磬小者不及二尺，凡十六等，蓋音律之次也，雖無款識，皆周物也。觀此所記，則書雖不傳，而其略可知矣。《續志》又有《鏡辨》一則，其言曰：蔡内翰正甫云：大定七年秋，與蕭彦昭俱官都下，蕭一日見過，出古鏡相示曰：頃歲得之關中，雖愛之甚，然背文四字不盡識，且不知爲何時物。手取視之，漢物也。文曰：長宜子孫，《宣和博古圖》有焉。出圖示之，殆若合符。彦昭驚喜，有姚仲瞻在坐，言曰：僕家一鏡，制作亦奇，宋末得于長安士人家，相傳爲太真匳中物，不之信也。使取而觀，背有楷字數十，爲韻語句四言，其略有華屋交映，珠簾對看，潛窺聖淑，麗則常端等語，而紐有開元二字。姚曰：考其年則唐物，安知爲太真之舊耶？予笑而不答，徐出浮休居士張芸叟所作《冗長録》使讀，其間有載元祐中，耕望賢驛故地，得鏡遺予者，銘爲四字，詩中有潛窺聖淑之句，聖淑二字皆少空，意取聖爲君，淑爲后耳。與此制正合，望賢去馬嵬數十里，蓋遷幸時遺之。浮休陝右人，得之長安信矣。彦昭歡甚，以爲一日有二奇事，不可不書。予曰：多言屢中，仲尼所以譏子貢也。然世喜道其偶中，予不書可乎？此雖未引書名，然或亦《類編》之一，故並録之。

續歐陽公集録金石遺文

錢大昕《補元史藝文志・簿録類》 蔡珪《續歐陽公集録金石遺文》六十卷。

龔顯曾《金藝文志補録・金石類》 《續歐陽文忠公集古録金石遺文》六十卷。蔡珪。

孫德謙《金史藝文略・簿録類》 《續歐陽文忠公集録金石遺文》六十卷。蔡珪撰。見《中州集》。此書《金史》不載。

金石遺文跋尾

錢大昕《補元史藝文志・簿録類》 蔡珪《金石遺文跋尾》十卷。

龔顯曾《金藝文志補録・金石類》 《金石遺文跋尾》十卷。蔡珪。金氏《補志》收入經部小學類。題曰《續金石遺文跋尾》。

孫德謙《金史藝文略・簿録類》 《續金石遺文跋尾》十卷。蔡珪撰。見《金史》本傳。《中州集》無續字。

復齋金石録

王圻《續文獻通考・經籍考・類書》《復齋金石録》。王原之纂。

名蹟録

《四庫全書總目提要・目録類》《名蹟録》六卷附録一卷。浙江鮑士恭家藏本。明朱珪編。珪字伯盛，崑山人。舊本或題曰元人，觀其首列洪武二年崑山城隍神誥，升於元代璽書之上，即徐堅作《初學記》以唐太宗詩冠前代諸詩之例。又顧阿瑛至洪武中尚隨其子徙臨濠，而書中有其墓誌銘，其爲明人確矣。稱元人者，誤也。珪善篆籀，工於刻印，楊維楨爲作「方寸鐵志」，鄭元祐、李孝光、張翥、陸友仁、謝應芳、倪瓚、張雨、顧阿瑛諸人，亦多作詩歌贈之。又工於摹勒石刻，因裒其生平所鐫，編爲此集。題曰「名蹟」者，其序謂取《穆天子傳》「爲名蹟於弇茲石上」之義。考《穆天子傳》，稱「乃爲銘迹於元圃之上」，其字作銘，不作名。珪殆以《說文》無銘字，故改銘爲名。然銘非弇茲，所稱，乃記其迹於弇山之石，又無名字。不知珪所據何本也。漢代諸碑，多不著撰人、書人，刻工尤不顯名氏。自魏受禪碑，邯鄲淳撰文，梁鵠書，鍾繇刻字，是爲士大夫自鐫之始。歐陽修、趙明誠等輯録金石，僅標題跋尾而已。自洪适《隸續》備列碑文，是爲全録刻詞之始。若自刻其字，而自輯其文爲一書，則古無此例，自珪是編始也。首誥一篇，御製祭文五篇，璽書七篇。蓋尊帝王之作，不敢與臣庶相雜，雖篇頁無多，而自爲一卷，用元好問《中州集》冠以御製兩頁自爲一卷例也。次碑十四篇，記二十九篇，墓表一篇，墓碣一篇，行狀一篇，壙志二十三篇，墓誌銘二十四篇，雜刻字畫二十六種。末爲附録一卷，則皆一時贈言也。原目註闕者，凡石室銘、三佳銘、靈槎、詩柯敬仲題桃花鳥詩四篇。今有録無書者，又御製祭文五篇，璽書七篇，碑八篇，記十四篇，碣一篇，行狀一篇，壙誌十四篇，墓誌銘二篇，雜刻六種。其《元故處士易府君壙志》一篇，在《故宜人李氏壙志》前，而目録列《青村場典史沈公壙誌》後。又《金粟道人顧君墓誌銘》一篇，而目不載。蓋傳寫譌脱，非其舊本矣。魏張晏註《史記・儒林傳》，據伏生碑，知其名勝；晉灼註《漢書・地理志》，據山上碑，知黎陽在黎山之陰，其曰陽者，兼取河水在其陽之義；唐司馬貞註《史記・高祖本紀》據班固泗上亭長碑，知母媪當爲母温；宋方崧卿作《韓文舉正》，亦皆以石本爲據，而歐陽、趙、洪諸家，以碑證史傳舛誤者，尤不一而足。是編所録，皆珪手鐫，固愈於年祀綿邈，搜求於磨滅之餘者，如元末郭翼，諸書載其洪武中出爲學官，非得是書載盧熊所作翼墓誌，不知其卒於至正二十四年，未嘗改節仕明也。足見其有資考證矣。

古刻叢鈔

錢謙益等《絳雲樓書目・金石類》 陶九成《古刻叢抄》。

《四庫全書總目提要・目録類》《古刻叢鈔》一卷。浙江吴玉墀家藏本。明陶宗儀編。宗儀有《國風尊經》，已著録。是編前後無序跋。所鈔碑刻凡七十一種，漢一，後漢二，晉一，宋三，梁三，隋二，唐四十九，南唐一，北宋二，南宋一，無年月者六，皆全録其文，以原額爲題，無所考辨，亦無先後次序。蓋隨得隨鈔，非著書也。然所載諸碑，傳於世者甚罕。惟漢建平郫縣刻石見於《隸續》、《漢隸字源》，唐薛王府典軍李無慮墓誌見於《金石録》。其餘如宋之臨澧侯劉襲墓誌，梁之永陽敬太妃王氏墓誌，唐之汝南公主墓誌，尉州刺史馬紆墓誌，多與史傳相發明。又載唐人曹汾等別東林寺，徐浩題寶林寺及謁禹廟，釋元孚與王謩遊天台詩，共七首，亦自來録唐詩者所未及。古人著作託金石以垂於後，然金石有時而銷泐，其幸而存者，不貴存目，貴録其文而後可傳於無窮。故洪适《隸釋》、《隸續》較《金石》、《集古》諸録更爲有資於考證。是書摭拾佚文，首尾完具，非惟補金石家之闕漏，即讀史談藝，亦均爲有所裨矣。

顧廣圻《思適齋書跋・史部》《古刻叢鈔》一卷。知不足齋刻本。頃孫伯淵觀察用時代重編次《古刻叢鈔》，寄其槀，屬以刊行。爰取家本，並借戈君小蓮藏本相勘，旋因專力治《說文》，未遑卒事也。鮑丈渌飲過余楓江僦舍，談及《讀畫齋叢書》新刻入諸辛集，即出其底樣見付，并勘。乃輟數日功，重理一過，彼此得互爲更正如干字。然可疑者尚往往而有焉。夫校石刻文字之書，非特不可以意推測，并不可據他書改補。如《宋臨澧侯劉襲墓誌》：「第四弟□□軌，太子舍人」，據沈約《宋書・宗室傳》：襲弟實，太子舍人。《誌》下文云「第四男量淵邃，出後第四弟實」，又《誌》云「襲字茂德，兄覬字茂道，其弟第三字茂蔚，第五字茂」，通則實之字茂軌，可知矣。所闕□□，殆「實茂」二字耳。「第一男□長暉，出後兄紹，封桂陽侯」，據傳覬無子，襲以子晃繼封，所闕□，殆「晃」字耳。南村非不知檢《宋書》者，良由悉依石本，故如是耶。唯《誌》云「第五弟季茂通海陵太守」，而傳言「實弟爽海陵太守」，季、爽違異，必有一誤，未審石本果何如，兼未審南村果何如也。其他大略準此。曩者白隄有錢聽默，實書賈中陳思之流，憶廿年前述此書南村手寫者，首葉鈐崑山葉文莊藏書圖記，曾在白蓮涇王姓家，近始散失，不知歸何地。竊計爲時未遠，宜仍留天地間。因於還鮑丈日輒附識之尾，且將舉告觀察，以俟相與物色，庶幾得之，盡決其所疑也。

又《古刻叢鈔》一卷。平津館刻本。此伯淵先生所重編次，以原書隨得隨鈔，時代雜糅，難於觀覽故也。不遠河江，寄以屬校。因再四尋勘，其閒即有所審正，必取資別本。未嘗隻字敢憑胸臆，即如《故永陽敬太妃墓誌銘》「十一月九日乙卯」，上文云「以普通元年」，下文云「粤其月廿八日戊戌」，考《通鑑目録》，是年十月辛丑朔，十二月庚子朔，是十一月爲辛未朔，九日當是己卯，故廿八日戊戌也。然所有本皆作「乙」字，近見鮑氏知不足齋本獨爲「己」字，乃始改焉。其他大略準此。鮑本先既刊刻，仍藉是本訂定如干處，他日故當兩行之也。是書刊刻已竟，從兄東京取小讀書堆所藏付校其本，後題云「右南村《古刻叢鈔》非全書也。己巳冬借崑山葉氏所藏鈔本，録於榮木軒。至庚午四月十二日完，共五十八葉，錢穀記」。驗其筆蹟，非叔寶手書，蓋出自轉鈔也。然視前所有各本迥勝，今據以修板改正者凡五十餘字。至其字之多少，如入衛天各本多「和」字，錢本無。階」二案衍者不可通。「唐故江南西各本少西字，錢本有。道觀察判官」三案江南西道，開元廿一年分十五道置，採訪使之一也。治章郡。碑文中南康臨川皆屬其部，不知者刪去，誤甚矣。「故右内率府兵曹」各本首多「唐」字，錢本無。平七案以本書推之，蓋有額者，皆依額爲標題。此以意改而未明乎其例也。「前守淄州□各本多「水」字，錢本無。平縣尉」十八案淄州之屬縣，有鄒平，可知所闕處爲「鄒」字。其閒不得更有「水」字也。「塤篪□各本少一闕字，錢本有。叶」十九案脱者不可通，又案上文云「鸞鳴鳳和」，疑所闕當在「塤」下，於偶句始合。錢本轉鈔，仍有小譌也。皆錢本是而他本非也，因不可修改，別記於後以正之。壬申端午後十日。

又《古刻叢鈔》一卷。鈔本。

南村所鈔篆隸刻皆無釋文，其西漢、東漢兩石刻有之者，乃乾道閒東萊蔡迨所爲。南村并其考全載之也。他篆書皆平易可識，唯古刻第二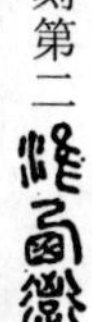下二字，讀者每疑惑莫解。余以爲此「淮西道院」四字也。夏竦《古文四聲韻》卅三皓道下載等字，卅三線院下載字，與此但筆畫繁簡不一耳。聊書之以俟能知古文者。澗薲居士記。

張之洞《書目答問・金石》《古刻叢鈔》一卷。明陶宗儀。平津館本，讀畫齋本。

吴中金石新編

《四庫全書總目提要・目録類》《吴中金石新編》八卷。浙江范懋柱家天一閣藏本。明陳暐撰。暐字耀卿，河南人。弘治閒官蘇州通判，與吴縣知縣鄺璠、舉人浦應祥、祝允明等，採郡中石刻，彙而録之。自學校、官宇、倉驛、水利、橋梁，以及祠廟、寺觀諸碑碣，分類編輯，區爲七目，凡一百餘篇。皆具載全文，用朱珪《名蹟録》之例。採輯金石文字者，原主於搜剔幽隱，考核舊聞，故歐陽、趙、洪諸家惟主於搜求古刻。是編以漢、唐舊蹟多見諸書，獨取明初諸碑，體例雖不免少隘，然其所録，如濟農、永農倉諸記，則備陳積貯之經，許浦、湖川塘諸記，亦具列疏濬之要，皆取其有關郡中利弊者，而於頌德之文，諛墓之作，竝削而不登，其用意頗爲謹嚴。且多有志乘文集所未載，獨賴此以獲傳者，亦頗足爲守土者考鏡之資。以是作與記外篇，固未嘗無所裨益也。

金石文

彭元瑞等《天禄琳琅書目後編・明版子部》《金石文》一函五册。明徐獻忠輯。獻忠，字伯臣，號長谷，松江人，嘉靖乙酉舉人，官奉化知縣。書七卷，凡商文三，周文三十三，秦文十，漢文六十七。前有獻忠自序，後有嘉靖庚子朱警序。

古奇器録

《四庫全書總目提要·譜録類》《古奇器録》一卷。内府藏本。明陸深撰。深有《南巡日録》，已著録。是書雜録古人奇器名目，各標出處。末附以《江東藏書目録》：經第一，理學第二，史第三，古書第四，諸子第五，文集第六，詩集第七，類書第八，雜史第九，地志第十，韻書第十一，小學醫學第十二，雜流第十三。又特爲「制書」一類，其義例與歷代書目頗有不同。蓋深以意爲之，非古法也。

金薤琳琅

范邦甸等《天一閣書目·目録類》《金薤琳琅》二十卷。刊本。明吴郡都穆撰。

錢謙益等《絳雲樓書目·金石類》都元敬《金薤琳瑯》見《子雜·藝類》。

王士禛《漁洋書跋》《金薤琳琅》二則。都玄敬在成、弘間號博雅，著書甚多，金薤琳琅其一也。其書在歐、曾、吕、趙之間，頗稱精核。予購之有年矣。康熙二十四年，張子石宗始爲予得之吴郡。予時自東粤祭告歸，復命京師。天津舟中與坐臥者累日。近人所撰，如趙崡之《石墨鐫華》，郭宗昌之《金石史》，于奕正之《金石志》，葉封之《嵩陽石刻集記》，皆嗜古之士。其書，予家皆有之。今得此書，四部書庫中爲不寂寞矣。

向從禾中朱翰林竹垞所見南昌王孫厭原山人所刻古鐘鼎款識。乃自石本臨摹以授棃棗者。古雅不減宋槧，若得之以成雙璧，可敵十五城矣。年已知命，書癖尚爾。佛家所謂結習者，非邪。

《四庫全書總目提要·目録類》《金薤琳琅》二十卷。浙江汪啓淑家藏本。明都穆撰。穆有《壬午功臣爵賞録》，已著録。是書仿《隸釋》之例，取金石文字，蒐輯編次，各爲辨證。凡周刻二，秦刻六，漢刻二十三，隋刻五，唐刻二十七，於古碑皆録原文。其剥落不完者，則取洪适《隸釋》補之，不盡據石本也。《潛研堂金石文跋尾》論其載《韓勑造孔廟禮器碑》，不知《隸釋》所録但有碑陰而無兩側，乃誤合兩側於碑陰，更譏洪适之闕漏。又論其所釋兩側之文，以「河南匽師」爲「河浦退師」，「任城亢父」爲「侯成交父」，舛謬殊甚。今考其中若第七石鼓内「斿」字下一字石鼓作「髽」，薛尚功作「憂」，此乃作「夏」。《會稽石刻》「無辠」之「辠」即「罪」字，此作「辜」字，書體頗誤。又《泰山石刻》「既天下句」，《秦篆譜》「既」字下有「平」字，與史合。而此碑於既字下不註闕文，疎略尚往往而有。然所録碑刻具載全文，今或不能悉見。《金石文跋尾》謂所載貞元九年《姜嫄公劉廟碑》，今已損失三十餘字，是可以備參核矣。穆别有《南濠文略》六卷，其後二卷即此書。所載諸碑跋，蓋用《集古録跋尾》編入本集之例。然穆之文章，在可傳可不傳之間，不若以此本孤行也。

彭元瑞等《天禄琳琅書目後編·明版子部》《金薤琳琅》。一函五册。明都穆撰。書二十卷。凡周刻二，秦刻六，漢刻二十五，隋刻五，唐刻二十七。俱引原文，申以論説，如《隸釋》之例。

書中間有硃書考證，末有墨蹟。跋款云：「辛巳二月蒙隱褐夫書於壽寧里塾」。文多不録。

雲間董氏藏本六印不可辨。謝淞洲號林村，長洲人。

張之洞《書目答問·金石》《金薤琳瑯》二十卷。明都穆。

金石古文

范邦甸等《天一閣書目·目録類》《金石古文》十四卷。刊本。明成都升庵楊慎撰，廣漢豐泉蘇一元校，滇南張昆池梓嘉靖己亥。序曰：「《金石古文》凡十四卷，計百篇。皆漢魏文先生掇而序之者也。昔歐陽脩曾爲《通志釋文》，以拾逸散，猶未之盡。先生旁搜遠取，極於深山窮谷，古文至此翕然大備。蒐獵之功富且奇矣。歐陽脩讀漢《郙閣頌》，至「醳散關之潮漯，徒朝陽之平惨」之句，莫知其説。先生類引分解，而義自明備透徹。微先生，竟爲闕典也。後有自跋，并有漢無終山陽陳伯天祚玉田圖章。

錢謙益等《絳雲樓書目·金石類》《金石古文》。楊慎。

金石古文

范邦甸等《天一閣書目·目録類》 《金石古文》三卷。刊本。缺首二卷。撰人名氏無查。

天下金石志

《四庫全書總目提要·目録類》 《天下金石志》無卷數。山東巡撫採進本。明于奕正撰。奕正有《帝京景物略》，已著録。是書具載古來金石之所在，略註撰書人姓名年月，亦閒有所考證。其中如衡方碑在山東，而以爲在陝西；唐顔氏家廟碑今在西安府儒學，而以爲在曲阜；又杭州府儒學有宋高宗御書石經，古刻猶存，而此編不載，未免疏漏。據因樹屋書影所敘奕正始末蓋生長京師，平生未出國門，晚年始一游江南，遂以旅卒。其耳目所及者隘，其不能詳者亦宜也。書前有金鉉序，又有劉侗略述六則，詞頗儇佻，蓋染竟陵、公安之習者。獨其稱「孫雪居誤以李翕郙閣頌在冀郡，潁川荀淑碑在潁上，周少魯不載董仲舒漢贊於真定、天寧寺隋碑於宛平，均爲舛謬」。奕正此書，正孫本者十四，正周本者十七，則尚爲公論云。

金陵古金石考

《四庫全書總目提要·目録類》 《金陵古金石考》一卷。兩淮鹽政採進本。明顧起元撰。起元字太初，江寧人。萬曆戊戌進士，官至吏部左侍郎兼翰林院侍讀學士，謚文莊。其書於金陵所有古金石，以年代排纂，各紀所在及撰人、書人、姓名，無所考證。

金石林時地考

《四庫全書總目提要·目録類》 《金石林時地考》二卷。浙江汪啓淑家藏本。明趙均撰。均字靈均，吳縣人，寒山趙宧光之子也。宧光六書之學，雖强作解事，所著《説文長箋》，頗爲論者所非，而篆隸筆法，尚能講解，故均承其家學，亦喜蒐求金石。是編取《東觀餘論》、《宣和書譜》、《金石略》、《墨池編》、《集古録》、《隸釋》、《金石總要》、《菉竹堂碑目》、王世貞《金石跋》，以及各家書目所載，與近代續出耳目所及者，仿陳思《寶刻叢編》之例，編次郡省，分别時代，以便訪求。其中如南直隸唐碑失載《岑君德政碑》等五種，頗有疎漏。福建玉枕蘭亭作褚遂良書之類，亦不免失於考核。然亦有足訂他書之譌者。明代去今未遠，較陳思所記，固多可依據也。

金石史

《四庫全書總目提要·目録類》 《金石史》二卷。浙江汪啓淑家藏本。明郭宗昌撰。宗昌字允伯，華州人。平生喜談金石之文。所居沚園，在白厓湖上。嘗構一亭，柱礎墄碣皆有款識銘贊，手書自刻之，凡三十年而迄不成。蓋迂僻好異之士也。與同時盩厔趙崡，皆以搜剔古刻爲事，崡著《石墨鐫華》，宗昌亦著此書，而所載止五十種，僅及趙書五分之一。上卷起周迄隋、唐，下卷唐碑二十餘，而以宋《絳州夫子廟記》一篇閒雜其中，殆仿原本《集古目録》不敘時代之例歟？其論石鼓文，主董逌《廣川書跋》之説，據《左傳》定爲成王所作，已爲好異。又謂以石爲鼓，無所取義，石又不類鼓形，改爲岐陽石碣文，則乖僻更甚矣。其論《嶧山碑》一條，引唐封演説，謂其石爲曹操所排倒，而云拓跋燾又排倒之，何一石而兩遭踣云云。考《封演聞見記》云：秦始皇刻石，李斯小篆，後魏太武帝登山，使人排倒之。無曹操排倒之語。殆宗昌所見之本，或偶脱太字，因誤讀爲魏武帝，遂謬云兩次排倒。其援引疎舛，亦不足據。然宗昌與趙崡均以論書爲主，不甚考究史事，無足爲怪。觀其論《衡岳碑》、《比干墓銅盤銘》、《季札碑》、《天發神讖碑》、《碧落碑》諸條，皆灼指其僞，頗爲近理。其論懷仁集《聖教序》勝於定武《蘭亭》，蓋出於鄉曲之私，自矜其關中之所有，不爲定論。故後來孫承澤深不滿之。然承澤作《庚子銷夏記》，其論列諸碑，實多取此書之語，則固不盡廢宗昌説也。惟其好爲大言，冀以駭俗，則明季山人譎誕取名之慣技，置之不問可矣。

又《欽定校正淳化閣帖釋文》十卷。

乾隆三十四年，詔以内府所藏宋畢士安家《淳化閣帖》賜本，詳加釐正，重勒貞珉。首冠以御題「寓名蘊古」四字及御製《淳化軒記》，命諸臣校正摹勒諭旨，末載原帖舊跋及諸臣書後。其中古帖次第，一從舊刻，而於朝代之先後，名字之標題，皆援證史文，裁以書法，俾不乖於《春秋》之義。每卷皆恭摹御筆論斷，昭示權衡。又參取劉次莊、黄伯思、姜夔、施宿、顧從義、王澍諸説，而以大觀、太清樓諸帖互相考校，凡篆籀行草，皆註釋文於字旁，復各作訂異，以辨正是非，别白疑似，誠爲墨林之極軌，書苑之大觀。乾隆四十三年，侍郎金簡以石刻貯在禁庭，自宣賜以外，罕得瞻仰，乃恭録釋文，請以聚珍板摹印，俾共窺八法之精微。由是流布人間，遂衣被於海内。考張彦遠《法書要録》，末有《右軍書記》一卷，所載王羲之帖四百六十五，附王獻之帖十七，竝一一爲之釋文。劉次莊之《釋閣帖》，蓋即以是爲藍本。然彦遠書傳寫多譌，次莊書至南北宋間陳與義已奉勅作《法帖釋文刊誤》一卷，今附刊韋續《墨藪》之末，則次莊所釋，不盡足據可知。第諸家雖知其有譌，而辨訂未能悉當，遞相駁詰，轉益多岐。恭逢我皇上天縱聰明，游心翰墨，裁成頡籀，陶鑄鍾、王，訓示儒臣，詳爲釐定，書家乃得所指南。是不惟臨池者之幸，抑亦漢、晉以來能書者之至幸也！

金石備考

《四庫全書總目提要·目録類》 《金石備考》十四卷。浙江鮑士恭家藏本。舊本題關中來濬撰。自署其字曰梅岑，不著時代。陝西地志亦均不載其姓名。考太學《進士題名碑》，陝西有來聘、來儼然、來復，皆三原人，濬豈其族歟？書中有萬曆間穎井出蘭亭事，則是明萬曆後人。又稱國學蘭亭即定武本，則是趙孟堅、柯九思所藏肥瘦二本，尚未著録流傳之日，其書殆著於明末。原本未標卷次，以其分省之序，當爲一十三卷，合附載一卷，共爲十四卷。其曰「備考」者，蓋以祇據前人所著録者，存其名目，以資檢括，非比歐、趙諸書薈萃論次者也。然既撮爲一編，則亦應略爲考證，俾存亡真贋釐然可考，方足成書。而概無别擇，視孫克宏、于奕正諸書詳則過之，而譌謬亦復不減。其最甚者，如周穆王贊皇壇山吉日癸巳字誤爲史籀書。濟寧王安石詩碑，誤爲党懷英詩。慈恩寺塔褚遂良書《聖教序》，誤爲臨王羲之書。釋夢英篆千文，誤爲李陽冰書。此人名之舛也。皇象篆書吴紀功碑，誤爲八分書。此字體之舛也。唐高正臣書《明徵君碑》誤爲宋人，辰州《銅柱記》誤爲晉刻，以謝靈運誤爲唐人。此時代之舛也。房元齡碑在西安，魯峻碑在濟寧，而皆誤云在章邱。衡方碑在汶上，張九齡碑在韶州，而皆誤云在西安。又若漢周憬碑，在湖廣桂陽與廣東樂昌兩載，房山隋石經、許州上尊號碑、嵩山徐浩碑、永州中興頌、長沙岳麓寺李邕碑，則一處而兩見。此地理之舛也。即其註於條下，曰今斷，曰今殘闕者，亦是所據之書如此，非得自目見。雖備考不妨存疑，然於裒輯亦太草略矣。

石墨鐫華

錢謙益等《絳雲樓書目·金石類》 趙崡《石墨鐫華》崡，字子函，盩厔人。領萬曆己酉鄉薦。

《四庫全書總目提要·目録類》 《石墨鐫華》六卷《附録》二卷。安徽巡撫採進本。明趙崡撰。崡，字子函，盩厔人。萬曆乙酉舉人。崡家近漢、唐故都，多古石刻。性復好事，時挾楮墨訪搨，並乞於朋友之宦遊四方者。積三十餘年，故所蓄舊碑頗夥。自序稱所收過於都穆、楊慎，而視歐陽修才三之一，視趙明誠才十之一。然宋、元以上多歐、趙所未收者。欲刊其全文，而力不足以供匠氏，故但刻其跋尾。凡二百五十三種。其曰石墨鐫華者，取劉勰《文心雕龍·誄碑》篇句，以所收有石無金故也。每碑目録之下，仿陳思《寶刻叢編》之例，各註其地。金、元國書，世不多見。亦仿《集古録》摹載鍾鼎之例，鉤勒其文，體例頗爲詳備。惟所跋詳於筆法而略於考證，故《峋嶁碑》、《比干墓銘》之類，皆持兩端。而所論筆法，於柳公權、夢英、蘇軾、黄庭堅皆有不滿，亦僻於一家之言。然一時題識，語有出入，自《集古録》以下皆所不免，不能獨爲崡咎也。至所載古碑，頗多未備。則由崡本貧士，其力止於如斯。觀附録二卷所載三記及詩，其求索之勞，亦云備至，不必以挂漏爲譏矣。

黄丕烈《蕘圃藏書題識再續録》 《石墨鐫華》八卷。明刻本。

陝西西安府學宋向□鎮長安，摹搨古碑三千餘本，民以爲害，往往鑱削其字。

韓縝修壖橋，督工急，民磨碑石供之。遭此二厄，故闕者甚多。宋搨有未遭厄者或全且不剥蝕，所以珍貴。

余向收《石墨鐫華》爲金耿庵手録本，重其明鈔也。頃從試飲堂顧氏復得此明刻舊本，兼爲毛氏父子收藏。中多手跡古香，尤覺可愛。因與耿庵鈔本並藏名鈔舊刻。一書而兩全其美，豈不幸歟？壬戌仲冬蕘翁丕烈。

張之洞《書目答問·金石》《石墨鐫華》六卷《附録》二卷。明趙崡。知不足齋本。

稽古編

楊士奇等《文淵閣書目·法帖》《稽古編》。一部。三册。闕。

古器具名

《四庫全書總目提要·譜録類》《古器具名》二卷附《古器總説》一卷。浙江巡撫採進本。明胡文焕編。文焕有《文會堂琴譜》，已著録。是書於每一古器各繪一圖，先以《博古圖》《考古圖》，次以《欣賞編》。《欣賞編》者，即鈔襲《説郛》内之《古玉圖》也。《古玉圖》，元人朱德潤編，有德潤自序。刻《説郛》者，既失其序，而沈潤卿《欣賞編》又没所自來。文焕此書遂直以爲據，《欣賞編》譌以傳譌，其無所考證可見。況博古、考古二《圖》所載甚備，乃每器僅擇其一，亦不知其何取。末附《總説》一卷，則全襲《博古圖》之文，益爲弇鄙。《博古圖》成於宣和禁絶史學之日，引據原疎。文焕不能考定，乃剽竊割裂，又從而汨亂之，其鉤摹古篆，亦不解古人筆法，尤誤謬百出。「不知而作」，其此書之謂歟！

金石韻府

黄虞稷《千頃堂書目·小學類·補法帖·元》《金石韻府》五卷。不知撰人。

禮器説

張萱等《内閣藏書目録·圖經部》《禮器説》一册。不全。莫詳著人姓氏。後附高《全忠大成集》，皆禮説也。

分宜清玩譜

《四庫全書總目提要·譜録類》《分宜清玩譜》一卷。浙江汪啟淑家藏本。不著撰人名氏。取嚴嵩家藏弆書畫器玩之目，彙爲一册，亦鈐山籍官簿之類也。所紀皆摘珍異者録之，非其全籍。然古琴而至五十餘張，亦何止元載之胡椒八百斛乎。

求古録

《四庫全書總目提要·目録類》《求古録》一卷。兩淮鹽政採進本。國朝顧炎武撰。炎武有《左傳杜解補正》，已著録。炎武性好遠遊，足迹幾徧天下，搜金石之文，手自鈔纂，凡已見方志者不録，現有拓本者不録，近代文集尚存者不録。上自漢《曹全碑》，下至明建文《霍山碑》，共得五十六種。每刻必載全文，蓋用洪适《隸釋》之例，仍皆誌其地理，考其建立之由。古字篆隸，一一註釋。其中官職、年月，多可與正史相參。如荼茶、準准、張弡等字，亦可以補正字書之譌。炎武别有《金石文字記》，但載跋尾，不若此編之詳明也。惟《曹全碑》題「中平二年十月丙辰造」，以《後漢書》考之，《靈帝本紀》是年十月有庚寅，距丙辰前二十六日；《天文志》是年十月有癸亥，距丙辰後七日，其間不得有丙辰，頗疑是碑之僞。據《潛研堂金石文跋尾》，以長歷推之，始知是年十月丙申朔，丙辰爲月之二十一日，癸亥爲月之二十八日，實無庚寅。併證以《譙敏碑》，稱中平二年三月九日戊寅，《靈帝本紀》及《五行志》竝稱中平三年五月壬辰晦，干支日數，一一相符，乃本紀之誤，非碑之僞。炎武猶未及詳辨，是則考證之偶疎耳。

欽定西清古鑑

《四庫全書總目提要・譜録類》《欽定西清古鑑》四十卷。乾隆十四年奉敕撰。以内府庋藏古鼎彝尊罍之屬案器爲圖，因圖繫説，詳其方圓圍徑之制，高廣輕重之等，併鉤勒款識，各爲釋文。其體例雖仿《考古》、《博古》二圖，而摹繪精審，毫釐不失，則非二圖所及。其考證雖兼取歐陽修、董逌、黄伯思、薛尚功諸家之説，而援據經史，正誤析疑，亦非修等所及。如周文王鼎銘之「魯公」斷爲伯禽，而非周公，周晉姜鼎銘之「文侯，據虎賁」云云，與《書・文侯之命》合斷爲「文侯虎」，而非文公重耳；漢定陶鼎，據《漢書・地理志》濟陰郡註：宣帝甘露二年，更名定陶，斷此鼎爲宣帝中定陶，共王康作，而非趙共王恢，皆足正《博古圖》姓名之譌。又如商祖癸鼎，《博古圖》謂「我」之字從「戈」者，敵物之我也云云，則斥其雜用王安石《字説》；王氏銅虹燭錠，《博古圖》謂是薦熟食器，則於周素錠引《説文》以錠爲鐙正之，亦足糾其訓釋之舛。其他如周召夫鼎、周魚鼎之屬，辨駁尤多。又如周單卣銘，爵字、景字，從《博古圖》，豐字則從《鐘鼎款識》，於兩家皆取所長。銘首凶字則證其不當作冏，於兩家竝訂其失。商瞿卣舊無實證，則引《竹書紀年》註，定瞿爲武乙之名，竝能參考異同，補苴罅漏。至周象尊，據器訂《周禮・司尊彝》註「飾以象骨」之非；周犧尊，據器訂鄭註「飾以翡翠」之非；周虎錞，引《周官・鼓人》「以金錞和鼓」鄭註，證《南史》灌之以水，及以器盛水於下，以芒莖當心跪注之非，則尤有裨於經史之學。又周邢侯方彝銘十八月乙亥，證以《管子》「十三月令人之魯、二十四月魯梁之民歸齊、二十八月萊莒之君請復之」數語，以破歐陽修、蔡襄、劉敞輩不解洛鼎銘「十有四月」之疑，尤從來考古者所未到。蓋著述之中，考證爲難，考證之中，圖譜爲難，圖譜之中，惟鐘鼎款識，義通乎六書，制兼乎三禮，尤難之難。讀是一編，而三代法物恍然如覩。

聖天子稽古右文，敦崇實學，昭昭乎有明驗矣。

張之洞《書目答問・金石》《西清古鑑》四十卷。乾隆四年敕撰。殿本。

金石表

《四庫全書總目提要・目録類》《金石表》一卷。編修汪如藻家藏本。國朝曹溶撰。溶有《崇禎五十宰相傳》，已著録。是書雜列所蓄碑帖之目。前有自序，稱「予行塞上，見古碑横荊草間，偶一動念，古人遺蹟歷千百年，自吾世而湮没之爲可惜。搜自境内以至遠地，積五年，得八百餘本，經以碑，緯以撰者、書者之姓名及所立之地與世與年，合而成表」。然其書與他家碑目相等，無所謂體仿周譜，旁行斜上之式，以表爲名，殊不相稱。其閒既不從歐、趙不分時代之例，而所列時代不以年序，亦不以地序。六朝以前合而爲一，尤爲雜糅，似乎未經編次之本。且八百餘本之中，惟楊珣殘碑註「疑非是再考」五字。餘皆不置一詞，亦不足以資考證。又王羲之書《曹娥碑》、《樂毅論》諸條下，皆註宋搨字。是雜録古帖，竝非金石之存於今者矣。

續金石録

《四庫全書總目提要・目録類》《續金石録》無卷數。編修翁方綱家藏本。國朝葉萬撰。萬字石君，常熟人。卷首有汪士鋐、何焯、顧有典同校名氏。其書著録金石，用洪适《隸釋》例，多載全文，竝著其闕字之數，行列之式，欲以續趙明誠之書。所載古碑，於《金薤琳瑯》諸書闕文漏字，亦閒有補益。然金與石既雜糅不倫，石刻與法帖又偏枯不備，甚至婁堅所作戲鴻堂帖諸跋，亦闌入石刻之内。雖曾宏父《石刻鋪敘》嘗有此例，不知《石刻鋪敘》大指以鳳墅帖爲主，專爲法帖而作，故自淳化、大觀以來，歷歷縷述。此書編録金石，例迥殊也。至如鏡、硯、剛卯，自宜另列古器一門，乃雜然竝收，亦無編次。所載古今聚金石刻諸姓氏，前後叢脞，又複漏不一。甚至譌劉攽之《先秦古器記》爲《先秦奇器録》，殆未睹原書，轉相裨販，致有此失矣。

金石萃編

張之洞《書目答問・金石》 《金石萃編》一百二十七卷。王昶。原刻本。

嚴可均編《平津館金石萃編正續》三十一卷未刊。

金石萃編補正

顧廣圻《思適齋書跋・史部》 《金石萃編補正》四卷。鈔本。昔錢竹汀少詹言宋以後碑好者頗少，惟引李南澗一人爲同志。今讀此二册，自唐以下，凡宋、金、元等各碑一一手釋其文，纖悉無遺。我彦聞先生可謂真知篤好矣。惜不起少詹見之。時道光八年十月十日，元和顧千里觀并記。

顧廣圻《思適齋集外書跋輯存・史類》 《金石萃編補正》四卷。藁本。昔錢竹汀少詹言宋以後碑好者頗少，惟引李南澗一人爲同志。今讀此二册，自唐以下，凡宋、金、元等各碑一一手釋其文，纖悉無遺。我彦聞先生可謂真知篤好矣。惜不起少詹見之時。道光八年十月十日，元和顧千里觀并記。

石經考異

《四庫全書總目提要・目録類》 《石經考異》二卷。浙江巡撫採進本。國朝杭世駿撰。世駿有《續方言》，已著録。是編因顧炎武《石經》考猶有採摭未備，辨正未明者，乃爲糾譌補闕，勒爲二卷。上卷標十五目，曰延熹石經、曰書碑姓氏、曰書丹不止蔡邕、曰三字一字、曰正始石經非邯鄲淳書、曰魏文帝典論、曰漢魏碑目、曰《隋書・經籍志》正誤、曰鴻都學非太學、曰魏太武無刻石經事、曰顧考脱落北齊二條、曰唐《藝文志》載石經與《隋志》不同、曰唐石臺孝經、曰唐石經、曰張參五經文字。下卷標三目，曰蜀石經、曰宋開封石經、曰宋高宗御書石經。考證皆極精核。前有厲鶚、全祖望、符元嘉三序。鶚序稱其五經、六經、七經之核其實，一字、三字之定其歸，二十五碑、四十八碑之析其數，堂東、堂西之殊其列，自洛入鄴，自汴入燕之分其地，駁鴻都門學非太學，魏石經非邯鄲淳書，直發千古之蒙滯。而又引何休《公羊傳註》，證漢石經爲一字，引孔穎達《左傳疏》，稱魏石經爲三字，以補世駿所未及。祖望序亦引《魏略》、《晉書》、《隋志》證邯鄲淳非無功於石經，引《魏書・崔浩・高允傳》證魏太武時未嘗無立經事，與世駿之説互存參考。而汪祚、趙信、符曾諸人，復各抒所見，互相訂正，今竝列於書中。蓋合數人之力，參訂成編，非但據一人之聞見。其較顧炎武之所考，較爲完密，亦有由也。然尤袤《遂初堂書目》所列成都石刻，稱《論語》、九經、《孟子》、《爾雅》，較晁公武、曾宏父所記少一經，亦當爲辨正。世駿乃偶遺不載，是則失之眉睫之前者，亦足見考證之難矣。

來齋金石考

《四庫全書總目提要・目録類》 《來齋金石考》三卷。福建巡撫採進本。國朝林侗撰。侗字同人，侯官人。侗喜録金石之文，嘗游長安，求得漢甘泉宮瓦，於淳化山中。又携拓工歷唐昭陵陪葬地，得英公李勣以下十有六碑，當時稱其好事。是編乃總録古今碑刻，凡夏、商、周六，秦、漢十九，魏一，吴一，晉五，梁一，後魏三，北齊一，後周二，隋八，唐一百七十三，皆據目見者書之。中間辨證，大抵取之顧炎武《金石文字記》，而頗以己意爲折衷，多所考據。又録唐諸帝御書碑十四種，獨斥武后不與，亦深合排抑僭僞之義。惟首列夏禹《岣嶁碑》，載其友劉鼇石説，謂當在祝融峰頂，未免失之好奇。又於各碑後載入賦詠詩篇，亦非歐、趙以來題跋之體。特其搜羅廣博，鑒別尚頗詳審，故考金石者亦有取焉。

金石經眼録

《四庫全書總目提要・目録類》 《金石經眼録》一卷。兵部侍郎紀昀家藏本。國朝褚峻摹圖。牛運震補説。運震有《空山堂易解》，已著録。峻字千峯，郃陽人。工於鐫字，以販鬻碑刻爲業。每裹糧走深山窮谷敗墟廢址之間，搜求金石之文。凡前人所未及録，與雖録而非所目擊，未能詳悉言之者，皆據所親見繪其形狀，摹其字畫，併其剥蝕刓闕之處，一一手自鉤勒，作爲縮本，鐫於棗版，纖悉逼真。自太學石鼓以下，迄於曲阜顔氏所藏漢無名碑陰，爲數四十有七。運震各系以説，詳其高卑廣狹，及所在之處。其假借通用之字，亦略訓釋。雖所收頗狹，而較向來金石之書或僅見拓本，或僅據傳聞者，特爲精核。書成於乾隆元年，峻自爲序。後運震又即峻此書，增以巴里坤新出《裴岑紀功碑》，改名《金石圖》。運震未至西域，僅得模糊拓本，所摹頗失其真。又仿岳珂之例，於説後各贅以贊，亦爲蛇足。峻復自益以唐碑，别爲下卷，體例迥然各别，尤病糅雜。今以此本著録，而續刻之本則别存目焉。

張之洞《書目答問・金石》 《金石經眼録》一卷。褚峻圖，牛運震説。原刻本，即《金石圖》上卷。

金石續録

《四庫全書總目提要・目録類》 《金石續録》四卷。浙江鮑士恭家藏本。國朝劉青藜撰。青藜字太乙，襄城人。康熙丙戌進士，改庶吉士。是編即其家藏金石諸刻，各爲題跋。其子伯安纂録成帙，其弟青震序之。所見既乏奇秘，所跋亦罕考證。

金石録補

張之洞《書目答問・金石》 《金石録補》二十七卷《續跋》七卷。葉奕包。涉聞梓舊本。

秋園雜佩

吴壽暘《拜經樓藏書題跋記》 《秋園雜佩》。此即從楊氏借鈔者，有侯方域序，子宗石跋語。慧樓進士手書跋云：「是亦易安《金石録序》，遺山《故物譜》之類也。」俛仰今昔，盍然傷懷。佩繽紛以繚轉兮，遂萎絶離異。物猶如此，人何以堪？未免有情，誰能遣此？癸卯孟夏，松陵楊復吉識。

百寶總珍集

吴壽暘《拜經樓藏書題跋記》 《百寶總珍集》。右舊鈔本，十卷。不著撰人名氏。

金石文鈔

張之洞《書目答問・金石》 《金石文鈔》八卷。趙紹祖。

金石存

張之洞《書目答問・金石》 《金石存》十六卷。吴玉搢。道光刻本。

南漢金石志

張之洞《書目答問・金石》 《南漢金石志》二卷。吴蘭修。《嶺南遺書》。趙紹祖《安徽金石文編》八卷，瞿中溶《吴郡金石志》，錢大昭《嘉定金石文字記》四卷，未見傳本。考石經者已入經部石經類。《隸釋》、《隸續》、《漢隸字原》已入經部小學類。

兩漢金石記

張之洞《書目答問・金石》 《兩漢金石記》二十二卷。翁方綱。《蘇齋叢書》本。

以上二書，兼目録文字。

金石苑

張之洞《書目答問・金石》《金石苑》無卷數。劉喜海。自刻本。

金石文字記

《四庫全書總目提要・目録類》《金石文字記》六卷。兩淮馬裕家藏本。國朝顧炎武撰。前有炎武自序，謂抉剔史傳，發揮經典，頗有歐陽、趙氏二録之所未具者。今觀其書，裒所見漢以來碑刻，以時代爲次，每條下各綴以跋。其無跋者，亦具其立石年月、撰書人姓名。證據今古，辨正譌誤，較《集古》、《金石》二録實爲精核，亦非過自標置也。所録凡三百餘種。後又有炎武門人吴江潘耒補遺二十餘種。碑字間有異者，又別爲摘録於末，亦猶洪适《隸釋》每碑之後摘録今古異文某字爲某之遺意。《潛研堂金石文跋尾》嘗摘其舛誤六條，一曰《齊隴東王孝感頌》，炎武未見其碑額，臆題爲《孝子郭巨墓碑》。一曰唐《寂照和上碑》，本無刻石年月，炎武誤記爲開成六年正月，且未考開成無六年。一曰後唐《賜冥福禪院地土牒》，趙延壽、范延光皆押字，炎武視之未審，誤以爲無押字。一曰《周中書侍郎平章事景範碑》，本行書，而炎武以爲正書，本題孫崇望書，而炎武失載其名，皆中其失。一曰後漢蕩陰令《張遷頌》，炎武誤以既且二字合爲暨字。一曰後漢州從事《尹宙碑》，書鉅鹿爲鉅鏕，證以《廣韻註》、《後魏弔比干文》及《北史》，皆作鉅鏕，炎武誤謂不當從金。案《張遷頌碑》拓本，既且二字，截然不屬，炎武誠爲武斷。然字畫分明，而文義終不可解，當從闕疑。《金石文跋尾》所釋，亦未爲至確。至於鉅鹿之鹿，自《史記》以下，古書皆不從金，《説文》亦不載鏕字，自《玉篇》始載之，其爲顧野王原本，或爲孫强所加，或爲宋《大廣益會玉篇》所竄入，已均不可知。然其註曰「鉅鹿，鄉名，俗作鏕」，則從金，實俗書，具有明證。北朝多行俗字，《顔氏家訓》嘗言之。此書亦頗摘其譌。北魏人書，似不可據爲典要。《廣韻註》尤不甚可憑。如開卷東字註，謂東宫複姓，齊有大夫東宫得臣，亦可據以駁《左傳》乎？是固未足以服炎武也。惟共斥石鼓之僞，謂不足儕於二雅，未免勇於非古。釋校官之碑，謂東漢時有校官，亦未免疎於考據。是則其失之臆斷者耳。然在近世著録金石家，其本末源流，燦然明白，終未能或之先也。

張之洞《書目答問・金石》《金石文字記》六卷。顧炎武。《亭林遺書》本，《借月山房》本，《指海》本。

觀妙齋金石文考略

《四庫全書總目提要・目録類》《觀妙齋金石文考略》十六卷。浙江巡撫採進本。國朝李光暎撰。光暎字子中，嘉興人。嘉興之收藏金石者，前有曹溶《古林金石表》，後有朱彝尊《吉金貞石志》。彝尊所藏金石刻，又歸於光暎，遂裒輯所得，集諸家之論，而爲此書。前有雍正七年金介復序，稱其不減曹氏古林之富。然《古林金石表》間有參差搘拄，且無論説，不及此書之有條理。而《吉金貞石志》久無成帙，或疑彝尊當日本未成書，然此書内乃有引《吉金貞石志》一條，則或存其殘藁之什一，未可知也。所採金石之書凡四十種，文集、地志、説部之書又六十種，可謂勤且博矣。惟於《瘞鶴銘》不引張弨釋文，於《天發神讖碑》不引周在浚釋文，《蘭亭序》不引俞松《續考》，是爲漏略耳。自昔著録金石之家，皆自據見聞爲之評説，惟宋陳思《寶刻叢編》，則雜取《金石録》、《復齋碑録》諸書，薈稡爲之。是書亦同此式，每條下各註所出之書，間有光暎自識者，什一而已。金石著録之富，無過歐陽、趙、洪三家，而是書於《隸釋》所引不及十之一，於《集古》、《金石》二録所引亦不甚詳，至《隸續》暨婁機《漢隸字原》，則皆未之及。蓋諸書以考證史事爲長，而是書則以品評書蹟爲主，故於漢隸則宗鄭簠之評，於唐碑則取趙崡之論，雖同一著録，而著書之宗旨則固區以別矣。

金石遺文録

《四庫全書總目提要・目録類》《金石遺文録》十卷。兩江總督採進本。國朝陳奕禧撰。奕禧字子文，號香泉，海寧人。由貢生官至南安府知府。奕禧以書著名。是書爲書法而作，就所得金石，採録其文，彙輯成帙。王士禛《分甘餘話》稱，奕禧於秦、漢、唐、宋以來金石文字，收藏尤富，皆爲題跋、辨證，而以爲米元章、黄伯思一流人。蓋即指是書。然其採輯前人論説，及奕禧自綴論者，僅漢碑數種而已。唐碑以後十不逢一，則是意在録文，而不全在跋也。即以録文而論，亦尠體例。如漢碑中録侯成唐扶逢盛諸篇，皆拓本之不存於今者，不知奕禧果見其拓本，抑或僅於金石書中録之。若果見拓本，則是希有之蹟，必當詳註所自來；若僅從金石書鈔取，則挂漏在所不免矣。至於碑之原額原題，頗有改竄。又於題下標列姓氏，類坊刻時文之式。篇内譌脱，更復不可枚舉。若碑有傳摹先後真蹟之不同，同一石者又有存字多寡，拓木傳寫之不同，而此書亦復不加審擇。甚至少林寺《戒壇銘》一篇，真贋二本竝存。又如明皇之《孝經註》、顔元孫之《干禄字書》，則連篇全載。《浯溪中興頌》，則於王士禎《浯溪考》一字不遺，而漢、唐諸碑，前人剖辨最有關係者，乃一字不録。後載奕禧自書諸碑，蓋用宋曾宏父載《鳳墅帖》於《石刻鋪敘》卷尾之意。然其於本朝人諸石刻，僅載傅山、鄭簠二通，即接以自書諸碑，而於元、明碑亦廖寥無幾，皆體例之不相稱者。又其書既爲書法而作，則每碑自應詳著其字體，而書内或著或否，參差不一。其諸碑所在地名，亦不詳著。皆非輯録之體，似是裒輯未成之書也。

小蓬萊閣金石文字

張之洞《書目答問・金石》 《小蓬萊閣金石文字》無卷數。黄易。自刻本。

隨軒金石文字

張之洞《書目答問・金石》 《隨軒金石文字》八種。無卷數。徐渭仁。自刻本。

潛研堂金石目

張之洞《書目答問・金石》 《潛研堂金石目》八卷。錢大昕。潛研堂本。

鐵橋金石跋

張之洞《書目答問・金石》 《鐵橋金石跋》四卷。嚴可均。《鐵橋漫稿》内。

潛研堂金石跋尾

張之洞《書目答問・金石》 《潛研堂金石跋尾》二十五卷。錢大昕。潛研堂本。錢師徵《金石文字管見録》二卷未刊。

金石三跋

張之洞《書目答問・金石》 《金石三跋》十卷。武億。授經堂本。

古墨齋金石文跋

張之洞《書目答問・金石》 《古墨齋金石文跋》六卷。趙紹祖。《續涇川叢書》本。瞿中溶官印考證。卷家刻本未畢工。

京畿金石考

張之洞《書目答問・金石》 《京畿金石考》上下卷。孫星衍。

常山貞石志

張之洞《書目答問・金石》《常山貞石志》二十四卷。沈濤。

中州金石記

張之洞《書目答問・金石》《中州金石記》五卷。畢沅。《經訓堂叢書》。

中州金石考

《四庫全書總目提要・目録類》《中州金石考》八卷。副都御史黄登賢家藏本。

國朝黄叔璥撰。叔璥有《南征記程》，已著録。是書則其官河南開歸道時所輯也。成於乾隆辛酉。所録中州金石，自商、周以至元、明，蒐採頗富。然既以十府三州分目，則疆域井然，不容牽混，而郟縣蘇軾《蜀岡》詩石刻，第八卷内乃兩收，此類未免失檢。又所載金石，皆不著其存亡。即如自序中明言漢碑秖存其七，而所載漢時金石乃至百二十種，則是據前人所述，概爲録入。其中重刻者、傳疑者又不盡著其由來，殊非記實之意。又每種之下，宜一一具載立石年月，撰書人姓名，其不可考者，則著其闕文，方足徵信。而是書或著或否，則體例亦未畫一。至於郡縣地名，古今沿革之殊，或前人著録稱某碑在某州縣，而今改其名者，亦宜疏明，以資考核。如石梁今已爲縣，而稱徐庶母碑在州城東之類，尤端委未明。是皆由輯書時未嘗親見原碑，或據金石舊書，或據郡縣諸志故也。

安陽金石録

張之洞《書目答問・金石》《安陽金石録》十六卷。武億。附縣志。

偃師金石録

張之洞《書目答問・金石》《偃師金石録》二卷。武億。附縣志。

濬縣金石録

張之洞《書目答問・金石》《濬縣金石録》上下卷。熊象階。

關中金石記

張之洞《書目答問・金石》《關中金石記》八卷。畢沅。《經訓堂叢書》。

關中金石附記

張之洞《書目答問・金石》《關中金石附記》一卷。焦汝霖。

雍州金石記

張之洞《書目答問・金石》《雍州金石記》十卷。朱楓。

涇川金石記

張之洞《書目答問・金石》《涇川金石記》一卷。趙良霨。《續涇川叢書》。

江寗金石考

張之洞《書目答問·金石》《江寗金石考》十二卷。嚴觀。

兩浙金石志

張之洞《書目答問·金石》《兩浙金石志》十八卷《補遺》一卷。阮元。

會稽金石志

張之洞《書目答問·金石》《會稽金石志》六卷。

粤東金石略

張之洞《書目答問·金石》《粤東金石略》十六卷。阮元。省志内抽印别行。

粤東金石略

張之洞《書目答問·金石》《粤東金石略》十二卷。翁方綱。《蘇齋叢書》。

粤西金石略

張之洞《書目答問·金石》《粤西金石略》十六卷。謝啓昆。省志内抽印别行。

湖北金石詩

張之洞《書目答問·金石》《湖北金石詩》一卷。嚴觀。《連筠簃叢書》。意在考據。

益都金石記

張之洞《書目答問·金石》《益都金石記》□卷。段赤亭。

滇南古金石録

張之洞《書目答問·金石》《滇南古金石録》一卷。阮福。

彝銘分部

太原王氏家碑誄頌讚銘集

《隋書·經籍志·總集》《太原王氏家碑誄頌讚銘集》二十六卷。

古今鼎録

錢東垣等輯《崇文總目輯釋·小説類》《古今鼎録》一卷。虞荔撰。

鄭樵《通志·藝文略·食貨》《古今鼎録》一卷。隋虞荔撰。

晁公武《郡齋讀書志・類書類》《古鼎記》一卷。袁本前志卷三下類書類第十九。

右唐吴協撰。記古人鑄鼎本源及其形製。

尤袤《遂初堂書目・譜録類》《鼎録》。

陳振孫《直齋書録解題・雜藝類》《鼎録》一卷。梁中書侍郎虞荔纂。

高儒《百川書志・格物家》《鼎録》一卷。梁中書侍郎虞荔纂。

《四庫全書總目提要・譜録類》《鼎録》一卷。浙江鮑士恭家藏本。舊本題梁虞荔撰。考《陳書》列傳，荔字山披，會稽餘姚人。釋褐爲梁西中郎，行參軍，遷中書舍人。侯景亂，歸鄉里。陳初召爲太子中庶子，領大著作，東陽、揚州二州大中正，贈侍中，謚曰德。是荔當爲陳人，稱梁者誤也。其書不見於本傳，《唐志》始著録。然檢書中載有「陳宣帝於太極殿鑄鼎」之文。荔卒於陳文帝天嘉二年，下距臨海王光大二年宣帝嗣位時，首尾七年，安得預稱謚號？其爲後人所攙入無疑。又卷首序文乃紀夏鼎應在黄帝條後，亦必無識者以原書無序，移掇其文。蓋流傳既久，屢經竄亂，真僞已不可辨，特以其舊帙存之耳。又按晁公武《讀書志》别出吴協《鼎録》一條，《通考》與此書兩收之。然其書他無所見，疑「吴」字近「虞」，「協」字近「荔」，傳寫舛譌，因而誤分爲二也。

九鼎記

鄭樵《通志・藝文略・食貨》《九鼎記》四卷。唐許康佐撰。

歷代鍾鼎彝器款識

晁公武《郡齋讀書志・小學類》《鍾鼎款識》二十卷。袁本前志卷一下小學類第二十七。右皇朝薛尚功編。《考古》、《博古圖》之類，然尤爲詳備。

楊士奇等《文淵閣書目・法帖》《鍾鼎彝器款識》。一部，一册。闕。

彭元瑞等《天禄琳琅書目後編・影宋鈔諸部》《歷代鍾鼎彝器款識》。一函，四册。宋薛尚功撰。尚功字用敏，錢塘人。官通直郎，僉定江軍節度判官廳事。書二十卷，以夏、商、周、秦、漢分門。凡夏器二目，琱戈、鉤帶。商器十八目，鐘、鼎、尊、彝、卣、壺、罍、爵、觚、舉、觶、敦、甗、鬲、盉、匜、盤、戈。周器二十六目，鐘、磬、鼎、尊、卣、壺、舟、斝、觶、角、彝、匜、敦、簠、簋、豆、盉、甗、鬲、盤、盂、盦、戈、鐸、鼓、墉。秦器三目，璽、權、斤。漢器二十目，鐘、甬、鈁、鼎、鼒、鑪、壺、卮、律管、洗、鉦、匜、鐙、錠、燭槃、甗、釜、甑、鋗、弩機。凡諸器款識，皆摹篆釋文，加以辨證。

孫星衍《平津館鑒藏書籍記・明版》《歷代鐘鼎彝器款識法帖》廿卷，《目録》前有崇禎癸酉朱謀垔序。稱得山陰錢德平所藏尚功手書本授梓。後有靈武斡王倫徒克莊王行、趙孟頫、楊伯嵒、周密、柯九思、張天雨、周伯温、豐坊各親款題識。摹刻精工。阮雲臺中丞重刊是書，僅得影寫本，則此本彌可珍貴矣。《目録》并每卷凡每器俱有總題，如題商鼎下列庚鼎、辛鼎，題商尊下列象尊、父乙尊之類。俗本皆無之。收藏有黄氏鑒賞圖書朱文長印，桐華主人藏書印朱文長印，愛閒居士朱文印，留餘堂白文方印，留爲永寶朱文方印。

籀史

陳振孫《直齋書録解題・雜藝類》《籀史》二卷。翟耆年伯壽撰。哀諸家鐘鼎圖説爲一編，頗有考究。

馬端臨《文獻通考・經籍考・小學》《籀史》二卷。

楊士奇等《文淵閣書目・法帖》《籀史》。一部，一册。闕。

《四庫全書總目提要・目録類》《籀史》一卷。編修汪如藻家藏本。宋翟耆年撰。耆年字伯壽，參政汝文之子，别號黄鶴山人。是書首載《宣和博古圖》，有「紹興十有二年二月帝命臣耆年」云云，蓋南宋初所作。本上下二卷，歲久散佚，惟嘉興曹溶家尚有鈔本，然已僅存上卷。今藏弆家所著録，皆自曹溶傳寫者也。王士禎嘗載其目於《居易録》，欲以訪求其下卷，卒未之獲，知無完本久矣。其以籀名史，特因所載多金石款識篆隸之體爲多，實非專述籀文。所録各種之後，皆附論説，括其梗概。於岐陽石鼓，不深信爲史籀之作，與唐代所傳特異，亦各存所見。然未至如金馬定國堅執宇文周所作也。所録不及薛尚功《鍾鼎彝器款識》備載篆文，而所述原委，則較薛爲詳。二書相輔而行，固未可以偏廢。其中所云趙明誠《古器物銘碑》十五卷，稱商器三卷，周器十卷，秦、漢器二卷，河間劉跂序，洛陽王壽卿篆。據其所説，則十五卷皆古器物銘而無石刻，當於《金石録》之外别爲一書。而士禎以爲即《金石録》者，其説殊誤。豈士禎偶未檢《金石録》歟？

張金吾《愛日精廬藏書續志・目録類》《籀史》一卷。舊抄本。宋黄鶴山人翟耆年伯壽述。原二卷，今佚卷下一卷。《籀史》上、下二卷。此卷從竹垞借抄。竹垞云：傳者止此一卷，其下卷遏訪之藏書家，終無可得也。

宋黄鶴山人翟耆年伯壽，公巽參政子，能清言工篆及八分，巾服爲唐裝，所著《籀史》上、下卷，佚其下卷，曹秋岳侍郎倦圃藏書也。此書足資博古好事家考證，惜佚下卷，不免遺恨耳。漁洋山人跋。

鐘鼎韻

黄虞稷《千頃堂書目・小學類・補法帖・元》吾衍《鐘鼎韻》一卷。

鐘鼎大篆

楊士奇等《文淵閣書目・法帖》《鐘鼎大篆》。一部，一册。完全。

鐘鼎帖

楊士奇等《文淵閣書目・法帖》《鐘鼎帖》。一部，十册。闕。

籀文

楊士奇等《文淵閣書目・法帖》《籀文》。一部，二册。闕

宣德鼎彝譜

《四庫全書總目提要・譜録類》《宣德鼎彝譜》八卷。浙江鮑士恭家藏本。明宣德中禮部尚書吕震等奉敕編次。前有華蓋殿大學士楊榮序，亦題奉敕恭撰。後有嘉靖甲午文彭跋，稱出自于謙家，宣德中有太監吴誠司鑄冶之事，與吕震等彙著圖譜，進呈尚方，世無傳本。謙於正統中爲禮部祠曹，從誠得其副本。彭復從謙諸孫假歸鈔之。蓋當時作此書，祇以進御，未嘗頒行，故至嘉靖中始流傳於世也。始宣宗以郊廟彝鼎不合古式，命工部尚書吴中採《博古圖》録諸書及内府所藏柴、汝、官、哥、均、定各窯之式更鑄，震等纂集前後本末，以成此書。一卷、二卷載所奉敕諭，及禮部進圖式、工部議物料諸疏。三卷載工部請給物料疏及禮、工二部議南北郊至武學、武成殿鼎彝名目。四卷載太廟至内府宫殿鼎彝名目。五卷載敕賜兩京衙門至天下名山勝蹟鼎彝名目，工部鑄冶告成及補鑄二疏，竝褒奬敕一道。六、七、八卷通爲詳釋鼎彝名義。凡某所某器倣古某式，皆疏其事實、尺寸、制度，一一具載之。宣爐在明世已多僞製。此本辨析極精，可據以鑒别，頗足資博雅之助。末附項元汴《宣爐博論》數條，亦見考證。惟文彭原跋有「命工繪圖，敷采裝潢」之語，而此本無之，殆傳鈔者佚去歟？杭世駿《道古堂集》有《書宣德彝器譜後》一篇，曰：「此明宣德三年工部檔案也。遼陽年中丞希堯從部録出，以宣宗諭旨中有『鑪鼎彝器』字，遂摘用之，係年氏所定，非實事也。」所言與此本迥異。蓋世駿所見，乃不完殘帙，以鈔自年希堯家，故影附而爲此説，不足據也。

宣德彝器譜

吴壽暘《拜經樓藏書題跋記》《宣德彝器譜》。右三卷。宣德三年吕棠奉勑編次，舊鈔本。

新莽權銘

楊士奇等《文淵閣書目・法帖》《新莽權銘》。一部。一册。闕。

元祕塔銘

楊士奇等《文淵閣書目・法帖》《元祕塔銘》。一部。一册。闕。

又《元祕塔銘》。一部。一册。闕。

歐陽詢醴泉銘

楊士奇等《文淵閣書目・法帖》《歐陽詢醴泉銘》。一部。一册。闕。

鍾鼎大篆

張萱等《内閣藏書目録・金石部》《鍾鼎大篆》一册。不全。洪。即《南岳峋嶁神禹碑闕》上册。

王復齋鍾鼎款識

張之洞《書目答問・金石》《王復齋鍾鼎款識》一卷。阮刻本。

焦山古鼎考

《四庫全書總目提要・譜録類》《焦山古鼎考》一卷。兩江總督採進本。題云王士禄圖，釋林佶增益，實則張潮所輯也。潮字山來，徽州人。焦山古鼎久已不存，世僅傳其銘識。士禄所據者程邃之本，佶所據者徐㶿之本。二本互有得失，潮則又就寺中重刻石本爲之，益失真矣。

吉金所見録

張之洞《書目答問・金石》《吉金所見録》十六卷。祁書齡。嘉慶己卯刻本。錢坫《鏡銘集録》四卷，錢東垣《豐宫瓦當文考》一卷，錢師徵《漢玉剛卯考》一卷未刊。

功臣鐵券

楊士奇等《文淵閣書目・國朝》《功臣鐵券》。一部，一册。闕。

鐵榜

楊士奇等《文淵閣書目・國朝》《鐵榜》。一匣。

碑刻分部

碑集

《隋書・經籍志・總集》《碑集》二十九卷。

倪燦等《宋史藝文志補・總集類》《碑集》十卷。

雜碑集

《隋書・經籍志・總集》《雜碑集》二十九卷。

《隋書・經籍志・總集》《雜碑集》二十二卷。梁有《碑集》十卷，謝莊撰。

碑集

《隋書・經籍志・總集》梁有《碑集》十卷。謝莊撰。

鄭樵《通志・藝文略・碑碣》《碑集》十卷。謝莊集。

釋氏碑文

《隋書・經籍志・總集》《釋氏碑文》三十卷。梁元帝撰。

鄭樵《通志・藝文略・碑碣》《釋氏碑文》三十卷。梁元帝集。

雜碑

《隋書・經籍志・總集》《雜碑》二十二卷。晉陳勰撰。

鄭樵《通志・藝文略・碑碣》《雜碑》二十二卷。

文廷式《補晉書藝文志・總集類》陳勰《雜碑》二十二卷。

碑文

《隋書・經籍志・總集》《碑文》十五卷。晉將作大匠陳勰撰。

鄭樵《通志・藝文略・碑碣》《碑文》二十卷。晉將作大匠陳勰集。

文廷式《補晉書藝文志・總集類》《碑文》十五卷。將作大匠。

碑文

《隋書・經籍志・總集》《碑文》十卷。車灌撰。

鄭樵《通志・藝文略・碑碣》《碑文》十卷。車灌集。

文廷式《補晉書藝文志・總集類》車灌《碑文》十卷。

羊祜墮淚碑

《隋書・經籍志・總集》《羊祜墮淚碑》一卷。

文廷式《補晉書藝文志・總集類》羊祜《墮淚碑》一卷。

桓宣武碑

《隋書・經籍志・總集》《桓宣武碑》十卷。

文廷式《補晉書藝文志・總集類》《桓宣武碑》十卷。

長沙景王碑文

《隋書・經籍志・總集》《長沙景王碑文》三卷。

倪燦等《宋史藝文志補・總集類》《長沙景王碑文》三卷。

文廷式《補晉書藝文志・總集類》《長沙景王碑文》三卷。

荊州雜碑

《隋書・經籍志・總集》《荊州雜碑》三卷。

雍州雜碑

《隋書・經籍志・總集》《雍州雜碑》四卷。

廣州刺史碑

《隋書・經籍志・總集》《廣州刺史碑》十二卷。

義興周處碑

《隋書・經籍志・總集》《義興周處碑》一卷。

諸寺碑文

《隋書・經籍志・總集》《諸寺碑文》四十六卷。釋僧祐撰。

鄭樵《通志・藝文略・碑碣》《諸寺碑文》四十六卷。釋僧祐集。

諸郡碑

《舊唐書・經籍志・總集》《諸郡碑》一百六十六卷。

《新唐書・藝文志・總集類》《諸郡碑》一百六十六卷。

雜碑文集

《舊唐書・經籍志・總集》《雜碑文集》二十卷。

《新唐書・藝文志・總集類》《雜碑文集》二十卷。

蜀國碑文集

鄭樵《通志・藝文略・碑碣》《蜀國碑文集》八卷。唐劉贊集唐人所撰蜀中碑文。

類碑

鄭樵《通志·藝文略·碑碣》《類碑》三十八卷。

玄門碑誌

鄭樵《通志·藝文略·碑碣》《玄門碑誌》三十八卷。

真宗御製碑頌石本目録

陳振孫《直齋書録解題·目録類》《真宗御製碑頌石本目録》一卷。凡九十名件。乾興所刊板。

馬端臨《文獻通考·經籍考·目録》《真宗御製碑頌石本目録》一卷。

寶刻叢章拾遺

《宋史·藝文志·目録類》宋敏求《寶刻叢章拾遺》三十卷。

隸釋

尤袤《遂初堂書目·小學類》《隸釋》。

陳振孫《直齋書録解題·目録類》《隸釋》二十七卷。洪适撰。

馬端臨《文獻通考·經籍考·小學》《隸釋》二十七卷。洪适撰。

楊士奇等《文淵閣書目·韻書》《隸釋》。一部。二册。殘缺。

又《隸釋》。一部。十册。完全。

又《隸釋》。一部。八册。闕。塾本一册。

張萱等《内閣藏書目録·金石部》《隸釋》六册。洪适撰。

錢謙益等《絳雲樓書目·金石類》《隸釋》。二十七卷。

錢曾《讀書敏求記·書》《隸釋》二十七卷。《隸釋》七百一十餘葉，杜村先生手筆。雲浦子盛時泰題于後。古人于書率多自鈔。相傳徐髯仙有宋槧本，甚精妙，後歸毛青城。載還蜀中。前輩好書風流，洵可慕也。

《四庫全書總目提要·目録類》《隸釋》二十七卷。兩淮鹽政採進本。宋洪适撰。适初名造，後更今名，字景伯，饒州鄱陽人。皓之長子也。紹興壬戌，中博學鴻詞科，官至尚書左僕射同中書門下平章事，謚文惠。事蹟具《宋史》本傳。是書成於乾道二年丙戌，适以觀文殿學士知紹興府安撫浙東時也。明年正月，序而刻之。周必大誌其墓道，云耽嗜隸古，爲《纂釋》二十七卷者，即指此書。其弟邁序婁機《漢隸字原》云：「吾兄文惠公，區別漢隸爲五種書，曰釋，曰纘，曰韻，曰圖，曰續。四者備矣，惟韻書不成。」又适自跋《隸續》云：「《隸釋》有續，凡漢隸碑碣二百八十有五。」又跋《淳熙隸釋》後云：「《淳熙隸釋》目録五十卷，乾道中書始萌芽，十餘年間，拾遺補闕，一再添刻，凡碑版二百五十有八。」然乾道三年洪邁跋云：「所藏碑一百八十九，譯其文，又述其所以然，爲二十七卷。」又淳熙六年喻良能跋云：「公頃帥越，嘗薈稡漢隸一百八十九，爲二十七卷。」是二跋皆與是書符合，則其自題曰《淳熙隸釋》者，乃兼後所續得合爲一編。今其本不傳，傳者仍《隸釋》、《隸續》各自爲書。此本爲萬曆戊子王鷺所刻，凡漢、魏碑十九卷，《水經注碑目》一卷，歐陽修《集古録》二卷，歐陽棐《集古目録》一卷，趙明誠《金石録》三卷，無名氏《天下碑録》一卷，與二十七卷之數合。每碑標目之下，具載酈、歐、趙三書之有無。歐、趙之書第撮其目，不録其文，而是書爲考隸而作，故每篇皆依其文字寫之，其以某字爲某字，則具疏其下，兼核著其關切史事者爲之論證。自有碑刻以來，推是書爲最精博。其中偶有遺漏者，如衛尉卿《衡方碑》，以寬懔爲寬慄，以聲香爲馨香，以邵虎爲召虎，以疣爲瘢，諡爲謚，以剋長剋君爲克長克君，以謇謇爲蹇蹇，以樂旨爲樂只；《白石神君碑》，以幽讚爲幽贊，以無畺爲無疆。《潛研堂金石文跋尾》均舉其疎。又其小有紕繆者，如《鄭固碑》「逡遁退讓」，适引《秦紀》「逡巡遁逃」釋之。按《管子》，桓子蹵然逡遁，《漢書平·當傳》贊逡遁有恥，蓋巡與循同，而循轉爲遁。《集古録》云，遁當爲循，其説最協。适訓爲遁逃，殊誤。武梁祠堂畫像，武氏不著名字，适因《武梁碑》有「後建祠堂，雕文刻畫」之語，遂定爲武梁祠堂。案梁卒於桓帝元嘉元年，而畫像文中有魯莊公字不諱改「嚴」，則當是明帝以前所作。《金石録》作武氏石室畫像，較爲詳審。适未免牽合其詞。至《唐扶頌》「分郊之治」語，案《公羊傳》「自陝而東者周公主之」，陸德明《釋文》曰：陝一云當作郟，古洽反。王城郟鄏，則古有以分陝爲郟者。适以爲用字之異，非也。《李翊夫人碑》，「三五朩兮衰左姬」；據《山海經》，剛山多柒木，《水經注》漆水下有柒縣、柒水、柒渠，字皆作柒，隸從柒省去水爲朩。适以爲即末字者，亦非也。然百醇一駁，究不害其宏旨。他如楊君《石門頌》，楊慎譏其不識遂字，考之碑文，正作鑿石，別無遂字。是則慎杜撰之文，又不足以爲适病矣。

顧廣圻《思適齋書跋・史部》《隸釋》二十七卷。鈔本。此舊鈔《隸釋》，蕘圃所收得也。第十卷上方有「九來校」字。九來名弈苞，崑山文莊公七世孫，載在府志，可知淵源有自。其本之善，洵不虚也。今世所行，惟浙江汪姓刊本，乃依萬曆戊子本開雕者，訛舛頗多。余向亦用之，乃取以讎勘，并參驗萬曆本，用力者卅有一日而始竣。每有是正，輒歎賞不已，爲題之每卷末以質，蕘圃當同此擊節矣。嘉慶丁□□月初三日，澗蘋顧廣圻鐙下書。

案此本十行，廿字，行款與元槧《隸續》同。碑文用婁氏《字源》釋之，往往脗合，即周香嚴所藏隆慶四年本不若也。蕘圃當勿以其非宋槧、毛鈔，不以驚人祕笈目之。九月一日廣圻又書。

顧廣圻《思適齋集外書跋輯存・史類》《隸釋》二十七卷。鈔本。

隸續

尤袤《遂初堂書目・小學類》《隸續》。

陳振孫《直齋書録解題・目録類》《隸續》二十一卷。丞相鄱陽洪适景伯撰。凡漢刻之存於世者，以今文寫之，而爲之釋。又爲之世代譜及物象圖碑，形式悉具之。魏初近古者亦附焉。年來北方舊刻不可復得，覽此猶可慨想。

馬端臨《文獻通考・經籍考・小學》《隸續》二十一卷。《中興藝文志》：洪适撰。适取古今石刻，法其字爲之韻，辨其文爲之釋，以辨隸書，曰《隸釋》、《隸續》。

張萱等《内閣藏書目録・金石部》《隸續》四冊。全。宋洪适著。皆兩漢碑碣文。《釋》二十七卷，《續》二十一卷。後附歐陽修《集古録》、趙明誠《金石録》。

又《隸續》四冊。同前。

又《隸續》一冊。闕後三冊。

錢謙益等《絳雲樓書目・金石類》《隸續》。二十一卷。洪文安公适撰。凡漢刻之存於世者，以今文寫之，而爲之釋。又爲之世代譜及物象圖、碑款式悉具之，魏初近古者亦附焉。

錢曾《讀書敏求記・書》《隸續》二十卷。《隸釋》有續，前後二十一卷。乾道戊子始刻十卷于越。淳熙丁酉，姑蘇范至能增刻四卷于蜀。後二年，霅川李秀叔又增五卷于越。明年，錫山尤延之刻二卷于江東倉臺，而輩其板合之越。此景伯之自題若是。嗟呼！一書之付剞劂，遼緩歲月，以潰于成，奈何世罕其傳。元泰定間，刻本亦止前七卷，知此書之亡來久矣。景伯又集字同體異、參差不可齊者，倚聲而彙之，曰《隸韵》。予家有其半，洵宋槅中之奇寶也。

《四庫全書總目提要・目録類》《隸續》二十一卷。浙江巡撫採進本。宋洪适撰。适既爲《隸釋》，又輯録續得諸碑，依前例釋之，以成是編。乾道戊子始刻十卷於越，其弟邁跋之。淳熙丁酉，范成大又爲刻四卷於蜀。其後二年己亥，德清李彦穎又爲增刻五卷於越，喻良能跋之。其明年庚子，尤袤又爲刻二卷於江東倉臺。輩其版歸之越，前後合爲二十一卷，适自跋之。越明年辛丑，适復合前《隸釋》爲一書，屬越帥刊行，适又自跋之，所謂「前後增加，律吕乖次，命掾史輯舊版，去留移易，首末整整一新」者是也。然辛丑所刻，世無傳本。《隸釋》尚有明萬曆戊子所刻。《隸續》遂幾希散佚。朱彝尊《曝書亭集》有是書跋曰：「范氏天一閣、曹氏古林、徐氏傳是樓含經堂所藏，皆止七卷。近客吳，訪得琴川毛氏舊鈔本，雖殘闕過半，而七卷之外增多一百十七翻。末有乾道三年适弟邁後序」云云。蓋自彝尊始合兩家之殘帙，參校成編。後刊版於揚州，即此本也。據喻良能跋云：「續有得者，列之十卷，曰《隸續》。既墨於版，復冥搜旁取，又得九卷。」則當時所刻，實止一十九卷。朱彝尊因疑其餘二卷是所謂《隸韻》、《隸圖》者。然洪邁跋稱：「亦既釋之，而又得之，列於二十七卷以往」云云，則《隸續》當亦如《隸釋》之體，專載碑文。此本乃第五卷、六卷忽載碑圖，第七卷載碑式，第八卷又爲碑圖，第九卷、十卷闕，第十一卷至二十卷又皆載碑文，第二十一卷殘闕不完，而适自跋乃在第二十卷尾。蓋前後參錯，已非原書之舊矣。考彝尊所云七卷之本，乃元泰定乙丑寧國路儒學所刻，較今所行揚州本譌誤差少，然殘闕太甚。今仍録揚州之本，而以泰定本詳校異同，其殘闕者無可考補，則姑仍之焉。

孫星衍《平津館鑒藏書籍記續編・舊寫本》 《隸續》廿一卷。末有乾道三年弟邁序，淳熙六年喻良能跋，廿卷後有洪景伯自記。前有朱竹垞金風亭長題字，稱「此當琴川毛氏舊鈔本，今浙中樓松書屋刊本，即從此本翻雕。洪頤煊曰：「據喻良能跋，此書止十九卷。然以家景伯自記考之，云《隸釋》有《續》，前後廿一卷。乾道戊子，始刻十卷於越。淳熙丁酉，姑蘇范至能增刻四卷於蜀。後二年，雲山李秀叔又增五卷於越。明年，錫山尤延之刻二卷於江東倉臺，而聿其版合之越，喻良能作跋。僅得秀叔增刊本，題淳熙六年。」可證其時尚有二卷，尤延之未刻，近人因喻跋卷數不合，因疑二卷是後人闌入，誤矣。字句無大異同，有朱筆校録諸家碑跋甚詳。細審筆蹟，似王西莊光禄書，收藏有竹解心虚是我師朱文方印。

顧廣圻《思適齋書跋・史部》 《隸續》二十一卷。曹楝亭刻本。

《隸續》廿一卷。宋槧不復得見，元泰定閒所刻僅首七卷。曹楝亭取朱竹垞從汲古閣傳鈔宋本，增一百一十七，翻而重刻之，則此本也。余嘗見毛氏真本，勘之前七卷，毛無鈔，即用泰定刻，曹改其式樣，誠爲未善。自八卷以後，雖脱去卷第十三、第十七內各一翻。又真本有空白卅五葉，曹輒删之，而大段行款則全合也。杭州汪氏合《隸釋》刻本，反於是而增多之葉，失之遠矣。向者欲各爲刊誤，及《隸釋》纔畢。爲某人乞索以去，遲久未刻，故《隸續》遂不更卒業，此即增多一百一十七翻之槀也。書其原委，示後之讀是書者。元和顧千里。

又《隸續》十四卷。校宋本。顧廣圻爲蕘圃校，自第八卷至末，皆據汲古閣毛氏景鈔宋本。時嘉慶丁巳八月。共一百十九葉，又跋三葉，又元空三十五葉。

顧廣圻《思適齋集外書跋輯存・史類》 《隸續》二十一卷。曹楝亭刊本。

張金吾《愛日精廬藏書志・目録類》 《隸續》十四卷。校影鈔宋本。宋洪适撰。顧君澗薲據毛氏影寫宋刊本校。卷十三鄧君闕畫象下校補版尾一叚，計八十八字，又補無名人墓闕畫象一行。王稚子闕、沛相范皮闕，後俱補繪畫象。顧廣圻爲蕘圃校，自第八卷至末，皆據汲古閣毛氏影鈔宋本。時嘉慶丁巳八月。共一百十九葉，又跋三葉，又元空三十五葉。

又 《隸續》七卷。元泰定刊本。宋洪适撰。三四卷末有「泰定乙丑寧國路儒學重刊」一條。

隸韻

尤袤《遂初堂書目・小學類》 《隸韻》。

顧廣圻《思適齋書跋・史部》 《隸韻》二卷。景宋鈔殘本。此殘本劉球《隸韻》，第三、第八兩卷別出松江張氏，故不與前相羼。我友小蓮鈔書於浙江，得此種以示余者也。昔洪文惠《漢隸》五種，唯韻書不成。婁彦發《字源》最行於世。余嘗舉之，以正今本《釋》、《續》二書點畫之譌，但苦《字源》所注之數易於舛錯，使如此書之悉注碑目，又烏可移易哉。且其體勢亦迥非元人分韻所及，小蓮當珍賞之。余暇時擬就鈔其副焉。己未五月顧廣圻書。

顧廣圻《思適齋集外書跋輯存・史類》 《隸韻》殘本二卷。舊鈔本。

韻補

尤袤《遂初堂書目・小學類》 吴棫《韻補》。

輿地碑記目

《四庫全書總目提要・目録類》 《輿地碑記目》四卷。兩淮馬裕家藏本。宋王象之撰。象之，金華人。嘗知江寧縣。所著有《輿地紀勝》二百卷，今未見傳本，此即其中之四卷也。以天下碑刻地志之目，分郡編次，而各註其年月、姓氏大略於下。起臨安，訖龍州，皆南渡後疆域。其中頗有考訂精確者，如鎮江府丹徒《梁太祖文皇神道碑》，辨其爲梁武帝父。《成都府殿柱記》作於漢興平初年，知其非郭璞書。《嘉定府移水記》有嘉州二字，知其非鍾會書。台州臨海慶恩院、定光院、明智院、明恩院、婺州義烏真如院諸碑，福州烏石《宣威感應王廟碑》，竝書會同，則知吴越實曾用契丹年號，皆確有證據。至如上霄峯夏禹石刻，南康軍已載之，又載於江州。《孔子延陵十字碑》鎮江府既兩載，又載於江陰軍，又載於昌州。又如徽州則載歙州折絹本末一事，澧州則載柿木成文太平字，皆於碑志無涉，頗屬不倫。又思州下獨載《夏總幹墓誌略》一篇，大書附入，體例更爲龐雜。然所採金石文字，與他書互有出入，可以訂正異同，而圖經輿記亦較史志著録爲詳，雖殘闕之本，要未嘗無裨於考證也。

張之洞《書目答問・金石》《輿地碑記目》四卷。宋王象之。潘氏滂喜齋刻本。

碑籍

鄭樵《通志・藝文略・碑碣》《碑籍》一卷。

尤袤《遂初堂書目・目録類》皇祐《碑籍》。

王氏碑目

尤袤《遂初堂書目・目録類》晉陽《王氏碑目》。

古今刻集録

尤袤《遂初堂書目・目録類》《浯溪古今刻集録》。

諸道碑目

尤袤《遂初堂書目・目録類》《諸道碑目》。

内府碑録

尤袤《遂初堂書目・目録類》《内府碑録》。

重修唐書碑目

尤袤《遂初堂書目・目録類》《重修唐書碑目》。

瘞鶴銘

楊士奇等《文淵閣書目・法帖》《瘞鶴銘》。一部，一册。闕。

瘞鶴銘考

《四庫全書總目提要・目録類》《瘞鶴銘考》無卷數。江蘇巡撫採進本。明顧元慶撰。元慶有《雲林遺事》，已著録。元慶爲都穆弟子，是書所録銘詞跋語，蓋從穆得之，頗與今《玉煙堂帖》相類。案穆自云：「可讀者僅二十字，因搨以歸。」又云：「銘殘缺而録其全文。」然銘既殘缺，則非全文可知。宋人如黄伯思《東觀餘論》、董逌《廣川書跋》、元人如陶宗儀《輟耕録》所載，雖互有異同，總非首尾完具之本。國朝張弨作《瘞鶴銘辨》，僅於董、黄之外復得八字。至陳鵬年始出此石於江，益證佐鑿鑿，無可假借。穆於何處得全文耶？至所列諸家之説，紛紜糾結，究不能斷其是非，尤無取乎有此考也。

瘞鶴銘辨

《四庫全書總目提要・目録類》《瘞鶴銘辨》一卷。兩江總督採進本。國朝張弨撰。弨親至焦山搨原銘，較宋黄長睿、董逌所載者多得八字，所辨亦較顧元慶書爲詳核。

瘞鶴銘考

《四庫全書總目提要・目録類》《瘞鶴銘考》一卷。浙江吴玉墀家藏本。國朝汪士鋐撰。士鋐字文升，長洲人。康熙丁丑進士，官至右春坊右中允。《瘞鶴銘》在鎮江府焦山之下，以雷震墮八江。其石破碎不完，故字多殘闕。傳本往往不同。又作書者或以爲王羲之，或以爲陶宏景，或以爲顧況。自宋歐陽修《集古録》以後，著録者數十家，彼此譏駁幾如聚訟，而海昌陳氏玉煙堂帖本尤爲輾轉失真。康熙丁未，淮安張弨親至水滸，仰卧而手搨之，共得六十九字，較諸本獨多，因爲考證成書。後四十六年，陳鵬年守鎮江，乃募工出石於江中，陷之焦山亭壁間。其石分而爲五，所存七十七字又不全九字，其無字處以空石補之，按其辭義補綴聯合，益爲完善，士鋐因備採昔人之論，并引弨説而折衷之，以鵬年所出石本爲圖，列諸卷首，彙爲此考，搜羅頗稱詳盡。案元郝經《陵川集》載，焦山寺僧寄《瘞鶴銘考證》一卷，又明司馬泰家藏書目内亦有《瘞鶴銘考》之目，今皆不傳。此書當原石出水之後，視張弨所録較更詳也。

金太祖睿德神功碑

龔顯曾《金藝文志補録・附雜著類類》《金太祖睿德神功碑》。韓昉。

元仁聖宫碑

張萱等《内閣藏書目録・金石部》《元仁聖宫碑》一册。全。此吴天璽元年巖山紀吴功德段石岡碣也。宋元祐六年，運副胡宗師得於天禧寺門外。其碑已殘毁，止餘三段，僅二百十有一字。乃吴皇象篆書，宗師輩置漕臺後圃。宋崇寧元年運判石豫安跋其後，附有元虞集倣皇象篆書《詩經》五十一字，又附虞集奉敕題「皇元敕賜大都東岳仁聖宫碑」十二字，亦倣皇象篆書也。

御製中山武寧王神道碑文

張萱等《内閣藏書目録・聖制部》《御製中山武寧王神道碑文》一册。全。太祖高皇帝製。

孝陵碑

張萱等《内閣藏書目録・聖制部》《孝陵碑》一册。全。永樂十一年成祖文皇帝御製。

又《孝陵碑》一通。全。鈔本同前。

御製太學碑鈔本

張萱等《内閣藏書目録・聖制部》《御製太學碑鈔本》。正統九年譔。大字楷書。

大明長陵神功聖德碑

張萱等《内閣藏書目録・聖制部》《大明長陵神功聖德碑》。憲宗純皇帝御製石刻。

御製中山王碑

張萱等《内閣藏書目録・金石部》《御製中山王碑》二册。全。太祖高皇帝製。

篆繹山斷碑

楊士奇等《文淵閣書目·法帖》《篆繹山斷碑》。一部，二冊。闕。

篆吴紀功碑

楊士奇等《文淵閣書目·法帖》《篆吴紀功碑》。一部，一冊。闕。

篆王清獻碑

楊士奇等《文淵閣書目·法帖》《篆王清獻碑陰記》。一部，一冊。闕。

隸書華岳碑

楊士奇等《文淵閣書目·法帖》《隸書華岳碑》。一部，一冊。完全。

隸書春申君廟碑

楊士奇等《文淵閣書目·法帖》《隸書春申君廟碑》。一部，一冊。完全。

隸書淳于長君碑

楊士奇等《文淵閣書目·法帖》《隸書淳于長君碑》。一部，一冊。闕。

隸書漢唐邑令碑

楊士奇等《文淵閣書目·法帖》《隸書漢唐邑令碑》。一部，一冊。闕。

隸書大智禪師碑

楊士奇等《文淵閣書目·法帖》《隸書大智禪師碑》。一部，一冊。闕。

隸書房公韓公碑

楊士奇等《文淵閣書目·法帖》《隸書房公韓公碑》。一部，一冊。闕。

臨書元祕塔碑

楊士奇等《文淵閣書目·法帖》《臨書元祕塔碑》。一部。一冊。闕。

曹娥碑

楊士奇等《文淵閣書目·法帖》《曹娥碑》。一部。一冊。闕。

皇甫君碑

楊士奇等《文淵閣書目·法帖》《皇甫君碑》。一部。一冊。完全。

廟堂碑

楊士奇等《文淵閣書目・法帖》《廟堂碑》。一部。一册。闕。
又《廟堂碑》。一部。一册。闕。
又《廟堂碑》。一部。一册。闕。
又《廟堂碑》。一部。一册。闕。
又《廟堂碑》。一部。一册。闕。

元祕塔碑

楊士奇等《文淵閣書目・法帖》《元祕塔碑》。一部。一册。完全。

岳麓寺碑

楊士奇等《文淵閣書目・法帖》《岳麓寺碑》。一部。一册。闕。
又《岳麓寺碑》。一部。一册。完全。

雲麾將軍碑

楊士奇等《文淵閣書目・法帖》《雲麾將軍碑》。一部。一册。闕。

李邕碑帖

楊士奇等《文淵閣書目・法帖》《李邕碑帖》。一部。一册。闕。

舊館壇碑

楊士奇等《文淵閣書目・法帖》《舊館壇碑》。一部。一册。闕。

南岳司天王碑

楊士奇等《文淵閣書目・法帖》《南岳司天王碑》。一部。一册。闕。

南岳魏夫人碑

楊士奇等《文淵閣書目・法帖》《南岳魏夫人碑》。一部。一册。闕。

唐徐府君碑

楊士奇等《文淵閣書目・法帖》《唐徐府君碑》。一部。一册。闕。

唐朱府君碑

楊士奇等《文淵閣書目・法帖》《唐朱府君碑》。一部。二册。闕。

唐茅山元静先生碑

楊士奇等《文淵閣書目・法帖》《唐茅山元静先生碑》。一部。一册。闕。

茅山崇禧萬壽宫碑

楊士奇等《文淵閣書目·法帖》《茅山崇禧萬壽宫碑》。一部。一册。闕。

元崇正真人杜君碑

楊士奇等《文淵閣書目·法帖》《元崇正真人杜君碑》。一部。一册。闕。

紫陽觀碑

楊士奇等《文淵閣書目·法帖》《紫陽觀碑》。一部。一册。闕。

李府君神道碑

楊士奇等《文淵閣書目·法帖》《李府君神道碑》。一部。一册。完全。

王清獻神道碑

楊士奇等《文淵閣書目·法帖》《王清獻神道碑》。一部。一册。完全。

張循王神道碑

楊士奇等《文淵閣書目·法帖》《張循王神道碑》。一部。一册。闕。

韓國公北岳碑

楊士奇等《文淵閣書目·法帖》《韓國公北岳碑》。一部。一册。闕。

顔公廟碑

楊士奇等《文淵閣書目·法帖》《顔公廟碑》。一部。一册。闕。

隆闡大師碑銘

楊士奇等《文淵閣書目·法帖》《隆闡大師碑銘》。一部。一册。闕。

夏承碑

楊士奇等《文淵閣書目·法帖》《夏承碑》。一部。一册。闕。

井椿碑

楊士奇等《文淵閣書目·法帖》《井椿碑》。一部。一册。闕。

諸家碑帖

楊士奇等《文淵閣書目·法帖》《諸家碑帖》。一部。十九幅。闕。

石刻草書

楊士奇等《文淵閣書目・法帖》　《石刻草書》。一束。一百六十幅。闕。

神樂觀碑

楊士奇等《文淵閣書目・法帖》　《神樂觀碑》。一部。一册。闕。

慶豐牐碑

楊士奇等《文淵閣書目・法帖》　《慶豐牐碑》。共三幅。闕。

孔子十字碑

張萱等《内閣藏書目録・金石部》　《孔子十字碑》一册。全。秋。延陵季子墓碑。

水經注碑目

《四庫全書總目提要・目録類存目》　《水經注碑目》一卷。浙江范懋柱家天一閣藏本。明楊慎撰。慎有《檀弓叢訓》，已著録。昔宋洪适作《隸釋》，嘗以《水經注》所載諸碑類爲三卷。慎偶然朮檢，遂復著此編，未免爲牀上之牀，且精密亦不及适。其中梵經仙笈，荒邈難稽。如《阿育王巴達佛邑大塔石柱銘》、《泥犁城師子柱銘》、《王母崑崙銅柱銘》、《希有鳥銘》，皆不見採録，是固傳信之道。然覆釜山金簡玉字書，豈果有遺刻可徵，何自亂其例也。又其他註中所有，而遺漏者甚多。即以河水一篇而論，海門口大禹祠三石碑，夏陽城西北司馬遷廟二碑，郃陽城南《文母廟碑》，臨洮《金狄胸碑》，陝縣《五户祠銘》，洛陽縣北《河平侯祠碑》，黎陽縣南《黎山碑》，涼城縣《伍子胥廟碑》，濮陽城南《鄧艾廟碑》，一槩闕如，何所見而删之也？至每條下所註，忽有標識，忽用酈道元語。如《郎山君碑》云，在今保定府，是慎語也。盧龍九峥山刊石碑，稱其銘尚存，是道元本文矣。混淆不分，亦無體例。後附王象之《輿地紀勝碑目》、曾鞏《金石録跋尾》所載唐以前碑，其病亦同。且象之南宋人，鞏北宋人，以象之列鞏前，尤爲失考。嘉靖丁酉，雲南按察副使永康朱方爲之刊版，蓋未察其疎舛也。

蒼潤軒碑跋

《四庫全書總目提要・目録類》　《蒼潤軒碑跋》一卷、續跋一卷。江蘇巡撫採進本。明盛時泰撰。時泰字仲交，上元人。以諸生貢太學，善畫水墨竹石。居近西冶城，家有小軒，文徵明題曰「蒼潤」。蓋以時泰畫倣倪瓚，而沈周題倪畫詩有「筆蹤要是存蒼潤」句也。是紀所著碑版，於金陵六朝諸蹟爲多。率皆借觀於人，非盡出所自藏。又多但據墨本，而不復詳考原石。即如《孔廟漢史晨碑》後有武周時諸人題字，乃疑爲於別刻得之，則竝未見全碑。又如唐元和六年刻晉王羲之書《周孝侯碑》爲陸機文，陸機之文既不應羲之書，且其中於唐諸帝諱皆缺筆，其僞可不辨而明，而是紀乃信爲羲之所書，則於考證全疎矣。

碑目

《四庫全書總目提要・目録類》　《碑目》三卷。編修汪如藻家藏本。明孫克宏撰。克宏華亭人。萬曆戊戌進士，官至漢陽府知府。其書略仿陳思《寶刻叢編》之例，統載天下碑目，舛謬頗多。如所載順天府下有漢《北岳安天王碑》，考《金石録》、《集古録》、《漢隸字源》諸書，漢無《北岳安天王碑》。惟《金石録》載有唐《安天王碑陰》，乃天寶七年五月所立，則不但誤題朝代，併碑之字畫亦譌。又《石墨鐫華》載宋亦有《安天聖帝碑》，云在岳廟，宋時岳廟當屬真定之曲陽，而亦屬之順天。如此之類，不可縷舉，殊不足依據也。

唐碑帖跋

《四庫全書總目提要・目録類》《唐碑帖跋》四卷。浙江巡撫採進本。明周錫珪撰。錫珪字禹錫，會稽人。是書所載皆唐碑，惟末附五代楊凝式一人，皆就錫珪所見，各爲題跋。如《尉遲敬德碑》，其石尚存，乃遺不載，知其不主求備矣。其中如辨鍾紹京靈飛六甲經爲玉真公主奉敕檢校寫，公主於天寶元年卒，天寶三年始改年爲載，卷中所説與史不符，亦頗見考證。至辨《肚痛帖》爲僞作，非張旭書；辨《停雲館帖》所刻顏真卿書，朱巨川《告身》及《多寶塔碑》，皆徐浩書；謂「書有性情，如人之老少肥瘠不同，而性情不易。此書較顏諸碑，毫髮無似者，格律嚴而法度謹，東海之家學也。人少嫌其近佐史。以此推究，更無可疑云云，則別無顯證，直以己意斷之矣。黄伯思、米芾精鑒八神，所定閣帖真僞，後人尚有異同，此事亦談何容易也。

西嶽華山碑

張萱等《内閣藏書目録・金石部》《西嶽華山碑》一册。全。漢隸刻。其額有宋、元豐閒知華州軍州事王子文楷書真蹟題名。卷末隸書。洪武二十有四年十月十六日葆真軒置。

皇甫君碑

張萱等《内閣藏書目録・金石部》《皇甫君碑》一册。全。

唐于志寧爲隋光禄大夫皇甫誕譔文，歐陽詢楷書。

孔子廟堂碑

張萱等《内閣藏書目録・金石部》《孔子廟堂碑》一册。不全。

唐虞世南書。今止十八葉，自不測然則起至景緯二字止首尾闕。

玄祕塔碑

張萱等《内閣藏書目録・金石部》《玄祕塔碑》一册。全。

臨唐柳公權楷書。未詳姓氏。

又《玄祕塔碑》一册。全。

隸刻石本，皆前人題名，即前碑陰也。未知誰筆。

岳麓碑

張萱等《内閣藏書目録・金石部》《岳麓碑》一册。全。唐李邕爲麓山寺法崇禪師譔并書。黄仙鶴刻據楊用修《丹鉛總録》，即邕託名也。

李府君神道碑

張萱等《内閣藏書目録・金石部》《李府君神道碑》一册。全。唐李邕筆府君，即雲麾將軍。

水經碑録

錢謙益等《絳雲樓書目・金石類》《水經碑録》。

嶽麓書院禹碑釋文

黄虞稷《千頃堂書目・小學類・補碑帖》 湛若水《嶽麓書院禹碑釋文》一卷。

辯疑碑

黄虞稷《千頃堂書目・小學類・補碑帖》 朱宇淶《辯疑碑》一卷。□府輔國將軍。

周秦刻石釋音

黄虞稷《千頃堂書目・小學類・補法帖・元》 吾衍《周秦刻石釋音》一卷。

石經考

《四庫全書總目提要・目録類》 《石經考》一卷。兩淮馬裕家藏本。國朝顧炎武撰。考石經七種，裴頠所書者無傳，開元以下所刻亦無異議，惟漢、魏二種，以《後漢書・儒林傳》之譌，遂使一字、三字争如聚訟。歐陽修作《集古録》，疑不能明。趙明誠作《金石録》，洪适作《隸釋》，始詳爲核定，以一字爲漢，三字爲魏。然考證雖精，而引據未廣，論者尚有所疑。炎武此書，博列衆説，互相參校。其中如據衛恒《書勢》，以爲三字石經非邯鄲淳所書。又據《周書・宣帝紀》、《隋書・劉焯傳》，以正《經籍志》自鄴載入長安之誤，尤爲發前人所未發。至於洪适《隸續》尚有漢《儀禮》一碑，魏三體石經一碑，又開封石經雖已汩於河水，然世傳拓本尚有二碑。炎武偶然未考，竟置不言，是則千慮一失耳。

石經考

《四庫全書總目提要・目録類》 《石經考》一卷。副都御史黄登賢家藏本。國朝萬斯同撰。斯同有《聲韻源流考》，已著録。石經之沿革異同，唐宋以來，論者齟齬不一。崑山顧炎武始輯諸家之説，爲《石經考》，實有刱始之功。斯同是編，悉采炎武之説，又益以吴任臣、席益、范成大、吾衍、董逌諸家之論，并及炎武所作《金石文字記》，亦間附以己見，雖不若杭世駿《石經考異》之詳辨，而視顧氏之書已爲較備。且炎武詳於漢、魏，而略於唐、宋，斯同則於唐、宋石經引據特詳。又斯同雖在世駿前，而世駿作《考異》時未見此書，故此書之所詳者，《考異》或轉未之及。要之，合三家之書，參互考證，其事乃備，固未可偏廢其一也。

天發神讖碑釋文

《四庫全書總目提要・目録類》 《天發神讖碑釋文》一卷。浙江汪啟淑家藏本。國朝周在浚撰。在浚字雪客，祥符人，流寓江寧。是碑本在江寧城南之巖山後，在天禧寺門外，至宋，胡宗愈移置轉運司後圃，元楊益又移置府學中。一名三段碑。吴天璽元年刻石。黄伯思以爲皇象書，或以爲蘇建。其字怪偉，兼以碑斷裂，頗難辨識。在浚合其石，貫以鉅鐵，重爲釋文，而以諸家題跋附之。考《吴志》及許嵩《建康實録》，皆謂天璽元年吴郡言，臨平湖得石函，中有小石，青白色，長四寸，廣四寸，刻上作皇帝字，於是改元天璽，立石刻於巖山紀功德，即此碑也。而趙明誠《金石録》載天發神讖碑，乃謂天璽元年秋八月，鄱陽言，歷陽石理成字，凡二十。明年改元大赦，以協石文。今此碑乃在金陵，莫可考究。不知《吴志》載秋八月獲石歷陽，在獲石臨平湖之後，别自一事，明誠誤以此碑當之，宜其牴牾。又歐陽修《集古録》載吴國山碑，謂孫皓天册元年禪於國山，改元天璽。考《吴志》，吴既改元天璽之後，又於吴興陽羨山獲石，長十餘丈，名曰石寶，遂禪於國山，明年改元天紀。其事亦在此碑之後，故《金石録》既載天發神讖碑，又載吴國山碑，修誤合爲一，亦未考也。此書前列斷碑殘字，後列金石輿地之書有可考證者，凡數十條，而

《金石》、《集古》二録獨不見採，殆以其舛異不取歟？所列碑中殘文，較《金石録》多一百七十七字。蓋明誠所據乃不完之搨本，而在浚則親至其地，勘驗原石也。

寰宇訪碑録

張之洞《書目答問・金石》《寰宇訪碑録》十二卷。孫星衍、邢澍。平津館本。

寰宇訪碑録補

張之洞《書目答問・金石》《寰宇訪碑録補》十二卷。今人。自刻本。

平津讀碑記

張之洞《書目答問・金石》《平津讀碑記》八卷。《續記》一卷《再續》洪頤煊。傳經堂本。一卷《三續》二卷。

蜀碑記

張之洞《書目答問・金石》《蜀碑記》一卷。宋王象之。永康胡氏刻《金華叢書》本。《函海》内《蜀碑記》補不善。

石鼓文譜

尤袤《遂初堂書目・譜録類》《石鼓文譜》。

石古文考

尤袤《遂初堂書目・譜録類》《石鼓文考》。

馬端臨《文獻通考・經籍考・小學》《石鼓文考》三卷。

成都刻石總目

晁公武《郡齋讀書志・書目類》《成都刻石總目》三秩。袁本後志第一書目類第四。右皇朝劉涇撰。元祐中，蔡京帥成都，以意授涇纂府縣碑板幢柱。自東漢初平，迄僞蜀廣政，凡二百六十八。

馬端臨《文獻通考・經籍考・目録》《成都刻石總目》三帙。

《宋史・藝文志・總集類》劉涇《成都府古石刻總目》一卷。

浯溪石刻後集再集

《宋史・藝文志・目録類》侍其光祖《浯溪石刻後集再集》一卷。

浯溪石刻續集

《宋史・藝文志・目録類》廖敏得《浯溪石刻續集》一卷。

諸道石刻目録

《宋史・藝文志・總集類》趙明誠《諸道石刻目録》十卷。

浯溪古今石刻集録

《宋史·藝文志·目録類》 李仁剛《浯溪古今石刻集録》一卷。

張萱等《内閣藏書目録·雜部》 《浯谿石刻集》二册。全。元祁陽論李仁剛編。集浯谿古今名賢題詠。

石刻異考

楊士奇等《文淵閣書目·法帖》 《石刻異考》。一部，一册。完全。

石鼓文

楊士奇等《文淵閣書目·法帖》 《石鼓文》。一部，一册。闕。

石鼓音

楊士奇等《文淵閣書目·法帖》 《石鼓音》。一部，一册。闕。

石鼓文音訓

楊士奇等《文淵閣書目·法帖》 《石鼓文音訓》。一部，一册。完全。

篆字泰山秦刻

楊士奇等《文淵閣書目·法帖》 《篆字泰山秦刻》。一部，一册。闕。

三段石

楊士奇等《文淵閣書目·法帖》 《三段石》。一部。一册。闕。

考定石鼓文

張萱等《内閣藏書目録·金石部》 《考定石鼓文》一册。全。洪。鈔本。元至治間潘迪考定音訓。

考定石鼓文音訓

黄虞稷《千頃堂書目·小學類·補法帖·元》 潘迪《考定石鼓文音訓》一卷。

夏文愍公詩碣

張萱等《内閣藏書目録·金石部》 《夏文愍公詩碣》三册。全。嘉靖間大學士夏公言譔并書。

石鼓文正誤

黃虞稷《千頃堂書目・小學類・補碑帖》 陶滋《石鼓文正誤》四卷。

石鼓文音釋

黃虞稷《千頃堂書目・小學類・補碑帖》 楊慎《石鼓文音釋》一卷。

石鼓文音釋

錢曾《讀書敏求記・書》 《石鼓文音釋》一卷。石鼓之辨明矣。韓愈以爲宣王鼓，韋應物以爲文王鼓，鄭樵以爲秦鼓，僞刻宗文泰指爲後周物。潘廸、薛尚功皆有音訓，而以「[illegible]」作「翊」，以「疃」作「蕃」，學者病之。楊慎得東坡本于李文正公，篆籀特全，音釋兼具。恕其本隻存久而失傳焉，爲序其所由來，刊行于世。

秦帝刻石文

倪燦等《宋史藝文志補・總集類》 《秦帝刻石文》。一卷。

石鼓辨

龔顯曾《金藝文志補録・金石類》 《石鼓辨》。馬定國。

古誌石華

張之洞《書目答問・金石》 《古誌石華》三十卷。黃本驥。三長物齋本。

江左石刻文編

張之洞《書目答問・金石》 《江左石刻文編》卷。韓履卿。

石蹟記

《四庫全書總目提要・目録類》 《石蹟記》一卷。兩淮鹽政採進本。不著撰人名氏。觀其所載碑刻，雖訖於金、元，而稱江南不稱南直隸，稱江寧不稱應天府，是國朝人所著矣。其書分地編載，殊多挂漏。如順天載金國子學石經，而杭州府南宋石經則不録。階州之西狹頌人所其知，亦復不載。有絳帖而無潭帖、汝帖。凡此之類，不可殫記。或就其家所藏者著録耶？

嵩陽石刻集記

《四庫全書總目提要・目録類》 《嵩陽石刻集記》二卷。浙江汪啓淑家藏本。國朝葉封撰。封字井叔，黃州人。順治己亥進士，官至工部虞衡司主事。是編乃康熙癸丑，封官登封知縣時作也。登封地在嵩山南，故其所録碑刻，以嵩陽爲名。考此書初出之時，顧炎武、潘耒皆嘗議之。炎武之言曰：「《開母廟石闕銘》『重曰』二字，出《楚辭・遠游》篇，所謂言之不足，而長言之也。井叔誤以爲『重日』，而言是年、月一行。案此一行，今存六字，二年之下，『重曰』之上，空石未鐫，益明其非紀日矣。」耒之言曰：「太安二年後魏《中嶽廟碑》，今在登封縣。天寶十四載少林寺《還天王師子記》，今在少林寺，井叔《石刻集記》不知何以遺此。」其説誠然。然炎武《金石文字記》採此記者不一而足，而景日昣《説嵩》金石類亦全用此記。古今金石之書，其備載全文者，在宋惟洪适之《隸釋》、《隸續》，在明惟陶宗儀之《古刻叢鈔》、朱珪之《名蹟録》、都穆之《金薤琳瑯》，在國朝惟顧炎武之《求古録》、陳奕禧之《金石遺文録》、葉萬之《續金石録》，其餘不過題跋而已。此書録取碑文，便於參考，漢嵩山《太室神闕銘》、《開母廟石闕銘》、《少室神道石闕銘》，以及唐之則天《封祀壇碑》、《夏日遊石淙》詩，歐陽、趙、洪皆失載，而此記能收之。洪書但載漢、魏，歐、趙二録僅迄五代，此書載及宋、金、元、明。東魏《嵩陽寺碑》文，東譌柬，矩譌短，馴譌巡，苑譌蕘，洋譌庠，此書能是正之。王士禎《蠶尾集》有封墓誌，稱其精《爾雅》、《説文》訓詁，工於篆隸。又稱其手輯《嵩志》二十一卷，復旁求漢唐以來碑版文字，别爲《石刻集記》二卷，辨證精博，人比之劉原父、薛尚功。則當時亦重其書矣。

朝賢墓誌

鄭樵《通志・藝文略・碑碣》　《朝賢墓誌》一百卷。

朝賢神道碑

鄭樵《通志・藝文略・碑碣》　《朝賢神道碑》三十卷。

神道碑

鄭樵《通志・藝文略・碑碣》　王氏《神道碑》二十卷。唐王方慶集。

御製徐武寧神道碑

楊士奇等《文淵閣書目・國朝》　《御製徐武寧神道碑》。一部，一册。完全。

吴下塚墓遺文

《四庫全書總目提要・目録類》　《吴下塚墓遺文》三卷。兩淮鹽政採進本。明都穆撰。穆有《壬午功臣爵賞録》，已著録。穆好金石遺文，所作《西使記》、《金薤琳瑯》諸書，載古碑爲多。此書專録吴中銘志之文，凡三十四首，皆諸家集中所不概見，故謂之「遺文」。

墓銘舉例

錢曾《讀書敏求記・詩文評》　《墓銘舉例》四卷。唐取昌黎、習之、河東三家，宋取歐、蘇數公。録所載墓誌銘之目，而舉其例于各題之下。神道碑銘亦如之。例之大要曰十有二，誌銘之法于兹頗備焉。

《四庫全書總目提要・詩文評類》　《墓銘舉例》四卷。山東巡撫採進本。明王行撰。行有《半軒集》，已著録。行以墓誌銘書法有例，其大要十有三事。曰諱，曰字，曰姓氏，曰鄉邑，曰族出，曰治行，曰履歷，曰卒日，曰壽年，曰妻，曰子，曰葬。其序次或有先後，要不越此十餘事而已。取唐韓愈、李翺、柳宗元，宋歐陽修、尹洙、曾鞏、王安石、蘇軾、朱子、陳師道、黄庭堅、陳瓘、晁補之、張耒、吕祖謙一十五家所作碑誌。録其目而舉其例，以補元潘昂霄《金石例》之遺。墓誌之興，或云宋顔延之，或云晉王戎，或云魏繆襲，或云漢杜子夏，其源不可詳考。由齊、梁以至隋、唐諸家文集傳者頗多，然詞皆駢偶，不爲典要。惟韓愈始以史法作之，後之文士率祖其體。故是編所述，以愈爲始焉。

張之洞《書目答問・金石》　《墓銘舉例》四卷。明王行。乾隆丙子王穎鋭刻本。

錢幣分部

錢　譜

錢東垣等輯《崇文總目輯釋·小説類》《錢譜》一卷。顧烜撰。
鄭樵《通志·藝文略·食貨》《錢譜》一卷。梁顧烜撰。
晁公武《郡齋讀書志·類書類》《錢譜》十卷。袁本前志卷三上農家類第四。
右梁顧烜嘗撰《錢譜》一卷，唐張台亦有《錢録》二卷。皇朝紹聖間李孝美以兩人所纂舛錯，增廣成十卷，分八品云。

泉　志

尤袤《遂初堂書目·譜録類》顧烜《泉志》。

泉　志

尤袤《遂初堂書目·譜録類》封演《泉志》。

續錢譜

錢東垣等輯《崇文總目輯釋·小説類》《續錢譜》一卷。封演撰。
鄭樵《通志·藝文略·食貨》《續錢譜》一卷。唐封演撰。

錢　圖

鄭樵《通志·藝文略·食貨》《錢圖》一卷。

錢　譜

鄭樵《通志·藝文略·食貨》《錢譜》三卷。張台撰。

錢本草

鄭樵《通志·藝文略·食貨》《錢本草》一卷。唐張説撰。

鑄錢故事

錢東垣等輯《崇文總目輯釋·小説類》《鑄錢故事》一卷。杜鎬撰。
鄭樵《通志·藝文略·食貨》《鑄錢故事》一卷。宋朝杜鎬撰。

冶金録

陳振孫《直齋書録解題·雜藝類》《冶金録》一卷。泉司吏所爲也。案：此條原本脱去，今據《文獻通攷》增入。又卷數《通攷》原闕。

錢譜

尤袤《遂初堂書目・譜録類》 董彦遠《錢譜》。

續錢譜

晁公武《郡齋讀書志・類書類》 《續錢譜》十卷。袁本前志卷三上農家類第五。

右皇朝董逌撰。逌之祖嘗得古錢百，令逌考次其文譜之，以前世帝王世次爲序。且言梁顧烜、唐封演之譜，漫汗蔽固，不可用。其譜自太昊、葛天氏，至堯、舜、夏、商皆有錢幣，其穿鑿誕妄至此。

錢譜

鄭樵《通志・藝文略・食貨》 《錢譜》一卷。宋朝董逌撰。

錢譜

尤袤《遂初堂書目・譜録類》 李孝美《錢譜》。

泉志

尤袤《遂初堂書目・譜録類》 洪氏《泉志》。

陳振孫《直齋書録解題・雜藝類》 《泉志》十五卷。

洪遵景伯撰。記歷代錢貨。

錢曾《讀書敏求記・器用》 《泉志》十五卷。《泉志》鄱陽洪遵撰。嘉靖壬午秋茶夢菴鈔本。

《四庫全書總目提要・譜録類》 《泉志》十五卷。湖北巡撫採進本。宋洪遵撰。遵有《翰苑羣書》，已著録。是書彙輯歷代錢圖，分爲九品，自皇王偏霸以及荒外之國，凡有文字可紀、形象可繪者，莫不畢載，頗爲詳博。然歷代之錢不能盡傳於後代。遵自序稱嘗得古泉百有餘品，是遵所目驗，宜爲之圖。他如周太公泉形圜函方，猶有《漢・食貨志》可據，若虞、夏、商、泉，何由識而圖之？且《漢志》云太公爲圜函方形，則前無是形可知。遵乃使虞、夏、商盡作周泉形，不亦謬耶！至《道書》「天帝用泉」語，本俚妄，遵亦以意而繪形，則其誕彌甚矣。是又務求詳博之過也。

貨泉録

尤袤《遂初堂書目・譜録類》 陶岳《貨泉録》。

貨錢録

晁公武《郡齋讀書志・類書類》 《貨錢録》一卷。袁本後志卷二類書類第十二。

右皇朝陶岳撰。記五代諸侯擅改錢幣之由。幽州、嶺南、福建、湖南、江南五國。

池州永豐錢監須知

鄭樵《通志・藝文略・食貨》 《池州永豐錢監須知》一卷。

錢譜

楊士奇等《文淵閣書目・算法》 《錢譜》。一部。一册。闕。

錢誌

楊士奇等《文淵閣書目・算法》《錢誌》。一部。一册。闕。

錢式

楊士奇等《文淵閣書目・算法》《錢式》。一部。一册。闕。

歷代錢譜

錢曾《讀書敏求記・器用》《歷代錢譜》一卷。元至大二年十月，詔以歷代舊錢與新錢並行。是書成于三年季春。

元寶鈔通考節要

楊士奇等《文淵閣書目・算法》《元寶鈔通考節要》。一部。四册。闕。

泉志

楊士奇等《文淵閣書目・算法》《泉志》。一部。二册。闕。

查考錢法

錢曾《讀書敏求記・器用》《查考錢法》一卷。萬曆乙巳清常道人校録，孫藺上本。

欽定錢録

《四庫全書總目提要・譜録類》《欽定錢録》十六卷。乾隆十五年奉敕撰。卷一至卷十三，詳列歷代之泉布，自伏羲氏迄明崇禎，以編年爲次。第十四卷列外域諸品。第十五、十六卷以「吉語」、「異錢」、「厭勝」諸品殿焉。考《錢譜》始見於《隋志》，不云誰作，其書今不傳。唐封演以下諸家所録，今亦不傳。其傳者以宋洪遵《泉志》爲最古，毛氏汲古閣所刊是也。然所分「正品」、「僞品」、「不知年代品」、「奇品」、「神品」諸目，既病淆雜，又大抵未睹其物，多據諸書所載想像圖之，如聶崇義之圖《三禮》，或諸書但有其名而不言其形模文字者，則槩作外圓内方之輪郭，是又何貴於圖耶！至所箋釋率多臆測，尤不足據爲定論。是編所録，皆以内府儲藏得於目睹者爲據，故不特字迹、花紋一一酷肖，即圍徑之分寸毫釐，色澤之丹黄青緑，亦窮形盡相，摹繪逼真，而考證異同，辨訂真僞，又皆根據典籍，無一語鑿空。蓋一物之微，亦見責實之道與稽古之義焉。至於觀其輕重厚薄，而究其法之行不行，觀其良窳精麤，而知其政之舉不舉。千古錢幣之利弊，一覽具覩，又不徒爲博物之資矣。

張之洞《書目答問・金石》《錢録》十六卷。乾隆十六年敕撰。殿本。嚴可均《古今錢圖》三十卷，錢東垣《錢志》二卷，錢侗《列代錢幣圖考》二十卷、《古錢侍訪録》二卷未刊。薛、阮、吴諸家款識已入經部小學類。

璽印分部

玉璽譜

《舊唐書・經籍志・儀注》《玉璽譜》一卷。僧約貞撰。

《新唐書・藝文志・儀注類》紀僧真《玉璽譜》一卷。

玉璽正録

《舊唐書·經籍志·儀注》《玉璽正録》一卷。徐令信撰。

《新唐書·藝文志·儀注類》徐令言《玉璽正録》一卷。

傳國璽

《舊唐書·經籍志·儀注》《傳國璽》十卷。姚察撰。

《新唐書·藝文志·儀注類》姚察《傳國璽》十卷。

玉璽記

尤袤《遂初堂書目·譜録類》《玉璽記》。

八寶記

尤袤《遂初堂書目·譜録類》《八寶記》。

玉璽譜

尤袤《遂初堂書目·譜録類》《玉璽譜》。

玉璽議

尤袤《遂初堂書目·譜録類》《玉璽議》。

秦傳玉璽譜

陳振孫《直齋書録解題·典故類》《秦傳玉璽譜》一卷。題博陵崔逢修，協律郎嚴士元重修，河中少尹魏德謨潤色。

馬端臨《文獻通考·經籍考·故事》《秦傳玉璽譜》一卷。

國璽傳

陳振孫《直齋書録解題·典故類》《國璽傳》一卷。

馬端臨《文獻通考·經籍考·故事》《國璽傳》一卷。

傳國璽記

陳振孫《直齋書録解題·典故類》《傳國璽記》一卷。《傳》，無名氏所記，止唐肅宗。《記》，稱嚴士元，與前大同小異。

馬端臨《文獻通考·經籍考·故事》《傳國璽記》一卷。

玉璽雜記

陳振孫《直齋書録解題·典故類》《玉璽雜記》一卷。徐景撰。乾元元年七月記。《唐志》有徐景《玉璽正録》，即此書也。

馬端臨《文獻通考・經籍考・故事》《玉璽雜記》一卷。

玉璽傳聞

錢曾《讀書敏求記・器用》《玉璽傳聞》一卷。卷終一行「阜昌宋隆夫書」，不知何人。内稱大元皇帝，則爲元人無疑。後有匏菴先生跋語：「清常道人得之赤岸李氏。」

印譜釋考

黄虞稷《千頃堂書目・小學類・補碑帖》《印譜釋考》三卷。丹陽人。

傳國璽譜

錢曾《讀書敏求記・器用》鄭文寶《傳國璽譜》一卷。嘉靖辛丑刻于金閶。此乃舊鈔也。

印譜

王士禛《漁洋書跋》周櫟園侍郎《印譜》。古人耽一物，率多成癖。加嵇中散之鍛，阮遥集之屐，王武子之馬，謝康樂之山水，皆是也。若和嶠好錢而亦以癖名，則辱矣。故户部侍郎櫟下周先生故多癖，癖畫、癖墨、癖古印章。自憂患以來，大半售爲饘粥之費。此《印譜》幾卷，其門人渠丘張待詔杞園得之，以轉贈兒子涑者。當日風流好事，猶可想見。而櫟老物化，倏已三十年矣。玩物喪志，雖古之賢達者流，往往不免。披攬之餘，爲之三歎。

王士禛《漁洋書跋》閻左汾《印譜》。秦八體書，三曰刻符，五曰摹印。齊竟陵王子良合而一之，非古也。漢之繆篆，即秦之摹印。雖刻符尚不可混，況其他乎？今人以古文奇字槩入印章，嗜奇者往往好之，而不知其悖於古。左汾文章妙一世，游藝篆刻，不肯屈曲以趨時好，而唯古是師，其於文章亦猶是矣。藝云乎哉？

秦漢印統

于敏中等《天禄琳琅書目・明版史部》《秦漢印統》二函，八册。明羅王常編。吴元維、顧晉亨同刻。八卷。前明王穉登、黄姬水二序。

按：王穉登序作於萬曆乙亥，黄姬水序作於隆慶辛未，穉登之序後於姬水，故所序始末轉從其略，但言顧、吴二君同撰斯編，嘉名「印統」。姬水序則稱東川御醫顧公博雅嗜古，厥嗣汝由光禄、汝修鴻臚、汝和廷評暨光禄仲子天錫太學，三世五君，極搜窮購，得古印章，俾登諸册，名曰《秦漢印統》，以貽好事云云。而羅王常之名，二序俱不及之。本書但刊部郡人，餘無可考。吴元維，亦未詳其人。考《松江志》，稱顧定芳，字世安，上海人。博綜典籍，尤深於醫。以夏文愍薦，授太醫院御醫，直至濟殿。今黄序稱御醫顧公，當即其人，晉亨，其別字也。《志》又稱顧從禮，字汝由，上海人。以夏文愍薦，修《承天府志》，特授翰林院典籍，累官光禄寺少卿。顧從義，字汝和，嘉靖二十八年以善書應御試第一，授中書舍人，加大理評事。顧九錫，字天賜，國子生。萬曆中，以薦授詹事府主簿。所言官爵世系，悉與黄序符合，但遺汝修鴻臚一人，以前宋版《漢書》中王世貞跋語并收藏印記證之，則汝修當名從德也。又考《六館日鈔》，言嘉靖三十八年丁士美榜進士題名碑，爲中書舍人顧從禮書，則汝由又歷官中書，而後爲光禄，且素工於書者。《松江志》又稱汝由「楷書偪鍾尚書，行草宗右軍父子，徑尺大字仿顔平原」云云。據此，則顧氏世工書學，故是書搜採宏富，摹刻獨臻妙品，羅氏所編特其藍本耳。其書並以朱印，古色瑩然，迥殊俗本。閲第一卷末行刊「萬曆丙午春王正月望日，新都吴氏樹滋堂繡梓」，距萬曆己亥穉登作序之年又三十二載。所稱「樹滋堂」是否即吴元維新居，惜無可考。然此書告竣，寔在天錫爲詹事主簿之後，歲久功深，概可見也。

闕補卷六。二十四、二十九。

孫星衍《平津館鑒藏書籍記・明版》《秦漢印統》八卷。題部郡羅王常延年編，新都吴元維伯張校。或題武陵顧晉亨伯明校。前有萬曆戊申臧懋循序，乙亥王穉登序，隆慶辛未黃姬水序。臧序稱「自雲間顧氏印藪行於世，一時摹印者咸自侈其法古，於是太原王常氏，遍購諸博古家，積若干稔，增廣若干册，以授新安吴元維氏合刻之，命曰《印統》」。凡例三葉，舊序一卷，印文皆用硃搨，卷一後有「萬曆丙午春王正月望日，新都吴氏樹滋堂繡梓」。新安程利見元龍、新安潘最茂卿同校」四行字，板心下有「吴氏樹滋堂」五字。

寶譜

嵇璜等《清通志・圖譜略・纂定・政典》　《寶譜》。謹按，我朝御寶，向尊藏交泰殿。歷年既久，會典所載，率多失真。皇上親加考正，排次，定爲二十有五，以符天數，并著成譜。其文自乾隆十七年釐考國書篆字成，復詳加酌定。惟世傳御寶仍舊，不復更易。其常行誥敕，所鈐用者，咸改兼篆文，以崇典章而昭法守焉。

印譜

嵇璜等《清通志・圖譜略・纂定・政典》　《印譜》。謹按，乾隆十七年，釐考國書篆字成，復奉命酌定印信篆文，内自部院司寺以下，外自督撫、提鎮以下，印章悉改鑄篆文，以昭畫一。而大將軍經略及諸將軍之印，或存舊，或兼篆，各依時次譜圖系説，並使崇勳茂績，附以益彰。

玉器分部

玉格

鄭樵《通志・藝文略・食貨》　《玉格》一卷。段成式撰。

古玉圖譜

《四庫全書總目提要・譜録類存目》　《古玉圖譜》一百卷。内府藏本。舊本題宋龍大淵等奉敕撰。《宋史・藝文志》不載，他家著録者皆未之及。尤袤《遂初堂書目》有「譜録」一門，自《博古》、《考古圖》外，尚有李伯時《古器圖》，晏氏《辨古圖》、《八寶記》、《玉璽譜》諸目，亦無是書之名。朱澤民《古玉圖》作於元時，亦不言曾見是書，莫審其所自來。今即其前列修書諸臣職銜，以史傳考證，舛互之處，不可枚舉。案宋制，凡修書處有提舉、監修、詳定、編修諸職名，從無總裁，副總裁之稱，其可疑一也。宋制，翰林學士承旨以學士久次者爲之，《宋史・佞倖傳》載龍大淵紹興中爲建王内知客，孝宗受禪，自左武大夫除樞密副都承旨，知閤門事，出爲江東總管。是大淵官本武階，不應爲是職。又提舉嵩山崇福宫下加一「使」字，宋制亦無此名。且《傳》稱大淵於乾道四年死，此書作於淳熙三年，在大淵死後九年，何得尚領修纂之事！其可疑二也。又宇文粹中列銜稱「翰林直學士」，考南宋《館閣録》及《翰院題名記》，自乾道至淳熙僅有王淮、崔敦詩、胡元質、周必大、程叔達諸人，無粹中之名，其可疑三也。又《宋史・佞倖傳》載「曾覿字純甫，汴人。紹興中爲建王内知客。孝宗以潛邸舊人，除權知閤門事。淳熙元年，除開府儀同三司。六年，加少保、醴泉觀使。」今是書既作於淳熙三年，而於覿之列銜僅稱檢校工部侍郎，轉無儀同三司之稱。且考《宋志》，檢校官一十九，但有檢校尚書，從無檢校侍郎者，殊爲不合，其可疑四也。張掄即明人所稱作《紹興内府古器》評者。《武林舊事》稱爲『知閤張掄』，蓋其官爲知閤門事。亦武臣之職，而是書乃作提舉徽猷閣，按徽猷閣爲哲宗御書閣，據《宋志》祇設有學士待制直閣，竝無提舉一官，若提舉祕閣則當用宰執，又非掄所應爲，顯爲不考《宋制》，因「知閤」而附會之，其可疑五也。《宋志》，皇城司但有幹當官，無提舉之名。此作提舉皇城司事張青，與《志》不合；其可疑六也。又士禄列銜「稱帶御器械忠州防禦使直寶文閣」，葉盛列銜稱「帶御器械汝州團練使直敷文閣」，案帶御器械、防禦、團練，皆環衛武臣所授階官，而直閣爲文臣貼職，南宋一代從未有以加武職者，其可疑七也。北宋有太常禮儀院，元豐定官制已歸併太常寺，南渡無禮儀院之名，而此又有太常禮儀院使錢萬選，其可疑八也。《書畫譜》引陳善《杭州志》，載劉松年於寧宗朝進《耕織圖》，稱旨，賜金帶。此書作於淳熙初，距寧宗即位尚二十年，而已云賜金帶，其可疑九也。《圖繪寶鑑》稱，李唐官成忠郎畫院待詔，而此乃作儒林郎，既不相合，且唐在徽宗朝已入書院，建炎中以邵宏淵薦授待詔，《圖繪寶鑑》稱其時已年近八十。淳熙距建炎五十年，不應其人尚存。其可疑十也。《畫史會要》稱，馬遠爲光、寧朝待詔，陳善《杭州志》稱夏圭爲寧宗朝待詔，今淳熙初已有其名，時代不符。其可疑十一也。《宋志》，樞密院無都事，工部無司務，文思院衹有提轄、監管、監門諸職，無掌院之名，種種乖錯不合，其可疑十二也。此必後人假託宋時官本，又僞造銜名以證之，而不加考據，妄爲捃摭，遂致舛錯乖互，不能自掩其跡，其亦不善作僞者矣。

孫星衍《平津館鑒藏書籍記・舊影寫本》《古玉圖譜》卅二册。題銀青光禄大夫上柱國翰林學士承旨檢校禮部尚書開府儀同三司永興郡開國公食邑七百户實封三百户提舉嵩山崇福宫使賜紫金魚袋臣龍大淵等奉敕編纂。前有乾道元年龍大淵等《古玉圖譜序》，後列奉敕編纂校閱排次寫圖設色裝潢銜名。又有至大元年柯九思後序，《四庫全書存目》有《古玉圖譜》一百卷，題宋龍大淵等奉敕撰。稱諸臣修書職銜，有總裁、副總裁之名。又稱大淵於乾道四年死，此書作於淳熙三年，在大淵死後九年，皆與此本不同。此本爲宋時原進官本，尚未經後人改造變亂，洵可寶也。

古玉圖

高儒《百川書志・格物家》《古玉圖》一卷。元朱德潤編，集四十三物。

磚瓦分部

秦漢瓦當文字

張之洞《書目答問・金石》《秦漢瓦當文字》一卷。程敦。乾隆丁未刻本。

圖像分部

博古圖録考正

彭元瑞等《天禄琳琅書目後編・明版子部》《博古圖録考正》二函十二册。宋大觀年官撰。晁公武《郡齋讀書志》稱王楚撰，錢曾《讀書敏求記》云元至大中重刻《博古圖》，凡臣王黼撰都削去，未知孰是。其冠以「宣和」者，蓋取殿名，其時尚未有宣和年號也。鄭樸考正。樸，遂州人。書三十卷，凡六十類：鼎、尊、罍、彝、舟、卣、瓶、壺、爵、斝、觚、斗、巵、觶、角、杯、敦、簠、簋、豆、鋪、甗、錠、鬲、鍑、盉、盦、鐎、斗、瓿、罌、冰鑑、水斗、匜、匜盤、洗、盆、鋗、釪、鐘、磬、錞、鐸、鉦、鐃、戚、弩機、鐓、奩、錢、硯滴、托轅、承轅、輿輅、飾表座、旂鈴、刀筆、杖頭、唐蹲龍、鳩車、提梁、鑑，皆繪圖、考證，爲説。有樸序。樸，明人，署宣和五年刻，誤。

博古圖説

陳振孫《直齋書録解題・目録類》《博古圖説》十一卷。祕書郎邵武黄伯思長睿撰。有序。凡諸器五十九品，其數五百二十七；印章十七品，其數二百四十五。案李丞相伯紀爲長睿志墓，言所著《古器説》四百二十六篇，悉載《博古圖》。今以《圖説》攷之，固多出於伯思，亦有不盡然者。又其名物亦頗不同，錢、鑑二品至多，此所載二錢、二鑑而已。《博古》不載印章，而此印章最夥。蓋長睿没於政和八年，其後修《博古圖》頗采用之，而亦有所删改云爾。其書大抵好傳古人名字，説已見前。

博古圖

胡師安等《元西湖書院重整書目》《博古圖》。

寶璽圖式

張萱等《内閣藏書目録・圖經部》《寶璽圖式》二册。洪武二十一年，内使阮程於内承運左六庫取出大玉寶璞五十顆，小玉圖書璞一百四十一顆，辨驗大小、顏色，分類造册以進，文皆磨去。其内止前代傳國璽二顆有文，皆後世僞刻也。又元世祖瑪瑙圓圖書，其文亦存，皆番字不可曉。

三器圖義

吴壽暘《拜經樓藏書題跋記》《三器圖義》。右録《説郛》本。先君子手校。

武經陣圖

張萱等《内閣藏書目録・圖經部》《武經陣圖》一册。鈔本。背甲胄、戈矛、刀劍、弓弩、營陣之圖，每圖皆有論説。莫詳時代姓氏。

金石圖

《四庫全書總目提要・目録類》《金石圖》二卷。兵部侍郎紀昀家藏本。國朝褚峻摹圖，牛運震補説。初，峻先刻此書上卷，名《金石經眼録》，尚未載後漢永和二年燉煌太守裴岑紀功碑。後與運震重編是圖，運震始以副使郭朝祚所貽摹本補入。然此一碑，其出最晚，又遠在玉門陽關以外，非所親覩。故字體頗失其真，即字畫亦多舛異。如灰字，碑本從广，此乃從疒。碑本云邊竟乂安，此乃作又安。碑本云立德祠，此乃作立海祠。皆顯然之誤。其刊刻亦不及諸圖之工，豈此碑非峻所摹，而運震於續得之時，别令拙工補之歟？其下卷則自吴天發神讖碑、魏受禪碑以下，迄於唐顏真卿家廟碑，凡六十圖。每碑繪其形製，而具説於其上。其文則但於一碑之中，鈎摹數十字，或數字，以存其筆法，不似漢以前碑之全載。蓋欲省縮本之工，遂致變其體例。其字又隨意摘録，詞不相屬於義，殊無所取。且拓本多行於世，亦不藉此數十字以傳，徒涉買菜求益之誚。故今仍以《經眼録》著録，而此刻附存其目焉。

奇器圖説

《四庫全書總目提要・譜録類》《奇器圖説》三卷。《諸器圖説》一卷。兩淮鹽政採進本。《奇器圖説》，明西洋人鄧玉函撰。《諸器圖説》，明王徵撰。徵，涇陽人。天啓壬戌進士，官揚州府推官。嘗詢西洋奇器之法於玉函，玉函因以其國所傳文字口授，徵譯爲是書。其術能以小力運大。故名曰重，又謂之力藝。大旨謂天地生物，有數、有度、有重，數爲算法，度爲測量，重則即此力藝之學，皆相資而成。故先論重之本體，以明立法之所以然，凡六十一條。次論各色器具之法，凡九十二條。次起重十一圖，引重四圖，轉重二圖，取水九圖，轉磨十五圖，解木四圖，解石、轉碓、書架、水日晷、代耕各一圖，水銃四圖。圖皆有説，而於農器水法尤爲詳備。其第一卷之首，有《表性言解》、《來德言解》二篇，俱極誇其法之神妙，大都荒誕恣肆，不足究詰。然其製器之巧，實爲甲於古今。寸有所長，自宜節取。且書中所載，皆裨益民生之具，其法至便，而其用至溥。録而存之，固未嘗不可備一家之學也。《諸器圖説》凡圖十一，各爲之説，而附以銘贊，乃徵所自作，亦具有思致云。

義例分部

郭象碑論

文廷式《補晋書藝文志・總集類》郭象《碑論》十二篇。本傳。

石刻鋪敘

《四庫全書總目提要・目録類》 《石刻鋪敘》二卷。副都御史黄登賢家藏本。宋曾宏父撰。宏父字幼卿，自稱「鳳墅逸客」，廬陵人。是書雖遠引石經及祕閣諸本，而自述其所集鳳墅帖特詳，凡所徵摭皆有典則，而藏書家見者頗希。國朝初年，朱彝尊得射瀆鈔本，自爲之跋，有珊瑚木難之喻。此本末有此跋及彝尊名字二印，蓋猶其手迹。然跋中謂宏父名惇，以字行，則未免舛誤。考宋有兩曾宏父，其一名惇，字宏父，爲曾布之孫，曾紆之子，後人避寧宗諱，多以字行，遂與此宏父混而爲一，實則與作此書者，各一人也。跋又謂陳思《寶刻叢編》其援據頗廣，顧不及此。考《鳳墅帖》刻於嘉熙淳祐間，鋪敘諸石刻，斷手於戊申仲春，亦在淳祐八年，若《叢編》，則成於紹定辛卯，實理宗即位之七年，相距凡十七八年，何由預見曾刻。彝尊亦偶誤記也。近厲鶚等刻《南宋雜事詩》，直題此書爲曾惇撰，是承彝尊之譌矣。

金石例

范邦甸等《天一閣書目・目録類》 《金石例》十卷。刊本。〇元翰林學士潘昂霄撰。鄱陽楊本編校，廬陵王思明重校，湯植序。楊序云：「《金石例》者，蒼崖先生所述也。凡碑碣之制，始作之本，銘志之式，辭義之要，莫不放古爲準，以其可法於天下後世，故曰例。而其所以爲例者，由先秦二漢，暨唐宋諸大儒，皆因文之類以爲例。至夫節目之詳，率祖韓愈氏。大書特書不一書，彪分臚列，其亦倣乎《春秋》之例也與？至正四年春，先生之子敏中來爲饒理官，以先生手澤俾本次第讐校，刻之梓。」先生姓潘氏，諱昂霄，字景梁，學者稱之曰蒼崖先生，官至翰林侍讀學士，通奉大夫，謚文僖。有《蒼崖類藁》若干卷。

錢曾《讀書敏求記・詩文評》 蒼崖先生《金石例》十卷。蒼崖先生潘氏諱昂霄，字景梁，濟南人。取古昔碑碣、鐘鼎之文，提綱舉要，條分類聚，名曰《金石例》。一至五卷則述銘誌之始，而于貴賤、品級、塋墓、羊虎、德政、神道、家廟、賜碑之制度必辨焉。六至八卷則述《韓文括例》，而于家世、宗族、取名、妻子、死塟、日月之筆削特詳焉。九卷《先正格言》，十卷《史院凡例》。至正五年，先生之子敏中爲饒理官，屬郡士楊本端如輯其次第而刊行之。

《四庫全書總目提要・詩文評類》 《金石例》十卷。山東巡撫採進本。元潘昂霄撰。昂霄有《河源記》，已著録。是書一卷至五卷述銘誌之始，於品級、塋墓、羊虎、德政、神道、家廟、賜碑之制，一一詳考。六卷至八卷述唐韓愈所撰碑誌，以爲括例。於家世、宗族、職名、妻子、死葬、日月之類，咸條列其文，標爲程式。九卷則雜論文體，十卷則史院凡例。然昂霄是書以金石例爲名，所述宜止於碑誌，而泛及雜文之格與起居注之式，似乎不倫。又雜文之中，其目載有郝伯常先生編類金石八例，蒼崖先生十五例二條，皆有録無書。九卷之末有跋云：「右先生《金石例》，皆取韓文類輯以爲例，大約與徐秋山括例相去不遠。若再備録，似爲重複，故止記其目於此。」然則最後二卷，其始必别自爲編，附之《金石例》後。後人刊版，乃併爲一書。又知六卷至八卷所謂韓文括例者，皆全採徐氏之書，非昂霄所自撰矣。其書敘述古制，頗爲典核。雖所載括例但舉韓愈之文，未免舉一而廢百。然明以來金石之文，往往不考古法，漫無矩度，得是書以爲依據，亦可謂尚有典型。愈於率意妄撰者多矣。書在元代，版凡三刻。此本乃其子詡至正五年刊於鄱陽者也。

錢大昕《補元史藝文志・文史類》 潘昂霄《金石例》十卷。

孫星衍《平津館鑒藏書籍記・元版》 蒼崖先生《金石例》十卷。題鄱陽楊本編輯校正。目録前又題廬陵王思明重校正。前有至正五年楊本序，至正乙酉傅貴全序，至正五年湯植翁序，至正戊子王思明序。此書爲元藩昂霄所撰。蒼崖者，其號也。至正乙酉，楊本刊於饒州。戊子，王思明復梓之。此本即思明所刻，黑口版，每葉廿行，行廿二字，收藏有吳翌鳳家藏文苑白文長印，鄭敷教印白文方印，惠定宇借觀白文長印，一字南孫白文方印。

黄丕烈《蕘圃藏書題識・集類》 《金石例》十卷。元本。會稽夏通叔先生家有《廣川書跋》、《廣川畫跋》，王玩草嘗借謄寫，謂此金石至寶也。蓋宋人所編，出名。姓錢鈞羽家藏之。出霏雪録。

此書元至正中刻，嘉靖壬辰三月廿二日於金陵淮清橋書鋪購得之。世無刻本。寶之。寶之。前跋亦元人所書。錢穀記。

右《金石例》向無刻本，自叔寶得此書，龍宗武借得，壽諸梓，遂行於世。龍君序中載得書始末，故知斯本爲真種骨也。後人其寶之。順治乙未夏五雨窗跋，支指生葉裕。

余向收得《金石例》原刻本，板與此正相似。澗薲以爲第三刻，爰取第二刻本易去，以余本歸諸五硯樓，并云小讀書堆有第一刻，余惜未之見也。此本爲試飲堂物，有錢罄室圖音題識，洵古書，亦古書也。爰從購得周九松所藏第二刻並儲，可云雙璧矣。同收有金俊明手鈔本，似從此本出者。今歸東洞庭鈕非石云。壬戌冬十一月五日，蕘翁。

顧廣圻《思適齋書跋・集部》 蒼厓先生《金石例》十卷。明朝鮮刻本。蒼厓先生《金石例》舊有三刻，雅雨盧氏本載之詳矣。此第二刻，在至正戊子，與第一刻同時。案之首王思明序可見，爲毗陵周九松藏書。先兄抱沖氏得之，緣有第一刻，故以之見與。首尾頗有蛀損處，寒士無以裝潢之也。蕘圃黄君見而欲焉，遂用所收第三刻并盧本易去。其第三刻仍爲袁綬階所有，貧儉篋中不能畜舊刻，大率如此爾。他時讀未見書齋重裝成，錦玉璀璨，當不可復識。爰識數語於此，己未十二月顧廣圻。

又 《金石例》十卷。元刻本。

舊鈔本蒼厓先生《金石例》與乾隆年盧刻王思明本迥異，最後有此《附録》一卷，世所未見也。亟録而傳之。顧千里記。

又 蒼厓先生《金石例》十卷，附《鈔本附録》一卷。元刻本。

甲申之春，有堂寫贈，纚讀一過，以意改正數處，并畫其條段，然無他本爲證也。思適居士記。

顧廣圻《思適齋集外書跋輯存・集類》

蒼崖先生《金石例》十卷。元刊本。

蒼崖先生《金石例》十卷《附録》一卷。鈔本。

張金吾《愛日精廬藏書志・詩文評類》 蒼崖先生《金石例》十卷。元至正刊本。季滄葦藏書。元潘昂霄撰。鄱陽楊本編輯校正，廬陵王思明重校正。

《金石例》者，蒼崖先生所述也。凡碑碣之制，始作之本，銘志之式，辭義之要，莫不放古以爲準，以其可法於天下後世，故曰例。而其所以爲例者，由先秦二漢暨唐宋諸大儒，皆因文之類以爲例。至夫節目之詳，率祖韓愈氏大書特書不一書。彪分臚列，其亦放乎《春秋》之例也與？甚矣！先生有功於斯文也。先生世居中州，以文學鳴國初，士之爲文者猶襲纖巧，其氣萎爾不振。先生患其久而難變也，乃述楚書以授學者，使其知古之爲文如此，粲然畢舉，如示諸擎。故歷事六朝，出入翰苑餘二十年，凡經指授者皆有法度，朝野至今稱之。至正四年春，先生之子敏中來爲饒理官，好賢下士，文雅有父風。其於先生手澤尤加慎重，以本之與於斯文也，俾之次第而讐校之，刻之梓以永其傳。嗟乎，先生不以崇高自居而加惠於後學，敏中不以勢利相尚而盡力於遺書。有子如是，先生爲猶生矣。後之人當知是書有功於斯文不細也。先生姓潘氏，諱昂霄，字景梁，學者稱之曰蒼崖先生。官至翰林侍讀學士通奉大夫，謚文僖。有《蒼崖類藁》若干卷云。至正五年春三月鄱陽後學楊本敘。

聖人《春秋》褒貶，著於筆削者謂之例，國家政刑賞罰，見於制度者謂之例。是皆以其可爲法於天下後世也。濟南文僖潘公蒼崖先生，取古昔碑碣鐘鼎之文，提綱舉要，條分類聚定爲十卷，名曰《金石例》。一卷至五卷則述銘志之始，而於貴賤品級、塋墓羊虎、德政神道、家庿賜碑之制度必辨焉。六卷至八卷則述唐《韓文括例》，而於家世、宗族、職名、妻子、死葬月日之筆削特詳焉。九卷則《先正格言》，十卷則史院凡例、制度、筆削，於此又可以槩見焉。使世之孝子慈孫觀其制度之等，則思得爲而爲，不得而不爲，而於事親之道不至違禮矣。觀其筆削之言，則思孰爲可傳，孰不可傳，而於揚名之道有以自力矣。是豈惟爲文者之助，於世教將重有補焉。公之子敏中來官于饒，出是書以示。余因得以觀夫公之篤意斯文，而又喜斯文之有賢子以傳也，遂爲之引。至正乙酉春三月望，賜進士出身將仕郎前慶元録事鄱陽後學傅貴全序。

文章先體製而後論其工拙。體製不明，雖操觚弄翰於當時猶不可，況其勒於金石者乎？陸士衡《文賦》論作文體製大略可見。由先秦以來迄於近代，金石之所篆刻具有體製，好古博雅之士皆不可以不之考也。然而自上徂下，貴賤有等，名器亦因之而異數，敘事紀實，抑揚予奪，必當有所法，自非類聚而通考之，何以見之哉？翰林蒼崖先生潘公，雄文博學，爲當世所推，嘗歷考古今文辭，提綱舉要，萃爲一編，名曰《金石例》。凡爲文之椝度，制器之楷式，開卷瞭然，其用心亦勤矣。公之子敏中壽其手澤，罔敢失墜。宦游四方，必載與俱。其在番易復刊是編，以廣其傳，且與吾黨共之。噫，公掌帝制，司文衡，其所以藻飾太平者，已無所不盡其忠。敏中克承家學，益彰其親之美，斯亦繼志述事之孝者乎？忠孝萃於一門，文物昭於盛世，使夫爲人臣爲人子皆有所矜式，實有功於名教。豈特爲文之助而已哉？余故表而出之，以冠篇端云。至正五年春三月，饒州路儒學教授桐川後學湯植翁。

三代無文人，六經無文法，儒者有是言也。然《春秋》大義數十，以褒貶寓於一字之間。傳者謂其發凡以言例，皆經國之常制，周公之垂法諸，稱書不書先書故書、不言不稱書曰之類，皆所以起新舊，發大義，謂之變例。至謂發傳之體有三，而爲例之情有五，然則謂無法可乎？後世之文，莫重於金石，蓋所以發潛德、誅奸諛，著當今，示方來者也。如是而不知義例，其不貽嗚吠之誚也幾希。翰林蒼崖潘先生動必稽古，取先代碩儒所爲文類而集之，題曰《金石例》。視傳《春秋》者所言如合符節，俾夫考古者知古人用意之所在，而學古者有所矜式而不敢肆。其嘉惠斯文不其至乎。至正丁亥，予忝教番昜，公之子敏中爲理官，嘗屬郡士楊本端如緝其次第，既已刻於家而公諸人。學之賓師景陽吳君旭子謙、吳君以牧謂此書將歸中州，則邦之人焉能一一面見之哉？盍刊之學官，以垂永久，乃復加校正而壽諸梓。於乎，古人吾不得而見之矣，得見古文斯可矣。明年戊子夏六月既望，廬陵王思明謹敘。

先文僖公所著《金石例》十卷，制度文辭必稽諸古，所以模范後學者也。每見手澤，不忍釋去。與其私於一家，孰若公於天下；傳之子孫，孰若法之人人。使咸知先公之心，去浮靡以還淳古。顧不韙與謹刻之梓，嘉與士大夫其之。至正五年春三月望，濟南潘詡敬書于卷末。

張之洞《書目答問·金石》 《金石例》十卷。元潘昂霄。

格古要論

高儒《百川書志·格物家》 《格古要論》十三卷。皇明雲間曹昭明仲著。辨釋器物及玉石、金珠、琴書、圖畫、古器、異材，皆明其處，表其真僞。

古器銘釋

黃虞稷《千頃堂書目·小學類·補碑帖》 卞蓘《古器銘釋》十卷。

金石要例

張之洞《書目答問·金石》 《金石要例》一卷。黃宗羲。王顥鋭刻本。《借月山房》本。

以上通名《金石三例》。《雅雨堂合刻》本。小玲瓏山館本。嘉慶辛未郝懿行重刻本。

誌銘廣例

張之洞《書目答問·金石》 《誌銘廣例》二卷。梁玉繩。《清白士集》本。

碑版廣例

張之洞《書目答問·金石》 《碑版廣例》十卷。王芑孫。自刻本。

金石例補

張之洞《書目答問·金石》 《金石例補》二卷。郭麐。《靈芬館集》本。

漢石例

張之洞《書目答問·金石》 《漢石例》六卷。劉寶楠。《連筠簃》本，山東單刻本。

漢魏六朝墓銘纂例

張之洞《書目答問·金石》 《漢魏六朝墓銘纂例》四卷。李富孫。《別下齋》本。

金石綜例

張之洞《書目答問・金石》　《金石綜例》四卷。馮登府。自刻本。

漢魏六朝志墓金石例

張之洞《書目答問・金石》　《漢魏六朝志墓金石例》三卷。附唐人志墓吴鎬。道光已諸例一卷。酉顧氏刻本。

金石學

張之洞《書目答問・金石》　《金石學》卷。李遇孫。原刻本。記近人爲金石之學者。

金石八例

顧廣圻《思適齋集外書跋輯存・集類》　伯常先生《金石八例》鈔本。甲申之春，有堂寫贈。粗讀一過，以意改正數處，併畫其條段，然無他本爲證也。思適居士記。

其他分部

古今刀劍録

錢東垣等輯《崇文總目輯釋・小説類》　《古今刀劍録》一卷。陶宏景撰。

鄭樵《通志・藝文略・食貨》　《古今刀劍録》一卷。梁陶弘景撰。

晁公武《郡齋讀書志・類書類》　《古今刀劍録》一卷。袁本前志卷三下類書類第四。右梁陶弘景撰。記古今刀劍。

陳振孫《直齋書録解題・雜藝類》　《古今刀劍録》一卷。梁陶弘景撰。

高儒《百川書志・格物家》　《古今刀劍録》一卷。梁華陽道士陶弘景撰。分四類，夏至三國諸小國吴將魏將以紀録之。

《四庫全書總目提要・譜録類》　《古今刀劍録》一卷。兩江總督採進本。梁陶弘景撰。弘景字通明，丹陽秣陵人。齊初爲奉朝請。永明十年上表辭禄，止於句曲山。梁大同二年卒，贈中散大夫，謚貞白先生。事蹟具《梁書・處士傳》。是書所記帝王刀劍，自夏啟至梁武帝，凡四十事。諸國刀劍，自劉淵至赫連勃勃，凡十八事。吴將刀，周瑜以下凡十事。魏將刀，鍾會以下凡六事。然關、張、諸葛亮、黄忠皆蜀將，不應附入吴將中，疑傳寫誤佚「蜀將刀」標題三字。又董卓、袁紹不應附魏，亦不應在鄧艾、郭淮之間，均爲顛舛。至弘景生於宋代，齊高帝作相時已引爲諸王侍讀，而書中乃稱順帝凖爲楊玉所殺，不應以身歷之事謬誤至此。且弘景先武帝卒，而帝王刀劍一條，乃預著武帝謚號，竝直斥其名，尤乖事理。疑其書已爲後人所竄亂，非盡弘景本文。然考唐李綽《尚書故實》引《古今刀劍録》云：自古好刀劍多投伊水中，以禳膝人之妖，與此本所記「漢章帝鑄劍」一條，雖文字小有同異，而大略相合。則其來已久，不盡出後人贋造，或亦張華《博物志》之流，真僞參半也？

雜祭文

《隋書・經籍志・總集》　《雜祭文》六卷。

衆僧行狀

《隋書・經籍志・總集》　《衆僧行狀》四十卷。釋僧祐撰。亡。

古鑑記

錢東垣等輯《崇文總目輯釋·小説類》《古鑑記》一卷。王勔撰。

鄭樵《通志·藝文略·食貨》《古鑑記》一卷。隋王勔撰。

晁公武《郡齋讀書志·類書類》《古鏡記》一卷。袁本前志卷三下類書類第五。

右未詳撰人。纂古鏡故事。

銅劍讚

錢東垣等輯《崇文總目輯釋·小説類》《銅劍讚》一卷。

鄭樵《通志·藝文略·食貨》《銅劍讚》一卷。

范邦甸等《天一閣書目·譜録類》《銅劍讚》一卷。鈔本。晉江淹撰。

《四庫全書總目提要·譜録類》《銅劍讚》一卷。浙江范懋柱家天一閣藏本。

梁江淹撰。淹字文通，濟陽考城人。官至散騎常侍，左衛將軍，封醴陵侯。謚曰憲。事蹟具《梁書》本傳。齊永明中，掘地得古銅劍，淹因詮次劍事，考古人鑄兵用銅、後世鑄兵用鐵原委，以爲之讚。雖文止一篇，然《宋史·藝文志》、《文獻通考》皆著於録，故附存其目焉。

鑄劍術

鄭樵《通志·藝文略·食貨》《鑄劍術》一卷。出《道藏》。

劍　法

鄭樵《通志·藝文略·食貨》《劍法》一卷。

仙寶劍經

鄭樵《通志·藝文略·食貨》《仙寶劍經》二卷。見《隋志》。

錦　譜

鄭樵《通志·藝文略·食貨》《錦譜》一卷。

鹽鐵論

鄭樵《通志·藝文略·食貨》《鹽鐵論》十卷。漢桓寬撰。

鹽筴總類

鄭樵《通志·藝文略·食貨》《鹽筴總類》二十卷。

解鹽須知

鄭樵《通志·藝文略·食貨》《解鹽須知》一卷。

鹽池利害

鄭樵《通志·藝文略·食貨》《鹽池利害》一卷。

鏡　録

尤袤《遂初堂書目・譜録類》《鏡録》。

刀劍録

尤袤《遂初堂書目・譜録類》《刀劍録》。

寶墨待訪録

陳振孫《直齋書録解題・目録類》《寶墨待訪録》二卷。禮部員外郎米芾元章撰。記承平時故家所藏晉唐遺跡。

馬端臨《文獻通考・經籍考・目録》《寶墨待訪録》二卷。

浸銅要略

陳振孫《直齋書録解題・雜藝類》《浸銅要略》一卷。張甲撰。稱德興草澤紹聖元年序。蓋膽水浸鐵成銅之始。甲，參政子公之祖。

蘭亭博議

陳振孫《直齋書録解題・雜藝類》《蘭亭博議》十五卷。淮海桑世昌澤卿撰。世昌居天台，放翁陸氏諸甥也，博雅能詩。又嘗爲《西湖紀逸》，考林逋遺事甚詳。

馬端臨《文獻通考・經籍考・小學》《蘭亭博議》十五卷。

王士禛《漁洋書跋》《蘭亭博議》。宋桑世昌《蘭亭博議》，予庚午歲曾借之朱竹垞太史，舊刻甚精。按葉水心集云：世昌事事精習。詩尤工。其云翠添鄰塹竹，紅照屋山花。蓋著色畫也。

孫星衍《平津館鑒藏書籍記・舊影寫本》《蘭亭博議》一卷。前有開禧元年高文虎序，後有陸[illegible]跋，俱不言卷數。陳氏《書録解題》：「《蘭亭博議》十五卷。淮海桑世昌澤卿撰。」《蘭亭考》十二卷，即前書。浙東庾司所刻，視初本頗有删改，初十五篇，今存十三篇。去其集字篇，附見篇，其書始成。本名《博議》，高内翰文虎爲之序。葉適《水心集》亦有《蘭亭博議跋》，此本僅一卷，共卅五葉。分本序、詩、睿賞、紀原、八法、臨摹、審定、推評、習法、詠贊、傳刻、集字、釋禊十三類。首尾尚爲完具，桑氏先成《傳議》，後改作《蘭亭考》，此本或出於初定，或後人節鈔。今十五卷之本已亡，無可考證矣。

蘭亭考

陳振孫《直齋書録解題・雜藝類》《蘭亭考》十二卷。即前書。浙東庾司所刻，視初本頗有删改。初十五篇，今存十三篇。去其《集字篇》後人集《蘭亭》字作書帖、詩銘之類者。又《附見篇》兼及右軍他書蹟，於《樂毅論》尤詳。其書始成，本名《博議》，高内翰文虎炳如爲之序。及其刊也，其子似孫，主爲删改，去此二篇固當，而其他務從省文，多失事實，或戾本意。其最甚者，序文本亦條達可觀，亦竄改無完篇，首末闕漏，文理斷續，於其父猶然，深可怪也。此書累十餘卷，不過爲晉人一遺帖，自是作無益，玩物喪志，本無足云。其中所録諸家跋語，有昭然僞妄而不能辨者，未暇疏舉。

馬端臨《文獻通考・經籍考・小學》《蘭亭考》十三卷。

山谷黄氏《蘭亭跋》曰：王右軍禊飲序草，號稱最得意書。宋、齊以來，似藏在祕府，士大夫間未聞稱述，豈未經大盜兵火時蓋有墨蹟在蘭亭右者？及蕭氏宇文焚蕩之餘，千不存一，永師晚出，所見好迹，唯有《蘭亭》，故爲虞、褚輩道之，所以太宗求之百方，期於必得。其後公私相盜，今竟失之。書家晚得定武石本，髣髴有古人筆意耳。褚庭晦所臨極肥，而洛陽張景元斸地得缺石極瘦，定武本則肥不剩肉，瘦不露骨，猶可想其風流。三石刻皆有佳處，不必寶己有而非彼也。

楊士奇等《文淵閣書目・法帖》《蘭亭考》。一部。一册。闕。

又《蘭亭考》。一部。三册。闕。

《四庫全書總目提要・目録類》《蘭亭考》十二卷。浙江鮑士恭家藏本。舊本題宋桑世昌撰。世昌，淮海人，世居天台，陸游之甥也。案陳振孫《書録解題》載《蘭亭博議》十五卷，註曰：「桑世昌撰。」葉適《水心集》亦有《蘭亭博議跋》曰：「字書自《蘭亭》出，上下數千載，無復倫擬，而定武石刻遂爲今世大議論。桑君此書，信足以垂名矣。君事事精習，詩尤工，其《即事》云『翠添鄰塹竹，紅照屋山花』，蓋著色畫也。」《書録解題》又載《蘭亭考》十二卷，註曰「即前書，浙東庾司所刻，視初本頗有删改。初十五篇，今存十三篇。去其《集字篇》後人集蘭亭字作詩銘之類者。又《附見篇》兼及右軍他書迹，於《樂毅論》尤詳。其書始成，本名《博議》，高内翰文虎炳如爲之序。及其刊也，其子似孫主爲删改，去此二篇固當，而其他務從省文，多失事實，或戾本意。其最甚者，序文本亦條達可觀，亦竄改無完篇。首末闕漏，文理斷續，於其父猶然，深可怪也」云云。是此書經高似孫竄改，已非世昌之舊矣。今未見《博議》原本，無由驗振孫所論之是非。然是書爲王羲之《蘭亭序》作，集字爲文，其事無預於羲之，羲之他書，其事無預於蘭亭，似孫所删，深合斷限，振孫亦不能不以爲當也。其中評議不同者，如或謂梁亂，《蘭亭》本出外，陳天嘉中爲智永所得；又或謂王氏子孫傳掌，至七代孫智永，此《蘭亭》真迹流傳之不同也。又如或謂石晉之亂，棄石刻於中山，宋初歸李學究，李死，其子摹以售人，後負官緡，宋祁爲定武帥，出公帑買之，置庫中；又或謂有遊士攜此石走四方，其人死營妓家，伶人取以獻宋祁；又或謂唐太宗以搨本賜方鎮，惟定武用玉石刻之，世號定武本，薛紹彭見公廚有石鎮肉，乃别刻石以易之，此又定武石刻流傳之不同也。推評條下據王羲之生於晉惠帝太安二年癸亥，則蘭亭修禊時年五十有一，辨《筆陣圖》所云羲之年三十三書《蘭亭》之誤，是矣。然前卷既引王銍語，以劉餗之説爲是矣，而又云於東墅閲高似孫校書畫，見蕭翼宿雲門留題二詩，云使御史不有此行，烏得是語。則雜録舊文，亦未能有所斷制。至其八法一門，以書苑、禁經諸條專屬之蘭亭，尤不若姜夔《禊帖偏傍考》之爲精密。是以曾宏父、陶宗儀諸家皆稱姜考而不用是書。然其徵引諸家頗爲賅備，於宋人題識援據尤詳。世昌之原本既佚，存此一編，尚足見《禊帖》之源流。固不得以陳氏之排擊，遽廢是書矣。

金石竹帛遺文

王圻《續文獻通考・經籍考・類書》《金石竹帛遺文》。柳貫著。

錢大昕《補元史藝文志・總集類》 柳貫《金石竹帛遺文》十卷。

蠙衣生劍記

《四庫全書總目提要・譜録類》《蠙衣生劍記》一卷。兩江總督採進本。明郭子章撰。子章有《蠙衣生易解》，已著録。是編皆記劍事，分上下二篇。前有自序，謂上篇據劍之實者紀之，下卷則紀其寓言，如《莊子》所謂天子劍、諸侯劍之類是也。

劍筴

《四庫全書總目提要・譜録類》《劍筴》二十七卷。内府藏本。明錢希言撰。希言字簡棲，吴縣人。是編所載皆歷代劍事，亦陶弘景《刀劍録》之流，而採摭繁蕪，分類亦嫌穴瑣。

文海英瀾

錢大昕《補元史藝文志・總集類》《文海英瀾》二百卷。○字九思，天曆中奉敕録金石刻三萬餘通，上進，録其副爲此書。

史評部

論述

晁公武《郡齋讀書志・史評類》 前世史部中有史鈔類而集部中有文史類，今世鈔節之學不行而論説者爲多。教自文史類内，摘出論史者爲史評，附史部，而廢史鈔云。

姚振宗《後漢藝文志・史評類》 按《唐・藝文》以論史諸書附文史類，繫總集末。晁氏《志》從文史類摘出爲史評，入史部。史評之類，蓋始于此。今考後漢人亦有論史事之文，是史論之最古者，彙而次之，得四家焉。今立爲史評類，以見是類亦權輿于後漢云。

耿文光《萬卷精華樓藏書記・史評類序》 全史有論贊即史評也。他如荀悦「漢紀」、温公「通鑑」、子由「古史」，皆有議論附於本書。其勒爲一書者，則自「史通」始，其文沿六朝排偶之習，而識見高卓，後有作者莫之及也。今所録者凡十家，自「史通」以下取者寥寥，而殿以趙氏「劄記」、錢氏「攷異」、王氏「商榷」三家之書。或研究數十年，或翻閲數十次，思之至深，攷之至當，故愚以此爲史評之正，則可以上接「史通」，下開法門也。至於惺鍾之「史懷」、程至善之「史砭」，或爲偏論，或屬迂談，凡如此類者，一概棄之。蓋讀史宜博覽精考，非掉弄聰明之事也。

綜述

前史得失略論

姚振宗《後漢藝文志・史評類》 班彪《前史得失略論》。彪始末見正史類。范書本傳：彪「因斟酌前史而譏正其得失，其略論曰」云云。《文心雕龍・史傳篇》：「爾其實録無隱之旨，博雅宏辨之才，愛奇反經之尤，條例踳落之失，叔皮論之詳矣。」按范氏采入本集者，多删節其文。《史通・正史篇》云：「建武中，司徒掾班彪以爲雄、歆褒美僞新，誤後惑衆，不當垂之後代」，此即《略論》中語。而本傳無此文，以是知范氏多有删落。劉子玄之所以得見全文者，則以其時本集未亡也。

漢紀節要論

尤袤《遂初堂書目・史學類》 荀悦《漢紀節要論》。

史職條例

黎世蘅《補南齊書經籍志・正史類》 檀超《史職條例》。建元二年，初置史官，以超與驃騎記室江淹掌史職。上表立條例，開元紀號，不取宋年。封爵各詳本傳，無假年表。立十志：《律暦》、《禮樂》、《天文》、《五行》、《郊祀》、《刑法》、《藝文》依班固，《朝會》、《輿服》依蔡邕、司馬彪，《州郡》依徐爰。《百官》依范曄，合《州郡》。班固五星載《天文》，日蝕載《五行》，改日蝕入《天文志》。以建元爲始。帝女體自皇宗，立傳以備甥舅之重，又立《處士》、《列女傳》，詔内外詳議。左僕射王儉議：「金粟之重，八政所先，食貨通則國富民實，宜加編録，以崇務本。《朝會志》前史不書，蔡邕稱先師胡廣説《漢舊儀》，此乃伯喈一家之意，曲碎小儀，無煩録。宜立《食貨》，省《朝會》。洪範九疇，一曰五行。五行之本，先乎水火之精，是爲日月五行之宗也。今宜憲章前軌，無所改革。又立《帝女傳》，亦非淺識所安。若有高德異行，自當載在《列女》，若止於常美，則仍舊不書」。詔：「日月災隸《天文》，餘如儉議。」超史功未就，卒官。江淹撰成之，猶不備也。《南齊書》五二《檀超傳》。《南史》七二《文學・桓超傳》

袁彖《駁檀超國史條例議》 彖出爲廬陵内史、豫州治中、太祖太傅相國主簿，祕書丞，議駁國史檀超，以《天文志》紀緯序位，《五行志》載當時祥沴，二篇所記事用相懸。日蝕爲災，宜居《五行》，超欲立《處士傳》。彖曰：「夫事關業用，方得列其名行。今栖遁之士，排斥皇王，陵轢將相，此偏介之行，不可長風移俗，故遷書未傳，班史莫編。一介之善，無緣頓略，宜列其姓業，附出他篇。南齊書四

八袁彖傳

顏師古注漢書例

高似孫《史略・史例》 《顏師古注漢書例》一卷。

史通

錢東垣等輯《崇文總目輯釋・雜史類》 《史通》二十卷。劉知幾撰。

《新唐書・藝文志・文史類》 劉子玄《史通》二十卷。

晁公武《郡齋讀書志・史評類》 劉氏《史通》二十卷。右唐劉知幾撰。知幾，長安神龍間三爲史官，頗不得志，乃以前代書史，序其體法，因習廢置，掇其得失，述作曲直，分內、外篇，著爲評議，備載史册之要。當時徐堅深重之，云：「居史職者，宜置坐右。」玄宗朝，詔其家録進，上讀而善之。宋子京稱，唐舊史之文猥釀不綱，謂知幾工訶古人而拙於用己。觀此書，知子京之論不誣。

尤袤《遂初堂書目・史學類》 劉知幾《史通》。

陳振孫《直齋書録解題・文史類》 《史通》二十卷。唐崇文館學士劉知幾子玄撰。《新史》以爲工訶古人，拙于用己，然爲書亦博矣。「史通」者，漢封司馬遷後爲史通子，而亦兼《白虎通》之義也。

馬端臨《文獻通考・經籍考》 劉氏《史通》二十卷。

晁氏曰：唐劉知幾撰。知幾長安、神龍間三爲史官，頗不得志，乃以前代書史，序其體法，因習廢置，掇其得失，述所曲直，分內外篇，著爲評議，備載史策之要。當時徐堅深重之，云：「居史職者，宜置坐右。」玄宗朝，詔其家録進，上讀而善之。宋子京稱唐舊史之文猥釀不綱，謂知幾工訶古人，而拙於用己。觀此書，知子京之論不誣。前世史部中有史抄類，而集部中有文史類，今世抄節之學不行，而論説者爲多。故自文史類內，摘出論史者爲史評，附史部而廢史抄云。

陳氏曰：其著書亦博矣。史通者，漢封司馬遷後爲史通子，亦兼《白虎通》之義也。

《宋史・藝文志》 劉知幾《史通》二十卷。

高儒《百川書志・史鈔》 《史通》二十卷。唐劉知幾撰。

范邦甸等《天一閣書目・史評類》 《史通》二十卷。刊本每卷首有天一閣古司馬氏二圖章唐景龍四年鳳閣舍人彭城劉子元撰并序。《史通》三十卷。刊本每卷首有千古同心之學天一閣主人二印明司馬公跋云：「《史通》先刻於蜀，最稱譌繆，陸文裕輒以己意更定，猶未了了，後人更校刻之。沈翰林肩吾取宋刻參對，云此本雖可通，尚多錯繆，蓋後來校者率意更易，非宋刻，亦時錯繆。外篇尤甚，賴此册與彼所出異途，參酌取中，庶無亥豕。夫古今異文字畫增損如萬之，爲萬疋之，爲匹桼之，爲桀冠之，爲冠䆕之，爲寇号之，爲號卆之，爲卒機之，爲機誙之，爲誣薛之，爲薛爲之，爲象尒之，爲爾瓴之，爲瓴羌之，爲差聠之，爲聘芚之，爲芭多之，爲多秉之，爲秉乎之，爲互脩之，爲循案之，爲按姊之，爲姊㧙之，爲抵儁之，爲儁競之，爲競儒之，爲儒坑之，爲坑斗之，爲斗巫之，爲巫是也。是本蓋第三刻者，萬曆四年二月借他本校之，稍有更正，删去諸序，視沈本爲勝，然宋本所具者固闕也。因增正之，更取從子大徹宋刻鈔本檢對，亦有更定。昔人云：校書如掃落葉，逾掃逾有，信然。」《史通》二十卷。刊本每卷首有天一閣古司馬氏二圖章同上，明雲間張之象、陸深均有序。

徐𤊹《徐氏家藏書目・旁史類・史評》 《史通》十卷。劉知幾。

張萱等《內閣藏書目録・史部》 《史通》六册全。唐劉子玄著。

錢謙益《絳雲樓書目・史學類・史評》 劉知幾《史通》二十卷。

《讀書敏求記》 劉知幾《史通》二十卷。陸文裕公刻蜀本《史通》，其補註、因習、曲筆、鑒識四篇，殘脱疑誤，不可復讀，文裕題其篇末，而無從是正，舉世罕覩全書，殊可惜也。此本于脱簡處，一一補録完好，又經前輩勘對精允。凡標題行間者，皆另出手眼，覽之真有頭白汗青之感。

《四庫全書總目提要・史評類》 《史通》二十卷。內府藏本。唐劉子元撰。子元本名知幾，避明皇嫌名，以字行。彭城人。弱冠擢進士第，調獲嘉尉，遷鳳閣舍人，兼修國史。中宗時擢太子率更令，累遷祕書監，太子左庶子，崇文館學士，開元初官至左散騎常侍。後坐事貶安州別駕，卒於官。事蹟具《唐書》本傳。此書成於景龍四年。凡內篇十卷，三十九篇；外篇十卷，十三篇。蓋其官祕書監時與蕭至忠、宗楚客等争論史事不合，故發憤而著書者也。其內篇《體統》《紕繆》《弛張》三篇，有録無書。考《本傳》已稱著《史通四》十九篇，則三篇之亡，在修《唐書》以前矣。內篇皆論史家體例，辨別是非。外篇則述史籍源流，及雜評古人得失。文或與內篇重出，又或牴牾。觀開卷《六家篇》，首稱自古帝王文籍，外篇言之備矣。是先有外篇，乃擷其精華以成內篇，故刪除有所未盡也。子元於史學最深，又領史職幾三十年，更曆書局亦最久。其貫穿今古，洞悉利病，實非後人之所及。而性本過剛，詞復有激，詆訶太甚，或悍然不顧其安。《疑古》《惑經》諸篇，世所共詬，不待言矣。即如《六家篇》譏《尚書》爲例不純，《載言篇》譏左氏不遵古法，《人物篇》譏《尚書》不載八元、八愷、寒浞、飛廉、惡來、閎夭、散宜生，譏《春秋》不載由余、百里奚、范蠡、文種、曹沫、公儀休、甯戚、穰苴，亦殊謬妄。至于史家書法，在襃貶不在名號。昏暴如幽、厲，不能削其王號也。而《稱謂篇》謂晉康、穆以下諸帝，皆當削其廟號。朱雲之折檻，張綱之埋輪，直節凜然。而《言語篇》斥爲小辨，史不當書。蘧瑗位列大夫，未嘗棲隱。而《品藻篇》謂《高士傳》漏載其名。孔子門人，欲尊有若，事出《孟子》，定不虛誣。而《鑒識篇》以《史記》載此一事，其鄙陋甚於褚少孫。皆任意抑揚，偏駁殊甚。其他如《雜説篇》指趙盾魚飧，不爲菲食，議《公羊》之誣。并州竹馬，非其土産，譏《東觀漢記》之謬，亦多瑣屑支離。且《周禮》太史掌國之六典，小史掌邦國之志，則史官兼司掌故，古之制也。子元之意，惟以襃貶爲宗，餘事皆視爲枝贅。故《表曆》《書志》兩篇，於班馬以來之舊例，一一排斥，多欲刪除，尤乖古注。餘如譏《後漢書》之採雜説，而自據《竹書紀年》《山海經》，譏《漢書》《五行志》之舛誤，而自以元暉之《科録》爲魏濟陰王暉業作，以《後漢書・劉虞傳》爲在《三國志》中。小小疎漏，更所不免。然其縷析條分，如別黑白。一經抉擿，雖馬遷、班固幾無記以自解免。亦可云載筆之法家，著書之監史矣。自明以來，註本凡三四家，而譌脱竄亂，均如一轍。此本爲內府所藏舊刻，未有注文，視諸家猶爲近古。其中點煩一篇，諸本竝佚其朱點，此本亦同。無可校補，姑仍之焉。

朱睦㮮《萬卷堂書目》　《史通》二十卷。劉子。

趙琦美《脈望館書目》　《史通》二十卷。嘉靖本。余向藏沈寶硯校本，爲萬曆時刻，蓋其底本覆嘉靖時陸文裕本。此外又見五硯樓藏，孫潛夫之校本，亦即覆陸本，復經顧澗薲手校，每用嘉靖本爲證，嘉靖本實未見也。頃書友以此刻，求售識是嘉靖原刻與覆本多不同，遂易之爲此，是嘉靖刻，故可珍書友云。外間買書者，唯《史通能釋》是問，若此則無過而問焉者。故以歸子余不覺笑，余嗜好與俗殊酸鹹也。癸酉冬季復翁。

書跋語畢，知此係第二册，誤以爲末册云。

顧廣圻《思適齋書跋》　《史通》二十卷。校本。錢遵王《讀書敏求記》云「陸文裕公刻蜀本《史通》，其《補注》《因習》《曲筆》《鑒識》四篇殘脱，疑誤不可復讀，文裕題其篇末，而無從是正，舉世罕覩全書」云云，即此本也。余向收得別本，是萬曆時長洲張鼎思據此重刻，曾經錢同時人孫潛夫用葉石君校定本對讀者，亦既於脱簡處一一補録完好矣。錯誤處仍皆移正洵善本也，因照臨一過。黄蕘圃蓄沈寶硯家本，未知相較若何？他日借勘之。澗薲居士記，時寓無爲州。

嘉慶九年六月重閲，略加點定，澗薲記。

盧氏《羣書拾補》引宋本，附采卅餘條於此。甲子七月朔日重閲訖書。又續録若干條。

無爲寓館，了無一書可檢，向所雌黄，多是何義門諸氏所已有，當推還之，獨存其新知耳。然於此頗自喜其暗合古人處。九月重閲，記於城南草堂。

沈寶硯家本，係其所臨馮已蒼評、何義門校也。借勘一過訖，九月十四日澗薲記。

《史通》二十卷。孫潛夫校本。

嘉慶甲子七月初三日重閲廣圻記。

此《史通》孫潛潛夫手校本，於刻多所是正，並足以訂近時《通釋》之失。今年余攜之行篋，尋覽數過，每歎其佳，五硯主人見而愛之，因照臨一通，而以其真歸焉。澗薲居士顧廣圻記。時在秦淮寓中，嘉慶甲子八月三日也。

《史通》二十卷。何義門校本。

《曲筆》《鑒識》二篇竝無錯簡，馮氏閲本、萬曆所刻皆誤，而何氏校語尚失之。顔黄門云：「校定書籍，亦胡容易」，洵然。道光癸未觀於揚州洪氏之績學齋，并記。六月一日思適居士顧千里書。

顧廣圻《思適齋集外書跋輯存・史類》　《史通》二十卷。孫潛夫校本。

此《史通》孫潛潛夫手校本，於明刻多所是正，並足以訂近時《通釋》之失。今年予攜之行篋尋覽數過，每歎其佳，五硯主人見而愛之，因照臨一通，而以其真歸焉。澗薲居士顧廣圻記，時在秦淮寓中，嘉慶甲子八月三日也。

《史通》二十卷。何義門校本。

《曲筆》《鑒識》二篇並無錯簡，馮氏閲本萬曆所刻皆誤，而何氏校語尚失之。顔黄門云：「校定書籍亦胡容易洵，然道光癸未觀於揚州洪氏之績學，并記六月一日思適居士顧千里。」

《澹生堂藏書目》　《史通》四册二十卷。劉知幾江右新本。又四册。十二卷。舊本。

《鄭堂讀書記・史評類》　《史通》二十卷。明刊本。

唐劉知幾撰。知幾，字子元，彭城人。擢進士第，開元初官至左散騎常侍，貶安州别駕。《四庫全書》著録。《新唐志》《讀書志》《書録解題》《通考》《宋志》俱載之。子元官祕書監時，與蕭至忠、宗楚客等争論史事，不同，故作此書。曰《史通》者，漢封司馬遷後爲史通子，而亦兼《白虎通》之義也。凡内篇十卷三十九篇，外篇十卷十三篇。其内篇《休統》《紕繆》《弛張》三篇久佚。是本目録竟不數及之，非也。錢竹江《養新録》稱其書曆評史家得失有精確者，有苛碎差謬者，蓋當時史局遵守者，不過貞觀所修晉梁陳齊周隋六史之例，故其書指斥尤多，并于遷固已降，肆意觝排，無所顧忌。甚至作《疑古》《惑經》二篇，排斥上聖，幾上同于《論衡》之《問孔》《刺孟》矣。然子元用功既深，遂言立而不朽。歐宋《唐書》往往采其緒論焉。此本前載子元原序，并萬曆丁丑華亭張元超之象校刊序，及校閲名氏，後附程一枝上書陸儼山深跋。余謂是書專學《文心雕龍》體格，自《史官》《正史》二篇外，悉行以駢偶，尤不能暢所欲言，是亦其一短也。

馬國翰《王函山房藏書簿録》　《史通》二十卷。明刊本。唐散騎常侍彭城劉知幾子元撰。明華亭陳繼儒仲醇注，劉官秘書監時與蕭至忠宗楚客争論史事而作。此書内篇論史家，體例凡三十九篇，今佚其三，外篇述史籍源流得失，凡十三篇，詞議稍激，而駁詰悉折衷諦當。

瞿鏞《鐵琴銅劍樓藏書目録》　《史通》二十卷。校宋本。

唐劉知幾撰并序。宋本不題名，於序後即接題《史通秩上内篇》劉氏一行。此依盧抱經《羣書拾補》中所見華亭朱氏影鈔宋本校過，復將馮巳蒼、錢遵王、何義門三家校本，一一注明。卷末有題記云：「丙申元旦後一日。立齋校。」

李慈銘《越縵堂讀書記・史部・史評類》　《史通》唐劉知幾撰。

下午同珊士叔子小游廠肆，以京錢十一緡買王禮堂先生《十七史商榷》一部，錢五緡買《史通》一部，明人李本寧郭延年評釋。《史通》自經紀河間刪訂爲《史通削繁》，世争行之，元本遂不多見，此最可恨。古書即極有疵病，必須存其真面目，文之佳惡，作者自有之，讀者亦可自知之。況子元學識冠絶史家，其議論間有偏戾，乃恐以譏毁國史獲罪，故託於嚳言，偏詆經籍，誠不得已而言，昔賢論之甚詳。河間博洽，北方之學無出其右，而亦爲此鹵莽，踵明人之惡習，殊不可解。予得李郭此本，深可喜也。本寧爲嘉靖七才子後勁。所著《大泌山人集》，繁富過甚，朱竹垞譏其並不知詩，觀此書所評，往往精當，史學殊爲有得。延年名孔延，姓名罕見，而所附諸評，亦多佳者。（按本段書眉有後記：河間批點《史通》，原本所取者記以朱筆，其紕謬者則以緑筆點之，冗漫者則以紫筆點之，然皆有糾正語。涿州盧敏肅坤僅以朱筆所取者付梓，致成節删之本。）

咸豐庚申（一八六〇）十二月初六日終日閲《史通》。内篇自《六家篇》至《自叙篇》，畢十卷三十六篇。又閲外篇《惑經》《申左》兩篇，《疑古》一篇。子玄《惑經》《疑古》之製，尤爲世所詬病，其《惑經》論春秋之書所未諭者十二條，虚美者五條，尤多近理之言，若《疑古》十二條，至痛斥堯舜以及周公，猖狂甚矣。

陸心源《皕宋樓藏書志・史評類》　《史通》二十卷。影寫宋刊本。唐劉子元撰。自序。

又　《史通》二十卷。陳仲魚校宋本。

唐劉子元撰。

陳氏手跋曰：「少喜讀《史通》，苦無善本，既得浦二田通釋，以謂精審絶勝諸刻，惟厭其多綴評語，近于邨學究習氣耳，復從同郡盧弓父學士假得校本，蓋從何義門以朱文游家藏印本、寫本細校，而弓父學士手臨于北平黄氏刊本者，歎其盡善，又假學士所校通釋本合而訂之，始知通釋妄改妄删處正復不少。嗟乎，讀書難而校書更難，微學士之功幾何不爲其所欺邪，至唐時書籍今已大半失傳，通釋有未詳者，亦周其所學士已補攷出，數條間有鄙見亦附載諸書眉目，猶有未知者，俟續攷焉。乾隆四十九年春日陳鱣識。

又　《史通》二十卷。明嘉靖刊本。

唐劉子元撰。

目序。

王閣序。

高公韶跋。嘉靖乙未。

陸深跋。

彭汝實跋，嘉靖乙未。李佶跋，嘉靖乙未。楊名跋，嘉靖丙申。

耿文光《萬卷精華樓藏書記・史評類》　《史通》二十卷。

唐劉知幾撰。

抄本。是書諸家著録者甚少，注家亦互有得失。明以前無注之本更不易見。此本正文從浦本，次降一格録紀氏評語、盧氏校語，次録王黄浦三家之註，次録李氏《通詁》以爲讀本，而諸本之序皆弁於首。是書乃載筆之法家，著書之監史也，宜三復之。王西莊《十七史商榷》即用《史通》之例，宜並讀之以攷史法。《通詁》二卷，李調元撰，詁《史通》所難解之語，刻入《函海》。

紀文達公《削繁》叙曰：「説經不可有例，而撰史不可無例。劉氏之書，誠載筆之圭臬也。顧其自信太勇，而其立言又好盡。故其抉擇精當之處，足使龍門失步，蘭臺變色。而偏駁太甚，支蔓弗翦者，亦往往有之。浦氏輕改舊文，是所短而詮釋較爲明備。因即其本，細加評閲，命曰《史通削繁》。核其菁華，亦大略備於是矣。」

又 《史通》二十卷。唐劉子元撰。李維禎評刊本，明萬曆刊本。

沂公史例

《新唐書・藝文志・文史類》 《沂公史例》十卷。田弘正客撰。

鄭樵《通志・藝文略・文史》 《沂公史例》一卷。田弘正客撰。

高似孫《史略・史例》 《沂公史例》一卷。田宏正客。

史漢異義

《新唐書・藝文志・文史類》 裴傑《史漢異義》三卷。河南人，開元十七年上，授臨濮尉。

鄭樵《通志・藝文略・文史》 裴傑《史漢異義》三卷。開元人。

史例

錢東垣等輯《崇文總目輯釋・雜史類》 《史例》三卷。劉餗撰。

《新唐書・藝文志・文史類》 劉餗《史例》三卷。

鄭樵《通志・藝文略・文史》 劉餗《史例》三卷。

尤袤《遂初堂書目・史學類》 劉餗《史例》。

陳振孫《直齋書録解題・文史類》 《史例》三卷。唐右補闕劉餗鼎卿撰。知幾次子也。

馬端臨《文獻通考・經籍考》 《史例》三卷。

陳氏曰：唐右補闕劉餗鼎卿撰。知幾次子也。

《宋史・藝文志》 劉餗《史例》三卷。

高似孫《史略・史例》 劉餗《史例》三卷。

史通析微

錢東垣等輯《崇文總目輯釋・雜史類》 《史通析微》十卷。柳燦撰。

《新唐書・藝文志・文史類》 《柳氏釋史》十卷。柳璨。一作《史通析微》。

鄭樵《通志・藝文略・文史》 柳氏《釋史》一卷。

晁公武《郡齋讀書志・史評類》 《史通析微》十卷。右唐柳璨昭之撰。璨以劉子玄《史通》妄誣聖哲，評湯之德爲僞跡，論桀之惡爲厚誣，謗周公云不臣，褒武庚以殉節，其甚至於彈劾仲尼，因討論其舛謬，共成五十篇。蕭統云：「論則析理精微。」故以爲名。乾寧四年書成。《唐史》云：璨，公綽族孫。少孤貧，好學，著《史通析微》，時或稱之。起布衣，至爲相，不四歲。按《唐紀》，相璨在天祐改元，則書成時，猶未仕也。

陳振孫《直齋書録解題・文史類》 《史通析微》十卷。唐柳璨撰。譏評劉氏之失。

馬端臨《文獻通考・經籍考》 《史通析微》十卷。

晁氏曰：唐柳璨炤之撰。璨以劉子玄《史通》妄誣聖哲，評湯之德爲僞迹，論桀之惡爲厚誣，謗周公云不臣，褒武庚以徇節，其甚至於彈劾仲尼，因討論其舛謬，共成五十篇。蕭統云：「論則析理精微。」故以爲名。乾寧四年書成。《唐史》云：璨，公綽族孫，少孤貧，好學，著《史通析微》，時或稱之，起布衣，至於相，不四歲。按《唐紀》，相璨在天祐改元，則書成，猶未仕也。

《宋史・藝文志》 柳璨《史通析微》十卷。

通鑑前例

馬端臨《文獻通考・經籍考》《通鑑前例》一卷《修書帖》一卷《三十六條四圖》共一卷。

陳氏曰：司馬光記集修書凡例。諸帖則與書局官屬劉恕、范祖禹往來書簡也，其曾孫侍郎伋季思哀於一篇。又以《前例》分篇三十六條，而考其離合，稽其授受，推其甲子，括其卷帙，分爲四圖。

高似孫《史略・史例》司馬公《通鑑前例》一卷。

史記牴牾論

王圻《續文獻通考・經籍考・史評》《史記牴牾論》趙瞻著。瞻，盩厔人。舉進士，調孟州司户參軍，累遷同知樞密院事。

史例論

尤袤《遂初堂書目・史學類》趙彦若《史例論》。

史例總論

《宋史・藝文志》邵必《史例總論》十卷。

三劉漢書

晁公武《郡齋讀書志・史評類》《三劉漢書》一卷。右皇朝劉敞原父、弟攽貢父、子奉世仲馮撰。劉跂嘗跋其書尾，云：「余爲學官亳州，故中書劉舍人貢父實爲守，從容出所讀《漢書》示余，曰：『欲作補注，未能也。』然卷中題識已多，公之子方山亞夫録以相示也。」

尤袤《遂初堂書目・史學類》《三劉漢書》。

馬端臨《文獻通考・經籍考》《三劉漢書標注》六卷。

晁氏曰：皇朝劉敞原父、弟攽貢父、子奉世仲馮撰。劉跂嘗跋其書尾云：余爲學官亳州，故中書劉舍人實爲守，從容出所讀《漢書》示余，曰欲作補注，未能也。然卷中題識已多，公之子方山亞夫録以相示也。

陳氏曰：又本題《公非先生刊誤》，其實一書。公非，貢父自號。《漢書》自顔監之後，舉世宗之，未有能異其説者，至劉氏兄弟，始爲此書，多所辯正發明。

唐書直筆新例

鄭樵《通志・藝文略・文史》《唐書直筆新例》四卷。呂夏卿撰。

晁公武《郡齋讀書志・史評類》《唐書直筆》四卷。右皇朝呂夏卿撰。夏卿强記絶人，預修新史。此其在書局時所建明，歐、宋間有取焉，如增入高祖字叔德之類是也。

晁公武《郡齋讀書志・史評類》《唐書新例須知》一卷。右記新書比舊增減志傳及其總類。

尤袤《遂初堂書目・史學類》《唐書直筆》。

尤袤《遂初堂書目・史學類》《唐書新例須知》。

馬端臨《文獻通考・經籍考》《唐書直筆新例》四卷。

晁氏曰：皇朝呂夏卿撰。夏卿强記絶人，預修新史，此其在書局時所建明，歐、宋間有取焉，如增入高祖字叔德之類是也。

陳氏曰：紀、傳、志各一卷，末一卷摘舊史繁闕，又爲《新例須知》附於後，略舉名數，如目録之類，記新書比舊增減志傳及總類。

楊士奇等《文淵閣書目・宇字號第一橱書目》《唐書直筆》一部一册闕。

高似孫《史略・史例》呂夏卿《唐書新例》一卷。

《四庫全書總目提要・史評類》《唐書直筆》四卷。浙江巡撫採進本。宋呂夏卿撰。夏卿字縉叔，泉州晉江人。舉進士，爲江寧尉，歷官宣德郎，守祕書丞。以預修《唐書》告成，擢直祕閣，同知禮院，後出知潁州，卒於官。事蹟具《宋史本傳》。

案，曾公亮《進唐書表》所列預纂修者七人，夏卿居其第六，《本傳》亦稱夏卿學長於史，貫穿唐事，博採傳記雜説數百家，折衷整比。又通譜學，刱爲世系諸表，於《新唐書》最有功。是其位雖出歐陽修、宋祁下，而編摩之力，實不在修、祁下也。據晁公武《讀書志》，是書乃其在書局時所建明，前二卷論紀傳志，第三卷論舊史繁文闕誤，第四卷爲《新例須知》，即所擬發凡也？惟晁氏作《唐書直筆》四卷，《新例須知》一卷。而此本共爲四卷，或後來合併歟？晁氏稱夏卿此書，歐、宋閒有取焉。所有未符，乃歐、宋所未取者。然是丹者非素，論甘者忌辛。著述之家，各行所見，其取者未必皆是，其不取者未必皆非。觀晁氏別載夏卿《兵志》三卷，稱得於宇文虛中季蒙。題其後曰：「夏卿修《唐史》，別著兵志三篇，自祕之，戒其子弟勿妄傳。鮑欽止吏部好藏書，苦求得之。其子無爲太守恭孫偶言及，因懇借鈔，録于吴與之山齋」云云，然則夏卿之於《唐書》，蓋別有所見，而志不得行者。特其器識較深，不肯如吴縝之顯攻耳。今兵志已不可見，兼存是書，以資互考，亦未始非參訂異同之助矣。

張之洞《書目答問・史評》　《唐書直筆》四卷。宋呂夏卿。聚珍本福本。

《鄭堂讀書記・史評類》　《唐書直筆新例》四卷。嘉定王氏藏舊鈔本。

宋呂夏卿撰。夏卿字縉叔，泉州晉江人。舉進士，官至直祕閣，同知禮院，知潁州。

《四庫全書》著録，無「新例」二字。《書録解題》有之，《讀書志》則分《直筆》四卷，《新例須知》一卷。陳氏云：「紀、傳、志各一卷，末一卷爲舊史繇闕，又爲《新例須知》附于後，略舉名數如目録之類」云云。與今本合或後來合併歟。縉叔與歐、宋等同修《新唐書》，而此書所述體例與新書多不合，如書母、書内禪、書立皇太子、書立皇后、書命將征伐諸條，按之本紀，無一同者。又謂僕固懷恩不當立傳，宜見于鐵勒傳，李白、杜甫因列傳不入文苑，李適之當附恒山王傳，今本皆不録，是縉叔雖建議如此，而歐、宋不用其言也。觀其條例棼煩，正是宋人氣習，去唐初諸家遠矣。是本首尾兩葉俱有王西沚鳴盛私印二，知爲其家藏本云。

瞿鏞《鐵琴銅劍樓藏書目録》　《唐書直筆新例》四卷《新例須知》一卷。影鈔宋本。

宋呂夏卿撰。書中題：《帝紀第一》、《列傳第二》、《志第三》、《摘繁文闕誤第四》。後附《唐書新例須知》，與晁公武《讀書志》合。四庫館著録本，前二卷，《論紀》《傳》《志》，第三卷《論舊史繁文闕誤》，第四卷爲《新例須知》。共爲四卷已出，後來合并。此本遇宋諱字有減筆，蓋録自宋本，故篇第尚仍其舊。

陸心源《皕宋樓藏書志・史評類》　《唐書直筆四卷新例一卷》。舊抄本。

宋呂夏卿撰。

按《唐書直筆》四卷，《新例須知》一卷，與晁公武《郡齋讀書志》合。今本并爲四卷非其舊也。

耿文光《萬卷精華樓藏書記・史評類》　《唐書直筆》四卷。宋呂夏卿撰。武英殿本，閩刊本，小萬卷樓本。

又　《唐書直筆》四卷。

宋呂夏卿撰。

福本。是書聚珍本之外未見別本。其《兵志》三卷，當時秘之，不欲示人。蓋其器識較深，不似吴書之顯攻也。晁公武得之，今亦無傳。

晁氏曰：「是書乃其在書局時所建明，前二卷論紀傳志，第三卷論舊史繁文闕誤，第四卷爲《新例須知》，即所擬發凡也。」録於《讀書志》。

彭氏曰：「按本傳，夏卿與修《新唐書》最爲有功。世系諸表皆其手定。直齋謂：『其別撰唐《兵志》三卷，祕之不傳。此書乃其修史時發凡。』斷制精確，足爲古今通例。其文仿公穀，奥峭有法。北宋人猶近古。若沿入胡寅、尹起莘手，則迂庸不足觀已。」録於《知聖道齋讀書》跋尾。

錢氏曰：「夏卿於仁宗朝預修《唐書》。故作此例。今以新書攷之，殊不相應。蓋夏卿雖有此例，而歐、宋兩公未之許也。歐公本紀頗慕《春秋》褒貶之法，而其病即在此。夏卿《新例》益復煩碎非體。史家紀事，唯在不虚美，不隱惡，據事直書，是非自見。若各出新意，掉弄一兩字以爲褒貶，是治絲而棼之也。」録於《養新録》。

史　例

尤袤《遂初堂書目・史學類》　邵忠《史例》。

兩朝實録例

尤袤《遂初堂書目・史學類》　《兩朝實録例》。

通鑑問疑

尤袤《遂初堂書目·史學類》《通鑑問疑》。

馬端臨《文獻通考·經籍考》《通鑑問疑》一卷。

陳氏曰：高安劉義仲壯輿纂。集其父道原與温公往復相繼者，亦附《修書帖》後。

楊士奇等《文淵閣書目·宙字號第一櫥書目·史附》《通鑑問疑》。一部，七册闕。

《四庫全書總目提要·史評類》《通鑑問疑》一卷。浙江范懋柱家天一閣藏本。

宋劉義仲撰。義仲，筠州人。祕書丞恕之長子，《宋史》附見恕傳末。但稱恕死後七年，《通鑑》成，追録其勞，官其子義仲案宋史原本作義仲，癸辛雜識亦作義仲，均傳寫之誤，今改正。為郊社齋郎，其始末則未詳也。史稱司馬光編次《資治通鑑》，英宗命自擇館閣英才共修之，光對曰：「館閣文學之士誠多，至於專精史學，臣得而知者惟劉恕耳。」即召為局僚，遇史事紛雜難治者，輒以諉恕。恕於魏晉以後事考證差謬，最為精詳。義仲此書即裒録恕與光往還論難之詞。據書末稱「方今《春秋》尚廢，況此書乎」云云，蓋成於熙寧以後。邵伯温《聞見録》稱，《通鑑》以《史記》前後《漢》屬劉攽，以唐逮五代屬范祖禹，以三國歷九朝至隋屬恕，故此書所論皆三國至南北朝事也。凡所辨論，皆極精核。史所稱篤好史學，自太史公所記，下至周顯德末，私記雜説，無所不覽。上下數千載閒，鉅細之事，如指諸掌者，殆非虚語。《通鑑》帝魏，朱子修《綱目》改帝蜀。講學家以為申明大義，上繼《春秋》。今觀是書，則恕嘗以蜀比東晉，擬紹正統，與光力爭而不從。是不但習鑿齒、劉知幾先有此説，即修《通鑑》時亦未嘗無人議及矣。末附義仲與范祖禹書一篇，稱其父在書局，止類事迹，勒成《長編》。其是非予奪之際，一出君實筆削，而義仲不及見君實，不備知凡例中是非予奪所以然之故。范淳父亦嘗預修《通鑑》，乃書所疑問焉。所舉凡八事，復載得祖禹答書，具為剖析，乃深悔其詰難之誤。且自言恐復有小言破言，小道害道，如己之所云者，故載之使後世有考焉。其能顯先人之善，而又不自諱其所失。尤足見涑水之徒，猶有先儒質直之遺也。

周中孚《鄭堂讀書記·史評類》《通鑑問疑》一卷。明長洲陳氏刊本。

宋劉義仲編。義仲，字壯輿，恕之子也。官郊社齋郎。《四庫全書》著録，《讀書附志》、《書録解題》、《宋藝文志》俱載之。《宋志》則屬之劉恕撰，蓋壯輿纂集其父道原恕與温公往復相難者，作為此書。凡道原十四則，君實十三則，又道原與范純父八則，純父與道原一則，末又有壯輿跋。陳氏以為俱附修書帖後，胡身之釋文辨誤序，則與《通鑑前例》并斥為時人附會而作，不足信。身之此言大過，恐未可泥。觀其與范純父帖，文集亦收，可知其非作僞也。《津逮祕書》、《學津討原》均收入之。

陸心源《皕宋樓藏書志·史評類》《資治通鑑問疑》一卷。抄本。

宋劉義仲壯輿纂集。

自序曰：「祕丞高安劉公諱恕，字道原，嘗同司馬公修《資治通鑑》。司馬公深畏，愛其博學，每以所疑問焉。祕丞公未冠登第，名動京師，文行竝高，意氣偉然，以直不容於世，論次一家之書，欲為萬世之傳。固已負其初心，而書未及成，捐棄館舍，後世又未必知。祕丞公於《通鑑》嘗預有力焉也。」祕丞公有子曰義仲，傷其先人功之不彰，而幼侍疾家庭，嘗備問餘論，乃纂集其與司馬公往復相難者，作《通鑑問疑》。

耿文光《萬卷精華樓藏書記·史評類》《通鑑問疑》一卷。宋劉義仲編。明刊本，汲古閣本，學津討原本。

通鑑問答

馬國翰《玉函山房藏書簿録》《通鑑問答一卷》。汲古閣本。

宋高安劉義仲壯輿撰。《宋史》作義仲字之訛。纂其父道原與温公往復相難之語，凡十一篇舊，附通鑑釋例。今別行黜魏帝蜀之説，朱子《通鑑綱目》本之。

通志叙論

《宋史·藝文志》 鄭樵《通志叙論》二卷。

史統史旨

王圻《續文獻通考·經籍考·史評》《史統史旨》。邵武上官愔著。

史記法語

尤袤《遂初堂書目·史學類》《史記法語》。

班馬字類

范祖禹《天禄琳琅書目·元版史部》《班馬字類》。一函五册。

宋婁機撰上下二卷，前宋洪邁樓鑰二序，後機自序二篇。

考陳振孫《書録解題》及馬端臨《文獻通考》、《宋史藝文志》俱載，是書篇目並同，惟《藝文志》稱爲字韻，則史臣之誤也。婁機字彦發，嘉興人，乾道間進士，累官參知政事，贈金紫光禄大夫，加贈特進。見《宋史本傳》。洪邁、樓鑰俱見前。此本明仿宋刊，頗得其妙，選紙選墨皆不苟焉。

班史菁華

尤袤《遂初堂書目·史學類》《班史菁華》。

班史名物編

尤袤《遂初堂書目·史學類》《班史名物編》。

班馬異同

馬端臨《文獻通考·經籍考》《班馬異同》三十五卷。

陳氏曰：倪思撰。以《班史》仍《史記》之舊，而多删改，大抵務趨簡嚴。然或删而遺其事實，或改而失其本意，因其異則可以知其筆力之優劣，而又知作史述史之法矣。

錢謙益《絳雲樓書目·史學類·史評》《班馬異同》十册，三十五卷。倪思。

朱睦㮮《萬卷堂書目》《班馬異同》三十五卷。宋倪思

祁承㸁《澹生堂藏書目》《班馬異同》六册三十五卷倪思輯劉會孟評

綱目發微

楊士奇等《文淵閣書目·宙字號第一橱書目·史附》劉國器《綱目發微》。一部二册闕。

綱目書法纂要

楊士奇等《文淵閣書目·宙字號第一橱書目·史附》劉國器《綱目書法纂要》。一部二册闕。

綱目發明

楊士奇等《文淵閣書目·宙字號第一橱書目·史附》尹起莘《綱目發明》。一部三册闕。

尹起莘《綱目發明》。一部十册闕。

尹起莘《綱目發明》。一部四册完全。

尹起莘《綱目發明》。一部四册闕。

尹起莘《綱目發明》。一部八册闕。

王圻《續文獻通考・經籍考・史評》《資治通鑑綱目發明》五十九卷。尹起莘著。起莘，遂昌人。隱居不仕，學問該洽。

黄虞稷《千頃堂書目・史學類・史評》 尹起莘《資治通鑑綱目發明》五十九卷。

耿文光《萬卷精華樓藏書記・史評類》《綱目發明》五十九卷。宋伊起莘撰。明刊本，退補齋刊本，尹氏家祠刊本。

諸史提要

楊士奇等《文淵閣書目・宙字號第一橱書目・史附》 錢參政《諸史提要》。一中七册闕。

錢參政《諸史提要》。一部四册闕。

錢謙益《絳雲樓書目・史學類・史評》《諸史提要》。

通鑑綱目朱墨

王圻《續文獻通考・經籍考・史評》《通鑑綱目朱墨》。林文之著。文之字子彬，福清人。爲古文易高古，學者皆宗師之。

史學統記

王圻《續文獻通考・經籍考・史評》《史學統記》一卷。宋潛室曰：軍器監薄曾天麟著，未及成而没，其子順補完之。

通鑑書法

王圻《續文獻通考・經籍考・史評》《通鑑書法》。郝經著。

黄虞稷《千頃堂書目・史學類・史評》 郝經《通鑑書法》。

通鑑綱目書法

王圻《續文獻通考・經籍考・史評》《通鑑綱目書法》五十九卷。永新劉友益著。積勤三十年，寸較銖評，微詞隱義，啓發千載，中有無窮之憂。揭傒斯稱之曰：百世之下，先生此心，先生不作，山高水深。

黄虞稷《千頃堂書目・史學類・史評》 劉友益《資治通鑑綱目書法》五十九卷。永新人。

綱目集覽

楊士奇等《文淵閣書目・宙字號第一橱書目・史附》《綱目集覽》。一部四册闕。

《綱目集覽》。一部四册，闕。

王圻《續文獻通考・經籍考・史評》《通鑑綱目集覽》五十九卷。王幼學著。幼學，望江人。苦朱子綱目援引幽邃，句讀疑難，乃博採經傳，著爲此書，以便學者。

黄虞稷《千頃堂書目・史學類・史評》 王幼學《資治通鑑綱目集覽》五十九卷。字行卿，望江人。

史學綱領

徐𤊹《徐氏家藏書目・旁史類・史評》 《史學綱領》四卷。仁和王紳。

實録凡例

張萱等《内閣藏書目録・史部》 《實録凡例》。一册全。

鈔本首帙有大學士楊公士奇手札。

朱子綱目折衷

黄虞稷《千頃堂書目・史學類・史評》 周禮《朱子綱目折衷》，又《續編綱目發明》，又《通鑑外紀論斷》，三書弘治中進呈。又《通鑑筆記》。

續資治通鑑綱目書法

黄虞稷《千頃堂書目・史學類・史評》 金江《續資治通鑑綱目書法》。

史通評釋

黄虞稷《千頃堂書目・史學類・史評》 郭孔延《史通評釋》二十卷。

《四庫全書總目提要・史評類存目》 《史通評釋》二十卷。編修勵守謙家藏本。 明李維楨評，郭孔延附評併釋。維楨字本寧，京山人。隆慶戊辰進士，官至南京禮部尚書。事蹟具《明史文苑傳》。孔延始末未詳。《史通》舊刻，傳世者稀。故《永樂大典》綱羅繁富，而獨遺是書。其後有蜀本、吴本，文句脱略，互有異同。萬曆中復有張氏刻本，增七百三十餘字，删六十餘字。復於《曲筆》、《因習》二篇補其殘闕，遂爲完書。不知其所增益果據何本。然自是以後，皆以張本爲祖矣。維楨因張氏之本，略爲評論。孔延因續爲評釋，雜引諸書以證之。凡每篇之末標「評曰」字者，皆維楨語，標「附評」字者，則孔延所補也。維楨所評，不出明人游談之習，無足置論。孔延所釋，較有引據，而所徵故事，率不著其出典，亦頗有舛漏。故王維儉以下註《史通》者數家，皆嫌其未愜，多所糾正焉。

祁承㸁《澹生堂藏書目》 《史通評釋》六册二十卷劉子玄著郭孔延釋。

史通會要

徐𤊹《徐氏家藏書目・旁史類・史評》 《史通會要》三卷。陸深。

錢謙益《絳雲樓書目・史學類・史評》 《史通會要》。陸深。

黄虞稷《千頃堂書目・史學類・史評》 陸深《史通會要》四卷。

《四庫全書總目提要・史評類存目》 《史通會要》三卷。江蘇巡撫採進本。 明陸深撰。深有《南巡日録》，已著録。深嘗以唐劉知幾《史通》刊本多誤，爲校定之，凡補殘刊謬若干言。又以其《因習》上篇闕佚，乃訂正《曲筆》、《鑒識》二篇錯簡，類爲一篇以還之。復採其中精粹者，别纂爲《會要》三卷。而附以後人論史之語，時亦以己見參之。深集中别載史通二跋，大略言，知幾是非任情，往往捃摭聖賢，是其所短。至於評騭文體，亦可謂當。又言，知幾嘗謂國史敘事，以簡爲主，而其書之冗長乃不少。觀其議論，可以見其去取之旨矣。

祁承㸁《澹生堂藏書目》 《史通會要》三卷。《陸深陸文裕公外集》本。

周中孚《鄭堂讀書記・史評類》 《史通會要》三卷。《儼山外集》本。

明陸深撰。深仕履見雜史類。《四庫全書》存目。儼山嘗校定《史通》頗爲認真，復采其中精粹者，附以後人論史之語，并時參以己見，編爲是書。凡分建置、家法、品流、義例、書凡、修詞、敘事、效法、雋永、篇目、叢篇，十一目。按《史通》之分内外篇，界限自有深意，故爲後來作史者所取法。儼山既知校定其書，豈尚不知其著作之妙用，乃取而割裂之，闌以後人之作，可謂誤用其心思矣。觀其所列篇目，有《唐書》一百三十卷唐韋述撰，而不知劉昫之《舊唐志》，《五代史》亦止知歐史，而不知先有辥居正之書，則馬足尚不能數，何足與言《史通》哉？

史漢方駕

黃虞稷《千頃堂書目·史學類·史評》 許相卿《史漢方駕》三十五卷。

祁承㸁《澹生堂藏書目》 《史漢方駕》十二册。三十五卷許相卿輯

史記題評

朱睦㮮《萬卷堂書目》 《史記題評》七十卷。楊慎。

史記題評

耿文光《萬卷精華樓藏書記·史評類》 《史記題評》一百三十卷。明李元陽撰。明刊本。

評點史記

耿文光《萬卷精華樓藏書記·史評類》 《評點史記》一百三十卷。明歸有光撰。張氏刊本。

史書論纂

徐𤊹《徐氏家藏書目·旁史類·史評》 《史書論纂》四十卷。應城陳士元著。

史臆

徐𤊹《徐氏家藏書目·旁史類·史評》 《史臆》一卷。先子著。

史書呫嗶

徐𤊹《徐氏家藏書目·旁史類·史評》 《史書呫嗶》六卷。胡應麟。

祁承㸁《澹生堂藏書目》 《史書呫嗶》二册。六卷。胡應麟《筆叢》本

通鑑綱目發微

黃虞稷《千頃堂書目·史學類·史評》 王峰《通鑑綱目發微》三十卷。南直隸通州人。

史學要義

黃虞稷《千頃堂書目·史學類·史評》 卜大有《史學要義》四卷。秀水人，進士，寧國知府。

史學斷義

黃虞稷《千頃堂書目·史學類·史評》 貢珊《史學斷義》。

史學辨疑

黄虞稷《千頃堂書目·史學類·史評》 王尊賢《史學辨疑》。

史　奕

黄虞稷《千頃堂書目·史學類·史評》 胡纘《史奕》。

彙史義例

徐𤊹《徐氏家藏書目·旁史類·史評》 《彙史義例》二卷。張萱著。

史漢愚按

黄虞稷《千頃堂書目·史學類·史評》 郝敬《史漢愚按》八卷。

耿文光《萬卷精華樓藏書記·史評類》 《史漢愚按》八卷。明郝敬撰。山草堂集本。殘。

史通訓故

錢謙益《絳雲樓書目·史學類·史評》 《史通訓故》。

黄虞稷《千頃堂書目·史學類·史評》 王惟儉《史通訓故》二十卷。

《四庫全書總目提要·史評類存目》 《史通訓故》二十卷。編修勵守謙家藏本。明王維儉撰。維儉字損仲，祥符人。萬曆乙未進士，官至山東巡撫。事蹟具《明史文苑傳》。是編因郭孔延所釋重爲釐正，又以華亭張之象藏本參校刊定。卷端有維儉題識，稱「除增《因習》一篇，及更定《直書》、《曲筆》二篇外，共校正一千一百四十二字」。然以二本相校，惟《曲筆》篇增入一百一十九字。其《因習》、《直書》二篇竝與郭本相同，無增入之語，不知何以云然也。孔延註本，漏略實甚。維儉所補，引證較詳。然黄叔琳、浦起龍續註是書，尚多所駁正。蓋劉知幾博極史籍，於斯事爲專門。又唐以前書今不盡見，後人捃摭殘賸，比附推求，實非一二人之耳目所能徧考。輾轉相承，乃能賅備，固亦勢所必然耳。

周中孚《鄭堂讀書記·史評類》 《史通訓故》二十卷。原刊本。明王惟儉撰。惟儉，字損仲，祥符人。萬曆乙未進士，官至山東巡撫。《四庫全書》存目。損仲以郭孔延《史通評釋》與己意多不合，乃重爲之注。而正文譌處尚多，嗣得張元超之象藏本，更加校正而付諸梓。其書于每篇後引書爲注，但可名之爲注，而不可名之爲訓故，此即明人不諳古義之一證。所注雖較郭注爲詳，然未免尚失之踳駁，致煩黄崑圃浦二田兩家之補正。故當以最後之本爲定本焉。前有自序及校訂姓氏，并載劉氏原序及《新唐書》本傳于首云。

耿文光《萬卷精華樓藏書記》 《史通訓故》二十卷。

明王維儉撰。

明本。是編因郭孔延所釋漏略實甚。重爲釐正，又以張之象藏本參校，所注較詳。是書《内篇》十卷三十九篇。其《體統》、《紕繆》、《弛張》三篇，唐時已亡；《外篇》十卷十三篇，或與《内篇》重出。舊刻有蜀本、吴本。萬曆中，有張氏刻本。李維楨因張本，略爲評論；郭孔延續爲評釋，即所傳之《史通評釋》也，王損仲又糾正之。是爲訓故皆明本也。陸深有《史通會要》三卷，明本未見。

《史通訓故補》二十卷，黄叔琳撰。乾隆丁卯年刊，養素堂本。補王維檢注所未及評點。如時文之式，浦本亦然。

丁丙《善本書室藏書志·史評類》 《史通訓故補》二十卷。盧抱經校本。北平黄叔琳崑圃補注。唐劉知幾《史通》二十卷，明陸深著《史通會要》三卷，李維楨著《評釋》二十卷，王維儉著《訓故》二十卷。本朝浦起龍著《史通通釋》二十卷，右黄叔琳所著乃補王維儉《訓故》所未及，較起龍之好改原文者，猶屬謹嚴，即於原書疑古惑今之類亦頗有糾正。前有自序，此帙抱經先生以華亭朱氏影鈔宋本並馮己蒼過陸儼山、何義門過張之象校本録改。有「數間草堂藏書」、「盧文弨字紹弓」、「范陽盧氏文弨讀過」諸印。

史記百家評林　漢書百家評林

黃虞稷《千頃堂書目・史學類・史評》　凌稚隆《史記百家評林》一百三十卷，又《漢書百家評林》一百卷。

彭元瑞等《天祿琳琅書目後編・卷一五・明版史部》　《史記評林》。四函四十册。明淩稚隆撰。稚隆字以棟，烏程人。篇目見前《宋版史部》。稚隆所纂曰《史評》，取自晉迄明説《史記》者百五十五家，選輯其語，各列於本文上方。又總評四十九條冠於書前，曰《史按取史記》。所引古書，今存而可相發明者，並録全文於上，曰《圖系》。增三皇五帝，夏商周，秦漢及春秋列國世系圖二十有四，五帝，夏商周，秦漢都邑、地理圖五，曰《批讀》。依宋本監本分句旁注文法，自作凡例十八條，並識以表，作書大旨。刻於萬曆戊子，暨丙子冬始成，前有王世貞、茅坤、徐中行三序。坤字順甫，號鹿門，歸安人，嘉靖戊戌進士。官廣西副使，有《白華樓》、《玉芝山》、《房耄年》諸集，《選唐宋八大家文》行世。中行字子與，長洲人，嘉靖庚戌進士，官江西布政使，有《青蘿館集》。

《史記評林》。四函二十四册。

同上係一版摹印。

朱睦㮮《萬卷堂書目》　《史記百家評林》。

周中孚《鄭堂讀書記補逸》　《史記評林》一百三十卷。明萬曆甲戌刊本。明淩稚隆輯。獻貫見雜史類。是編就三家注合刊本。輯録諸家評論於上闌，間傳以己意。文旁或加小注，以略論其文法。又時有總論，綴於篇之首尾。其於蘇潁濱古史之總論，則全載之。所采諸評，務欲廣博，不免瑕多於瑜。然其書之可取者，轉在於正文及注。其凡例稱《史記》刻本，惟金臺汪本，莆田柯氏所校，頗少差謬。茲刻以宋本與汪本，字字詳對。間有不合者，又以他善本參之，反覆讎校，庶免亥豕魚魯之弊云云。余因取柯本互校，此本卻無刊落之處，而柯本所有脱文誤字，此本俱添入改正，頗足據依。則其評之當與否，可以存而不論矣。前有茅鹿門坤王弇州世貞二序，及自撰凡例，引用書目，評林姓氏，讀史總評譜系、地理圖、又載三家注原序。正義論例、謚法解、列國分野、并列司馬貞補三皇本紀於前，以其不在一百三十卷之數也。分附索隱述贊於當篇之後，依三家注合刊本式也。張王屏之象史通序，謂其誤以劉知幾爲宋人。而程一枝與王屋書，又稱評林錯誤，往往而是，即更僕未易數，不啻一二端，俱見王晟所刊史通本。今觀其評林姓氏中，已列知幾於唐，則其後亦嘗重加釐正，惟於宋諸家多闕其字及地，爲失於考檢耳。

耿文光《萬卷精華樓藏書記・史評類》　《史記評林》一百三十卷。明淩稚隆撰。明刊本。

史記短長説

耿文光《萬卷精華樓藏書記・史評類》　《史記短長説》二卷。明淩稚隆撰。海山仙館本。

漢書評林

彭元瑞等《天祿琳琅書目後編・卷一五・明版史部》　《漢書評林》。四函二十八册。明淩稚隆撰。篇目見前宋版史部，其纂輯如《史記評林》之例。凡評者百四十七家，又列古字、借讀字、同讀字爲字例一卷，又增《漢世系傳授圖》、《國都地理圖》、《南北軍圖》。刻於萬曆辛巳，前有王世貞、王宗沐、茅坤、陳文燭四序。宗沐字新甫，臨海人，嘉靖甲辰進士，官刑部侍郎，謚襄裕。文燭字玉叔，沔陽人，嘉靖乙丑進士，官大理寺卿，有《五岳山房集》。

《漢書評林》。三函三十二册。

同上係一版摹印。

朱睦㮮《萬卷堂書目》　《漢書百家評林》。

周中孚《鄭堂讀書記補逸》　《漢書評林一百二十卷》。明萬曆辛巳刊本。亦淩稚隆輯。以棟既輯史記評林，因復輯諸家漢書評語爲是編。其例一同《史記》，而正文及注，則以宋本及德靖間監本參校，亦不失爲善本。第以漢書引用四書文，删去顔氏之注，又顔注或在句中，茲悉移附句下，失其故武。殊不及史記評林本之謹飭矣。前有王世貞王宗沐何洛文陳文燭四序及自撰凡例、引用書目、評林姓氏、世系圖、地理圖、字例、漢書總評、舊刻諸本例目并載顔注叙例。

馬國翰《玉函山房藏書簿録》《漢書評林一百卷》。並明刊本。明吴興淩稚隆以棟撰。以顔注爲本旁采百家評語附之。

耿文光《萬卷精華樓藏書記・史評類》《漢書評林》一百卷明淩稚隆撰。明刊本。

史測

徐𤊹《徐氏家藏書目・旁史類・史評》《史測》一卷。謝肇淛。

祁承㸁《澹生堂藏書目・史評》《史測》一册。二卷謝肇淛。

史鐫

黄虞稷《千頃堂書目・史學類・史評》謝肇淛《史鐫》二十一卷，又《史測》二卷。

史綱要領小論

祁承㸁《澹生堂藏書目・史評》《史綱要領小論》二册。二卷。姚舜牧。

史記評

馬國翰《玉函山房藏書簿録》《史記評一百三十卷》。

明翰林院日講官長洲陳仁錫明卿撰。亦採《集解》、《索隱》、《正義》三家，而附諸評。首有序例圖音，每卷後附考一篇。

歷代史書總論

黄虞稷《千頃堂書目・史學類・史評》魏國顯《歷代史書總論》二卷。

祁承㸁《澹生堂藏書目》《歷代史書總論》一册。二卷。魏國顯史書大全本。

史學彙編

黄虞稷《千頃堂書目・史學類・史評》馮尚賢《史學彙編》十二卷。邵武府人。

新舊唐書折衷

《明史・藝文志・雜史類》袁祥《新舊唐書折衷》二十四卷。

修史小引

黄任恒《絳雲樓題跋》《修史小引》。謙益白：蓋往者濫塵史局，竊有意昭代編年之事。事多牴牾，勿就。中遭廢棄，日夕鍵户，薈蕞所輯事略，頗可觀覽。天不悔禍，絳雲一炬，靡有孑遺。居恒忽忽，念海内甚大，何無一人可屬此事者。近得松陵吴子赤溟、潘子力田，奮然有《明史記》之役。所爲本紀、書、表、世家、列傳，一倣龍門，取材甚富，論斷甚嚴。史家三長，二子蓋不多讓。數過余，索燼餘及訊往時見聞。余老矣，耳瞶目眊，無以佐二子，然心幸二子旦夕成書，得一寓目。又懼二子以速成自愉快，與市肆所列諸書無大異也。乃二子不要名，不嗜利，不慕勢，不附黨，自矢必成，而不求速。曰：「終身以之。」然則此事，舍二子其又誰屬？余因思海内藏書諸家，及與余講世好者，不能一一記憶。要之此書成，自關千秋不朽記。使各出所撰著及家藏本，授之二子，二子必不肯攘善，且忘大德也。敢代二子布告同人，毋以我老髦而憖遺我。幸甚！

史記測議

馬國翰《玉函山房藏書簿録》《史記測議》一百三十卷。明兵科給事中華亭陳子龍卧子與同里舉人許孚遠闇谷同撰。删取裴氏集解，小司馬索隱，張氏正義之説，附諸評語及已論斷。

耿文光《萬卷精華樓藏書記·史評類》《史記測議》一百三十卷。明徐孚遠陳子龍撰。刊本。

史糺　史書異同　新舊異同

黄虞稷《千頃堂書目·史學類·史評》朱明鎬《史糺》二卷，又《史書異同》三卷，又《新舊異同》二卷。

史記集評

耿文光《萬卷精華樓藏書記·史評類》《史記集評》善本一百三十卷。明朱東觀撰。明刊本。

史輪

徐𤊹《徐氏家藏書目·旁史類·史評》《史輪》一卷。吴見末。

史記論文

耿文光《萬卷精華樓藏書記·史評類》《史記論文》一百三十卷國朝吴見思撰。刊本。

史通訓故補

《四庫全書總目提要·史評類存目》《史通訓故補》二十卷。編修勵守謙家藏本。國朝黄叔琳撰。叔琳有《研北易鈔》，已著録。是書補王維儉註所未及，與浦起龍《史通通釋》同時而成。而此本之出略前，故起龍亦閒摭用。所稱北平本者，即此書也。浦本註釋較精核，而失之於好改原文。又評註夾雜，儼如坊刻古文之例，是其所短。此本註釋不及起龍，而不甚改竄，猶屬謹嚴。其圈點批語，不出時文之式，則與起龍略同。惟起龍於知幾原書多所迴護，即疑古惑經之類亦不以爲非。此書頗有糾正，差爲勝之耳。

《鄭堂讀書記·史評類》《史通訓故補》二十卷。養素堂刊本。國朝黄叔琳撰。叔琳，字崑圃，大興人。康熙辛未進士，官至詹事加吏部侍郎銜。《四庫全書》存目。崑圃以《史通》一書綜練淵博，其中瑣詞僻事非注不顯，注家王損仲維儉本爲善，乃爲删緐補遺以成是編。雖于王注稍有删節，仍存舊名，而自所加注並標補字以別之。又于識論精當之處，加之圈點，以誌別擇。偶有己見，附列上方，儼如坊刻古文之例。以之爲學者循誦之善本，則得矣。以言乎注史通之善本，則當推浦氏書，爲遠出李本寧維楨、王損仲維儉《訓故》及是書之上矣。此本前載劉氏原序及《唐書》本傳，并王氏原序、崑圃自序、例言。

耿文光《萬卷精華樓藏書記·史評類》《史通訓故補》二十卷。國朝黄叔琳撰。刊本。

史通通釋

《四庫全書總目提要·史評類》《史通通釋》二十卷江蘇巡撫採進本。國朝浦起龍撰。起龍字二田，無錫人，雍正甲辰進士，官蘇州府教授。《史通》註本，舊有郭延年、王維儉二家，近時又有黃叔琳註，補郭、王之所闕，遞相增損，互有短長。起龍是註，又在黃註稍後，故亦採用黃註數條。然頗糾彈其疎舛，其中如《曲筆篇》稱：「秦人不死，驗符生之厚誣；蜀老猶存，知葛亮之多枉。」三家皆不注，起龍亦僅引《困學紀聞》，謂王應麟不知所出，定爲無考，而不知秦人事出《洛陽伽藍記》，蜀老事出《魏書毛修之傳》。又如「闡單失力」，但引盧照鄰賦旁證，而不知《清異録》實有訓釋，不煩假借。小小疎漏，亦不能無。然大致引據詳明，足稱該洽。惟《疑古》、《惑經》諸篇，更助頹波，殊爲好異。又輕於改竄古書，往往失其本旨。如《六家篇》《尚書》條中「語無可述」四字之下，「若此」二字之上，顯有脱句，而改「此」字爲「止」字，更臆增一「有」字。又如《列傳篇》「項王立傳而以本紀爲名」句，「立」字不誤，而乃臆改爲「宜」字。此類至多，皆失詳慎。至於句解章評，參差連寫，如坊刻古文之式，於註書體例更乖。使其一評一註，釐爲二書，則庶乎離之雙美矣。

張之洞《書目答問·史評》《史通通釋》二十卷。唐劉知幾，浦起龍釋，原刻本。

黃叔琳《史通訓故》補二十卷，原刻本，亦可。

《鄭堂讀書記·史評類》《史通通釋》二十卷。求放心齋刊。

國朝浦起龍撰。起龍，字二田，無錫人。雍正甲辰進士，官蘇州府教授。《四庫全書》著録。二田以注《史通》者雖有數家，厭心者寡，乃爲訓正而刊譌焉。訓正之科其別六：一曰釋，二曰按，三曰證釋，四曰證按。刊譌之科其別四：一曰字之失，二曰句之違，三曰節之淆，四曰簡之錯。用是二科十別，疏而匯之，并于各篇之後廣注出處。其擇之精而語之詳，誠非在前諸注所得並也。然小小之疏漏，亦不能無。後來盧抱經文弨《羣書拾補》已爲之補苴罅漏，學者當據盧氏書以改正之，庶幾白璧更免微瑕之憾云。前有自序，別本郭延年王維儉黃叔琳二序，蔡敦復焯舉例，二田舉要，劉氏原序，正書目録，後附《新唐書》本傳，并增注及書本傳後。

馬國翰《玉函山房藏書簿録》《史通通釋》二十卷《舉例》一卷附。求放心齋定本。

國朝無錫浦起龍二田撰。箋釋詳明，惟於舊文往往改易，未免率臆。有西江郭延年、河南王惟儉、北平黃叔琳三序及自序，附蔡焯敦復《舉例》一卷，及劉知幾本傳並劉原序。

李慈銘《越縵堂讀書記·史部·史評類》《史通通釋》。清浦起龍撰。

夜閲浦起龍二田《史通通釋》。此書《四庫全書總目提要》稱爲善本，而病其臆改。王西莊則極稱之。二田自言爲七十歲所作，稿凡數易，多所訂正，頗具苦心。先于篇中節釋其文義，而後通爲按以釋之，其後則標句以注其出處。然識趣既卑，文又拙澀，全是三家村學究習氣，不特不及黃崑圃之補注，且不及郭延年之評釋也。今所購本，又不知何人以墨筆評點，頗亦摘二田之謬，而迂拙彌甚，且于《惑經》、《疑古》諸篇，重加朱擲，是亦妄矣。同治辛未（一八七一）十二月初一日。

《史通》《申左篇》云：「近世漢之太史，晉之著作，撰成國典，時號正書。既而先賢耆舊，語林世説，競造異端，强書它事。夫以傳自委巷，而將班馬抗衡，訪諸古老，而與子孫並列，斯則難矣。」浦氏妄改班馬爲册府，子孫爲同時，以爲班馬語無涉，子孫更謬。不知班馬字承上漢之太史句，子孫當作干孫，謂晉之干寶撰《晉紀》，孫盛撰《晉陽秋》也，承上晉之著作句。馬班干孫皆以當代人居史職而撰當代史，故爲可信，干與子字，形近而誤。浦氏不學而專臆恣改，比比皆是，此蹈明人之惡習也。各本皆誤作子孫，明李維楨、郭延年評本則不尋文義，而輒動筆加圈，亦爲可笑。十二月初三日。

耿文光《萬卷精華樓藏書記卷七十二》《史通通釋》二十卷。國朝浦起龍撰。梁溪浦氏求放心齋定本。乾隆十七年刊。凡歷八年，數易稿而成。《養新録》有《史通》跋：「稱其疑古惑今，狂易侮聖。」言非由衷，志在避禍。千載之下，必有知其意而莫逆者。歐陽《新唐書》多采《史通》之緒論。此本首列本序三首，次浦序並記。次唐劉知幾原序。次原目，次舉要，次舉例。門人蔡焯編。卷末附劉氏本傳，增注書後。

耿文光《萬卷精華樓藏書記·史評類》《史通通釋》二十卷。國朝浦起龍撰。刊本，石印本。

唐鑑偶評

《四庫全書總目提要·史評類存目》《唐鑑偶評》四卷。編修周厚轅家藏本。

國朝周池撰。池字商濂，湖口人。是書因讀《通鑑綱目》而評其得失，多駁正《發明》、《書法》及胡寅《讀史管見》之説，頗中其失。然以《唐鑑》爲名，而卷一起高宗上元元年，卷三終武宗會昌四年，於唐代首尾不能完具。疑爲未成之稾，其子孫録之成帙也。卷四爲論二首，辨四首，説一首，則以各自爲篇，與批綴簡端者體例不同，故别爲一卷云。

史通削繁

耿文光《萬卷精華樓藏書記・史評類》《史通削繁》四卷。國朝紀昀撰。刊本。

文史通義　附文史通義補編　校讐通義

張之洞《書目答問・史評》《文史通義》八卷《校讐通義》三卷。章學誠，原刻本，粵雅堂本。以史法爲主，間及他文字。

史林測義

張之洞《書目答問・史評》《史林測義》三十八卷。計大受，自刻本。

耿文光《萬卷精華樓藏書記・史評類》《史林測義》三十八卷。國朝計大受撰。刊本。

史記蠡測

耿文光《萬卷精華樓藏書記・史評類》《史記蠡測》一卷。國朝林伯桐撰。脩本堂本。

味雋齋史義

耿文光《萬卷精華樓藏書記・史評類》《味雋齋史義》二卷。國朝周濟撰。求志堂存稿本。

史漢發明

耿文光《萬卷精華樓藏書記・史評類》《史漢發明》五卷。國朝傅澤鴻撰。刊本。

范升條上左氏及太史公違戾四十五事

姚振宗《後漢藝文志・史評類》《范升條上左氏及太史公違戾四十五事》

范書本傳，升字辨卿，代郡人也。九歲通《論語》、《孝經》，及長，習《梁丘易》、《老子》，教授後生。王莽大司空王邑辟爲議曹史。邑令乘傳使上黨，升遂與漢兵會，因留不還。建武二年，光武徵詣懷宫，拜議郎，遷博士。時尚書韓歆上疏，欲爲《費氏易》、《左氏春秋》立博士，詔下其議。四年正月，朝公卿大夫博士見于雲臺，帝曰：「范博士可前平説。」升起與韓歆及太中大夫許淑等互相辨難，日中乃罷。升退而謹奏《左氏》之失，凡十四事。時難者以太史公多引《左氏》，升又上太史公違戾五經，謬孔子言，及《左氏春秋》不可録三十一事。詔以下博士。永平中爲聊城令，坐事免，卒于家。

張衡條上司馬遷班固不合十餘事

姚振宗《後漢藝文志·史評類》《張衡條上司馬遷班固不合十餘事》。衡始末見經部禮類。范書本傳：永初中，謁者僕射劉珍、校書郎劉騊駼等著作東觀撰集《漢記》，因定漢家禮儀。上言請衡參論其事，會並卒。衡常歎息，欲終成之。乃按乃是及之誤爲侍中，上疏請得專事東觀，收儉遺文，畢力補綴。又條上司馬遷、班固所叙與典籍不合者十餘事。又以爲王莽本傳但應載篡事而已，至于編年月、紀災祥，宜爲元后本紀。又更始居位，人無異望，光武初爲其將，然後即真，宜以更始之號建于光武之初。書數上，竟不聽。及後之著述，多不詳典。時人追恨之。

按張平子論史十餘事，今傳及注所載惟四事耳。范蔚宗爲皇后立紀，似亦本其言。所云並録三皇，則小司馬祖其説。

蔡邕奏漢記十意

姚振宗《後漢藝文志·史評類》《蔡邕奏漢記十意》。邕始末見經部禮類。范書本傳：光和元年，有詔減死一等，與家屬髡鉗徙朔方，居五原安陽縣。邕前在東觀，與盧植、韓説等撰補《後漢記》。按此後字似衍。會遭時流離，不及得成，因上書自陳，奏其所著《十意》，分別首目，連置章左。帝嘉其才，明年大赦，乃宥邕還本郡。邕自徙及歸，凡九月焉。

列女傳叙讚

《舊唐書·經籍志·總集》《列女傳叙讚》一卷。孫夫人撰。

烈女傳贊

高似孫《史略·雜贊十六附》《烈女傳贊》一卷。繆襲。以上諸贊，辭多瓌傑，故録焉。

諸葛亮論前漢事

姚振宗《三國藝文志·史評類》《諸葛亮論前漢事》一卷。亮始末具正史類。《隋書·經籍志·正史類》：《論前漢事》一卷。蜀丞相諸葛亮撰。《唐·藝文志·正史類》：諸葛亮《論前漢事》一卷。

曹冏六代成敗論

姚振宗《三國藝文志·史評類》《曹冏六代成敗論》一篇。

先賢傳贊

高似孫《史略·雜贊十六附》陳留《先賢傳贊》一卷。陳英宗。

桂陽先賢畫贊

高似孫《史略·雜贊十六附》《桂陽先賢畫贊》五卷。吴左中郎張勝。

聖賢高士傳贊

高似孫《史略・雜贊十六附》《聖賢高士傳贊》三卷。嵇康。

晉史屬辭

楊士奇等《文淵閣書目・宙字號第二櫥書目・史雜》 戴逵《晉史屬辭》。一部一册闕。

晉諸公贊

高似孫《史略・史贊》 傅暢《晉諸公贊》二十二卷。

長沙舊傳贊

高似孫《史略・雜贊十六附》《長沙舊傳贊》三卷。晉臨川王郎中劉彧。

三國志序

高似孫《史略・史評》 王濤《三國志序》三卷。晉人。

會稽先賢傳

高似孫《史略・雜贊十六附》《會稽先賢傳》二卷。鍾離岫。

東陽朝堂像贊

高似孫《史略・雜贊十六附》《東陽朝堂像贊》一卷。晉太山太守留叔先。

列仙傳贊

高似孫《史略・雜贊十六附》《列仙傳贊》三卷。孫綽。

至人高士傳贊

高似孫《史略・雜贊十六附》《至人高士傳贊》二卷。孫綽。

三國評

《舊唐書・經籍志・雜史》《三國評》三卷。徐衆撰。

七國叙讚

《舊唐書・經籍志・總集》《七國叙讚》十卷。

吴先賢贊

《舊唐書・經籍志・總集》《吴國先賢讚論》三卷。

高似孫《史略・雜贊十六附》《吴先賢贊》三卷。

會稽先賢讚

《舊唐書・經籍志・總集》《會稽先賢讚》四卷。賀氏撰。

會稽太守像贊

《舊唐書・經籍志・總集》《會稽太守像讚》二卷。賀氏撰。

高似孫《史略・雜贊十六附》《會稽太守像贊》二卷。賀氏。

三國異同評

秦榮光《補晉書藝文志・傳記類》《三國異同評》。據《國志・魏武紀注》。

上古以來聖賢高士贊

高似孫《史略・雜贊十六附》《上古以來聖賢高士贊》二卷。周續之。

孝子傳贊

高似孫《史略・雜贊十六附》《孝子傳贊》三卷。王韶之。

三國志評

高似孫《史略・史評》徐爰《三國志評》。

後漢書贊

高似孫《史略・史贊》范曄《後漢書贊》十八卷。

高似孫《史略・史贊》范曄《後漢書論贊》五卷。

徐州先賢傳贊

高似孫《史略・雜贊十六附》《徐州先賢傳贊》九卷。劉義慶。

分史衡鑑

《宋史・藝文志》徐德言《分史衡鑑》十卷。

皇德論

黎世蘅《補南齊書經籍志・起居注類》劉懷慰《皇德論》。

懷慰與濟陽江淹、陳郡袁彖善，亦著文翰。永明初，獻《皇德論》云。南齊書五三劉懷慰傳。

史　斷

王圻《續文獻通考・經籍考・史評》《史斷》。吴縣徐有功著。

忠孝圖贊

高似孫《史略・雜贊十六附》《忠孝圖贊》二十卷。李襲譽。

漢書問答

尤袤《遂初堂書目・史學類》《漢書問答》。

馬端臨《文獻通考・經籍考》《漢書問答》五卷。

《崇文總目》：唐沈遵行撰。采諸儒爲《漢書》説者，申釋其義，有博聞之益。然篇第頗差，討求未獲，闕劉傳以下諸篇。

漢雜事

尤袤《遂初堂書目・史學類》《漢雜事》。

凌煙功臣贊

高似孫《史略・雜贊十六附》《凌煙功臣贊》并傳四十卷。蔣乂。

唐十八學士贊

高似孫《史略・雜贊十六附》《唐十八學士贊》一卷。吕温。

十三代史駁議

《宋史・藝文志》吴武陵《十三代史駁議》十二卷。

通　歷

朱睦㮮《萬卷堂書目》《通歷》(原本歷作紀)七卷續五卷。

唐馬總撰。總有《意林》，《四庫全書》已著録。史稱總篤學，雖吏事倥偬，書不去前，所著有《年曆》、《通歷》行於世。此書起自太古，訖於隋季，共十卷。中間歷代之事，粗陳其概，展帙瞭然。後荆南孫光憲者，復輯全唐洎五代事蹟十卷。以續總所紀，率多未實。今自十一卷唐高祖起，閩王審知止，係孫氏所續，然宋時即僅存其五卷矣。晁氏《讀書志》云：「總書纂太古十七氏，中古五帝三王，及删取秦漢至隋，世紀興滅，又取虞世南略論，分系于末。今書中自四卷至十卷，有公子曰，先生曰者，當即世南之略論也。惜前三卷已闕，無從補録，玉海所稱齊推序，更無可考矣，蓋總以史籍繁蕪，故上素典墳，迄于隋季，以簡暢之筆，成兹一編，事簡而明，辭約而該，亦讀史者所不廢也。」

六賢圖贊

高似孫《史略・雜贊十六附》《六賢圖贊》二卷。唐李渤撰。前代夫婦俱隱者六人。

詠史詩

祁承爜《澹生堂藏書目・史評》《胡曾詠史詩》一册。一卷。

正史雜論

錢東垣等輯《崇文總目輯釋・雜史類》《正史雜論》十卷。

前後漢記

王圻《續文獻通考・經籍考・史評》《前後漢記》舒雅編纂。雅，旌德人。舉進士，爲秘閣校理。

唐史名賢論斷

《宋史・藝文志》王諫《唐史名賢論斷》二十卷。

唐史屬辭

《宋史・藝文志》程鵬《唐史屬辭》四卷。

楊士奇等《文淵閣書目・宙字號第二橱書目・史雜》《唐史屬辭》。一部二册闕。

三國人物論

晁公武《郡齋讀書志・史評類》《三國人物論》三卷。右皇朝蜀人楊祐甫撰。

馬端臨《文獻通考・經籍考》《三國人物論》三卷。晁氏曰：皇朝楊祐甫撰。蜀人。

兩漢博聞

晁公武《郡齋讀書志・史評類》《兩漢博聞》十二卷。右皇朝楊侃纂。景德中，侃讀兩漢書，取其中名數前儒解釋爲此書，以資涉獵者。侃嘗編職林矣，此亦其類也。

尤袤《遂初堂書目・史學類》《兩漢博聞》。

晉書指掌

晁公武《郡齋讀書志・史評類》《晉書指掌》十二卷。右皇朝劉蕘編。以晉書事實，以類分六十五門。

馬端臨《文獻通考・經籍考》《晉書指掌》十二卷。晁氏曰：皇朝劉蕘編。以《晉書》事實，以類分爲六十五門。

注唐記

晁公武《郡齋讀書志・史評類》《注唐紀》十卷。右題曰樊先生而不詳其名，近代人所注新書紀也。

馬端臨《文獻通考・經籍考》《注唐記》十卷。晁氏曰：題曰樊先生，而不詳其名，近代人所著新書紀也。

唐史論斷

《四庫全書總目提要・史評類》《唐史論斷》三卷。浙江鮑士恭家藏本。宋孫甫撰。甫字之翰，陽翟人，舉進士，歷官右正言，遷天章閣待制，河北轉運使，兼侍讀。事蹟具《宋史本傳》。陳振孫《書録解題》稱，甫以劉昫《唐書》煩冗，遺略多失體法，乃改用編年體。創始於康定元年，蕆事於嘉祐元年，勒成《唐紀》七十五卷。其間善惡分明可爲龜鑑者，各繫以論，凡九十二篇。甫没後，《唐紀》宣取留禁中。其從子察，嘗録副本遺司馬光，世亦罕見，惟《論斷》獨傳。紹興二十七年，嘗鋟版於劍州。後蜀版不存，端平乙未，黄準復刻於東陽。《宋史・藝文志》作二卷，《文獻通考》作十卷，此本僅三卷。蓋本從《唐紀》鈔出别行，非其舊帙。故卷數多寡，隨意分合，實無二本也。前爲自序一篇，末附司馬光跋，曾鞏、歐陽修所作墓誌行狀，蘇軾答李廌書，張敦頤後序，皆推重是書，甚至朱子亦稱其議論勝《唐鑑》云。

彭元瑞等《天禄琳琅書目後編・學術寶鈔・諸部》《唐史論斷》。一函三册。

宋孫甫撰。甫字之翰，陽翟人。官右正言，遷天章閣待制、河北轉運使，兼侍讀。《宋史》有傳。書三卷，凡論九十二首。前有甫自序，後附録曾鞏作《甫行狀隆平集小傳寄甫古詩》，歐陽修作《甫墓誌》，蘇軾《答李廌論唐論書》，司馬光跋。又紹興丁丑，張敦頤刻《書跋南劍州州學牒》，列知州許興古，通判王以詠、王筠及敦頤等學官四人。又端平乙未，黄準重刻跋按，跋敦頤始刻於南劍州庠，後有劉和甫家刻本，最後黄準鋟版於東陽倅廳，此所影東陽本也。

趙琦美《脉望館書目》《唐史論斷》三卷。舊鈔本。《唐史論斷》余向藏影宋鈔精本，每篇論斷前有正文，當即其所撰唐史也。恨無别本，未及校勘，頃已歸於藝芸書屋汪氏矣。適書去之，後書友以徐虹亭藏舊鈔本示余，遂收之。並無唐史，但存論斷留於案頭，猶勝無書。末附曾歐蘇三公所撰諸文字，節文似宋本所無，其餘書跋牒文亦似有異同。惜影宋已轉歸他所，不能一一勘定也。丙子歲三月廿，止醒人記。

張之洞《書目答問・史評》《唐史論斷》三卷。宋孫甫，聚珍本福本，粵雅堂本，珠塵本。

周中孚《鄭堂讀書記補逸》《唐史論斷》三卷，學津討原本。宋孫甫撰。

趙希弁《讀書附志・史評類》《唐史論斷》二卷。右朝散大夫、尚書刑部郎中、充天章閣待制兼侍讀孫甫之翰所撰也。甫，陽翟人，國史有傳。

馬國翰《玉函山房藏書簿録》《唐史論斷三卷》函海本。宋天章閣待制陽翟孫甫之翰撰。

李慈銘《越縵堂讀書記・史部・史評類》《唐史論斷》。宋孫甫撰。閱《唐史論斷》。此書爲孫公一生精力所注，極自珍秘。司馬、歐陽諸公皆甚推重之。其議論按切情事，平正可依，無宋人迂疎刻覈之習，雖筆舌冗滯，固不害爲有用之書。東坡舉其所論褚遂良不譖劉洎、太子瑛之廢由張説、張巡之敗由房琯、李光弼不當圖史思明、宣宗有小善而無人君大節五事，謂皆舊史所不及。然正不止此也。

陸心源《皕宋樓藏書志・史評類》《唐史論斷》二卷。舊抄本。

宋朝散大夫尚書刑部郎中充天章閣待制兼侍讀上輕車都尉賜紫金魚袋孫甫之翰撰。

耿文光《萬卷精華樓藏書記》卷七十二《唐史論斷》三卷《附録》一卷。宋孫甫撰。《珠塵》本。

丁丙《善本書室藏書志・史評類》《唐史論斷》三卷。精鈔本。朝散大夫尚書刑部郎中充天章閣待制兼侍讀上輕車都尉賜紫金魚袋孫甫之翰撰。甫陽翟人，《宋史》有傳。前自序謂唐舊書煩冗遺略，多失體法，用編年之體次，序君臣之事。自康定元年修是書，至嘉祐元年勒成《唐紀》七十五卷，勸戒之切而意遠者，著論以明焉。論九十二首，觀者毋忽不止。唐之安危，當爲世鑒矣。《唐紀》不傳，僅存此論。後綴曾南豐所作行狀節文，云：「公殁有詔，求其書。」又經進《隆平集》節文及寄之翰古詩，又紹興二十七年鏤版公牒并司馬光題跋，張敦頤後序，歐陽文忠所作墓志節文，蘇東坡答李方叔書節文。

耿文光《萬卷精華樓藏書記・史評類》《唐史論斷》三卷。宋孫甫撰。抄本，《學津討原》本，《學海類編》本，《粵雅堂》本，《藝海珠塵》本，《函海》本。

唐史要論

晁公武《郡齋讀書志・史評類》《唐史要論》十卷。右皇朝孫甫之翰撰。歐陽永叔、司馬温公、蘇子瞻稱其書議論精覈，以爲舊史所不及。終於天章閣待制。

馬端臨《文獻通考・經籍考》《唐史要論》十卷。一作《論斷》二卷。

晁氏曰：皇朝孫甫之翰撰。歐陽永叔、司馬温公、蘇子瞻稱其書議論精覈，以爲舊史所不及。終於天章閣待制。

唐論

趙希弁《讀書附志・史評類》《唐論》二卷。右宣教郎、前太平州州學教授王居中撰。程公許、韓祥、韓補皆序之。

兩漢博議

趙希弁《讀書附志・史評類》《兩漢博義》二十卷。右陳季雅彦羣所撰也。

史論

《宋史・藝文志》林槩《史論》二十卷。

王圻《續文獻通考・經籍考・史評》《史論百篇》。林槩著。槩，福清人。舉進士，知長興縣，官至太常博士。又有《辨國語》四十篇。

唐論

尤袤《遂初堂書目・史學類》孫之翰《唐論》。

前漢論

馬端臨《文獻通考・經籍考》吕氏《前漢論》三十卷。

晁氏曰：皇朝吕大忠晉伯撰。予得其本於銅梁令吕肇，修撰汲陵諸孫也。

吕氏前漢論

晁公武《郡齋讀書志・史評類》《吕氏前漢論》三十卷。右皇朝吕大忠晉伯撰。予得其本於銅梁令吕肇修，汲公諸孫也。

東坡志林

高儒《百川書志・史評》《東坡志林》一卷。宋眉山蘇子瞻撰。論周秦事，凡十二篇。

古史

晁公武《郡齋讀書志・史評類》《古史》六十卷。右皇朝蘇轍子由撰。其序曰：「太史公始易編年之法爲紀傳世家，記五帝以來，然不得聖人之意。余因遷之舊，始伏羲，訖秦始皇帝，爲七本紀、十六世家、三十七列傳，謂之『古史』，追録聖賢之遺意，以示後世。」國史譏蘇氏之學皆機權變詐。今觀此書，蓋不然，則知子由晚節，爲學益精深云。

歷代史贊論

晁公武《郡齋讀書志・史評類》《歷代史贊論》五十四卷。右未詳撰人。纂史記迄五代史臣贊論。

唐鑑

晁公武《郡齋讀書志・史評類》《唐鑑》二十卷。右皇朝范祖禹醇夫撰。醇夫爲温公通鑑局編修官十五年，分掌唐史，以其所自得，著成此書。取武后臨朝二十一年繫之中宗，其言曰：「此春秋『公在乾侯』之義也，雖得罪於君子，亦所不辭。」觀此，則知醇夫之從公，決非苟同者。凡三百六篇。

尤袤《遂初堂書目・史學類》范太史《唐鑑》。

馬端臨《文獻通考・經籍考》《唐鑑》二十卷。

晁氏曰：皇朝范祖禹醇夫撰。醇夫爲温公《通鑑》局編修官十五年，分掌唐史，以其所自得，著成此書。取武后臨朝二十一年繫之中宗，其言曰：「此《春秋》『公在乾侯』之義也，雖得罪於君子有所不辭。」觀此，則知醇夫之從公決非苟同者。凡三百六篇。

楊士奇等《文淵閣書目・宙字號第一櫥書目》《唐鑑》。一部四册闕。

《唐鑑》。一部四册闕。

《唐鑑》。一部二册闕。

《唐鑑》。一部一册闕。

范邦甸等《天一閣書目・史評類》《唐鑑》二十四卷。刊本。宋范祖禹撰并表進。弘治十年，鼓城吕鏜序云：「宋范太史作《唐鑑》十二卷，加以論斷。吕東萊先生爲之音註，釐爲二十四卷。上自隋末下迄五代，考摭詳盡，人所傳誦，近世無聞焉。同年徐秋官朝文嘗手校是編，出以示予，予爲刻梓以傳。」

王士禎《漁洋書跋》范淳祖禹《唐鑑》二十四卷。吕東萊祖謙注。有淳自序及元祐元年二月二十八日上太皇太后及哲宗表三通。明弘治十年知武進縣鼓城吕鏜刻也。此書凡三百六篇。據自序及表，本十二卷，伯恭析爲二十四卷耳。近有石門吕留良晚村重刊本。其子葆中以貽予。葆中字無黨。

《四庫全書總目提要・史評類》《唐鑑》二十四卷。副都御史黄登賢家藏本。

宋范祖禹撰，吕祖謙註。祖禹字淳父，華陽人，嘉祐八年進士，歷官龍圖閣學士，出知陝州，事蹟附載《宋史范鎮傳》中。祖謙有《古周易》，已著録。初，治平中司馬光奉詔修《通鑑》，祖禹爲編修官，分掌唐史，以其所自得者，著成此書。上自高祖，下迄昭宣，撮取大綱，繫以論斷，爲卷十二。元祐初表上於朝，結銜稱著作佐郎，蓋進書時所居官也。後祖謙爲作註，乃分爲二十四卷。

彭元瑞等《天禄琳琅書目後編》《東萊先生音註唐鑑》。一函二册。

宋范祖禹撰，吕祖謙音註，書二十四卷。前有祖禹自序及進書表，又紀元傳世二圖。治平中，司馬光修《通鑑》，祖禹爲編修官，分掌唐事，以其所自得者，著此書。於唐一代事撮取大綱，系以論斷，本十二卷。祖謙所註，乃分爲二十四卷。

《東萊先生音註唐鑑》。一函四册。

同上係一版摹印。

孫星衍《平津館鑒藏書籍記補遺・明版》《東萊先生音注唐鑑》廿四卷。題承議郎行祕書省著作佐郎騎都尉賜緋魚袋臣范祖禹撰。朝奉郎行祕書省著作佐郎兼國史院編修官兼權禮部郎官臣吕祖謙注。前有范祖禹《唐鑑》序，元祐元年進唐鑑表，又同時上太皇太后表，唐傳世紀年圖二，明弘治十年白昂重刊唐鑑序，范氏原書本十二卷，晁氏讀書志作廿卷疑十二之誤。此本作廿四卷，又不知分於何時，黑口板，每葉十八行，行十八字，收藏有黄復之印白文方印，習夫氏白文方印，張雋之印朱白文方印，一字文通白文方印。

張之洞《書目答問・史評》《唐鑑》二十四卷。宋范祖禹。吕祖謙注。明刻本，成都局本。

周中孚《鄭堂讀書記・史評類》《唐鑑》二十四卷。明刊本。

宋范祖禹撰。吕祖謙注。祖禹，字淳父，華陽人。嘉祐八年進士，官至龍圖閣學士、知陝州事。祖謙，字伯恭，金華人。隆興元年進士，官至直祕閣著作郎國史院編修。

瞿鏞《鐵琴銅劍樓藏書目録》《東萊先生音註唐鑑》二十四卷。明刊本。

題：「承議郎行秘書省著作佐郎騎都尉賜緋魚袋臣范祖禹譔，朝奉郎行秘書省著作佐郎兼國史院編修官兼權禮部郎官臣吕祖謙註。」有范氏自序及元祐元年《進書表》。明弘治間常州楊伯川刻。有邑人白昂、鼓城吕鏜二序。

陸心源《皕宋樓藏書志・史評類》《東萊先生音註唐鑑》二十四卷明弘治刊本。

宋承議郎行祕書省著作佐郎騎都尉賜緋魚袋臣范祖禹撰。朝奉郎行祕書省著作佐郎兼國史院編修官兼權禮部郎官臣吕祖謙註。

耿文光《萬卷精華樓藏書記》卷七十二《唐鑑》二十四卷。

宋范祖禹撰吕祖謙注。

成部局本。首自序，次元祐元年進書表二篇，次唐代紀元圖傳世圖。

丁丙《善本書室藏書志・史評類》《東萊先生音注大唐文鑑》二十四卷 明刊本

承議郎行祕書省著作佐郎騎都尉賜緋魚袋臣范祖禹撰，朝奉郎行祕書省著作佐郎兼國史館編修官權禮部郎官臣吕祖謙注。

祖禹字淳父，華陽人。原書十二卷，後分而爲二也。凡摘唐事標題，繫以論斷，敷陳剴切，是以蔡氏《鐵圍山叢談》云：「祖禹子温遊，大相國寺諸貴璫見之，皆指曰：『此《唐鑑》公之子。』」人以書傳其爲見重如此。明刊不一版，此似翻麻沙坊本。前有《進大唐文鑑表》，又《上太皇太后表》及祖禹《自序》。

耿文光《萬卷精華樓藏書記・史評類》《唐鑑》二十四卷。宋范祖禹撰。明刊本，吕氏刊本，金華叢書本，八千卷樓書目。

繆荃孫《藝風藏書記・史評》《唐鑑》二十四卷。

影寫宋刊本，首題東萊先生音注《唐鑑》卷之一，次行承議郎有祕書省著作佐郎騎都尉賜緋魚袋臣范祖禹撰，三行朝奉郎行祕書省著作佐郎兼國史院編修官兼權禮部郎官臣吕祖謙注。鈔寫精緻，朱筆校勘，亦謹飭無跋、無藏印。

帝學

于敏中等《天禄琳瑯書目・元版史部》《帝學》。一函二册。

宋范祖禹編八卷，前齊礪序。

前宋版已有是書，卷帙並同。

本朝何焯藏本有印記，焯字屺瞻，長洲縣人，翰林院編修贈侍讀學士。

于敏中等《天禄琳瑯書目・宋版史部》《帝學》。一函四册。

宋范祖禹編八卷。

《宋史》：祖禹，字淳甫，神宗時進士甲科，從司馬光編修《資治通鑑》，書成光薦爲祕書省正字。哲宗元祐初擢右正言，尋改著作郎兼侍講，在講筵八年，蘇軾稱爲講官第一。嘗進《唐鑑》十二卷，深明唐三百年治亂，學者尊之，目爲「唐鑑公」，是書亦同時所進。書後有嘉定辛巳青社齊礪跋，載祖禹五世孫擇能宰高安刊置縣齋未幾散逸。

明吴寬藏本，寬字原博，長洲人，成化八年會試廷試皆第一，授修撰，累官至禮部尚書，卒，贈太子太保，謚文定，叢書堂印無考。

西漢發揮

晁公武《郡齋讀書志・史評類》《西漢發揮》十卷。右皇朝劉涇巨濟撰。涇，蜀人。

馬端臨《文獻通考・經籍考》《西漢發揮》十卷。

晁氏曰：皇朝劉涇巨濟撰。涇，蜀人。

龜山史論

高儒《百川書志・史評》《龜山史論》一卷。

宋文靖公楊時中立撰。凡五十篇。

歷代史贊

尤袤《遂初堂書目・史學類》《歷代史贊》。

三國雜事

《四庫全書總目提要・史評類》《三國雜事》二卷。浙江范懋柱家天一閣藏本。

宋唐庚撰。庚字子西，眉州丹稜人。紹聖中登進士第，調利州治獄掾，遷閬中令，入爲宗學博士。張商英薦，除提舉京畿常平。後坐爲商英賦内前行，謫居惠州。大觀五年赦歸，道卒。事蹟具《宋史・文苑傳》。是書雜論三國之事，凡三十六條，併自序一篇，後人皆編入庚文集。考《宋志》載庚集二十二卷，與今本同，似此書原在集內。然晁氏、陳氏《書目》皆載庚集十卷，知今本析其一卷爲兩卷，又益以此書二卷爲二十二卷，實非原本。故《永樂大典》所載此書，亦別爲一編，不著文集之目。今仍別爲二卷，以還其舊。

張之洞《書目答問・史評》《三國雜事》一卷。宋唐庚，《函海》本。

周中孚《鄭堂讀書記・史評類》《三國雜事》二卷。《函海》本。

宋唐庚撰。庚字子西，眉州人。紹聖中進士，官宗學博士，以張商英薦除提舉宗畿常平。《四庫全書》著録是編。雜論三國之事，俱自陳志裴注中摘出，列其事于前而論之。凡漢十八條，魏十二條，吴六條，所論醇正而不免小有疵瑕。然其于孫盛之評，痛加詆毀，實確論也。本見所著《眉山集》中，先有別本單行，李雨村調元復采入函海云。

馬國翰《玉函山房藏書簿録》《三國雜事》二卷。《函海》本。

宋承議郎提舉上清富丹稜唐庚子西撰。雜論三國之事凡三十六條。

耿文光《萬卷精華樓藏書記・史評類》《三國雜事》一卷。宋唐庚撰。《函海》本，《學海類編》本。

唐書手抄

尤袤《遂初堂書目・史學類》《唐書手抄》。

唐鑑

尤袤《遂初堂書目・史學類》石守道《唐鑑》。

通鑑入約

尤袤《遂初堂書目・史學類》《通鑑入約》。

了齋約論

尤袤《遂初堂書目・史學類》《了齋約論》。

兩漢法語

尤袤《遂初堂書目・史學類》《兩漢法語》。

兩漢著明論

《宋史・藝文志・史鈔類》《兩漢著明論》二十卷。

班左誨蒙

尤袤《遂初堂書目・史學類》《班左誨蒙》。

東軒筆録

朱睦㮮《萬卷堂書目》《朱軒筆録》十卷。魏泰。

讀史管見

趙希弁《讀書附志・史評類》《讀史管見》三十卷。右致堂先生胡寅明仲所著也。意謂二百四十二年之後至于五代，司馬文正所述《資治通鑑》，事雖備而立義少。遂用《春秋》經旨，尚論詳評。晦庵《綱目》中多取之。猶子大壯序其説，孫德輿刻于衡陽。

尤袤《遂初堂書目・史學類》《胡氏讀史管見》。

馬端臨《文獻通考・經籍考》《讀史管見》三十卷。

陳氏曰：禮部侍郎建安胡寅明仲以《通鑑》事備而義少，故爲此書。議論宏偉嚴正，間有感於時事。其於熙豐以後接於紹興權姦之禍，尤拳拳寓意焉。晦庵《綱目》亦多取之。

《朱子語録》：胡致堂議論英發，人物偉然。《讀史管見》乃嶺表所作，當時並無一册文字隨行，只是記憶，所以其間有牴牾處。

楊士奇等《文淵閣書目・宙字號第一橱書目・史附》《致堂管見》。一部十册闕。

《致堂管見》。一部三十册完全。

《致堂管見》。一部十四册闕。

《致堂管見》。一部十五册完全。

《致堂管見》。一部十册闕。

《致堂管見》。一部十五册闕。

高儒《百川書志・史評》《讀史管見》三十卷。

宋致堂先生胡寅明仲著。

徐𤊹《徐氏家藏書目・旁史類・史評》 胡致堂《讀史管見》。

張萱等《内閣藏書目録・史部》《致堂管見》十五册全。

胡寅《讀史論斷》凡三十卷。

錢謙益《絳雲樓書目・史學類・史評》《讀史管見》三十卷。胡明仲撰。此書大概爲秦會之而作，先儒頗多訾議之者，至論定陶立後等事，正欲自蓋其不持生母服之事耳，是所謂欲蓋彌彰也。

《四庫全書總目提要・史評類》《讀史管見》三十卷。内府藏本。

宋胡寅撰。寅字明仲，號致堂，崇安人。官至禮部侍郎，謚文忠，事蹟具《宋史本傳》。是編乃其謫居之時讀司馬光《資治通鑑》而作，前有嘉定丙寅其猶子大壯序。

朱睦㮮《萬卷堂書目》《讀史管見》三十卷。胡寅。

周中孚《鄭堂讀書記補逸》《讀史管見三十卷》。明刊本。宋胡寅撰。

瞿鏞《鐵琴銅劍樓藏書目録》《致堂讀史管見》三十卷。宋刊本。宋胡寅撰。

是書作於紹興二十五年，逮嘉定十一年，衡陽郡守孫某刻於學署。有猶子大壯序，即此本也。每半葉十二行，行二十三字。宋諱「慎」、「惇」字有減筆。案：《姚牧庵集》序此書，謂宋時江南宣郡有刻板。入元，歸興文署，宣之學官劉安重刻之。牧庵嘗得致堂手稿數紙，令摹諸卷首。是宋、元時絶重其書也。

陸心源《皕宋樓藏書志・史評類》《致堂先生讀史管見》八十卷。宋刊本。

宋徽猷閣直學士左朝請郎提舉江州太平觀保定縣開國男食邑七百户賜紫金魚袋胡寅明仲撰。

耿文光《萬卷精華樓藏書記・史評類》《讀史管見》三十卷。宋胡寅撰。刊本。

張萱等《内閣藏書目録・史部》 又《讀史管見》。八册不全。

同前闕第一至第三，又闕十六、十七、十八卷。

趙琦美《脉望館書目》《讀史管見》十本。

祁承㸁《澹生堂藏書目》《讀史管見》六册。三十卷。胡宏。

耿文光《萬卷精華樓藏書記》卷七十二《讀史管見》三十卷。

宋胡安國撰。

古并居本。康熙五十三年刊。書成，於紹興乙亥前有嘉定年，猶子大壯序。其孫德輿刊者爲初刻。

宋鑑長編

楊士奇等《文淵閣書目・宙字號第六橱書目》《宋鑑長編》。一部一百四十册闕。

史學金鑑

楊士奇等《文淵閣書目・宙字號第一橱書目・史附》《史學金鑑》。一部五册闕。

《史學金鑑》。一部十五册闕。

金馬統例

高似孫《史略・史例》《金馬統例》一卷。

通鑑筆議

王圻《續文獻通考・經籍考・史評》《通鑑筆議》。華亭葉汝舟著。汝舟登進士。所著詩文藏於家。

唐史篤論

王圻《續文獻通考・經籍考・史評》《唐史篤論》黄鉞著。

漢雋

尤袤《遂初堂書目・史學類》《漢雋》。

通鑑論篤

馬端臨《文獻通考・經籍考》《通鑑論篤》三卷。

陳氏曰：侍講廣漢張栻敬夫撰。取《通鑑》中言論之精確者，表而出之。多或全篇，少至一二語，去取甚嚴，可以見前輩讀書眼力之高。

楊士奇等《文淵閣書目・宙字號第一櫥書目・史附》張南軒《通鑑論篤》。一部三册闕。張南軒《通鑑論篤》。一部三册闕。

通鑑集議

王圻《續文獻通考・經籍考・史評》《通鑑集義》。輔廣著。

歷代紀年

耿文光《萬卷精華樓藏書記・史評類》《歷代紀年》十卷。宋晁公邁撰。舊抄本。

歷代史議

王圻《續文獻通考・經籍考・史評》《歷代史議》。黄舜祖著。出處見前。

漢書雜論

《澹生堂藏書目》劉屏山《漢書雜論》一册。一卷。劉子彙本。集本。澹生堂餘苑本。

六朝通鑒博議

《四庫全書總目提要・史評類》《六朝通鑒博議》十卷。浙江鮑士恭家藏本。宋李燾撰。燾有《說文五音韻譜》，已著録。此書詳載三國六朝勝負攻守之迹，而繫以論斷。案，燾本傳載所著述，無此書之名，而有《南北攻守録》三十卷，其同異無可考見。核其義例，蓋亦《江東十鑑》之類，專爲南宋立言者。然《十鑑》徒侈地形，飾虚詞以厲戰氣，可謂夸張無實。此則得失兼陳，法戒具備。主於修人事以自强，視李舜臣所論較爲切實。史稱燾嘗奏孝宗以即位二十餘年，志在富彊，而兵弱財匱，與教民七年可以即戎者異。又孝宗有功業不足之歎，燾復言：「功業見於變通，人事既修，天應乃至。」蓋其納規進誨，惟拳拳以立國根本爲先，而不侈陳恢復之計。是書之作，用意頗同。後其子壁，不能守其家學，附合韓侂胄之意，遂生開禧之兵端。然後知燾之所見，固非主和者所及，亦非主戰者所及也。

瞿鏞《鐵琴銅劍樓藏書目録》 《李侍郎經進六朝通鑑博議十卷》。宋刊本。題「侍郎李燾。」卷首有《三國晉南朝北朝譜系圖》、《六朝建都》、《六朝攻守圖》四葉。前有紹熙三載秀國陳之賢《序》，《乞尚史學劄子》。每半葉十二行，行廿二字。書中無闕筆字。惟殷浩作「商浩」，桓温作「元温」。劄子後有正書墨圖記曰：「畢萬裔宅刻梓於富學堂」。舊藏邑中陳氏。每卷有稽瑞樓朱記。

丁丙《善本書室藏書志·史評類》 《李侍郎經進六朝通鑑博議》十卷。舊鈔本。汪氏振綺堂藏書。侍郎李燾。前有紹熙三載秀國陳之賢序，又乞尚史學劄子，并三國晉南北朝隋譜系五圖，六朝建都、六朝攻守二圖。劄子後有「畢萬裔宅刻梓於富學堂」木記，似出於麻沙版刻也。南州彭元瑞讀書跋尾，謂仁父此書爲南宋而發，非爲六朝也。與李舜臣《江東十鑑》、錢文子《蜀鑑》同意，欲用襄蜀以規復中原，故借古事以指今勢。宋當是時襄、蜀皆無恙，襄爲兵衝蜀爲財府，東南之所託命。其後元既陷蜀，降襄而臨安隨之，是誠謀國之著蔡而慷慨激烈。望其君相之，奮發有爲，則忠臣義士之用心也。洎嘉熙用兵，厥子季章，迎合韓侂胄以取參政。觀序論所云，將勇而賢，乃欲以郭倬輩當之，亦不善讀父書矣，可爲論議。是書之正鵠也，有汪魚亭藏閲書印。

耿文光《萬卷精華樓藏書記·史評類》 《六朝通鑑博議》十卷。宋李燾撰。影宋本。

陸心源《皕宋樓藏書志·史評類》 《經進六朝通鑒博議》十卷。舊抄本。宋侍郎李燾撰。

西漢鑑

趙希弁《讀書附志·史評類》 《西漢鑑》十卷。右國子博士吴莘所著也。王容爲之序。

讀史明辯

趙希弁《讀書附志·史評類》 《讀史明辯》三十卷。右伊川、元城、龜山、了齋、横渠、屏山、横浦、五峯、東萊、南軒、止齋、致堂十二先生史論也。

楊士奇等《文淵閣書目·宙字號第二橱書目·史雜》 《讀史明辯》。一部三册闕。

讀史明辨·讀史明辨續集

《宋史·藝文志·史鈔類》 陳應行《讀史明辨》二十四卷。又《讀史明辨續集》五卷。

文史評

尤袤《遂初堂書目·史學類》 程通《文史評》。

揮麈録

朱睦㮮《萬卷堂書目》 《揮麈録》二卷。王明清。

覽古史斷

王圻《續文獻通考·經籍考·史評》《覽古史斷》。何侑撰。

史　評

《宋史·藝文志·職官類》趙粹中《史評》五卷。

史　評

趙希弁《讀書附志·史評類》《史評》六卷。右誠齋先生楊文節公萬里之評也。

路史發揮

楊士奇等《文淵閣書目·宙字號第二櫥書目·史雜》《路史發揮》。一部一册闕。

西漢精義

王圻《續文獻通考·經籍考·史評》《西漢精義》。唐仲友著。

唐史精義

王圻《續文獻通考·經籍考·史評》《唐史精義》。唐仲友著。

讀　史

王圻《續文獻通考·經籍考·史評》《讀史》。李孟傳著。

江東十鑑

楊士奇等《文淵閣書目·宙字號第二櫥書目·史雜》《江東十鑑》。一部二册闕。

通鑑解題通釋

王圻《續文獻通考·經籍考·史評》《通鑑解題通釋》。吕祖謙著。

十七史詳節

錢謙益《絳雲樓書目·史學類·史評》《十七史詳節》二百八十三卷。吕東萊。元胡一桂有十七史纂。見本傳。

唐史記論

楊士奇等《文淵閣書目·宙字號第二櫥書目·史附》孫甫《唐史記論》。一部，三册。闕。孫甫《唐史記論》。一部，三册。闕。

東萊左氏博議

張之洞《書目答問・史評》《東萊左氏博議》二十五卷。宋呂祖謙，金華叢書足本，坊本未足。

史說

趙希弁《讀書附志・史評類》《史說》十卷。右東萊先生呂成公之説也。

觀史類編

楊士奇等《文淵閣書目・宙字號第一橱書目・史附》《呂東萊觀史類編》。一部四册闕。《呂東萊觀史類編》。一部六册完全。《呂東萊觀史類編》。一部六册闕。

隋書詳節

繆荃孫《藝風藏書記・史評》 右經政。

《名公增修標注隋書詳節》二十卷。

宋刊巾箱本，題唐特進魏徵撰，徵闕末筆，前有世系圖、地理圖，首葉闌外記高祖一卷，一眉上標事由，每年及史臣曰皆白文。每半葉十字，每行二十字。收藏有海虞鮑氏珍藏金石書畫之草，朱文長印。

通鑑論斷

楊士奇等《文淵閣書目・宙字號第一橱書目・史附》 周焱《通鑑論斷》。一部十四册闕。

王圻《續文獻通考・經籍考・史評》《通鑑論斷》。吉水周焱著。

通鑑筆議　史鑑論斷

王圻《續文獻通考・經籍考・史評》《通鑑筆議》。戴溪著。又著《史鑑論斷》諸書。

三國紀年

《四庫全書總目提要・史評類》《三國紀年》一卷。浙江范懋柱家天一閣藏本。

宋陳亮撰。亮字同甫，婺州永康人。紹熙四年進士第一，官至建康軍節度判官，事蹟具《宋史》本傳。是書大旨主於右蜀而貶魏、吴，名爲《紀年》，實史家論斷之體。已載亮所著《龍川集》中，此其别行之本也。

周中孚《鄭堂讀書記・史評類》 三國紀年一卷。《函海》本。

宋陳亮撰。亮字同甫，婺州永康人。紹熙四年進士第一，官至建康軍節度判官，追謚文毅。《四庫全書》存目。是書俱論斷三國君臣行事，而標曰紀年，殊爲大謬，此謂名不副實。凡二十六則，大旨尊蜀而斥魏、吴，而卷首一則引劉巴雅茂費詩之説，以證昭烈之亟於稱帝爲非，則與其尊蜀之意又自相矛盾矣。開口便錯，其錯必多，存而不論可也。前有自序，本載所著《龍川集》中，歷來有别行之本，云故李雨村取以刊入《函海》云。

耿文光《萬卷精華樓藏書記・史評類》《三國紀年》一卷。宋陳亮撰。函海本。

兩漢博議

王圻《續文獻通考・經籍考・史評》《兩漢博議》。王遇著。遇，龍溪人。師事朱熹。登進士田科，歷國子博士。

史論百篇

王圻《續文獻通考・經籍考・史評》《史論百篇》。徐綱著。

唐史評

晁公武《郡齋讀書志・史評類》《唐史評》三卷。右題曰適適先生，不詳何人。門人譙孝寧爲編次。

馬端臨《文獻通考・經籍考》《唐史評》三卷。

晁氏曰：題曰適適先生，不詳何人，門人譙孝寧爲編次。

涉史隨筆

高儒《百川書志・史評》《涉史隨筆》一卷。

宋葛洪著。凡二十篇。

范邦甸等《天一閣書目・史評類》《涉史隨筆》。刊本。宋葛洪著并序云：

「比以憂居，取歷代史温繹以自遣，因擇其可裨廟論之萬一者二十二篇以獻。」

徐𤊹《徐氏家藏書目・旁史類・史評》《涉史隨筆》一卷。宋葛洪。

錢謙益《絳雲樓書目・史學類・史評》《涉史隨筆》。

《四庫全書總目提要・史評類》《涉史隨筆》一卷。兩江總督採進本。宋葛洪撰。洪字容甫，自號蟠室老人，婺州東陽人。淳熙十一年進士，嘉定間官至參知政事，觀文殿學士，卒謚端簡。事蹟具《宋史》本傳。是書前有自序，大略謂微官洎布衣求進謁於廟堂者，自匄進乞憐外，往往訖無他説，是直相與爲欺而已。洪不敢爲欺，比以憂居，取歷代史温繹，間有所見，隨而筆之，因擇其可裨廟論者二十六篇以獻。則是編乃洪官未達時獻於時相之作，故所論皆古大臣之事。

朱睦㮮《萬卷堂書目》《涉史隨筆》一卷。葛洪。

祁承㸁《澹生堂藏書目》《涉史隨筆》。一册。一卷。葛洪。

張之洞《書目答問・史評》《涉史隨筆》一卷。宋葛洪。知不足齋本，《金華叢書》本。

周中孚《鄭堂讀書記・史評類》《涉史隨筆》一卷。知不足齋叢書本。宋葛洪撰。洪字容甫，自號蟠室老人，婺州東陽人。淳熙十年進士，官至參知政事，觀文殿學士，謚端簡。《四庫全書》著録。容甫居憂時，取歷代史温繹自遣，間有所見，與夫或得于前修之説、師友之傳，則隨而筆之。因擇其可裨廟論者二十六篇以獻，名曰「涉史隨筆」。凡戰國三則，西漢九則，元魏三則，隋一則，唐十則，皆列史文于前，而後加以斷制。

馬國翰《玉函山房藏書簿録》《涉史隨筆》一卷。並知不足齋本。宋參知政事東陽葛洪容甫撰。從吕祖謙學，讀史所得著論。自戰國迄唐凡二十六篇，皆論古大臣事。蓋解官憂居時獻時宰之所作也。侃侃風諫，具有儒術。

瞿鏞《鐵琴銅劍樓藏書目録》《涉史隨筆》一卷。明刊本。宋葛洪撰并序。明弘治間，南昌道王朝言有刊本。是本爲正德時鄺璠重校刻，末有王純後序及鄺璠跋。

耿文光《萬卷精華樓藏書記・史評類》《涉史隨筆》一卷。宋葛洪撰。知不足齋本，金華叢書本。

繆荃孫《藝風堂藏書記・史評》《涉史隨筆》一卷。舊鈔本，首有翰林院官印，蓋《四庫》底本。收藏有吴焯之印，白文尺鳧、朱文兩方印，「流傳勿損污」小長方印。

又《藝風堂藏書續記・史評》《涉史隨筆》一卷。明影宋刻本。宋葛洪撰。每半葉七行，行十八字。前有璜川吴氏攷，藏圖書朱文方印，又有知不足齋主人所貽白文長印、張印、燕昌朱文方印。

經幄管見

《四庫全書總目提要·史評類》《經幄管見》四卷。永樂大典本。宋曹彦約撰。彦約字簡甫，都昌人。淳熙八年進士，薛叔似宣撫京湖，辟爲主管機宜文字。累官寶謨閣待制，知成都府。寶慶元年，擢兵部侍郎，遷禮部，旋授兵部尚書，力辭不拜，以華文閣學士致仕。卒謚文簡。事蹟具《宋史》本傳。是書蓋彦約侍講筵時所輯，皆取《三朝寶訓》，反覆闡明，以示效法。蓋即范祖禹《帝學》多陳祖宗舊事之義。考仁宗天聖五年，允監修王曾之請，採太祖、太宗、真宗事蹟不入正史者，命李敬等別爲《三朝寶訓》三十卷。寶元二年十二月，詔以進讀。嗣是講幄相沿，遂爲故事。彦約是書，於進讀《符瑞》諸篇，雖不免有所迴護，要亦當時臣子之詞，不得不爾。其餘諸篇，則皆能旁證經史，而歸之於法誡，亦可謂不失啟沃之職者矣。舊刻散佚，久無傳本。惟《永樂大典》尚載其全文，今詳爲校讐，釐成四卷。間有辨證，各依文附著焉。

丁丙《善本書室藏書志·史評類》《經幄管見》四卷。舊鈔本。宋兵部侍郎兼國史院同修撰，曹彦約撰。彦約字簡甫，都昌人。淳熙八年進士。寶慶元年入對，勸理宗防近習進讜言。此殆侍講筵時所作。大旨皆本太祖、太宗、真宗三朝寶訓，而闡明之。旁證經史之語，而歸之於法誡，自不失啟沃之職。

耿文光《萬卷精華樓藏書記·史評類》《經幄管見》四卷。宋曹彦約撰。抄本。

史略

李慈銘《越縵堂讀書記·史部·史評類》《史略》。宋高似孫撰。

閱高續古似孫《史略》，共六卷，亦黎氏所刻，據日本宋槧翻雕，極精致。其自序言成書不及一月，故粗略殊甚，亦多複舛。

東都事略

朱睦㮮《萬卷堂書目》《東都事略》十六册。

西漢奇語

王圻《續文獻通考·經籍考·史評》《西漢奇語》。光澤劉剛中集。

漢史評

王圻《續文獻通考·經籍考·史評》《漢史評》。徐雄著。

史論

王圻《續文獻通考·經籍考·史評》《史論》三卷。朱金發著。金發字冕仲，福清人。嘗作《天人相與交際論》，見稱於陳傅良。

史評

王圻《續文獻通考·經籍考·史評》《史評》八卷。譚世選著。

黃虞稷《千頃堂書目·史學類·史評》談世選《史評》八卷。

蜀鑑

朱睦㮮《萬卷堂書目》《蜀鑑》二册。

正統八例

王圻《續文獻通考・經籍考・史評》《正統八例》楊奐著。奐，奉元人，學者稱紫陽先生。以耶律楚材薦，拜河南廉訪使。其八例曰得、曰傳、曰襄、曰復、曰與、曰滔、曰絶、曰歸。

坦齋史説

王圻《續文獻通考・經籍考・史評》《坦齋史説》。黄學行著。

通鑑總要

趙琦美《脉望館書目》《通鑑總要》註釋一本。

通鑑總類

楊士奇等《文淵閣書目・宙字號第一櫥書目・史附》《通鑑總類》。一部二十册闕。《通鑑總類》。一部十册闕。

兩漢筆記

《四庫全書總目提要・史評類》《兩漢筆記》十二卷。浙江范懋柱家天一閣藏本。宋錢時撰，時有《融堂書解》，已著録。此書皆評論漢史，嘉熙二年嘗經奏進，前有尚書省劄，稱十二卷，與此本合。葉盛《水東日記》以爲不完之本，非也。其例以《兩漢書》舊文爲綱，而各附論斷於其下。

朱睦㮮《萬卷堂書目》《兩漢筆記》四册。

通鑑精義

楊士奇等《文淵閣書目・宙字號第一櫥書目・史附》《吕大著通鑑精義》。一部三十一册闕。

史論

王圻《續文獻通考・經籍考・史評》《史論》。杜幼節著。

唯室先生兩漢論

《宋史・藝文志・史鈔類》《唯室先生兩漢論》一卷。陳長方。

唐史發潛

《宋史・藝文志・史鈔類》張唐英《唐史發潛》六卷。

唐史發揮

《宋史・藝文志・史鈔類》 鄭少微《唐史發揮》十二卷。

隋史斷

耿文光《萬卷精華樓藏書記・史評類》 《隋史斷》一卷。宋南宫靖一撰。學海類編本。

小學史斷

楊士奇等《文淵閣書目・宙字號第一橱書目・史附》 《小學史斷》。一部二册闕。

高儒《百川書志・史評》 《史斷》二卷。即《小學史斷》。

宋豫章南宫靖一靖叔甫纂。述自周迄五代。

范邦甸等《天一閣書目・史評類》 《小學史斷》二卷。刊本。 宋南宫靖一撰并序，明嘉靖二十六年趙瀛刻於嘉禾并序。

《小學史斷》二卷。刊本。同上。嘉靖戊戌四明張木官京兆，偕薊守蔡君刻并識。

徐𤊹《徐氏家藏書目・旁史類・史評》 《小學史斷》二卷。宋南宫靖一。

錢謙益《絳雲樓書目・史學類・史評》 《小學史斷》。南宫靖。

黄虞稷《千頃堂書目・史學類・史評》 南宫靖一《小學史斷》六卷，明徐師魯注。靖一，字仲靖，分寧人，端平進士。

倪燦等《宋史藝文志補・通史類・史評》 南宫靖一《小學史斷》六卷。字仲靖，分寧人，端平進士。明徐師曾爲作注。

《四庫全書總目提要・史評類存目》 《小學史斷》二卷、《續集》一卷、附《通鑑總論》一卷。浙江巡撫採進本。 宋南宫靖一撰。靖一字仲靖，自號坡山主人，南昌人。是書上起周平王，下迄五代，敘述史事而哀集宋儒論斷，聯絡成文。所採《讀史管見》、《説齋講義》爲多，《通鑑》及《程朱語録》、《吕祖謙集》次之。至邵子之詩，亦摘句綴入。其他蘇洵父子之屬，則寥寥數則而已。知爲講學家也。前有端平丙申自序。其中持論最悖者，如謂始皇當别爲後秦，晉元帝當復姓牛氏，皆祖胡寅之説，不能糾正。蓋其書全取舊文，有如集句。遇先儒之論則收之，不敢有所異同故也。《續集》一卷，明廬陵晏彦文所編宋元二代之事，附以遼金，又附以西夏安南，殊無義例。

趙琦美《脉望館書目》 《小學史斷》二本。

又 《小學史斷》二卷。宋刊本。

此《小學史斷》，錢唐何夢華藏書也。

周中孚《鄭堂讀書記・史評類》 《小學史斷》二卷，續集一卷，附《通鑑總論》一卷。明嘉靖丁未刊本。 宋南宫靖一撰。靖一，字仲靖，自號坡山主人，分寧人。《四庫全書》存目。倪氏《宋志補》作六卷，蓋所見本異也。倪氏又稱明徐師曾爲作注，豈此本小注爲徐氏所作歟？仲靖以古今盛衰治亂之原，不外朱文公《綱目》一書，因掇取先儒之説，與夫前人之文，芟摭類次，其合于道者收焉，其離于道者削焉，而其所自爲説亦附其閒，題之曰《小學史斷》，所以示幼學者不差其所向云。

瞿鏞《鐵琴銅劍樓藏書目録》 《小學史斷》二卷。明刊本。

宋南宫靖一撰并序。案：靖一，字仲靖，南昌人。端平中進士。是書上起周平王，下迄五代，敘述史事，兼采宋儒論斷，以供童蒙拾誦。《宋史・藝文志》不載。明嘉靖中始有刻本。此四明張木刻於薊州者，有《刻板序》。

陸心源《皕宋樓藏書志・史評類》 《小學史斷》四卷。明刊本。

有宋豫章南宫靖一仲靖纂述。

丁丙《善本書室藏書志・史評類》 《小學史斷》二卷續一卷附《通鑑總論》一卷。明刊本。

豫章南宫靖一纂述，廬陵晏彦文續著，陽節潘榮總論。

靖一，字仲靖，自號「坡山主人」。有端平丙申暢月長至自序云：「經以載道，史以載事。事不離道，道不外事。孔子作《春秋》實倡斯旨。遷、固而下，載事而已。本朝伊洛大儒與門人論史，始發明此意。范氏《唐鑑》出於程門者爲多，朱文公《綱目》而後，古今之大經大法，燦然如指諸掌。余讀史撫卷而歎，因與兒輩論之，取先儒之説與前史之文，其合於道者收焉，離於道者削焉。區區一得之説，亦竊附其間，題之曰『小學史斷』，亦欲使兒輩讀不差其所向云。」原書上起周平王，下迄五代，盧陵晏彦文續著，宋元二代，明嘉靖二十六年，嘉興府知府關中趙瀛文始爲授梓，而以陽節潘榮《通鑑總論》附焉。

耿文光《萬卷精華樓藏書記・史評類》《小學史斷》二卷續集一卷。宋南宮靖一撰。明徐師曾刊六卷本，明刊本，明嘉靖刊本。

丙丁龜鑑

范邦甸等《天一閣書目・史評類》《丙丁龜鑑》十卷。朱絲闌鈔本。

丙丁龜鑑　附續録

周中孚《鄭堂讀書記補逸》《丙丁龜鑑》五卷《續録》一卷。廣祕笈本。

十七史綱目

王圻《續文獻通考・經籍考・史評》《十七史綱目》。奉化舒津著。

史傳集論

王圻《續文獻通考・經籍考・史評》《史傳集論》。胡希是著。

通鑑總論

王圻《續文獻通考・經籍考・史評》《通鑑總論》。潘榮著。

徐𤊹《徐氏家藏書目・旁史類・史評》《歷朝統論》一卷。宋潘榮。

黄虞稷《千頃堂書目・史學類・史評》潘榮《通鑑總論》一卷。陽節潘氏，字伯誠，婺源人，隱居博學，通諸經史。

耿文光《萬卷精華樓藏書記・史評類》《綱鑑總論》一卷國朝潘榮撰。刊本。

通鑑表微

王圻《續文獻通考・經籍考・史評》《通鑑表微》。莆田方澄孫著。

三史纂

王圻《續文獻通考・經籍考・史評》《三史纂》。舒岳祥著。

史述

王圻《續文獻通考・經籍考・史評》《史述》。舒岳祥著。

通鑑答問

《四庫全書總目提要・史評類》《通鑑答問》五卷。通行本。宋王應麟撰。

應麟有《周易鄭康成註》，已著録。此書乃《玉海》之末附刊十三種之一，始自周威烈王，終於漢元帝，蓋未成之本也。書以《通鑑答問》爲名，而多涉於朱子《綱目》。蓋《綱目》本因《通鑑》而作，故應麟所論出入於二書之閒。其所評騭，惟漢高白帝子事以爲二家偶失刊削，孔臧元朔三年免太常一條，疑誤採《孔叢子》。其餘則尊崇新例，似尹起莘之《發明》。刻覈古人，似胡寅之《管見》。如漢高祖過魯祀孔子，本無可貶，乃反譏漢無真儒。文帝除盜鑄之令，本不可訓，乃反稱仁及天子。與應麟所著他書殊不相類，其真贋蓋不可知。或伯厚孫刻《玉海》時僞作此編，以附其祖於道學歟。然别無顯證，無由確驗其非，姑取其大旨之不詭於正可矣。

趙琦美《脉望館書目》 《通鑑答問》二本。

周中孚《鄭堂讀書記·史評類》 《通鑑答問》五卷。玉海附刊本。宋王應麟撰。《四庫全書》著録。《宋志》作四卷，字之誤也。是編設爲問答評論《通鑑》之書，始自周威烈王，終于漢元帝，蓋未成之本也。朱子《綱目》本因《通鑑》而作，故此書多論及之。攷厚齋他所著書，主于考據，此編卻純是空議論，有類胡致堂之《讀史管見》，尹栢溪之《綱目發明》。大約南宋人有此刻覈新奇之談，厚齋尚未能免俗歟。

馬國翰《玉函山房藏書簿録》 《通鑑答問》五卷。附刊玉海。

宋王應麟撰。始周威烈王，終漢元帝。與《通鑑》不相應，似是未成之書。以《通鑑答問》爲名，而論多尊崇《綱目》。名實亦乖，然大旨不詭于正。

陸心源《皕宋樓藏書志·史評類》 《通鑑答問》五卷。元刊元印本。宋浚儀王應麟伯厚甫撰。

耿文光《萬卷精華樓藏書記·史評類》 《通鑑答問》五卷。宋王應麟撰。雜海本，浙局本。

史論

黄虞稷《千頃堂書目·史學類·史評》 吕溥《史論》。

大事記講義

《四庫全書總目提要·史評類》 《大事記講義》二十三卷。浙江鮑士恭家藏本。宋吕中撰。中字時可，泉州晉江人。淳祐中進士，遷國子監丞，兼崇政殿説書，徙肇慶教授。其書卷一論三篇，卷二紀宋太祖事，卷三至卷五紀太宗事，卷六至卷七紀真宗事，卷八至卷十二紀仁宗事，卷十三紀英宗事，卷十四至十七紀神宗事，卷十八至二十紀哲宗事，卷二十一至二十二紀徽宗事，卷二十三紀欽宗事。事以類敘，閒加論斷。凡政事制度及百官賢否，具載於編。論中所議選舉資格及茶鹽政制諸條，頗切宋時稗政。又所載銓選之罷常參，任子之多裁汰，三司之有二司，税茶之易芻糧，皆《宋史》各志及馬端臨《文獻通考》所未備者。又所載朋黨諸人事實，及議新法諸人辨論，皆與《宋史》列傳多有異同，亦足資史學之參證。前有興國軍教授劉實甫序，謂「水心以其師講貫之素，發明我朝聖君賢相之心」，則是書乃中平日講論稾本，葉適等爲之編次云。

周中孚《鄭堂讀書記補逸》 《皇朝中興大事記備講義八卷附録一卷》寫本

陸心源《皕宋樓藏書志·史評類》 《皇朝大事記》九卷。附録一卷。《中興大事記》四卷。附録一卷。影寫宋刊本。

耿文光《萬卷精華樓藏書記·史評類》 《大事記講義》二十三卷宋吕中撰。抄本。

類編皇朝大事記講義

張金吾《愛日精廬藏書志》 《皇朝大事記》九卷《中興大事記》四卷。舊抄本。千頃堂藏書。宋黄甲省元肇慶府學教授温陵吕中講義，省元國學前進士三山繆烈、皐蘭蔡柄編校。

又《愛日精廬藏書志·史評類》 《類編皇朝大事記講義》二十三卷。抄本。

宋黄甲省元肇慶府學教授温陵吕中講義，省元國學前進士三山繆烈、皐蘭蔡柄編校。

周中孚《鄭堂讀書記·史評類》 《類編皇朝大事記講義》二十三卷。附《中興講義》一卷。文珍樓鈔藏本。宋吕中撰，繆烈、蔡柄同編。中，字時可，泉州晉江人。淳祐中進士，遷國子監丞兼崇政殿説書，徙肇慶教授。烈，三山人。柄，皐蘭人。卷首總作省元國學前進士。《四庫全書》著録。無「類編皇朝」四字。又無《中興講義》一卷。《書録解題》、《通攷》、《宋志》俱不載。倪氏《宋志補》始載之，作《皇朝大事記》九卷、

《中興大事記》六卷，注云「一本二十三卷」。所謂「一本」，即指《提要》所據浙江鮑氏本。

瞿鏞《鐵琴銅劍樓藏書目録》《類編皇朝大事紀講義》二十三卷。舊鈔本。題：「黄甲省元肇慶府學教授温陵吕中講義，省元國學前進士三山繆烈、蘭臯蔡炳編校。」是書紀宋太祖至欽宗事，加以論斷。末附《中興講義》一卷，略及高宗事。前有淳祐丁未興國軍教授劉實甫序，謂：「止齋、水心之徒，以其師講貫之素，發明聖君賢相之心。隨朝分類，隨事通釋，攷求源委，言近指遠」云云。此從宋麻沙本傳録。

丁丙《善本書室藏書志・史評類》《類編皇朝大事記講義》二十三卷《中興講義》一卷。影元鈔本。黄甲省元肇慶府學教授温陵吕中講義，省元國學前進士三山繆烈、蘭臯蔡柄編校。

經史互記

楊士奇等《文淵閣書目・宙字號第一橱書目・史附》 陳興道《經史互記》。一部四册闕。

陳興道《經史互記》。一部四册闕。

西漢鑑論

楊士奇等《文淵閣書目・宙字號第二橱書目・史附》 王益之《西漢鑑論》。一部八册闕。

唐宋名賢確論（歷代名賢確論）

楊士奇等《文淵閣書目・宙字號第二橱書目・史附》《唐宋名賢確論》。一部二十册闕。

范邦甸等《天一閣書目・史評類》《唐宋名賢歷代確論》一百卷。刊本。不著撰人名氏。明錫山錢孟濬刊，弘治十七年長洲吴寬序。其論遠自三皇，近自五季。或論其世，或論其人，或論其事，或專論，或通論，上下數千百年皆具。

《四庫全書總目提要・史評類》《歷代名賢確論》一百卷。浙江巡撫採進本。不著撰人名氏。前有明吴寬序，稱皆唐宋人所著，其説散見文集中。或病其不歸於一，輯成此編，以便觀覽。錫山錢孟濬因其書不能家有，刊以傳世云云，亦不詳作者爲誰。近世所行刊本，或有題爲華亭錢福所輯者，然福以弘治三年庚戌登第，寬序作於弘治十七年甲子，二人同時，不應不知爲福作。殆後來書賈重刻，以福廷對第一，託名以行歟。所採諸家論著，皆至北宋而止。其書萇宏作萇洪，猶避宋宣祖廟諱，則理宗以前人所作也。考《宋史・藝文志》有《名賢十七史確論》一百四卷，蓋即此書。惟此本較少四卷，稍爲不合。或史衍四字，或刊本併爲百卷，以取成數，均未可知。

朱睦㮮《萬卷堂書目》《唐宋名賢確論》一百卷。

趙琦美《脉望館書目》《歷代名臣確論》三本。

陸心源《皕宋樓藏書志・史評類》《歷代名賢確論一百卷》。明弘治刊本。

不著撰人名氏。

錢福序。

耿文光《萬卷精華樓藏書記・卷七十二》《歷代名賢確論》一百卷。

不著編輯者名氏。

明本。前有弘治十年吴寬序。是書所採諸論，迄於北宋。萇宏作萇洪，避宋宣祖廟諱，蓋南宋人所作也。明刻題錢福者誤甚。

丁丙《善本書室藏書志・史評類》《唐宋名賢歷代確論》一百卷。明弘治刊本。錫山錢孟濬刊行。此書起自三皇，終於五代，所採諸家論著，皆至北宋而止。其書萇宏作萇洪，尚避宋宣祖廟諱，則作者在理宗以前也。前有弘治十七年禮部尚書兼翰林學士長洲吴寬序，云：「錫山錢孟濬，出自江南大族，好爲義舉，以此編不能家有，因刻以傳世。」然不言何人所撰，近刊又題爲錢福撰者，殆書賈豔福官脩撰而託名歟。

耿文光《萬卷精華樓藏書記・史評類》《歷代名賢確論》一百卷。不著撰人名氏。明刊本。

將鑑博奕論斷

高儒《百川書志・史評》《將鑑博奕論斷》十卷。宋戴少望撰。

史論

王圻《續文獻通考・經籍考・史評》《史論》三十卷。王約著。約字之先，汴人，徒真定。風格不凡，博覽經史，工文詞。至元中官國史院編修官監察御史。

黄虞稷《千頃堂書目・史學類・史評》王約《史論》三十卷。

歷朝通略

《四庫全書總目提要・史評類》《歷朝通略》四卷。浙江巡撫採進本。元陳櫟撰。櫟有《書傳纂疏》，已著録。是編敘歷代興廢得失，各爲論斷，每一代爲一篇。自伏羲至五代爲二卷，北宋、南宋則各占一卷，蓋詳近略遠之意也。南宋止於寧宗，卷末櫟自跋，謂理、度二朝無史可據也。舊本題《增廣通略》，而不言因誰氏之書。《千頃堂書目》有《通略句解》五卷，亦不言作者。櫟自跋謂，金事廷方雖略述，亦以未見其史，不敢輕筆，然則廷方其原撰是書之名字歟。其人姓氏爵里則無考矣。書成於至大庚戌。明正統壬戌，櫟孫盤之壻漢陽知府王静得本於鄉人方勉，始刊行之。此本爲袁應兆所刊行，僅題乙亥歲，不著年號。書末附録有萬曆戊子紀年，則崇禎八年之乙亥也。後附櫟《蒙求》一篇，及櫟行狀墓誌之類。其《蒙求》末四韻，兼及明初。句下註曰，此八句爲朱楓林所增，然原文迄於厓山，句下註宋爲元逼云云，殊不類當時之語，殆亦有所改竄矣。是書雖撮敘大綱，不免簡略，而持論醇正，以資考證則不足，以論是非則讀史者固有取焉。

耿文光《萬卷精華樓藏書記・史評類》《歷朝通略》四卷。元陳櫟撰。刊本。

唐史巵言

錢大昕《補元史藝文志・古史類》陳翼子《唐史巵言》三十卷。

史評講義雜著

王圻《續文獻通考・經籍考・史評》《史評講義雜著》三十卷。廬陵蕭志仁著，藏于家。

三國六朝五代紀年總辨

《四庫全書總目提要・史評類存目》《三國六朝五代紀年總辨》二十八卷江蘇蔣曾瑩家藏本。不著撰人名氏。惟前有開禧丁卯吴焕然序，稱魏君仲舉比求到《永嘉朱先生三國六朝五代紀年總辨》。循《通鑑》，案前史，而爲之辨論，詞語警拔。侍郎葉公正則亦稱此書事理融會，今昔貫通云云。案《文獻通考》載《紀年統論》一卷，《紀年備遺》一百卷，永嘉朱黼撰。引陳振孫《書録解題》，謂其起陶唐，終顯德，與此本不符。又載《葉適序》稱其書三千餘篇，述吕武、王莽、曹丕、朱温皆削其紀年。今此本三國始於漢昭烈帝章武元年，不列曹丕。五代始於唐天祐四年迄十九年，下接後唐同光元年，不列朱温。其例又復相合。考魏仲舉乃建陽書賈，今所傳《五百家註韓柳文集》即出其家，蓋以刊書射利者。又吴焕然序，首以用兵立言，中復有「靈旗北指，諸君封侯之秋」語。蓋開禧丁卯，正韓侂胄肇釁敗盟之時。時方競講北征，故仲舉於《紀年備遺》之中摘刊割據戰伐之二十八卷，以備《程試答彙》之用。

陸心源《皕宋樓藏書志・史評類》《永嘉先生三國六朝五代紀年總辨》二十八卷目録四卷。毛氏汲古閣影抄宋刊本。宋朱黼文昭撰。

丁丙《善本書室藏書志・史評類》《永嘉朱先生三國六朝五代紀年總辨》二

十八卷。舊鈔本，何夢華藏書。是書不著撰人名氏。《文獻通攷》載《紀年統論》一卷，《紀年備遺》一百卷，永嘉朱黼撰。雖卷數不符，當即其人。黼，字文昭，平陽人。縣志載隱居南蕩山，終於布衣。嘗受業於陳傅良，傅良有《止齋論祖》，黼亦研心史事。前有開禧丁卯吴奂然景仲序云：「魏君仲舉，比求到《永嘉朱先生三國六朝五代紀年總辨》，循《通鑑》按前史而爲之，辨論辭語警拔。侍郎葉公適亦稱此書『事理融會，今昔貫通，上可發前人未盡之藴，下可爲學者進取之階。』況當靈旗北指，諸君封侯之秋，此書尤當汲汲講貫之也」。魏仲舉乃建陽書賈，《五百家注韓柳文集》即出其家。開禧丁卯，正韓侂胄兵敗之時，競進之士，方講北征，故摘紀年備遺中割據戰伐之二十八卷以備程試答策之用耳。卷端冠有三國兩晉南北朝五代世系與地理攻守諸圖，舊爲何夢華鈔藏，有何元錫印。

耿文光《萬卷精華樓藏書記・史評類》《三國六朝五代紀年總辨》二十八卷。不著撰人名氏。影宋抄本。

紀年備遺正統論

《宋史・藝文志・史鈔類》朱黼《紀年備遺正統論》一卷。

史學提要

《四庫全書總目提要・史評類存目》《史學提要》一卷。江西巡撫採進本。宋黃繼善撰。繼善字成性，盱江人。其書以四言韻語編貫諸史。始自上古，迄於宋末，以便初學記誦。然舊本題繼善宋人，而述宋亡且稱德祐幼主降於大元，何耶。寧都魏禧集有是書序，併云重訂其譌闕，又屬盱江涂大訒允恒補撰二篇，復爲之註。考宋人所述，宜止於五代。此本既止於宋，則僅補一篇，且又無註，未必即禧之所序。觀大元之稱，當爲元人所增也。

丁丙《善本書室藏書志・史評類》《史學提要》一卷。鈔本。宋盱江黃繼善成性甫撰。其書始自上古，下迄宋末，以四言韻語編貫諸史，以便童蒙記誦。惟繼善既題宋人，宜以五代爲止，而末及宋亡，且稱德祐幼主，降於大元，殆後人增續歟？

抄本。

耿文光《萬卷精華樓藏書記・史評類》《史學提要》一卷。宋黃繼善撰。

事偶韻語

《四庫全書總目提要・史評類存目》《事偶韻語》一卷。永樂大典本。舊本題錢塘淩緯撰。不詳時代。是書凡五言絶句一百首。前有自序云，唐李瀚蒙求，約四言成編，誠便記覽。自後文士，往往效而爲之，未有增至五言者。余因暇日觀歷代君臣言行，多有補於世教，由是撮舉其要，以類相偶，萃爲絶句百章。各章之下，仍取得失事附註焉。蓋即蒙求而稍變其體耳。

承華事略

《四庫全書總目提要・史評類存目》《承華事略》一卷。浙江汪啟淑家藏本。元王惲撰。惲字仲謀，東平人。世祖時官至翰林學士。事蹟具《元史》本傳。此書成於至元十八年。時裕宗爲太子，惲官燕南河北道副使，因作此進於東宮，載前代爲太子者之事，加以論斷。裕宗甚喜是書，令諸皇孫其傳觀焉。已載所著秋澗集中。此後人鈔出別行之本。進書啟稱二十篇，釐爲六卷。今止一卷，亦後人所合併也。

唐贊論

楊士奇等《文淵閣書目・宙字號第一櫥書目》《唐贊論》。一部二册闕。

宋鑑

楊士奇等《文淵閣書目・宙字號第六櫥書目》《宋鑑》。一部五册闕。

《宋鑑》。一部六册闕。

《宋鑑》。一部四册闕。

《宋鑑》。一部五册闕。

宋鑑纂要

楊士奇等《文淵閣書目・宙字號第一橱書目》《宋鑑纂要》。一部一册闕。

十七史纂講義

楊士奇等《文淵閣書目・宙字號第一橱書目・史附》《十七史纂講義》。一部一册闕。

唐新史纂

楊士奇等《文淵閣書目・宙字號第二橱書目・史雜》《唐新史纂》。一部一册闕。

古今通系論

楊士奇等《文淵閣書目・宙字號第二橱書目・史雜》《古今通系論》。一部一册闕。

十七史纂古今通要

楊士奇等《文淵閣書目・宙字號第一橱書目・史附》《十七史纂通要》。一部二册闕。

倪燦等《宋史・藝文志補・通史類・史評》胡一桂《古今通要》十七卷。

錢曾《讀書敏求記》胡一桂《十七史纂古今通要》十七卷。

《四庫全書總目提要・史評類》《十七史纂古今通要》十七卷。內府藏本。元胡一桂撰。一桂有《易本義附録纂疏》，已著録。是書自三皇以迄五代，裒集史事，附以論斷。前有大德壬寅自序，并地理世系等十三圖。錢曾《讀書敏求記》曰：「宋以來論史家汗牛充棟，率多龐雜可議，以其不討論之過也。此書議論頗精允，絕非宋儒隅見者可比。一覽令人於古今興亡理亂，了然胸次。朱子稱《稽古録》，其言如桑麻菽粟，小兒六經了，好令讀去。予於此書亦云。」其推許是書甚至。至議其當從《資治通鑑》帝魏，不當從《朱子綱目》帝蜀，則又以久經論定之事，務持異議以駭聽，不足爲一桂病也。熊禾《勿軒集》有胡庭芳《史纂通要》語序，即爲此書而作。庭芳，一桂字也。其稱《史纂通要》，省文耳。此本不載禾序，殆偶佚歟。

朱睦㮮《萬卷堂書目》《古今通要》八册。

周中孚《鄭堂讀書記・史評類》《十七史纂古今通要》十七卷。後集三卷。寫本。元胡一桂撰。後集董鼎續。一桂，字庭芳，號雙湖，婺源人。宋景定甲子，領鄉薦試禮部不第。入元教授鄉里以終。董字季亨，鄱陽人。《四庫全書》著録。乃據內府藏本載前集十七卷。錢氏補《元志》史鈔類同倪氏《宋志》補編年類作《歷代編年十七史纂》無卷數。其補元志史鈔類載，董鼎注史纂通要後集三卷，注誤作撰。錢氏補元志史鈔類亦同其誤。

瞿鏞《鐵琴銅劍樓藏書目録》《十七史纂古今通要》十七卷《後集》三卷。元刊本。題：「新安前貢士胡一桂庭芳纂。」前有大德壬寅一桂自序，及汪良臣序。卷首列圖二十有三。纂事，始三皇，止五季。其子昌祖爲之注。後集乃董鼎季亨所續，凡宋二卷，金一卷。《四庫》著録，祇有胡氏書而未及董氏。

丁丙《善本書室藏書志・史評類》《十七史纂古今通要》十七卷《後集》三卷。影元本。新安前貢士胡一桂庭芳纂，要後集番陽董鼎季亨纂。

耿文光《萬卷精華樓藏書記・史評類》《十七史纂古今通要》十七卷。元胡一桂撰。抄本。

古今通略

楊士奇等《文淵閣書目・宙字號第二橱書目・史雜》《古今通略》。一部一册闕。

范邦甸等《天一閣書目・史評類》《古今通略》一卷。刊本。不著撰人名氏。杭守張縉重梓序殘。

錢謙益《絳雲樓書目・史學類・史評》《古今通略》。

通鑑末議

楊士奇等《文淵閣書目・宙字號第二橱書目・史雜》《通鑑末議》。一部一册闕。

綱目測海

王圻《續文獻通考・經籍考・史評》《綱目測海》。何中著。中，樂安人。以古學自任，弘深該博。

黄虞稷《千頃堂書目・史學類・史評》何中《通鑑綱目測海》三卷。

通鑑新義

王圻《續文獻通考・經籍考・史評》《通鑑新義》。梅時舉撰。

觀史治忽幾微

王圻《續文獻通考・經籍考・史評》《觀史治忽幾微》。東陽處士許謙著。

黄虞稷《千頃堂書目・史學類・史評》許謙《觀史治忽幾微》。

正統論辨

黄虞稷《千頃堂書目・史學類・史評》謝端《正統論辨》一卷。

宋史筆斷

范邦甸等《天一閣書目・史評類》《宋史筆斷》十二卷。刊本卷首有「取法於上朱氏萬卷家藏」二印。不著撰人名氏。

錢謙益《絳雲樓書目・史學類・史評》《宋史筆斷》。

黄虞稷《千頃堂書目・史學類・史評》《宋史筆斷》十二卷。不知撰人。

《四庫全書總目提要・史評類》《宋史筆斷》十二卷。浙江鮑士恭家藏本。舊本題《正誼齋編集》，不著撰人名氏。所論始於太祖建隆元年，至衛王溺海之事。論皆近迂闊。

趙琦美《脉望館書目》《宋史筆斷》四本。

耿文光《萬卷精華樓藏書記・史評類》《宋史筆斷》十二卷不著撰人名氏。明刊本。

讀史衍義

王圻《續文獻通考・經籍考・史評》《讀史衍義》。熊本著。

讀史説

黄虞稷《千頃堂書目・史學類・史評》楊如山《讀史説》三卷。

丹墀獨對

錢謙益《絳雲樓書目・史學類・史評》 《丹墀獨對》。吴黼。

敘古頌

《四庫全書總目提要・史評類存目》 《敘古頌》二卷。永樂大典本。元錢天祐撰。天祐履籍未詳。是書前有延祐五年三月進表,稱臣於延祐元年作《大學經傳直解》,進獻皇太子。明年復以《孝經直解》進獻,承令命翰林官以威烏爾原作畏吾兒今改正字語譯訖。奏上皇帝陛下、太后殿下,奉旨將《孝經》鏤版,命臣陪侍皇太子備員説書,給賜廩餼。敢獻盲歌瞽頌,採摭經史成言,效荀卿成相之體,叶以聲韻,著爲一編。凡帝王之道,起自唐虞,訖於有宋。總八十六章,章二十四字。仍隨文引事實註於其下,目曰《敘古頌》。可以謳吟歌詠,攝前史於片紙之間云云。又有禮部牒,稱説書臣范可仁衍以增義,蕭貞疏以音釋。蓋三人共成此書也,然詞意鄙俚,殊不足採。

直説通略

楊士奇等《文淵閣書目・宙字號第二櫥書目・史雜》 《直説通略》。一部十二册闕。

《直説通略》。一部八册闕。

《直説通略》。一部三册闕。

孫星衍《平津館鑒藏書籍記補遺・明版》 《直説通略》十卷。前有成化庚子希古序,下有梅雪軒唐國圖書,兩木方印,歷代帝王傳統圖一卷,春秋戰國歸併圖一,東晉十六國歸併圖一。據序,此書爲元監察御史鄭鎮孫撰,取司馬温公《資治通鑑》,衍以俗語,幾近於鄙詞小説。但宋人語録多以俗語解經,此書以俗語繹史,亦無不可。此本爲明唐藩所刊,核其時代,當爲莊王芝址,史稱其與弟芝垝、芝埛、竝好古有令譽,希古、或其字也。黑口版,每葉廿行,行十八字。

祁承㸁《澹生堂藏書目》 《直説通略》五册。十三卷。鄭振孫。

史評

王圻《續文獻通考・經籍考・史評》 《史評》。趙居信著。

黄虞稷《千頃堂書目・史學類・史評》 趙居信《史評》。

注貞觀政要

黄虞稷《千頃堂書目・史學類・史評》 戈直集《注貞觀政要》十卷。

史纂通要後集

張金吾《愛日精廬藏書志》 《史纂通要後集》三卷。影寫元刊本。元番陽董鼎季亨纂。是書括宋、金兩朝事迹,繫以論斷,以續胡一之書,故曰後集。抄本。

耿文光《萬卷精華樓藏書記・史評類》 《史纂通要後集》三卷。元董鼎撰。

史義拾遺

高儒《百川書志・史評》 《史義拾遺》一卷。元鉄崖楊廉夫著。

范邦甸等《天一閣書目・史評類》 《史義拾遺》二卷。刊本。元楊鐵崖先生撰。譚德周校。明弘治禮部儀制司平湖陸松序云:「會稽楊鐵崖先生作《史義拾遺》,是編乃先君子程鄉令手録,余同年進士譚君德周來尹秀水,出此參訂,俾予序之。先生名維楨，字廉夫，號抱遺叟人，惟稱鐵崖先生。所著有《太平綱目》四十冊三，《史正統論》五千言，《歷代史鉞》三百卷，《春秋大義》、《東維子集》、《君子議》若干卷，《麗則遺音》、《古樂府》、《瓊臺曲》、《洞庭吟》七十卷，藏於鐵崖山，此直其一云。」

錢謙益《絳雲樓書目・史學類・史評》 《史義拾遺》。

黃虞稷《千頃堂書目・史學類・史評》 楊維楨《史義拾遺》二卷，又《宋遼金正統辨》一卷，又《歷代史鉞》。

《四庫全書總目提要・史評類存目》 《史義拾遺》二卷。内府藏本。元楊維楨撰。維楨有《春秋合題著説》，已著録。據孫作所作《維楨傳》，稱其生平論史之書，有《太平綱目》四十册，《歷史鉞》二百卷，今俱亡佚。此書傳中不載，明皇甫汸始爲刊行。大抵雜舉史事，自爲論斷。上自夏商，下迄宋代。中有作補辭者，如子思薦苟變書，齊威王寶言是也。有作擬辭者，如孫臏祭龐涓文，梁惠王送衛鞅還秦文是也。有作設辭者，如毛遂上平原君書，唐太宗責長孫無忌是也。大都借題游戲，無關事實。考同時王褘集中，亦多此體。蓋一時習尚如斯，非文章之正格，亦非史論之正格，以小品視之可矣。每篇下有跋語，蓋其門人所作。自稱其名曰木，不著其姓，亦不知其爲何許人也。

朱睦㮮《萬卷堂書目》 《史義拾遺》一卷。楊維楨。

趙琦美《脉望館書目》 《史義拾遺》一本。

祁承㸁《澹生堂藏書目》 《史義拾遺》二册。二卷。楊維楨。

周中孚《鄭堂讀書記・史評類》 《史義拾遺》二卷。明刊本。

元楊維楨撰。維楨，字廉夫，號鐵崖，山陰人。泰定四年進士，官至江西儒學提舉。明初召修禮樂書，旋以老病辭歸。《四庫全書》存目，《明史・藝文志》亦載之。是編乃其論史之文，并有代古人作文辭，注以補辭、擬辭、設辭三項，以補當時之闕，殊近於游戲，有傷大雅，于事實毫無關涉也。論史固不可如是，製文尤不可如是也。又稱秦代爲呂秦，而作呂不韋復秦王書，以曖昧之事爲簡牘之陳，君子以爲褻矣。每篇間有評語，稱爲木曰，蓋亦出于游戲，非必有其人名木者也。此本爲明皇甫百泉汸所校，前有嘉靖庚子百泉序文，及崇禎壬申重刻凡例，又有弘治壬戌平湖陸淞原序，崇禎壬申徐仲昭遵刻序。廉夫蓋自以其氏之爲木類，故作木曰云。

馬國翰《玉函山房藏書簿録》 《史義拾遺》一卷。並青照堂本。

元儒學提舉會稽楊維楨廉夫撰。取史事爲論，自夏商迄宋。楊嘗著《正統辨》《史鉞》二書，惜未見也。

瞿鏞《鐵琴銅劍樓藏書目録》 《史義拾遺》二卷。明刊本。

題：「元赤城令會稽鐵崖楊維楨譔。」是書雜論史事，皆有爲而作，爲集中不載。弘治間，平湖陸淞以其父程鄉令手録本梓行，有序。嘉靖庚子皇甫汸重刻，有後跋。

歷代史鉞

王圻《續文獻通考・經籍考・史評》 《歷代史鉞》。楊維禎著。

宋鑑提綱

王圻《續文獻通考・經籍考・史評》 《宋鑑提綱》。陸以道著。以道，無錫人。明易經，遡程朱之源，得象外旨趣。至正中，官翰林侍制。

史評

王圻《續文獻通考・經籍考・史評》 《史評》一卷。德安戴羽著，虞集爲序。

續編宋史辨

徐𤊹《徐氏家藏書目・旁史類・史評》 《續編宋史辨》一卷。陳桱。

又 《續編宋史辨》一卷。陳太史。

錢謙益《絳雲樓書目・史學類・史評》 《編續宋史辨》。

周中孚《鄭堂讀書記補逸》 《續編宋史辨》一卷。顧氏四十家小説本。明陳桱撰。

歷代敘略

楊士奇等《文淵閣書目・宙字號第二櫥書目・史雜》《歷代敘略》。一部一册闕。

史略類訓　附宋元史略

王圻《續文獻通考・經籍考・史評》《史略類訓》、《宋元史略》。新喻梁寅著。

晉史發明論斷

楊士奇等《文淵閣書目・宙字號第二櫥書目・史雜》《晉史發明論斷》。一部二册闕。

晉史揮麈

楊士奇等《文淵閣書目・宙字號第二櫥書目・史雜》《晉史揮麈》。一部二册闕。

舊唐書雜論

楊士奇等《文淵閣書目・宙字號第二櫥書目・史雜》《舊唐書雜論》。一部一册闕。

元史論

楊士奇等《文淵閣書目・宙字號第二櫥書目・史雜》《元史論》。一部一册闕。

議史摘要

《四庫全書總目提要・史評類存目》《議史摘要》四卷。浙江吴玉墀家藏本。

舊本題曰《新刊祖謙吕先生議史摘要》，又題曰《議史摘粹》。一書之中，其名已自相矛盾。今檢其文，即吕祖謙《左氏博議》，但增以註釋耳。然註釋亦極淺陋，惟版式頗舊，蓋元明閒麻沙書坊所僞刻也。

漢史砭

王圻《續文獻通考・經籍考・史評》《漢史砭》。舒岳祥著。

史說

王圻《續文獻通考・經籍考・史評》《史説》。安陸萬鵬著。

史輯

王圻《續文獻通考・經籍考・史評》《史輯》。豐城朱善著。

綱鑑附評

《四庫全書總目提要・史評類存目》《綱鑑附評》二卷。江西巡撫採進本。舊本題國朝劉善撰。善號黽齋，吉水人。考《江西通志》有劉善，臨川人。洪武丁卯舉人。是書所論，自夏帝啟訖晉代爲上卷，自南北朝訖明太祖即位爲下卷，時代亦與相應。又似乎即明初之劉善，疑不能明也。所評多勦襲舊文，大抵不出胡寅、尹起莘之説。其自立新意者，往往縱談害理。如謂漢高當立趙王如意爲太子，諸臣争之爲非。又謂即立惠帝，亦當如鉤弋夫人，先殺其母。可謂不揆於理，不近於情。他如因王珪子尚公主，珪令行婦禮一事，忽牽及珪昔事建成，今事太宗，猶婦之再醮於人，而忘所醮之即戕夫者。尤節外生枝，非其本事矣。

宋史要言

王圻《續文獻通考・經籍考・史評》《宋史要言》。臨海方希古著。

黄虞稷《千頃堂書目・史學類・史評》 方孝孺《宋史要言》。

史記要記

王圻《續文獻通考・經籍考・史評》《史記要記》。常熟張洪著。

讀史筆記　元史評

黄虞稷《千頃堂書目・史學類・史評》 胡粹中《讀史筆記》，又《元史評》。山陰人，永樂中官楚府長史。

全史評

黄虞稷《千頃堂書目・史學類・史評》 鄭棠《全史評》。字叔美，浦江人。永樂初召修大典，授檢討。

元史弼違

錢謙益《絳雲樓書目・史學類・史評》《元史弼違》。明初陳濟著。《元史肇要》，解大紳與董倫書，言元史舛誤，承命改修，惜止成凡例，進呈又留中不發，未及竣事也。

補史談

祁承㸁《澹生堂藏書目》《補史談》五册。五卷。楊士奇。

游文小史

高儒《百川書志・文史》《游文小史》十三卷。

國朝浮梁蘭莊子閔文振道充彙編古今載籍託物興辭，採其事蹟，設爲史傳，以文滑稽聖門者也。惜其散出，故成此編，足以見文字之愈出愈奇。而游藝之學，不可廢也。自南北朝以迄于今，作者五十二人，爲本紀三，世家三，列傳一百七十七。

評史心見

高儒《百川書志・史評》《評史心見》十二卷。

皇明郭大有用亨著。南京人。

黄虞稷《千頃堂書目・史學類・史評》 郭大有《評史心見》十二卷。字用亨，南京人。

《四庫全書總目提要・史評類存目》 《評史心見》十二卷。浙江汪啟淑家藏本。明郭大有撰。大有字用亨，江寧人。是書取古人事蹟標題，每事爲論。其凡例云，几可以爲策論者，擇取以利於舉業，則其書不必更問矣。

趙琦美《脉望館書目》 《評史心見》二本。

史鉞

高儒《百川書志・史評》 《史鉞》二十卷。皇明山東僉事晏璧編。

徐𤊹《徐氏家藏書目・旁史類・史評》 《史鉞》三十卷。

雪航膚見

高儒《百川書志・史評》 《雪航膚見》十卷。

皇明南平趙弼。

徐𤊹《徐氏家藏書目・旁史類・史評》 趙雪航《讀史膚見》四卷。

黄虞稷《千頃堂書目・史學類・史評》 趙弼《雪航膚見》十卷。蜀人，永樂初以明經授翰林院儒學教諭，家於漢陽。

《四庫全書總目提要・史評類存目》 《雪航膚見》十卷。兩淮馬裕家藏本。明趙弼撰。弼字輔之，南平人，雪航乃其號也。是書成於正統景泰間。雜論史事，上自羲農，下及有宋。論多迂闊，亦頗偏駁。其中如論項羽殺宋義爲是，先儒斷其矯殺爲非。又論殺秦王子嬰屠其宗族，伐其陵墓爲是，先儒論其暴横爲非。又論項羽不殺沛公有人君之度，先儒不能表而出之。又論項羽獲太公吕后三年，無淫殺之心，聞吾翁即若翁之言，即捨太公，則篤於朋友之義，而先儒不能察。又論羽之才美，亘古無倫，烏江之死，本實天亡，而非羽罪。司馬遷、揚雄所論皆謬。殊乖剌不協於理，宜爲陶輔《桑榆漫志》所駁。然輔不駁此條之顛倒，而別舉羽弑義帝一事，謂雖有善無足稱。則所見亦與弼等矣。

朱睦㮮《萬卷堂書目》 《雪航膚見》十卷。趙弼玄。

趙琦美《脉望館書目・史評》 《雪航膚見》二本。

臞仙史略

錢曾《讀書敏求記》 《臞仙史略》二卷。賢王奉藩多暇，惇詩説禮者有之。貫穿歷代興亡，提綱舉要，較其良惡，千古瞭如指掌，蓋未有如寧王者。元順帝爲合尊之子，牧翁取《余應詩》與權衡《大事記》疏通證明之。作《瀛國公事實》。而此直揭云：「爲宋幼子、明宗養爲己子。」又云：「初，明宗出獵回，遇大風雨。見寺中火光，往視之，乃宋幼主生日。明宗取而育之，以爲己子。及長，文宗忌之，貶高麗，遷静江。」臞仙之説庚申帝，正所謂大書特書不一書而已也。《晉書》于小吏牛氏，諱而不没其實。當時修《元史》諸公，何以見不及此？牧翁《列朝詩集小序》中，詳載臞仙著述，而獨遺《史略》。且書瀛國公事，又不援引其言以實之，豈當時未獲見此本歟。

史斷

范邦甸等《天一閣書目・史評類》 《史斷》一卷。刊本。明涵虚子臞仙製并序云：「予於史氏之書用心有日，所編者《天運紹統》、《金滕祕秘》、《原始祕書》、《通鑑博論》、《史略》、《史斷》皆鑑也，其文浩繁，恐讀史者不能備覽，乃取歷代本末、興亡得失之由，撮其捷要而斷之。」

通鑑博論

范邦甸等《天一閣書目・史評類》 《通鑑博論》二卷。刊本。明寧王奉敕撰，凡例十七卷，卷首進書表一道。

黃虞稷《千頃堂書目・史學類・史評》 寧獻王權《通鑑博論》二卷，又《史斷》一卷。

錢曾《讀書敏求記》 《通鑑博論》三卷。《通鑑博論》，聖祖命寧王權編輯。洪武二十九年九月十七日書成表進。下卷圖格中，獨于至正二十六年丙午，書廖永忠沉韓林兒于瓜步，大明惡永忠之不義，後賜死。牧翁云：「此蓋寧王奉聖祖意，特標此一段，以垂示千萬世。不然，安敢以開國大事自立斷案乎！」予謂沉于瓜步，記其地也。大明惡永忠之不義，痛絶之也。後賜死，明當時未蔽厥辜，而後終以此正其罪也。此非寧王之書法，而聖祖之書法也。德慶一案，盡此二十一字中，又何他辭之説歟。

《四庫全書總目提要・史評類存目》 《通鑑博論》三卷。兩江總督採進本。明寧王權撰。權有《漢唐祕史》，已著録。此書以洪武二十九年九月表上，蓋奉太祖敕撰者。前二卷論歷代史事大略，後一卷倣史家年表，名之爲《天運記》。其上中二卷所云《外記》者，劉恕陳桱之書也，《正紀》者，司馬光之書也。錢曾《讀書敏求記》曰：「下卷圖格中於至正二十六年丙午書，廖永忠、沈韓林兒於瓜步。大明惡永忠之不義，後賜死。此非寧王之書法，而太祖之書法也。德慶一案，盡此二十一字，又何他詞之説」云云。夫林兒之死，猶義帝之死也。明初奉龍鳳年號永忠之死，亦猶淮陰之死也。諉過永忠，一語而解兩失，此真舞文之曲筆。會乃以爲定案，於義殊乖。下卷之末有永樂五年御製文一篇，題曰《歷代受命報復之驗》。蓋官爲刊行，因而附著其文，純舉報應輪迴之説，最爲淺陋。後有成祖自跋云，觀其革命之際，報復屠戮之慘，或亂生於內，或患生於外，自相魚肉。又云，察其歷代報復之由，以明天道好還之理。觀其所言，似乎尚畏天道者。而革除時屠戮之慘，乃無復人理。天下後世之耳目可以是言掩耶。又案《明史・權本傳》曰：「權嘗奉敕輯《通鑑博論》，又作《史斷》一卷。」今考是書凡例云，一取《史斷》爲法，加諸筆削。下卷之末云，取《史斷》之首章以名是書。《史斷》者，宋端平三年南宮靖一所作。今尚有傳本，非權作也。

丁丙《善本書室藏書志・史評類》 《通鑑博論》三卷。明萬曆內府刊本。甯王權奉敕編。按：權自號「臞仙太祖第十七子」，封甯王。前有洪武二十九年九月十七日進書表及是年五月初九日甯王序，後有永樂五年及萬曆十四年兩跋。此書版寬字大，爲明內府所刊。《讀書敏求記》載此書云：「下卷圖格中，獨於至正二十六年丙午廖永忠沈韓林兒於瓜步，大明惡永忠之不義，賜死魚山。云此蓋甯王奉聖祖意，特標此一段，以垂示千萬世，不然安敢以開國大事自立斷案乎？」予謂沈於瓜步記其地也，大明惡永忠之不義痛絶之也，後賜死。明當時未蔽厥辜，而後終以此正其罪也，此非甯王之書法而聖祖之書法也，德慶一案盡此二十一字中，又何他辭之説歟？

耿文光《萬卷精華樓藏書記・史評類》 《通鑑博論》三卷。明。

史談補

《四庫全書總目提要・史評類存目》 《史談補》五卷兩江總督採進本。明楊一奇撰，陳簡增補。二人均不詳始末。所可考者，簡書成於萬曆中，一奇書又當在前耳。一奇書五卷。本名《史談》。於諸史中摘録事蹟，加以論斷，皆常談，無所闡明。簡又補入百餘條，雜於一奇舊編之內，仍爲五卷，改題曰《史談補》。其膚淺更出一奇下矣。

讀漢書改本

黃虞稷《千頃堂書目・史學類・史評》 劉瑞《讀漢書改本》。建文時人。

讀史備志

高儒《百川書志・史評》 《讀史備志》八卷。皇明天台范理道濟編集。

錢謙益《絳雲樓書目・史學類・史評》 《讀史備志》。

宋論

黃虞稷《千頃堂書目・史學類・史評》 劉定之呆齋《宋論》三卷。永新人，侍郎。

《四庫全書總目提要・史評類存目》 《宋論三卷》。浙江范懋柱家天一閣藏本。明劉定之撰。定之有《易經圖釋》，已著録。此書取宋史自太祖迄衛王事蹟，每條節文提要，各爲論於其後，凡二十八篇。持論頗正，故鄭瑗《井觀瑣言》以爲勝於《宋史筆斷》。然亦取太宗弑奪之説，至謂尼瑪哈尼瑪哈原作粘罕今改正爲太祖復生。委巷鄙言，何可訓也。

《澹生堂藏書目》 劉呆齋《宋論》。劉定之本集本。

蔗山筆塵

《四庫全書總目提要・史評類存目》 《蔗山筆塵》一卷。編修程晉芳家藏本。明商輅撰。輅有《商文毅奏議》，已著録。是編雜論史事僅三十三條，頗好持異論。如謂宋天書事亦有深意，不可盡加訾議，是何言歟。

耿文光《萬卷精華樓藏書記・史評類》 《蔗山筆塵》一卷。明商輅撰。學海類編本。

政監

范邦甸等《天一閣書目・史評類》 《政監》三十二卷。刊本。明夏寅著。其書自唐虞迄元，於經則節其要以昭源，于史則刺其長以承委，篇首自序。

《四庫全書總目提要・史評類存目》 《政監》三十二卷。兩淮馬裕家藏本。明夏寅撰。寅字正夫，華亭人。正統戊辰進士，官至山東右布政使。是書首列經傳《尚書》、《春秋》，次自漢迄元史事。分條件繫，各加評斷。皆前人緒言，無大闡發。又間或不免於偏駁。

讀史備遺

黃虞稷《千頃堂書目・史學類・史評》 沈瑋《讀史備遺》。字子貴，平湖人，景泰辛未進士，山東道御史。

世史積疑

范邦甸等《天一閣書目・史評類》 《世史積疑》二卷。刊本。明李士寔著并序。

黃虞稷《千頃堂書目・史學類・史評》 李士寔《世史稽疑》二卷。豫章人，左都御史。

《四庫全書總目提要・史評類存目》 《世史積疑》二卷。浙江范懋柱家天一閣藏本。舊題元李士實撰。前有自序，稱至正七年壬申三月朔書。案至正七年歲在乙亥，非壬申，與史不合。而元代亦未聞有李士實，惟明有新建李士實，成化丙戌進士，官至右都御史，致仕。正德閒寧王宸濠圖不軌，引之同謀。事起時，以士實與舉人劉養正爲左右丞相。宸濠就擒，士實併伏法。事見《明史》。而正德七年正值壬申，與此書序内紀年適合。屠隆《考槃餘事》又稱，士實有善書名，而此本内自書序文，筆勢頗雄放，亦足相證其爲明李士實所撰無疑。書首有衡山及天籟閣印記，乃徵明、項元汴兩家舊本。此必在當時以士實爲黨逆叛臣，嫌於私存其著作，故改竄紀年以掩其迹，而後來著録者遂誤以爲元人也。其書採摘史事，分條立説，迄於東漢之末而止。以喪心從亂之人，而妄議古今，其説蓋不足深論矣。

祁承㸁《澹生堂藏書目》 《世史稽疑》二册。三卷。李士實澹生堂餘苑本。

讀史録

祁承㸁《澹生堂藏書目》 《張芳洲讀史録》六卷。張寧方洲集本。

宋元臆見

王圻《續文獻通考・經籍考・史評》 《宋元臆見》。何椒丘著。

宋史臆見

王圻《續文獻通考・經籍考・史評》 《宋史臆見》。廣昌何喬新著。

黄虞稷《千頃堂書目・史學類・史評》 何喬新《宋元史臆見》。

宋鑑史論

《澹生堂藏書目》 何文肅公《宋元史論》。五卷。何喬新椒邱集本。

歷代君鑒

于敏中等《天禄琳琅書目・元版史部》 《歷代君鑒》。一函五册。明代宗御撰五十卷，前代宗序。是書編輯漢唐以來諸君嘉言善行，揭曰：「善可爲法，其惡可爲戒者。」則附之末。考《明史・藝文志》惟載宣宗御製歷代君鑒三十七卷，而不及代宗此書，蓋自英宗復辟之後，代宗御製之書中外已鮮流傳。且有明一代，獨無代宗實録，僅以事蹟附見英宗寔録中，故史家遂無從紀載耳。此本墨香紙質完好如新，正不得不以少見珍矣。明内府藏本有廣運之寶。

讀史詩註

祁承㸁《澹生堂藏書目・史評》 《讀史詩註》一册。二卷。程敏政。

新舊唐書雜論

《四庫全書總目提要・史評類存目》 《新舊唐書雜論》一卷。兩淮馬裕家藏本。明李東陽撰。東陽有《東祀録》，已著録。是編摘唐史事蹟，辨其是非。所論太宗、明皇之事爲多，持論亦皆平允。然東陽依違避禍，固位取容。其論宋璟不與反正之功，無害宰相之體，實陰以自解。其論狄仁傑、褚遂良優劣，謂二人易地，仁傑必能强諫於武后初立之時，遂良必不能成功於武后既篡之後。及論德宗猜忌，元載凶嫉，李泌能周旋其閒，亦隱然自以調停爲功。其駁胡寅論高力士一條，及論姚崇任諂用詐一條，亦欲以持論之正自蓋其所爲也。

丁丙《善本書室藏書志・史評類》 《新舊唐書雜論》一卷。舊鈔本。陳仲魚藏書。明茶陵李東陽賓之著。右摘唐史事蹟，辨其是非。所論太宗、明皇之事爲多。後有松陵楊復吉記云：「西涯《新舊唐書雜論》，《懷麓堂集》所不載，假吴丈槎客藏本讀之，樹義明快，堪與范淳甫《唐鑑》竝峙。」有海甯陳鱣觀長印。

張之洞《書目答問・史評》 《新舊唐書雜論》一卷。明李東陽。借月山房本。

周中孚《鄭堂讀書記・史評類》 《新舊唐書雜論》一卷。借月山房彙鈔本。明李東陽撰。東陽，字賓之，號西涯，茶陵人。天順甲申進士，官至謹身殿大學士，謚文正。《四庫全書》存目。是書皆摘論唐事，凡三十則。而論太宗、明皇爲多，論雖平允，而實陰以自解。所論宋璟、狄仁傑、褚遂良、姚崇諸條，究不免借以文其過也。然就通體觀之，其垂戒人主至爲深切，殊勝于范氏《唐鑑》諸論矣。

耿文光《萬卷精華樓藏書記・史評類》 《新舊唐書雜論》一卷。明李東陽撰。抄本，《學海類編》本。

讀史小論

祁承㸁《澹生堂藏書目》 李文正公《讀史小論》。一卷。李東陽本集本。

宋史闡幽

錢謙益《絳雲樓書目・史學類・史評》《宋史闡幽》。

《四庫全書總目提要・史評類存目》 宋史闡幽一卷。江蘇巡撫採進本。明許浩撰。浩字復齋，餘姚人。弘治中以貢生官桐城縣教諭。與作《通鑑綱目前編》之許浩同姓名，又同時，實各一人也。是編因與邱濬讀《宋史》而作，其是非皆不謬於聖賢。然特舉古來論定之説，敷衍成篇。如司馬光諸人爲君子，蔡京諸人爲小人，亦何待於浩而始知之乎。

祁承㸁《澹生堂藏書目》《宋史闡幽》一册二卷《元史闡幽》一册二卷許浩澹生堂餘苑本

元史闡幽

高儒《百川書志・史評》《元史闡幽》一卷。皇明復齋許浩述。五十二篇。

錢謙益《絳雲樓書目・史學類・史評》《元史闡幽》。許浩。

《四庫全書總目提要・史評類存目》《元史闡幽》一卷。浙江鮑士恭家藏本。明許浩撰。大抵皆取《續綱目》所書而論斷之，凡五十二條持論雖正，而亦不免於偏駁。

宋元史闡幽

黄虞稷《千頃堂書目・史學類・史評》 許浩《宋元史闡幽》三卷。餘姚人，桐城訓導。

續宋論紀

黄虞稷《千頃堂書目・史學類・史評》 蔣誼《續宋論紀》。

漢七制事樞

錢謙益《絳雲樓書目・史學類・史評》《漢七制事樞》。

漢七制三宗史編

錢謙益《絳雲樓書目・史學類・史評》《漢七制三宗史編》。

宋英宗辨

錢謙益《絳雲樓書目・史學類・史評》《宋英宗辨》。

諸史偶論

錢謙益《絳雲樓書目・史學類・史評》《諸史偶論》。

倪燦等《宋史・藝文志補・通史類・史評》《諸史偶論》十卷。失名。

五代史詳節

錢謙益《絳雲樓書目・史學類・史評》《五代史詳節》。

讀史歌

錢謙益《絳雲樓書目・史學類・史評》《讀史歌》。

讀史抄評

錢謙益《絳雲樓書目・史學類・史評》《讀史抄評》。

祁承㸁《澹生堂藏書目・史評》《讀史抄評》一册。

諸史叢要

錢謙益《絳雲樓書目・史學類・史評》宋板《諸史撮要》。

十七史總類

錢謙益《絳雲樓書目・史學類・史評》《十七史總類》八册。

膚見餘論

高儒《百川書志・史評》《膚見餘論》一卷。南平趙遷著。

黄虞稷《千頃堂書目・史學類・史評》趙遷《膚見餘論》一卷，又《木峰史論》。弼曾孫，舉人，知縣。

續斷

高儒《百川書志・史評》《續斷》一卷。皇明廬陵晏彦續著。補宋元事，文辭不逮前斷之精博。

續資治通鑑綱目廣義

黄虞稷《千頃堂書目・史學類・史評》張時泰《續資治通鑑綱目廣義》十七卷。字吉甫，華亭人，秀水縣訓導，嘉靖中進呈史館。

讀史編

黄虞稷《千頃堂書目・史學類・史評》魏偁《讀史編》。字達卿，石城人，成化中訓導。

貞觀小斷

黄虞稷《千頃堂書目・史學類・史評》張吉《貞觀小斷》一卷。

通鑑隨筆

黄虞稷《千頃堂書目・史學類・史評》蔡清《通鑑隨筆》一卷。

讀綱目管見

王圻《續文獻通考・經籍考・史評》　《讀綱目管見》。晉江蔡清著。

通鑑斷義

黄虞稷《千頃堂書目・史學類・史評》　李浩《通鑑斷義》七十三册。浩爲光禄寺署正，弘治元年進呈，賜紵幣鈔，定旌其功。

學史

范邦甸等《天一閣書目・史評類》　《學史》十三卷。刊本每卷首有古司馬氏印。明弘治邵寶撰并序，同邑浦瑾書後。

錢謙益《絳雲樓書目・史學類・史評》　《學史》。

黄虞稷《千頃堂書目・史學類・史評》　邵寶《學史》十三卷。弘治乙巳序，嘉靖四年巡按都御史吴廷舉進呈。

《四庫全書總目提要・史評類》　《學史》十三卷。浙江范懋柱家天一閣藏本。明邵寶撰。寶有《左觿》，已著録。寶嘗爲江西提學副使，是書其提學時所作。爲卷十有二，以象月。又餘其一，以象閏。每卷或三十條，或二十九條，以象月之有大小。盡取程子「今日格一物，明日格一物」之義，名之曰：「日格子」。巡撫吴廷舉嘗上於朝。書中取自周迄元史事，分條論列，詞簡意核，筆力頗遒健。其閒如記《後漢書》譙元用弟服去官，戴封用伯父喪去官事，以爲辟世與人。不知後漢人情淳樸，其以期功喪解官持喪者，見於史册，不一而足。實疑爲託故而逃，未免失之不考。又論荀彧以爲志似管仲，心似召忽，非揚雄之比。亦爲失當。然寶平生湛深經術，持論平正，究非胡寅輩之刻深，尹起莘輩之膚淺所可擬也。

趙琦美《脉望館書目》　《學史》四本。

周中孚《鄭堂讀書記・史評類》　《學史》十三卷。經史全書本。明邵寶撰。寶，字國賢，號二泉，無錫人。成化甲辰進士，官至南京兵部尚書，謚文莊。《四庫全書》著録。《明史・藝文志》亦載之。是編取自周迄元，史事雜列于前，而後以己意論斷之。每條冠以日格子曰四字。據浦氏瑾跋稱，爲卷十有二以象月，餘其一以象閏。卷三十章，或空其一以象日，而目之曰日格，言日有所格也。按其書雖名學史，然惟取其事之近于史者，列而論之，不盡出于史籍。所論詞旨簡要，無横施議論氣習，故能平正通達而協是非之公。間有失考失當之處，亦百中之一耳。蓋二泉本深于經術也，不通經而徒講史學，非胡氏《讀史管見》之刻深，即尹氏《綱目發明》之膚淺矣。前有自序二及浦氏跋一首。

陸心源《皕宋樓藏書志・史評類》　《學史》十三卷。明刊本。明邵寶撰。

耿文光《萬卷精華樓藏書記》卷七十二　《學史》十三卷。明邵寶撰。容春精舍本。前有弘治十八年，邵寶自序並自記，次浦瑾跋，次目録，自寅至丑十二卷。閲一卷末有男勳跋，此決大疑，斷大事之書，文詞簡峭，自周迄元提學江西時所作。此本刊於嘉靖甲辰，書末題自序文，至末一百八十九板。邵氏自序曰：「視學而校文，事之冗且勞者也。予在江西歷諸郡縣，山與水舫亦有峙乎？暇焉暇，則不能無思，思出經書、史傳，展轉於心久矣，而介然若或起之古人，所謂欣然意會者於是乎！在然懼其或失也，故曰：『記而投諸櫝，月啟而載諸簡。』惟君子格物之義，是故謂之學，抑載筆記言若有類焉。是故謂之史，史乎！史乎！一日無述，則學將落矣。可不儆諸，可不勉諸，此得於史傳者也。其經書所得，別有簡端，録書起於日，故日而不序。」邵氏自記曰：「姑予爲學史，歷四三年，凡得千有餘章，篋而藏之久矣。東歸病起，複閲而損益之，爲章如左。夫義求於疑，則精是焉；存事擬於變，則允是焉。出泛泛爾則淺，悠悠爾則荒，君子惟物之格，其遑暇乎？乃若章附所見，蓋將藉手以正有道焉！爾若曰：『事止於斯，義止於斯，則吾豈敢？』或謂義無恒居□□以求事無恒主，孰主以擬。夫臣必有君也，夫子必有親也。臣爲君謀，子爲親謀，禮也。爲君子謀，取諸春秋。其餘準是越十四年而書。」浦氏跋曰：「此吾錫邵公《格物載記》之書也，爲卷十有二，以象月餘。其一以象閏，卷三十章或空，其一以象日而目之曰：『日格言，日有所格也。』取程子「今日格一物明日格一物之義」。其所格者，頤理遠猷，凡天下所難處焉者也。」文光案：「是書先列本事一段，末注出典，次論冠以日格，子曰：『降一格大書。』司馬貞《補史記》序云：『本紀十二象歲星一周，八書法天時八節，十表放剛柔十日，三十世家比月有三旬，七十列傳取懸車之著齒，百三十篇象閏餘成歲。張守節論史例襲之，惟改列傳七十，象一行七十二日，言七十舉全數餘二日象閏。』子長本無此語，穿鑿附會，不免於妄。二泉經術湛深，是書議論平正，惟襲司馬貞説，似可不必。是書又見於邵氏《經史全書》，亦明刻也。」邵勳跋曰：「右《學史》凡十三卷，我文莊先公精思獨斷之書，海内學者宗尚其説久矣。原板爲公門人虞山陳都憲攜揭浙藩，遂燬於火。勳圖重梓而力未贍也，公之館甥秦齊南汶乃取舊藏，初本復訂舛訛刻庋容春精舍。」

丁丙《善本書室藏書志・史評類》《學史》十三卷。明嘉靖刊本。無錫邵寶國賢著。右學史邵文莊傳録羣籍，研窮有得，載筆而藏諸者也。一寅二卯至十爲亥，十一爲子，十二爲丑，以象月，又餘其一以象閏，卷三十章或虚其一，以象月之有大小，而目之曰日格者，取伊川今日格一物，明日格一物之意也。嘉靖戊子蘇熟虞山陳察爲序，張繼芳爲跋，蓋先梓於黔此梓於潮也。

耿文光《萬卷精華樓藏書記・史評類》《學史》十三卷。明邵寶撰。明刊本，抄配本。

簡端學史

王圻《續文獻通考・經籍考・史評》《簡端學史》二録。邵文莊著。

小學史斷

祁承㸁《澹生堂藏書目》《小學史斷》二册。十二卷。邵寶。

歷朝史論

朱睦㮮《萬卷堂書目》《歷朝史論》七卷。戚元輔。

讀鑑私見

朱睦㮮《萬卷堂書目》《讀鑑私見》六卷。龔偉。

宋史長編

朱睦㮮《萬卷堂書目》《宋史長編》十册。

讀史類表

朱睦㮮《萬卷堂書目》《讀史類表》六册。

金史論贊

朱睦㮮《萬卷堂書目》《金史論贊》十六册。

讀史筆勤

祁承㸁《澹生堂藏書目》《讀史筆勤》一册。一卷。

史綱歷代君斷

祁承㸁《澹生堂藏書目》《史綱歷代君斷》六册。六卷。李備纂。

讀史續談

高儒《百川書志・史評》　《讀史續談》四卷。皇明南山遺老鄭宣著。

黄虞稷《千頃堂書目・史學類・史評》　鄭宣《讀史續談》四卷。

東源讀史録

《四庫全書總目提要・史評類存目》　《東源讀史録》無卷數。浙江巡撫採進本。明田維祜撰。維祜字裕夫，號東源居士，蕭山人。正德戊辰進士，官至肇慶府知府。是書採集史事及前人史評，衷以己意。其自跋謂於正德丁丑，取少微《通鑑節要》讀之。偶有所見，輒録於楮。殊無出人議論，或似有所蹈襲。今觀書中所斷製，雖無大疵謬，而蹈襲之弊，誠如自序所云。且少微《通鑑節要》雖出宋人，實村塾陋本。據以立論，亦安足以言讀史也。

責備餘談

《四庫全書總目提要・史評類存目》　《責備餘談》二卷。浙江范懋柱家天一閣藏本。明方鵬撰。鵬有《櫝觀感録》，已著録。是書雜取古人行事爲世所稱者，摘其瑕疵。自序謂賢知之過，立言制行，或不近人情，不合中道，往往載諸典籍，學者喜談而誤效之。故直指而極論焉，以自附於《春秋》責備之意。然持論刻覈，時多乖謬。如《穀梁》謂隱公可謂輕千乘之國，蹈道則未其言允矣。今竝謂輕千乘之國爲非。至陳師道不肯假趙挺之之衣，亦排詆之。所謂不樂成人之美者歟。

周中孚《鄭堂讀書記・史評類》　《責備餘談》二卷。知不足齋叢書本。明方鵬撰。鵬字時舉，號矯亭，崑山人。正德戊辰進士，官至太常寺卿。《四庫全書》存目。是編雜取古人行事爲後世所稱道者，標題之。論自春秋以迄元季，凡一百五十三則。本《公羊春秋》責備賢者之語，而名曰《責備》，故持論俱極刻覈，有孫明復春秋尊王發微之遺意焉。然如懷嬴不從夫歸、申亥殺女殉葬、懷愍君臣遇害、太宗日覽二卷、蘇氏侮玩伊川、和靖迎佛誦經、李若水死難諸條，褒貶俱得其平，則亦明人史評中之佳本矣。前有矯亭自序，後有附録五則，當出于鮑渌飲廷博所輯録也。

馬國翰《玉函山房藏書簿録》　《書備餘談》二卷《録》一卷。知不足齋本。明太常寺卿崑山方鵬時舉撰。取古史中立心制行，不近人情，不合中道者。附春秋責備之義，以抑賢知之過。始魯隱公欲讓，其弟終於危素，不能死難。凡一百五十三條，首有自序，卷後附録崑山縣方鵬傳，千頃堂藝文志載，鵬遺詩五首。

李慈銘《越縵堂讀書記・史部・史評類》　《責備餘談》。明方鵬撰。閲明崑山方鵬《責備餘談》上下卷共百五十三則，皆取古來傳人傳事有未盡善者論列之，詞義嚴正醇密。其有詭行奇跡者，俱抑之，使平易可從。筆亦簡當，有裨世道不少。明人説部若此者，真僅見也。鵬字時舉，歷官太常卿，有《矯亭集》，朱竹垞稱之。咸豐丙辰（一八五六）三月十五日。

耿文光《萬卷精華樓藏書記・史評類》　《責備餘談》二卷。明方鵬撰。知不足齋本。

史論

祁承㸁《澹生堂藏書目》　張東沙《史論》一册。四卷。張時徹芝園集本。

讀史時見稿

祁承㸁《澹生堂藏書目・史評》　《讀史時見稿》二册。二卷。劉世龍。

讀史博論

黄虞稷《千頃堂書目・史學類・史評》　許讚《讀史博論》。

讀史通編

黃虞稷《千頃堂書目·史學類·史評》 穆孔暉《讀史通編》。

兀涯西漢書議

《四庫全書總目提要·史評類存目》 《兀涯西漢書議》十二卷。浙江范懋柱家天一閣藏本。舊本題明張邦奇撰。實則因霍韜舊稾而增修之。兀涯者，韜别號也，所輯《明良集》已著録。邦奇字常甫，鄞縣人，弘治乙丑進士，官至南京兵部尚書，謚文定。事蹟具《明史》本傳。其書皆摘西漢之事編次年月，先録《漢書》原文，而附以評斷。多引明代故事，證其得失。蓋嘗經奏御之書，其每條標臣案者，韜原文。有别標侍郎臣張邦奇曰者，則續修之文也。

翼正録

《四庫全書總目提要·史評類存目》 《翼正録》四卷。江蘇巡撫採進本。明何思登撰。思登字一舉，武昌人。正德甲戌進士，官翰林院編修。是書標舉歷代史事而論其得失，大旨主於黜佛老之虚誕，故以《翼正》爲名。其持論不爲不醇，而言煩詞複，一書惟此一意，未免失之冗瑣。與胡寅《崇正辨》得失相同。至其意見偏駁，如許衡爲國子監祭酒乞休事，必削元世祖年號，繫於宋度宗咸淳九年之類，尤舛謬至極，不足與辨者矣。

尚論編

《四庫全書總目提要·史評類存目》 《尚論編》二十卷。山東巡撫採進本。明鄒泉撰。泉字子静，崑山人，正德中諸生。是編所載，自三代以至宋元，悉删削諸史本傳，存其梗概，閒引他説考證。又仿諸史論贊，附以己意，亦頗有可採之處，非明人輾轉裨販者可比。但以二十一史欲縮斂於二十卷中，此雖班、馬之才，亦必不能鎔鑄包括。時傷疎漏，固其所耳。

鑒古韻語

《澹生堂藏書目》 《鑒古韻語》一册。一卷。孫承恩輯。

二十一史彈詞

馬國翰《玉函山房藏書簿録》 《二十一史彈詞》十卷。明楊慎撰。以十字鼓詞傳寫，欲人易曉。

青史衮鉞

黃虞稷《千頃堂書目·史學類·史評》 郎瑛《青史衮鉞》六十卷。

删改史論

徐𤊹《徐氏家藏書目·旁史類·史評》 《鄭端簡删改史論》二卷。鄭曉。

錢謙益《絳雲樓書目·史學類·史評》 《鄭端簡公删改史論》。

黃虞稷《千頃堂書目·史學類·史評》 鄭曉《删改史論》十卷。

祁承㸁《澹生堂藏書目》 鄭端簡公《删改史論》二册。十卷。鄭曉。

覺山史説

《四庫全書總目提要・史評類存目》《覺山史説》二卷。浙江鮑士恭家藏本。明洪垣撰。垣字峻之，婺源人，覺山其號也。嘉靖壬辰進士，官至温州府知府。事蹟具《明史》本傳。又《湛若水傳》末稱，湛氏門人最著者，永豐李懷，德安何遷，婺源洪垣，德安唐樞。懷之言變化氣質，遷之言知止，樞之言求真心，大約出入王、湛兩家之閒，而自爲一義。垣則主於調停兩家，而互救其失，皆不盡守師説云云。其講學之書今未之見，是編其論史之書也。所論起上古迄宋末。如論伍員鞭墓之類，頗能主持名教。他如論管叔、蔡叔合於義而不知天命，詆紀信代死爲吕禄辨冤之類，則不免文士好奇，務爲新論。至於諭余闕死節一條，斥闕不當仕元，且以全家併命爲非，是則紕繆至極。無論闕本色目人，實非南宋遺民，垣於事實爲不考，即使闕之祖父果爲南宋遺民，而是時元混一天下，已届百年，踐土食毛，久爲黎庶。垣乃於數世之後使爲宋守故臣之節，此於理不更悖乎。

元史弼違

黄虞稷《千頃堂書目・史學類・史評》 周復俊《元史弼違》。

宋元史質

黄虞稷《千頃堂書目・史學類・史評》 王洙《宋元史質》一百卷。別本有注文云：字一江，臨海人，正德辛未進士。

史　鈔

祁承㸁《澹生堂藏書目・史評》 王損仲《史鈔》三册。十三卷。王維儉。

批點精選史記　漢書

周中孚《鄭堂讀書記・史評類》《批點精選史記》十二卷、《漢書》六卷。原刊本。明唐順之評選。荆川嘗讀《史記》、《漢書》，取其體裁之正變者數十篇，批抹點截，以爲藝文之則。凡《史記》六十一目，《漢書》四十七目。前有山陰王畿序稱，是編深得班馬之髓，而于《漢書》尤精，蓋所謂得其竅者也，則又以入選之多寡論矣。

耿文光《萬卷精華樓藏書記・史評類》《選批史記》十一卷《選批漢書》六卷 明唐順之撰。明刊本。

兩漢解疑

張之洞《書目答問・史評》《兩漢解疑》二卷。明唐順之。《借月山房》本。

周中孚《鄭堂讀書記・史評類》《兩漢解誤》二卷。《借月山房彙鈔》本。明唐順之撰。《四庫全書》存目。是書皆舉兩漢史策中之事設問，而以己意解之。前漢自高祖以迄元后，凡三十則。後漢自卓茂以迄臧洪，凡二十八則。俱執之有故，言之成理，雖有乖于公論，不恤也。然其辨吕后無幸辟陽侯事，以遏天下後世之漸，真粹然儒者之言，蓋荆川本講學家也。

耿文光《萬卷精華樓藏書記・史評類》《兩漢解疑》二卷。明唐順之撰。《學海類編》本，懺花庵本。

兩漢解疑

《四庫全書總目提要・史評類存目》《兩漢解疑》二卷。浙江巡撫採進本。明唐順之撰。順之有《廣右戰功録》已著録。是編摘兩漢人物，論其行事，設爲問難，而以己意解之。大抵好爲異論，務與前人相左。如以紀信之代死爲不足訓，以漢高之斬丁公爲悖恩欺世之類。皆乖平允，不足爲訓也。

兩晉解疑

《四庫全書總目提要・史評類存目》《兩晉解疑》一卷。浙江巡撫採進本。明唐順之撰。持論與所作《兩漢解疑》相類，而乖舛尤多。如賈充一條，稱秦檜有息民之功，故得善終。馮道和藹温柔，故有「長樂老」之榮。悖理殊甚。順之學問文章，具有根柢，而論史之紕繆如此。蓋務欲出奇勝人而不知適所以自敗，前明學者之通病也。

張之洞《書目答問・史評》《兩晉解疑》一卷。明唐順之。借月山房本。

周中孚《鄭堂讀書記・史評類》《兩晉解疑》一卷。借月山房彙鈔本。明唐順之撰。《四庫全書》存目。是書亦取兩晉史事設問，而以己意解之。自羊祜以迄桓温，凡十七條。較兩漢所解邊幅稍窘，而議論務欲出奇制勝，宜其紕繆之難免也。

耿文光《萬卷精華樓藏書記・史評類》《兩晉解疑》一卷。明唐順之撰。學海類編本，懺花庵本。

史纂左編

錢謙益等《絳雲樓書目・雜史類・史評》《史纂左編》。一百四十二卷。唐順之。

楚漢餘談

丁丙《善本書室藏書志・史評類》《楚漢餘談》一卷。舊鈔本。古郢高岱著。目録爲《陳平以策干羽》、《公孫伯强諫范增》、《關吏論保關中》、《項伯諫羽殺沛公》、《蕭何薦韓信》、《辛父諫漢王》、《隨何使九江》、《韓信請爲假王》、《任邱生諫韓信》、《謁者諫僞遊雲夢》，凡十篇。前有祁曠翁引云《楚漢餘談》一卷。京山高岱著仿國策，而文氣簡勁，則不肖亦于鱗秦使對白起之類也。高長史著作之佳者在《鴻猷録》，此外，亦枝葉鱗爪耳，殆從淡生堂本録出者。

耿文光《萬卷精華樓藏書記・史評類》《楚漢餘談》一卷。明高岱撰。抄本，祁氏抄本。

左粹類纂

趙琦美《脉望館書目》《左粹類纂》八本。

尚論編

高儒《百川書志・史評》《尚論編》一卷。即景仰撮書。皇明翰林學士錫山天遊子王達善撰。論周秦以下五十三事。

言史慎餘

徐𤊹《徐氏家藏書目・旁史類・史評》《言史慎餘》二卷。華亭楊樞。

漢唐通鑑品藻

黃虞稷《千頃堂書目・史學類・史評》戴璟《漢唐通鑑品藻》三十卷。

《四庫全書總目提要・史評類存目》《漢唐通鑑品藻》三十卷。江蘇巡撫採進本。明戴璟撰。是書《明史・藝文志》著録，然即璟所著《讀史品藻》，坊本改易其名也。書中起周威烈王，終周世宗，與《通鑑》首尾相應，而以「漢唐」名書，璟未必謬陋至此。其出自庸妄書賈明矣。

朱睦㮮《萬卷堂書目》《漢唐通鑑品藻》三十卷。戴璟。

祁承㸁《澹生堂藏書目》《漢唐通鑑品藻》六册。三十卷。戴璟著。

漢代品藻

范邦甸等《天一閣書目・史評類》《漢代品藻》三十卷。刊本。明戴璟著，劉勳序。

漢唐通鑑

趙琦美《脉望館書目》《漢唐通鑑》六本。

群史品藻

《四庫全書總目提要・史評類存目》《羣史品藻》三十卷。安徽巡撫採進本。明戴璟撰。璟有《廣東通志初稾》，已著録。是編取司馬光《通鑑》，摘其事蹟爲之論斷。其凡例云，以《通鑑節要》爲主，而摘其可爲論策命題者。案《千頃堂書目》有宋江贄所撰《資治通鑑節要》，又有元劉剡所撰《資治通鑑節要》，皆三十卷，未知璟所指何本。然止爲命題而設，則不出兔園册子之陋習也。

通鑑品藻

范邦甸等《天一閣書目・史評類》《通鑑品藻》三十卷。刊本。明嘉靖寧郡石屏戴璟撰。

三史文類

朱睦㮮《萬卷堂書目》《三史文類》四册。

尚論編

范邦甸等《天一閣書目・史評類》《尚論編》一卷。刊本。明崇德范光宙撰，順治戊戌吴心恒序。

史衡

范邦甸等《天一閣書目・史評類》《史衡》六卷。刊本。明維揚陳堯著，嘉靖丙辰自序。

黄虞稷《千頃堂書目・史學類・史評》陳堯《史衡》六卷，又《八書》一卷。

朱睦㮮《萬卷堂書目》《史衡》六卷。陳堯。

讀史漫稿

范邦甸等《天一閣書目・史評類》《讀史漫稿》。刊本。明慈谿陳鯨著。自虞帝迄南宋，上下數千年，詩凡若千首，嘉靖己未弟陳茂義序。

史説螢蘇

徐𤊹《徐氏家藏書目・旁史類・史評》《史説螢蘇》一卷。黄以陞。

讀史録

徐𤊹《徐氏家藏書目・旁史類・史評》《讀史録》六卷。張寧。

黄虞稷《千頃堂書目・史學類・史評》張寧《讀史録》六録。

病中抽史

徐𤊹《徐氏家藏書目・旁史類・史評》《病中抽史》一卷。鄧子擔。附《反絶交論》。

讀五胡載記

徐𤊹《徐氏家藏書目・旁史類・史評》《讀五胡載記》一卷。歐陽子玉。

皇朝捷録

徐𤊹《徐氏家藏書目・旁史類・史評》《皇朝捷録》一卷。

古今通論

張萱等《内閣藏書目録・雜部》《古今通論》一册全。鈔本。宋南昌博士楊夢發著。自五帝至五代史傳大義。

世譜增定

《四庫全書總目提要・史評類存目》《世譜增定》二卷。浙江范懋柱家天一閣藏本。明吕顓編。顓字夢賓，陝西寧州人。嘉靖癸未進士，官至應天府尹。是編因陳璘所刊《世譜》一書，益以司馬光《歷年圖》、梁氏《總論》。而以黄繼善《提要》割屬歷代之下。以上古至東晉爲前卷，劉宋至元爲後卷，蓋鄉塾課蒙之本也。

資論統

黄虞稷《千頃堂書目・史學類・史評》周山師《資論統》一百卷。字子山，武進人。嘉靖戊戌進士，南京户部郎中。男鴻臚丞良金增廣之。

通鑑源委

楊士奇等《文淵閣書目・宙字號第一橱書目・史附》《通鑑源委》。一部二十三册闕。

張萱等《内閣藏書目録・史部》《通鑑源委》二十三册。全。元素軒趙完璧著。凡《資治通鑑》中字句皆鳩集本注，其無注者旁摭經史百家詳其出處，諸儒之議論切當者皆附録焉，所不能通者亦標而闕之。凡八十卷。

古史要評

《四庫全書總目提要・史評類存目》《古史要評》五卷。江西巡撫採進本。明吴崇節撰。崇節字介甫，弋陽人。嘉靖甲子舉人，官武岡縣知縣。是編所載，起周靈王迄南宋，每事先標題目，後載史文，而斷以己意，蓋坊刻《鑑纂》《鑑略》之類。而挂一漏萬，茫無始末，并不足以裨初學。於元朝不載事實，但附許衡、吴澄二人，題曰元朝人物，尤爲偏謬。

隋書論贊

耿文光《萬卷精華樓藏書記・史評類》 《隋書論贊》二卷明項篤壽撰。明刊本。

帝鑑圖説（記）

嵇璜《續通志圖譜略・記有史乘・論贊》 張居正《帝鑑圖記》。

《四庫全書總目提要・史評類存目》 《帝鑑圖説》。無卷數。内府藏本。明張居正、吕調陽同撰。居正有《書經直解》，已著録，調陽，臨桂人。嘉靖庚戌進士，官至建極殿大學士，謚文簡，事蹟具《明史》本傳。是編乃二人奏御之書，取堯舜以來善可爲法者八十一事，惡可爲戒者三十六事，每事前繪一圖，後録傳記本文，而爲之直解。前有隆慶六年十二月進疏一篇，蓋當神宗諒闇時也。疏云，善爲陽爲吉，故數用九九，惡爲陰爲凶，故數用六六。取唐太宗以古爲鑑之語名之。書中所載皆史册所有，神宗方在沖齡，語取易曉，不免於俚俗。

耿文光《萬卷精華樓藏書記・史評類》 《帝鑒圖説》不分卷。明張居正、吕調陽同撰。日本刊本，石印本。

讀史愚見

黄虞稷《千頃堂書目・史學類・史評》 趙宧《讀史愚見》四卷。

朱睦㮮《萬卷堂書目》 《讀史愚見》四卷。趙宧。

經世要略

黄虞稷《千頃堂書目・史學類・史評》 萬廷言《經世要略》二十卷。

史稗

黄虞稷《千頃堂書目・史學類・史評》 湯聘尹《史稗》四卷。字國衡，蘇州人，南京史部□□。

趙琦美《脉望館書目・史評》 《史稗》四本。

史要編

錢謙益《絳雲樓書目・史學類・史評》 《史要編》。

黄虞稷《千頃堂書目・史學類・史評》 梁夢龍《史要編》十卷。真定人，巡撫。

趙琦美《脉望館書目》 《史要編》四本。

史鈔

祁承㸁《澹生堂藏書目・史評》 鄭襄敏《史鈔》六册。六卷鄭洛輯

史記節略

朱睦㮮《萬卷堂書目》 《史記節略》六册。穆文熙。

左傳鴻裁

趙琦美《脉望館書目》《左傳鴻裁》六本。

戰國策鴻裁

趙琦美《脉望館書目》《戰國策鴻裁》五本。

史記鴻裁

趙琦美《脉望館書目》《史記鴻裁》五本。

國語鴻裁

趙琦美《脉望館書目》《國語鴻裁》四本。

國語評苑

趙琦美《脉望館書目》《國語評苑》六本。一卷。

史漢定本

黄虞稷《千頃堂書目·史學類·史評》袁黄《史漢定本》十八卷。

歷朝捷録

錢謙益《絳雲樓書目·史學類·史評》《歷朝捷録》。

黄虞稷《千頃堂書目·史學類·史評》顧充《歷朝捷録》四卷。

耿文光《萬卷精華樓藏書記·史評類》《歷代捷録大成》二卷。明顧充撰。原刊本。

國朝捷録

趙琦美《脉望館書目》《國朝捷録》一本。

讀史膚評

黄虞稷《千頃堂書目·史學類·史評》張元忭《讀史膚評》。

讀史叢筆

祁承爜《澹生堂藏書目》《讀史叢筆》二册。二卷。余懋學。

涉世雄談

《四庫全書總目提要·史評類存目》《涉世雄談》八卷。直隸總督採進本。明朱正色撰。正色字應明，南和人。萬曆己丑進士，官至右副都御史，巡撫寧夏。是書乃其備兵甘肅時所著。取諸史記傳所載事蹟之有關兵法，及才智明決足啟發人意者，分門摘録，而各附評語於條末。每類中又各分奇品、正品，詞氣纖諷，學陳亮而不成者也。

養正圖解

丁丙《善本書室藏書志・史評類》《養正圖解》全卷。明刊本。前有萬曆二十五年九月初八日題，奉聖旨：「覽奏，知道了。所進《養正圖解》留覽，并賜了前有旨：『皇長子體質清弱，不耐久勞，講學書籍，候循序漸進，以副朕眷愛之意，禮部知道。』」次翰林院修撰儒林郎焦竑謹序，稱：歲甲午，命皇長子出閣講學，竑以職事叨從，勸講之。後竊以理涉虛而難見，事徵實而易知，故今古以通之圖繪以象之，朝誦夕披，而觀省備焉。竊採古言行可資勸誡者，著爲圖說，名曰「養正圖解」，輒録上塵以俟裁定，自寢門視膳至借事納忠，凡六十事。繪圖者丁雲鵬，書解者吴繼，序皆一時知名之士，尚有祝世禄一序，已佚，儀徵阮氏撫浙時録，以進呈其實，《天禄琳琅》已先著録矣。《明史・焦竑傳》稱：「皇長子出閣，竑爲講官，竭誠啟迪，嘗揀古儲君事可爲法戒者，爲《養正圖説》擬進之，同官郭正域輩惡其不相聞，目爲賈譽竑，遂止。」今觀前載諭旨及序文，則已奉留覽，俟再攷之。

耿文光《萬卷精華樓藏書記・史評類》《養正圖解》一卷。明焦竑撰。明刊本。

南史伐山

趙琦美《脉望館書目》《南史伐山》二本。

談史録

祁承㸁《澹生堂藏書目》馮元敏《談史録》一卷。馮時可本集本。

月峯批評漢書

耿文光《萬卷精華樓藏書記・史評類》《月峯批評漢書》七十卷。明孫鑛撰。刊本。

讀史漫録

黄虞稷《千頃堂書目・史學類・史評》于慎行《讀史漫録》十四卷。

于敏中等《天禄琳琅書目・元版史部》《讀史漫録》。一函四册。明于慎行撰十四卷，前明葉向高題辭，謝肇淛、黄體仁二序，目録後有郭應寵識語二篇。按郭應寵識語二篇，其一，識於萬曆己酉，稱慎行爲師，又稱慎行子緯，將圖剞劂之，釐次訂譌，彙爲十四卷。其一，識於萬曆癸丑，則言是編業已梓於閩建書林，未經讐校，兹公子中翰君圖并筆塵鋟之，余深嘉其是舉，偏搜遺稾，復得讀史五十通，補入，始爲完書云云。是此書係重刊之本，然槧刻不工，紙墨俱劣，又何説也。慎行，字無垢，東阿人，隆慶戊辰進士，累官吏部尚書，東閣大學士，贈太子太保，謚文定。葉向高，字進卿，福清人，萬曆癸未進士，累官少師兼太子太師，吏部尚書，中極殿大學士，贈太師，謚文忠，並見《明史》。謝肇淛，字在杭，長樂人，萬曆壬辰進士，官至廣西左布政使，見《福建通志》。黄體仁，松江人，萬曆甲辰進士，見《太學題名碑》。收藏諸印記無考。

《四庫全書總目提要・史評類存目》《讀史漫録》十四卷。内府藏本。明于慎行撰。慎行字可遠，更字無垢，東阿人。隆慶戊辰進士，官至禮部尚書。事蹟具《明史》本傳。是書評論歷代史事，起伏羲氏至遼、金、元，所論無甚乖舛，亦無所闡發。目録後有門人郭應寵題識，稱是書先梓於閩，未經讐校。後其子君圖與《筆塵》同鋟以行，應寵又於慎行遺稾中搜得讀史五十通補入云。

祁承㸁《澹生堂藏書目》《讀史漫録》四册。十四卷。于慎行。

耿文光《萬卷精華樓藏書記・史評類》《讀史漫録》十四卷。明于慎行撰。黄氏刊本。

草堂説史

馬國翰《玉函山房藏書簿録》 《草堂説史》八卷。來鹿堂本。國朝劉應秋撰。有《草堂説經》，已各著録。經編此書摘，説史義，多前人所未道。

宗傳詠古

徐𤊹《徐氏家藏書目・旁史類・史評》 《宗傳詠古》一卷。

百史繩愆

黄虞稷《千頃堂書目・史學類・史評》 黄克纘《百史繩愆》二卷。

史評　史叢

黄虞稷《千頃堂書目・史學類・史評》 胡應麟《史評》十二卷，又《史叢》十卷。

史　韻

《四庫全書總目提要・史評類存目》 《史韻》二卷。江蘇周厚堉家藏本。明趙南星撰。南星有《學庸正説》，已著録。是編摘録史事，儷以四言韻語。凡西漢、東漢、三國、兩晉、南北朝、唐、五代、宋元各爲一首，詞簡而該。蓋其謫戍代州以後，借以遺日之筆。後人重其忠義，因録而傳之。順治丁亥，高邑李士邵刊於杭州，版旋散佚，乙未又刊於淮海道署。

歷代史正

徐𤊹《徐氏家藏書目・旁史類・史評》 《歷代史正》二卷。

祁承㸁《澹生堂藏書目》 《歷代史正》二册。二卷。饒汝梧撰。

讀史漫筆

《四庫全書總目提要・史評類存目》 《讀史漫筆》一卷。編修程晉芳家藏本。明陳懿典撰。懿典有《讀左漫筆》，已著録，此編摘《史記》本紀、世家、列傳事蹟，隨意論列數語，皆陳因膚廓之言。

耿文光《萬卷精華樓藏書記・史評類》 《讀史漫筆》一卷。明陳懿典撰。學海類編本。

餘　言

《四庫全書總目提要・史評類存目》 《餘言》二卷。江蘇巡撫採進本。明徐三重撰。三重字伯同，華亭人。萬曆丁丑進士，官刑部主事。是編乃其語録之一種，皆衡論古人得失，與發揮理氣性命者有異，故以《餘言》爲名。所評上起唐堯，下迄宋末，大抵儒者之常談。然尚無講學家不情之苛議。

古今人物論

黄虞稷《千頃堂書目・史學類・史評》 陳繼儒《古今人物論》三十六卷。

讀書鏡

《四庫全書總目提要·史評類存目》《讀書鏡》十卷。浙江孫仰曾家藏本。明陳繼儒撰。繼儒有《邵康節外紀》，已著録。是書乃所作史論。或一人遞舉數事，或一事歷舉數人，而以己意折衷其閒。欲使學者得以古證今，通達世事，故以鏡爲名。所言亦不甚精切，特持論尚頗平正，視所著他書猶爲彼善於此。至所稱人主宫闈中事，臣子不可妄有攀援，亦不可過爲排擊，而少年喜事，形之章奏，刻之書帙，至遍於輦轂市肆之閒。此在布衣交友尚不能堪，而況天子乎？此言蓋爲萬曆閒争國本者而發，於明季臺省之弊，可云切中。不以繼儒而廢其言也。

周中孚《鄭堂讀書記·史評類》《讀書鏡》十卷。眉公雜著本。明陳繼儒撰。繼儒，字仲醇，號眉公，華亭人。《四庫全書》存目。是編乃其雜論史事隨筆劄記，而閒涉于嘉言懿行，不盡史策所有，而論史事爲多。謂之鏡者，蓋即以古爲鑑之意，故持論尚不詭于正。或引及禪門中語，亦取其有關身世，非闡發其教之談也。眉公以處士而通達世事如此，而朱竹垞《静志居詩話》以純盜虚聲譏之，過矣。前有自序，及□仲貞師昌序，張弢甫昞元小引，范雪廬應官題詞，後有范明泰跋。

耿文光《萬卷精華樓藏書記·史評類》《讀書鏡》十卷。明陳繼儒撰。眉公十集本。

事編内篇

黄虞稷《千頃堂書目·史學類·史評》孫慎行《事編内篇》八卷。

狂狷裁中

黄虞稷《千頃堂書目·史學類·史評》楊時偉《狂狷裁中》十卷。

《四庫全書總目提要·史評類存目》《狂狷裁中》十卷。江西巡撫採進本。明楊時偉撰。時偉有《春秋編年舉要》，已著録。是編上起戰國，下迄金、元，取忠臣孝子志士仁人之事而論説之。其自序曰：「憑虚不如履實，異撰不如庸行」。又云：「考覽千古，未聞志士仁人忠臣孝子之外，别有所謂進取不爲者。私爲尚論，取實代虚。凡忠孝志仁，正骨奇氣，雖不襲狂名，不矜狷迹，而强名爲狂狷焉。即於孔、孟之旨茫無取裁，而律以成章進取，則庶乎不悖爾矣」。此其撰述之大意也。然其中所載如豫讓、聶政諸人，猶謂節取其義烈。而魏延、馬謖、華歆、郗慮亦竝收入，未免蕪雜不倫矣。

宋元綱目愚管

黄虞稷《千頃堂書目·史學類·史評》南山逸老《宋元綱目愚管》二十卷。

讀史韻言

祁承㸁《澹生堂藏書目·史評》《讀史韻言》二册。二卷蘇茂相

元朝捷録旁訓

耿文光《萬卷精華樓藏書記·史評類》《元朝捷録旁訓》四卷明湯賓尹撰。刊本。

增定史記纂

朱睦㮮《萬卷堂書目》《增定史記纂》十四册。

漢書纂

朱睦㮮《萬卷堂書目》《漢書纂》十六册。

讀史總評

祁承㸁《澹生堂藏書目》《讀史總評》一卷淩稚隆史記評林本

尚友齊論古

《四庫全書總目提要・史評類存目》《尚友齊論古》無卷數。浙江巡撫採進本。

明涂一榛撰。一榛字廷薦，漳州鎮海衛人。萬曆甲辰進士，官至通政司通政使。其書取春秋時范蠡迄宋文天祥六十八人，各録本傳而自爲評語綴於其末。去取絶無義例，議論亦多陳因。其於吕誨彈王安石事，謂臺諫不可隨衆占風，則爲當時朝局而發也。

通史它石

周中孚《鄭堂讀書記補逸》《通史它石》三卷。鹽邑志林本。明仇俊卿撰。

俊卿，字舜徵。號謙謙翁。海鹽人。舉鄉薦。仕至國子助教。是編乃其讀史評論之語，名《通史它石》者，自序稱以之折衷賢達，取錯玉之義。末有顧元聞等跋，謂其卷帙甚巨，胡孝轅取其尤者梓爲三卷。其所論斷，純是空言，又不免間有偏駁。然亦多有理，如論鄧攸無子，非天道無知云：「攸之棄子，令其自逃可也，繫於樹，何忍哉？是其仁心已殘，生理自絶，後之無子，乃天道也，曷謂無知乎？」此語未經人道。

耿文光《萬卷精華樓藏書記・史評類》《通史它石》三卷。明仇俊卿撰。鹽邑志林本。

宋史辨

《澹生堂藏書目》《宋史辨》一卷。陳桱後。四十家小説本。

詩史

《四庫全書總目提要・史評類存目》《詩史》十五卷。副都御史黄登賢家藏本。

舊本題明顧正誼撰。正誼，松江人。萬曆中官中書舍人。考錢希言《戲瑕》曰：「昔嘗於太原齋頭見雲間刻顧氏《詩史》，閲之乃中翰正誼名也。余與王先生相顧驚嘆，王先生曰：『此豈虎頭公所能辦哉』。後余過雲間，乃知華亭有詞人唐汝詢仲言者，目雙瞽，著成是書，顧氏以三十金詭得之。嗟乎，唐生之文誠賤，何至此甚也。千古不白之冤，俟異世子雲者起，故當有定論耳」云云。據此，則是書爲唐汝詢作，正誼乃買其槀而刻之耳。然是書以列朝紀傳編爲韻語，各爲之註，以便記誦，不過《蒙求》之類，不知正誼何取而竊據之也。

史懷

《四庫全書總目提要・史評類存目》《史懷》十七卷。内府藏本。明鍾惺撰。

惺有《詩經圖史合考》，已著録。是書上自《左傳》、《國語》，下及《三國志》，隨事摘録，斷以己見。《明史・文苑傳》稱，惺官南都，僦秦淮木閣讀史，恒至丙夜。有所見，即筆之，名曰《史懷》，即是編也。其説雖間有創獲，而偏駁者多。蓋評史者精核義理之事，非掉弄聰明之事也。

耿文光《萬卷精華樓藏書記・史評類》《史懷》十七卷。明鍾惺撰。明刊本。

湖北叢書二十卷本。

黄虞稷《千頃堂書目・史學類・史評》 鍾惺《史懷》二十卷。

史見

耿文光《萬卷精華樓藏書記・史評類》 《史見》二卷。國朝陳遇夫撰。嶺南遺書本。

垂世芳型

《四庫全書總目提要・史評類存目》 《垂世芳型》十三卷。浙江巡撫採進本。國朝金維寧撰。維寧字德藩，華亭人。康熙丙午舉人。初，維寧取歷代事蹟，人立一傳，各系以論，名《連珠彙校》，蓋通史流也。鄭重欲爲之刻，不果。後刪掇其論三分之一，以成此書。所論上起孔子，下迄明季，共七百八十五人。而明一代居一百四十八，其父章原亦與焉。

史折

《四庫全書總目提要・史評類存目》 《史折》三卷《續》一卷。湖南巡撫採進本。國朝賀裳撰。裳字黄公，丹陽人。康熙初諸生。是書取明人評史諸書義有未當者，折衷其是。凡《史懷》、《狂夫之言》、《史説》、《贅言》、《湧幢小品》、《談史》、《藏書》、《史裁》、《史餘》、《讀史漫録》、《劄記外篇》等共十一家，謂之後語。又各繫小序於前，凡三卷。古今論史，言人人殊，所謂彼亦一是非，此亦一是非也。裳所駁正，頗屬持平。然其中可一兩言決者，必連篇累牘，覺浮文妨要。至於陳繼儒之淺陋，李贄之狂謬，復爲之反復辨論，更徒增詞費矣。卷後附《史折續編》，乃裳所自爲史説。蓋折衷唐、宋諸儒之説。已刊入本集内，此又以類附於史論者也。

增定史韻

《四庫全書總目提要・史評類存目》 《增定史韻》四卷、附《讀史小論》一卷。浙江巡撫採進本。國朝仲宏道撰。宏道字開一，嘉興人。是書成於康熙辛未。以趙南星《史韻》前載年號，浮文妨要，註又寥寥不詳，所以不行於世。乃刪其繁冗，補其闕略，以成是編。復上續以羲、軒至秦，下續以明代之事。其他晉之十六國，五代之十一國，以及遼、金、西夏亦各爲韻語以補之。每紀之末，宏道各爲總論。明紀評語則採谷應泰《紀事本末》之文。

四言史徵

《四庫全書總目提要・史評類存目》 《四言史徵》十二卷。内府藏本。國朝葛震撰。即葛氏《詩史》，曹荃爲之註釋，改題此名也。據荃自序，題康熙庚辰，尚在癸未前四年。殆鍾國壐刻《詩史》時，尚未見此本歟。

詩史

《四庫全書總目提要・史評類存目》 《詩史》十二卷。浙江鮑士恭家藏本。國朝葛震撰。震字星巖，句容人。是書於歷代帝王各以四言韻語括其始末。起自盤古，終於有明。據康熙癸未鍾國壐序，其書尚有全註，此特先刊其正文。然讀史之學，在於周知興廢始末。此書如爲童稚設，則事無註釋，斷乎不解爲何語，誦之何益！如曰成人讀之，可不須註。世烏有已成人尚誦此種書者乎？所謂進退無據也。

史論初集

《四庫全書總目提要・史評類存目》《史論初集》無卷數。浙江巡撫採進本。國朝朱直撰。直字少文，江蘇人，是集爲駁正胡寅《讀史管見》而作，其中頗有持平之論。如《牛晉論》等篇，雖寅復生，不能辨。然而詞氣太激，動乖雅道，每詆寅爲腐儒，爲矇矇未視之狗。爲雙目如瞽，滿腹皆痰，爲但可去註《三字經》《百家姓》，不應作史論。爲癡絶、呆絶、稚氣、腐臭。雖寅書刻酷鍛鍊，使漢唐以下無完人，實有以激萬世不平之氣。究之讀古人書但當平心而論是非，不必若是之毒詈也。

十七史論　年表

《四庫全書總目提要・史評類存目》《十七史論》九卷《年表》一卷。江蘇巡撫採進本。國朝夏敦仁撰。敦仁字調元，武進人。是書論斷史事，始於漢，終於五代，大抵陳言。每代各列世系於前，僭僞之國皆然。末爲年表一卷，以帝王與僭僞竝列，而所紀始漢終元，與十七史數亦不相符。未喻其故也。

讀史問答

耿文光《萬卷精華樓藏書記・史評類》《讀史問答》八卷。國朝葛元福撰。刊本。

《清朝文獻通考・經籍考・史評》《讀史問答》八卷。葛元福撰。元福字嚮五，號謙齋，山東德平人。舉人安徽當塗縣知縣。

御批通鑑綱目

《四庫全書總目提要・史評類存目》《御批通鑑綱目》五十九卷、《通鑑綱目前編》一卷、《外紀》一卷、《舉要》三卷、《通鑑綱目續編》二十七卷。康熙四十七年史部侍郎宋犖校刊，皆聖祖仁皇帝御批也。朱子因司馬光《資治通鑑》以作《綱目》，惟凡例一卷出於手定。其綱皆門人依凡例而修，其目則全以付趙師淵。後疏通其義旨者，有遂昌尹起莘之《發明》，永新劉友益之《書法》；箋釋其名物者，有望江王幼學之《集覽》，上虞徐昭文之《考證》，武進陳濟之《集覽正誤》，建安馮智舒之《質實》；辨正其傳寫差互者，有祁門汪克寬之《考異》。明弘治中，莆田黄仲昭取諸家之書，散入各條之下，是爲今本，皆尊崇朱子者也。故大抵循文敷衍，莫敢異同。明末張自勳作《綱目續麟》，始以《春秋》舊法糾義例之訛。芮長恤作《綱目拾遺》，以《通鑑》原文辨刪節之失。各執所見，屹立相争。我聖祖仁皇帝睿鑒高深，獨契尼山筆削之旨。因陳仁錫刊本，親加評定，權衡至當，衮鉞斯昭。乃釐正羣言，折衷歸一。又金履祥因劉恕《通鑑外紀》失之嗜博好奇，乃蒐採經傳，上起帝堯，下逮周威烈王，作《通鑑前編》。又括全書綱領，撰爲《舉要》殿於末，復摭上古軼聞，撰爲《外紀》冠於首。陳仁錫稍變其體例，改題曰《通鑑綱目前編》，與《綱目》合刊，以補朱子所未及。亦因其舊本，御筆品題。至商輅等《通鑑綱目續編》，因朱子《凡例》，紀宋元兩代之事，頗多舛漏。六合之戰，誤稱明太祖兵爲賊兵，尤貽笑千秋。後有《周禮》爲作發明，張時泰爲作《廣義》，附於條下。其中謬妄，更不一而足。因陳仁錫綴刊《綱目》之末，亦得同邀乙覽，并示別裁。乾隆壬寅，我皇上御製題詞，糾正其悖妄乖戾之失，以闢誣傳信。復詔廷臣取其書，詳加刊正，以協於至公。尤足以昭垂千古，爲讀史之指南矣。

周中孚《鄭堂讀書記・史評類》《御批通鑑綱目》五十九卷、《通鑑綱目前編》十八卷、《外紀》一卷、《舉要》二卷、《通鑑綱目續編》二十七卷。宋犖校刊本。康熙四十六年，聖祖仁皇帝御撰。謹案，朱子《通鑑綱目》一書，雖曰約通鑑之文爲之，而其筆削義例，多取法《春秋》。尹起莘爲作《發明》，劉友益爲作《書法》，總未能得其要領。仰蒙睿裁論定，微旨乃明。所據係明陳仁錫刊本，乃併金履祥之《前編》，商輅之《續編》，亦得一體并邀聖鑒，有所折衷，洵足以昭垂千古，爲讀史之指南矣。卷首冠以康熙四十一年《御製敘》，而以朱子《序例》、倪士毅《凡例序》，王柏《凡例後語》、文天祐《凡例識語》、朱子手書李方子《後序》、尹起莘《發明序》、賀善《書法序》、揭傒斯《序》、劉友益《書法凡例》、劉粲《後跋》、汪克寬《考異序例》、王幼學《集覽序例》、徐昭文《考證序》、陳濟、楊士奇《集覽正誤》二序、馮智舒《質實序》、董仲昭《合注後序》，及偏集諸儒姓氏爲首卷，列于綱目之前。履祥所撰《外紀》列于《前編》之首，又所撰《舉要》列于前編之末。成化十二年《御製續綱目序文》及輅所作《凡例》列于《續綱目》之前，卷末又有康熙四十六年《御製後序》總名曰《御批資治通鑑綱目全書》云。

耿文光《萬卷精華樓藏書記・史評類》《御批通鑑綱目》五十九卷前編一卷《外紀》一卷《舉要》三卷《續編》二十七卷。康熙四十六年，御撰，京板本，浙局本。

御批通鑑輯覽

張之洞《書目答問・史評》《御批通鑑輯覽》一百二十卷。乾隆三十二年，互見編年類，以下論全史。以御批爲主故史評亦恭録。

御製評鑑闡要

耿文光《萬卷精華樓藏書記・史評類》《御製評鑑闡要》十二卷。乾隆三十六年奉。敕撰，京板本。

御製評鑑闡要

《四庫全書總目提要・史評類》《御製評鑑闡要》十二卷。乾隆三十六年大學士劉統勳等編次恭進，皆《通鑑輯覽》中所奉御批也。始館臣恭纂輯覽時，分卷屬稾，排日進呈。皇上乙夜親披，丹毫評騭。隨條發論，燦若日星。其有敕館臣撰擬，黏簽同進者，亦皆蒙睿裁改定，塗乙增損，十存二三。全書既成，其閒體例事實奉有宸翰者，幾及數千餘條。既已刊刻簡端，宣示奕禩。館臣等飫聆指授，以微文奥義皆出自聖人獨斷之精心。而章句較繁，觀海者或難窺涯涘。因復詳加甄輯，勒爲此書。凡分卷十二，計恭録御批七百九十八則。大抵御撰者十之三，改簽者十之七。閎綱鉅指，炳著琅函。仰惟聖鑑精詳，無幽不燭。譬諸鼎鑄九金，神姦獻狀，不能少遁錙毫。故論世知人，無不抉微而發隱。所謂斥前代矯誣之行，闢史家誕妄之詞，辨覈舛譌，折衷同異，其義皆古人所未發。而敷言是訓，適協乎人心天理所同然。至乃特筆所昭，嚴於衮鉞，如賈充、褚淵等之書死，狄仁傑之書周，正南北稱侵稱寇之文，訂遼金元人名官名地名之誤。而紀年系統，再三申誡，尤兢兢於保邦凝命之原。洵足覺聵靈聲，垂教萬世。蓋千古之是非繫於史氏之褒貶，史氏之是非則待於聖人之折衷。臣等編輯史評，敬録是編。不特唐宋以來偏私曲袒之徒，無所容其喙。即千古帝王致治之大法，實已包括無餘。尊讀史之玉衡，併以闡傳心之寶典矣。

隋園史論

馬國翰《玉函山房藏書簿録》《隋園史論》一卷。青照堂本。國朝江寧知縣錢塘袁枚子才撰。李元春從集中摘纂。

史學正藏

《四庫全書總目提要・史評類存目》《史學正藏》五卷。江西巡撫採進本。國朝宋士宗撰。士宗字司秩，星子人。雍正丙午舉人。其書上自三皇，下訖昭烈，各有辨論。凡二百三十八條，自序云：「不獲竣事，姑取其就緒者亟爲録出」。蓋未竟之本也。

捷録大成

耿文光《萬卷精華樓藏書記・史評類》《捷録大成》四卷。明鍾惺撰。刊本。

史　論

徐𤊹《徐氏家藏書目・旁史類・史評》王虞石《史論》四卷。王命濬。

讀史商語

黃虞稷《千頃堂書目・史學類・史評》 王志堅《讀史商語》四卷。

《四庫全書總目提要・史評類存目》 《讀史商語》四卷。江蘇巡撫採進本。明王志堅撰。志堅字弱生，更字淑士，亦字閒修，崑山人。萬曆庚戌進士，官至湖廣提學僉事。《明史・文苑傳》載其爲南京兵部郎中時，要同舍郎爲讀史社，撰《讀史商語》，即是編也。以《十七史》之文與《資治通鑑》參核，隨事論斷，較他家史論抱殘守匱者頗殊。如論茅焦稱假父二弟，謬於理而悖於事；論劉向爲漢宗室，諫外家封事不當以任用宗室爲言，招争權之嫌；論後漢黨錮中岑晊、劉表、胡母班皆謬負虚名。論《通鑑》帝魏，故漢獻帝用魏謚；《綱目》帝蜀，則宜用蜀謚曰孝愍；論劉琬撻妻小過，至於棄市，諸葛亮不能辭責。論山簡嗜酒釀亂，不應以習池爲美談；論漢昭烈帝非棄荊州，蘇軾之言失考；皆爲有理。其謂秦始皇在趙之時，生僅兩歲，無由與燕太子丹相善；謂漢史所紀征討斬獲，動以萬計，皆非實數，以漢故事破賊文書以一報十爲證；謂《魏書》爾朱榮傳韓彭乃韋彭之譌，以《金石録》爲證；謂《南史・何敬容傳》、《北史・后妃傳》、《崔暹傳》與《齊文宣帝本紀》矛盾；謂胡寅《讀史管見》誤讀《通鑑》宇文孝伯事；謂房琯無請親王領軍事，司空圖《詩註》不足憑；亦皆有考據。惟好爲高論，動輒踳駁。如謂桑宏羊有補於國計；謂曹操所行實文王之事；謂諸葛亮不善用兵，陳壽所評爲確；謂謝靈運爲晉之忠臣，可比陶潛；謂李林甫在，安禄山必不敢叛；謂王叔文爲忠臣，有功無罪；皆紕謬之甚。又頗不論是非，而論果報於佛法信之尤篤。謂袁《宏漢紀》不知佛法之精微廣大；謂傅奕闢佛爲淺陋，司馬光取入《通鑑》所見與奕相等；尤非論史之道矣。

祁承㸁《澹生堂藏書目・史評》 《讀史商語》二册。四卷。王志堅。

國語鈔評

趙琦美《脉望館書目》 《國語鈔評》四本。

評史心見

祁承㸁《澹生堂藏書目・史評》 《評史心見》六册。十二卷。郭大有。

後漢書評

馬國翰《玉函山房藏書簿録》 《後漢書評》一百二十卷。陳仁錫撰。與史評同例，有大學士傅冠序及自序凡例。

國語合評

周中孚《鄭堂讀書記・史評類》 《國語合評》二十一卷。《國策合評》十二卷。原刊本。明陳仁錫、鍾惺合評。仁錫，字明卿，長洲人。天啓壬戌賜進士第三，官至國子監祭酒，追謚文莊。惺，字伯敬，竟陵人。萬曆戊戌進士，官至福建提學僉事。是編蓋明人取《國語》、《國策》二書而合刻之。並取明卿評語置之行間，伯敬評語列于簡端。蓋各據兩家評本采入，而圈點悉依伯敬之舊。所有注釋，《國語》用韋昭注，宋庠補音，《國策》用鮑彪注，參以吴師道補正，均略有取删補，非其原文。蓋明人凡刻古書，例皆如是。謂必如是，然後見其有所改定，非徒翻刻舊文也。但兩書正文，絶不删節，尚可以供童蒙之誦習云。前有《凡例》題曰：二乙堂識，真坊本也。并于《國語》前載宋庠序，《國策》前載劉歆、耿延禧、姚宏、曾鞏、鮑彪、吴師道、陳祖仁七序。

諸史品節

黃虞稷《千頃堂書目・史學類・史評》 陳深《諸史品節》四十卷。

讀史漫録

黄虞稷《千頃堂書目·史學類·史評》 張泰復《讀史漫録》二卷。

祁承㸁《澹生堂藏書目·史評》 《讀史漫鈔》二册。二卷。張大復。

史衡

黄虞稷《千頃堂書目·史學類·史評》 徐明勳《史衡》二十卷。字約若，永康人。

通史補遺

黄虞稷《千頃堂書目·史學類·史評》 鄒璧《通史補遺》二卷。

讀史摭言

黄虞稷《千頃堂書目·史學類·史評》 劉述《讀史摭言》。

史裁

黄虞稷《千頃堂書目·史學類·史評》 吴士奇《史裁》二十六卷。

祁承㸁《澹生堂藏書目》 《史裁》十二册。二十六卷。吴無奇編。

讀史日記

徐𤊹《徐氏家藏書目·旁史類·史評》 《讀史日記》四卷。熊尚文。

黄虞稷《千頃堂書目·史學類·史評》 熊尚文《蘭曹讀史日記》四卷。

《四庫全書總目提要·史評類存目》 《蘭曹讀史日記》四卷。副都御史黄登賢家藏本。明熊尚文撰。尚文字益中，豐城人。萬曆乙未進士，官至工部右侍郎。是編雜採史傳舊文，上起唐堯，下迄元代，隨事論斷。全類時文評語，頗乖著書之體。

祁承㸁《澹生堂藏書目·史評》 《蘭曹讀史日記》四册。四卷。熊尚文。

蘭台讀史自記

徐𤊹《徐氏家藏書目·旁史類·史評》 《蘭台讀史自記》四卷。熊尚文。

讀史雅言

祁承㸁《澹生堂藏書目》 《讀史雅言》二册。二卷。范槚。

洗心居雅言集

《四庫全書總目提要·史評類存目》 《洗心居雅言集》二卷。江蘇巡撫採進本。明范槚撰。槚字養吾，會稽人。嘉靖庚戌進士，官至知府。是編凡史論二百四十一條，陶望齡爲之序，書之上方及行旁皆有評語。序前標曰《新鐫史綱論題雅言》，旁註評林，目録前標曰《新刻陶會元舉業史綱論題》。皆坊本之陋式。其爲真出槚手與否，尚在疑似之閒矣。

史評

《四庫全書總目提要・史評類存目》《史評》十卷。内府藏本。明范光宙撰。光宙字霽陽，石門人。是書自春秋迄南宋，人各爲評。多襲前人緒論，罕出心裁。

史取

《四庫全書總目提要・史評類存目》《史取》十二卷。浙江汪啟淑家藏本。明賀祥撰。祥字長白，長沙人。是編凡分六類，曰世詮，曰世評，曰經世，曰性行，曰成務，曰雜紀，六類之中分子目四十有八。蓋史評之流，而其體則説部類也。觀其駁《孟子》益避禹子之言爲無稽，稱《吕氏春秋》一書與《孟子》相表裏，斥嚴光爲光武之罪人，贊丁謂爲榮辱兩忘之異人，皆所謂小言破道者。書中數稱李贄，豈非氣類相近歟。

人物論

《四庫全書總目提要・史評類存目》《人物論》三十四卷。内府藏本。明鄭賢撰。賢字元直，莆陽人。官震澤縣教諭。是書成於萬曆戊申，掇諸史論贊及唐宋以來各家文集，取其論古之文，裒爲一編，而以時代編敘之，賢亦附評於篇末。率兼論其文，不專論其事。其體例蓋在史評、總集之閒也。所採元以前人之説，僅一百二十七家，所採明人之説至二百四十七家，則宂雜可知矣。

祁承㸁《澹生堂藏書目》《古今人物論》十二册。二十六卷鄭賢

史論外編

徐𤊹《徐氏家藏書目・旁史類・史評》張元羽《史論外編》二十卷。張大齡。

説史雋言

徐𤊹《徐氏家藏書目・旁史類・史評》《説史雋言》十八卷。張大齡。

黄虞稷《千頃堂書目・史學類・史評》張大齡《説史雋言》十八卷，又《玄羽史論》四卷。

祁承㸁《澹生堂藏書目》《説史雋言》十八卷《玄羽史論》六册。四卷。張大齡。

元羽外編

《四庫全書總目提要・史評類存目》《元羽外編》四十六卷。浙江巡撫採進本。明張大齡撰。大齡，眉州人。凡《史論》四卷，首正統論，次雜論延陵季子、晏平仲等二十餘人。又《説史雋言》十八卷，分二十四類，雜採史文，斷以己説。又《晉十六國指掌》六卷，《唐藩鎮指掌》六卷，皆鈔撮《晉書載記》、《唐書藩鎮傳》而成。《隨筆》八卷，《支離漫語》四卷，評騭史事，大都穿鑿附會，無所發明。其論正統，欲以漢配夏，以唐配商，以明配周，而盡黜晉與宋元，尤爲紕繆。

測史剩語

《四庫全書總目提要・史評類存目》《測史剩語》六卷。江西巡撫採進本。明馮士元撰。士元字廷對，新昌人。萬曆中由貢生授靖安縣訓導，遷河南府教授。是書雜取春秋至唐代史事，爲之論斷。以人標題者二十四篇，以事標題者三篇。閒得蘇軾之一體，附以擬書三篇，連珠、雜説各十篇，則小品伎倆矣。

讀史評

祁承㸁《澹生堂藏書目・史評》《讀史評》四卷。楊廷均。

史砭

《四庫全書總目提要・史評類存目》《史砭》二卷。浙江巡撫採進本。明程至善撰。至善字于止，休寧人。是書所論，上起三皇，下迄於宋。然論兩漢者十之八，餘皆寥寥數則，大抵迂闊之談。其偶出新意，則往往乖刺。如謂岳飛得金牌之召，當還戈南指，誅秦檜以清君側。是豈可行之事乎？

讀宋史偶議

黄虞稷《千頃堂書目・史學類・史評》 項構元《讀宋史偶識》二卷。嘉善人。

讀史四集

黄虞稷《千頃堂書目・史學類・史評》 楊以任《讀史四集》四卷。

古今評録

《抽毀書目》《古今評録》二本。查《古今評録》，係明高維濬撰。書内匈奴五種，及賞罰一條，語極偏駁，應請抽燬。

古今治平略

《禁毀書目》《古今治平略》一部。三十二本。查古今治平略，係明朱健撰，卷三十二内語，甚狂悖其餘議論亦多偏駁，應請銷燬。

青油史漫

《四庫全書總目提要・史評類存目》《青油史漫》二卷。副都御史黄登賢家藏本。明茅元儀撰。元儀有《嘉靖大政類編》，已著録。是書雜論史事，多爲明季而發。如稱漢高祖令吏敬高爵，則爲當時輕武而言。詆魏徵抑法以沽直，太宗矯情以聽諫，則爲當時科道横議而言。論西漢亡於元帝，東漢亡於章帝，則爲神宗而言。亦胡寅《讀史管見》借事抒議之類。而矯枉過正，故其詞多失之偏僻。

宋元史論

耿文光《萬卷精華樓藏書記・史評類》《宋元史論》四卷。明張溥撰。刊本。

歷代史論

《抽毀書目》《歷代史論》二本。查《歷代史論》，係明張溥撰。卷四内《元順帝論》，甚爲偏駁謬戾，應請抽燬。

《四庫全書總目提要・史評類存目》《歷代史論二編》十卷。安徽巡撫採進本。明張溥撰。溥有《詩經註疏大全合纂》，已著録。是書總論史事，起三家分晉，至周世宗征淮南。議論凡近，而筆力尤弱，殊爲不稱其名。題曰二編，蓋尚有前編，今未之見。

耿文光《萬卷精華樓藏書記・史評類》《歷代史論》十二卷。明張溥撰。刊本。

史論

黄虞稷《千頃堂書目・史學類・史評》 張溥《史論二編》十卷。

史評　史解

黃虞稷《千頃堂書目・史學類・史評》 曹玹《史評》，又《史解》。

讀史日録

黃虞稷《千頃堂書目・史學類・史評》 王志慶《讀史日録》四卷。

訂補綱目摘要

黃虞稷《千頃堂書目・史學類・史評》 梅士亨《訂補綱目摘要》六卷。宣城人。

拙存堂史括

《四庫全書總目提要・史評類存目》《拙存堂史括》三卷。兩江總督採進本。明冒起宗撰。起宗有《拙存堂經質》，已著録。是書成於崇禎壬午。乃其自襄陽罷歸之時讀史偶記，多隨意閒評，不必盡關褒貶。閒有考證，亦未甚精核。蓋姑以資談柄，消永日耳，不足以言史學也。

讀史書後

《四庫全書總目提要・史評類存目》《讀史書後》一卷。江西巡撫採進本。明胡夢泰撰。夢泰字友蠡，鉛山人。崇禎丁丑進士，官鄞縣知縣。是編前有順治辛丑張逵序，稱其「大節耿然，不愧首陽，卒與其配李媛稱雙節，而湮没不傳」云云，則亦明末死義之士。逵不詳其始末，不可考矣。是書皆讀《史記》而跋其後，文體晦澀，幾不可讀，殆亦劉鳳之流。又有文德翼序，語意亦相類。蓋明季僞體横行，士大夫以是相高。而不知故爲詰曲，適爲後人笑也。

史　論

黃虞稷《千頃堂書目・史學類・史評》 陳子龍《史論》一卷。

讀史機略

黃虞稷《千頃堂書目・史學類・史評》 何譔《讀史機略》十卷。字韋長，黃岡人。

祁承爜《澹生堂藏書目・史評》《讀史機略》四册。

宋元史發微

黃虞稷《千頃堂書目・史學類・史評》 陸侹《宋元史發微》四卷。四明人。

記　史

黃虞稷《千頃堂書目・史學類・史評》 羅鴻《記史》十二卷。字羽王，廣昌人，舉人，崇禎間延平府推官。

史評

黃虞稷《千頃堂書目・史學類・史評》 俞漢《史評》八十卷。

諸史偶評

黃虞稷《千頃堂書目・史學類・史評》 《諸史偶論》十卷。

孟叔子史發

《四庫全書總目提要・史評類存目》 《孟叔子史發》無卷數。浙江巡撫採進本。

明孟稱舜撰。稱舜字子塞，會稽人。崇禎間諸生。是書凡爲史論四十篇，其文皆曲折明鬯，有蘇洵蘇軾遺意，非明人以時文之筆論史者。惟其以屢舉不第，發憤著書，不免失之偏駁。如《項羽論》，謂其敗兵由乎天亡，非戰之罪。《商鞅論》，謂秦用商鞅之法，六世以至於帝；始皇不用商鞅之法，二世以至於亡。《樂毅論》，謂其非仁非智，雖殺不走趙，騎刼不代將亦終必敗。皆失之過激。《李陵論》，謂陵必報漢，漢待之寡恩，則害義尤甚。崇禎末降賊諸臣，無不以陵藉口者，豈非此類僻論有以倡之乎？至於王通、韓愈、王安石、張浚諸論，則能破門户之見；晁錯、趙苞、魏徵、史浩諸論，亦能持事理之平。蓋瑕瑜互見之書也。前有崇禎辛未自序，述不得志而立言之意，稱李衛公罷相歸，著論數十首，名曰《窮愁志》。蘇文忠公謫居儋耳，亦著論數十首。今所傳平王、范增諸篇是也云云。案李德裕《窮愁志》作於崖州，無罷相歸之事。蘇軾諸論，雖集中不著年月，亦無作於海外之明文。所引皆爲舛誤，知其聰明用事，考證多疎矣。

賣萊言

《四庫全書總目提要・史評類存目》 《賣萊言》一卷。浙江鮑士恭家藏本。舊本題曰匪齋撰，不知何許人。書中取明一代人物，各加詳斷。自宋濂以下凡六十餘人。以及律吕推步之説，亦竝爲考辨，蓋亦史論之類。書中稱莊烈帝爲思皇帝，疑福王時人也。

尚論編

《四庫全書總目提要・史評類存目》 《尚論編》六卷。副都御史黃登賢家藏本。不著撰人名氏，但自稱曰印須子。中有近日熊經略語，則明末人所輯也。其書皆摘前人論史之語。起於堯舜，迄文天祥。明人議論，採摘尤多。大抵拉雜無緒，每篇皆有跋語，亦佻纖無可取。序凡三首，一稱夢博道人，一稱狎鷗翁，一稱六宜亭長，亦不知爲何許人也。

史漢合編

趙琦美《脉望館書目》 《史漢合編》三十本。三套。

史學確論

祁承㸁《澹生堂藏書目》 《史學確論》四册。八卷。沈蓋。

讀史

祁承㸁《澹生堂藏書目・史評》 郭相奎《讀史》。一卷。青螺全集本。

東坡史評

祁承㸁《澹生堂藏書目・史評》《東坡史評》一册。一卷。

史闕

耿文光《萬卷精華樓藏書記・史評類》《史闕》十四卷。明張岱撰。鄭氏刊本。

明事斷略

張之洞《書目答問・史評》《明事斷略》一卷。借月山房本。

周中孚《鄭堂讀書記・史評類》《明事斷略》一卷。借月山房彙鈔本。不著撰人名氏。書雖迄于嘉靖時，而中有贊太祖爲三百年一統之主語。又有享有天下至三百年之久語。當屬明之遺民所撰也。其書專論明一代事蹟，自洪武起兵，至追戮仇鸞，凡六十七條，俱以四字標題。大抵尚論明諸帝行事得失，大放厥辭，一無忌諱。而于靖難、奪門兩案，皆無所偏向，可見公道自在人心。彼成祖、英宗徒然殺戮諸臣以震懾一時之人，豈料後之儒生筆下不稍回護哉。後《明史》諸論贊大都援以爲定論也。今以全書體段而論當有隆慶以下諸朝，或歷久而佚之矣。

史記雜論

黄虞稷《千頃堂書目・史學類・史評》 黄淳耀《史記雜論》四卷。一作《史記質疑》二卷。

讀史紀要

吴壽暘《拜經樓藏書題跋記》《讀史紀要》。梅村先生手鈔本。嘉慶乙丑，先君子以示吴門黄蕘圃主事云的係先生親筆，因出所藏先生手寫《綏寇紀略》，共觀與此筆跡，無異洵可寶也。前有秀水朱氏，潛采堂圖書記方印。

史評

馬國翰《玉函山房藏書簿録》《史評》一卷。國朝顧炎武撰。朝邑李元春從《日知録》中摘出。

漢史億

《四庫全書總目提要・史評類存目》《漢史億》二卷。山東巡撫採進本。國朝孫廷銓撰。廷銓有《顔山雜記》，已著録。是編取司馬、班、范三史所載事實，隨筆論斷，共二百餘條。中多與于慎行《讀史漫録》議論相同者。自序謂與之暗合，故不復删。其論留侯子辟彊始謀分王諸吕，謂辟彊深沈多智，無忝厥父，有安劉氏之功。夫諸吕分王，劉氏危於累卵。特以禄、産庸才，遽釋兵柄，諸大臣得而誅之。辟彊以一孺子首倡亂謀，幾覆邦國。乃以能安劉氏稱之，不亦傎乎。

耿文光《萬卷精華樓藏書記・史評類》《漢史憶》二卷。國朝孫廷銓撰。孫文定公全集本。

鑑語經世編

《四庫全書總目提要・史評類存目》《鑑語經世編》二十七卷。直隸總督採進本。國朝魏裔介撰。裔介有《孝經註義》，已著録。是編以《通鑑》卷帙浩繁，學者難以卒讀，於是摘録司馬光《資治通鑑》及王宗沐《宋元資治通鑑》凡有關經世者，加以案語。其議論尚皆平正，然亦不能無因謬襲誤之弊。如信宋太宗燭影斧聲之事，而曰燭影摇紅，心田變黑，殊爲失考。又謂明《永樂四書五經大全》爲不刊之典，亦未免儒生章句之見也。

宋論

朱睦㮮《萬卷堂書目》《宋論》一卷。

黄虞稷《千頃堂書目・史學類・史評》朱震亨《宋論》一卷。

宋論

耿文光《萬卷精華樓藏書記・史評類》《宋論》十五卷。國朝王夫之撰。《船山全集》本。

續通鑑論 附宋論

張之洞《書目答問・史評》《續通鑑論》三十卷《宋論》十五卷。王夫之，《船山遺書》本。

讀通鑑論

耿文光《萬卷精華樓藏書記・史評類》《讀通鑑論》三十卷。國朝王夫之撰。《船山全集》本。

擬明史樂府

馬國翰《玉函山房藏書簿録》《擬明史樂府》一卷。鈔本。又載西堂雜組。國朝尤侗撰。康熙辛酉纂修，明史時作採其遺事，可備鑒戒者，斷爲韻語凡百篇，以擬李西涯子珍注。

看鑒偶評

馬國翰《玉函山房藏書簿録》《看鑑偶評》五卷。載《西堂雜組》。尤侗撰。自出手眼，不爲附和之談。

晉鑑偶評

周中孚《鄭堂讀書記補逸》《晉鑑偶評五卷》。西堂全集本。國朝尤侗撰。仕履見別史類。西堂晚年讀《涑水通鑑》、《紫陽綱目》，有所得，輒標題簡端，後乃録爲此帙。其間不免沿宋人之泒，用議論者多。然精當者，亦往往見之。

明史論

耿文光《萬卷精華樓藏書記・史評類》《明史論》四卷。國朝谷應泰撰。刊本。

讀史快編

祁承㸁《澹生堂藏書目・史評》《讀史快編》二十册。六十二卷。趙維寰。

黜朱梁紀年論

馬國翰《玉函山房藏書簿録》《黜朱梁紀年論》一卷。國朝廣平宋實穎既庭撰。黜五代史朱梁之紀年，而以晉岐淮南之稱天祐者，爲主論後附有圖説。

中山史論

馬國翰《玉函山房藏書簿録》《中山史論》二卷。國朝右副都御史中山郝浴雪海撰。自唐虞迄明，上卷一百三十六則，下卷二百三則。

經史通譜

徐㶿《徐氏家藏書目・旁史類・史評》《經史通譜》二卷。潘高。

東都事略跋

馬國翰《玉函山房藏書簿録》《東都事略跋》三卷。城西艸堂本。國朝汪琬撰。跋宋王稱《東都事略》，攷詳而評正，筆墨亦高潔。

讀史大略

耿文光《萬卷精華樓藏書記・史評類》《讀史大略》六十卷《附録》一卷。國朝沙張白撰。刊本。

讀史初階

耿文光《萬卷精華樓藏書記・史評類》《讀史初階》二卷。不著撰人名氏。刊本。

芝壇史案

《四庫全書總目提要・史評類存目》《芝壇史案》五卷。湖北巡撫採進本。國朝張鵬翼撰。鵬翼字警菴，連城人。其書取史籍舊事，倣讞獄之法。每一條爲一案，而以己意斷之，論多迂闊。

讀史吟評

《四庫全書總目提要・史評類存目》《讀史吟評》一卷。大學士英廉購進本。國朝黄鵬揚撰。鵬揚字遠公，晉江人。順治丁酉舉人，嘗官知縣。是編雜詠史事，每詩之後附以論斷，略如元宋无《啽囈集》例。而詞旨拙鄙，則又出无下。玩其意旨，似借諷明季之事，不爲品第古人也。

周中孚《鄭堂讀書記・史評類》《讀史吟評》一卷。説鈴後集本。國朝黄鵬揚撰。鵬揚字遠公，晉江人。順治丁亥舉人，嘗官知縣。《四庫全書》存目。遠公仿元宋无《啽囈集》詠史詩例，自伍員以迄謝枋，得各綴以七言絶句一首，每首加以案語，計共六十四章。措詞滯拙，豎義弇陋，遠不及宋。且如《鬭忠義》一首，其用許昌欲殺曹操事，猶曰出王隱《蜀記》。見裴松之注引。又用華容不殺曹操事，此出何書。使閻百詩見之，亦當與何義門之一時瑜亮，語並譏矣。前有自序，後有石門吴青壇靈方跋。

馬國翰《玉函山房藏書簿録》《讀史吟評一卷》。石門吴氏刊本。國朝黄鵬揚撰。取歷朝史事，每一事賦七絶一章，附評於詩後。

左傳史論

耿文光《萬卷精華樓藏書記・史評類》《左傳史論》二卷。國朝高士奇撰。刊本。

班范肪截

《四庫全書總目提要・史評類存目》《班范肪截》四卷。編修勵守謙家藏本。國朝張篤慶撰。篤慶字歷友，號厚齋，又號崑崙外史，淄川人。康熙丙寅拔貢。王士禎《漁洋詩話》稱其淹博華贍，千言可以立就。是書即兩漢史事稍加論斷，大抵皆屬常談。亦有僅節録數語，不置一詞者。其中旁掇應劭《風俗通》、蔡邕《獨斷》、劉珍《東觀漢記》之類，則顔師古、李賢、劉昭註中所引也。似史評而非史評，似説部而非説部，殆隨筆偶記之書，故漫無體例歟？

五代史肪截

《四庫全書總目提要・史評類存目》《五代史肪截》四卷。編修勵守謙家藏本。國朝張篤慶撰。是書摘取歐史之文，間附己意爲論斷。與班范肪截體例略同，而持論尤多無謂。如論朱全忠、張全義賜名事，則曰可謂忠不忠而義不義矣，此亦何須復道。又論昭宗椒蘭殿何后積善宫事，曰椒蘭不以延嗣，積善不以流慶。置其本事而旁論宫殿之名，不幾時文之掉弄筆墨乎？至論馮道《兔園册》事，曰此册流傳，至今遂廣，不特翰苑諸公奉爲祕書，而帖括家亦以爲金科玉律矣。案《兔園册》三卷，《通考》著録，註曰虞世南撰。今其書久佚，篤慶乃云流傳遂廣。亦徒爲高論，實不知其爲何書也。

資治通鑑述

《四庫全書總目提要・史評類存目》《資治通鑑述》無卷數。兩江總督採進本。國朝陳詵撰。詵有《易經述》，已著録。是編凡論三十二篇，始於范蠡，終於陸贄、裴度，末附《史官論》一篇。所論戰國時事居十之七，秦漢以後間及一二事，未編卷帙，其次第亦參差不一。蓋刊刻未竟之本，全書當不止此也。

澂景堂史測

《抽毀書目》《澂景堂史測》二本。查《澂景堂史測》，係施鴻撰。序内有推重金堡之語，殊爲謬妄，應請抽燬。

《四庫全書總目提要・史評類存目》《澂景堂史測》十四卷。江蘇巡撫採進本。國朝施鴻撰。鴻字則威，邵武人。康熙中由歲貢生，官至奉天府經歷。是編取《通鑑》中自晉至隋事蹟，各爲評論，共一百七十七則。其專取晉、宋以下六代者，自序云：「歲在甲辰，署篆羅源，未攜書籍。借得温公《通鑑》自晉至隋數十册，日夜讀之，因而有所論議。」則亦偶然劄記也。

馬國翰《玉函山房藏書簿録》《史測》十四卷。國朝邵武史鴻則威撰。

鑑史便讀

《禁毁書目》《鑑史便讀》一部三本。查《鑑史便讀》，係何敷五撰，乃村塾課蒙之本，原不成書。原序刻於康熙四十九年，而廟諱未經闕筆，殊爲悖妄，應請銷燬。

澹泊史論

耿文光《萬卷精華樓藏書記・史評類》《澹泊史論》二卷《附録》一卷。日本安積覺撰。甘雨亭本。

讀史論略

周中孚《鄭堂讀書記・史評類》《讀史論略》一卷。藝海珠塵本。國朝杜詔撰。詔字紫綸，號雲川，無錫人。康熙壬辰進士，官翰林院庶吉士。雲川以陽節潘榮《通鑑總論》通首全無結構，前後顛倒錯亂，其中通套話夾雜語，不可枚舉，因作是篇。上起戰國，下迄明末。凡二千有四十七年，約舉治亂興亡之迹，而論次之。大都不出正續《綱目》暨《明史紀事本末》之外，較潘氏似稍明順，然挂漏在所不免。至自序所摘潘氏之失，誠知免矣。

馬國翰《玉函山房藏書簿録》《讀史論略一卷》。章邱朱南濱校本。國朝翰林院編修，無錫杜詔紫綸撰。因潘氏通鑑總論而作。

耿文光《萬卷精華樓藏書記・史評類》《讀史論略》一卷。國朝杜詔撰。刊本，余氏刊本，藝海珠塵本。

史説

耿文光《萬卷精華樓藏書記・史評類》《史説》六卷。國朝李調元撰。函海本。

明史十二論

耿文光《萬卷精華樓藏書記・史評類》《明史十二論》一卷。國朝段玉裁撰。昭代叢書本。

讀史評論

《四庫全書總目提要・史評類存目》《讀史評論》六卷。兩江總督採進本。國朝費宏灝撰。宏灝號愚軒，湖州人。是書前有雍正戊申自序，前四卷曰史評，後二卷曰史論，評則分條劄記，論則因人因事，各自成篇。評多瑣屑，論多臆斷。如《王戎石崇論》，謂戎之得預竹林，以多財之故。嵇阮等利其所有，引而入之，冀分餘潤。崇既富人，必不識丁。其《金谷園集》序，殆有寒士爲之捉刀。雖有激之談，亦傎之甚矣。

讀書任子自鏡録

耿文光《萬卷精華樓藏書記・史評類》《讀書任子自鏡録》二十二卷。國朝胡季堂撰。刊本。

讀史鏡古篇

耿文光《萬卷精華樓藏書記・史評類》《讀史鏡古編》三十二卷。國朝潘世恩撰。刊本。

綱目通論

馬國翰《玉函山房藏書簿録》《綱鑑通論》一卷。任氏忠敏家塾本。國朝任兆麟撰。

耿文光《萬卷精華樓藏書記・史評類》《綱目通論》一卷。國朝任兆麟撰。

刊本。

歷代通論

耿文光《萬卷精華樓藏書記・史評類》《歷代通論》一卷。國朝任兆麟撰。余氏刊本。

國語鈔

趙琦美《脉望館書目》《國語鈔》一本。

十七朝史論一得

《四庫全書總目提要・史評類存目》《十七朝史論一得》一卷。浙江巡撫採進本。國朝郭倫撰。倫有《晉記》，已著録。是編爲論八篇：一曰秦、漢，二曰晉、宋、齊、梁、陳，三曰隋，四曰唐，五曰梁、唐、晉、漢、周，六曰宋，七曰元，八曰明，凡十七朝，故以爲名。每朝各論其得失，大致不悖於理。

石溪史話

《四庫全書總目提要・史評類存目》《石溪史話》八卷。江西巡撫採進本。國朝劉鳳起撰。鳳起字蘭村，睢寧人。是編起自三皇五帝，至明福王止，所論凡百餘條。或一事而以數事證之，或一代而以歷代參之。立説頗見詳辨，而前後時有矛盾。又如以王佐才許荀彧，而詆王導爲虚聲。美武后之保護賢臣，而咎岳飛之不知進退。其是非臧否，亦不能無所謬也。

史論五答

耿文光《萬卷精華樓藏書記・史評類》《史論五答》一卷。國朝施國祁撰。刊本，昭代叢書本。

初學史論合編

耿文光《萬卷精華樓藏書記・史評類》《初學史論合編》一卷。國朝杜文瀾撰，曼陀羅華閣本。

欽定明鑑

周中孚《鄭堂讀書記・史評類》《欽定明鑑》二十四卷。武英殿刊本。嘉慶二十三年，大學士托津等奉敕撰。冠以《上諭》三道，次列進表一道，凡例六條，及職名，目録并明傳世圖爲首卷，不入卷數。自明太祖迄莊烈帝，爲卷二十四，爲篇五百二十。全倣范祖禹《唐鑑》體例，于每篇之首，依時代先後，摘録事蹟，而後加以論斷，專論明代政治得失以垂戒。凡我朝列祖列宗創業隆軌備載，開國方略，謹遵訓示，概不編入。惟《御批通鑑輯覽》、《御製紀事本末》及《明臣奏議》諸詩，于謹按內，敬謹摘録一二要語，以著推闡是非得失之恭秉聖裁，不備恭載，以歸簡要。所有采輯明代事蹟，恭本《欽定明史》、《通鑑輯覽》三編及《明臣奏議》，詳慎節録，以徵信紀實。其他雜史稗官，概不旁及。其議論之正，是非之公，較之《唐鑑》，誠不可以道里計矣。

空山堂十七史論

張之洞《書目答問・史評》《空山堂十七史論》卷。牛運震。自刻本。

通鑑大感應録

《四庫全書總目提要・史評類存目》《通鑑大感應録》二卷。山西巡撫採進本。國朝秦鏡撰。鏡字非臺，翼城人。此集前有鏡自序，謂《資治通鑑》乃古今來一大感應篇，録其彰明較著者，俾覽之者有所觀感云云。大抵如《迪吉録》、《勸善圖説》等書，取以醒世，非史學也。如論皋陶謂之士而兼師，全柄生殺之權，故子孫不王，則尤附會之論矣。唐虞至治，堯舜至明，皋陶之刑果干天罰，能見用於二帝之世乎。

讀史賸言

耿文光《萬卷精華樓藏書記・史評類》《讀史賸言》四卷。國朝秦篤輝撰。湖北叢書本。

論世八編

《四庫全書總目提要・史評類存目》《論世八編》十二卷。浙江巡撫採進本。國朝華慶遠撰。慶遠，無錫人。是書輯前人論古之説，各區以時代。卷首有自序四篇，初序於崇禎庚辰，再序於甲申，三序於己丑，四序於己酉。己丑爲順治六年，己酉爲康熙八年。其庚辰原序謂，略似竟陵鍾氏《史懷》，或正史，或野史，或集，或説，不專一史。久之盈册，題曰《寒窻歎》。後改名爲《論世八編》。自一卷至四卷爲初編，論自古迄三代。五卷爲二編，則專論孔子。六卷爲三編，專論西漢。七、八兩卷爲四編，論東漢後漢。九卷爲五編，論晉至隋。十卷爲六編，論唐。十一卷爲七編，論北宋。十二卷爲八編，論南宋至明初。大抵綴輯陳言，閒有附評，亦寥寥偶見。

讀史管見

耿文光《萬卷精華樓藏書記》《讀史管見》一卷。國朝王轂撰。《昭代叢書》本。

紀事約言

耿文光《萬卷精華樓藏書記・史評類》《紀事約言》二卷。國朝夏勤塘撰。刊本。

讀史偶得

耿文光《萬卷精華樓藏書記・史評類》《讀史偶得》二卷。國朝楊鍾寶撰。刊本。

史概評苑

馬國翰《玉函山房藏書簿録》《史概評苑》十卷《録》一卷。明會稽俞學文在甫編，李事道行可校，評輯諸家史記文語。自序謂有裨於舉業。

史隟

馬國翰《玉函山房藏書簿録》《史隟》六卷《續》一卷。國朝范陽盧士元長公撰。摘論各史主於考訂。

鉤喙録

馬國翰《玉函山房藏書簿録》《鉤喙録》八卷。並青照堂本。盧士元撰。取史記折鉤之喙，義多述五行災異。

史編

馬國翰《玉函山房藏書簿録》《史編》十六卷。

韻史

馬國翰《玉函山房藏書簿録》《韻史》一卷。並檀几叢書本。國朝鶴湖金諾楚重撰。紀明代事，仿楊慎二十一史彈詞爲之。

史鑑節要

耿文光《萬卷精華樓藏書記·史評類》《史鑑節要》六卷。國朝鮑東里撰。刊本。

韻史 韻史補

耿文光《萬卷精華樓藏書記·史評類》《韻史》二卷《韻史補》一卷。國朝許遯庵撰朱玉岑補。刊本，半畝園本。

日鋤齋日記

馬國翰《玉函山房藏書簿録》《日鋤齋日記》二卷。松林堂本。國朝紫陽知縣宛平張琛問齋撰。序引莊子，顔闔三年，始得鋤其色，此名齋之義也。日記皆論史事，獨抒己見而不爲過高之言。

讀史衡

耿文光《萬卷精華樓藏書記·史評類》《讀史衡》不分卷。國朝陳鹿撰。抄本。

唐宋名家歷代史論奇鈔

耿文光《萬卷精華樓藏書記·史評類》《唐宋名家歷代史論奇鈔》七卷。日本松崎撰。日本刊本。

日本國史評林

耿文光《萬卷精華樓藏書記·史評類》《日本國史評林》一卷。日本羽山尚德撰。日本刊本。

古史考

《舊唐書·經籍志·雜史》《古史考》二十五卷。譙周撰。

姚振宗《三國藝文志・史評類》 譙周《古史考》二十五卷。周始末具經部禮類。《蜀志》本傳：凡所著述，撰定《五經論》、《古史考》書之屬百餘篇。《晉書・司馬彪傳》：「初，譙周以司馬遷《史記》書周秦以上，或采俗語百家之言，不專據正經。周于是作《古史考》二十五篇，皆憑舊典，以糾遷謬誤。彪復以周爲未盡善也，條《古史考》凡百二十二事爲不當，多據《汲冢》、《紀年》之義，亦行于世」云。《隋書・經籍志・正史類》：《古史考》二十五卷，晉義陽亭侯譙周撰。《日本國見在書目》同。《唐・經籍志・雜史類》：《古史考》二十五卷，譙周撰。《藝文志・雜史類》：譙周《古史考》二十五卷。

《史通・正史篇》：譙周作《古史考》二十五篇，今與《史記》並行于代。又《摸擬篇》曰：當秦有天下，地廣殷周，變諸侯爲帝王，目宰輔爲丞相，而譙周撰《古史考》，思欲擯抑馬《記》，師放孔經。其書李斯之棄市也。乃云「秦殺其大夫李斯」。夫以諸侯之大夫名天子之丞相，以此而擬《春秋》，所謂貌同而心異也。

高似孫《史略》曰：「古書有《周考》七十六篇。」顔師古曰：「考周事也。案見《漢志・小説家》。此是班氏自注，非顔師古説。譙之名書蓋取此。考中載吕不韋爲秦子楚行千金貨于華陽夫人，請立子楚爲嗣。及子楚立，封不韋洛陽十萬户，號文信侯。以詐獲爵故曰竊也，其所紀往往如此。」

章宗源輯本序曰：「《史通・外篇》稱《古史考》「與《史記》並行于代」。觀知幾所言，雖與《史記》並論，證以史考之名，檢其逸篇體例，實異正史。《唐志》列于雜史者是也。《文選・王元長詩》注引公孫述竊位，蜀人任永記目盲一事，蔚宗書亦載之，是又兼及後漢事，不獨糾遷事矣。」

章宗源《隋志考證》曰：「詞意多主辨駁，體裁實异正史，《唐志》列諸雜史類得之。」

案：隋、唐人以此爲考史之書，故附《史記》以行，《隋志》亦從，而録于諸家注義之後。《史通》所言蓋即指此。猶《漢書》之後系以劉寶《駁議》、姚察《定疑》，《三國志》之後，系以何常侍之《論》，徐爰之《評》一例。其書實史評之屬，列之雜史亦未盡當。今與曹元首及武侯《論》並析爲史評類。《日本見在書目》《古史考》之前，有《太史公記問》一卷，疑亦譙允南書。

周中孚《鄭堂讀書記補逸》 《古史考》一卷。《平津館叢書》本。晉譙周撰。國朝章宗源輯。周，字允南，蜀之巴西人。仕漢至光禄大夫。勸後主降魏，封陽城亭侯。晉武受禪，拜騎都尉。遷散騎常侍，疾篤未拜。《蜀志》有傳。宗源，字逢之，宛平人。乾隆丙午舉人，緣事斥。《蜀志》本傳稱周「撰定《法訓》、《五經論》、《古史考》」諸書。劉氏《史通・外篇》稱「周以遷書周秦以上或采家人諸子，不專據正經。於是作《古史考》二十五篇，皆憑舊典以糾其謬」。《隋志》遂列之正史類，《新》、《舊唐書志》始别之雜史類，皆因篇爲卷。自唐以後，佚亡已久，逢之好輯佚書，嘗欲依《隋志》自爲之考證，所輯書滿十餘笈。逢之没後，孫淵如星衍僅得其二種，是書與《物理論》也。逢之序稱：「《文選》王元長《曲水詩序》注引公孫述竊位，蜀人任永詆目盲一事，蔚宗書亦載之。是又兼及後漢事，不獨糾遷書矣。」又云：「《晉書・司馬彪傳》言彪復條《古史考》中凡百二十二事爲不當，多據《汲冢》、《紀年》之義。《隋》、《唐志》俱不著録，諸書亦無引之者。」今按周爲人不足道，其説亦有失，而是本所輯存乃爲諸家所别擇，頗可觀覽焉。淵如既取以付梓，亦爲之序。

前漢考異

尤袤《遂初堂書目・史學類》 《前漢考異》。

史宗并注

李正奮《補後魏書藝文志・史評類》 《史宗并注》見《北史》都芳本傳。

漢書音義

尤袤《遂初堂書目・史學類》 蕭該《漢書音義》。

史記音義

尤袤《遂初堂書目・史學類》 《史記音義》。

馬端臨《文獻通考・經籍考》《史記音義》二十卷。

陳氏曰：唐崇賢館學士劉伯莊撰。貞觀初，奉敕講授，采鄒誕生、徐廣及隋柳顧言《音義》，而爲此書。

史記索隱

晁公武《郡齋讀書志・史評類》《史記索隱》三十卷。右唐司馬貞撰。據徐、裴注糾正牴牾，援據密緻。如東坡辨宰我未嘗從田常爲亂，蓋本諸貞也。

尤袤《遂初堂書目・史學類》《史記索隱》。

馬端臨《文獻通考・經籍考》《史記索隱》三十卷。

晁氏曰：唐司馬貞撰。據徐裴注糾正牴牾，援據密緻。如東坡辯宰我未嘗從田常爲亂，蓋本諸貞也。

陳氏曰：採摭異聞，釋文演注。末二卷爲《述贊》、爲《三皇本紀》，世號「小司馬史記」。

馬端臨《文獻通考・經籍考》《附索隱史記》一百三十卷。

陳氏曰：淳熙中，廣漢張材介仲刊於桐川郡齋，削去褚少孫所續，而附以司馬貞《索隱》。其後江陰耿秉直之復取所削者別刊之。

陳伯宣注史記

馬端臨《文獻通考・經籍考》《陳伯宣注史記》八十七卷。

《崇文總目》：唐陳伯宣撰。因裴駰説有所未悉，頗增損焉，然多取司馬氏《索隱》以爲己説，今篇殘缺。

史記正義

尤袤《遂初堂書目・史學類》《史記正義》。

馬端臨《文獻通考・經籍考》《史記正義》二十卷。

陳氏曰：唐諸王侍讀張守節撰，開元二十四年作序。《崇文總目》：爲《漢書》學者，此最精博。

漢書句字

尤袤《遂初堂書目・史學類》《漢書句字》。

漢書講解

尤袤《遂初堂書目・史學類》《漢書講解》。

律歷辨疑

尤袤《遂初堂書目・史學類》《律曆辨疑》。

集校兩漢書

尤袤《遂初堂書目・史學類》《集校兩漢書》。

東漢質疑

尤袤《遂初堂書目・史學類》《東漢質疑》。

東漢年表

尤袤《遂初堂書目・史學類》《東漢年表》。

晉書音義

尤袤《遂初堂書目・史學類》《晉書音義》。

史記析微

尤袤《遂初堂書目・史學類》《史記析微》。

三史刊誤

馬端臨《文獻通考・經籍考》《新校史記》一百三十卷、《新校前漢書》一百卷、《新校後漢書》九十卷、《三史刊誤》四十五卷。

《崇文總目》：皇朝張觀等校定。初，祕書丞余靖上言國子監所收《史記》、《漢書》誤，請行校正。詔翰林學士張觀、知制誥李淑、宋祁與靖、洎直講王洙，於崇文院讎對。靖等悉取三館諸本，及先儒注解、訓傳、六經、小說、《字林》、《說文》之類數百家之書，以相參校。凡所是正增損數千言，尤爲精備，逾年而上之。靖等又自録其讎校之說，別爲《刊誤》四十五卷。

新唐書糾謬

晁公武《郡齋讀書志・史評類》《唐書辨證》二十卷。右皇朝吴縝撰。縝，字廷珍，成都人，仕至郡守。數《新書》初修之時，其失有八類，其舛誤二十門，凡四百餘事。縝不能屬文，多誤有詆訶。如《新書・張九齡傳》云：武惠妃陷太子瑛，遣宮奴告之曰：「廢必有興，公爲援，宰相可常處。」九齡奏之，故卒九齡相而太子無患。縝以爲時九齡已相而太子竟以廢死，以爲《新書》似實而虛。按史之文謂終九齡在相位日，太子得不廢也，豈謂卒以九齡爲相，太子終無患乎？初名糾謬，其後改云辨證，實一書也。

馬端臨《文獻通考・經籍考》《唐書辯證》二十卷。一名《糾謬》。

晁氏曰：皇朝吴縝撰。縝字廷珍，成都人，仕至郡守。數《新書》初修之時，其失有八類，其舛誤二十門，凡四百餘事，縝不能屬文，多誤有詆訶。如《新書・張九齡傳》云：武惠妃陷太子瑛，遣官奴告之曰：「廢必有興，公爲援，宰相可常處。」九齡奏之，故卒九齡相，而太子無患。縝以爲時九齡已相，而太子竟以廢死，以爲《新書》似實而虛。按史之文謂終九齡在相位日，太子得不廢也，豈謂卒以九齡爲相，太子終無患乎？初名《糾謬》，其後改云《辯證》，實一書也。

王氏《揮麈録》曰：嘉祐中，詔宋景文、歐陽文忠諸公重修《唐書》。時有蜀人吴縝者初登第，因范景仁而請於文忠。願預官屬之末。上書文忠，言甚懇切。文忠以其年少輕佻拒之，縝鞅鞅而去。逮夫《新書》之成，迺從其間指摘瑕疵，爲《糾謬》一書。至元祐中，縝遊宦蹉跎，老爲郡守，與《五代史纂誤》俱刊行之。紹興中，福唐吴仲實元美爲湖州教授，復刻於郡庠，且作後序，以謂《鍼膏肓》、《起廢疾》，杜預實爲《左氏》之忠臣，然不知縝著書之本意也。

陳氏曰：其父師孟，顯於熙、豐，此書紹聖初上之。

錢謙益《絳雲樓書目・史學類・史評》《新唐書糾謬》二十卷。吴縝著。又有《五代史纂誤》，專攻歐公之失。嘉祐中重修《唐書》時，蜀人吴縝欲預官屬之末，爲歐公所拒，意殊怏怏。及書成，縝遂抉摘瑕疵，爲《糾謬》一書，元祐間刊行，紹興中湖郡重刻，吴仲實作後序，王仲言《揮麈後録》中，載此事甚詳。

祁承㸁《澹生堂藏書目》《新唐書糾謬》四册。二十卷。吴縝著。

馬國翰《玉函山房藏書簿録》《新唐書糾謬》二十卷目一卷。宋左朝請郎知蜀州軍事咸林吴縝廷珍撰。書分二十門，駁斥凡四百餘事。晁氏《讀書志》謂縝不能屬文，多誤有詆訶。嘉定錢大昕校本，遂於吴説有過當者。悉爲辨難，識於旁，又續爲補遺一卷，皆指吴失疵類。跋謂竊取虞仲非非《國語》之例，然《新書》亦實有謬誤，不能爲曲護者，則吴氏所糾，分別觀之可已。

五代史纂誤

尤袤《遂初堂書目・史學類》 《五代史纂誤》。

晁公武《郡齋讀書志・史評類》 《五代史纂誤》五卷。右皇朝吴縝撰。凡二百餘事，皆歐陽永叔《新五代史》牴牾舛訛也。按《通鑑考異》證歐陽《史》差誤，如莊宗還三矢事之類甚衆，今此書皆不及之，特證其事之脱錯而已。又善本未必皆然。

馬端臨《文獻通考・經籍考》 《五代史纂誤》五卷《雜録》一卷。

晁氏曰：皇朝吴縝撰，凡二百餘事，皆歐陽永叔《新五代史》牴牾舛訛也。按《通鑑考異》證歐陽《史》差誤，如莊宗還三矢事之類甚衆，今此書皆不及之，特證其字之脱錯而已。又善本未必皆然。

陳氏曰：宇文時中守吴興，郡庠有二史板，遂二書刻之，後皆入國子監。初，郡人思溪王氏刻《藏經》，有餘板，以刊二史寘郡庠。中興，監書多闕，遂取其板以往，今監本是也。

馬國翰《玉函山房藏書簿録》 《五代史記纂誤》三卷。吴縝撰。此書專取新五代史，摘其舛類晁氏《讀書志》，陳氏《書録解題》並作五卷，尤袤《遂初堂書目》不著卷數，《宋志》則作三卷。今佚乾隆中。

四庫館從《永樂大典》輯出，猶存一百十二事。歙鮑廷博校刊。

馬國翰《玉函山房藏書簿録》 《五代史記纂誤補》四卷。國朝乾隆壬辰舉人歸安吴廷蘭胥石撰。以吴縝所作《五代史記纂誤》，其書久佚，武英殿所采集者，以晁氏《讀書志》核之，約存原書之十五六。乃以昔賢緒論及近時人訂正所及補之同，時有仁和吴麗璜長元，亦著《宸垣志略》，人號二吴。

史剡

馬國翰《玉函山房藏書簿録》 《史剡》一卷。刊本。宋司馬光撰。自題云：愚觀前世之史，有存之不如其亡者。故作《史剡》。其細瑣繁蕪，固不可悉數，此言其卓卓爲士大夫所信者。此本止八條，疑非全書，稱剡者，取《小雅》「以我剡耜」之義。

劉氏兩漢刊誤

尤袤《遂初堂書目・史學類》 《劉氏兩漢刊誤》。

東漢刊誤

晁公武《郡齋讀書志・史評類》 《東漢刊誤》一卷。右皇朝劉攽貢父撰。攽序稱，英宗讀《後漢書》，見「墾田」字皆作「懇」字，命國子監刊正之。攽爲直講，校正其謬誤不可勝數。然此書世無善本，率以己意定之。治平三年奏御。攽號有史學，温公修《通鑑》，以兩漢事付之。

馬端臨《文獻通考・經籍考》 《東漢刊誤》一卷。

晁氏曰：劉攽貢父撰，攽序。英宗讀《後漢書》，見墾田字皆作「懇」字，命國子監刊正。攽爲直講，校正其謬誤不可勝算。然此書世無善本，率以己意定之，治平三年奏御。攽號有史學，温公修《通鑑》，以兩漢事付之。

唐書音義

晁公武《郡齋讀書志・史評類》 《唐書音義》三十卷。右未詳撰人。比竇氏書大略同而稍異，乃析爲三十卷。

馬端臨《文獻通考・經籍考》 《唐書音義》三十卷。

晁氏曰：未詳撰人。比竇氏書大略同而稍簡，乃析爲三十卷。

王圻《續文獻通考・經籍考・史評》 《唐史音義》六十卷。同安吕科著。

唐書音訓

晁公武《郡齋讀書志・史評類》 《唐書音訓》四卷。右皇朝竇苹撰。新書多奇字，觀者必資訓釋。苹問學精博，發揮良多，而其書時有攻苹者，不知何人附益之也。苹，元豐中爲詳斷官。相州獄起，坐議法不一，下吏。蔡確笞掠之，誣服，遂廢死。

尤袤《遂初堂書目·史學類》《唐書音訓》。

馬端臨《文獻通考·經籍考》《唐書音訓》四卷。

晁氏曰：皇朝竇苹撰。新書多奇字，觀者必資訓釋。苹問學精博，發揮良多，而其書時有改革者，不知何人附益之也。

五代史集注

王圻《續文獻通考·經籍考·史評》《五代史集註》。徐無黨著。無黨，永康人。皇祐間進士，仕至郡博士。歐陽公常稱其文。

歷代史辨志

晁公武《郡齋讀書志·史評類》《歷代史辨志》五卷。右未詳撰人。亦有可觀者，凡百許篇。序謂：「人之志有甚微者，不可不辨，故以名書。」

馬端臨《文獻通考·經籍考》《歷代史辯志》五卷。

晁氏曰：未詳撰人。亦有可觀者，凡百許篇。序謂人之志，有甚微者，不可不辯，故以名書。

通鑑釋文

馬端臨《文獻通考·經籍考》《通鑑釋文》二十卷。

陳氏曰：司課司馬康公休撰。温公之子。

《通鑑釋文》三十卷。

陳氏曰：左宣義郎眉山史炤見可撰，馮時行爲之序。今考之公休之書，大略同而加詳焉，蓋因其舊而附益之也。

楊士奇等《文淵閣書目·宙字號第一櫥書目·史附》《通鑑釋文》。一部三册闕。

《通鑑釋文》。一部五册闕。

《通鑑釋文》。一部六册闕。

西漢決疑

馬端臨《文獻通考·經籍考》《西漢決疑》五卷。

陳氏曰：國子司業宛邱王述致君撰。一曰《失實》，二曰《引古》，三曰《異言》，四曰《雜證》，五曰《注釋》。

諸史闕疑

《宋史·藝文志·職官類》楊王休《諸史闕疑》三卷。

四明尊堯集

《四庫全書總目提要·史評類存目》《四明尊堯集》十一卷。浙江范懋柱家天一閣藏本。宋陳瓘撰。瓘有《了翁易説》，已著録。是書《書録解題》著録止一卷，此本十一卷，乃後人并其原表序跋合而編之者也。瓘以紹聖史官專據王安石《日録》改修《神宗實録》，變亂是非，不可傳信。因作是書以辨其妄。其初竄廉州時所著，名《合浦尊堯集》。但著十論，猶未直攻安石。及北歸後，乃改作此書，分爲八門，曰《聖訓》、《論道》、《獻替》、《理財》、《邊機》、《論兵》、《處己》、《寓言》，始力斥王安石之誣。皆摘《實録》原文，而各著駁論其下，共六十五條。坐此羈管台州。其總論中所云安石退居鍾山，著此訕書以授蔡卞。卞當元祐之時，增損潤色，九年筆削云云。大抵主於掊擊卞，故史稱京、卞兄弟，最所忌恨，得禍最酷。然朱子尚病其有所避就，未能直中安石隱微云。

耿文光《萬卷精華樓藏書記卷七十二》《四明尊堯録》十一卷。宋陳瓘撰。沙邑陳氏本，康熙乙未年刊。是書又見於本集羅從彦，亦著《尊堯録》，萬曆間，裔孫應斗重刊。皆沙縣人。了翁以紹聖史官據《王安石日録》改修《神宗實録》，因作此書，力斥安石之誣。

辨誣筆録

朱睦㮮《萬卷堂書目》《辨誣筆録》一卷。函海本。宋趙鼎撰。鼎有《建炎筆録》，已鈔録。是編前有自序，稱學術迂僻，與衆背馳，所上前後數千章，其間豈無傳播失實，風聞文飾之誤，不得不辨，其他細故，無足深較云云。所辨張邦昌僭竊，干王時雍權京畿提刑，有新奉玉音之語，即史所稱檜惡其逼己，徙知泉州。又諷謝祖信，論鼎嘗受邦昌僞命，辨盜用都督府錢十七萬，即史所稱檜忌鼎復用。諷王次翁，論其乾没都督府錢十七萬，謫官居興化軍，辨資善堂汲引親黨，即史所稱封瑗爲建國公，就學資善堂。薦范沖(原本沖誤仲，據宋史校。)爲翊善，朱震爲贊讀，朝論謂二人極天下之選。蓋定國本莫先于教，徽欽以前，未見史册，並足以資攷證，雖篇帙寥寥，亦讀宋史者所不能廢也。

兩漢索隱

王圻《續文獻通考・經籍考・史評》《兩漢索隱》浮梁程瑀著。瑀，政和間進士。所著又有《周禮議》、《尚書説》。

史記集解

王圻《續文獻通考・經籍考・史評》《史記集解》。姚寬撰。

唐書糾繆

尤袤《遂初堂書目・史學類》《唐書糾繆》。

王圻《續文獻通考・經籍考・史評》《唐書糾繆》。徐次鐸著。

補註唐書

王圻《續文獻通考・經籍考・史評》《補註唐書》二百卷。李繒著。繒，卭州人。舉八行不赴，以文史自娱。

諸史精考

王圻《續文獻通考・經籍考・史評》《諸史精考》。丁黼著。黼，石埭人。真德秀嘗薦於朝，除秘閣。

唐書列傳辨證

馬端臨《文獻通考・經籍考》《唐書列傳辯證》二十卷。

陳氏曰：端明殿學士玉山汪應辰聖錫撰。專攻列傳，不及紀、志。以元祐名賢謂列傳記事毀於鐫削，暗於藻繪，故隨事辯證之。

典故辯疑

馬端臨《文獻通考・經籍考》《典故辯疑》二十卷。儒林郎主管尚書吏部架閣文字李大性撰。淳熙十三年投進。自爲序略曰：「仰惟皇朝，聖明相紹，明良之懿，著在青史，坦然明白，信以傳信。而纓紳相屬，佔畢益繁，私史薦興，説令蠭午，朱紫苗莠，混爲一區，熙朝盛美，未免蒙翳。請略舉數端言之：如梅堯臣《碧雲騢》，非堯臣所撰；孔平仲《雜録》，非平仲所述。《建隆遺事》以王禹偁名，而實非禹偁；《志怪集》、《括異志》、《倦遊録》以張師正名，而實非師正。《涑水記聞》雖出於司馬光，而多所增益；《談叢》雖出於陳師道，而多所誤繆。以至《王安石日録》、蔡絛《國史後補》，又皆不足以取信。儒者俱嘗言之，而未之詳辯也，矧其言者乎？蓋嘗推其疇品，爲説滋夥，數其差舛，不見殫述。雖云爝火之衆，於大明何傷，而微塵纖埃非全鏡所宜有也。然則丹鉛點勘，癉疑辯惑，匪書生職歟？臣大懼私史踳駁，或爲正史之蠹，輒摭其事而正之。伏自忖念：衡茅之下，多未見之書，樸樕之材，無奇特之見，固不當自寘於五不韙之域，以奸嚴誅。而孤忠拳拳，所欲辯明，懷不能記，非敢遠慕昔人，作指瑕糾謬之書，以詒攻訶之誚。獨取熙朝美事，及名卿才大夫之卓卓可稱而其事爲野史語録所翳者，辯而明之，參其歲月，質其名氏、爵位而考證焉。其或傳聞異詞，難以示信，以意逆志，雖知其非而未有曉然依據，則姑置弗辯。其所辯者，必得所證而後爲之説焉。」所辯凡二百條，釐爲二十卷，名之曰《典故辯疑》。右史評、史抄。

集注天官書

尤袤《遂初堂書目・史學類》《集註天官書》。

漢儀

尤袤《遂初堂書目・國史類》 王遇《漢儀》。

南北籌邊

馬端臨《文獻通考・經籍考》《南北籌邊》十八卷。臨江曾三英無愧撰。周平園序略曰：南渡初，士大夫日夜防守江淮，計時右正言吕祉帥金陵，與其屬吴若、陳克著《東南防守利便》三卷上之。事既詳實，文亦條暢。其後有尚書郎臨川吴曾著《南北征伐編年》二十三卷，起三國終五代，凡古今形勢、師旅勝負，該貫無遺。仍集當時君臣議論，爲分門事類一十二卷，其相謀相應、攻守通好，可指諸掌，視祉之書，益加詳焉。今臨江曾君三英復爲《南北邊籌》十八篇。南之攻北，其事有九：諸葛亮、紀瞻、褚裒、元温、劉裕、宋文帝、陳顯達、沈慶之、吴明徹是也；北之圖南，其事亦九：曹操、魏明帝、羊祜、苻堅、拓跋太武、孝文、元英、邢巒、北齊是也。人爲一論，論指一事，皆援昔以證今，因迹以求心，即成而究敗，考古可謂勤，而用志可謂切矣。

兩漢補遺

尤袤《遂初堂書目・史學類》《兩漢補遺》。

馬端臨《文獻通考・經籍考》《兩漢刊誤補遺》十七卷。

陳氏曰：國子博士吴仁傑斗南撰。補三劉之遺也。

楊士奇等《文淵閣書目・宙字號第二橱書目・史附》 吴仁傑《兩漢刊誤補遺》。一部一册闕。

吴仁傑《兩漢刊誤補遺》。一部一册闕。

錢謙益《絳雲樓書目・史學類・史評》《兩漢刊誤補遺》十七卷。宋國子博士吴仁傑斗南撰。

馬國翰《玉函山房藏書簿録》《兩漢刊誤補遺》十卷。知不足齋本。宋吴仁傑撰。有《易圖説》，已著録。經編此書，補劉攽西漢刊誤東漢刊誤。二書之遺而兼及劉敞劉，奉世之説引證詳確實出三劉之上。《直齋書録解題》延令宋板書目並作十七卷，此本十卷，與宋志合當日或有二刻乎？卷首有淳熙己酉古汴曾絳引卷，末附録《吴中舊事》《崑山縣志》各一則。

史記注

王圻《續文獻通考・經籍考・史評》《史記註》一百卷。金蕭貢著。貢字真卿，咸陽人。好學讀書，至老不倦。官至户部尚書。

漢官唐書傳注補注音訓

王圻《續文獻通考・經籍考・史評》《漢官唐書傳註補註音訓》總三百卷。徐次鐸著。鐸，東陽人。紹熙中進士，通判衢州。

春秋漢唐史志解

王圻《續文獻通考・經籍考・史評》《春秋漢唐史志解》。晉江楊景陸著。

外紀辨疑

黄虞稷《千頃堂書目・史學類・史評》 盧璣《外紀辨疑》。

舊聞證誤

《四庫全書總目提要・史評類存目》《舊聞證誤》四卷。永樂大典本。

宋李心傳撰。心傳有《建炎以來繫年要録》，已著録。《要録》於諸書譌異，多隨事辨正。故此書所論北宋之事爲多，不複出也。或及於南宋之事，則要録之所未及，此補其遺也。凡所見私史小説，上自朝廷制度沿革，下及歲月之參差，名姓之錯互，皆一一詳徵博引，以折衷其是非。大致如司馬光之《通鑑考異》，而先列舊文，次爲駁正，條分縷析，其體例則如孔叢之詰墨。其間決疑定舛，於史學深爲有裨，非淹通一代掌故者不能爲也。《宋史・藝文志》載此書作十五卷，自明代已無傳本，故薛應旂、王宗沐等續修《通鑑》，商輅續修《綱目》，皆未見其書。今從《永樂大典》中所載，蒐羅裒輯，尚得一百四十餘條。謹略依時代先後，編次排纂，析爲四卷。雖非心傳之全帙，然就所存者觀之，其資考證者已不少矣。原書於所辨諸條各註書名，《永樂大典》傳寫脱漏，僅存其十之三四。謹旁加搜討，凡有可考者悉爲補註，無可考者則仍其舊。心傳所辨，間有脱文，今無別本可校，亦不敢意爲增損焉。

張鋙《愛月精廬藏書志》《舊聞證誤》殘本二卷。宋刊本。汲古閣藏書。宋秀巖李心傳伯微甫撰。原十五卷，《四庫全書》從《永樂大典》録出，編爲四卷，此則原本一二兩卷也。

張之洞《書目答問・史評》《舊聞證誤》四卷。宋李心傳。《函海》本。

周中孚《鄭堂讀書記・史評類》《舊聞證誤》四卷。函海本。宋李心傳撰。心傳，字微之，井研人。官至禮部侍郎。《四庫全書》著録。《宋志》作十五卷。其書久佚，館臣從《永樂大典》録出，祇存一百四十餘條，略依時代編次爲四卷。俱雜采宋初以來各家説部所載有關朝章典制者，加以辨論證其譌誤，而凡軼聞瑣事有所聞者，亦並載焉。雖案頭之較本，亦史學之緒餘也。與其所作《朝野雜記》毓簡雖異，而同爲備天水之掌故，則一也。李雨村調元取以刊入函海，前有序文兩篇。

馬國翰《玉函山房藏書簿録》《舊聞證誤四卷。函海本。宋李心傳撰。既爲建炎以來，《朝野雜記》復作此以駁正。宋代私史之訛，如蘇叔黨赴倅真定，抗賊死。辨朱勝非《秀水閒居録》，李綱私藏過于國帑之類，皆根據鑿鑿。原本久佚。四庫館從《永樂大典》録出，綿州李調元刊。

陸心源《皕宋樓藏書志・史評類》《舊聞證誤》四卷。又瀾閣傳抄本。勞季言校，宋李心傳撰。

耿文光《萬卷精華樓藏書記卷七十二》《舊聞證誤》四卷。宋李心傳撰。函海本。前有李調元序並跋。李氏序曰：「宋代史學，自司馬君實而外，吾蜀李氏最稱傑出。李仁父《長編》五百二十卷，《舉要》六十卷；李微之《建炎以來繫年要録》二百卷，陳振孫稱其與巽巖《長編》相續。余皆有家藏寫本，無力付梓。兹刻其《舊聞證誤》，辨駁詳明，根據鑿鑿。如蘇叔黨赴倅真定，抗賊以死，非卷中表出，人將無知之者。朱勝非《秀水閒居録》，載李綱私藏過於國帑，自奉泰侈及以私貨贐張浚之行，非具知人論世之識，逐加辨正，遂令賢者蒙垢不淺，欲不謂之良史才得乎？」

李氏跋曰：「微之在宋有《良史之目證誤》一書，雜採宋初以來各家説部所載不關朝章典制者，加以辨論，證其訛誤。而凡軼聞瑣事有所聞者，亦並載焉。其引用書有未注出原書者，爲補注於下。雖案頭之校本，亦史學之緒餘也。」

彭氏跋曰：「宋人雜記傳説最多，而《宋史》繁冗，以此書證之，則年月事詞牴牾者夥矣。揚善之言不嫌從長，已非信史。若惡直醜正，如王孝先之求復，張尚賢之干謁，宋子京之反覆，趙元直之很侈，烏可以不辨。此書從《永樂大典》輯出，原書先舉舊聞，後申證誤，惜抄胥不知體例。間有脱處，今逐條校注，信爲言《宋史》者萬不可少之書。朱竹垞嘗有志重修《宋史》，曾舉宋人著述足資史事者數十家，亦列李心傳名，蓋指《朝野雜記》。若《繫年要録》及此書，則竹垞所未見也。」録於《知聖道齋讀書》跋尾。

胡寅者，凶悪躁進之士也。趙鼎薦之，詞掖朝士皆畏之。以行詞乖謬，衆論不容，乃稱父安國老疾，遠在湖湘，乞歸省，於是差知永州。寅携妾居婺州，久之不去。有朝士范伯奮貽書責之，寅以妾臨蓐爲辭。伯奮復曰：「妾産與父疾孰重？」寅訢於鼎，改知嚴州。鼎旋罷，累月復相，欲召寅，議者以不省父止之。

丁丙《善本書室藏書志・史評類》 《舊聞證誤》二卷。宋刊本。毛子晉張月霄藏書。秀巖李心傳伯微甫。井研官工部侍郎博通典故，諳習舊章，爲南渡史學之冠。此書於所見私史小説，有踳駮之處，皆摘取而辨論其誤。《宋史・藝文志》載書凡十五卷，自明以來佚失已久。館臣從《永樂大典》蒐輯百四十餘條，析爲四卷。南昌彭元瑞知聖《道齋讀書跋》尾云，宋人雜記傳説最多，而《宋史》極繁冗，以此證之，則年月事詞牴牾者夥。原書先舉舊聞，後申證誤，今逐條校注，信爲言宋事者萬不可少之書。朱竹垞嘗有志重修《宋史》，曾舉宋人著述，足資史事者數十家。亦列李心傳名，蓋指《朝野雜記》若《繫年要録》及此書，則竹垞所未見也。此則原刻卷一卷二兩帙耳，尚五十餘條，全書果出，必不止百四十餘條也。有子晉汲古主人、聖雨齋、愛日精廬藏書、張月霄印諸印。

丁丙《善本書室藏書志・史評類》 《舊聞證誤》四卷。舊鈔本。袁壽階陳仲魚藏書。宋李心傳撰。是書流傳久絶，館臣從《大典》中採輯一百四十餘條，釐爲四卷，猶得三之一，可與宋殘本並證其異同耳。有五硯樓袁廷檮印。壽階海甯陳鱣仲魚圖象得此書，費辛苦，後之人其鑒我諸印。

耿文光《萬卷精華樓藏書記・史評類》 《舊聞證誤》四卷。宋李心傳撰。宋刊殘本，抄本，《函海》本。

繆荃孫《藝風藏書記・史評》 《舊聞證誤》四卷。從閣本傳鈔精校遠勝函海刻本。

續史考

王圻《續文獻通考・經籍考・史評》 《續史攷》十二卷。井研李心傳著。

古今考略

徐𤊹《徐氏家藏書目・旁史類・史評》 《鶴山古今考略》一卷。宋魏了翁。

音注資治通鑑

王圻《續文獻通考・經籍考・史評》 《音註資治通鑑》。胡三省註。

通鑑釋文辯誤

楊士奇等《文淵閣書目・宙字號第一橱書目・史附》 《通鑑釋文辨誤》。一部四册闕。

《通鑑釋文辨誤》。一部四册闕。

黃虞稷《千頃堂書目・史學類・史評》 胡三省《資治通鑑釋文辨誤》十二卷。

倪燦等《宋史・藝文志補・通史類・史評》 胡三省《資治通鑑釋文辨誤》十二卷。

綱目遺誤

馬國翰《玉函山房藏書簿録》 《綱目疑誤》一卷。元周密撰。取朱子《綱目》，疑誤之處辨而正之。

帝系考

《禁燬書目》《帝系考》。一部一本。查《帝系考》，係魏博色撰，其書採撮舊文，無資考，据又稱明福王爲赧帝，殊爲違悖，應請銷燬。

資治通鑑綱目考證

黄虞稷《千頃堂書目·史學類·史評》 徐昭文《資治通鑑綱目考證》五十九卷。字季章，上虞人，韓性門人。

通鑑質疑

黄虞稷《千頃堂書目·史學類·史評》 董蕃《通鑑質疑》。字子衍，宜興人，釣臺書院山長。

史　辯

王圻《續文獻通考·經籍考·史評》《史辯》三十卷。分寧雷光霆著。

黄虞稷《千頃堂書目·史學類·史評》 雷光霆《史辨》三十卷。

綱目考異

王圻《續文獻通考·經籍考·史評》《綱目考異》。汪克寬著。克寬，祁門人。少穎悟力學，隱居教授，號環谷先生。

黄虞稷《千頃堂書目·史學類·史評》 汪克寬《通鑑綱目凡例考異》一卷。

辨史十六則

王圻《續文獻通考·經籍考·史評》《辨史十六則》。黄文獻著。詳見本集。

通鑑綱目附釋

王圻《續文獻通考·經籍考·史評》《通鑑綱目附釋》。宋太史曰：孔君克表歷攷義例異同，凡朱子微意、先儒所未發、及發之而未當者，備疏其綱之在目中，音義事證及名物度數之屬，仍取史炤、胡三省、王幼學三家，會萃群書而折衷之，通成若干卷。

黄虞稷《千頃堂書目·史學類·史評》 孔克表《通鑑綱目附釋》。字正夫，永嘉人。孔子五十五世孫。元至正戊子進士，官翰林院修撰。

綱目音訓

楊士奇等《文淵閣書目·宙字號第一橱書目·史附》 孔克表《綱目音訓》。一部一册闕。

史考集補

楊士奇等《文淵閣書目·宇字號第一橱書目》《史考集補》。一部三十四册闕。

宋鑑通考

楊士奇等《文淵閣書目・宇字號第六橱書目》《宋鑑通考》。一部六册闕。

綱目稽疑

楊士奇等《文淵閣書目・宙字號第一橱書目・史附》《綱目稽疑》。一部九册闕。

綱目音釋

楊士奇等《文淵閣書目・宙字號第一橱書目・史附》孫吾與《綱目音釋》。一部一册闕。

黃虞稷《千頃堂書目・史學類・史評》孫吾與《通鑑綱目音釋》一集。

歷代源流

楊士奇等《文淵閣書目・宙字號第二橱書目・史雜》《歷代源流》。一部一册闕。

史記註語

錢謙益《絳雲樓書目・史學類・史評》陶九成《史記註語》。

資治通鑑綱目集覽正誤

黃虞稷《千頃堂書目・史學類・史評》陳濟《資治通鑑綱目集覽正誤》五十九卷。字伯濟，武進人。官春坊右贊善。正王幼學集覽之誤。

通鑑綱目集覽鐫誤

黃虞稷《千頃堂書目・史學類・史評》瞿佑《通鑑綱目集覽鐫誤》一卷，又《閲史管見》。

趙琦美《脉望館書目》《綱目集覽鐫誤》一本。

通鑑綱目續編考正

黃虞稷《千頃堂書目・史學類・史評》吕原《通鑑綱目續編考正》。

宋紀受終考

徐𤊹《徐氏家藏書目・旁史類・史評》《宋紀受終考》三卷。程敏政。

錢謙益等《絳雲樓書目・雜史類・史評》《宋紀受終考》一册。三卷。程敏政撰。

《明史・藝文志・雜史類》程敏政《宋紀受終考》一卷。

《四庫全書總目提要・史評類存目》《宋紀受終考》三卷。編修汪如藻家藏本。明程敏政撰。敏政有《宋遺民録》，已著録。其《篁墩集》中有《宋太祖太宗授受辨》一篇，專辨僧文瑩《湘山野録》誣太宗燭影斧聲之事。末自註云，猶恐考核未精，故別成是書。然觀文瑩所言，實無所確指，徒以李燾《長編》誤解文瑩之言，遂成疑案耳。宋濂、黄溍始首辨其誣。敏政是書，又博採諸書同異，一一爲之辨證，然仍宋、黄二家之緒論也。

朱睦㮮《萬卷堂書目》《史記受終考》三卷。程敏政。

黄丕烈《蕘圃藏書題識》《宋紀受終考》三卷。明刻本。余所收王蓮涇家書最多，皆得於其族孫處，則猶是家藏未散本也。就中有孝慈堂書目，分門編類，敘次頗詳，以之求蓮涇所藏雖久散之本，按其册數之多寡，紙色之黄白，幾如析符之復合，可知書籍貴有源流，非漫言藏弆已也。頃郡中程姓書，散肆中購去，邀余觀之，見此册有蓮涇珍藏印，又有太原叔子藏書記印，遂攜歸取證，書目所云棉紙襯釘一册，依然在目，余與蓮涇之緣抑何深耶。爰著數語於卷端，嘉慶己未冬十一月晦日，蕘圃黄丕烈識。

吴壽陽《拜經樓藏書題跋記》《宋紀受終考》。右三卷程敏政著。前有成化十三年自序，後有弘治四年婺源戴銑跋，其辨太祖、太宗傳禪之誤，以歐陽諸公正史爲據，而疑「湘山野録」之未實。《讀書敏求記》「野録」條下謂：成化閒，尹直等奉勑編纂《宋元通鑑》，辨宋太祖、太宗傳禪之誤，蓋自李燾删潤「湘山野録」啓之，并載「野録」謂太祖太宗對飲燭影下，時見太宗有不可勝之狀，而燾改不可勝爲遜避，太祖戳雪顧太宗曰：「好做，好做」。而燾改戳雪爲戳地，好做爲好爲之，又加大聲二字，遂不免有畫蛇添足之病。此書辨之曰：太宗留宿禁内，此亦繆誤，太祖既不豫，甯復自登閣，且至殿廷戳雪乎？其説更爲明快。

周中孚《鄭堂讀書記補逸》《宋紀授終考》三卷。休陽汪氏藏寫本。明程敏政撰。嘗里見傳記類。《四庫全書》存目。是書專辨太宗燭影斧聲之誣。大略謂後人誤解《湘山野録》、《通鑑長編》所致。而不知兩書本文，自無可疑也。因一一列諸家同異之説，而辨正於後，接黄晉卿溍著《日損齋筆記》。宋景濂濂爲之序，始辨此誣。是書蓋因其説而加詳焉，前有成化丁酉自序。末有弘治辛亥，其門人戴銑書後。

綱目撮要補遺

黄虞稷《千頃堂書目・史學類・史評》 鄭瓘《綱目撮要補遺》。字温卿，蘭溪人。弘治庚戌進士，楚雄府通判。

讀史補遺

王圻《續文獻通考・經籍考・史評》《讀史補遺》。沈津著。

左史節定

王圻《續文獻通考・經籍考・史評》《左史節定》。嘉靖三年太康儒士安都撰奏。世宗怒燬其書。

同異録

錢謙益《絳雲樓書目・史學類・史評》《同異録》。

史記考要

黄虞稷《千頃堂書目・史學類・史評》 柯維騏《史記考要》十卷，又《史解》六卷。

史記考異

張萱等《内閣藏書目録・史部》《史記考異》。二册全。嘉靖閒，莆田柯維騏著。漢司馬遷書。未及竣而褚先生之徒補之，加以詁注紛紜，維騏訂訛補闕，其則有四，一核名實，二正倫紀，三去奇説，四明素衷。皆博采先儒成説而彙集之，太子司諫香山黄佐有序。

南北史小識

黄虞稷《千頃堂書目·史學類·史評》 李維楨《南北史小識》十卷。條目凡八，明例、辨誤、雜評、紀異、雋疑、比事、瑣録、拾遺。

史辨書疑

黄虞稷《千頃堂書目·史學類·史評》 吴從周《史辨書疑》。

疑史自質

黄虞稷《千頃堂書目·史學類·史評》 張寉《疑史自質》二卷。

綱目集覽正誤

黄虞稷《千頃堂書目·史學類·史評》 釋信受《綱目集覽正誤》。

史記纂補

黄虞稷《千頃堂書目·史學類·史評》 朱焯《史記纂補》二卷。

歷代志略

趙琦美《脉望館書目》《歷代志略》二本。又二本。

東水質疑

范邦甸等《天一閣書目·史評類》《東水質疑》六卷。刊本。明鄱陽胡衮撰，門生楊山等校刊。嘉靖甲辰自序云：「衮賦質庸劣，苦無記性，哀毀之餘，舊聞益荒落，西來行李亦草草，未及以文籍史册自隨，諸生以前史往事相質，深愧遺忘不能答問，思欲轉借考訂。郡少蓄書，迺拾葺舊見爲論類十篇，特以謝諸生之意，未暇論史事也。」

考信編

徐𤊹《徐氏家藏書目·旁史類·史評》《考信編》七卷。

緑滋館考信編

黄虞稷《千頃堂書目·史學類·史評》 吴士奇《緑滋館考信編》二卷。

史乘考誤

《四庫全書總目提要·史評類存目》《史乘考誤》十卷。兩江總督採進本。明王世貞撰。世貞有《弇山堂别集》，已著録。是書一曰《二史考》，凡八卷；二曰《家乘考》，凡二卷。二史者，國史、野史也，皆臚舉譌傳，一一考證。已載入《弇山堂别集》中，此其單行之本也。

李慈銘《越縵堂讀書記·史部·史評類》 閲《史乘考誤》。弇洲極不滿於李西涯王晉溪，然於王濟之書、楊邃菴所譔《西涯墓志後》深詆西涯，謂志文皆非實，則爲之據《武宗實録》辨其非盡誣，且謂濟之與西涯素有郤，故言之過也；於晉溪雖詆爲逆瑾黨，亦頗稱其能識王文成，助之成功；皆足爲是非之公。至謂《武宗實録》中力詆文成，言其實通宸濠，且庇劉養正，由於爲總裁者始則楊新都，後則費鉛山，皆素恨文成，而一手總其事者爲董文簡。董公最名忮毒，於鄉里如王鑑之輩巧詆不遺餘力，既又内忌文成之功，而外欲以媚楊費，作此誣史，將誰欺乎？後文成復爵贈謚，而董受不根之謗，至徹聖聰，未必非鬼責也。慈銘案：萬曆《紹興志》張文恭於王明仲尚書傳下附注云：《武宗實録》謂鑑之厚於瑾，故致仕歸，猶得渥典；又以其繼子一和犯罪，爲鑑之病，此皆不然。若厚於瑾必不歸，其子不肖，雖堯舜不免，又何病鑑之耶？蓋秉筆者似有所忮，要非公論也。所謂秉筆者，即指董中峯。中峯之力沮陽明，沈景倩《萬曆野獲編》亦言之。然以文成之功烈而猶遭忌厄，中峯不足言，楊文忠費文憲亦安得爲賢者耶？

讀史訂疑

徐𤊹《徐氏家藏書目・旁史類・史評》《讀史訂疑》一卷。王世懋。

黄虞稷《千頃堂書目・史學類・史評》王世懋《讀史訂疑》一卷。

祁承㸁《澹生堂藏書目》《讀史訂疑》一卷。王世懋王奉常雜著本。

耿文光《萬卷精華樓藏書記・史評類》《讀史訂疑》一卷。明王世懋撰。明刊本。

史詮

錢謙益《絳雲樓書目・史學類・史評》《史詮》。

黄虞稷《千頃堂書目・史學類・史評》程一枝《史詮》五卷。萬曆己卯杜大綬序。

祁承㸁《澹生堂藏書目》《史詮》六册。五卷。程一枝。

史乘考誤

黄虞稷《千頃堂書目・史學類・史評》陳朝璋《史乘考誤》。臨川人，萬曆中選貢，常州通判。

史疑

徐𤊹《徐氏家藏書目・旁史類・史評》《史疑》六卷。葵邱王徽。

史疑

黄虞稷《千頃堂書目・史學類・史評》王廷幹《史疑》。

史疑

黄虞稷《千頃堂書目・史學類・史評》鄒守愚《史疑》一卷。

史考

徐𤊹《徐氏家藏書目・旁史類・史評》《史考》十卷。謝肇淛。

廣詠史絶句註釋

祁承㸁《澹生堂藏書目・史評》《廣詠史絶句註釋》二册。二卷。林茂桂。

綱目問答

黄虞稷《千頃堂書目・史學類・史評》陳曾曄《綱目問答》。彙諸史考訂。

歷代正閏攷

丁丙《善本書室藏書志・史評類》《歷代正閏攷》十二卷。舊鈔本。秀水沈德符景倩父著。德符，明舉人。家世仕宦，習聞國家掌故，且及見嘉靖間遺獻。著有《野獲編》三十卷。《清權堂集》二十二卷。是書前後無序。跋卷一，三皇五帝唐虞夏商卷二，周卷三，戰國秦楚卷四，西漢東漢蜀漢魏吳卷五，西晉卷六，東晉南朝卷七，北朝卷八，隋卷九卷十，唐五代卷十一，宋遼金卷十二，元各附以僭僞。諸寇簡要詳明，朗若列眉，洵史才也。

耿文光《萬卷精華樓藏書記・史評類》《歷代正閏攷》十二卷。明沈德符撰。抄本。

古今考

錢謙益《絳雲樓書目・史學類・史評》《古今考》。

史疑

《四庫全書總目提要・史評類存目》《史疑》四卷。浙江巡撫採進本。明宋存標撰。存標字子建，華亭人。崇禎閒貢生，候補翰林院孔目。是編取《三傳》、《國策》、《史記》、《漢書》及諸雜史，摘其事蹟而論列之。如以項羽爲智士仁人，以漢高帝爲木偶之類，殊嫌乖謬。措語尤多輕佻。卷首題陳繼儒選定，則習氣所染，由來者漸矣。

史糾

《四庫全書總目提要・史評類》《史糾》六卷。浙江巡撫採進本。明朱明鎬撰。明鎬字豐芑，太倉人。是編考訂諸史書法之謬，及其事迹之牴牾。上起《三國志》，下迄《元史》，每史各爲一編。《元史》不甚置可否，自言仿鄭樵《通志》，不敢刪削《唐書》之例。其《晉書》、《五代史》亦闕而不論，則未審爲傳寫所佚，爲點勘未竟。觀篇末別附《書史異同》一篇，《新舊唐書異同》一卷，與前體例截然不同。知爲後人掇拾殘稾，編次成帙也。明代史論至多，大抵徒侈游談，務翻舊案，不能核其始終。明鎬名不甚著，而於諸史皆鉤稽參貫，得其條理，實一一從勘驗本書而來，較他家爲有根據。其書《三國志》以及八史，多論書法之誤，而兼核事實。《唐書》、《宋史》則大抵考證同異，指摘複漏。中頗沿襲裴松之《三國志註》、劉知幾《史通》、吳縝《新唐書糾謬》、司馬光《通鑑考異》之文。又如《隋書》蘭陵公主忍恥再醮，乃以身殉後夫而取冠列女，《宋史》包恢以肉刑行公田法媚賈似道，乃以源出朱子而別名道學，顯然乖謬者，亦未能抉剔無遺。至徐夢莘《三朝北盟會編》本雜採諸書，案而不斷，以備史家之採擇。故義取全收，無所去取。夢莘實未旁置一詞，而明鎬誤以記述之文爲夢莘論斷之語。大加排詆，尤考之未詳。要其參互考證，多中肯綮。精核可取者十之六七，亦可謂留心史學者矣。

張之洞《書目答問・史評》《史糾》六卷。明朱明鎬。指海本。

丁丙《善本書室藏書志・史評類》《史糾》六卷。舊鈔本。朱明鎬撰。明鎬，字昭芑，太倉人。其書糾《三國志》至《元史》書法之繆與事迹之牴牾，實從鉤稽而致，非自鈔撮者比也。

耿文光《萬卷精華樓藏書記・史評類》《史糾》六卷明朱明鎬撰。抄本。

史拾載補

《四庫全書總目提要・史評類存目》《史拾載補》無卷數。江蘇周厚堉家藏本。明吳宏基撰。宏基字柏持，仁和人。是編取《史記》八書及《儒林》、《循吏》、《游俠》、《酷吏》、《滑稽》、《日者》、《龜策》、《貨殖》、《匈奴》、《西南夷》、《大宛》列傳十一篇，加以圈點，並略附箋註評語於篇後。前有自序，似乎先著一書名《史拾》，而此補之者。又冠以蘇轍《古史跋》，似乎補所未收者。其體例殊不可解。又有郎璧金序，稱其旅摭稗收，凡天經、地志、昆蟲、草卉之事，彙纂成書，綴之簡裔。更與本書不相應，亦莫能詳也。

耿文光《萬卷精華樓藏書記・史評類》《史拾載補》不分卷明吳宏基撰。明刊本。

古質疑

《四庫全書總目提要・史評類存目》《古質疑》一卷。安徽巡撫採進本。明鄭賡唐撰。賡唐有《讀易蒐》，已著録。是編評論史事凡三十八條，自伏羲至周平王止。窺其微意，似欲爲《春秋》前編也。中如論女媧補天，乃張湛列子註之緒言。論黄帝鑄鼎，乃宋人僞《子華子》之舊説。以至姜嫄履武，元烏生商，亦多先儒所已論，無庸勦襲陳言。至太甲條稱《竹書》爲僞，高宗、幽王二條，又引《竹書》爲證。數頁之中，自相矛盾。王季一條，前後文義不相屬，其殆傳寫譌脱歟。

廿一史獨斷

《四庫全書總目提要・史評類存目》《廿一史獨斷》二十一卷。江西巡撫採進本。明張自勳撰。自勳有《綱目續麟》，已著録。是書於二十一史，各糾其失，每一史爲一卷。其中糾體例之失者十之三四，糾議論之失者十之六七。而所謂體例之失者，不過某人之傳不當在某人前，某人之傳不當在某人後，及某人當與某人合傳，某人不當與某人合傳而已。大抵取其篇目論贊，互相比勘，而斷以己意。非能旁引曲證，一一究其異同，核其虚實也。其凡例謂先儒已駁者不復置喙，性恥蹈襲，絶無勦説。然如開卷論《史記・項羽本紀》、《陳涉世家》，即皆劉知幾《史通》之説。是亦未及博徵之一驗矣。

歷代甲子考

《四庫全書總目提要・史評類存目》《歷代甲子考》一卷。編修程晉芳家藏本。國朝黄宗羲撰。宗羲有《易學象數論》，已著録。魯隱公以上甲子，《漢志》與《史記》不同。黄道周主《史記》，宗羲以其與《尚書》不合，嘗與朱朝瑛反覆辨論。謂當從班氏以武王克商爲己卯歲，歷引《尚書》及《竹書紀年》以證之。此篇即答朝瑛之書，已載於《南雷文定》中。曹溶收入《學海類編》改題此名，實非其舊也。

馬國翰《玉函山房藏書簿録》《歷代甲子考》一卷。國朝黄太沖撰。自黄帝元年至明天啓四年凡七十三甲子。

耿文光《萬卷精華樓藏書記・史評類》《歷代甲子考》一卷。國朝黄宗羲撰。學海類編本。

史漢通鑑注正

馬國翰《玉函山房藏書簿録》《史漢通鑑注正》一卷。並青照堂本。顧炎武撰，李元春編校。

讀史蠡疑

《四庫全書總目提要・史評類存目》《讀史蠡疑》十卷。山東巡撫採進本。國朝張彦士撰。彦士字龍弼，定陶人。順治初歲貢生，官黄縣訓導。其書評論史事，自上古至元，凡四百餘條，多作韻語。大約欲仿史家贊體，而體例宂雜，議論迂拘，不出鄉塾儒生之見。

國史考異

《四庫撤毁書提要》《國史考異》六卷。不著撰人名氏。以所引諸書證之，蓋明末人也。其書以實録野史及諸家文集碑誌參證同異，斷其是非，而攻駁鄭曉今言者最多。所考止於洪武永樂兩朝，其或爲纂而未竣，或爲竣而佚闕，或以太祖開基草昧，稗官每異傳聞，成祖倡亂革除，史氏曲爲忌諱，故訂訛正舛，祇以兩朝，均未可知。第據此六卷觀之，大抵引據賅洽，辨析詳明。如建文遜國一條，不以自焚之説爲信，亦不以從亡之事爲真，謂胡濙奉使，鄭洽逮治，建文之爲存爲殁，成祖亦在疑信之間，後來孰從而質實，但既鴻冥而去，自必潛蹤滅跡，不可復尋，又豈肯到處題詩，暮年歸國，自蹈不測之危機。疑以傳疑，持論最爲平允。至於張玉没於濟南之戰，史有明文，而云鐵鉉但困守孤城，未嘗出軍拒敵，景清先降，自不列於姦黨，而疑姦黨榜不載其名，不免小有疎舛。張紞已推戴新主，仍長六曹，後以懼罪自經，不因殉節，而云張紞之一死，足以謝方鐵諸公，持論亦小有出入。要其辨誣傳信，可取者則已多矣。

李慈銘《越縵堂讀書記・史部・史評類》 閲潘力田檉章《國史考異》六卷。惟太祖惠帝成祖三朝事多，以諸書證實録之誤，極爲精審，修《明史》者不可無此書也。力田，吴江人，次耕檢討之兄，後以湖州莊廷鑨私史之獄，牽連死，此書遂亦湮晦，今刻入《功順堂叢書》中。

光緒乙酉（一八八五）五月二十一日

改元考同

馬國翰《玉函山房藏書簿録》 《改元考同》一卷。昭代叢書本。國朝吴肅公撰。取史中異代同元者彙次爲書。

通鑑綱目凡例考異

黃虞稷《千頃堂書目・史學類・史評》 金居敬《通鑑綱目凡例考異》。

史評辨證

《四庫全書總目提要・史評類存目》 《史評辨正》四卷。福建巡撫採進本。國朝黃鵬揚撰。是書取歷代史評，斷其是非。每條皆先列前人之説，次申己見。卷首自序所論評史三病、四宜等説，頗爲切中。然如伊尹兩截人之類，仍嘵嘵於一字一句之間，爭無關之得失。則亦未改迂儒論古之習矣。

二十一史徵

馬國翰《玉函山房藏書簿録》 《二十一史徵》一卷。國朝仁和徐汾武令撰。評隲作者甚當。

史學提要箋釋

耿文光《萬卷精華樓藏書記・史評類》 《史學提要箋釋》五卷。國朝楊錫祐撰。刊本。

讀史辨惑

《四庫全書總目提要・史評類存目》 《讀史辨惑》無卷數。直隸總督採進本。國朝王建衡撰。建衡號月蘿，威縣人。歲貢生，候選教諭。是書成於康熙四十一年。雖以讀史爲名，而考其所引，實皆坊刻《鳳洲綱鑑》也。

綱目訂誤

馬國翰《玉函山房藏書簿録》 《綱目訂誤》四卷。國朝諸生常熟陳景雲少章撰。門人私謚文道，先生取《朱子綱目》與諸史原文比較，訂其舛謬，無一語不求實據。

通鑑胡注舉正

馬國翰《玉函山房藏書簿録》 《通鑑胡注舉正》一卷。陳景雲撰。舉正胡三省通鑑音釋之誤。凡六十三事，地理居多。原書十卷殘佚，子黄中搜存什一云。

紀元要略　補輯

馬國翰《玉函山房藏書簿録》《紀元要略》二卷，《補輯》一卷。陳景雲撰。記歷代紀元之號，不及諸僭僞，子黄中補附卷末。

史記讀法

馬國翰《玉函山房藏書簿録》《史記讀法》二卷。詩禮堂本。國朝王又樸撰。有《讀孟》，已著録。經編此亦標其義，法與《讀孟》同旨。

通鑑綱目釋地補注

馬國翰《玉函山房藏書簿録》《通鑑綱目釋地補注》六卷。並强恕齋本。張庚撰。既爲糾繆，乃補注之，具有根據。

通鑑綱目釋地糾繆

馬國翰《玉函山房藏書簿録》《通鑑綱目釋地糾繆》六卷。國朝舉博學鴻詞科國子監生秀水張庚浦田撰。以王幼學《集覽》、馮舒《質實》謬誤，多所糾正。

諸史然疑

周中孚《鄭堂讀書記・史評類》《諸史然疑》一卷。堇浦八種本。國朝杭世駿

撰。世駿字大宗，號堇浦，仁和人。乾隆丙辰召試博學宏詞，授翰林院編修。《四庫全書》著録，即附于《三國志補注》之後。是書于諸史中以意穿穴，有得則標舉其旨趣，前人所論不復論，前人所糾者亦不復糾也。《史漢考證》業有成書，斷自後漢，以迄六代。凡《後漢書》十四條，《三國志》六條，《晉書》三條，《宋書》三條，《魏書》八條，《北史》六條，《陳書》三條，其不及唐以下者。自序謂論之不勝其論，糾之亦不勝其糾也。大抵皆糾史文之疏漏，訂譌考異頗爲精核。惜《史漢攷證》未有刊本，即《三國志補注》六卷著録于《四庫全書》者，余尚未之見也。是書知不足齋叢書亦收入之。

馬國翰《玉函山房藏書簿録》《諸史然疑》一卷。杭世駿撰。摘論諸史，於是者，然之非者，疑之此命書之意也。

耿文光《萬卷精華樓藏書記・史評類》《讀史然疑》一卷。國朝杭世駿撰。知不足齋本。前有杭世駿自序。是書寥寥數紙，全史亦有所未備，恐是未完之書。而自序云：「業止於是，吾衰不能復進，似亦無所缺佚。書中所列間有前人所已論者，亦有全録舊文者，共五十三條。」

杭氏自序曰：「余年二十五，始有志於史學。貧無全史，且購且讀，一日率盡一卷。人事膠擾，道途奔走，祁寒盛暑，未嘗一日輟也。風雨閉門，深居無俚，則又倍之，閲五年而始畢功。又一年，而以《通鑑》參校《史》外，又益以舊聞，三千年之行事較然矣。於諸史中以意穿穴，有得則標舉其旨趣。前人所論，不復論，前人所糾者，亦不復糾也。史、漢攷證，業有成書，斷自後漢以迄六代。唐宋以還，論之不勝其論，糾之亦不勝。其糾也，劉昫《唐書》重複錯繆，遠遜歐宋。間一論列不勝其繁，沈東甫合鈔未見，恐有雷同，未敢示人。《日知録》中刊正《漢書》尚有數條與三劉闇合者，知其未見，刊誤也。全祖望、張熷貫串史事，爲余畏友，以是相質，不以爲非，遂決意存之。」

文光案：讀全史必如杭序所云，力有完畢之日，否則終身不能了也。凡讀書、作文，全在立志，立志未有亻終不成者。今勸人讀書，或云家貧不能購，或云事煩不能讀，皆不立志之故，非事與家之累也。信如序，可謂不自棄矣。至於後人著書，偶與前人暗合，亭林之外，不勝枚舉。詩文偶合者更復不少，惟不可矜爲獨得。如來氏《易序》所云，則所見隘矣。杭氏惟恐與人相複，故序云，前人已論者不復論，而開首第一條爲陳寔死會葬者，三萬人可見。東漢隨聲附和，非風俗之善。此説已爲前人所有，非杭氏一人之言也。後人著書欲語，語未經人，道亦誠難矣。即

自己著書，前後複沓一意之語，彼此互見者，皆所不保。詩文用已語，有人指出而已，不知者其爲暗合一也。但暗合之中，有此詳彼略此，優彼絀正，不坊互存也。

《杜篤傳》：遠救於已亡，不若近而存存也。章懷注引《易》成性存存，是未知易者。

《唐子西文録》云：「龐德公以孔明爲卧龍，以士元爲鳳雛，則士元之齒當少於孔明。孔明卒時年五十四，而士元先二十有二年，則士元物故尚未三十也。」此説魏鶴山採入《經外雜鈔》，蓋未嘗讀統傳也。傳明云，統死時年三十六，先主拜統父議郎，諸葛亮親爲拜之，則亮實以兄事之。

《宋書・張暢傳》在五十九卷，《張敷傳》在六十二卷，《張劭傳》後又重出二人傳。《暢傳》「孝武宴朝賢，暢在坐」一段，則五十九卷所無。《敷傳》「宗少文談繫象及查梨之對」，則六十二卷所無。

《北齊書》：張景仁了無學術，厠於儒林可乎？《顔氏家訓・省事篇》云：「近世有兩人，朗悟士也，性多營綜，略無成名」云云。愚謂：「此指徐之才祖珽。」芒山一捷，神武根基始定。本書叙芒山戰寥寂，彭樂又不立傳，遂至其事不顯。後主敗亡，不盡由馮小憐。據《北史》，則晉州之陷，實其所致，全書無一字及之，何也？

深寧王先生云：「陳無淮、無荆襄、無蜀，而立國三十二年，江左尚有人也。夷考陳世，高宗百戰而百克，後主一戰而即擒，豈異人任廟算失也。隋軍濟江，魯廣達、蕭摩訶、任忠、樊毅諸人，南北支離，未戰輒潰，使賀韓之衆，不血刃而入臺，有饒倖焉！固非其戰之力矣。陳廷之上，居槐衮者，無納牖之忠；秉麾鉞者，鮮結纓之節。上書極諫迺一二冗散之傳綷章華，然猶不免悻悻焉。力戰而死，又僅僅一隊主之楊孝辯父子。主憂臣辱，主辱臣死，陳之所謂柄臣、世臣者，不聞有一人可挂於忠義之傳。嗚呼！陳可謂無人矣。」深甯之論，原其始造也。

《史通》云：《陳書・姚察傳》著《辨茗酪記》一卷，今本察傳及《隋書・經籍志》皆無。此記憶者知幾所云，其傳綷所撰耶？

漢書蒙拾

馬國翰《玉函山房藏書簿録》 《漢書蒙拾》二卷。國朝杭世駿撰。有《續方言》，已著録。經編此書自序謂，楊大雄《博聞》，根據典實，不採虚文；林鉞《漢雋》，標舉新奇，兼收常語；洪邁《精語》，但取美詞，竟遺詮釋。乃參三書之間，抉摘微奥，而成此編。湯萼棠覆定刊之。

後漢書蒙拾

馬國翰《玉函山房藏書簿録》 《後漢書蒙拾》二卷。並杭州刊本。杭世駿撰。與所著《漢書蒙拾》體例略同，錢塘周嘉猷覆定。

史記正譌

馬國翰《玉函山房藏書簿録》 《史記正譌》三卷。國朝王元啓撰。有四書，《惺齋講義》，已著録。經編此編正《史記》八書之譌，僅存律、歷、天官，凡三篇。

讀史記劄記　讀明史劄記

耿文光《萬卷精華樓藏書記・史評類》 《讀史記劄記》一卷、《讀明史劄記》一卷。國朝潘永李撰。昭代叢書本。

讀史舉正

耿文光《萬卷精華樓藏書記・史評類》 《讀史舉正》八卷。國朝張熷撰。仰視千七百二十九鶴齋本，廣雅局本。

史記評注

耿文光《萬卷精華樓藏書記・史評類》 《史記評註》十二卷。國朝牛運震撰。

刊本，空山堂本。

漢書正譌律歷志

馬國翰《玉函山房藏書簿録》《漢書正譌律歷志》二卷。並濟南刊本。王元啓撰。既爲《史記正譌》，先刊八書之三，復考證羣書，以正《漢志》之譌。十志當皆有訂論，此其一班也。

十七史商榷

周中孚《鄭堂讀書記・史評類》《十七史商榷》一百卷。洞經草堂刊本。國朝王鳴盛撰。鳴盛字鳳喈，號西沚，嘉定人。乾隆甲戌賜進士第二，官至内閣學士，降光禄寺卿。西沚取汲古閣所刊十七史，益以《舊唐書》明聞人詮刊本，《舊五代史》《永樂大典》本，爲之改譌文，補脱文，去衍文，又舉其中典制蒙滯、事蹟踳駁者，詮解而審覈之。并搜羅諸子百家文集碑幢，互相檢覆，以成是編。計《史記》六卷，《漢書》二十二卷，《後漢書》十卷，《三國志》四卷，《晉書》十卷，《南史》合《宋、齊、梁陳書》十二卷，《北史》合《魏齊、周、隋書》四卷，《新舊唐書》二十四卷，《新舊五代史》六卷，别論史家義例崖略爲《綴言》二卷。名曰商榷者，謂商度而揚搉之也。夫西沚爲近時講尚書之大師，出其餘力以治史，自能一埽從前史評諸家之陋習。學者每苦正史緐塞難讀，或遇典制茫昧，事蹟轇轕，地理職官，目眯心瞀，試以是編置于其旁，而參閱之，則思過半矣。惜乎遼、宋等史不及商榷，《綴言》所謂智有所未周而力有所不逮也。前有自序，謂史家所記典制有得有失，讀史者不必横生意見，馳騁議論，以明法戒也。其事蹟有美有惡，讀史者亦不必强立文法，擅加與奪，以爲褒貶也。今就其書考之，如所謂横生意見，馳騁議論者，誠知免矣。若所云强立文法，擅加予奪以爲褒貶者，未免，尤而效之，更加甚焉。即如《史記》之項羽謬計四一條，劉項俱覯始皇一條，劉藉項噬項一條，漢惟利是視一條，爲羽發喪一條，四皓一條，陳平小人一條，范睢傾白起殺之一條，張耳真小人一條，信反面攻故主一條，田榮擊殺田市一條，灌嬰于平吕爲有功一條，司馬相如一條。凡若此等，只就《史記》一書舉之，《漢書》以下更僕難數，是則美猶有憾，不及其妹壻錢竹汀《二十二史攷異》遠矣。

李慈銘《越縵堂讀書記・史部・史評類》《十七史商榷》。清王鳴盛撰。跋《十七史商榷》一通。乾嘉間經儒蔚興，跨唐躋漢而兼精史學者，惟錢氏大昕及王氏鳴盛，皆嘉定人也。王氏經學最著者有《尚書後案》，其雜家考據之學有《蛾術編》，而此書爲史事之薈萃，所論兼及《舊唐書》、《舊五代史》，仍曰十七史者，併新舊合言之也。援引之博，覈訂之精，議論之名通，皆卓絶今古。尤詳于新舊《唐書》。所考唐事，頗多與予日記諸條相合，竊自喜所見之不謬，而又恨昔賢之多先得我心，愈歎後來著書之難也。王氏自序，謂讀史猶之讀經，但尚考其典制之實，不必横生意見，馳騁議論。顧其書雖校譌訂逸居十之七八，而亦時有創論。如論漢高帝失信廢義，惟利是視；論項氏失計在立懷王。咸豐庚申十二月十一日。

閲《十七史商榷》，因附論《新唐書》、《文宗本紀》書殺陳宏志殺觀軍容使王守澄及李訓奔於鳳翔之謬；又李訓等傳贊之謬，皆至數百言，頗爲前人所未發。以文長不録。咸豐辛酉八月十九日。

王西莊《十七史商榷》云，漢錢五銖之制，唐宋以下，蓋悉用之。東吴顧氏謂五銖錢十枚，當今之一兩弱，今以十錢爲一兩。如顧氏説，則今錢即五銖錢也。慈銘案，錢之名本起於唐之開元通寶，以十枚重一兩，遂分之爲十錢，而以錢爲權之數名。古人以二十四銖爲一兩。《舊唐書・食貨志》云，開元通寶徑八分，重二銖四絫，積十錢，重一兩。然則今之一錢，於古爲二銖四絫，其算方合。如以一錢五銖計之，則未及五枚，已得二十四銖盈一兩之數矣。此以知今時之權，倍重於漢。顧氏《日知録》謂南北朝皆鑄五銖錢，齊文襄以錢文五銖，名須稱實，宜稱錢一文，重五銖者聽入市用，計百錢重一斤四兩二十銖。隋文帝更鑄新錢，文曰五銖而重如之，每錢一千重四斤二兩，今之所傳五銖錢，大抵皆隋物，世云漢物，非也。案齊文襄之制，固以漢五銖計之，百錢當重五百銖，爲一斤四兩二十銖也。若隋錢一千止四斤二兩，則百錢止六兩十四銖二絫，何得謂重如其文？顧氏謂當時大小稱之差，小稱者古權，大稱者今權，然不應計錢則言小稱，計千則言大稱。予所見五銖錢，亦大小不一，其小者與唐之開元錢、宋之淳化景祐等錢、明之洪武永樂錢無異，與《隋志》所言皆不合。《漢書》《食貨志》漢興鑄榆今本無榆字，據史記集解引增。莢錢，《史記索隱》引《古今注》云，榆莢錢，重三銖。《通典》注云，重銖半。夫名曰榆莢，其小可知，如重三銖，則尚大於開元等錢，蓋名曰三銖，實止銖半也。又孝文五年更鑄四銖錢，其文曰半兩。夫半兩當得十二銖，而止四銖，猶隋之五銖錢實止得二銖二絫有餘也。以此推之，漢武所鑄之五銖錢，亦特文云五銖耳，實亦不過其半，故史謂其得輕重之中，言重於榆莢，輕於四銖。唐後之開元錢，皆沿其制。高澄不知，必欲取盈其數，故不能施行耳。又後世錢之好者，實亦不止二銖四絫。顧氏棟高云，嘗見南唐李氏唐國通寶，重一錢一分；宋仁宗慶曆錢，重一錢八分；神宗元豐錢，重二錢；哲宗紹聖錢，重二錢一分。亭林亦謂明隆慶萬曆錢重一錢三分。予見明之嘉靖錢，重亦不止一錢；國朝順治康熙錢，重皆一錢二分；雍正乾隆錢重至一錢四五分，輕亦一錢二分也。《日知録》言古今權量最詳，然所引《左傳正義》，謂魏齊斗稱於古二而爲一，周隋斗稱于古三而爲一，《隋志》謂開皇以古斗三升爲一升，古稱三斤爲一斤，《通典》謂六朝量三升當今一升，稱三兩當今一兩者，亦皆約略之辭，細覈其實，大率今倍于古耳，亦不至以三當一也。

耿文光《萬卷精華樓藏書記・史評類》 《十七史商榷》一百卷。國朝王鳴盛撰。洞涇草堂本。乾隆丁未年刊。前有自序、目録，末二卷爲《綴言》、《雜論》、《通鑑》諸書。王氏自序曰：「十七史者，上起《史記》，下迄《五代史》，宋時嘗彙而刻之者也。商榷者，商度而揚榷之也。海虞毛晉汲古閣所刻行世已久，而從未有全校之一周者。予爲改譌文，補脱文，去衍文，又舉其中典制事蹟，詮解蒙滯，審覈踳駁，以成是書，故名曰『商權』也。《舊唐書》、《舊五代史》毛刻所無，而云『十七』者，統言之，仍故名也。若遼、宋等史則予未暇及焉。大抵史家所記典制有得有失，讀史者不必横生意見，馳騁議論，以明法戒也。但當考其典制之實，俾數千年建置沿革瞭如指掌，而或宜法，或宜戒，待人之自擇焉可矣。其事蹟則有美有惡，讀史者亦不必强立文法，擅加與奪，以爲褒貶也。但當考其事蹟之實，俾年經事緯、部居州次，紀載之異同，見聞之離合，一一條析無疑；而若者可褒，若者可貶，聽諸天下之公論焉可矣。書生胸臆，每患迂愚，即使攷之已詳，而議論褒貶猶恐未當，況其攷之未確者哉！蓋學問之道，求於虛不若求於實，議論褒貶皆虛文耳。作史者之所記録，讀史者之所考核，總期於能得其實焉而已矣，外此又何多求耶？予束髮好談史學，將壯，輟史而治經，經既竣，乃重理史業，摩研排攢，二紀餘年，始悟讀史之法與讀經小異而大同。何以言之？經以明道，而求道者不必空執義理以求之也，但當正文字、辨音讀、釋訓詁、通傳注，則義理自見，而道在其中矣。譬如人欲食甘，操錢入市，問物有名甘者乎？無有也，買飴食之，甘在焉。人欲食鹹，問物有名鹹者乎？無有也，買鹽食之，鹹在焉。讀史者不必以議論求法戒，而但當攷其典制之實；不必以褒貶爲與奪，而但當考其事蹟之實，亦猶是也，故曰同也。若夫異者則有矣：治經斷不敢駁經；而史則雖子長、孟堅，句有所失，無妨箴而砭之，此其異也。抑治經豈特不敢駁經而已，經文艱奥難通，若於古傳注，憑己意擇取融貫，猶未能免於僭越，但當墨守漢人家法，定從一師而不敢他從。至於史，則正文有失，尚加箴砭，何論裴駰、顔師古一輩乎？其當擇善而從，無庸偏徇，固不待言矣，故曰異也。要之，二者雖有小異，其總歸于務求實之意則一也。予識暗才懦，一切行能舉無克堪，惟讀書校書頗自用力。嘗謂好著書不如多讀書，欲讀書必先精校書。校之未精而遽讀，恐讀亦多誤矣；讀之不勤而輕著，恐著且多妄矣。二紀以來，恒獨處一室，覃思史事，既校始讀，亦隨讀隨校，購借善本，再三讐勘，又搜羅諸子百家、文集碑幢，互相檢覆，所謂考其典制事蹟之實也。偶有所得，輒識於簡眉牘尾，字如黑蟻，久之無可復容，乃記别帙，而寫成净本，都爲一編。計《史記》六卷，《漢書》二十二卷，《後漢書》十卷，《三國志》四卷，《晉書》十卷，《南史》合《宋》《齊》《梁》《陳》書十二卷，《北史》合《魏》《齊》《周》《隋》書四卷，新舊《唐書》二十四卷，新舊《五代史》六卷，凡九十八卷，别論史家義例、崖略爲《綴言》二卷終焉。學者每苦正史繁塞難讀，或遇典制茫昧，事蹟樛葛，地理職官，目眯心瞀；試以予書爲孤竹之老馬，置於其旁而參閲之，疏通而證明之，不覺如關開節解、筋轉脈摇，殆或不無小助也。與書既成，而平生不喜爲人作序，故亦不求序於人，聊復自道其區區務實之微意，弁之卷端。序所不足者，《綴言》具之」云。

漢志無《禮記》之名，然《説文》自序説壁中書即有《禮記》。《河間獻王傳》序：「王所得書中有《禮》，又有《禮記》。」是前漢本有此稱，非鄭氏作注時所題。但二王所得篇數與大小，載所删未必同。何義門云：「後漢傳刻脱誤較前書多且倍之，觀劉氏刊誤諸條，知北宋時已無善本。至李賢注，嘉靖中，南監刻者已删削，毛本猶是完書。」翟公巽重修范書，王氏《紀聞》妄載之，無識甚矣。袁宏《後漢紀》在范書之前，凡所采者，范皆采之。

熊方補范書表一，據范、劉不取它説，誠爲固陋。然讀史宜專心，正史稗官雜説必學精識卓，方能裁擇參訂，否則淆訛汨亂。熊氏在宋人中實矯然出羣者。宦者封侯之濫，後漢爲甚，前漢未之有也。熊表概名異姓諸侯，太覺不倫，殊非族類，宜别出宦者侯一門。熊表幸存惜未板行。王應麟《漢制考》取材太簡，此制宜分門編次，今乃以原書所出爲次，蓋隨手抄撮未成之書。陳壽史皆實録。壽，巴西安漢人，少師同郡譙周，仕蜀，爲觀閣令史，蜀亡之歲，年三十一，舊君故國之思最爲真切，具見篇中。

《弇州山人續稿》有《漢前將軍漢壽亭侯廟記》，前將軍是劉先主所授，漢壽亭侯是曹操所封，連稱非是。《漢郡國志》武陵郡屬縣，漢壽刺吏治此，關公所封也。漢郡葭明縣，蜀先主始改名漢壽，晉又改晉壽，此與武陵縣漢壽非一地。當操表封關公時，先主尚未入蜀，蜀地未有此名也。《唐詩鼓吹》，劉夢得《漢壽城春望詩》。廖注既云，今四川又云，古荆州不知名同地異也。《魏志》劉放封魏壽亭侯，裴亦無注，疑亦武陵漢壽與蜀之漢壽無涉。蜀之漢壽即漢廣。《晉書》作者八家，唐人改修諸家盡廢。南監本《晉書》有何超《音義》三卷。汲古本無之，所引文字集略《周遷輿服姓事》。《柳顧言説》、《珠叢風土記》等書，今皆亡矣。又引《風俗通》僻姓貢甫吞景，予所藏元大德刻比俗刻多兩倍，亦無此一條，何在唐初尚見足本《音義》，有天寶六年，其内兄楊齊宣字正衡序《通鑑》胡注及《宋志》遂誤，以爲揚撰。是書引吕忱《字林》頗多。《晉書》記干支以景爲丙避唐諱，《晉書》全載九錫勸進猥冗甚矣。吴興爲南吴，丹陽爲西吴，蘇州爲東吴，是爲三吴。《晉地志》與《漢志》異説秦三十六郡名有誤，《張華傳》載識海鳧毛諸雜事墨客揮犀，全抄之宋人小説筆記，率皆此類。有學識者必看此等書。《後漢書・班固傳》，固述公孫述等僭僞事爲載記，《晉書》載記之名蓋本於此。延壽以家爲限斷，此國史非家乘也，何必以一家貫數代乎。薛史五代各斷是也，而新史變爲錯綜穿插類叙，總因薄班固，而欲上法馬遷，故致斯弊。《南史》以諸謝諸王聚於一處，江左最重門閥，四代卿相多出兩家，《南史》竟以兩家貫四代，而四代似變爲一代矣。《宋書・謝靈運傳》載其居山賦，并自注此尤例之特殊者。《南史》僅存十之二。唐許嵩《建康實録》二卷。嘉祐四年，梅摯等刊於江甯；紹興十八年，劉長等又刻於荆湖北路安撫司。予所藏，凡構字皆注今上御名，乃從紹興本鈔出者。此書載《宋志》末識云吴大帝黄武元年壬寅至唐至德元年内申，五百三十五年，又識晉元帝太興元年至至德年數，此當是其成書之歲。此書取吴晉宋齊梁陳爲一書，其粗疏紕漏，不可勝摘。惟多見古書注中援引多亡佚已久者，此則大可寶貴。《六朝事迹編類》十四卷，宋新安張敦頤撰，蓋因康王構嘗駐此而爲之。明吴琯刻入《古今逸史》，予所藏乾道板唐柳先集有敦頤音辯亦一好事者。

貞觀十年，《北齊》《周》《隋》《梁》《陳》五史並告成，然皆無志。十五年又詔于志，寧等同修《五代史志》，凡十志三十卷，後又編入《隋書》，其實别行亦呼《五代史志》，見《隋書》後跋。同撰《隋書》有顔師古、孔穎達、許恭宗三人，李百藥獨主北齊，姚思廉獨主陳梁，餘無獨撰者，《天文》《律歷》《五行》三志獨出李淳風筆，五行志序相傳是諸遂良作。《唐書》新紀減舊書十之七文，當隨時變通紀唐而以班陳范之筆行之。於情事必有所不盡。其尤不滿人意者，盡削詔令不登。依毛氏汲古閣十七史爲讀本。

二十二史劄記

周中孚《鄭堂讀書記・史評類》 《二十二史劄記》三十六卷。湛貽堂刊本。國朝趙翼撰。翼字雲崧，號甌北，陽湖人。乾隆辛巳賜進士第二，官至貴州貴西道。雲崧以稗乘脞説間與正史歧互者，本史官棄而不采，今或據以駁正史，恐爲有識所譏，因作此編，多就正史紀傳表志中參互勘校，其有牴牾處自見。至古今風會之遞變，政事之屢更，有關于治亂興衰之故者，亦隨所見附著之。凡《史記》、《漢書》三卷，《後漢書》二卷，《三國志》一卷，《三國志》《晉書》一卷，《晉書》一卷，《宋、齊、梁、陳書》一卷，《宋、齊、梁、陳》并《南史》三卷，《魏、齊、周、隋書》并《北史》三卷，《新、舊唐書》五卷，《五代史》二卷，《宋、遼、金史》一卷，《宋史》三卷，《遼史》《金史》一卷，《金史》一卷，《元史》二卷，《明史》六卷。其持論不蹈襲前人，亦不有心立異，于諸史審訂曲直，不揜其失，而亦樂道其長，視鄭漁仲、胡致堂專以詬罵炫世者，心地且遠過之。其不援雜書以駁史文之訛，亦屬特識。顔師古以後未有能見及此者矣。在近儒評史之書，羣推王、錢兩家，然惟雲崧堪與之鼎立爾。前有自撰小引及錢大昕、李保泰二序。又按，雲崧《陔餘叢考》有考證正史十卷，已得其大略，正可取以互相證佐云。

李慈銘《越縵堂讀書記・史部・史評類》 《廿二史劄記》。清趙翼撰。早起閲趙翼《廿二史劄記》。其書惟取歷史事迹之稍新，制度之稍異者，分條連貫，多摘其舛誤，于他書罕所徵引，然殊便讀史者之記誦，亦案頭之一助也。其所記已偏及廿四史，而云廿二者，蓋仍合新舊《唐書》及新舊《五代史》爲一耳。

閲趙翼《廿二史劄記》。常州老生皆言此書及《陔餘叢考》，趙以千金買之一宿儒之子，非趙自作。以《甌北詩集詩話》及《簷曝雜記》諸書觀之，趙識見淺陋，全不知著書之體，此兩書校爲貫串，自非趙所能爲。《叢考》又多入小説，又不如《劄記》

之有體要，然於史事多是正纂集之功，無所發明，筆舌冗沓，尤時露村學究口吻，以眎錢氏《廿二史考異》，固相去天壤，即擬王氏之《十七史商榷》，亦遠不逮也。

耿文光《萬卷精華樓藏書記·史評類》 《廿二史劄記》三十六卷。國朝趙翼撰。湛貽堂本。乾隆六十年刊。前有趙翼自序，錢大昕序，李保泰序。

二十二史考異

周中孚《鄭堂讀書記·史評類》 《二十二史考異》一百卷。潛研堂刊本。國朝錢大昕撰。大昕字曉徵，號辛楣，一號竹汀。嘉定人。乾隆甲戌進士，官至少詹事。竹汀少時好讀史書，通籍以後，尤精斯業。于二十二史反覆校勘，偶有所得，寫于別紙，久之編成百卷。凡《史記》五卷，《漢書》四卷，《後漢書》三卷，《續後漢書》二卷，《三國志》三卷，《晉書》五卷，《宋書》二卷，《南齊書》及《梁書》《陳書》各一卷，《魏書》三卷，《北齊書》一卷，《周書》一卷，《隋書》二卷，《南史》《北史》各三卷，《唐書》十六卷，《舊唐書》四卷，《五代史》六卷，《宋史》十六卷，《遼史》一卷，《金史》二卷，《元史》十五卷。按正史文字煩多，義例紛糾，輿地則今昔異名，僑置殊所，職官則沿革迭代，冗要逐時，氏族則譜牒失誣，世次多舛。竹汀于斯三者，先就本書證之，證之未妥者，復取他書及石刻證之。條理貫穿，瞭如指掌。又小學算法尤屬專門，凡文字之譌誤，無不是正，律術之參錯，無不訂定。而于典制事蹟，亦能原原本本證據詳明。考史之書至竹汀此編，誠所謂實事求是，得未曾有者也。同時王西沚鳴盛《十七史商榷》，考證輿地典制，頗不減于竹汀。惟其好取事蹟加以議論，仍不免蹈前人史論之轍。且于宋、遼、金、元四史，未及商榷，其書究難與竹汀抗行。至趙耘松翼《二十二史劄記》，類敘事實，毫無發明，又別爲一體，尤不可與是編相提並論焉。是本前有自序，而無他人之序，固爲名貴，然所列參訂姓氏竟有九十人之多，是涉明人刻書習氣，此書不宜有也。

李慈銘《越縵堂讀書記·史部·史評類》 《廿二史考異》。清錢大昕撰。終日閱錢竹汀《廿二史考異》，共百卷。所論爲《史記》《漢書》《後漢書》《續漢書》《三國志》《晉書》《宋書》《齊書》《梁書》《陳書》《魏書》《北齊書》《周書》《隋書》《南史》《北史》《新舊唐書》歐陽《五代史》《宋史》《遼》《金》《元》史。曰廿二史者，以《續漢書》併入《後漢書》也。其書皆參校同異，多有是正。《史》《漢》尤兼考據經學，別正字體。《晉書》以下，大率於本紀列傳志表中，互勘其歲月之差錯，官爵之先後，郡國之沿革，而兼採會要及歷朝各家詩文集以訂正之。其論《史記》中《祖禰廟》一條，謂《說文》無禰字，禰即爾字，蓋言父於我最近，故曰爾也。後人加示旁。《尚書》作藝祖。馬融曰：藝，禰也；馬用史公說耳。又《旗志》一條，謂志識通用，《說文》無幟字。旗所以識別，故幟易爲識，《史記》屢見旗志字，用古文也。又《親戚》一條，《正義》謂親戚者舜之父母弟妹，此非是。古人以親戚稱父母，《大戴禮》云：親戚死，誰爲孝？孟子云：人莫大焉亡親戚君臣上下。可知親戚之單指父母也。皆極精確。

此外王西莊先生亦有《十七史商榷》一書，去年曾見之廠肆，暇日當購歸閱之。

耿文光《萬卷精華樓藏書記·史評類》 《二十二史考異》一百卷。國朝錢大昕撰。潛研堂本。前有庚子五月嘉定錢大昕自序。

三史拾遺

《鄭堂讀書記·史評類》 《三史拾遺》五卷。《諸史拾遺》五卷。嘉興郡齋刊本。國朝錢大昕撰。竹汀《二十二史攷異》刊成後，續有所得，又編定此二書，皆所以補《攷異》之未備，故曰《拾遺》。竹汀没後，其門人李許齋賡芸略加校訂，刊而行之，并爲之序。《三史拾遺》，凡《史記》一卷，《漢書》二卷，《後漢書》一卷，《續後漢書》一卷。《諸史拾遺》，凡《三國志》《晉書》一卷，《宋、齊、梁、陳、魏書》《南、北史》《唐書》一卷，《五代史》一卷，《宋史》一卷，《遼、金、元史》一卷，其所以分爲二書者，以三史卷帙居其半也。所攷皆詳審精確，與攷異無二。閒有同攷一事，《攷異》略而《拾遺》詳者，當以詳者爲定論。《漢書·古今人表》攷異頗略，後所攷者幾及一卷，皆俱與《攷異》各條相次而備。《諸史拾遺》中有《宋志》五等封國攷，五代使相表，猶考異有漢書侯國攷，修《唐書》史臣表也。又《史記》後附宋本跋二篇，《續漢書》後附宋本牒一篇，《晉書》後附《修晉書詔》一篇，《唐書》後附嘉祐五年編修刊修提舉及校對校勘職名，暨董衡《唐書釋音序》，則與《攷異》體例稍異，亦所以補前書之未逮也。

耿文光《萬卷精華樓藏書記·史評類》 《三史拾遺》五卷《諸史拾遺》五卷。國朝錢大昕撰。潛研堂本。嘉慶十二年，門人李賡芸刊於嘉興郡齋，有序。

修唐書史臣表

馬國翰《玉函山房藏書簿録》《修唐書史臣表》一卷。並知不足齋本。國朝錢大昕撰。有《十駕齋養新録》，已著録。經編以唐史，臣表未善復爲修之歟，鮑廷博刊附，新唐書糾繆後。

宋遼金元四史朔閏考

周中孚《鄭堂讀書記・史評類》《炳燭偶鈔》一卷。藝海珠塵本。國朝陸錫熊撰。錫熊，字健男，號耳山，上海人。乾隆辛巳進士，官至左副都御史。是編乃其辨證史事而作，凡三十則。攷史漢者居多，間及後漢以下。其于輿地攷證頗詳，本刊入其所著《寶奎堂集》中，吴稷堂摘出而重刊之。

李慈銘《越縵堂讀書記・史部・史評類》 閲上海陸健男錫熊《炳燭雜鈔》，不盈二十紙，皆考核史書誤文，多論《史記》《兩漢》，其外僅《晉書》二條，《宋書》一條，《南史》一條，《隋書》一條，《金史》一條，蓋未成之作。然所考甚核，於地理之學尤精。健男號耳山，乾隆中與河間相國紀文達公同充四庫全書館總纂，《書目提要》多出其手也。

考信録

耿文光《萬卷精華樓藏書記・史評類》《考信録》二十七卷。國朝崔述撰。東壁遺書本。

晉宋書故

李慈銘《越縵堂讀書記・史部・史評類》《晉宋書故》。清郝懿行撰。以朱筆點勘郝蘭臯氏《晉宋書故》一過。郝氏於史學不甚專，此書所摘《晉宋書》中僻文奥典四十三條，爲之疏證。如云乃祖乃父，乃、汝也，古曰乃，今曰你，你乃古今音轉。顛沛之沛，讀爲貝，本釋文。依字書爲蹎䟣，通借爲顛䟣，又從俗作顛狽。晉書多用顛狽。毦稍者以羽毛飾于槊上，謂之毦稍，《鄭風》所謂二矛重英，《魯頌》謂之朱英，後世或用孔鶩。鶩、雉也。策命據《韓詩外傳》，太宗太史太祝素服北面授天子策三，以證《康王之誥》太宗奉同史祝奉策，知古者天子登阼有策書。故宋前廢帝即位，蔡興宗告江夏王義恭應須策文，謂累朝故事，莫不皆然也。塗步神引《夏官》《校人》冬祭馬步，鄭注馬步神爲災害馬者。又引《族師》春秋祭酺，鄭注，酺者爲人物災害之神，及《史記》《封禪書》諸布之屬，謂步酺布，音義相近。又據《族師》鄭注蝝螟之酺，證《校人》賈疏玄冥之步，玄冥乃蝝螟之誤。宋書，徐紹之爲塗步郎所使，塗步郎即塗布神也，于欽齊乘，艾山東厚丘城側有酺神廟。《宋書》《禮志》，殷有山車之瑞，謂桑根車，殷人制爲大路。《禮緯》曰，山車，垂句句曲也，言不揉治而自曲也。秦曰金根車。《禮運》云：山出器車，器車蓋自然成器，所謂不揉自曲者。《文選》《上林賦注》張揖曰，山出象輿，瑞應車也，象輿亦謂自然有形象耳，器車與馬圖爲偶，鄭注以器車爲二物，恐非。此皆疏通經文，古義湛深。又如以乾没爲行險徼幸之義，服虔注，乾没，射成敗也，此説近之。阿堵即今人言者箇，阿，發語詞，堵從者聲，義得通借。説文，者，别事詞也，故指其物而别之曰者箇，方俗之言，有符詁訓。寧馨即如此之意，晉人又有言如馨者，如讀若女，即寧之轉也。又有言爾馨者，爾讀若你，亦寧之轉，又有單言馨者（亨杭二音）此乃讀語餘聲也。證之漢晉各書所稱，語意無一不合。可知經儒讀書，少出手眼，便與俗學不同。且文辭雅令，多仿晉宋間人。末有王婉佺一跋，言此爲蘭臯病中所作，閨房之間，以經史相倡和，足爲千古佳話，以眎李易安《金石録序》，作於嫠居亂後者，又不侔矣。

圖書在版編目（CIP）數據

中華大典．文獻目録典．古籍目録分典．史：全四册 /《中華大典》工作委員會，《中華大典》編纂委員會編纂．桂林：廣西師範大學出版社，2016.11
ISBN 978-7-5495-9246-3

Ⅰ．①中… Ⅱ．①中…②中… Ⅲ．①百科全書—中國②古籍—目録學—中國 Ⅳ．①Z227②G257

中國版本圖書館 CIP 數據核字（2016）第 306949 號

中華大典·文獻目録典·古籍目録分典·史

編纂：《中華大典》工作委員會
《中華大典》編纂委員會

出版：廣西師範大學出版社
（廣西桂林市中華路 22 號　郵政編碼　541001）

發行：廣西師範大學出版社
（廣西桂林市中華路 22 號　郵政編碼　541001）

排版：南京展望文化發展有限公司

印刷：長沙鴻發印務實業有限公司印刷
（湖南省長沙縣黄花鎮黄壟村黄花工業園 3 號　郵政編碼　410137）

開本：787×1 092 毫米　1/16

印張：165.5　　字數：4 925 000

2016 年 11 月第 1 版　2016 年 11 月第 1 次印刷

書號：ISBN 978-7-5495-9246-3

定價：1600.00 圓（全四册）